ARISTOTE

TOPIQUES

LIVRES I - IV

COLLECTION DES UNIVERSITÉS DE FRANCE
publiée sous le patronage de l'ASSOCIATION GUILLAUME BUDÉ

ARISTOTE

TOPIQUES

TOME I

LIVRES I-IV

TEXTE ÉTABLI ET TRADUIT
PAR
JACQUES BRUNSCHWIG
Maître-assistant à la Sorbonne

Troisième tirage

PARIS
LES BELLES LETTRES
2009

Conformément aux statuts de l'Association Guillaume Budé, ce volume a été soumis à l'approbation de la commission technique, qui a chargé M. Raymond Weil d'en faire la révision et d'en surveiller la correction en collaboration avec M. Jacques Brunschwig.

95 boulevard Raspail, 75006 Paris
www.lesbelleslettres.com

Première édition 1967

ISBN : 978-2-251-00051-0
ISSN : 0184-7155

INTRODUCTION

I

CARACTÈRES GÉNÉRAUX DES « TOPIQUES »

Une œuvre mineure ?

Ce n'est assurément pas sur les *Topiques* que repose aujourd'hui la gloire d'Aristote. Comme philosophe et comme logicien, il a d'autres titres à notre admiration que ce livre qu'on ne lit plus beaucoup, et qu'on éprouve peu de remords à ne pas lire. Des six traités que les éditeurs anciens de son œuvre ont réunis sous le nom collectif d'*Organon*, parce qu'ils intéressaient tous la logique, du moins à leurs yeux, et parce que la tradition aristotélicienne tenait cette discipline pour l'instrument de la science, plutôt que pour une science proprement dite, les *Topiques* sont certainement le plus long[1], et probablement le plus facile[2] ; mais ils ne sont ni le plus génial, ni le plus stimulant, ni le plus fécond, ni même le plus lisible. Les ouvrages du Stagirite, il est vrai, ne procurent que rarement des satisfactions d'ordre littéraire, et leur propos n'est pas d'en procurer ; celles de ses œuvres qu'il destinait au public, et dont le style allait lui valoir les éloges de Cicéron[3], ne

1. 64 pages de l'édition Bekker, contre 46 pour les *Premiers Analytiques*, 29 pour les *Seconds*, 20 pour les *Réfutations sophistiques*, 15 pour les *Catégories*, 8 pour le *De Interpretatione*.

2. D'après Simplicius (*in Cat.*, 7, 16-17), les *Topiques* sont, avec les *Météorologiques* et celles des *Constitutions* qui sont authentiques, les plus claires des œuvres didactiques d'Aristote.

3. Cf. par exemple *Acad. pr.*, II, 38, 119 (*flumen orationis aureum fundens Aristoteles*). Dans ses propres *Topiques*, qui prétendent reproduire, à l'intention du jurisconsulte Trebatius, le contenu des *Topiques* aristotéliciens, Cicéron caractérise également le style d'Aristote comme « d'une abondance et même d'une douceur véritablement incroyables » (*dicendi quoque incredibili quadam cum copia, tum etiam suavitate*) ; mais ce jugement paraît avoir une portée générale, et ne pas viser précisément les *Topiques*, dont Cicéron évoque au contraire la rebutante obscurité (*a libris te obscuritas rejecit*).

nous sont parvenues que très fragmentairement. Les traités que nous possédons n'étaient pas destinés, on le sait, à circuler en dehors d'un milieu scolaire assez étroit ; plutôt que des livres, au sens que nous donnons à ce mot, ils devaient constituer des instruments de travail et de référence, où le maître puisait la matière de son enseignement oral et en fixait les lignes essentielles ; de leur côté, ses auditeurs pouvaient y retrouver, sous une forme en quelque sorte officielle, le squelette des leçons dont ils avaient bénéficié. Aux yeux d'un lecteur moderne, toutefois, il semble que l'indifférence d'Aristote à rendre son texte d'une lecture agréable atteigne dans les *Topiques* un degré ailleurs inégalé. Ses autres œuvres ne sont pas moins elliptiques ni moins sèches ; mais sous l'aridité de leur forme, elles laissent presque toujours apercevoir le mouvement d'une recherche laborieuse et obstinée. Dans leur quasi-totalité, au contraire, les *Topiques* offrent l'aspect décourageant d'une mosaïque d'éléments juxtaposés, indépendants les uns des autres, tous taillés, à peu de chose près, sur le même patron, alignés à la suite comme les fiches d'un interminable fichier. Certes, ce fichier comporte, comme nous le verrons, quelques grandes subdivisions nettement articulées ; mais au sein de chacune d'elles, on n'aperçoit d'abord qu'un monotone inventaire, scandé par des particules de coordination tirées d'un maigre répertoire[1], et qui semble n'obéir à aucun principe de classement ni de progression ; il commence au hasard et s'interrompt sans raison manifeste ; on ne discerne pas ce qui l'a empêché d'être plus long, ou plus court. Ce mode de composition purement additif ne donne pas plus le sentiment d'une œuvre qu'un tas de briques celui d'une maison.

Encore pourrait-on pardonner aux *Topiques* leur forme inorganique et fastidieuse, si seulement leur contenu se montrait, par sa portée, sa richesse ou sa profondeur, apte à en racheter les défauts. A première lecture au moins, cet espoir ne semble malheureusement pas fondé. Quelle est, en effet, la nature des éléments dont les *Topiques*

1. Ἔτι, πάλιν, ἔπειτα.

poursuivent inlassablement l'énumération ? Ce sont ces « lieux » (τόποι) qui ont donné son titre à l'ouvrage, et qui, en première approximation, peuvent être décrits comme des règles ou, si l'on veut, des recettes d'argumentation, destinées à pourvoir d'instruments efficaces une activité très précisément déterminée, celle de la discussion dialectique. L'objet des *Topiques* n'est pas d'ouvrir au savoir un domaine nouveau, ni de faire progresser une science déjà constituée ; il est de doter d'une méthode sûre une activité jusqu'alors abandonnée à l'inspiration ou à la routine. De même que, pour lire un traité de jeu d'échecs, il faut connaître les règles élémentaires de ce jeu, vivre dans un milieu où l'on ait l'occasion d'y jouer, et nourrir le désir de s'y perfectionner, de même, semble-t-il, les *Topiques* s'adressent à une catégorie de lecteurs historiquement et socialement bien définie ; s'il reste vrai, aujourd'hui encore, que « tous se mêlent jusqu'à un certain point de discuter et de soutenir des thèses »[1], cette activité ne ressemble plus guère, ni par sa diffusion, ni par sa fonction, ni surtout par le nombre et la nature des habitudes et des institutions qui en codifient plus ou moins strictement l'exercice, à ce qu'elle était dans l'Athènes du IVe siècle. Etroitement solidaires de l'activité qu'ils prétendent promouvoir du rang de pratique aveugle à celui d'art méthodique, les *Topiques*, *vademecum* du parfait dialecticien, risquent de nos jours d'apparaître comme un art de gagner à un jeu auquel personne ne joue plus.

Les responsabilités d'Aristote.

Aristote semble avoir lui-même fait le nécessaire pour vouer ses *Topiques* à la destinée d'une œuvre mineure. L'importance d'une méthode n'est autre que celle de l'activité dont elle règle l'exercice ; or, s'il est vrai qu'au cours de son histoire mouvementée, le mot de dialectique a reçu bien des significations différentes, il semble avoir connu peu de vicissitudes aussi brutales que celle qu'il a subie en passant des mains d'un maître nommé Platon à celles d'un disciple nommé Aristote. On ne saurait

1. *Rhet.*, I, 1, 1354 a 4-5.

définir en peu de mots le contenu de la notion de dialectique chez Platon ; ce contenu a d'ailleurs sensiblement évolué, depuis la technique socratique de la réfutation, dans les premiers dialogues, jusqu'à la méthode de division du *Sophiste* et du *Politique*, en passant par la science universelle et suprême de la *République*. Mais Platon n'a jamais cessé de confier à ce qu'il appelait la dialectique les intérêts les plus vitaux de la connaissance et de l'esprit ; il pourrait servir de porte-enseigne à tous ceux qui, comme Hegel ou Marx, ont investi cette notion d'une valeur éminemment positive. En revanche, Aristote a mérité d'inspirer la terminologie de tous ceux qui, comme Kant, l'ont employée en un sens à quelque degré péjoratif ; dans sa stratégie intellectuelle, elle rétrograde du rang de phalange d'élite à celui de corps auxiliaire. Pour tenter d'expliquer la surprenante chute de prestige dont elle a été la victime en passant du maître au disciple, on a pu conjecturer, non sans de solides raisons, que c'était Platon qui avait pris l'initiative de l'exalter, et non Aristote celle de l'humilier ; en situant la dialectique au faîte de l'édifice de la connaissance, Platon avait assigné à l'art du dialogue une signification et une portée insolites ; en la détrônant de sa situation privilégiée, ou plus exactement, en définissant ses privilèges de telle manière qu'ils dussent s'accompagner d'inévitables tares, Aristote n'aurait fait que renouer, par delà son maître, avec une tradition qui les précédait l'un et l'autre[1]. Le geste essentiel des *Topiques* est peut-être celui par lequel Aristote, cessant de voir en la dialectique une méthode qui pose un problème de pratique[2], décide d'y voir une pratique qui pose un problème de méthode.

Lorsque Aristote parle de dialectique, en effet, il se réfère toujours à la pratique du dialogue raisonné, à l'art d'argumenter par questions et réponses, sur le modèle socratique ; tout se passe comme s'il voulait en capter la notion au plus près de sa source, sans tenir compte des apports dont elle s'est peu à peu gonflée. Il consacre un

1. Cf. Pierre Aubenque, *Le problème de l'être chez Aristote*, p. 251-264.

2. Cf. Platon, *Phil.*, 16 c : « la montrer n'est pas bien difficile, mais la pratiquer l'est extrêmement ».

long traité à la formation des dialecticiens ; mais ce n'est pas qu'il escompte former du même coup des métaphysiciens accomplis, des gouvernants irréprochables, ou des justes promis à une destinée bienheureuse ; il se préoccupe seulement d'en faire de bons techniciens de la discussion, de bons artisans de la parole à deux. Cet art n'est pas inutile ; mais il est loin d'être, comme il l'était pour Platon, ce sans quoi rien n'est vraiment utile. A en juger du moins d'après certains textes de caractère théorique[1], le dialogue ne semble pas être, pour Aristote, au cœur de la vocation de l'animal raisonnable ; gagner l'assentiment de l'autre n'est en principe ni la fin suprême de la pensée, ni même le moyen privilégié d'atteindre cette fin ; l'accord de l'interlocuteur n'est pas pour elle la condition d'un progrès, mais le risque, peut-être inévitable, d'un freinage. En se mettant en situation de dialogue, l'esprit substitue la juridiction des hommes à la juridiction des choses, la question « que t'en semble ? » à la question « qu'en est-il ? ». En sollicitant l'approbation d'autrui, il s'est mis en posture de ne rien pouvoir faire sans l'avoir obtenue ; le *oui* et le *non* n'ont désormais plus pour lui le sens du vrai et du faux, mais celui de l'accepté et du refusé. Il est entré dans le règne hétéronome de l'opinion.

Que peut-on attendre, dans ces conditions, de la dialectique, et pourquoi importe-t-il de se rendre bon dialecticien ? Pourquoi, en particulier, importe-t-il que le philosophe (car c'est à un lecteur philosophe, ou destiné à le devenir, que s'adresse l'ouvrage[2]) devienne un bon dialecticien ? Aristote répond à cette question en énumérant les services que peuvent rendre les *Topiques*[3] ; il y répond d'une manière qui rend manifeste que l'activité dialectique ne s'identifie pas avec l'activité philosophique, et qu'elle trouve son lieu privilégié d'exercice dans les marges que celle-ci laisse subsister autour d'elle, au contact de ce qui n'est pas elle. La philosophie est d'abord une activité sérieuse, un travail adulte de l'esprit, aux

1. Cf. par exemple *Top.*, 155 b 10-16 ; *Soph. El.*, 171 a 38-b 2 ; *An. Pr.*, 24 a 22-25 ; *An. Po.*, 77 a 32-33.
2. Cf. en particulier les ch. I, 2 et VIII, 1.
3. Cf. I, 2, dont nous nous inspirons ici librement.

prises avec l'être qu'il veut saisir et comprendre ; la dialectique est un exercice d'entraînement, une gymnastique de l'intelligence, une sorte de jeu éducatif où l'esprit forge ses instruments et affine ses pouvoirs sur des objets-mannequins. La philosophie est aussi un savoir technique, un métier qui a son langage et ses principes propres ; la dialectique est un moyen pour le philosophe de rencontrer le non-philosophe, de retrouver avec lui un langage commun, et d'agir éventuellement sur lui en épousant ses propres présupposés. La philosophie est enfin une activité judicatrice, qui prononce sur le vrai et le faux un verdict souverain ; la dialectique a pour fonction, en quelque sorte, d'en instruire les procès, d'en constituer les dossiers, en réunissant les données des problèmes et en recueillant tous les arguments favorables ou défavorables à chacune des parties. A ces trois fonctions, que l'on pourrait appeler, en s'inspirant des termes employés par Aristote, fonction *gymnastique*, fonction *homilétique* et fonction *diaporétique* de la dialectique, et qui toutes trois la situent dans les coulisses du savoir. Aristote en ajoute, il est vrai, une quatrième[1], qui semble d'abord contredire ce statut mineur, puisqu'elle fait de la dialectique la principale voie d'accès aux principes des sciences. Toute science, explique-t-il, repose sur des éléments premiers, dont elle est incapable de rendre elle-même raison, puisque par définition ils sont ce qui en elle est premier ; mais si la dialectique, en vertu de sa nature « investigatrice », est seule capable d'en « dire quelque chose », cette aptitude ne fait pas d'elle, pour autant, la science des sciences, la connaissance royale qui commande et justifie toutes les connaissances ; sa juridiction n'est universelle que pour autant qu'elle n'est pas celle d'un savoir ; et c'est sous l'aspect d'un inévitable pis-aller qu'Aristote la décrit, en constatant que, si les principes sont ce qui est scientifiquement premier, c'est à un discours non-scientifique, et fondé sur l'opinion, qu'il faut bien laisser le soin de traiter des principes eux-mêmes. La dialectique ne retrouve ainsi de fonction centrale qu'au moment où le savoir, de par sa structure même, est contraint de la lui abandonner.

1. Sur cette rupture de plan, cf. notre note *ad locum*.

Les *Topiques* signalent donc au philosophe l'usage qu'il pourra faire, en tant que philosophe, de ses talents de dialecticien. Mais ils ne se préoccupent, quant à eux, que de lui procurer ces talents. Leur portée se veut exclusivement pratique ; ils fournissent une méthode de dialectique, non une théorie de la dialectique. Toutes choses s'y mesurent à l'aune de l'utile, et ce critère est intentionnellement choisi parce qu'il est moins exigeant que celui du vrai ; la détermination des objets et l'analyse des formes n'y sont pas poussées au-delà de l'esquisse sommaire, pour peu que celle-ci suffise à guider efficacement l'action[1]. Le combattant de la dialectique doit être doté d'un armement solide, mais léger ; la volonté d'élucider les justifications dernières de son activité ou celle de connaître l'exacte nature des objets qu'il manipule l'alourdirait d'un bagage inutile. Le manuel qu'Aristote lui destine est donc un ouvrage volontairement superficiel, dont toute investigation fondamentale se trouve écartée de propos délibéré.

On voit se dessiner, sous cet angle, une liaison essentielle entre la forme et le contenu des *Topiques*. Chacune des règles qu'Aristote y propose à l'activité du dialecticien repose sans doute sur une loi régissant le domaine objectif sur lequel porte cette activité, puisqu'il est impossible, en quelque matière que ce soit, de déterminer ce qu'il faut faire sans tenir compte de ce qui est ; mais l'objectivité de cette loi n'est pas prise comme le thème explicite d'une spéculation propre à la reconnaître ou à la fonder. Pour qu'une proposition, dans la perspective propre aux *Topiques*, ait valeur de principe, il suffit qu'en fait, dans les conditions concrètes du débat dialectique et dans le milieu où il se déroule, elle ne puisse pas ne pas être reconnue comme telle, et que, par son contenu propre, elle s'impose avec une évidence ou une autorité pratiquement irrécusables. Le mode de composition additif de l'ouvrage est ainsi l'indice extérieur d'un état dispersé,

1. Plusieurs expressions caractéristiques en témoignent, par exemple ὡς τύπῳ περιλαβεῖν, cf. I, 1, 101 a 18, 22 ; 6, 103 a 1 ; 7, 103 a 7; 14, 105 b 19 ; ἱκανὸν κατὰ τὴν προκειμένην μέθοδον, cf. I, 1, 101 a 23; 4, 101 b 13 ; 15, 106 a 1; VII, 5, 155 a 38; ἐφ' ὅσον χρήσιμον (*passim*).

non-systématique et comme acéphale de la pensée logique : si chacun des « lieux » se présente comme une unité fermée sur elle-même, c'est que chacun d'eux met en œuvre une proposition tenue pour évidente par elle-même, ou du moins capable de passer pour telle. La topique ressemble ainsi à une discipline qui ne contiendrait que des vérités isolées ; elle ignore la distinction entre axiome et théorème, pierre d'angle de tout système démonstratif. Il suffit de la comparer, sous ce rapport, avec la syllogistique aristotélicienne classique pour comprendre le destin sans éclat qui l'attendait : en distinguant, parmi les configurations logiques, un groupe aussi restreint que possible de figures fondamentales, et en indiquant par quelles voies les autres pouvaient s'y laisser réduire, ce sont les *Premiers Analytiques* qui allaient valoir au Stagirite la gloire d'avoir construit le premier système logique.

L'intérêt des Topiques.

Bien qu'Aristote se soit peu soucié de présenter cette œuvre sous un jour attirant, et bien qu'il s'y adresse à un public étroitement défini dans l'espace et dans le temps, il ne paraît pourtant pas nécessaire, pour trouver intérêt à la lecture et à l'étude des *Topiques*, de se répéter avec plus ou moins de conviction que rien n'est négligeable de ce qui vient d'un philosophe d'envergure ; bien des raisons peuvent expliquer le regain d'attention dont, à divers signes, on entrevoit que cet ouvrage disgrâcié devient aujourd'hui l'objet[1].

Les *Topiques* sont d'abord importants par leur date. Ils sont en effet, selon toute vraisemblance, la première

1. La bibliographie des *Topiques*, et plus généralement celle de la dialectique aristotélicienne, se sont récemment enrichies d'ouvrages et d'articles importants, dont on trouvera l'indication plus loin. Le troisième *Symposium Aristotelicum*, qui s'est réuni à Oxford en septembre 1963, s'est entièrement consacré à l'étude des *Topiques* ; j'ai tiré le plus grand profit des communications qui y ont été présentées, et qui sont actuellement sous presse.

œuvre complète et sûrement authentique[1] que nous ayons conservée d'Aristote ; parmi les autres écrits que l'on s'accorde pour rattacher à la première période de son activité, les uns, comme les dialogues, sont presque entièrement perdus ; et l'authenticité des autres, comme le traité des *Catégories*, n'est pas à l'abri de tous les doutes[2]. Cette datation précoce avait été reconnue, et très généralement admise, bien avant que Jæger eût, par des travaux mémorables, orienté les études aristotéliciennes vers les problèmes d'évolution et de genèse. Jæger lui-même ne s'est pratiquement pas occupé de l'œuvre logique d'Aristote[3] ; mais tous les travaux qui, sous son influence directe ou indirecte, ont abordé sous cet angle la pensée du Stagirite ont confirmé cette datation, la considérant souvent comme assez solidement établie pour l'utiliser comme point d'appui dans la datation des autres ouvrages. La place que les *Topiques* occupent dans la carrière d'Aristote en fait donc un document qu'il est impossible de négliger, tant pour étudier le problème si

1. Cette authenticité, attestée par les nombreuses références aux *Topiques* que renferment les autres œuvres d'Aristote (cf. ci-dessous, p. LXXXV), n'a pratiquement jamais été mise en doute, sinon, au XVIe siècle, par le platonicien padouan F. Patrizzi. Plus près de nous, J. Pflug (*De Aristotelis Topicorum libro quinto*, Leipzig, 1908) a nié l'authenticité du seul livre V, avec des arguments dont plusieurs ne laissent pas d'impressionner. Enfin, J. Zürcher a englobé les *Topiques* dans sa tentative pour démontrer l'inauthenticité du *Corpus* aristotélicien, et pour en attribuer la responsabilité principale à Théophraste (*Aristoteles' Werk und Geist*, Paderborn, 1952) ; tentative particulièrement peu convaincante en l'occurrence, puisque nous possédons des témoignages précis sur les remaniements opérés par Théophraste dans la structure de la théorie topique, par rapport à l'état qu'en présente notre traité (cf. ci-dessous, p. CIII).

2. Cf. E. Dupréel, *Aristote et le traité des Catégories*, in *Arch. f. Gesch. d. Philos.*, 22 (1909), 230-251 ; Suzanne Mansion, *La première doctrine de la substance : la substance selon Aristote*, in *Rev. philos. Louvain*, 44 (1946), 349-369 ; du même auteur, *La doctrine aristotélicienne de la substance et le traité des Catégories*, in *Proc. of the Xth intern. Congress of Philos.*, 1949, vol. I, fasc. II, 1097-1100. Dans sa communication au *IIIe Symposium Aristotelicum* (Oxford, 1963), S. Mansion a trouvé de nouveaux arguments contre l'authenticité du traité des *Catégories* dans l'examen de la forme sous laquelle se présente la doctrine des catégories dans les *Topiques*.

3. Cf. les brèves indications données dans *Aristotle, Fundamentals of the History of his Development*², p. 46, n. 3 et p. 369-370.

discuté des relations entre Aristote et Platon que pour retracer la genèse des doctrines d'Aristote en général et celle de sa logique en particulier. Sans doute les informations qu'on y trouve doivent-elles être utilisées avec quelque précaution ; lorsque Aristote présente comme correcte telle proposition éthique, physique ou métaphysique, il n'est pas absolument certain que cette proposition exprime ses convictions philosophiques du moment ; n'étant prise que comme exemple de conclusion dialectiquement acceptable, elle peut n'avoir qu'une valeur d'illustration[1]. Mais, en dehors de ces exemples de signification incertaine, les *Topiques* contiennent un grand nombre d'affirmations dans lesquelles Aristote engage indiscutablement sa responsabilité, et qui sont, soit des lois logiques, soit des affirmations solidaires, d'une manière ou d'une autre, de telles lois. A cet égard, les *Topiques* constituent un document d'importance non seulement dans l'histoire de la logique aristotélicienne, mais encore dans l'histoire de la logique en général ; on a pu à juste titre les comparer[2] à une solution où se trouvent en suspension, non seulement les éléments de la théorie logique qui s'est cristallisée dans la syllogistique aristotélicienne classique, mais encore des éléments non-syllogistiques[3], appartenant à la logique des propositions et à la logique des relations, qui ne devaient trouver leur plein développement qu'à d'autres époques et dans d'autres milieux.

Il se pourrait, de plus, que l'interprétation de la philosophie d'Aristote ait avantage à s'appuyer sur l'étude des *Topiques*. La méthode dialectique, qu'Aristote a si nettement opposée à la méthode propre de la science, joue en effet, comme on a souvent essayé de le montrer avec

1. Dans sa communication au *IIIe Symposium Aristotelicum* (Oxford, 1963), I. Düring a dressé un inventaire commenté de ces exemples, et proposé quelques règles concernant la valeur qu'on peut leur accorder.

2. Cf. W. et M. Kneale, *The Development of Logic*, Oxford, 1962, p. 33.

3. Cf. aussi sur ce point I.M. Bochenski, *Ancient Formal Logic*, Amsterdam, 1951 ; du même auteur, *Formale Logik*, Freiburg-München, 1956 ; trad. angl., Notre-Dame, Indiana, 1961, p. 88-98.

succès[1], un rôle plus important dans la pratique aristotélicienne de la recherche scientifique ou philosophique que celui auquel paraissait la destiner son statut théorique ; à voir combien les démarches effectives d'Aristote s'éloignaient de la description qu'il avait lui-même donnée des exigences et des méthodes de la science démonstrative, on a pu se demander s'il était opportun de prendre pour argent comptant les déclarations de principe par lesquelles il semblait définir restrictivement les pouvoirs de la dialectique. Beaucoup d'excellents interprètes de son œuvre ont été ainsi conduits à reprendre l'examen des *Topiques*, avec l'espoir d'y trouver quelque chose comme la théorie de sa pratique réelle.

Signalons enfin d'un mot une raison supplémentaire de ce qu'il est permis d'appeler l'actualité des *Topiques*. La pensée moderne, comme on le sait, a fait d'immenses et méritoires efforts pour épurer la logique et pour en approfondir les fondements ; mais en même temps qu'elle prenait ainsi le parti de se détourner radicalement des chemins de la raison quotidienne, elle a souvent éprouvé le besoin de retrouver ces chemins, et de compléter l'étude des moyens de preuve qu'utilisent les sciences de type mathématique par celle des procédés qu'emploient les hommes pour se convaincre mutuellement[2]. A l'idée que

1. Dans la déjà considérable bibliographie relative à ce sujet, cf. notamment J. Burnet, *The Ethics of Aristotle*, Londres, 1900 ; J.M. Le Blond, *Logique et méthode chez Aristote*, Paris, 1939 ; E. Weil, *La place de la logique dans la pensée aristotélicienne*, in *Rev. de Métaph. et de Mor.*, 56 (1951), 283-315 ; P. Aubenque, *Le problème de l'être chez Aristote*, Paris, 1962 ; W. Wieland, *Die aristotelische Physik*, Göttingen, 1962 ; E. Berti, *L'unità del sapere in Aristotele*, Padoue, 1965.

2. Nous pensons notamment aux travaux de Ch. Perelman et L. Olbrechts-Tyteca, *Rhétorique et philosophie*, Paris, 1952, et *La nouvelle rhétorique, Traité de l'argumentation*, Paris, 1958. On verra, p. 6-12 de ce dernier ouvrage, que ce sont des raisons relativement contingentes qui ont conduit ces auteurs à préférer la formule de « nouvelle rhétorique » à celles de « nouvelle dialectique » ou de « nouvelle topique », qui n'auraient pas moins bien traduit leurs intentions. Il n'est donc pas surprenant de trouver, dans un volume de *Mélanges* publiés en hommage à Ch. Perelman, deux contributions consacrées à Aristote, celles de M. Gueroult sur *Logique, argumentation et histoire de la philosophie chez Aristote* et de J. Moreau sur

l'édifice de la logique ne comporte pas seulement le corps de logis où se trouvent les pièces d'apparat, mais aussi ces bâtiments plus humbles qu'il n'aurait pas déplu à Aristote d'entendre désigner sous le nom de *communs*, les *Topiques* peuvent encore aujourd'hui servir de garant, et, jusqu'à un certain point, de modèle.

II

STRUCTURE ET CONTENU DE L'OUVRAGE

Les *Topiques* soulèvent une multitude de problèmes, d'ordre très divers ; on ne peut espérer, dans le cadre d'une introduction, les résoudre ni même les poser tous. Il semble légitime de commencer par prendre l'ouvrage tel qu'il se donne, et de ne demander d'abord qu'à lui de nous instruire de son objet et de sa signification. Comme nous le verrons, il existe de nombreuses raisons de penser que le texte que nous lisons est le produit d'une genèse complexe ; mais il n'est pas moins certain qu'Aristote s'est efforcé d'en dissimuler les traces, pour donner à lire une œuvre unifiée et cohérente ; la plupart des discussions auxquelles cette œuvre a donné lieu, et des énigmes qu'elle continue de poser à ses interprètes, trouvent leur origine dans cette ambiguïté. Comme un édifice dont la façade tout ensemble désigne et masque l'agencement véritable, les *Topiques* sollicitent ainsi plusieurs modes de lecture ; l'analyse de leur structure manifeste n'est pas moins indispensable que la restitution des étapes latentes de leur élaboration.

L'identité des Topiques et le problème des Réfutations Sophistiques.

Une première difficulté surgit, au moment même de dessiner le cadre provisoire à ne pas dépasser. A la question, apparemment simple, de savoir quel est le texte que désigne le titre de *Topiques*, il n'est en effet pas possible de donner une réponse sûre. Nos manuscrits

Rhétorique, dialectique et exigence première (in *La théorie de l'argumentation. Perspectives et applications*, Louvain-Paris, 1963).

et la plupart de nos éditions intitulent ainsi (τοπικά) un ensemble de huit livres, qui occupent les pages 100 à 164 de l'édition Bekker ; ils donnent un autre titre, celui de *Réfutations Sophistiques* (περὶ τῶν σοφιστικῶν ἐλέγχων), au traité en un seul livre qui fait suite à cet ensemble. Cette répartition traditionnelle se heurte à quelques difficultés, et il ne manque pas d'arguments pour considérer les *Réfutations* comme le neuvième livre des *Topiques*[1] ; pour nous en tenir aux arguments d'ordre interne[2], citons les renvois des *Réfutations* aux *Topiques*, dont la formulation semble indiquer qu'Aristote considère leur ensemble comme un unique ouvrage[3], les divers passages où il présente avec insistance l'analyse des sophismes comme une partie constitutive de l'art du dialecticien[4], et surtout le chapitre final des *Réfutations*, où se trouve tracé le bilan d'une entreprise qui est, en fait, l'œuvre commune des *Topiques* et des *Réfutations*[5]. L'ensemble de ces deux

1. Aussi Waitz, conséquent avec lui-même (cf. t. II, p. 528-529), fait-il entièrement disparaître de son édition le titre de *Réfutations sophistiques*. Wallies conserve, au début du traité, le titre περὶ τῶν σοφιστικῶν ἐλέγχων, mais adopte pour le titre courant l'appellation de livre I (*iota*). Moins cohérente encore est la solution de Ross, qui imprime en titres courants σοφιστικῶν ἐλέγχων sur la page de gauche et I (*iota*) sur celle de droite.

2. Il en est d'ordre externe, notamment les quelques références faites par Aristote lui-même aux *Réfutations* sous le nom de *Topiques* : cf. *An. Pr.*, II, 17, 65 b 16, qui renvoie à *Soph. El.*, 5, 167 b 22 sq., et *De Int.*, 11, 20 b 26, qui renvoie vraisemblablement à plusieurs passages des *Soph. El.* (5, 167 b 38 sq. ; 6, 169 a 6 sq. ; 17, 175 b 39 sq. ; 30, 181 a 36 sq.).

3. Cf. *Soph. El.*, 4, 166 b 14, rappel probable de *Top.*, I, 9, sous la forme ὡς διῄρηται πρότερον ; 12, 172 b 27, rappel certain de *Top.*, II, 5, sous la forme καθάπερ ἐλέχθη πρότερον. En sens contraire, cependant, on observera, en *Soph. El.*, 2, 165 b 7 et 10, un renvoi général à *Top.*, I-VIII, qui adopte les expressions ἐν ἑτέροις et ἐν ἄλλοις.

4. Cf. *Soph. El.*, 9, *passim* ; 11, 172 b 5-8 ; sans compter *Rhet.*, I, 1, 1355 b 15 sq.

5. Aristote dans ce chapitre 34 se propose de récapituler l'ensemble de son travail « depuis le début » (183 a 34-36). Or il est aisé de voir que 183 a 37-38 renvoie à la phrase initiale des *Topiques* (100 a 18-20), 183 b 5-6 à *Top.*, 100 a 20-21, 183 b 8-10 à *Top.*, II-VII; 183 b 10-13 à *Top.*, VIII ; 183 b 13-15, enfin, rappelle le programme propre des *Réfutations*, déjà résumé plus en détail au début du chapitre (183 a 27-36).

traités, étroitement soudés par les soins de leur propre auteur, n'est-il pas le seul objet qu'il soit permis à l'interprète de placer dans le champ de son regard ?

Il semble cependant légitime de laisser les *Réfutations* à l'écart d'une présentation générale des *Topiques*. On peut en effet supposer, sur plus d'un indice, qu'Aristote n'est parvenu que tardivement à la vision unitaire qui vient d'être décrite. Le plan initial des *Topiques* ne prévoyait pas l'appendice dont ils ont été pourvus ; dans les huit livres des *Topiques* traditionnels, on en chercherait en vain l'annonce[1], et l'on trouve même des raisons positives d'estimer qu'Aristote, en les rédigeant, n'en avait pas encore conçu le projet[2]. En réservant le titre de *Topiques* aux livres consacrés à la dialectique, et en isolant sous un titre particulier le livre consacré à la sophistique, la tradition paraît donc avoir obéi à un juste sentiment ; en associant après coup les deux ouvrages, et en substituant à l'unité originaire du premier la nouvelle unité issue de leur réunion, il n'est pas impossible qu'Aristote ait sensiblement infléchi le sens initial de son entreprise. Si l'on veut essayer de saisir celui-ci, il est par conséquent légitime, sur le plan méthodologique, de limiter aux huit livres des *Topiques* traditionnels l'horizon de la recherche.

Le plan des Topiques.

A l'échelle des grandes masses, la structure d'ensemble des *Topiques* est claire et très fermement articulée ; cette rigueur forme d'ailleurs un singulier contraste avec

1. La définition du raisonnement sophistique, au début du livre I (100 b 23-101 a 4), ne renferme aucun engagement d'étudier pour elle-même cette forme de raisonnement ; elle n'a d'autre fonction que de permettre de préciser, par opposition, la nature du raisonnement dialectique, objet propre des *Topiques*. En outre, les distinctions qu'elle établit ne correspondent pas à celles sur lesquelles repose la structure des *Réfutations* ; inversement, la classification des arguments que présente Aristote dans le chapitre 2 des *Réfutations* n'a pas de parallèle exact dans les *Topiques*.

2. Les *Topiques* analysent assez fréquemment des procédés d'argumentation expressément qualifiés de sophistiques (cf. I, 18, 108 a 26-37 ; II, 5, 111 b 37-112 a 15) ; Aristote aurait probablement évité ces digressions s'il avait déjà formé le projet de consacrer une étude particulière à l'analyse des sophismes.

le désordre « rhapsodique » qui règne, au moins à première vue[1], à l'échelle du détail. Les grandes lignes de l'ouvrage peuvent se résumer schématiquement de la façon suivante :

Introduction (livre I).

I. Préliminaires : l'objet du traité et son utilité (ch. 1-3).

II. Eléments constitutifs de la méthode dialectique (ch. 4-18) :

A. Les « prédicables » : définition, propre, genre et accident (ch. 4-9).

B. Prémisses et problèmes dialectiques (ch. 10-11).

C. Les quatre « instruments » dialectiques (ch. 13-18).

Topique[2] *proprement dite* (livres II-VII).

I. Topique de l'accident (livres II-III) :

A. Lieux de l'accident en général (livre II).

B. Lieux du préférable (livre III, ch. 1-5).

C. Lieux de l'accident particulier (livre III, ch. 6).

II. Topique du genre (livre IV).

III. Topique du propre (livre V) :

A. Préliminaires (ch. 1).

B. Lieux relatifs à la correction « formelle »[3] (ch. 2-3).

1. Certains groupements de lieux obéissent en effet à un principe décelable d'ordination ; cf. ci-dessous, p. CXLI, n. 1.

2. On se permettra, dans cette introduction, d'utiliser le mot de « topique », au féminin, pour désigner la discipline topique en général, ainsi que les sections particulières en lesquelles Aristote l'a décomposée. Le titre des *Analytiques*, comme celui des *Topiques*, est au neutre en grec, et au masculin en français ; mais, au moins depuis Kant, le mot d'*analytique* au féminin ne surprend plus personne.

3. Je résume sous les expressions de *correction « formelle »* et de *vérité « matérielle »* la distinction établie par Aristote, tant à propos du propre qu'à propos de la définition, entre une enquête destinée à vérifier si le propre (ou la définition) a été « donné correctement

C. Lieux relatifs à la vérité « matérielle » (ch. 4-9).

IV. Topique de la définition (livres VI et VII, 1-4) :

A. Préliminaires (livre VI, ch. 1).

B. Lieux relatifs à la correction «formelle» (ch. 2-3).

C. Lieux relatifs à la vérité « matérielle » (ch. 4-14).

D. Lieux de l'identique et du différent (livre VII, ch. 1-2).

E. Lieux relatifs à l'établissement des définitions (ch. 3-4).

V. Comparaison entre les différents problèmes dialectiques (livre VII, ch. 5).

Appendice : règles de la pratique dialectique (livre VIII).

I. Directives à l'adresse du questionneur (ch. 1-3).

II. Directives à l'adresse du répondant (ch. 4-10).

III. Critères du jugement à porter sur une discussion dialectique (ch. 11-13).

IV. Conseils pour la préparation du dialecticien (ch. 14)[1].

Le sujet des Topiques : une méthode de discussion dialectique.

La phrase initiale du traité définit son objet dans les termes suivants : « Le présent traité se propose de trouver une méthode qui nous rendra capables de raisonner déductivement (συλλογίζεσθαι), en prenant appui sur des idées admises (ἐξ ἐνδόξων), sur tous les sujets qui peuvent se présenter, comme aussi, lorsque nous aurons nous-mêmes à répondre d'une affirmation, de ne rien dire qui lui soit contraire »[2]. Les deux parties de cette phrase

(καλῶς) », c'est-à-dire en accord avec les exigences de clarté et de concision qui découlent de la finalité cognitive du propre et de la définition, et une enquête destinée à vérifier si l'attribut proposé est bien le propre (ou la définition) du sujet. Cf., pour le propre, V, 2, 129 b 1 sq. ; 4, 132 a 22-26 ; pour la définition, VI, 1, 139 a 34-35 139 b 6-11, 12-18 ; 4, 141 a 23-25.

1. Le désordre dans lequel se présentent les derniers chapitres du livre VIII ne permet pas de donner à cette répartition plus qu'une valeur indicative.

2. I, 1, 100 a 18-21. Sur la traduction des mots συλλογίζεσθαι et ἔνδοξα, voir les notes *ad locum*.

correspondent aux deux rôles que se partagent les interlocuteurs du débat dialectique : la première définit les normes de conduite du questionneur, la seconde celles du répondant. La méthode topique s'inscrit ainsi d'emblée dans le cadre d'une technique de la discussion dont les usages fondamentaux sont d'ores et déjà fixés.

L'entretien dialectique, en effet, n'est pas une libre conversation, ni une discussion anarchique. L'échange verbal y est pris dans un réseau de conventions et de règles, qu'il est très éclairant de concevoir sur le modèle des codes institutionnels qui règlementent la pratique d'un sport ou d'un jeu[1], et qui asservissent selon des lignes bien définies le déroulement concret de toute « partie » réelle ou possible. Il convient donc de donner (avec l'aide en particulier du livre VIII, qui contient beaucoup d'informations directes ou indirectes sur ce point) une idée sommaire des règles fondamentales du jeu dialectique, et des conditions dans lesquelles se déroule une partie.

La discussion dialectique est un jeu à deux ; le couple des partenaires incarne à la fois deux oppositions binaires, celle de l'affirmation et de la négation, celle de la victoire et de la défaite ; le phénomène dialectique naît de la conjugaison de ces deux oppositions. Cependant le duel obéit à des règles qui s'imposent également aux deux adversaires ; il ne s'agit pas de vaincre à tout prix ; la victoire peut être mal acquise, et la défaite honorable. En dehors et au-dessus de leurs fins propres, les partenaires ont une fin commune[3], en vue de laquelle ils unissent leurs efforts, et qui est de donner à leur affrontement un contenu riche et une forme régulière. C'est pourquoi la présence d'un auditoire ou d'un arbitre, protecteur et juge de cette

1. Cf. sur ce point R. Robinson, *The historical Background of Aristotle's Top. VIII*, in *Proc. of the VIIth intern. Congress of Philos.*, 1931, p. 437-442 ; E. Weil, *art. cit.* ; P. Moraux, *L'entraînement à la dialectique d'après le VIII*[e] *livre des Topiques* (communication au *III*[e] *Symposium Aristotelicum*, Oxford, 1963).

2. Κοινὸν ἔργον : cf. VIII, 11, 161 a 20-21, 37-38.

régularité, paraît normalement requise[1]. En principe, les deux partenaires sont des dialecticiens également expérimentés ; il n'est pas exclu que l'un d'entre eux soit un novice[2], mais le cas reste exceptionnel ; à engager le fer avec le premier venu, on risquerait en effet de voir le débat s'envenimer[3]. Ils ne disposent ni de documents écrits, ni de matériel d'écriture : tout se passe oralement et, pour ainsi dire, à parole nue.

Une partie de dialectique a un commencement et une fin[4]. Avant que la discussion proprement dite puisse s'engager, un certain nombre d'opérations préliminaires sont indispensables ; elles peuvent s'effectuer successivement ou simultanément, par accord entre les partenaires ou par décision de l'arbitre. Une fois désignés les deux partenaires et une fois déterminé le rôle de questionneur ou de répondant imparti à chacun d'eux, la plus importante de ces opérations est le choix du *problème* qui fera l'objet de la discussion.

1. Aristote signale qu'il arrive aux dialecticiens, dans certaines situations, de se montrer mauvais joueurs (δυσκολαίνειν), ou de se couvrir de ridicule ; ce ne peut être qu'aux yeux d'un tiers, qui ne soit pas à la fois juge et partie. Il donne en outre, dans le livre VIII, les critères d'après lesquels on appréciera la beauté et l'intérêt d'un débat dialectique. Il conçoit l'éducation d'un public d'*aficionados* comme une partie de sa tâche.

2. Sur l'usage de la dialectique comme langage commun au philosophe et au non-philosophe, cf. I, 2, 101 a 30-34. La discussion raisonnée est une activité naturelle à l'homme, que l'art dialectique se borne à promouvoir du rang de pratique instinctive à celui de méthode réfléchie ; cf. *Soph. El.*, 11, 172 a 34-35 ; *Rhet.*, I, 1, 1354 a 3-7.

3. Cf. VIII, 14, 164 b 8-15. On peut noter à ce propos que, selon Aristote, l'emploi des arguments inductifs est recommandé à l'adresse des novices, et celui des arguments déductifs ou « syllogismes » à l'adresse des dialecticiens éprouvés (*ibid.*, 164 a 12-13) ; or l'objet propre des *Topiques* est le « syllogisme » dialectique (I, 1, 100 a 23-24). Le cas normal est donc celui d'une joute entre partenaires également exercés.

4. Cf. I, 11, 105 a 7-9 ; VIII, 10, 161 a 9-12.

Le problème dialectique. Présentant, dans le livre I, les notions fondamentales de la discipline topique, Aristote établit une liaison étroite entre les deux notions de *prémisse* (πρότασις) et de *problème* (πρόβλημα) ; il les analyse toujours conjointement[1]. Il vaut mieux cependant les dissocier ici. Si Aristote les rapproche, en effet, c'est parce qu'il se place dans la perspective du questionneur ; la tâche de ce dernier est d'élaborer une argumentation, comme nous le verrons ; et pour déterminer la nature de cette argumentation, il est naturel de la rapporter à deux points de référence, qui sont, d'une part, le sujet sur lequel elle porte (περὶ ὧν), et d'autre part, les points d'appui sur lesquels elle repose (ἐξ ὧν), c'est-à-dire précisément le problème et les prémisses[2] ; ainsi s'explique la solidarité des deux notions. Avant de se présenter au seul questionneur comme le sujet de l'argumentation qu'il a pour office de construire, le problème se présente cependant à l'un et l'autre partenaires de la discussion comme le sujet du débat qu'ils ont à mener en commun. C'est à cet échelon qu'il est bon de se placer pour en esquisser l'analyse.

Un problème dialectique peut se définir, conformément à l'étymologie du mot, comme ce qui doit être *jeté*[3] dans le champ de l'affrontement dialectique pour en constituer le thème et l'enjeu. Il se présente canoniquement sous la forme d'une interrogation double : « Est-ce que telle chose est telle, ou non ? » ; ou encore, si l'on préfère, « *p* ou *non-p* ? », étant entendu que dans cette formule, *p* marque la place d'une proposition simple[4]. Par sa structure même, il n'admet que deux réponses possibles, l'affirmative ou la négative[5], préfigurant ainsi l'affrontement dont il va

1. Cf. I, 4, 101 b 13-36 ; 10, 104 a 3-11, 104 b 19 ; 14, 105 b 19-29.

2. Cf. I, 4, 101 b 13-16 ; voir toutefois la note *ad locum*.

3. Ce sens reste opérant, cf. I, 10, 104 a 6.

4. Cf. I, 4, 101 b 32-33 (πότερον... ἢ οὔ).

5. Aristote le dit explicitement à propos des prémisses (VIII, 2, 158 a 14 sq.) ; il va de soi qu'on peut en dire autant des problèmes. Parmi les divers types de questions auxquels cette définition refuse le statut de problème dialectique, on en remarquera notamment deux : les questions de définitions (« Qu'est-ce que X ? ») et les

donner le prétexte entre deux interlocuteurs qui se feront respectivement les champions de chacune d'elles.

En principe, la proposition *p* est quelconque ; son choix n'est limité par aucune restriction théorique[1]. On ne peut dire d'une question que, par son contenu, elle est ou n'est pas un problème dialectique, comme on peut dire qu'elle est ou n'est pas un problème géométrique ou un problème physique ; elle devient dialectique si elle est traitée par les méthodes propres à la dialectique. Ces méthodes n'étant pas solidaires de la connaissance d'un domaine objectif déterminé, on peut dire que la dialectique possède une compétence universelle, dans l'exacte mesure où elle ne requiert aucune compétence particulière. Les *Topiques* contiennent deux classifications distinctes des problèmes dialectiques, qui confirment l'une comme l'autre cette universalité de principe. La première[2] définit le problème comme un objet de recherche (θεώρημα) dont l'enjeu peut-être soit pratique, soit spéculatif, qu'il soit tel par lui-même ou à titre d'auxiliaire dont la solution conditionne celle d'un problème du premier type. La seconde classification[3] distingue, selon un schéma d'origine vraisemblablement académique, et qui deviendra classique dans les écoles philosophiques de l'âge hellénistique, les problèmes éthiques, physiques et logiques[4]. La coexistence de ces deux classifications soulève d'ailleurs des difficultés, et il est aussi tentant que malaisé de les faire

questions de causalité (« Pourquoi X est-il Y ? ») ; les premières constituent l'ouverture classique d'un débat de style socratique ; les secondes fournissent le patron sur lequel sont taillés les *Problèmes* qui figurent dans le *Corpus* aristotélicien. Mais il faut ajouter que ces questions peuvent devenir des problèmes dialectiques, pour peu qu'une réponse déterminée leur soit donnée sur le mode interrogatif (« Y est-il la définition de X ? », « Z est-il la cause pour laquelle X est Y ? »).

1. Cf. I, 1, 100 a 19 : περὶ παντὸς τοῦ προτεθέντος.
2. I, 11, 104 b 1 sq.
3. Cf. I, 14, 105 b 19-29.
4. Il est à noter que les *Topiques* n'ignorent pas la division, plus classiquement aristotélicienne, des sciences en théorétiques, pratiques et poétiques (VI, 6, 145 a 15-18 ; VIII, 1, 157 a 10-11).

coïncider l'une avec l'autre[1]. Mais leur intention commune ne paraît pas faire de doute : elles ne jettent aucune exclusive, et elles entendent couvrir la totalité des questions que peut se poser l'esprit humain, à la seule condition qu'elles revêtent la forme que nous avons décrite plus haut.

En pratique, toutefois, les conditions concrètes de l'activité dialectique imposent au choix du problème un certain nombre de limitations. Pour donner lieu à un débat, il faut que le problème soit discutable, et que, des deux réponses qu'on peut lui apporter, aucune ne s'impose avec trop d'évidence[2], qu'il s'agisse d'ailleurs de l'évidence sensible ou même d'une évidence morale non moins immédiate[3] ; mais il convient également que l'aporie qu'il

1. Les problèmes éthiques sont évidemment identiques à ceux qui ont pour enjeu l'alternative pratique de la « prise » et de l'« évitement » (αἵρεσις καὶ φυγή). Les problèmes « physiques » peuvent se confondre avec les problèmes d'ordre spéculatif, pour peu que l'on donne au mot de φύσις le sens très large qu'il possède souvent dans le vocabulaire du jeune Aristote (cf. par exemple l'emploi fréquent du couple ἀλήθεια καὶ φύσις dans le *Protreptique*, fragments 5, 12 et 13 Ross). Mais peut-on identifier les problèmes « logiques » de la seconde classification avec ceux que, selon la première, nous ne cherchons pas à résoudre pour eux-mêmes, leur solution ne nous important que parce qu'elle commande celle des problèmes pratiques ou spéculatifs qui nous intéressent directement ? On conçoit que les commentateurs aient trouvé dans cette identification un argument puissant en faveur de la conception traditionnelle de la logique comme *organon* du savoir (cf. Alex., *in Top.*, 74, 26-75, 3 et 94, 7-10) ; mais il n'est pas du tout certain qu'ils aient eu raison (cf. ci-dessous, p. 16, n. 1). Il se peut en effet que les problèmes « auxiliaires » de la première classification ne constituent pas une catégorie située sur le même plan que les deux autres, mais seulement une subdivision intérieure à chacune d'elles. On observera, au surplus, que la seconde classification s'accompagne de la remarque suivante: « Ces problèmes doivent être traités selon la vérité au niveau philosophique, dialectiquement au niveau de l'opinion » (105 b 30-31); en revanche, la première ne craint pas d'utiliser le mot de *vérité* (ἀλήθεια, 104 b 2) pour définir le groupe des problèmes spéculatifs. Cette différence peut être un indice supplémentaire de la disparité des deux classifications.

2. Cf. I, 10, 104 a 4-8.

3. Cf. I, 11, 105 a 3-7. La dialectique aristotélicienne prend ainsi ses distances à l'égard des deux tentations du *scepticisme* et du *cynisme*.

suscite ne soit pas assez profonde pour que sa résolution nécessite des démarches trop longues et trop compliquées[1]. Aussi, pour s'assurer qu'un problème est discutable, fera-t-on bien de le chosir parmi ceux qui sont effectivement discutés, parce qu'à leur sujet les esprits sont divisés, soit qu'ils n'aient pas d'opinion en un sens ou en l'autre, soit que l'opinion moyenne y réponde autrement que l'opinion éclairée, soit enfin que chacun de ces secteurs de l'opinion se partage à leur sujet en deux camps opposés[2]. L'essentiel, en ceci, est que la partie soit à peu près égale entre les deux partenaires ; il est à remarquer, par exemple, que lorsqu'un problème est de telle nature que l'une des réponses possibles paraît s'imposer immédiatement, la réponse opposée faisant alors figure de paradoxe, Aristote n'en admet le choix comme problème dialectique que si la réponse paradoxale a été soutenue par quelque philosophe en renom[3] ; l'autorité de ce dernier compense ainsi, dans la « main » du dialecticien appelé à défendre cette thèse, le faible degré de crédibilité qu'elle possède par elle-même.

Une fois le problème déterminé, le dialecticien désigné pour le rôle de répondant annonce quelle est, des deux réponses possibles, celle dont il a l'intention de se faire le champion. Les modalités de ce choix sont variables : parfois le répondant choisit à la fois le problème et sa propre position, mettant ainsi son adversaire au défi de renverser une proposition donnée ; parfois il ne choisit ni le problème ni sa propre position, soit qu'il réponde à un défi lancé par l'adversaire, soit que l'organisateur de la rencontre le charge de défendre une thèse déterminée,

1. Cf. I, 11, 105 a 7-9.

2. Cf. I, 11, 104 b 3-5. Sur le sens de σοφοί, cf. plus loin p. 2, note 1.

3. Cf. I, 11, 104 b 19-105 a 2. C'est à ces propositions paradoxales qu'Aristote suggère de réserver le nom de *thèses*, contre l'usage des dialecticiens de son temps, qui donnaient à ce mot un contenu moins précis ; cf. *ibid.*, 104 b 19-20, 104 b 34-105 a 1. Le prestige personnel de l'auteur du paradoxe peut être remplacé par l'existence d'un raisonnement d'apparence infaillible à l'appui du paradoxe ; cf. *ibid.*, 104 b 24-28.

sans rapport avec ses convictions personnelles[1] ; parfois enfin, il choisit seulement sa propre position sur un problème imposé ; dans ce dernier cas, il suivra naturellement, non seulement ses convictions personnelles, mais aussi son intérêt de dialecticien, et s'efforcera d'adopter le parti le moins paradoxal et le plus facile à défendre[2]. De toute manière, il vient donc tôt ou tard un moment où l'enjeu du débat ne se présente plus sous la forme d'une question, mais sous celle d'une assertion, affirmative ou négative, que le répondant s'engage à défendre et le questionneur à renverser ; à cette assertion, Aristote conserve d'ailleurs le nom de *problème*[3].

Le rôle du questionneur et le συλλογισμός.

A partir du moment où le répondant a déclaré sur quelle position il entend se placer, l'initiative passe entre les mains du questionneur, et la discussion proprement dite s'engage[4]. La tâche du questionneur est d'élaborer une argumentation tendant à établir la propo-

1. Cf. VIII, 4, 159 a 20 sq. ; 5, 159 b 27-35.

2. Cf. VIII, 4 et 5. Lorsqu'il se trouve contraint de soutenir une thèse paradoxale, le répondant s'efforcera au moins de ne pas se laisser arracher d'autres concessions paradoxales que celles qui sont logiquement solidaires de sa thèse (159 a 20-22).

3. Par exemple, c'est aux problèmes qu'Aristote applique la distinction quantitative de l'universel et du particulier (II, 1, 108 b 34 sq.). Les problèmes sont susceptibles d'être faux (*ibid.*, 109 a 27-33), d'être renversés ou réfutés (cf. par exemple II, 2, 109 b 24).

4. On peut supposer que les adversaires disposent d'un court délai de réflexion, pendant lequel le questionneur décide de sa stratégie et de sa tactique (cf. VIII, 1, 155 b 4 sq.), et le répondant s'efforce d'imaginer à quelles objections il devra faire face (cf. VIII, 9, 160 b 14-16). Mais ce temps de réflexion reste limité ; il ne semble pas envisagé que l'on puisse organiser longtemps à l'avance une discussion dialectique sur un sujet fixé. Ce caractère de quasi-improvisation est d'une importance extrême : il rend en effet indispensable l'acquisition, par chacun des partenaires, d'un ensemble restreint de principes d'action suffisamment généraux pour qu'ils puissent s'adapter rapidement et efficacement à la diversité indéfinie des situations concrètes (cf. à cet égard VIII, 14, 163 b 17-33). Les relations entre les *Topiques* et l'art mnémotechnique ont été justement soulignées par F. Solmsen, *Die Entwicklung der aristotelischen Logik und Rhetorik*, Berlin, 1929, p. 171-175.

sition contradictoire de celle que soutient le répondant ; considérant que l'établissement d'une proposition négative est la réfutation de l'affirmative opposée, Aristote appelle *réfutation* (ἀνασκευάζειν) l'opération du questionneur lorsque la thèse du répondant est de forme affirmative[1], alors qu'il appelle *établissement* (κατασκευάζειν) cette même opération lorsque la thèse du répondant est de forme négative. Dans leur presque totalité, les *Topiques* sont destinés à fournir au dialecticien les moyens de remplir cette tâche avec succès ; ils s'adressent par priorité au questionneur, parce que son rôle est de loin le plus actif des deux, et que sa marge d'initiative est de loin la plus étendue[2]. La phrase initiale du traité donne à cette activité un nom : συλλογίζεσθαι. C'est en vertu du primat du questionneur que les *Topiques* sont essentiellement un traité du « syllogisme » dialectique[3].

Pour en définir la nature, il convient d'oublier provisoirement ce que nous savons du syllogisme classique, dont Aristote a donné la théorie dans les *Premiers Analytiques*. On en chercherait en vain, dans les *Topiques*, la structure caractéristique, ses trois termes, combinés deux à deux dans les deux prémisses et dans la conclusion, ses figures bien connues, que distingue la position occupée dans les prémisses par le terme qui leur est commun,

1. Aristote signale que cette situation est la plus fréquente (II, 1, 109 a 8-10). Comme il n'y a aucune raison de penser que le répondant, placé devant un problème quelconque, ait tendance à préférer y répondre affirmativement plutôt que négativement, il faut supposer que dans la pratique dialectique du temps, le problème n'était pas posé sous une forme d'abord interrogative, et que le répondant déclarait d'emblée qu'il se proposait de soutenir une proposition déterminée.

2. Les quelques directives données au répondant se trouvent dans le livre VIII (chap. 4 sq.) ; Aristote signale que le comportement du répondant dans l'entretien dialectique n'avait jamais fait avant lui l'objet d'une analyse méthodique (5, 159 a 32-35), ce qui laisse supposer qu'il n'en était pas tout à fait de même pour le comportement du questionneur.

3. Dans la traduction, j'ai rendu συλλογισμός par « déduction » ou « raisonnement déductif » (cf. la note 2 de la p. 1). Dans cette introduction, toutefois, où l'usage des guillemets est possible, je préfère, pour des raisons de clarté, utiliser au besoin le mot de « syllogisme ».

ses non moins célèbres modes, que diversifie la qualité et la quantité des prémisses. Si l'on s'en tient aux indications explicites des *Topiques*, le « syllogisme » dialectique est une espèce du « syllogisme » en général. De celui-ci, Aristote donne la définition suivante : « une formule discursive (λόγος) dans laquelle, certaines choses étant posées, une chose distincte de celles qui ont été posées s'ensuit nécessairement, par la vertu même de ce qui a été posé »[1]. D'après cette définition, le « syllogisme » est par principe une formule complexe, décomposable en plusieurs parties[2], et caractérisée à la fois par la nature des éléments dont elle se compose et par les relations que ces éléments entretiennent entre eux. Ces éléments ne sont pas homogènes : les uns sont de nature à être « posés » (τεθέντων, κειμένων), ce sont les propositions élémentaires qui constituent les prémisses du « syllogisme »[3] ; l'autre est de nature à « suivre nécessairement » de ces prémisses, c'est la proposition élémentaire, matériellement différente des prémisses, qui constitue la conclusion du « syllogisme ». Les précisions données par Aristote invitent à refuser la qualité de « syllogisme » à tout λογός dans lequel la conclusion serait

1. I, 1, 100 a 25-27. Cette définition est, à quelques mots près, identique à celle que donnent du syllogisme les *Premiers Analytiques* (I, 1, 24 b 18-20) ; mais il n'est pas nécessaire d'en conclure que les *Topiques* entendent par syllogisme cela même dont les *Premiers Analytiques* font la théorie. En effet, la définition commune est trop large pour cerner l'objet précis des *Analytiques*. Aristote lui-même l'a reconnu, en notant qu'il existe des conclusions nécessaires qui ne sont pas syllogistiques (*An. Pr.*, I, 32, 47 a 33-35). On verra donc dans la définition des *Analytiques* une survivance de celle des *Topiques*, plus volontiers que, dans celle des *Topiques*, une anticipation de celle des *Analytiques*.

2. C'est sans doute à cette multiplicité essentielle qu'Aristote entend se référer en définissant le « syllogisme » comme une espèce particulière de λόγος ; l'un des sens fondamentaux de ce mot trouve en effet son contenu dans une opposition entre ὄνομα (mot isolé, revêtu d'une signification, et composé d'une multiplicité d'éléments eux-mêmes non signifiants) et λόγος (énonciation composée d'une multiplicité d'unités du type précédent). Cf. I, 5, 101 b 38-102 a 6 ; *De Int.*, 4.

3. Sans le dire explicitement, Aristote semble ici présupposer qu'un « syllogisme » a nécessairement plus d'une prémisse ; cf. les pluriels employés en I, 1, 100 a 25, 26, 27, 28, 30, 100 b 24, 25, 101 a 6, 9, 10, 11, 12, 14.

la répétition des prémisses ou de l'une des prémisses[1], ainsi qu'à toute formule dans laquelle la conclusion serait compatible avec les prémisses sans résulter nécessairement d'elles[2] ; de même encore, on ne peut considérer comme un « syllogisme » une formule dont il serait simplement vrai de dire qu'il est impossible d'en tenir les prémisses pour vraies et la conclusion pour fausse[3] ; encore faut-il, en effet, que cette situation soit due à la relation déterminée qu'en vertu de leur contenu propre elles entretiennent entre elles.

Le « syllogisme » doit-il être conçu comme une inférence,

1. Ne sont donc pas des « syllogismes » des formules de type $p \rightarrow p$, $p.q \rightarrow p.q$, $p.q \rightarrow p$, $p.q \rightarrow q$.

2. Cette intervention de la nécessité logique est probablement le ressort fondamental de l'opposition établie par Aristote entre le « syllogisme » et l'induction (ἐπαγωγή). Celle-ci, qui dans les *Topiques* est toujours considérée sous sa forme « amplifiante », passe sans nécessité contraignante des propositions singulières ou spéciales qui constituent ses prémisses à la proposition générale qui constitue sa conclusion ; c'est seulement en sens inverse que s'établirait entre ces propositions un lien de nécessité logique. En I, 8, 103 b 1-19, Aristote utilise pour l'établissement d'une même proposition universelle les deux voies inductive et déductive (ou « syllogistique ») ; il ressort clairement de ce passage que l'induction prouve qu'en fait, la proposition en question se trouve vérifiée dans tous les cas particuliers que l'on peut indéfiniment alléguer, mais que seul le « syllogisme » est apte à prouver qu'en droit, elle dénote un état de choses qui ne peut pas être autre qu'il n'est. Notons à ce propos que l'induction occupe dans les *Topiques* une position assez imprécise et marginale. Elle est définie, dans le chapitre I, 12, comme l'une des deux formes du raisonnement dialectique ; ce qui n'empêche pas le « syllogisme », qui est la seconde de ces formes, d'être, comme on l'a vu, l'objet formel du traité. Dans la pratique dialectique, l'induction joue un rôle auxiliaire, soit que le dialecticien l'utilise lorsqu'il se trouve en face d'un partenaire peu exercé (cf. I, 12, 105 a 16-19 ; VIII, 2, 157 a 18-21 ; 14, 164 a 12-13), soit qu'il ait besoin d'elle pour établir une règle générale qui manque d'évidence propre (cf. par exemple II, 8, 113 b 17, 29 ; 10, 115 a 5-6 ; IV, 2, 122 a 19 ; 3, 123 b 7-8). Il est donc indispensable au dialecticien d'être capable d'argumenter inductivement (cf. I, 18, 108 b 7-12) ; mais l'essentiel de son pouvoir n'est pas là.

3. Tel serait le cas si les prémisses étaient nécessairement fausses, ou la conclusion nécessairement vraie. C'est une autre conception de la consécution logique que supposent les adages scolastiques *ex falso sequitur quodlibet* et *verum sequitur ad quodlibet*.

c'est-à-dire comme un raisonnement qui, à partir de prémisses tenues pour vraies, conduit à une conclusion faisant l'objet d'une assertion indépendante[1], ou comme une implication, c'est-à-dire comme la simple affirmation du lien nécessaire qui unit à un conséquent un antécédent qui peut être, en lui-même, indifféremment vrai ou faux[2] ? La définition qu'en donne Aristote ne permet pas, à elle seule, d'en décider ; le génitif absolu qui désigne l'acte de position des prémisses (τεθέντων τινῶν) peut en effet s'interpréter comme signifiant soit la raison pour laquelle la conclusion est légitime (*puisque certaines choses sont posées...*), soit la condition sous laquelle elle l'est (*si certaines choses sont posées...*). Il faut d'ailleurs remarquer que cette question, qui a donné lieu à d'importantes discussions à l'échelon du « syllogisme » des *Analytiques*, ne touche pas aussi directement le « syllogisme » des *Topiques*. Elle n'a de consistance, en effet, que si l'on admet que les prémisses puissent être fausses ; dans cette hypothèse, une implication peut être affirmée avec vérité entre un antécédent et un conséquent, sans qu'aucun jugement soit porté quant à la légitimité de l'inférence correspondante, c'est-à-dire du « détachement » de l'antécédent et de l'assertion du conséquent ; seul un antécédent vrai est détachable. Or il est clair que le dialecticien n'a que faire d'une implication dont l'antécédent ne serait pas détachable : il ne lui suffit pas d'affirmer une liaison implicative entre plusieurs propositions, il lui faut aussi pouvoir faire de la conclusion de son « syllogisme » l'objet d'une assertion catégorique[3]. C'est pourquoi les prémisses, elles aussi, sont vouées à faire l'objet d'une assertion indépendante. Le « syllogisme » est donc un acte complexe, dans lequel se superposent une affirmation concernant la validité d'une inférence (ou, ce qui revient au même, la vérité dans tous les cas de l'implication correspondante) et une affirmation concernant la vérité de ses prémisses,

1. *p*, et *p*', et *p*''... ; donc *q*.
2. Si *p*, et *p*', et *p*''..., alors *q*.
3. Aussi ne trouve-t-on dans les *Topiques* aucune implication formulée à l'irréel, comme par exemple la formule célèbre de la *Politique* : « Si les navettes marchaient toutes seules, les maîtres n'auraient pas besoin d'esclaves » (I, 4, 1253 b 37 sq.).

affirmations qui sont toutes deux nécessaires pour légitimer celle dont la conclusion sera l'objet[1] ; on peut le caractériser comme une implication immédiatement transformable en inférence, parce qu'énoncée sous la condition de la vérité de son antécédent.

Les variétés du « syllogisme » et le « syllogisme » dialectique.

Aristote définit les diverses espèces du « syllogisme » en spécifiant la nature des rapports que ses prémisses entretiennent avec la vérité. Celle-ci peut en effet se mesurer à divers critères, lesquels, à leur tour, peuvent être véritablement satisfaits, ou bien ne l'être qu'en apparence. Le premier chapitre des *Topiques* distingue ainsi les variétés suivantes : « syllogisme » démonstratif, dialectique, éristique, et paralogisme. L'opposition fondamentale est celle qui sépare la démonstration et le « syllogisme » dialectique ; les autres variétés résultent de l'adultération de l'un ou l'autre des éléments constitutifs de ces formes majeures.

Un « syllogisme » est démonstratif ou scientifique lorsque ses prémisses sont intrinsèquement vraies, soit parce qu'elles sont connues par elles-mêmes avec une évidence absolue (axiomes), soit parce qu'elles sont déduites à partir des axiomes (théorèmes déjà démontrés). Il est au contraire dialectique, dit Aristote, lorsque ses prémisses[2] sont ἔνδοξα, c'est-à-dire lorsqu'elles sont approuvées

1. On peut en trouver confirmation dans le fait que l'antécédent et le conséquent sont souvent exprimés à l'aide de modes et de temps grammaticaux hétérogènes : alors que le conséquent est fréquemment au futur ou au conditionnel, de manière à marquer la liaison nécessaire qu'il entretient avec l'antécédent, ce dernier est lui-même, la plupart du temps, à l'indicatif présent, ce qui signifie que l'hypothèse qu'il énonce se trouve effectivement réalisée. Cf. par exemple, IV, 3, 123 a 25-26, 31-32 ; IV, 4, 124 b 4-5.

2. Il est à remarquer que ce premier chapitre ne parle pas explicitement de prémisses ; il n'utilise que des expressions sans substantif, comme la langue grecque le permet, au grand dam parfois des interprètes (cf. 100 a 27, 28, 30, 100 b 18, 21, 24, 25, 101 a 9, 10), ou bien des mots comme ἀρχή (100 b 20, 28) ou λῆμμα (101 a 14). On peut toutefois employer de manière anticipée le terme de prémisse, en précisant qu'on entend par là, non la proposition interrogative soumise par le questionneur au répondant, mais l'assertion en

« par tous les hommes, ou par presque tous, ou par ceux qui représentent l'opinion éclairée, et, parmi ces derniers, par tous, ou par presque tous, ou par les plus connus ». En somme, une prémisse est « endoxale »[1] lorsqu'elle a des répondants de poids, soit par le nombre, soit par la qualité. Pour savoir si une proposition possède ou non cette propriété, on notera donc qu'il n'y a pas lieu de la confronter avec les objets dont elle parle, pour voir si elle en exprime exactement ou non la nature et les propriétés ; il est nécessaire et suffisant de rechercher si, jusqu'à quel point et dans quel milieu elle *a cours* ; la prémisse dialectique est en quelque sorte à la prémisse démonstrative ce qu'une monnaie de papier, échangeable à cours forcé dans un espace économique déterminé, est à une monnaie métallique, par elle-même précieuse. L'autorité qui s'attache aux propositions « endoxales » est sans doute la garantie d'une vérité intrinsèque au moins probable ; on sait assez la confiance qu'Aristote accorde, fût-ce sous réserve d'examen, aux représentations collectives et à la vocation naturelle de l'humanité envers le vrai. Mais s'il invoque ces garants, ce n'est pas en tant qu'ils fournissent un indice favorable à la vérité des prémisses dialectiques ; celles-ci ne remplissent pas leur fonction en tant qu'elles sont *probablement vraies*, mais en tant qu'elles sont *véritablement approuvées*. Comme telles, elles sont impossibles à repousser pour tout membre du groupe humain dans lequel elles ou leurs garants ont autorité, sauf à s'attirer de la part de ce groupe, ou de ses représentants qualifiés, la sanction du scandale ou celle du ridicule.

La classification des diverses espèces du « syllogisme », amorcée par cette ligne fondamentale de partage, se ramifie ultérieurement par l'intervention d'un nouveau facteur : derrière toute forme authentique peut en effet se glisser sa contrefaçon frauduleuse. La fraude peut porter,

laquelle celle-ci se transforme une fois fournie la réponse désirée, et sur laquelle le questionneur va désormais faire reposer son argumentation. Cf. I, 4, 101 b 15, et la note *ad locum*.

1. J'ai traduit ἔνδοξα par « idées admises » (cf. ci-dessous, p. 1, n. 3) ; mais dans cette introduction, je risque le néologisme « endoxal », bâti sur le modèle de son antonyme exact, « paradoxal ».

soit sur la réalité du lien qui unit les prémisses et la conclusion, soit sur l'authenticité des propriétés caractéristiques des prémisses. Lorsque la liaison entre prémisses et conclusion semble être nécessaire sans l'être vraiment, le « syllogisme » est *éristique* en sa forme. Lorsque les prémisses relèvent proprement, comme celles de la démonstration, d'une science déterminée, mais sont en réalité fausses, il s'agira d'un *paralogisme*. Lorsque enfin les prémisses paraissent être « endoxales », mais ne le sont pas réellement, le « syllogisme » est *éristique* en sa matière. L'ensemble de cette classification est résumé[1] ci-dessous.

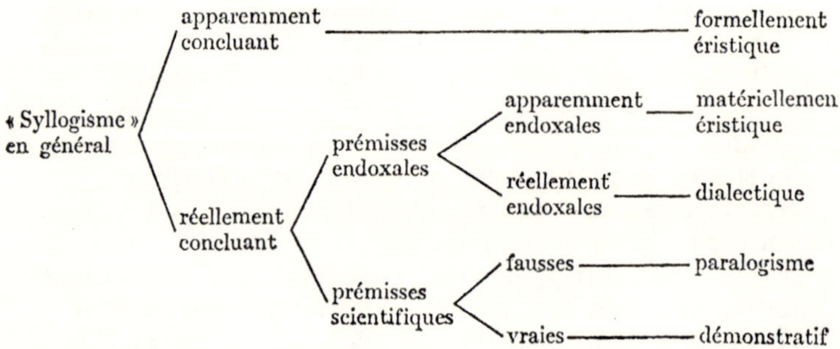

La prémisse dialectique.

Il est remarquable que dans cette classification, destinée à différencier de ses congénères le « syllogisme » dialectique, objet formel des *Topiques*, Aristote ne fasse aucune allusion à la situation de dialogue qui constitue le cadre spécifique de sa réalisation. Il est facile de voir, cependant, que la propriété caractéristique des prémisses dialectiques résulte logiquement de la fonction qu'elles remplissent dans l'argumentation dialoguée. Une telle argumentation est en effet tout autre chose qu'une argumentation oralement présentée devant un ou plusieurs auditeurs. Qui veut convaincre n'a pas intérêt à poser lui-même les prémisses de son argumentation : si contraignante que puisse être logiquement celle-ci, il suffira, pour

1. Ce tableau récapitule, en les modelant sur une articulation différente, les indications du chapitre I, 1.

en éluder la conclusion, d'en refuser les prémisses. Il est donc naturel que la technique du dialogue raisonné ait de bonne heure fixé une procédure par laquelle, au lieu d'assumer directement la responsabilité de ses prémisses, le dialecticien s'efforce de la faire endosser par son interlocuteur, en les lui proposant sous forme interrogative, et en s'interdisant de les utiliser s'il n'a obtenu de lui l'autorisation expresse de le faire. S'il parvient à tirer de ces prémisses, par un raisonnement formellement valide, une conclusion opposée à la thèse soutenue par son interlocuteur, celui-ci ne pourra que reconnaître sa défaite, puisqu'il aura librement accepté les propositions qui entraînent la négation de celle qu'il s'était proposé de défendre ; il aura lui-même fourni à son adversaire la matière du raisonnement qui le confond.

Comme le problème, par conséquent, la prémisse est d'abord une question[1], ainsi qu'il ressort d'ailleurs de l'étymologie[2] du grec πρότασις et de celle de son équivalent latin *praemissa* ; elle appelle comme lui une réponse par *oui* ou par *non*[3]. Mais, à la différence du problème, elle n'est pas de nature à tenir la balance égale entre les deux réponses auxquelles elle s'expose[4]. Si le questionneur veut obtenir l'assentiment de son interlocuteur à une proposition dont il a besoin pour bâtir sa propre argumentation, il faut que sa question le mette en situation de ne pas pouvoir le refuser. On comprend ainsi que la dialectique ne soit pas directement intéressée au problème de savoir si une prémisse est ou non intrinsèquement vraie : la seule qualité des propositions qui soit pertinente à l'égard de l'activité dialectique est le degré de liberté qu'elles laissent à l'assentiment d'un interlocuteur quelconque. Aristote distingue, dans les chapitres I, 10 et I, 14, diverses espèces de prémisses dialectiques ; leur caractère commun est de pouvoir se prévaloir, directement ou indirectement, d'une autorité collective qu'il n'est pas au pouvoir d'un individu de récuser sans risque.

1. Cf. I, 4, 101 b 28-36 ; 10, 104 a 8 sq.
2. Aristote y fait allusion en I, 10, 104 a 5.
3. Cf. VIII, 2, 154 a 14 sq.
4. Cf. I, 10, 104 a 5-6.

Le « syllogisme » dialectique et la topique.

Voici donc la tâche du questionneur strictement tracée : il doit construire une argumentation formellement contraignante, ayant pour prémisses des propositions auxquelles le répondant ne puisse refuser son assentiment, et pour conclusion la proposition contradictoire de celle que soutient le répondant. Cette dernière proposition étant concrètement déterminée au moment où le dialecticien aborde son travail, on voit que ce travail consiste essentiellement à découvrir des prémisses appropriées. Celles-ci doivent posséder un double caractère : d'une part, il faut qu'elles entraînent logiquement la conclusion désirée ; d'autre part, il faut qu'elles forcent en elles-mêmes l'assentiment d'un interlocuteur pourtant attaché à la défense d'une thèse qui contredit cette conclusion. La solution méthodique de ce problème réside dans la notion de « lieu » (τόπος).

Ce n'est pas le moindre paradoxe des *Topiques* que de ne contenir aucune définition de la notion à laquelle ils doivent leur titre. Le livre I, qui définit avec soin les concepts de base de l'ouvrage, est muet sur celui-là, et le mot même de τόπος n'y apparaît qu'à la dernière ligne, dans une phrase qui fait transition avec les livres ultérieurs[1]. Dans le corps de l'ouvrage, le mot n'est pas très

1. Le fait est d'autant plus surprenant que ce livre I contient lui-même des lieux. L'un des quatre « instruments » (ὄργανα) dialectiques qu'étudient les derniers chapitres (13-18) consiste à savoir reconnaître si un terme se prend ou non en plusieurs acceptions spécifiquement distinctes ; Aristote énumère, dans le chapitre 15, plusieurs moyens de résoudre ce genre de questions. Or ces moyens sont de nature tout à fait comparable aux lieux qui seront exposés dans les livres suivants ; et lorsque Aristote s'y réfère ultérieurement (IV, 3, 123 a 27-28), c'est sous le nom de στοιχεῖα, équivalent exact de τόποι (cf. VI, 5, 143 a 13, à rapprocher de VI, 1, 139 b 3-5 ; VI, 9, 147 a 22 ; voir également *Rhet.*, II, 26, 1403 a 16-17) ; dans le livre I, cependant, il les désigne sans utiliser de substantif (cf. 15, 106 a 10, διὰ τῶνδε ; 16, 107 b 38-39, διὰ τούτων καὶ τῶν τοιούτων). Cette discrétion ne signifie pas que le mot τόπος, pris en ce sens, ait été d'usage courant avant Aristote ; on en relève seulement quelques emplois chez Isocrate, avec le sens plus vague de « thème » ou de « sujet » (cf. l'anglais *topics*), donnant à un développement oratoire sa ligne directrice (cf. en particulier *Phil.*, 109, *Hel.*, 4 et 38, *Panath.*, 88 et 111).

fréquent ; il apparaît moins souvent en tête de paragraphe, pour annoncer la description d'un nouveau lieu[1], qu'au courant du paragraphe, pour signaler les particularités que présente l'usage de ce lieu[2]. Ces occurrences sont cependant assez nombreuses et assez précises pour que l'on puisse s'assurer que chacune des unités de texte en lesquelles se découpe l'exposé des *Topiques* dans les livres centraux (II-VII) correspond, aux yeux d'Aristote, à un lieu.

Pour définir la nature du lieu, tâche moins aisée qu'il n'y paraît[3], le plus expédient est de considérer la fonction qu'il est fait pour remplir, et les conditions dans lesquelles il doit la remplir. Le dialecticien connaît la conclusion à laquelle il doit aboutir ; il cherche les prémisses qui le lui permettront. Le lieu est donc *une machine à faire des prémisses à partir d'une conclusion donnée*. En outre, le nombre des conclusions que le dialecticien peut avoir à établir est pratiquement indéfini ; si chaque conclusion particulière nécessitait la mise en jeu d'un lieu particulier, il devrait disposer d'un nombre également indéfini de lieux, ce qui rendrait la topique impraticable ; il faut donc que chaque lieu soit utilisable dans une multitude de cas différents[4]. Enfin, une conclusion donnée doit

1. Par exemple II, 2, 109 a 34 ; 10, 114 b 37.

2. Par exemple, dans le seul livre II : 2, 109 b 25, 110 a 12 ; 3, 110 a 28, 110 b 34, 111 a 6 ; 4, 111 a 12, 111 a 23-24, 111 b 8 ; 6, 112 a 31 ; 7, 113 b 8 ; 9, 114 b 13 ; 10, 114 b 28, 115 a 2 ; 11, 115 a 32-33, 115 b 7.

3. Selon I.M. Bochenski, « personne n'a jusqu'à présent réussi à dire brièvement et clairement ce que sont les τόποι » (*Formale Logik*, trad. angl., p. 51). A défaut de définition, un grand nombre de métaphores ont été proposées, depuis *sedes argumentorum* (Cicéron, *Top.*, 7-8) jusqu'à *pigeon-holes* (Ross, *Aristotle*[5], p. 61), en passant par *source*, *moule*, *matrice*, *filon*, *puits*, *arsenal*, *magasin*, etc. Cette abondance de métaphores trahit, en même temps qu'un certain embarras devant la nature exacte du lieu, un certain émerveillement devant les exploits que l'on attend de lui.

4. La seule définition du lieu que l'on puisse trouver dans l'œuvre d'Aristote (*Rhet.*, II, 26, 1403 a 17) met l'accent sur cette propriété essentielle : le lieu est « ce sous quoi tombe une multiplicité d'enthymèmes (εἰς ὃ πολλὰ ἐνθυμήματα ἐμπίπτει) ». L'enthymème étant à la rhétorique ce que le « syllogisme » est à la dialectique (cf. *Rhet.*, I, 2, 1356 b 4-5), cette définition peut être légitimement transposée

pouvoir s'établir par plusieurs voies d'argumentation ; en effet, si elle n'était accessible que par une voie unique, le répondant jouirait à l'égard de son adversaire d'un pouvoir disproportionné, puisqu'il lui suffirait d'entraver le cours de l'unique argumentation disponible pour réduire le questionneur à l'impuissance ; il est donc essentiel que les lieux soient multiples et, dans une certaine mesure au moins, interchangeables, afin de fournir au questionneur un clavier de possibilités distinctes dont il pourra jouer au mieux de ses intérêts[1]. En somme, le lieu est un outil producteur de propositions, capable de déterminer, à partir d'une proposition donnée, une ou plusieurs propositions différentes, entretenant avec la première la relation de prémisses à conclusion ; un même lieu doit pouvoir traiter une multiplicité de propositions différentes, et une même proposition doit pouvoir être traitée par une multiplicité de lieux différents.

Telle étant la fonction que doit remplir le lieu, quelle doit être sa nature pour qu'il puisse la remplir ? Avec diverses variantes, les lieux aristotéliciens paraissent pouvoir se réduire à une même structure fondamentale. Chacun se présente comme une *règle*, associée à un *procédé de construction* et fondée sur une *loi.* La règle prescrit d'examiner si se trouve ou non vérifiée une certaine

dans le domaine dialectique. Le verbe ἐμπίπτειν, qui exprime la fonction unifiante du lieu à l'égard de la multiplicité des « syllogismes » auxquels il peut donner naissance, se rencontre à plusieurs reprises dans un passage important des *Topiques* (VIII, 14, 163 b 17-33), où se trouve soulignée l'importance pratique de cette réduction du multiple à l'unité, notamment pour les besoins de la mémorisation.

1. On peut en trouver la preuve dans le fait qu'Aristote illustre assez souvent des lieux différents au moyen d'un exemple identique : une même proposition peut se laisser établir ou réfuter par des voies diverses (cf. par exemple, 123 a 11-14 et 23-26, l'âme n'est pas un nombre ; 123 a 15-19 et 127 b 13-17, l'âme n'est pas un mouvement ; 117 a 34-36, 117 a 36-117 b 2 et 118 a 16-17, la justice est préférable au courage). C'est pourquoi, dans la traduction, j'ai rendu par de simples infinitifs français les infinitifs à valeur impérative (σκοπεῖν, ἐπιϐλέπειν, ὁρᾶν) par lesquels Aristote introduit chacun de ses lieux : une traduction de ton plus autoritaire aurait pu donner faussement l'impression que chaque lieu constituait une procédure obligée.

proposition[1], que j'appellerai *proposition seconde* pour la distinguer de celle qu'il s'agit d'établir ou de réfuter, et que j'appellerai *proposition première.* Le procédé de construction permet de déterminer concrètement le contenu de la proposition seconde à partir de celui de la proposition première. La loi, enfin, institue entre la proposition seconde et la proposition première une relation d'antécédent à conséquent, en posant l'existence d'une relation d'implication entre deux schèmes propositionnels qui sont respectivement celui de la proposition seconde et celui de la proposition première. Cette relation peut d'ailleurs revêtir des aspects distincts. Lorsque la proposition seconde implique la proposition première, elle sert à l'établir, par *modus ponens* [2]; lorsque au contraire elle est impliquée par la proposition première, elle sert à la réfuter, par *modus tollens*[3] ; lorsque enfin les deux propositions s'impliquent mutuellement, la proposition seconde peut être utilisée aussi bien pour établir que pour réfuter la proposition première. La démarche topique peut donc se décomposer en quatre étapes : (1) La proposition p_1 est une concrétisation du schème propositionnel Σ_1 (en ce sens que les termes concrets de l'une sont remplacés dans l'autre par autant de places vides, que l'on peut marquer par des symboles littéraux) ; (2) le schème Σ_1 est lié par une relation d'implication au schème Σ_2 ; (3) en concrétisant le schème Σ_2 à l'aide des termes concrets qui répondent à ceux par lesquels la proposition p_1 concrétisait le schème Σ_1, on obtient la proposition p_2 ; (4) la proposition p_2 est la prémisse associée à la proposition p_1 selon le lieu considéré.

1. Ou plusieurs ; mais pour simplifier, on parlera d'une seule proposition ; celle-ci peut être simple ou composée de plusieurs propositions conjuguées. Notons aussi qu'un certain nombre de lieux, qu'on peut appeler *nominaux*, prescrivent d'examiner certaines notions, liées à celles que met en jeu le problème discuté par une relation déterminée (opposés, dérivés, coordonnés, etc.). Ils ne diffèrent cependant pas des lieux *propositionnels* ici décrits, car ces notions corrélatives entrent toujours dans la composition d'une proposition, et c'est celle-ci qui fait l'objet de l'examen prescrit.
2. Si *q*, alors *p* ; or *q* ; donc *p*.
3. Si *p*, alors *q* ; or non-*q* ; donc non-*p*.

Eclairons cette analyse à l'aide d'un exemple arbitrairement choisi. Le lieu IV, 2, 123 a 11-14 s'énonce dans les termes suivants : « Si aucune des différences attachées au genre ne s'attribue au terme indiqué comme l'espèce, le genre ne pourra pas non plus s'attribuer à lui ; par exemple, on ne peut attribuer à l'âme ni l'impair ni le pair ; ni non plus, par conséquent, le nombre ». Pour qu'une proposition concrète soit apte à recevoir l'application de ce lieu, il faut qu'elle attribue son prédicat à son sujet en qualité de genre ; cette prétention est le seul de ses aspects qui soit retenu comme pertinent. La proposition concrète p_1 (par exemple, *l'âme a pour genre le nombre*) est ainsi réduite au schème propositionnel Σ_1 (en l'occurrence ici, *S a pour genre G*). Ce schème propositionnel est lié par une relation d'implication directe à un second schème propositionnel Σ_2 (en l'occurrence ici, *S est D_1 ou D_2*, D_1 et D_2 étant les différences caractéristiques du genre G). Concrétisons à présent le schème Σ_2 à l'aide du contenu fourni par la proposition p_1 : nous obtenons la proposition seconde p_2, à savoir *l'âme est paire ou impaire.* Cette proposition est impliquée par p_1 ; si elle est rejetée, comme c'est ici le cas, la proposition p_1 doit être également rejetée.

Il est à remarquer que, si le lieu permet de déterminer la proposition seconde et d'affirmer qu'elle est unie à la proposition première par une relation d'implication, il ne permet pas de déterminer si cette proposition (ou sa contradictoire) est endoxale ou non. Chaque lieu L, L', L'', etc. fait ainsi correspondre à la proposition première une proposition seconde p_2, p'_2, p''_2, etc. Cet ensemble de propositions devra être confronté avec l'ensemble des propositions endoxales qui se rapportent à leur sujet ; si l'une d'entre elles (ou sa contradictoire) figure dans l'ensemble des propositions endoxales, elle pourra servir de prémisse dans l'argumentation. Le dialecticien doit donc disposer d'un double répertoire, un répertoire de lieux et un répertoire de prémisses ; c'est par l'application de ces deux répertoires l'un sur l'autre qu'il trouvera, comme dans un tableau à double entrée, l'argumentation dont il a besoin.

On peut être bref au sujet de la constitution du répertoire de prémisses ; Aristote a lui-même indiqué dans le chapitre I, 14, par quelles voies il doit être composé[1]. La constitution du répertoire des lieux pose des problèmes plus difficiles. Elle repose en effet sur une double base : d'une part, une analyse des propositions, qui, en retenant certains de leurs éléments comme pertinents et en rejetant les autres comme non-pertinents, permet de les traiter comme les concrétisations de certains schèmes propositionnels de nature variable ; d'autre part, une connaissance des lois d'implication qui unissent ces schèmes

1. La constitution d'un recueil de prémisses est le premier des quatre « instruments » (ὄργανα) dialectiques que décrit Aristote à la fin du livre I (chap. 13-18) ; les autres sont l'aptitude à discerner en combien de sens se prend un terme, la perception des différences et la perception des similitudes. La relation qu'entretiennent ces instruments avec les lieux n'est pas facilement déterminable, et plusieurs interprétations différentes ont été avancées à ce sujet (cf. E. Braun, *Zur Einheit der aristotelischen Topik*, Cologne, 1959, p. 71 sq. ; W.A. De Pater, *La fonction de l'instrument et du lieu dans les Topiques*, communication au *III*e *Symposium Aristotelicum*, Oxford, 1963 ; du même auteur, *Les Topiques d'Aristote et la dialectique platonicienne*, Fribourg, 1965, p. 92-150). Les instruments sont décrits par Aristote comme des moyens de « ne jamais être à court » d'arguments ou de raisonnements (cf. I, 4, 101 b 12-13 ; 9, 104 a 1-2 ; 13, 105 a 21-22). Il paraît difficile de résoudre les problèmes qu'ils posent en les considérant en bloc ; Aristote lui-même semble indiquer que le premier se distingue des trois autres, d'une part lorsqu'il déclare (13, 105 a 25 sq.) que ces derniers « sont en un certain sens aussi des prémisses », dans la mesure où ils permettent d'en énoncer, et d'autre part lorsqu'il réserve aux trois derniers les explications que donne le chapitre 18 au sujet de leur utilité. Dans la « machine » topique, il semble que les instruments constituent des éléments indépendants de l'organe d'argumentation proprement dite. Le recueil des prémisses correspond à ce qu'on pourrait appeler, dans le jargon du métier, une « mémoire-prémisses », indépendante de la « mémoire-lieux » et collaborant avec elle pour déterminer la meilleure manière de traiter le problème soumis à la machine. Le second instrument, la détection des équivoques, pourrait se comparer, selon ce qu'en dit Aristote (18, 108 a 18 sq.) au traitement préalable que fait subir le « programmateur » à la question posée avant de l'introduire dans la machine. Les deux derniers instruments ont des fonctions multiples ; ils servent à la solution d'un certain nombre de problèmes de caractère spécial (problèmes d'identité et de différence pour le troisième, raisonnements inductifs et raisonnements hypothétiques pour le quatrième) ; ils collaborent en outre à la détermination matérielle du contenu des définitions, que la « machine » topique peut seulement servir à mettre à l'épreuve.

propositionnels à d'autres schèmes déterminés. La question fondamentale est dès lors de savoir comment s'effectue l'analyse des propositions. Celle-ci peut en effet comporter divers degrés d'abstraction ; plus l'abstraction sera poussée, moins l'on obtiendra de schèmes propositionnels distincts. Au niveau d'abstraction le plus élevé, toutes les propositions concrètes revêtent une forme unique, l'attribution pure et simple d'un prédicat à un sujet ; à un niveau d'abstraction moindre, on définira des schèmes propositionnels de contenu plus étroitement déterminé, et correspondant à des classes moins étendues de propositions concrètes, par exemple l'attribution à un sujet d'un prédicat de type déterminé, ou l'attribution d'un prédicat à un sujet de type déterminé, ou l'attribution d'un prédicat à un sujet au moyen d'une copule de signification déterminée, et ainsi de suite. Les décisions prises sur ce plan comportent des conséquences immédiates pour la constitution du répertoire des lieux ; en effet, chaque schème propositionnel s'accompagnera de sa législation propre ; nous avons vu ci-dessus, par exemple, que si l'on retient comme pertinent le fait qu'une proposition peut ou non donner son prédicat comme le genre de son sujet, on se donne la possibilité d'examiner si les propositions qui prétendent le faire satisfont bien à toutes les lois qui gouvernent l'assignation du genre. Devant la diversité indéfinie des propositions qu'elle peut avoir à traiter, la méthode topique doit donc, comme toutes les méthodes, fixer sa voie entre deux tentations opposées : celle de réduire le nombre de ses règles pour en rendre l'application plus universelle, celle de le multiplier pour aller au-devant des particularités de chaque problème concret. Aristote a éprouvé cette double tentation ; dans le chapitre I, 6, il explique pourquoi il a renoncé à définir une méthode unique, capable de s'appliquer à tous les problèmes[1] ; mais il signale en même temps que, s'il est nécessaire de diviser les problèmes en certains genres, il faut conserver à cette division un caractère sommaire, et se garder de multiplier les subdivisions[2].

1. Cf. 102 b 35-36 : οὐ ... μίαν ἐπὶ πάντων καθόλου μέθοδον ζητητέον.
2. Cf. 103 a 1-2 : ὥστε τύπῳ... διαιρετέον.

Il résulte de tout ceci que, pour caractériser la topique aristotélicienne, il faut voir comment elle analyse les propositions, quels sont les éléments qu'elle considère comme variables, quelles sont les relations qu'elle prend délibérément en considération, et quelle est la classification qui résulte de cette analyse. Cette étude se confond avec le plan de l'ouvrage, qui repose sur cette classification.

La structure des Topiques et la division des prédicables.

Les grandes sections des *Topiques* correspondent, ainsi qu'il ressort du plan que nous avons donné ci-dessus, à quatre notions de base, auxquelles Aristote n'a pas donné de nom commun[1], mais que nous désignerons sous le nom de « prédicables » qui est devenu traditionnellement le leur[2]. Ce sont l'*accident* (objet des livres II et III), le *genre* (objet du livre IV), le *propre* (objet du livre V) et la *définition* (objet des livres VI et VII).

Les textes relatifs à la théorie des prédicables sont nombreux dans les *Topiques*. On peut les regrouper sous les rubriques suivantes : (1) une présentation sommaire de la division (I, 4, 101 b 13-28) ; (2) une définition de chacun des prédicables (I, 5) ; (3) une double justification de la division (I, 8); (4) une analyse des relations entre les prédicables (I, 6 ; VI, 1 ; VII, 5).

(1) La présentation sommaire du chapitre I, 4, repose sur une affirmation qu'Aristote ne cherche pas à justifier : toute prémisse et tout problème, dit-il, c'est-à-dire en

1. Pour les désigner, il utilise parfois le mot γένη (cf. I, 6, 102 b 38-39 ; 13, 105 a 20), mais bien plus souvent des expressions sans substantif (cf. I, 4, 101 b 24 ; 6, 102 b 34-35 ; 8, 103 b 2 ; 9, 103 b 21).

2. Par opposition aux catégories ou « prédicaments ». La théorie des prédicables a été remaniée par Porphyre dans l'*Isagogè*, par substitution de la *différence* à la *définition* et par adjonction de l'*espèce* au groupe défini par Aristote. Ce remaniement s'explique par le souci d'analyser la définition en *genre* et *différence*, et aussi par un changement radical de point de vue ; alors qu'Aristote, ne considérant que des propositions dont le sujet est un terme général, ne songeait pas à faire de l'espèce un prédicable, Porphyre élargit la portée de la division aux propositions ayant pour sujet un individu. Telle est l'origine de la doctrine connue au Moyen Age sous le nom de *quinque voces*.

somme toute proposition, exhibent ou mettent en évidence (δηλοῖ) soit un propre, soit un genre, soit un accident. Il est à présumer qu'il recueille cette affirmation dans une tradition d'école, mais que cette tradition reste à certains égards assez flottante ; il éprouve en effet le besoin de justifier l'absence de la *différence* dans l'énumération qu'il vient de donner ; celle-ci, étant de nature « générique »[1] (γενική), doit être selon lui rangée dans la rubrique du genre. Cette phrase est l'indice qu'Aristote connaissait une première division quadripartite (propre, genre, différence, accident), et qu'il prend l'initiative de la simplifier en réduisant la différence au genre. Mais s'il la simplifie sur un point, il prend aussi l'initiative de la compliquer sur un autre ; dans la suite du texte, en effet, il distingue deux parties dans le propre, l'une qui signifie « l'essentiel de l'essence » (τὸ τί ἦν εἶναι)[2], l'autre qui ne le signifie pas. Il propose d'appeler définition la première partie, et de réserver le nom de propre à la seconde[3]. On aboutit ainsi à une nouvelle division quadripartite, celle sur laquelle reposent les *Topiques* : propre, définition, genre, accident. Aristote indique enfin que ces notions ne sont pas des propositions (prémisses ou problèmes), mais qu'elles sont à

1. Cette conception de la différence ne sera pas toujours celle d'Aristote. Il considère ici que la différence a plus d'extension que le sujet dont elle est la différence ; ce en quoi elle ne se distingue pas du genre. La définition consiste ainsi en une collection de notes, dont chacune a plus d'extension que le défini, mais dont l'intersection a la même extension que lui (cf. *An. Po.*, II, 13, 96 a 32-b 1). Dans d'autres textes, au contraire (cf. *Métaph.*, Z, 12), que préfigurent certains passages des *Topiques* eux-mêmes, les différences sont conçues comme propres au genre qu'elles spécifient, de sorte qu'elles s'ordonnent en une série d'extension décroissante, et que la dernière d'entre elles, résumant en elle-même tous les degrés qui la précèdent, doit être coextensive au défini. Cf. sur ce point Ross, *Aristotle*[5], p. 60.

2. Sur cette traduction de l'expression célèbre habituellement rendue par *quiddité*, cf. ci-dessous, p. 5, n. 3.

3. On cite souvent l'expression utilisée ici par Aristote (κατὰ τὴν κοινὴν περὶ αὐτῶν ἀποδοθεῖσαν ὀνομασίαν) pour prouver que la théorie des prédicables avait été élaborée avant lui dans le milieu de l'Académie ; conclusion acceptable d'une prémisse qui ne l'est pas (cf. ci-dessous, p. 5, n. 4).

l'origine de toutes les propositions[1] ; entendons que toute proposition doit attribuer son prédicat à son sujet *au titre de l'un des prédicables.*

(2) Les définitions des prédicables sont les suivantes. La définition est une formule qui signifie l'essentiel de l'essence (τὸ τί ἦν εἶναι) ; elle est normalement composée de plus d'un mot[2]. Le propre est ce qui, sans indiquer l'essentiel de l'essence, appartient à son seul sujet et s'échange avec lui en qualité de prédicat (ἀντικατηγορεῖται) ; il faut entendre par cette expression (dont l'interprétation traditionnelle doit être rectifiée[3]) qu'un prédicat P est le propre d'un sujet S si et seulement si l'on peut dire *à la fois* que si un objet quelconque est S, il est P, et que s'il est P, il est S ; en d'autres termes, le propre est un attribut qui a la même extension que son sujet. Le genre est ce qui s'attribue essentiellement (ἐν τῷ τί ἐστι) à plusieurs objets spécifiquement différents. L'accident, enfin, reçoit deux définitions distinctes. La première est la suivante : ce qui n'est rien de tout cela, ni définition ni propre ni genre, et qui appartient cependant à la chose. La seconde définition, qui n'est plus négative mais positive, est la suivante : ce qui peut appartenir et ne pas appartenir à un seul et même sujet. Il est à noter que dans la suite du texte, Aristote déclare la définition positive supérieure à la définition négative.

(3) Le chapitre I, 8 a pour fonction de justifier l'affirmation selon laquelle toute prémisse, comme tout problème, trouve son « origine » dans l'un des quatre prédicables, c'est-à-dire de garantir le caractère exhaustif de leur énumération. Aristote indique que cette justification peut emprunter deux voies distinctes, l'une inductive et l'autre déductive. Concernant la première, il se borne à en signaler la possibilité : si l'on examinait chacune des prémisses et chacun des problèmes, on s'apercevrait que l'attribution du prédicat au sujet s'y effectue toujours au titre de l'un

1. Cf. I, 4, 101 b 27-28 (ἀπὸ τούτων καὶ τὰ προβλήματα καὶ αἱ προτάσεις γίνονται) et 8, 103 b 5-6 (ἢ ἀπὸ τοῦ ὅρου ἢ ἀπὸ τοῦ ἰδίου ἢ ἀπὸ τοῦ γένους ἢ ἀπὸ τοῦ συμβεβηκότος γεγενημένη).
2. Cf. ci-dessous, p. LV, n. 1.
3. Cf. ci-dessous, p. 7, n. 1.

ou l'autre des quatre prédicables. Pour la voie déductive, il ne se contente pas de dire qu'on peut l'utiliser ; il expose un raisonnement qui, réduit à ses lignes fondamentales, est une dichotomie croisée, reposant sur une double application du principe de contradiction. Un prédicat peut ou non désigner une propriété appartenant à l'essence de son sujet ; il peut ou non, par ailleurs, avoir la même extension que son sujet. En combinant ces deux notes et leurs négations, on obtient une division quadripartite : si le prédicat est coextensif et essentiel, il est définition ; s'il est coextensif et non-essentiel, il est propre ; s'il est non-coextensif et essentiel, il est genre ; s'il est, enfin, non-coextensif et non-essentiel, il est accident. Notons dès maintenant que ce raisonnement prend la notion d'accident dans le sens que lui donne sa définition négative, et qu'il ne peut en être autrement ; il s'agit en effet de montrer que la division des prédicables épuise l'ensemble des prédications possibles ; cette exigence ne peut être satisfaite que si l'une des sections de la division comprend explicitement tous les éléments de cet ensemble qui n'auront pas trouvé place dans les autres[1]. La définition positive ne pourrait être utilisée dans ce contexte que moyennant une démonstration de son équivalence avec la définition négative ; Aristote n'a pas même essayé de donner cette démonstration.

(4) Les textes qu'il nous reste à examiner se distinguent des précédents en ce sens qu'au lieu de relever ce par quoi les prédicables diffèrent les uns des autres, ils mettent l'accent sur ce qui les unit. Dans le chapitre I, 6, par exemple, Aristote explique que les trois prédicables autres que la définition ont avec celle-ci une relation essentielle. En effet, pour réfuter une définition, le seul moyen n'est pas de montrer que le prédicat proposé *n'est pas* la définition du sujet. On peut également emprunter les trois voies suivantes : (a) si le prédicat proposé n'est pas coextensif au sujet, la définition est réfutée ; (b) si

1. Sous ce rapport, qui est d'une importance évidente, la définition négative de l'accident doit donc être tenue, quoi qu'en ait dit Aristote, pour supérieure à la définition positive.

le terme figurant en position de genre dans la définition proposée n'est pas genre du sujet, elle l'est également ; (c) si enfin l'un des termes composant la formule définitionnelle n'appartient pas au sujet défini, la réfutation est également acquise. Aristote affirme expressément que ces trois types d'argumentation sont assimilables respectivement à celles qui concernent le propre, le genre et l'accident. Ces indications, substantiellement confirmées par celles qu'on peut lire dans les chapitres VI, 1 et VII, 5, montrent que *la distinction des prédicables est le produit d'une analyse méthodique des conditions auxquelles doit satisfaire une définition.* Il faut d'abord que chacun des éléments de la formule définitionnelle appartienne au sujet défini ; ensuite, que le premier de ces éléments soit le genre de ce sujet ; ensuite, que la formule dans son ensemble soit coextensive au défini ; enfin, qu'elle désigne l'essentiel de son essence. L'idée fondamentale des *Topiques* est de faire correspondre à chacune de ces conditions une méthode appropriée, permettant de contrôler si elle est ou non satisfaite ; à cet objet, répondent respectivement la topique de l'accident, celle du genre, celle du propre et celle de la définition. La série de ces topiques partielles peut être comparée à une succession d'épreuves ou de « tests » de plus en plus difficiles, organisée de telle manière qu'un « candidat » ne soit admis à subir une épreuve de degré supérieur que s'il a franchi avec succès les épreuves de degré inférieur. Les méthodes correspondant aux prédicables non-définitionnels (accident, genre et propre), nées d'une analyse régressive des conditions de la définition, sont toutefois vouées à acquérir une relative autonomie à l'égard des problèmes de définition. Une fois construite une méthode apte à vérifier, par exemple, si un prédicat est ou non le genre d'un sujet, il est clair en effet qu'on peut la faire servir, non seulement à l'examen des propositions dont le prédicat prétend être la définition du sujet (par genre et différence), mais aussi à celui des propositions dont le prédicat prétend *seulement* être le genre du sujet. Cette observation peut aisément se transposer aux cas du propre et de l'accident.

Il faudra se demander, lorsque se présentera le problème

de l'unité des *Topiques*, si tous les textes relatifs à la théorie des prédicables, qui viennent d'être passés en revue, sont entièrement cohérents[1]. Contentons-nous, pour le moment, de montrer rapidement quels sont les résultats de la combinaison des deux éléments qui ont été présentés séparément, à savoir la méthode des lieux et la division des prédicables.

De la division des prédicables à la constitution des lieux.

La méthode des lieux, on l'a vu, avait besoin de définir quelles étaient les différences fondamentales qu'elle entendait considérer comme pertinentes et quels étaient les divers schèmes propositionnels qui résultaient de ce choix. La division des prédicables répond à ce besoin. Il faut en effet souligner que les prédicables ne désignent pas les relations réelles qui peuvent s'établir entre un sujet et les propriétés qu'il possède, mais les relations intentionnelles qui peuvent s'établir entre un sujet et les propriétés qu'une proposition lui attribue ; la dialectique a pour objets formels les discours sur les choses, et non ces choses elles-mêmes. On pourrait, à cet égard, comparer la discussion dialectique à ces jeux fondés sur un contrat, que l'un des joueurs ou l'une des équipes s'engagent à remplir, alors que leurs adversaires s'efforcent d'en empêcher la réalisation ; chacun des prédicables correspond à un type de contrat particulier. De même que, dans un jeu de ce genre, le joueur peut parfois, par excès d'audace ou au contraire de timidité, définir son contrat en allant au-delà ou en restant en deçà de celui qu'autorisent objectivement les cartes qu'il a en mains, de même le répondant peut élargir ou restreindre ses prétentions, en présentant par exemple comme la définition d'un sujet ce qui n'en est que le propre, ou au contraire en présentant seulement comme le propre d'un sujet ce qui en réalité en est la définition. De toute manière, le questionneur devra situer son argumentation au niveau déterminé par le choix du répondant.

Les lois constitutives des lieux sont donc les lois qui

1. Cf. ci-dessous, p. LXXVI sq.

régissent, d'une manière générale, l'attribution d'un prédicat à un sujet *au titre d'un prédicable déterminé.* La topique du genre, par exemple, est la collection des conditions nécessaires et des conditions suffisantes d'une proposition de forme *S a pour genre P*. Cet ensemble de conditions, à son tour, peut être considéré comme le développement de la définition du genre ; il est clair en effet que c'est l'essence du genre qui détermine les conditions nécessairement attachées à toute prédication opérée au titre du genre. On peut en dire autant de chacun des autres prédicables : les topiques partielles qui leur correspondent sont le développement de leurs définitions respectives.

Il convient dès lors de remarquer que les définitions des prédicables contiennent un nombre inégal de notes positives. Celle de la définition en contient deux, puisque le prédicat définitionnel doit être à la fois essentiel et coextensif ; celles du genre et du propre ne contiennent plus que l'une des deux précédentes, le prédicat générique étant essentiel sans être coextensif, et le prédicat propre étant coextensif sans être essentiel ; quant à l'accident, sa définition ne contient plus aucune de ces notes positives ; le prédicat accidentel est un prédicat pur et simple, sans qualification, le degré zéro du prédicat[1]. Cette situation comporte deux séries de conséquences qu'il paraît nécessaire de signaler, et qui intéressent d'une part la définition, en tant qu'elle est celui des prédicables qui a la compréhension la plus riche, et d'autre part l'accident, en tant qu'il est celui d'entre eux qui a la compréhension la plus pauvre.

Plus la compréhension d'un prédicable comporte de notes positives distinctes, plus la topique qui lui correspond est aisée à constituer ; chacune de ces notes détermine en effet une série de conditions et de conséquences nécessairement attachées à la liaison, au titre de ce prédicable, d'un prédicat et d'un sujet. Une telle attribution n'est pas une proposition simple ; on peut l'interpréter comme la

1. Telle est, du moins, l'interprétation qu'imposent les textes regroupés ci-dessus dans la section (4) des documents sur la théorie des prédicables, c'est-à-dire les chapitres I, 6, VI, 1 et VII, 5.

conjonction d'autant de propositions simples que la notion du prédicable considéré renferme de notes distinctes. Or, une conjonction est vraie lorsque tous ses éléments sont vrais ; elle est fausse, au contraire, lorsque l'un au moins de ses éléments est faux. Il en résulte que la topique correspondante favorise le rôle dialectique d'attaquant au détriment du rôle de défenseur ; en effet, il suffira, pour renverser la conjonction, de renverser une seule de ses propositions élémentaires ; au contraire, pour établir cette même conjonction, il sera nécessaire d'établir chacune de ces propositions élémentaires. En tant que prédicable à compréhension maximale, la définition est donc le type d'attribution le plus difficile à établir et le plus facile à réfuter[1].

A l'autre extrémité de la série des prédicables, l'accident présente des caractères opposés à ceux de la définition. Pour constituer une topique de l'accident, Aristote ne pouvait plus s'appuyer sur les notes positives que renfermait la notion d'accident, puisque précisément celle-ci se caractérisait par le fait de n'en pas renfermer. Existe-t-il des propositions liées par une relation d'implication à l'attribution pure et simple d'un prédicat à un sujet ? Tel était le problème qu'il avait à résoudre. Les *Topiques* ignorent, on l'a vu, la solution syllogistique qu'en donneront les *Analytiques* ; ceux-ci peuvent être considérés comme une reprise de la topique de l'accident, dans la mesure où ils ne prennent en considération (du moins dans la syllogistique assertorique) aucune autre manière de lier le prédicat et le sujet que la simple copule ὑπάρχει. On peut différencier sommairement la solution syllogistique et la solution topique en remarquant que ni le nombre des prémisses nécessaires à la démonstration d'une conclusion, ni le nombre des termes qui doivent figurer dans les prémisses sans apparaître dans la conclusion, ne sont égaux ici et là. La solution syllogistique fait intervenir *deux prémisses* et *un seul terme nouveau*, le moyen terme, dont la liaison avec le sujet et le prédicat de la conclusion constitue les deux prémisses ; la syllogistique est le système

1. Cf. VII, 5, 155 a 3-22.

des lois qui déterminent si deux propositions ayant un terme commun engendrent ou non une conclusion nécessaire, et laquelle. La solution topique[1], au contraire, fait en règle générale intervenir *deux termes nouveaux* et *une seule prémisse* ; un grand nombre des lieux de l'accident reposent ainsi sur une loi d'équivalence entre la proposition première et une proposition seconde dont le sujet est le corrélat du sujet premier selon une relation déterminée, et dont le prédicat est le corrélat du prédicat premier selon la même relation ; par exemple, si un prédicat appartient à un sujet, le contraire de ce prédicat appartient au contraire de ce sujet. Ces lois n'ont naturellement pas la même rigueur logique que les lois du syllogisme; car on ne peut affirmer qu'elles soient valides quelle que soit la relation utilisée. Aristote semble avoir considéré que par sa structure symétrique, ce schéma fournissait des lois dont l'évidence endoxale était en règle générale suffisante ; mais il n'ignore pas que certaines relations ne se prêtent pas à son application, et que, par exemple, la proposition seconde correspondant à la relation de négation doit avoir pour sujet la négation du prédicat premier, et pour prédicat la négation du sujet premier, c'est-à-dire lier les corrélats dans un ordre inverse de celui des termes premiers[2]. Dans les cas de ce genre, Aristote recommande significativement de recourir à une justification inductive. Cette solution de pis-aller manifeste combien la topique de l'accident, qui est en un sens la partie la plus prometteuse des *Topiques*, puisqu'elle s'attache à définir les conditions logiques de la prédication simple, reste rudimentaire dans sa réalisation effective. La solution rigoureuse du problème ne sera atteinte qu'au moyen d'un instrument qui n'est certes pas absent des *Topiques*, mais

1. Dans la mesure, assurément limitée, où l'on peut parler d'une solution unique. La topique de l'accident regroupe en réalité des procédés de nature très diverse ; ceux qui font intervenir le mécanisme que nous décrivons sont les plus nombreux.
2. Cf. II, 8, 113 b 15-26.

qui n'y joue qu'un rôle marginal : la prise en considération des différences de quantité entre les propositions[1].

Une œuvre en équilibre instable.

L'analyse du contenu des *Topiques* paraît conduire à la conclusion suivante, qu'il resterait naturellement à justifier dans le détail : les *Topiques* sont une œuvre de transition, placée en équilibre instable entre deux étapes de la recherche logique. Les cadres en sont fournis, on l'a vu, par une enquête régressive sur les conditions de la définition ; cette origine situe indiscutablement les racines de l'œuvre en terrain platonicien. Mais le développement de ce programme devait nécessairement en entraîner l'élargissement. Aristote a reconnu en effet que l'acte de définir était un acte complexe, décomposable en éléments plus simples ; dans son effort pour soumettre à des lois cet acte complexe, il était donc conduit à rechercher aussi les lois qui régissent les actes élémentaires dont il se compose, les plus générales de ces lois étant celles qui régissent le plus simple de ces actes, à savoir la prédication pure et simple. La logique de la définition l'a ainsi conduit à une logique de la prédication.

L'équilibre des *Topiques* repose tout entier sur le fait qu'Aristote, tout en distinguant les quatre prédicables et en édifiant une topique partielle appropriée à chacun d'eux,

1. Sur la situation de la théorie de la quantité des propositions dans les *Topiques*, cf. ci-dessous, p. LIX sq. Une fois acquise la quantification du sujet, c'est-à-dire une fois reconnu aux notes quantitatives *tout* et *quelque* le statut de constantes logiques, le problème de la prédication accidentelle, c'est-à-dire le problème des propositions dont le prédicat n'est attribué au sujet à aucun titre déterminé, change entièrement de face, et il devient possible d'en établir strictement la législation ; en effet, la relation « être attribué universellement (ou particulièrement) » possède un contenu qui n'est pas moins précis que celui de la relation « être attribué à titre de genre (ou de propre, ou de définition) ». Cette solidarité entre la définition d'un mode d'attribution et la constitution d'une législation des attributions effectuées selon ce mode se manifeste, dans les *Premiers Analytiques*, par la présence d'une définition de l'expression κατὰ παντὸς (ou μηδενὸς) κατηγορεῖσθαι (I, 1, 24 b 28-30), définition à laquelle se réfère constamment l'exposé des lois syllogistiques (cf. I, 4, 25 b 39-40, 26 a 24, 27).

a cru pouvoir bâtir sur le même modèle les lois propres aux quatre domaines qui leur correspondent[1]. Si cet équilibre est instable, c'est que l'entreprise devait nécessairement se heurter à un obstacle majeur : le défaut d'homogénéité entre la prédication pure et simple, qui correspond à l'accident, et les divers types de prédication qualifiée que représentent les autres prédicables, et notamment la définition. Il suffisait de développer la définition des prédicables non accidentels pour déterminer rigoureusement la législation des prédications opérées à leur titre ; mais la prédication accidentelle, qui lie le prédicat au sujet sans qualifier le mode de cette liaison, appelait à plus ou moins long terme la découverte d'un mode différent de législation. En s'approfondissant, cette contradiction devait aboutir à l'état dans lequel se présente la logique des *Analytiques*, c'est-à-dire à un système dans lequel prédication et définition voient leurs chemins se séparer définitivement : les raisons pour lesquelles le syllogisme classique est apte à démontrer une prédication simple sont les raisons mêmes pour lesquelles il est inapte à démontrer une définition, puisque le moyen terme, cheville ouvrière de la première démonstration, ne pourrait intervenir dans la seconde qu'au prix d'une pétition de principe, l'essence du défini se trouvant à la fois supposée dans les prémisses et démontrée dans la conclusion[2]. Une fois le syllogisme promu au rang d'instrument unique de la démonstration, définition et démonstration deviennent des termes antagonistes : ce qui est démontrable n'est pas définissant, et ce qui est définissant n'est pas démontrable. L'équilibre instable sur lequel reposaient les *Topiques* est désormais rompu.

1. Entre autres, la théorie des prédicables a pour effet d'atténuer, sinon d'annuler, la différence entre les propositions dont le prédicat est un terme simple (accident et genre) et celles dont le prédicat est une formule composée (définition et, en règle générale, propre : cf. V, 3, 132 a 10 sq. et VII, 5, 155 a 23-27).

2. Cf. *An. Po.*, II, 4, 91 a 14-32, et toute la suite du chapitre.

III

L'UNITÉ DES TOPIQUES

Cette œuvre en équilibre instable, jusqu'à quel point est-il légitime de la traiter comme la réalisation cohérente d'une intention unique et clairement définissable, c'est-à-dire précisément comme une œuvre ? Poser cette question, c'est poser le problème de l'unité des *Topiques*, qui est peut-être le plus important, le plus difficile et le plus controversé de tous ceux que soulève cet ouvrage[1]. Porte-t-il en lui-même tout son sens, ou bien n'est-il pleinement intelligible que comme la trace d'une histoire dont il nous présente, juxtaposés dans une unité factice, les sédiments successifs ? Sans prétendre résoudre entièrement cette question, on tentera d'indiquer ici quelques-unes des principales données du problème.

Reprises et retouches.

Aristote a dit lui-même que les résultats consignés dans les *Topiques* et dans les *Réfutations sophistiques* avaient été le fruit d'un labeur prolongé. Alors qu'en matière rhétorique, de nombreux théoriciens l'avaient devancé, tout était à faire dans le domaine du « syllogisme » ; il lui a donc fallu s'imposer de longs, tâtonnants et pénibles efforts[2]. La forme même des *Topiques* semble porter témoignage d'un mode de rédaction rien moins que linéaire ; les lieux sont, pour la plupart au moins, indépendants les uns des autres ; ils ont pu être rédigés à des dates assez éloignées, et reclassés plus ou moins méthodiquement à la place que leur assignait leur nature particulière, comme on ajoute de nouvelles fiches dans un fichier.

1. L'état de la question a été résumé (avec quelques lacunes) par E. Braun, *op. cit.*

2. Cf. *Soph. El.*, 34, 184 b 1-3 : περὶ δὲ τοῦ συλλογίζεσθαι παντελῶς οὐδὲν εἴχομεν πρότερον λέγειν, ἀλλ' ἢ τριβῇ ζητοῦντες πολὺν χρόνον ἐπονοῦμεν. On notera l'emploi du mot τριβή, utilisé par Platon dans le *Gorgias* (463 b) et dans le *Phèdre* (260 e, 270 b) pour caractériser un mode de recherche empirique et tâtonnant, qui s'oppose à la démarche sûre et méthodique de la τέχνη.

Plusieurs indices précis permettent en outre d'affirmer que le dossier ainsi constitué a été relu et retouché par son auteur. Assez fréquemment, Aristote énonce des objections auxquelles le lieu qu'il vient d'analyser prête le flanc ; ces objections sont parfois réfutées ou tournées[1], mais il est bien plus fréquent qu'elles ne le soient pas[2]. Sans doute n'est-il pas impossible que ces objections aient été rédigées en même temps que les arguments qu'elles visent, soit qu'Aristote les ait signalées par scrupule d'honnêteté, soit qu'il ait pensé qu'elles pourraient être utiles au dialecticien dans son rôle de répondant. Mais dans quelques cas au moins, l'existence d'un décalage temporel est démontrable, soit parce que l'objection se trouve manifestement en porte-à-faux à l'égard de l'argument qu'elle concerne[3], soit parce qu'elle suscite une rectification dont Aristote n'a pas songé à faire état dans des passages parallèles[4].

L'existence de ces remaniements de détail ne suffit

1. Cf. II, 8, 114 a 20-25.

2. Cf. II, 11, 115 b 14-35 ; III, 2, 117 a 18-23, 117 b 14-19, 21-27 ; IV, 3, 123 b 17-18, 27-30, 34-37 ; 4, 124 b 19-22, 32-34, 125 a 18-24. Il est notable qu'une proportion assez élevée de ces objections repose sur des exemples empruntés à la médecine.

3. Tel est le cas en II, 3, 110 a 32 - b 7 ; cf. la note *ad locum*.

4. Un exemple particulièrement net de cette situation est fourni par le passage IV, 2, 121 b 30-122 a 2. Aristote vient de poser la règle suivante : lorsqu'une espèce tombe sous deux genres distincts, l'un de ces genres doit être subordonné à l'autre. Il se fait alors une objection à lui-même, qui repose sur la situation particulière de la sagesse (φρόνησις) : au jugement du moins de certains, celle-ci est à la fois une qualité (ἀρετή) et un savoir (ἐπιστήμη), et aucun de ces deux genres n'est subordonné à l'autre. Aussi admet-il que la règle primitivement posée ait besoin d'une rectification : on dira donc que lorsqu'une espèce tombe sous deux genres distincts, il faut, soit que l'un de ces genres soit subordonné à l'autre, soit qu'ils tombent tous deux sous un même genre supérieur (en l'occurrence, ἕξις καὶ διάθεσις). Mais ce correctif est absent d'un lieu qui figure quelques paragraphes plus loin (122 b 1-6), et dans lequel Aristote fait usage de sa règle primitive, sous une forme telle, d'ailleurs, que l'argumentation s'effondrerait si l'on devait prendre en considération la rectification dont elle a été précédemment l'objet. Le même défaut de cohérence s'observe au livre VI, à propos cette fois de la différence : une règle analogue y figure avec la rectification correspondante en 6, 144 b 20-25, mais sans cette rectification en 6, 144 a 12-13.

naturellement pas à mettre en péril l'unité d'ensemble des *Topiques*. Plus importants sont les phénomènes que l'on peut observer à des niveaux plus élevés de la composition, d'abord dans les sections consacrées à l'accident et à la définition, qui comprennent chacune deux livres, alors que les sections consacrées au genre et au propre n'en comprennent chacune qu'un seul, ensuite dans l'articulation des livres I et VIII avec les livres centraux qu'ils encadrent.

Le problème des livres II et III.

Lorsqu'un auteur utilise des matériaux anciens pour les insérer dans un ensemble nouveau, auquel ils n'étaient pas primitivement destinés, ce phénomène de remploi est souvent décelable à plusieurs indices: le morceau ancien se détache sur le fond du nouveau contexte qui lui a été assigné ; les textes de suture qui l'encadrent s'accordent mal avec lui, et s'harmonisent au contraire entre eux. Une genèse en deux temps se traduit ainsi par une structure en triptyque.

Ce sont des phénomènes de ce genre qui expliquent avec le plus de vraisemblance l'ordonnance assez irrégulière des livres II et III, consacrés à la topique de l'accident. Tout d'abord, les chapitres 1-3 du livre III forment une unité qui s'isole d'elle-même ; Aristote y étudie les lieux du *préférable*, c'est-à-dire les procédés propres à résoudre les problèmes où l'on se demande laquelle, de deux ou de plusieurs choses, est la meilleure ou la plus digne d'être choisie. Cette section ne se distingue pas seulement de celles qui l'entourent par le sujet qu'elle traite, mais aussi par son style, exceptionnellement elliptique et rapide[1]. Aristote a certes pris la précaution, dans le livre I, de rattacher les problèmes de comparaison aux problèmes de prédication accidentelle ; dans toutes les questions de ce type, explique-t-il, « ce que l'on cherche à déterminer, c'est toujours duquel des deux sujets le prédicat est au plus haut degré l'accident » (I, 5, 102 b 19-20). En dépit de cette précaution, le remploi reste perceptible. Le

1. Cf. par exemple 3, 118 b 2-3.

programme tracé dans le livre I, en effet, aurait dû normalement se développer en une topique générale de la comparaison prédicative, faisant totalement abstraction de la nature particulière du prédicat mis en jeu ; cette topique aurait étudié les conditions d'une prédication de forme *S est plus P que S'*, de la même façon que la topique de l'accident étudie les conditions d'une prédication de forme *S est P*. De fait, les exemples que prend Aristote dans le livre I mettent en jeu des prédicats différents[1], montrant par là-même que leur signification particulière n'est pas en cause. Au contraire, les chapitres III, 1-3, sont exclusivement consacrés aux comparaisons intéressant le prédicat αἱρετόν, et la plupart des lieux indiqués n'ont de sens que pour lui. Ce n'est que dans un appendice de cette section (chapitre 5) qu'Aristote indique le moyen de généraliser certains des lieux du préférable, par une « légère modification dans l'expression » (119 a 15-16) qui consiste à remplacer le prédicat concret αἱρετόν par la variable prédicative τοιοῦτο. Ce raccord un peu laborieux laisse à penser que les lieux du préférable ont joui d'une existence autonome avant d'être insérés dans le tissu des *Topiques*.

Là n'est pas le seul phénomène de ce genre que l'on puisse observer dans les livres II et III. Abstraction faite des chapitres traitant du préférable, ces deux livres présentent en effet la plus manifeste des structures en triptyque que l'on puisse voir dans les *Topiques*, les deux volets latéraux étant les chapitres II, 1 et III, 6, et le panneau central les chapitres II, 2-11. Le chapitre II, 1, annonce le plan théorique de la topique de l'accident. A cet effet, Aristote introduit d'abord une classification des problèmes selon la quantité : il distingue les problèmes *universels* (καθόλου) et les problèmes *particuliers* (ἐπὶ μέρους). On peut noter que cette répartition semble exhaustive, et qu'Aristote n'y fait pas état, comme il le fera dans les *Analytiques*[2], d'une troisième catégorie, celle des propositions *indéterminées*, c'est-à-dire dépourvues

1. Cf. I, 5, 102 b 16-18 (αἱρετώτερον, ἥδιων).
2. I, 1, 24 a 17-22.

de toute note quantitative. Aristote montre ensuite qu'en vertu des lois qui recevront dans la tradition ultérieure le nom de lois de la subalternation, la démonstration d'une conclusion universelle entraîne *a fortiori*, qu'elle soit affirmative ou négative, celle de la conclusion particulière ayant même sujet et même prédicat. Il en résulte que les lieux applicables au traitement des problèmes universels sont également applicables à celui des problèmes particuliers, l'inverse n'étant pas vrai. Aristote indique enfin que les thèses qui font l'objet de la discussion étant la plupart du temps de forme affirmative, le questionneur a plus souvent pour tâche de réfuter une affirmation que d'en établir une. De ces considérations résulte le plan qu'il se propose de suivre, et qui, donnant la priorité à l'universel sur le particulier et à la réfutation sur l'établissement, prévoit de consacrer sa première partie aux lieux aptes à procurer la réfutation des propositions sous la forme universelle[1].

L'exécution ne répond pas à ce programme. Les lieux du livre II, à de rares exceptions près[2], ignorent les différences de quantité entre les propositions ; ils traitent de problèmes dont la formulation ne renferme aucune note quantitative, même s'il est vrai qu'ils sont pris dans le sens de l'universel correspondant. De plus, la séparation annoncée entre les lieux destructifs et les lieux constructifs n'est aucunement respectée : presque tous les lieux du livre II s'accompagnent d'une remarque destinée à signaler

1. Cf. II, 1, 109 a 6-10.

2. On les trouvera en II, 2, 109 b 13-29, et indirectement en 110 a 10-13, autre forme du lieu précédent ; pour 3, 110 a 32-b 7, il s'agit (cf. la note *ad locum*) d'une section surajoutée. Dans le lieu 6, 112 b 1-20, Aristote assimile la prédication apodictique (P appartient nécessairement à S) à la prédication universelle (P appartient à tout S) ; en revanche, une prédication affectée du coefficient modal de fréquence (ὡς ἐπὶ τὸ πολύ) ou de contingence (ὁπότερ' ἔτυχεν) est une prédication non universelle. Ce lieu constitue en faute logique aussi bien le fait de présenter comme fréquent ou contingent ce qui est en réalité nécessaire que celui de présenter comme nécessaire ce qui est en réalité fréquent ou contingent ; il en résulte qu'Aristote envisage, dans le cadre du livre II, des situations dialectiques où la thèse mise en jeu est explicitement présentée comme non nécessaire, et donc, implicitement, comme non universelle.

si le lieu considéré peut ou non servir aussi bien à l'établissement des propositions qu'à leur réfutation[1]. Pour retrouver des textes qui soient en harmonie avec le chapitre II, 1, il faut attendre, par-delà les lieux du livre II et la topique du préférable, le chapitre III, 6, avec lequel s'ouvre explicitement la rubrique des problèmes particuliers ; les lois de la subalternation, notamment, y sont l'objet d'un rappel significatif[2]. Le seul point qui pourrait faite douter de la solidarité de ce chapitre avec le chapitre II, 1 est l'apparition inopinée qu'y font (120 a 6 sq.) les problèmes indéterminés, dont le chapitre II, 1, comme on l'a vu, ne soufflait mot. Il ne faut cependant pas s'arrêter à ce défaut de symétrie, qui n'est qu'une illusion d'optique : on peut en effet démontrer que, par l'expression de *problème indéterminé*, Aristote n'entend pas ici, comme il le fera dans les *Premiers Analytiques*, un problème dépourvu de toute note quantitative, mais une espèce parmi d'autres du problème particulier[3]. Ainsi peut-on rétablir une parfaite concordance doctrinale entre les deux volets du triptyque et rehausser indirectement le contraste qu'ils présentent avec le panneau qu'ils encadrent.

L'unité formée par les livres II et III apparaît donc comme une unité composite, dans laquelle on peut distinguer deux noyaux anciens, d'ailleurs indépendants l'un de l'autre, les lieux du livre II et la topique du préférable, et une enveloppe plus récente, constituée par le chapitre initial et le chapitre final.

Le problème des livres VI et VII.

La définition partage avec l'accident le privilège de se voir consacrer deux livres au lieu d'un. Il se pourrait que la raison de cette anomalie soit la même dans l'un et l'autre cas ; mais la situation se présente ici sous un aspect sensiblement plus complexe.

1. Cf. 2, 109 b 25 sq. ; 3, 110 a 28 sq., 110 b 9 sq., 110 b 28 sq. ; 4, 111 a 11 sq., 111 a 23 sq., 111 b 8 sq., 111 b 18 sq. ; 6, 112 a 27 sq. ; 7, 113 b 7 sq. ; 8, 113 b 24 sq. ; 10, 115 a 2 sq. ; 11, 115 a 33 sq., 115 b 7 sq.
2. Cf. 119 a 34-36.
3. Cf. 120 a 6-8, et la note *ad locum*.

Le début du livre VII donne cependant lieu aux mêmes observations que le début du livre III. Ses deux premiers chapitres constituent en effet une courte topique de l'identité, destinée à fournir au dialecticien les moyens de traiter les problèmes où l'on se demande si deux choses sont identiques ou différentes. L'insertion de cette section dans la topique de la définition est expressément justifiée dans le livre I, où Aristote explique que les lieux de l'identique peuvent contribuer au traitement des problèmes définitionnels, au moins dans la perspective de la réfutation ; s'il ne suffit pas, en effet, pour démontrer une définition, de démontrer l'identité du défini et du définissant, il suffit en revanche de démontrer qu'ils ne sont pas identiques pour renverser la définition[1]. On observe toutefois, à propos de cette topique de l'identique, le même phénomène qu'à propos de la topique du préférable : le programme qui en est tracé dans le livre I ne coïncide pas exactement avec la réalisation dont elle fait l'objet. Le livre I consacre en effet un chapitre entier[2] à la distinction des diverses acceptions du terme *identique* ; une topique intégrale de l'identité aurait dû, semble-t-il, faire correspondre à chacune de ces acceptions une législation correspondante, quitte à se diviser conformément à la classification des prédicables. Les chapitres VII, 1-2, ne remplissent qu'une partie de ce programme, puisqu'ils n'envisagent, comme le remarque explicitement Aristote, que l'identité numérique[3] ; de plus, s'ils connaissent la différence qui sépare celle-ci de l'identité spécifique et de l'identité générique[4], ils ignorent les subdivisions dont elle est elle-même l'objet dans le livre I[5]. Il est donc permis de supposer que la topique de l'identique a été conçue antérieurement à son insertion dans l'ensemble des *Topiques*.

Les parties restantes de la topique définitionnelle,

1. Cf. I, 5, 102 a 6-17.
2. Cf. I, 7, et aussi le passage I, 5, 102 a 35-102 b 3, où Aristote rattache aux lieux du genre les problèmes d'identité et de différence génériques.
3. Cf. 151 b 28-30.
4. Cf. 152 b 30-33.
5. Cf. I, 7, 103 a 23-39.

c'est-à-dire le livre VI, d'une part, et les chapitres VII, 3-5, de l'autre, se répondent-elles harmonieusement de part et d'autre de cet épisode central ? Il s'en faut de beaucoup. Le livre VI semble constituer, à lui seul, un exposé complet de la topique définitionnelle : il s'ouvre sur l'annonce d'un plan méthodique, se poursuit par la réalisation exacte de ce plan, et se termine par une phrase qui semble indiquer que le sujet est épuisé. Le programme initial décompose, en des termes que le lecteur connaît déjà, l'ensemble des conditions auxquelles une définition doit satisfaire : (1) elle doit être vraie du défini ; (2) elle doit mentionner son genre ; (3) elle doit, dans son ensemble, être propre au défini ; (4) elle doit dénoter l'essentiel de l'essence du défini ; (5) elle doit enfin remplir ce dernier office « correctement » (καλῶς), c'est-à-dire en respectant certaines normes formelles, dont les principales sont la clarté et la concision[1]. Les trois premières de ces exigences relèvent respectivement de la topique de l'accident, de celle du genre et de celle du propre[2] ; la topique définitionnelle n'a donc plus devant elle que deux tâches à remplir[3]. En pleine conformité avec ce programme, le livre VI expose d'abord une série de lieux relatifs à la « correction » des définitions, que peuvent compromettre deux vices fondamentaux, l'obscurité et le pléonasme[4]. Après une transition qui rappelle les dispositions initialement prévues[5], Aristote passe à l'étude des conditions sans lesquelles une formule ne saurait prétendre dénoter l'essentiel de l'essence. La cohérence du livre VI à l'égard de son programme déclaré, qui a parfois été contestée,

1. Cf. 139 a 24-35.
2. Cf. 139 a 36-b 5.
3. Cf. 139 b 6-11. Aristote explique que, comme il est plus facile de faire une chose que de la bien faire, il est aussi plus facile de découvrir les défauts d'une définition en la confrontant aux critères de la définition « correcte » qu'en la confrontant à ceux de la définition tout court. Aussi traitera-t-il ces deux groupes de critères dans l'ordre inverse de celui dans lequel il les a présentés.
4. Chap. 2-3.
5. 4, 141 a 23-25.

mais sans raisons déterminantes à mon sens[1], en fait l'une des sections les mieux articulées de tous les *Topiques*.

Le chapitre VII, 3.

Comment comprendre, dès lors, que le dossier définitionnel, qui paraît clos à la fin du livre VI[2], se rouvre au début du chapitre VII, 3 ? La phrase initiale de ce chapitre indique qu'aux yeux d'Aristote, tout ce qui a été dit jusqu'alors concernait uniquement la réfutation des définitions, et qu'il reste à constituer le pan constructif de la topique définitionnelle[3]. Cette observation est vraie, on

1. Cf. P. Gohlke, *Untersuchungen zur Topik des Aristoteles*, in *Hermes*, 63 (1928), 457-479. Selon cet auteur, le livre VI contiendrait des indications relatives aux trois premiers articles du programme initial, alors que ceux-ci, qu'Aristote déclare avoir traités par anticipation dans les livres antérieurs, ne devraient en principe y figurer d'aucune manière. Mais ces prétendues inconséquences n'en sont pas. Par exemple, le chapitre VI, 5, groupe un certain nombre de lieux relatifs au genre, dont la mention doit figurer en tête de la formule définitionnelle. Gohlke considère ce développement comme une résurgence injustifiée de l'article (2) du programme initial, traité par anticipation dans le livre IV. En réalité, cet article (2) se subdivisait lui-même en deux questions distinctes : toute définition, affirmait Aristote, doit d'une part situer le défini dans un genre (à moins que le défini ne soit lui-même un genre suprême), et d'autre part le situer dans le genre qui lui est approprié (cf. VI, 1, 139 a 27-28). Seule la seconde de ces questions est justiciable de la topique du genre, comme l'indique très précisément Aristote (139 b 3) ; il est clair, en effet, qu'une formule prétendument définitionnelle qui ne comporterait pas la mention d'un genre ne saurait donner à cette topique l'occasion de s'appliquer. Or, le chapitre VI, 5, porte exclusivement sur l'autre moitié de l'article (2), comme le montre la phrase 142 b 22-23 ; il ne fait donc nullement double emploi avec les lieux du genre. Lorsque Aristote, au cours de ce chapitre, fait allusion au problème de savoir si le défini a été placé dans le genre *approprié*, il renvoie de nouveau son lecteur à la topique du genre, et lui rappelle que ce renvoi lui a déjà été proposé antérieurement (cf. 143 a 12-13, qui se réfère à 139 b 3-5). Le chapitre VI, 5, se trouve donc en complète harmonie avec le chapitre VI, 1. Les autres défauts de correspondance que Gohlke croit relever entre le programme théorique du livre VI et sa réalisation effective appelleraient des observations analogues.

2. Cf. la phrase de conclusion de ce livre : τὰ μὲν οὖν περὶ τοὺς ὁρισμοὺς ἐπὶ τοσοῦτον εἰρήσθω.

3. Cf. 153 a 6-7 : ἀναιρεῖν μὲν οὖν ὅρον οὕτως καὶ διὰ τούτων ἀεὶ πειρατέον. Ἐὰν δὲ κατασκευάζειν βουλώμεθα, κτλ.

l'a vu, des lieux de l'identité, dont l'exposé précède immédiatement le chapitre VII, 3. L'est-elle également des lieux du livre VI ? C'est une question qui a été controversée[1], et à laquelle il n'est pas possible de répondre simplement. Il est certain, d'une part, que le programme du livre VI et les lieux qui y sont exposés se placent à un point de vue essentiellement réfutatif : Aristote n'y détermine pas directement les conditions que doit remplir une définition pour être bonne, mais celles auxquelles on peut reconnaître qu'une définition est mauvaise[2]. Il n'est pas moins certain, d'autre part, qu'en décrivant les erreurs que le dialecticien peut espérer voir commettre par son adversaire lorsqu'il est chargé d'attaquer une définition, Aristote lui indique du même coup les erreurs qu'il doit se garder de commettre lorsqu'il est lui-même chargé d'en établir une ; une définition qui évite de commettre l'une de ces erreurs peut être considérée comme bonne au moins *sous ce rapport*. Telle est précisément la solution qu'avait adoptée, devant le même problème, la topique du propre : les lieux de la première partie du livre V sont d'abord décrits dans la perspective de la réfutation[3] ; ils sont régulièrement suivis d'un appendice constructif[4], où Aristote montre que si l'on évite de commettre l'erreur qui vient d'être analysée, le propre pourra être tenu pour correct sous ce rapport (κατὰ τοῦτο). Mais il faut bien reconnaître que ces appendices constructifs ne suffisent pas à constituer une véritable méthode d'établissement du propre ; la seule procédure qu'ils autorisent serait d'appliquer successivement au propre à établir la série des quelque cinquante lieux énumérés par Aristote ; s'il se révélait inattaquable sous le rapport de chacun, on admettrait qu'il l'est sous tous les rapports. Mais un tel marathon dialectique serait difficilement praticable ; de plus, l'adversaire pourrait toujours prétendre qu'il n'est pas démontré que la liste

1. Cf. Solmsen, *op. cit.*, p. 151-152, qui critique à ce propos H. Maier, *Die Syllogistik des Aristoteles*, II, 2, p. 78 sq.

2. Cf. les tournures négatives employées en 139 a 24-35, de même que dans toute la suite du chapitre VI, 1.

3. Ils commencent presque tous par une même formule stéréotypée : ἔπειτ' ἀνασκευάζοντα μέν.

4. Introduit par κατασκευάζοντα δέ.

des épreuves nécessaires soit complète. Que ce soit pour cette raison ou pour une autre, le livre VI n'a pas recours, comme le livre V, à la solution des appendices constructifs ; il est donc exact que ce livre VI ne donne ni n'entend donner les moyens d'établir une définition.

Reste à savoir si la topique constructive qui s'ouvre au chapitre VII, 3 fait harmonieusement pendant à la topique destructive du livre VI. Il n'en est rien. Le chapitre VII, 3, qui est probablement le texte le plus difficile et le plus discuté que contiennent les *Topiques*, renferme en effet une série de considérations qui manifestent l'apparition d'une problématique nouvelle, celle de la démonstrabilité de la définition. Aristote commence par remarquer que, dans la pratique, la définition fait rarement l'objet d'une démonstration ; on la prend bien plutôt comme le principe d'une démonstration, à l'exemple des géomètres, arithméticiens et autres mathématiciens. Deux schèmes démonstratifs s'opposent ainsi, dont l'un aboutit à la définition, tandis que l'autre, chargé de tout le prestige qui s'attache aux procédures mathématiques, en part[1]. Si le premier n'est, en fait, presque jamais mis en œuvre, ne serait-ce pas l'indice qu'il est, en droit, illégitime ? Aristote répond négativement à cette question, mais en des termes qui ont intrigué plus d'un lecteur : « C'est à un autre traité (ἄλλης πραγματείας), dit-il, qu'il appartient de dire avec une exactitude rigoureuse (δι' ἀκριβείας) ce que c'est qu'une définition, et comment il faut définir ; nous n'en dirons ici que ce qui importe à nos besoins présents ; il nous suffira donc de dire qu'il est possible d'obtenir par un raisonnement déductif (συλλογισμόν) la définition et l'essentiel de l'essence (τὸ τί ἦν εἶναι) ». Après avoir décrit la structure d'un tel raisonnement, Aristote fait une nouvelle allusion à un exposé plus précis que celui des *Topiques* : « Quels sont les points de départ à partir desquels il convient d'établir une définition, cela a été défini ailleurs (ἐν ἑτέροις) avec plus de précision (ἀκριβέστερον) ; mais pour notre présente enquête, ce sont les mêmes lieux qui vont nous servir ».

1. Le développement le plus clair de cette idée se trouve en *An. Po.* II, 8, 90 b 28 sq.

Ces deux allusions se réfèrent-elles au second livre des *Seconds Analytiques*, où se trouve précisément étudié, dans le plus grand détail, le problème de la démonstrabilité de la définition ? La solution de cette épineuse question déborderait le cadre de cette introduction[1].

1. On sait qu'en thèse générale, *An. Po.*, II, affirme l'impossibilité d'un syllogisme de l'essence, c'est-à-dire d'une démonstration syllogistique de la définition. Mais l'exposé très long et très complexe qu'Aristote consacre à ce problème est nuancé par l'intervention de deux thèses particulières : (a) on peut faire un syllogisme dont la conclusion est la définition d'un sujet si l'on prend comme moyen terme une seconde expression de l'essence de ce sujet ; ce syllogisme n'est pas une démonstration, parce qu'il commet une pétition de principe ; mais Aristote lui donne le nom de « syllogisme logique de l'essence » (cf. II, 4 et II, 8, 93 a 9-15) ; (b) lorsqu'une chose a une cause autre qu'elle-même, ce qui est le cas des propriétés et des événements, son essence n'est toujours pas syllogistiquement démontrable, mais elle n'est connaissable que par l'intermédiaire d'une démonstration syllogistique, qui a pour moyen terme la cause en vertu de laquelle l'événement se produit ou la propriété appartient au sujet (cf. chap. 2 et 8). L'articulation de ces deux thèses soulève d'ailleurs des difficultés considérables, dans le détail desquelles on ne peut ici entrer. La doctrine des *Seconds Analytiques*, qui affirme l'impossibilité du syllogisme de l'essence, mais nuance cette affirmation de la manière que nous venons de voir, est-elle en contradiction avec la doctrine de l'ἄλλη πραγματεία, à laquelle *Top.*, VII, 3 emprunte l'idée qu'un tel syllogisme est possible ? Maier (*op. cit.*, II, 2, p. 78 sq., n. 3) estime qu'il y a contradiction, et qu'Aristote a d'abord cru la définition démontrable, puis abandonné cette croyance ; Solmsen (*op. cit.*, p. 181) partage ce point de vue. Mais H. Cherniss (*Aristotle's criticism of Plato and the Academy*. I, p. 34 sq., n. 28) a tenté de montrer que le « syllogisme de l'essence », dont *Top.*, VII, 3 affirme la possibilité, n'est qu'un syllogisme dialectique, c'est-à-dire le « syllogisme logique » de *An. Po.*, II, 8. Les arguments de Cherniss ont été à leur tour critiqués, d'une manière qui me paraît convaincante, par A. Mansion, *L'origine du syllogisme et la théorie de la science chez Aristote*, in *Aristote et les problèmes de méthode*, Louvain-Paris, 1961, p. 57-81, notamment p. 64-70. Aristote aurait-il emprunté à l'ἄλλη πραγματεία, pour les besoins de sa topique, la seule affirmation de la possibilité du syllogisme de l'essence, si l'enseignement central de cette science supérieure avait déjà été, précisément, que le syllogisme était constitutionnellement inapte à démontrer la définition ? Aurait-il pu présenter la démonstrabilité de la définition comme la règle, s'il avait déjà été conduit à la tenir pour l'exception ? On hésitera donc à voir, dans l'ἄλλη πραγματεία, le livre II des *Seconds Analytiques* ; rien n'impose de penser qu'il s'agisse d'un écrit déjà rédigé, ni qu'il s'agisse de celui-là. Reste cependant une difficulté, dont A. Mansion n'a pas tenu compte dans

Il semble suffisant d'indiquer tout ce qui sépare la doctrine du chapitre VII, 3, quelque rapport qu'elle entretienne avec celle des *Seconds Analytiques*, de la doctrine du livre VI. Sa nouveauté capitale est l'insertion de la topique dans une opposition qui a pour effet de la dévaloriser : les objets dont elle traite peuvent être les objets d'une science rigoureuse, qui n'est pas elle[1]. Si la théorie de la définition avait été dès l'origine soumise à ce clivage, Aristote ne l'aurait-il pas dit dès le début du livre VI, au lieu d'énumérer en toute quiétude les parties que doit comporter un « traité de la définition » ? Cette dévalorisation de la topique, ignorée du livre VI et introduite dans le livre VII, ne se cantonne d'ailleurs pas à la théorie ; elle affecte aussi la pratique. Il est aisé de relever le contraste qui existe entre le degré de soin et de conviction avec lequel sont rédigés, d'une part les lieux du livre VI, d'autre part ceux du chapitre VII, 3 ; les premiers sont soigneusement articulés et précisément analysés ; les seconds, au contraire, appliquent paresseusement à l'établissement des définitions quelques procédés empruntés à la topique des autres prédicables ; autant l'auteur du livre VI paraît pénétré du sérieux et de l'importance de ce qu'il écrit, autant celui du chapitre VII, 3 semble s'acquitter négligemment d'un *pensum* sans intérêt.

sa critique de l'interprétation de Cherniss: si l'ἄλλη πραγματεία n'est pas nécessairement *An. Po.*, II, il semble bien que la seconde allusion des *Topiques* (153 a 24-25), qui se réfère explicitement, elle, à un traité déjà existant, ne puisse viser autre chose que *An. Po.*, II, 13, qui donne précisément une méthode pour la « chasse » (θηρεύειν) des prédicats essentiels de l'objet à définir ; Cherniss n'a pas eu tort de qualifier de « desperate and unsuccessful manœuvre » les efforts de Maier pour faire de *Top.*, VI, l'objet de cette référence. Mais les deux problèmes ne sont pas nécessairement liés : la composition du livre II des *Seconds Analytiques* paraît assez complexe pour qu'il ne soit pas invraisemblable que *Top.*, VII, 3, soit postérieur à certaines de ses parties et antérieur à certaines autres. Cette remarque ne saurait évidemment tenir lieu de l'examen approfondi qu'exigerait cette question.

1. Cette mise en perspective rapproche le chapitre VII, 3, du livre I (cf. 1, 101 a 19-24 ; 14, 105 b 30-31) et du livre VIII (cf. 13, 162 b 31-33). Cf. ci-dessous, p. LXXII sq.

On peut en outre montrer que le « syllogisme de la définition » n'est pas conçu, dans ce chapitre VII, 3, selon le modèle qu'aurait normalement requis la topique du livre VI. Le chapitre VII, 3 présente ce syllogisme sous la forme suivante : « Si la définition est une formule qui exhibe l'essentiel de l'essence (τὸ τί ἦν εἶναι) de la chose ; s'il faut que les prédicats contenus dans la définition soient les seuls qui s'attribuent essentiellement (ἐν τῷ τί ἐστι) à la chose, et si les attributs essentiels sont les genres et les différences, il est clair que, si l'on prenait les prédicats qui sont les seuls à s'attribuer essentiellement à la chose, la formule qui les renfermerait serait nécessairement la définition ; car il ne peut exister une autre définition, puisqu'il n'existe aucun autre attribut essentiel de la chose (*sc.* que ceux que renferme la formule en question) »[1]. Le syllogisme ainsi construit a pour majeure la définition de la définition, et pour mineure l'énumération complète des attributs essentiels de l'objet à définir ; il suppose une conception en quelque sorte horizontale de la définition, interprétée comme la sommation d'éléments qui possèdent tous la même propriété caractéristique, celle d'être un attribut essentiel de l'objet à définir[2], et qui sont les seuls à posséder cette propriété. Cette conception de la définition paraît nettement distincte de celle que présente le livre VI, et que l'on pourrait appeler verticale : la définition y apparaît, non comme un ensemble d'éléments possédant la même propriété caractéristique, mais comme une unité possédant elle-même une série de propriétés dont nous connaissons déjà l'étagement hiérarchisé : être vraie du défini, mentionner son genre, etc. La formule du syllogisme définitionnel qui correspondrait exactement à cette conception de la définition, nous n'avons pas besoin

1. 153 a 15-22. Notons que ce syllogisme définitionnel fait l'objet d'une critique précise dans les *Seconds Analytiques* (6, 92 a 6-19).

2. On pourrait objecter qu'Aristote ne traite pas tous ces éléments comme des unités homogènes, puisqu'il distingue parmi eux les genres et les différences (153 a 17-18, cf. 5, 154 a 26-28) ; mais le syllogisme qu'il décrit ici se contente de rassembler tous les attributs essentiels, sans distinction ; une étape ultérieure permettra, semble-t-il, d'en ordonner les éléments conformément à la distinction du genre et de la différence.

d'imaginer quelle elle pourrait être, car Aristote la donne lui-même, à la fin du chapitre VII, 5, au cours d'un développement destiné à montrer combien il est difficile de démontrer une définition : « il faut en effet, dit-il, démontrer (συλλογίσασθαι) toutes ces assertions : que les attributs indiqués appartiennent au sujet, que le genre indiqué est bien son genre, que la formule lui est propre ; outre cela, il faut encore démontrer que la formule exhibe l'essentiel de l'essence, et il faut enfin que cela soit fait correctement »[1]. Cette conception verticale de la définition, on l'a vu, est l'origine de la théorie des prédicables ; la conception horizontale paraît au contraire n'entretenir aucune liaison avec cette théorie. C'est une raison supplémentaire de penser que la seconde est postérieure à la première, et qu'elle s'est introduite dans les *Topiques* à un moment où Aristote n'était plus guidé par les principes qui avaient initialement gouverné son entreprise.

Le chapitre VII, 5.

Nous venons de trouver, à la fin du chapitre VII, 5, une formulation du syllogisme définitionnel qui s'écarte des positions d'Aristote en VII, 3, et s'harmonise au contraire avec la doctrine du livre VI. Il faut ajouter qu'au début de ce même chapitre, Aristote fait au contraire allusion, avec la plus grande netteté, à la doctrine du chapitre VII, 3, dans l'intention de montrer qu'il est plus difficile d'établir une définition que d'en réfuter une : « Il n'est en effet pas aisé, dit-il, de voir pour soi-même et d'obtenir des répondants des prémisses comme celles-ci : que des éléments composant la formule proposée l'un est genre, l'autre différence ; que le genre et les différences s'attribuent essentiellement au sujet (ἐν τῷ τί ἐστι) ; or sans ces prémisses, il est impossible que s'effectue le syllogisme de la définition. Si en effet il existe encore d'autres attributs essentiels de la chose à définir, on ne verra pas clairement si sa définition est celle qui a été dite, ou une autre »[2]. La présence dans le chapitre VII, 5 des deux conceptions de la définition qui viennent d'être

1. 155 a 18-22.
2. 154 a 24-31.

dissociées constituerait un obstacle décisif pour notre hypothèse, si précisément ce chapitre ne se divisait assez manifestement en deux parties distinctes (154 a 23-155 a 2 et 155 a 3-36), dont beaucoup d'indices portent à croire qu'elles n'ont pas été écrites simultanément, la seconde étant selon toute vraisemblance la plus ancienne. Sans pouvoir justifier ici cette hypothèse avec tout le détail nécessaire, je m'appuierai sur quelques constatations premières. Tout d'abord, les deux sections du chapitre traitent du même sujet : il s'agit ici et là de déterminer le degré de difficulté et de facilité relatives des divers problèmes dialectiques. Mais la méthode suivie n'est pas identique. Dans la première section, Aristote examine successivement chacun des prédicables, et il montre, à propos de chacun d'eux pris séparément, qu'il est plus difficile de l'établir que de le réfuter[1] ; cette conclusion s'accorde avec une maxime générale, suivant laquelle il est, en tout domaine, plus facile de détruire que de créer[2]. La seconde section, au contraire, compare les prédicables entre eux ; elle les dispose le long d'une série allant de la définition, qui est à la fois le plus facile à réfuter et le plus difficile à établir, à l'accident, qui est à la fois le plus difficile à réfuter et le plus facile à établir[3]. Ces deux groupes d'affirmations ne sont certes pas contradictoires à proprement parler ; mais l'intention qui les anime est bien différente, puisque la première section souligne, à tous les niveaux, la vocation essentiellement destructrice de la dialectique, alors que la seconde institue un équilibre entre sa vocation destructrice et sa vocation constructrice, en s'appuyant sur les compensations qui s'établissent au sein de la série des prédicables. Plus probant encore semble le fait que la première section s'appuie constamment sur des considérations relatives à la quantité des propositions[4] ;

1. A la seule exception de l'accident particulier, qu'Aristote distingue ici de l'accident universel, et qui est plus facile à établir qu'à réfuter, puisqu'il faut établir une proposition universelle négative pour y parvenir.

2. Cf. 154 b 30-32.

3. Aristote ne distingue pas ici le cas de l'accident universel et celui de l'accident particulier.

4. Cf. 154 a 34-b 12, 154 b 18-23, 24-27, 154 b 33-155 a 2.

elle distingue notamment l'accident universel et l'accident particulier. Au contraire, la seconde section ignore totalement les différences quantitatives, sur la prise en considération desquelles s'édifiera la syllogistique classique ; elle utilise en revanche une notion que l'on pourrait désigner sous le nom de quantité d'information, quantité qui se trouve portée à son maximum avec la définition, puisque celle-ci implique toute une série d'affirmations subordonnées, et à son minimum avec l'accident, puisque la prédication accidentelle affirme que l'attribut appartient au sujet, sans préciser comment il lui appartient[1]. On peut donc rattacher la seconde section du chapitre VII, 5 au livre VI et aux sections les plus anciennes des *Topiques*, et la première section du même chapitre au chapitre VII, 3 et aux sections les plus récentes du traité.

L'unité formée par les livres VI et VII recèle donc, elle aussi, plusieurs disparités internes ; elle regroupe des textes divers par leurs inspiration, leur doctrine, leurs instruments, et selon toute vraisemblance aussi par leur date.

Livres centraux et livres périphériques.

Après avoir analysé quelques-unes des unités partielles que découpe, au sein des *Topiques*, la distinction des prédicables, il reste à poser le problème de l'unité au niveau même de l'ouvrage considéré dans sa totalité. Ne présente-t-il pas, lui aussi, la structure d'un vaste triptyque, dont le panneau central est constitué par l'ensemble des lieux (livres II-VII), et dont les livres I et VIII, qui servent à cet ensemble d'introduction et de conclusion, figurent les volets latéraux ? La manière même dont sont rédigés les divers livres, manière additive pour les livres centraux, manière systématique, au moins relativement, pour les livres périphériques, conduit assez naturellement à l'hypothèse d'une première étape rédactionnelle, dans laquelle Aristote aurait accumulé progressivement la matière des livres centraux, suivie d'une seconde étape, dans laquelle il aurait rédigé les livres

5. Cf. 155 a 4-6, 18-22, 23-27, 31-33.

périphériques, afin de lier l'ensemble des matériaux qu'il avait réunis et de les bâtir en une œuvre unifiée. Cette hypothèse a été formulée par plusieurs commentateurs, et elle est assez généralement acceptée, à diverses variantes près[1]. Il convient de résumer les données du problème qu'elle vise à résoudre.

Certains indices d'ordre externe laissent à penser que les divers livres des *Topiques* ont joui, à une certaine époque de leur histoire, d'une relative autonomie. Dans les listes anciennes des ouvrages d'Aristote, on relève en effet, à côté de titres qui désignent plus ou moins clairement l'ensemble des *Topiques*, certains titres qui paraissent s'appliquer très précisément à l'un ou l'autre de leurs livres pris isolément[2]. L'examen interne, d'autre part, révèle d'un

1. Cf Maier, *loc. cit.*, dont les hypothèses ont été reprises, amplifiées et compliquées, sous des formes d'ailleurs variées, par P. Gohlke dans ses diverses publications relatives aux *Topiques*. Partisan de l'unité des *Topiques*, E. Braun (*op. cit.*, p. 109-110) n'admet pas que l'on puisse fonder sur l'analyse doctrinale l'hypothèse d'une datation plus tardive des livres périphériques ; mais il n'exclut pas que l'analyse du vocabulaire puisse imposer cette conclusion. Plus récemment, l'hypothèse de Maier a trouvé une confirmation dans les études stylistiques de P.M. Huby, *The date of Aristotle's Topics and its treatment of the theory of Ideas*, in *Class. Quarterly*, NS 12 (1962), 72-80.

2. Cf. sur ce point W. Jaeger, *Studien zur Entstehungsgeschichte der Metaphysik des Aristoteles*, p. 149 sq. ; P. Gohlke, *art. cit.* ; et surtout P. Moraux, *Les listes anciennes des ouvrages d'Aristote*, p. 54 sq. Dans le catalogue conservé par Diogène Laërce, on relève les titres suivants : περὶ εἰδῶν καὶ γενῶν α' (n° 31), qui pourrait être *Top.*, IV ; περὶ ἰδίων α' (n° 32), qui pourrait être *Top.*, V ; περὶ τοῦ αἱρετοῦ καὶ τοῦ συμϐεϐηκότος α' (n° 58), titre qui présenterait une alliance de mots bien énigmatique si l'on ne pouvait l'identifier avec le livre III des *Topiques* (plutôt qu'avec les livres II-III, comme le suggère P. Moraux); τοπικῶν πρὸς τοὺς ὅρους α' ϐ' (n° 60), qui pourrait être *Top.*, VI-VII. Le livre I pourrait être à son tour désigné par plusieurs titres de cette même liste : le n° 57, συλλογιστικὸν καὶ ὅροι α' (cf. Moraux, p. 56-57) ; le n° 55, si l'on admet avec Jaeger qu'il faut lire, non ὅροι πρὸ τῶν τοπικῶν α' ϐ' γ' δ' ε' ς' ζ', mais ὅροι πρὸ τῶν <τοπικῶν α'> τοπικῶν α' ϐ' γ' δ' ε' ς' ζ'; le n° 59, τὰ πρὸ τῶν τόπων α', si l'on admet que ce titre, avant d'être adopté par certains commentateurs anciens pour désigner les *Catégories*, a d'abord servi à désigner *Top.*, I (cf. la discussion de Moraux, p. 58-65, sur les données d'apparence contradictoire que nous possédons à ce sujet). L'ensemble des *Topiques*, de son côté, se trouve désigné par le titre n° 55, avec

livre à l'autre des disparates de style parfois très accentuées ; le livre V, notamment, présente un violent contraste avec les autres livres, par son caractère exceptionnellement formulaire et mécanique ; s'il est de la main d'Aristote[1], il n'a certainement pas été rédigé entre le livre IV et le livre VI.

Toutefois, l'attention des interprètes s'est surtout concentrée, comme il était normal, sur les aspects doctrinaux du problème. Depuis que H. Maier, dans une note souvent citée de son ouvrage sur la syllogistique aristotélicienne[2], a fait remarquer que le mot de « syllogisme » (ainsi que les mots de la même famille) apparaissait fréquemment dans les livres I et VIII, de même que dans les chapitres VII, 3-5, alors qu'il était pratiquement absent des livres centraux[3], on a souvent admis avec lui que la

la correction de Jaeger. Un problème particulier est posé par le titre n° 52, μεθοδικά α' β' γ' δ' ε' ς' ζ' η'. Aristote cite lui-même ces *Méthodiques* dans sa *Rhétorique* (I, 2, 1356 b 20) ; que l'objet de ce renvoi soit *Top.*, I, 12, 105 a 16 et VIII, 2, 157 a 18 (cf. aussi VIII, 14, 164 a 12-16), comme le pense Vahlen, approuvé par Bonitz (*Index Aristotelicus*, 101 b 39), est possible, mais non certain : Aristote vient en effet de se référer aux *Topiques* sous leur titre habituel (1356 b 13), et il paraît étrange qu'à sept lignes d'intervalle, il puisse désigner un même ouvrage sous deux titres différents. On notera en outre que Simplicius (*in Cat.*, 65, 2-13), citant d'ailleurs une phrase des *Méthodiques* qui n'apparaît pas dans les *Topiques*, range le premier de ces ouvrages parmi les écrits « hypomnématiques », recueils de notes et de matériaux à l'état brut, sans ordre ni style, alors que les *Topiques* ont toujours été considérés par les commentateurs anciens comme un ouvrage « syntagmatique », c'est-à-dire rédigé et achevé (cf. Simplicius *in Cat.*, 4, 21-31). L'identité du nombre de livres prêté par le catalogue aux *Méthodiques* avec celui de nos *Topiques* a naturellement constitué un argument en faveur de l'identification des deux ouvrages ; mais elle pourrait peut-être s'expliquer également si les *Méthodiques* avaient été un recueil d'exemples et d'exercices complétant, livre par livre, l'enseignement des *Topiques* ; ces exercices auraient été à la dialectique ce que sont à la rhétorique les ῥητορεῖαι ou discours d'école, dont parle précisément Aristote dans le passage cité de la *Rhétorique*.

1. Ce dont a douté J. Pflug, *op. cit.*

2. *Die Syllogistik des Aristoteles*, II, 2, p. 78 sq., n. 3.

3. Cf. V, 2, 130 a 7 (passage dans lequel apparaît également le mot ἔλεγχος, que les *Topiques* n'utilisent pas ailleurs ; ce passage pourrait donc avoir été surajouté au moment de la rédaction des *Réfutations sophistiques*) ; VI, 2, 139 b 30 ; 10, 148 b 8 ; 12, 149 a 37.

présence de ce mot signalait les textes postérieurs à la découverte du syllogisme classique ; l'identité des définitions du syllogisme au début des *Topiques* et au début des *Premiers Analytiques* paraissait fournir à cette hypothèse une confirmation de poids[1]. Posé en ces termes, cependant, le débat risquait de s'engager dans des voies sans issue. En effet, Maier avait rendu solidaires deux hypothèses qui n'entretiennent pas de liaison nécessaire : celle selon laquelle les livres périphériques étaient postérieurs aux livres centraux, et celle selon laquelle la découverte du syllogisme avait pris place entre la rédaction des uns et celle des autres. Contre la double hypothèse de Maier, on a pu faire valoir que, d'une part, on ne trouve dans les livres périphériques aucun emploi du mot de syllogisme qui se réfère avec évidence à la théorie définitive du syllogisme analytique, et que, d'autre part, la pratique des livres centraux n'offre sur ce point pas de discordance notable avec la théorie des livres périphériques ; les raisonnements qui y sont analysés sont en substance conformes à la définition du « syllogisme » en général, et à celle du « syllogisme » dialectique en particulier, même si les caractères qui assurent cette conformité ne sont pas l'objet d'une description explicite[2]. Aussi n'est-il pas surprenant qu'une étude consacrée au problème de l'unité des *Topiques*, et délibérément axée sur la notion de « syllogisme », comme celle d'E. Braun, puisse se conclure sur l'affirmation de l'unité substantielle du traité. Tout au plus pourra-t-on reconnaître, dans le livre I, les caractères classiques d'une introduction rédigée, comme le sont encore aujourd'hui bien des introductions, postérieurement au corps de l'ouvrage : conscience plus précise des principes généraux qui ont guidé le travail

1. Cf. cependant ci-dessus, p. XXXI, n. 1.

2. Ces raisonnements sont des « syllogismes » en ce sens que leur conclusion découle avec nécessité de leurs prémisses ; sur le mode d'expression de cette liaison nécessaire, cf. ci-dessus, p. XXXIV, n. 1. Ils sont des « syllogismes dialectiques » en ce sens que leurs prémisses sont « endoxales », de même que les lois sur lesquelles repose le lien de nécessité qui unit leurs prémisses et leur conclusion ; ces lois sont très fréquemment présentées comme étant de notoriété publique, comme l'indique le mot δοκεῖ qui précède leur énonciation.

accompli, insertion de ce travail dans un horizon qui le déborde et le situe, mise en évidence, au moyen d'un vocabulaire technique défini avec soin, des caractères fondamentaux du sujet traité et des méthodes mises en œuvre.

L'un des liens les plus solides que l'on puisse apercevoir entre les livres centraux et les livres périphériques est assurément l'annonce et la justification, présentées dans les seconds, du plan suivi par les premiers. La théorie des prédicables fournit ainsi, à l'étude du problème de l'unité des *Topiques*, un instrument d'analyse auquel on n'a peut-être pas prêté l'attention nécessaire. Cette théorie a-t-elle le même contenu et le même sens dans l'exposé systématique qu'en donne le livre I et dans la fonction d'impulsion et d'articulation qu'elle remplit dans les livres centraux ? Telle est la question qu'il faut poser, en reprenant et en approfondissant les indications données plus haut sur la division des prédicables[1].

Double sens de la division des prédicables.

On peut distinguer, d'une manière très générale, deux manières différentes d'interpréter la division des prédicables. La première, et la plus simple, est de la considérer comme l'instrument d'une *partition* de l'ensemble des propositions, c'est-à-dire d'une subdivision de cet ensemble en quatre sous-ensembles, tels que toute proposition doit appartenir à l'un d'entre eux, et ne peut appartenir à plus d'un d'entre eux. Nous appellerons *exclusive* cette interprétation du système des prédicables. La seconde interprétation pourrait au contraire être dire *inclusive* ; elle consiste en effet à considérer les prédicables comme les propriétés caractéristiques de sous-ensembles dont les uns sont inclus dans les autres ; dans ce cas, une même proposition pourra appartenir à plus d'un sous-ensemble, si seulement elle appartient à l'un de ceux qui sont inclus dans un autre. Que la division des prédicables soit susceptible d'être interprétée selon ces deux modèles, c'est ce qui résulte du fait que leur définition utilise des négations, elles-mêmes susceptibles

1. Cf. ci-dessus, p. XLV sq.

d'une double interprétation ; quand on dit, par exemple, que le propre est un prédicat coextensif et *non essentiel*, on peut entendre, soit que tout propre est un prédicat non essentiel, soit seulement qu'il n'est pas vrai que tout propre soit un prédicat essentiel. Dans le premier cas, un prédicat ne recevra le nom de propre que s'il possède les deux notes distinctes de la coextensivité et de l'inessentialité ; dans le second, il le recevra dès l'instant qu'il possède l'unique note de la coextensivité, étant entendu que la question de savoir s'il est ou non essentiel reste indéterminée ; tout ce qu'on peut dire est qu'il n'est pas certain qu'il le soit. Les mêmes distinctions peuvent s'appliquer, *mutatis mutandis*, à la définition du genre, qui comporte une négation, puisqu'il est un prédicat essentiel et non coextensif, et à la définition de l'accident, qui en comporte deux, puisqu'il est un prédicat non essentiel et non coextensif. La portée de cette distinction apparaîtra clairement si l'on examine les conséquences de l'établissement d'une proposition liant son sujet et son attribut au titre, par exemple, du propre : dans l'interprétation exclusive du système des prédicables, cela voudra dire que le prédicat établi comme propre *n'est pas* la définition de son sujet, puisqu'on ne l'aura établi comme propre qu'après s'être assuré qu'il n'était pas essentiel à son sujet ; dans l'interprétation inclusive, au contraire, cela voudra dire que la question de savoir s'il est ou non la définition de son sujet reste encore indéterminée, et qu'on ne peut exclure ni qu'il le soit (puisqu'il est coextensif à son sujet, comme doit l'être la définition), ni qu'il ne le soit pas (puisqu'il n'est pas certain qu'il lui soit essentiel, comme doit l'être également la définition).

Cela posé, quelle est l'interprétation aristotélicienne du système des prédicables ? Il est impossible de répondre à cette question de manière simple, parce qu'on trouve dans les *Topiques* aussi bien des textes qui favorisent l'interprétation exclusive que des textes qui favorisent l'interprétation inclusive. Dressons rapidement le tableau de cette répartition.

A l'actif de l'interprétation inclusive figurent d'abord tous les textes où Aristote montre que les lieux des prédicables autres que la définition peuvent être utilisés pour la réfutation des définitions (chapitres I, 6 et VI, 1, seconde partie du chapitre VII, 5). S'il est vrai, en effet, qu'un prédicat incapable de satisfaire aux conditions requises pour être reconnu comme l'accident, le genre ou le propre de son sujet se trouve par là-même débouté *a fortiori* de ses prétentions à en être la définition, on peut en inférer, par une loi de contraposition qui n'est nullement étrangère à la logique des *Topiques*[1], qu'un prédicat confirmé dans ses prétentions à être la définition de son sujet doit être du même coup considéré comme remplissant les conditions requises pour être reconnu comme l'accident, le genre et le propre de ce sujet ; s'il est vrai, par exemple, qu'un prédicat réfuté au titre du propre, et au moyen des lieux du propre, est par là-même réfuté au titre de la définition, on devra dire qu'un prédicat établi au titre de la définition est par là-même établi au titre du propre, et inattaquable au regard des lieux du propre. Cela revient à soutenir l'interprétation inclusive du système des prédicables ; en effet, affirmer que la définition est *a fortiori* le propre de son sujet, c'est nier tout ensemble l'idée qu'une définition ne peut pas être un propre et l'idée qu'un propre ne peut pas être une définition.

Il est plus important encore de remarquer qu'à quelques exceptions près, sur lesquelles on reviendra, l'ensemble des lieux analysés dans les livres centraux reposent sur l'interprétation inclusive. L'interprétation exclusive rendrait en effet nécessaires des procédures plus complexes que celles que décrit Aristote ; par exemple, pour prouver dans cette interprétation qu'un prédicat est le propre de son sujet, il faudrait prouver à la fois qu'il lui est coextensif et qu'il ne lui est pas essentiel ; en revanche, pour rejeter l'attribution à un sujet d'un prédicat en qualité de propre, on pourrait, au choix, montrer qu'il ne lui est pas coextensif, ou bien qu'il lui est essentiel. Or, réserve faite des exceptions signalées, la topique réelle d'Aristote ne fait pas état de cette procédure complexe, conjonctive à l'égard des fins d'établissement et

1. Cf. par exemple, II, 8, 113 b 15 sq.

disjonctive à l'égard des fins de réfutation ; elle ne se croit pas tenue, par exemple, lorsqu'il s'agit d'établir une prédication acccidentelle, de prouver que le prédicat n'est ni coextensif ni essentiel au sujet ; il lui suffit de montrer qu'il lui appartient, sans préciser autrement le mode de cette appartenance.

Quels sont à présent les textes qui s'inscrivent à l'actif de l'interprétation exclusive ? Il faut ranger d'abord dans cette catégorie les quelques lieux que l'on pourrait appeler lieux de la fausse assignation, et dont le schéma commun serait le suivant : si un attribut appartient à son sujet au titre d'un prédicable déterminé, il est par là-même exclu qu'il lui appartienne au titre d'un autre prédicable. Ces lieux sont en petit nombre ; on n'en trouve pas dans les livres de la définition ; il en existe un au début des livres de l'accident[1], et un également au début du livre du genre[2] ; cette place ne laisse pas d'être significative. C'est seulement dans le livre du propre qu'on en rencontre un nombre appréciable[3] ; ce trait s'ajoute à ceux qui donnent à ce livre V une physionomie assez exceptionnelle pour que l'on ait pu mettre son authenticité en doute.

1. II, 2, 109 a 34-b 12 : c'est une faute de donner (explicitement ou implicitement) comme l'accident d'un sujet ce qui en est en réalité le genre.

2. IV, 1, 120 b 21-35 : c'est une faute de donner comme le genre d'un sujet ce qui en est en réalité un accident. Il faut toutefois préciser ici que cette faute en est une dans les deux interprétations du système des prédicables. Mais, dans l'interprétation inclusive, on dira que le prédicat proposé n'est pas le genre du sujet, *mais* qu'il en est seulement l'accident ; dans l'interprétation exclusive, on dira qu'il n'en est pas le genre, *parce qu*'il en est seulement l'accident. La première partie du passage cité est en accord avec l'interprétation inclusive : on remarquera en effet qu'Aristote n'y établit aucun lien de principe à conséquence entre le fait que le mouvement est l'accident de l'âme et le fait qu'il n'en est pas le genre (cf. 120 b 24-25 : συμβέβηκε δ' αὐτῇ κινεῖσθαι). Seules les lignes 30-35, qui utilisent la définition positive de l'accident, reposent sur l'idée qu'un prédicat établi comme l'accident de son sujet est *par là-même* débouté de toute prétention à en être le genre.

3. Cf. V, 3, 131 b 37-132 a 9 ; 4, 132 b 35 sq., 133 a 18 sq. ; 5, 135 a 9-19.

Les textes les plus importants que l'on puisse invoquer à l'appui de l'interprétation exclusive restent toutefois ceux que renferme le livre I. Elle s'annonce déjà dans la présentation sommaire du chapitre 4 : en divisant la notion vulgaire de propre en deux parties, dont l'une signifie l'essence et reçoit le nom de définition, et dont l'autre ne la signifie pas et reçoit le nom de propre, au sens technique du terme, Aristote indique clairement qu'il entend par propre, non pas simplement un prédicat qui ne prétend pas signifier l'essence, mais bien un prédicat qui prétend ne pas la signifier. La situation est plus nette encore dans le « syllogisme » du chapitre 8, qui répartit l'ensemble des prédicats en classes mutuellement exclusives ; il est pratiquement impossible de donner aux négations que met en œuvre ce « syllogisme » un autre sens que le sens fort. Il en va de même dans les définitions du chapitre 5, notamment dans celle du propre, qui, dit Aristote, « n'exhibe pas l'essentiel de l'essence », et dans la première définition de l'accident, laquelle précise que celui-ci n'est « ni définition, ni propre, ni genre ». Si cette définition négative de l'accident s'éloigne d'un degré de l'usage que fait de cette notion la topique effective des livres II-III, il faut dire que la définition positive qui lui est accolée s'en écarte encore d'un degré supplémentaire : car si l'accident était compris comme « ce qui peut appartenir et ne pas appartenir à un seul et même sujet », on ne pourrait établir qu'un prédicat A est l'accident d'un sujet B qu'en montrant, d'une part, que A appartient à B, et, d'autre part, qu'il peut ne pas lui appartenir ; ou même, si l'on veut, que A n'appartient pas à B, mais qu'il peut lui appartenir. Il suffit de mettre en lumière ces exigences pour mesurer toute la distance qui en sépare la topique réelle de l'accident.

Dans l'ensemble, on peut donc dire que les livres centraux (à l'exception des rares lieux de la fausse assignation) adoptent l'interprétation inclusive du système des prédicables, et que le livre I (à l'exception du chapitre 6) adopte au contraire l'interprétation exclusive. Ces exceptions ne semblent pas s'opposer à l'hypothèse d'un décalage chronologique entre les deux groupes de textes.

Mis à part ceux qui figurent dans le livre V, les lieux de la fausse assignation se trouvent, on l'a dit, en début de livre : ils ont pu être ajoutés au moment de la mise en forme définitive du traité. Quant au chapitre I, 6, il présente toutes les apparences d'un rappel pour mémoire ; et l'on y perçoit, semble-t-il, les traces d'un certain embarras[1]. Ces obstacles écartés, il reste à s'assurer que des deux interprétations concurrentes du système des prédicables, l'interprétation inclusive est la plus ancienne et l'interprétation exclusive la plus récente. Il semble évident que l'interprétation inclusive est la seule que l'on puisse considérer comme congénitalement liée au projet

1. On peut faire trois observations en ce sens. Tout d'abord, pour montrer que les lieux du propre peuvent servir à la réfutation de la définition, Aristote dit que celle-ci sera réfutée « si nous montrons que le contenu de la définition *n'appartient pas au seul sujet,* comme on le fait pour un propre (ὥσπερ καὶ ἐπὶ τοῦ ἰδίου) » ; il évite de dire que la définition sera réfutée si nous montrons que la formule définitionnelle n'est pas propre au défini (comme il le fait en VII, 5, 155 a 8), probablement parce qu'il s'aperçoit plus ou moins clairement qu'il se mettrait ainsi en contradiction avec la définition qui a été donnée du propre dans le chapitre I, 5, et qui précisait que le propre doit *ne pas signifier l'essence* ; aussi ne retient-il ici que l'une des deux notes constitutives du propre, la coextensivité. En second lieu, pour montrer que les lieux de l'accident peuvent servir à la réfutation de la définition, Aristote dit que celle-ci sera réfutée si nous montrons « que l'un des éléments figurant dans la définition n'appartient pas au sujet, ce que justement l'on pourrait dire aussi dans le cas de l'accident (ὅπερ καὶ ἐπὶ τοῦ συμβεβηκότος ἂν ῥηθείη) » ; cet optatif assez vague laisse entendre qu'Aristote est ici peu soucieux de pousser la comparaison dans le détail. Troisième remarque, et la plus importante sans doute, parce qu'elle montre que ce passage est rédigé avec une certaine négligence : les lignes 33-35 contiennent une véritable erreur de la part d'Aristote. Ayant montré que les lieux des prédicables non-définitionnels pouvaient servir à la réfutation de la définition, celui-ci en tire en effet la conclusion que « tous les prédicables énumérés sont d'une certaine manière définitionnels (ὁρικά), dans le sens précédemment donné à ce mot ». Or, un peu plus haut (102 a 9-10), Aristote avait défini comme ὁρικά « les problèmes qui relèvent de la même méthode que les définitions ». Les considérations du chapitre 6 ne montrent nullement que les prédicables non-définitionnels soient justiciables de la même méthode que les définitions ; elles montrent, ce qui est tout différent, que les définitions sont justiciables des mêmes méthodes que les prédicables non-définitionnels.

fondamental des *Topiques* ; c'est pourquoi, en décrivant plus haut le contenu de l'ouvrage, il a fallu lui laisser tacitement toute la place. Ceci n'est pas seulement vrai parce que la plus grande partie des lieux est écrite dans la perspective qu'elle commande ; il faut dire aussi que si la théorie des prédicables avait été originairement conçue dans l'optique de l'interprétation exclusive, Aristote ne se serait sans doute pas lancé dans l'entreprise topique, car elle aurait été par trop étrangère à la pratique dialectique qui avait cours dans le milieu où il vivait. S'il était indispensable, par exemple, de fournir au dialecticien les moyens de traiter les propositions de type *S est P* (c'est-à-dire les prédications accidentelles selon l'interprétation inclusive), quel intérêt y avait-il à lui donner ceux de traiter les propositions de forme *S est P*, *étant entendu que P n'est pas coextensif à S et qu'il n'appartient pas à son essence* (c'est-à-dire les prédications accidentelles selon l'interprétation exclusive) ? Où aurait-il trouvé des adversaires spontanément décidés à présenter leurs thèses sous cette forme ? En outre, l'interprétation exclusive est plus simple, plus immédiatement facile à comprendre et à exposer que l'interprétation inclusive ; Aristote n'aurait pu passer de la première à la seconde sans un effort au courant duquel il aurait certainement mis son lecteur, alors qu'il a pu glisser de la seconde à la première, par une sorte de retombée naturelle dont il n'a peut-être pas pris entièrement conscience. Enfin, le fait qu'Aristote, dans le livre I, déclare que la définition positive de l'accident, qui s'écarte de deux degrés de la topique réelle, est préférable à la définition négative, qui ne s'en écarte que d'un degré[1], paraît un argument décisif en faveur de

1. La raison qu'il donne de cette préférence est digne d'attention. La définition négative, dit-il, impose à qui veut la comprendre de connaître au préalable ce que sont la définition, le genre et le propre ; au contraire, la définition positive est par elle-même suffisante (αὐτοτελής) pour donner connaissance de ce qu'elle définit. Il est clair que cette vertu devient un défaut lorsqu'il s'agit de définir les éléments d'un système : si l'on donne de chacun d'eux une définition « auto-suffisante », en faisant abstraction des relations qu'ils entretiennent les uns avec les autres, on rejette dans l'ombre le fait qu'ils constituent précisément un système.

l'antériorité des livres centraux par rapport au livre I : cette déclaration n'a pu être écrite qu'à une époque où Aristote avait perdu de vue la signification originaire de son entreprise.

Cette conclusion semblera téméraire ; mais on ne voit pas bien comment s'y soustraire. Peut-être en adoucirait-on le paradoxe en rappelant que les parties les plus récentes des *Topiques* ont dû précéder de peu la découverte du syllogisme analytique ; on sait, par exemple, que c'est dans ces sections récentes qu'apparaît la théorie de la quantité des propositions, qui sera l'une des pièces maîtresses de la syllogistique. Ce ne serait pas la seule fois qu'un grand esprit, dans la fièvre des découvertes qu'il se sent sur le point de faire, cesse d'apercevoir l'exacte portée de celles qu'il a déjà faites.

IV

LA DATE DES TOPIQUES ET LEUR PLACE DANS L'ŒUVRE D'ARISTOTE

Après avoir considéré les *Topiques* en eux-mêmes, et fait presque entièrement abstraction des relations qu'ils entretiennent avec leur contexte historique et doctrinal, il convient de compléter les résultats de l'analyse interne par un exposé sommaire des principaux faits dont l'observation a pu contribuer à la datation de l'ouvrage, et à la détermination de sa situation dans l'œuvre d'Aristote.

Situation théorique des Topiques.

Les historiens d'Aristote s'accordent depuis longtemps pour considérer les *Topiques* comme une œuvre précoce[1]. Pour atteindre cette conclusion, il leur a fallu s'affranchir de l'idée que l'ordre traditionnel dans lequel nous sont parvenus les traités de l'*Organon* reflétait l'ordre réel de

1. Cf. déjà Brandis, *Ueber die Reihenfolge der Bücher des aristotelischen Organons*, in *Abh. d. k. Akad. d. Wissensch. zu Berlin, Hist.-philol. Kl.* (*Jahr* 1833), Berlin, 1835.

leur composition. On sait qu'Aristote n'est responsable, ni du regroupement en un *corpus* logique de six de ses traités, ni du titre d'*Organon* que porte traditionnellement ce *corpus*, ni de l'ordre dans lequel les divers traités y sont rangés. Ce regroupement n'a d'ailleurs pas atteint sans tâtonnements la forme qu'il a conservée dans les manuscrits médiévaux et dans les éditions modernes ; plusieurs siècles après l'édition d'Andronicos, les commentateurs anciens discutaient encore, non seulement de l'ordre dans lequel devaient être placés les traités de l'*Organon*, mais encore des ouvrages qu'il convenait ou non d'y faire figurer ; la *Rhétorique* et la *Poétique*, par exemple, en ont été parfois considérées comme des parties constituantes[1]. La forme canonique qui est restée celle de l'*Organon* jusqu'à nos jours semble s'être fixée vers le IVe siècle ; précédés de l'*Isagogè* de Porphyre (laquelle date de 270), les six traités seront traduits en latin par Boèce, au début du VIe siècle, dans l'ordre que nous leur connaissons[2]. Les *Topiques* y occupent le cinquième rang, après les *Analytiques*, et avant les *Réfutations sophistiques*, dernier maillon de la chaîne.

L'ordre traditionnel des traités de l'*Organon* répond en effet à un plan systématique, qui s'élève d'abord du simple au complexe pour redescendre ensuite du général au particulier. Dans un premier moment, le lecteur est invité à gravir l'échelle des objets logiques, concept, jugement, raisonnement ; à chacune de ces étapes correspondent respectivement le traité des *Catégories*, le *De Interpretatione*, et les *Analytiques*. Une fois atteint le niveau du raisonnement, son instrument privilégié, le syllogisme, est d'abord décrit dans sa nature essentielle (*Premiers Analytiques*), puis dans ses diverses spécifications, en allant de la plus noble à la plus vile : le syllogisme scientifique ou démonstratif (*Seconds Analytiques*), le syllogisme dialectique (*Topiques*), le syllogisme éristique ou sophistique (*Réfutations*). Le chapitre final des *Réfuta-*

1. Cf. P. Moraux, *op. cit.*, p. 177 sq.
2. Cf. F. Solmsen, *Boethius and the history of the Organon*, in *Amer. J. of Philol.*, 65 (1944), 69-74.

tions, dans lequel Aristote revendique, sur un ton incomparable de modestie et de fierté mêlées, l'honneur d'avoir été le premier théoricien de l'activité « syllogistique », paraissait donner à cette disposition la caution d'Aristote lui-même.

On peut regrouper sous deux rubriques les observations d'ordre très varié qui ont conduit les commentateurs à se libérer, pour ce qui regarde les *Topiques*, de l'autorité de ce schéma théorique : les unes se situent à l'intérieur du cadre que constituent les ouvrages conservés d'Aristote, les autres en franchissent les limites.

Les Topiques dans l'œuvre d'Aristote.

Bien que la portée de cette méthode de datation ait été souvent contestée, il convient tout d'abord de noter que l'étude des références faites par Aristote lui-même de l'un à l'autre de ses ouvrages serait à elle seule presque suffisante pour autoriser une datation précoce des *Topiques*. Ceux-ci contiennent en effet un nombre infime de renvois à d'autres traités[1] ; ils s'y trouvent, en revanche, eux-mêmes fréquemment cités[2].

1. On trouve dans le livre VIII deux renvois aux *Analytiques* (11, 162 a 11 et 13, 162 b 32) ; leur forme n'interdit pas de penser qu'ils ont pu être introduits tardivement dans le texte. Dans le second, en particulier, Aristote, au moment de traiter un problème, celui de la pétition de principe, qui est également l'objet d'un chapitre des *Analytiques* (*An. Pr.*, II, 16), signale que l'étude des *Analytiques* se situe au niveau de la vérité (κατ' ἀλήθειαν), alors que celle des *Topiques* se situe seulement au niveau de l'opinion (κατὰ δόξαν) ; il transpose ainsi dans le domaine des problèmes de méthode dialectique l'opposition de la vérité et de l'opinion, ailleurs utilisée pour caractériser la méthode dialectique de traitement des problèmes (cf. I, 14, 105 b 30-31) ; cette transposition semble renforcer l'hypothèse selon laquelle il s'agirait ici d'une note surajoutée. Les autres références contenues dans les *Topiques* ne comportent pas de précisions de titre. Sur VII, 3, 153 a 11 et 24, on se reportera à ce qui a été dit ci-dessus, p. LXVII, note 1. Quant à la promesse de I, 10, 104 a 32-33 (ἐν τοῖς ὑπὲρ τῶν ἐναντίων λεγομένοις ῥηθήσεται), elle n'annonce pas, quoi qu'en ait dit Waitz (II, p. 448), le chapitre 14 du *De Int.*, mais seulement, comme l'a vu Bonitz (*Index Aristotelicus*, 98 a 16-20), le chapitre II, 7 des *Topiques* eux-mêmes.

2. Les *Topiques* sont cités sous ce titre dans les passages suivants : *An. Pr.*, I, 1, 24 b 12 ; II, 15, 64 a 37 ; *Rhet.*, I, 1, 1335 a 28 ; 2,

Sur le plan doctrinal, la seule théorie aristotélicienne connue par ailleurs dont on puisse trouver l'écho direct dans les *Topiques* est la théorie des catégories. La division des catégories fait l'objet, dans le chapitre I, 9, d'une confrontation d'ailleurs peu claire avec la division des prédicables [1] ; elle se trouve en outre utilisée comme ressort argumentatif dans un assez grand nombre de lieux[2]. Dans ces textes, et notamment dans le premier d'entre eux, la division des catégories est présentée comme une doctrine qui ne nécessite pas d'explications ni de justifications : Aristote semble s'adresser à des lecteurs entièrement familiarisés avec elle. Mais il ne fait aucune allusion à un écrit qui en contiendrait l'exposé ; si l'on peut affirmer que la doctrine des catégories est antérieure aux *Topiques*, on ne peut étendre cette conclusion au traité des *Catégories* tel qu'il nous est parvenu.

Parmi les autres éléments doctrinaux que contiennent les *Topiques*, sur le plan logique, il s'en trouve un grand nombre qui s'y présentent sous la forme qui restera la leur dans les traités de la maturité, aussi bien sous le rapport du contenu que sous celui du vocabulaire. Citons par exemple la théorie de la classification, qui s'accompagne d'une terminologie technique destinée à distinguer l'individu, l'espèce, le genre, la différence ; la théorie des quatre formes d'opposition (contraires, contradictoires, relatifs, opposés selon la possession et la privation)[3] ; la distinction fondamentale des termes « synonymes »

1356 b 13, 1358 a 29 ; II, 22, 1396 b 3-4 ; 23, 1398 a 29 ; 1399 a 6 ; 25, 1402 a 35 ; 26, 1403 a 29 ; III, 18, 1419 a 24. Ils sont cités sous le titre de dialectique, ou de traité de dialectique, en *An. Pr.*, I, 30, 46 a 29-30 (où il faut remarquer qu'Aristote, qui vient d'examiner sommairement le problème du choix des prémisses, renvoie à son traité de dialectique pour un traitement rigoureux, δι' ἀκριβείας, de ce même problème) ; *Rhet.*, II, 22, 1396 b 24 ; 24, 1401 a 2. D'autres références visent, sous le titre de *Topiques*, les *Réfutations sophistiques* ; cf. ci-dessus, p. XIX, n. 2.

1. Cf. S. Mansion, *Notes sur la doctrine des catégories dans les Topiques* (communication au *III*e *Symposium Aristotelicum*, Oxford, 1963).

2. Cf. IV, 1, 120 b 26-29 ; 120 b 36-121 a 9 ; 4, 124 b 15-22 ; VI, 8, 146 b 20-35 ; VII, 1, 152 a 38-39.

3. Cf. II, 8, 113 b 15 sq. ; V, 6, 135 b 7 sq.

ou univoques et des termes « homonymes » ou équivoques. Plusieurs distinctions classiquement aristotéliciennes y sont couramment utilisées : celle des prédicats qui conviennent à tous les sujets et des prédicats qui ne le font pas[1], celle de la possession et de l'exercice[2], celle des formes numérique, spécifique et générique de l'identité et de la différence[3], celle de ce qui est vrai absolument parlant (ἁπλῶς) et de ce qui n'est vrai que sous un certain rapport[4]. En revanche, plusieurs éléments fondamentaux de la logique définitive d'Aristote sont absents des *Topiques*, totalement ou presque totalement. Il est inutile de revenir sur la théorie du syllogisme et sur la théorie de la quantité des propositions : on a vu plus haut, d'une part, que les *Topiques* n'ignorent pas la fin que poursuit l'activité syllogistique, mais qu'ils ignorent les moyens dans lesquels l'auteur des *Analytiques* verra l'unique instrument disponible pour atteindre cette fin ; d'autre part, que la prise en considération des différences de quantité entre les propositions n'intervient dans les *Topiques* qu'aux étapes les plus récentes de leur composition, sous une forme qui n'affecte pas les structures fondamentales de l'ouvrage, et d'ailleurs en des termes différents de ceux qui caractériseront l'aspect définitif de la théorie. En liaison avec ce dernier point, on peut noter aussi que les *Topiques* ne connaissent rien de semblable à la théorie de la conversion des propositions, qui joue un rôle si important dans la syllogistique ; ils utilisent le mot de *conversion* (ἀντιστροφή) en plusieurs sens différents[5], qui ne se retrouvent pas tous dans la liste des acceptions, également multiples, que

1. « Existant » (ὄν) et « un » (ἕν) sont des prédicats qui conviennent à tous les sujets : cf. IV, 1, 121 a 17-19, 121 b 4-8 ; 6, 127 a 26-38 ; V, 2, 130 b 11-22 ; VI, 3, 140 a 23-32.

2. Cf. I, 15, 106 b 15-20 ; IV, 5, 125 b 15-19 ; V, 2, 129 b 33-35 ; 130 a 19-24.

3. Cf. I, 7 ; VII, 1, 152 b 30-33.

4. Sur ces points et d'autres du même ordre, cf. E. De Strycker, *Concepts-clés et terminologie dans les Topiques B-H* (communication au *III*e *Symposium Aristotelicum*, Oxford, 1963).

5. On peut distinguer les sens suivants : (a) la conversion se dit d'abord des termes relatifs, dont elle exprime la relation bilatérale : si un terme est relatif à un autre, ce second terme est relatif au premier ; convertir un terme relatif, c'est donc le remplacer par son

revêt ce mot dans les *Analytiques*[1]. Quant aux différences de modalité entre les propositions, qui donneront occasion à Aristote d'édifier la partie la plus complexe et la plus poussée techniquement de sa logique, elles n'apparaissent dans les *Topiques* que sous une forme tout à fait épisodique[2]. Enfin, lorsqu'un même sujet se trouve traité à la fois dans les *Topiques* et dans les *Analytiques*, la version des *Topiques* est en règle générale la plus sommaire des deux ; Aristote en fait lui-même la remarque à propos du problème de la pétition de principe, auquel sont consacrés le chapitre VIII, 13 des *Topiques* et le chapitre II, 16 des *Premiers Analytiques*[3].

La précocité des *Topiques* ne se manifeste pas seulement par la présence ou l'absence de tels ou tels éléments doctrinaux, mais aussi par le niveau relativement peu élevé de leur technicité logique[4]. Sans doute observera-t-on qu'un traité de la discussion dialectique n'avait pas à se soucier d'atteindre le degré de rigueur et de formalisation auquel Aristote parviendra dans les *Analytiques*. Du moins aurait-il pu, pour la seule commodité de son exposé, avoir recours à des techniques de symbolisation qui, loin de rendre son texte plus obscur, en auraient au contraire

corrélat (cf. IV, 4, 125 a 5 sq. ; VI, 12, 149 b 12) ; (b) la conversion se dit aussi de la proposition, lorsqu'un changement de copule permet d'y inverser les positions du sujet et du prédicat ; convertir une proposition, ce sera par exemple remplacer « P appartient (ὑπάρχει) à S » par « S est (ἐστι) P » (cf. II, 1, 109 a 10 sq.) ; (c) la conversion se dit encore du raisonnement ; convertir un raisonnement, c'est prendre pour prémisses la contradictoire de sa conclusion et toutes ses prémisses moins l'une d'entre elles, et réfuter ainsi cette dernière (cf. VIII, 14, 163 a 30-36) ; (d) la conversion se dit enfin du lieu, lorsque celui-ci se prête à la fois à l'établissement et à la réfutation d'une proposition (*passim*). De ces quatre sens, seul le sens (c) se retrouve dans les *Analytiques*.

1. Cf. le classement donné par Ross, *Aristotle's Prior and Posterior Analytics*, p. 293.
2. Cf. II, 6, 112 b 1-20.
3. Cf. 162 b 31-33. Ces deux textes ont été analysés par R. Robinson, *La pétition de principe* (communication présentée au *Congrès de l'Association Guillaume Budé*, Lyon, 1958, *Actes du congrès*, p. 75-80).
4. Cf. I.M. Bochenski, *Formale Logik*, trad. angl., p. 42-44.

rendu l'accès plus aisé, et dont on peut être assuré qu'il les aurait utilisées s'il les avait eues à cette époque en sa possession. Les *Topiques* ignorent l'usage des variables ; leur auteur n'a pas eu encore l'idée de marquer par une lettre symbolique, comme il le fera dans les *Analytiques*, la place du sujet et du prédicat de la proposition. Lorsqu'il éprouve le besoin de désigner une variable, individuelle ou conceptuelle, il se tire d'embarras, soit en sous-entendant purement et simplement le terme qui pourrait être représenté par une variable, aboutissant ainsi à une solution inévitablement équivoque que l'on pourrait appeler celle de la « variable en blanc »[1], soit en utilisant, au prix d'une lourdeur presque insoutenable, un adjectif indéfini comme τοιοῦτο[2]. Sur ce point précis, l'existence d'un progrès objectivement déterminable entre les *Topiques* et les *Analytiques* paraît hors de discussion.

En dehors des doctrines et des techniques logiques proprement dites, les *Topiques* contiennent aussi, sous forme d'exemples, une multitude d'affirmations relatives aux domaines les plus divers (physique, éthique, psychologie, etc.). On a dit plus haut que ces affirmations, ayant valeur d'illustration, n'engageaient pas nécessairement la responsabilité d'Aristote, et que l'on ne pouvait sans précautions les tenir pour l'expression de ses convictions philosophiques au moment où il écrivait. Il n'en est pas moins remarquable qu'une tentative pour fonder la chronologie de l'œuvre entière d'Aristote sur le seul critère de sa conception de l'âme ait abouti, en ce qui concerne les *Topiques*, à des résultats qui s'harmonisent entièrement avec ceux que d'autres chercheurs obtenaient par d'autres méthodes : le « dualisme modéré » qui s'exprime dans les *Topiques* à propos des rapports de l'âme et du corps permettrait, selon F. Nuyens, de situer la rédaction de cet ouvrage à une date voisine de celle de la composition du *Protreptique*, que l'on s'accorde généralement pour dater vers 350[3].

1. Cf. par exemple I, 5, 102 a 20 sq. ; II, 5, 112 a 18 sq.
2. Cf. II, 11, 115 a 29-31 ; III, 5, 119 a 14-28.
3. Cf. F. Nuyens, *L'évolution de la psychologie d'Aristote*, Louvain-La Haye-Paris, 1948, p. 115-118.

C'est également en faveur d'une date antérieure à la mort de Platon (348), au moins pour le noyau ancien des *Topiques*, que se prononce l'auteur de la seule étude stylistique qui ait été consacrée au problème de la chronologie de notre traité[1] ; d'après cette étude (qui confirme entièrement, par ailleurs, l'antériorité des livres centraux à l'égard des livres périphériques), il conviendrait même d'en remonter la date vers 360, c'est-à-dire dans les toutes premières années de la carrière d'écrivain du Stagirite.

Les Topiques et la période académique d'Aristote.

Ces derniers résultats engagent à dire quelques mots, nécessairement insuffisants, des rapports qu'entretiennent les *Topiques* avec les préoccupations de l'Académie platonicienne, dont Aristote fit partie depuis 367 (il avait alors dix-sept ans) jusqu'à la mort de Platon.

Il faudrait une longue étude pour pouvoir définir, avec les nuances qui conviendraient, l'attitude de l'auteur des *Topiques* à l'égard de Platon. Il ne s'en présente assurément pas comme un disciple orthodoxe (si tant est que la notion d'orthodoxie ait le moindre sens dans cette école de libre recherche que fut l'Académie). Un certain nombre de lieux signalent au dialecticien des procédés d'argumentation utilisables à l'endroit des partisans de l'existence

1. Cf. Pamela M. Huby, *art. cit.* L'auteur de cette étude a examiné la fréquence statistique de deux couples de synonymes, d'une part καθάπερ-ὥσπερ, et d'autre part φανερὸν ὅτι-δῆλον ὅτι ; elle a constaté que, dans les sections anciennes des *Topiques* (II-VII, 2), Aristote n'employait jamais ni ὥσπερ ni φανερὸν ὅτι, alors qu'il utilise indifféremment l'un ou l'autre des membres de ces deux couples dans le reste de son œuvre (y compris dans le *Protreptique*). Cette particularité s'expliquerait de la façon suivante. La préférence initiale d'Aristote pour καθάπερ serait un engouement juvénile pour une manière nouvelle de s'exprimer, d'aspect plus solennel que la tournure banale ὥσπερ (de fait, καθάπερ est beaucoup plus rare chez Platon que ὥσπερ, à en juger par les indications d'Ast, *Lexicon Platonicum*) ; avançant en âge, Aristote aurait renoncé à cette originalité de façade. Quant à φανερόν, il l'aurait tout d'abord évité parce qu'il donnait à ce mot le sens de *clairement visible*, par opposition à δῆλον qui signifie *clair pour l'esprit* ; cette différence sémantique se serait par la suite effacée.

des Idées ; aucun d'eux n'est destiné directement à établir ou à réfuter cette existence ; la plupart montrent que l'adhésion à cette doctrine impose à la prédication un certain nombre de charges supplémentaires, qui sont autant de conditions que le dialecticien s'efforcera de ne pas trouver remplies s'il a à combattre un interlocuteur partisan des Idées, mais aussi qu'il s'efforcera éventuellement de remplir s'il a à établir sa propre thèse devant un semblable interlocuteur[1]. Dans tous ces textes, Aristote parle de la théorie des Idées comme d'un dogme répandu, mais auquel le moins qu'on puisse dire est qu'il ne semble pas adhérer lui-même ; ceux qui le professent constituent, dirait-on, une espèce à part, dans laquelle il ne songe pas à se ranger[2]. Mais il faut remarquer que dans ces passages, Platon lui-même est rarement nommé[3] ; à considérer la forme assez rudimentaire de la théorie qui paraît y être visée, on a pu se demander si Aristote ne songeait pas, plutôt qu'à Platon lui-même, à certains platoniciens « intégristes », attachés à la défense des expressions les plus rigides de la doctrine[4]. En dehors des allusions aux Idées platoniciennes, les *Topiques* contiennent également

1. Cf. II, 7, 113 a 25 sq. ; V, 7, 137 b 3 sq. ; VI, 6, 143 b 23 sq. ; 8, 147 a 5 sq. ; 10, 148 a 14 sq. ; VII, 4, 154 a 18 sq. Ces passages ont été souvent commentés ; cf. les études de Cherniss, *op. cit.*, p. 1-27 ; P. M. Huby, *art. cit.* ; C.J. De Vogel, *Aristotle's attitude towards Plato and the theory of the Ideas according to the Topics* (communication au *III*e *Symposium Aristotelicum*, Oxford, 1963) ; G.E.L. Owen, *Dialectic and Eristic in the treatment of the Ideas* (*ibid.*).

2. Il n'y a rien dans les *Topiques* qui ressemble à la célèbre première personne du pluriel par laquelle, dans le livre A de la *Métaphysique*, Aristote se compte au nombre des Platoniciens, au moment même où il critique leurs théories. L'existence de quelques lieux spécialement adaptés à la discussion avec des partisans de la doctrine des Idées oblige à penser, comme on l'a justement remarqué, que les autres lieux, qui sont la grande majorité, sont utilisables quelle que soit la position de l'adversaire à l'égard de cette théorie (cf. F. Solmsen, *Dialectic without the Forms*, communication au *III*e *Symposium Aristotelicum*, Oxford, 1963).

3. Le seul cas, parmi les textes cités ci-dessus, est VI, 10, 148 a 15.

4. Cf. C.J. De Vogel, *art. cit.*, qui évoque à ce propos les εἰδῶν φίλοι de *Soph.*, 248 a-d.

quelques critiques visant diverses définitions données par Platon[1].

Ces témoignages d'indépendance à l'égard du maître de l'Académie ne peuvent faire oublier, cependant, tous les indices qui font des *Topiques* celui des ouvrages conservés d'Aristote où l'on reconnaît le plus aisément la main d'un disciple de Platon. Ce n'est pas seulement parce qu'il y utilise fréquemment, et sans marquer le moindre scrupule, la notion de participation[2] ; ni parce qu'il s'y réfère volontiers, comme à une vérité qui va de soi, à la tripartition platonicienne de l'âme[3]. C'est par son intention même que l'œuvre s'affirme, sinon comme platonicienne, du moins comme née en terrain platonicien. L'idée de codifier, sous la forme d'une sorte de manuel, les règles de l'art du dialogue est déjà, dans une certaine mesure, une idée d'épigone, désireux de tirer au clair les ressorts cachés d'une méthode que le maître pratiquait avec une virtuosité prestigieuse, mais ne se souciait pas de réduire en formules scolaires ; les liens des *Topiques* avec la pratique platonicienne du dialogue sont assez manifestes pour que l'on ait pu souvent analyser des morceaux d'argumentation plus ou moins étendus, tirés des *Dialogues* de Platon, en fonction des lieux d'Aristote[4]. D'une manière plus précise, il est clair que l'appareil conceptuel des *Topiques* est étroitement tributaire des

1. Cf. IV, 2, 122 b 26 sq. ; V, 2, 139 b 33 (où Platon est visé sans être nommé) ; VI, 3, 140 b 4 ; VI, 2, 140 a 3. Dans ce dernier passage, Aristote attribue à Platon des définitions bizarres, qu'on ne trouve nulle part dans son œuvre ; on a supposé qu'elles provenaient, soit d'Empédocle (Gomperz, cf. Diels-Kranz, *Fragmente der Vorsokratiker*[8], I, 372, 20 Anm.), soit des poésies de jeunesse de Platon (Diels, *ibid.*), soit enfin de Platon le Comique (Cherniss, Düring).

2. Cf. IV, 1, 121 a 10 sq. ; IV, 5, 126 a 17 sq. ; V, 4, 132 b 35 sq. ; V, 5, 134 b 1 sq. Dans tous ces textes, la notion de participation apparaît détachée de tout lien avec la théorie des Idées : participer, c'est simplement « admettre la définition de ce dont on participe » (121 a 11-12).

3. Cf. II, 7, 113 a 35 sq. ; IV, 5, 126 a 6 sq. ; V, 1, 129 a 10 sq. ; 5, 134 a 34 ; 6, 136 b 10 sq. ; 8, 138 a 34 sq. ; 138 b 12 sq. ; VI, 6, 145 a 29 ; 9, 147 b 32 sq.

4. Cf. E. Thionville, *De la théorie des lieux communs dans les Topiques d'Aristote*, Paris, 1855 ; F. Solmsen, *op. cit.*, p. 156-162.

préoccupations platoniciennes en matière de définition, et notamment des instruments logiques mis au point par la méthode platonicienne de la division ; on a pu dire avec juste raison qu'Aristote « a isolé les ingrédients conceptuels ou logiques de la *diairesis*, en les libérant de leur attache avec leur matrice, l'ontologie platonicienne, dans laquelle toutes les relations établies entre une Forme et une autre Forme ont une signification plus riche et plus profonde, mais aussi plus problématique »[1].

A toutes les observations que l'on pourrait faire en ce sens, il est possible d'ajouter un rapprochement précis entre le projet des *Topiques*, tel qu'on a tenté de le décrire, et les conditions générales posées par Platon, dans un passage célèbre du *Philèbe*[2], à l'édification de quelque « art » (τέχνη) que ce soit. Selon Platon, « tout ce que l'on peut dire exister est fait d'un et de multiple, et contient en soi-même, congénitalement associées, la limite et l'illimitation » ; toute science et tout art commencent au moment où, cessant de connaître le domaine de l'être sur lequel ils portent soit comme un, soit comme indéfiniment multiple, nous parvenons à saisir, dans leur nature et dans leur nombre, les unités intermédiaires, en nombre défini, en lesquelles l'unité primitive se laisse répartir avant de se disperser dans la multiplicité indéfinie. Les conditions nécessaires à un art de la définition se laissent assez aisément décrire dans les termes de cette analyse platonicienne : les prédicats qu'il est théoriquement possible d'attribuer à un sujet ne sont-ils pas en nombre indéfini[3], et la définition de ce sujet n'est-elle pas par principe unique[4] ? En déterminant, par une analyse régressive, les conditions hiérarchiquement superposées de l'administration d'une définition, en décrivant la législa-

1. F. Solmsen, *Dialectic without the Forms* (communication au *III*e *Symposium Aristotelicum*, Oxford, 1963).

2. 16 c sq.

3. La doctrine de l'infinité des accidents appartient à l'aristotélisme classique, qui donne à la notion d'accident son sens le plus étroit : cf. *Metaph.*, Γ, 4, 1007 a 10 sq. ; E, 2, 1026 b 6 sq.

4. Cf. VI, 4, 141 a 31 sq. ; 141 b 35 sq. ; 142 a 8-9 ; 5, 142 b 35 ; 6, 145 a 19 sq. ; 7, 145 b 34 sq. ; 10, 148 a 23 sq. ; 12, 149 a 35-37 ; 14, 151 a 34 ; 151 b 17 sq. ; VII, 3, 154 a 10-11.

tion propre à chacune des étapes de cette régression, qui correspondent à chacun des prédicables, Aristote n'a fait, en somme, que jalonner l'espace qui s'étend entre cette unité et cette multiplicité ; il a construit une « horistique », un art de la définition, sur le modèle exact qu'avait assigné Platon à la construction de tout art[1].

L'enracinement des *Topiques* en terre académique ne se manifeste pas seulement par les relations qu'ils entretiennent avec la pensée de Platon. Xénocrate y est plusieurs fois nommé, le plus souvent, mais non toujours, à l'occasion d'une critique[2] ; les textes relatifs à la recherche des similitudes ont pu être rapprochées des préoccupations parallèles de Speusippe[3]. Mais c'est surtout avec un document dans lequel on s'accorde à voir un recueil de doctrines

1. La méthode de classification et de dénombrement décrite par Platon dans le *Philèbe* a été rapprochée par P. Kucharski des procédés en usage chez les théoriciens de la musique, procédés dont les *Eléments harmoniques* d'Aristoxène donnent une image précise (*Le Philèbe et les Eléments harmoniques d'Aristoxène*, in *Rev. philos.*, 84 (1959), 41-72). Relevant les démarches et les expressions caractéristiques de cette méthode, cet auteur estime qu'Aristote n'a guère manifesté d'intérêt pour elle : « qu'il classe les animaux ou qu'il formule ses idées sur les principes de la classification, le Stagirite ne tient aucun compte de la quantité des classes ou des espèces que peut contenir un genre donné » (p. 46) ; tout au plus cite-t-il en note quelques cas « sporadiques » qui font exception à cette règle ; des quatre textes signalés, deux proviennent des *Topiques*. En réalité, les *Topiques* dans leur ensemble mériteraient d'être cités dans cette perspective, car la préoccupation de dénombrer s'y exprime constamment : cf. I, 4, 101 b 12-14, 24-25 ; 6, 102 b 34-35 ; 9, 104 a 1 ; 12, 105 a 10-12 ; VII, 5, 155 a 38 ; VIII, 14, 163 b 31-32 ; et aussi le résumé de *Soph. El.*, 34, 183 b 9.

2. Cf. II, 6, 112 a 37 ; VI, 3, 141 a 6 ; VII, 1, 152 a 7 sq. Xénocrate est visé, sans être nommé, en I, 18, 108 b 29-30 ; III, 6, 120 b 3 sq. ; IV, 1, 121 b 19 ; 2, 123 a 13-14 ; 3, 123 a 25-26 ; VI, 3, 140 b 2-3 ; 6, 143 b 11-12.

3. Dans la liste des ouvrages de Speusippe conservée par Diogène Laërce, on relève les titres suivants : διάλογοι τῶν περὶ τὴν πραγματείαν ὁμοίων (en dix livres), διαιρέσεις καὶ πρὸς τὰ ὅμοια ὑποθέσεις; Diogène Laërce déclare également qu'il fut le premier à s'attacher à ce qu'il y a de commun dans les sciences mathématiques et à les réunir toutes ensemble dans la mesure du possible (οὗτος πρῶτος, ... ἐν τοῖς μαθήμασιν ἐθεάσατο τὸ κοινὸν καὶ συνῳκείωσε καθόσον ἦν δυνατὸν ἀλλήλοις). On rapprochera de ces données *Top.*, I, 17 et 18, 108 b 7-31.

issues de l'Ancienne Académie, document connu sous le nom de *Divisiones Pseudo-Aristoteleae*[1], que la comparaison s'est révélée féconde. Dans une étude souvent citée[2], E. Hambruch a examiné en détail ce texte, et il a montré à la fois que les *Divisiones* reposent sur les recherches de Platon et de l'Ancienne Académie, et qu'Aristote dans les *Topiques* utilise et suppose connues un grand nombre des doctrines qui y sont exposées. L'une des conclusions les plus remarquables de ce travail est que les *Topiques* mettent souvent en opposition des règles logiques et des thèses concrètes également admises dans le milieu de l'Académie, en se servant de cette opposition, soit pour proposer un amendement aux premières, soit pour inviter à rejeter les secondes. Cette procédure rend à la fois manifestes la mesure dans laquelle Aristote travaille avec le matériel que mettent à sa disposition ses maîtres et ses condisciples, et le degré d'indépendance avec lequel il se juge en droit d'utiliser ce matériel au profit d'un progrès de la connaissance et de la logique.

Ce que l'on sait, par ailleurs, des activités d'Aristote à l'Académie n'interdit pas, bien au contraire, d'y rattacher les préoccupations dont sont issus les *Topiques*. Platon l'avait, dit-on, surnommé le « liseur » (ἀναγνώστης)[3] ; il avait dû frapper son entourage par une méthode de travail nouvelle à l'époque, et qui reposait sur la lecture et sur ce que nous appellerions la « mise en fiches »[4]. En constituant une collection de proverbes, qui devait lui attirer les reproches d'un disciple d'Isocrate, Céphiso-

1. Ces *Divisiones* ont été conservées par Diogène Laërce (III, 80-109), qui les présente comme professées par Platon suivant le témoignage d'Aristote ; une autre recension en a été trouvée dans un manuscrit vénitien (*Marcianus gr.* 257). Ces textes ont été édités avec une préface et des notes importantes par H. Mutschmann, *Divisiones quae vulgo dicuntur Aristoteleae*, Leipzig, Teubner, 1906.

2. *Logische Regeln der platonischen Schule in der aristotelischen Topik* (*Wissenschaftliche Beilage zum Jahresbericht des Askanischen Gymnasiums zu Berlin*), Berlin, 1904.

3. D'après la *Vita Marciana* et la *Vita Latina*.

4. Cf. sur ce point I. Düring, *Aristotle the scholar*, in *Arctos* N.S. 1 (1954), 61-77.

dore[1], il manifesta à la fois son goût pour les listes et recueils de documents en tous genres, dont il donna par la suite beaucoup d'autres preuves, et son intérêt pour les vestiges de la sagesse traditionnelle de l'humanité. Ces mêmes tendances intellectuelles s'affichent dans les *Topiques*, non seulement par l'aspect extérieur du catalogue de lieux qui s'y trouve dressé, mais aussi par le catalogue de prémisses, c'est-à-dire de propositions admises par tous les hommes ou par les autorités intellectuelles les plus notoires, qu'Aristote invite le dialecticien à recueillir systématiquement[2].

Dialectique et rhétorique.

Plus importants encore, sous l'angle qui nous intéresse, sont les documents qui nous renseignent sur l'importance des préoccupations du jeune Aristote à l'égard de la réthorique. Sa première œuvre, de peu postérieure à l'année 362, fut le *Gryllos*, dans lequel il attaquait les rhéteurs de l'école d'Isocrate et multipliait les arguments destinés à démontrer que la rhétorique n'est pas un art[3].

1. Dans un ouvrage en quatre livres intitulé *Contre Aristote*, et vraisemblablement écrit en réponse au *Gryllos*, dans les années 360-357. L'interprétation habituelle du témoignage d'Athénée (*Deipnosoph.*, II, 60 d-e) sur ce recueil de proverbes a été contestée par V. Décarie, *L'objet de la métaphysique selon Aristote*, Montréal-Paris, 1961, p. 10, n. 6, pour qui Céphisodore aurait reproché à Aristote de n'avoir pas estimé qu'il valait la peine de constituer un tel recueil. Malgré l'approbation de E. Berti, *La filosofia del primo Aristotele*, Padoue, 1962, p. 184-185, il semble que l'étrangeté d'un tel reproche suffise à imposer le retour à l'interprétation traditionnelle, à laquelle la lettre du texte d'Athénée ne s'oppose nullement; cf. R. Weil, compte-rendu de l'ouvrage de Décarie, in *Rev. des Et. grecques*, 75 (1962), 585-586.

2. Cf. surtout I, 14, 105 a 34-b 18. En recommandant au dialecticien de recueillir ses prémisses dans les livres, d'en faire des listes séparées pour chacun des sujets auxquels elles se rapportent, et de ne pas omettre d'y porter le nom des auteurs qui les ont énoncées, Aristote se révèle comme le pionnier des études doxographiques, auxquelles ses premiers disciples, Théophraste et Eudème notamment, donneront le développement que l'on sait.

3. Sur cet ouvrage, voir en particulier F. Solmsen, *op. cit.*, p. 196-207 ; P. Thillet, *Note sur le Gryllos, ouvrage de jeunesse d'Aristote*, in *Rev. philos.*, 82 (1957), 352-354 ; E. Berti, *op. cit.*, p. 159-166 ; A.-H. Chroust, *Aristotle's first literary effort: the Gryllus, a lost dialogue on the nature of rhetoric*, in *Rev. des Et. grecques* 78 (1965), 576-591.

Mais Platon avait déjà montré, dans le *Phèdre*, qu'une critique de la rhétorique telle qu'elle était pouvait fort bien s'accompagner d'une description idéale de la rhétorique telle qu'elle devait être ; aussi ne doit-on pas s'étonner outre mesure d'apprendre que, quelques années sans doute après le *Gryllos*, Aristote fut chargé, à l'Académie même, d'ouvrir un cours de rhétorique, qu'il inaugura, selon la tradition, par un mot d'esprit où se marquait clairement son intention de rivaliser avec l'enseignement d'Isocrate[1]. Les *Topiques* ont-ils quelque liaison avec ce premier cours de rhétorique ? La chose est intrinsèquement vraisemblable, puisqu'en s'efforçant d'enrichir l'une par l'autre les deux techniques de persuasion que sont la rhétorique et la dialectique, Aristote serait resté fidèle au programme tracé par Platon dans le *Phèdre*[2]. Pour pouvoir en dire davantage, il faudrait posséder plus de lumières que nous n'en avons sur le contenu de l'enseignement d'Aristote à l'Académie, et notamment pouvoir déterminer si la *Rhétorique* que nous avons conservée incorpore ou non des vestiges de ce premier enseignement. La question de l'unité et de la chronologie de la *Rhétorique* est elle-même, malheu-

1. Sur cet enseignement de la rhétorique à l'Académie, cf. Philodème, *De rhetorica, Vol. rhet.*, II, 50, Sudhaus ; Cicéron, *De oratore*, III, 35, 141 ; Quintilien, *Inst. orat.*, III, 1 ; Syrianus, *Schol. in Hermogenem*, IV, 297, Walz (textes rassemblés dans I. Düring, *Aristotle in the ancient biographical tradition*, Göteborg, 1957). D'après la tradition, Aristote l'aurait inauguré en parodiant un vers d'Euripide (fragm. 796 Nauck) : « Il serait honteux de se taire, et de laisser parler Isocrate » (on trouve une version différente de ce mot chez Diogène Laërce, V, 3, où le nom d'Isocrate est remplacé par celui de Xénocrate). Cette boutade ne peut se rapporter qu'aux cours de la période académique, puisque Aristote ne reprendra son enseignement de la rhétorique, au Lycée, qu'après la mort d'Isocrate (338). Sur toutes les questions relatives à ce problème, cf. notamment les commentaires de Blass, *Attische Beredsamkeit*, II, p. 64-65 ; A. Kantelhardt, *De Aristotelis Rhetoricis*, Göttingen, 1911 ; W. Jaeger, *Paideia*, t. III, p. 250-252 ; F. Solmsen, *op. cit.*, p. 208-222 ; P. Moraux, *op. cit.*, p. 336-338 ; E. Berti, *op. cit.*, p. 175-185 ; A.H. Chroust, *Aristotle's earliest « Course of lectures on Rhetoric »*, in *Ant. class.*, 33 (1964), 58-72.

2. Le témoignage (il est vrai tardif) de Syrianus associe dans les préoccupations du jeune chargé d'enseignement ces deux techniques de persuasion, l'une par le discours suivi, l'autre par le dialogue, que sont la rhétorique et la dialectique.

reusement, des plus controversées, et elle a donné lieu aux solutions les plus opposées[1] ; elle se complique en outre, sous l'angle qui nous intéresse, du fait que le degré de certitude qui s'attache à la datation ancienne des *Topiques* est plus élevé que celui des hypothèses que l'on pourrait tirer de l'analyse interne de la *Rhétorique* ; aussi est-on naturellement conduit à utiliser les *Topiques* pour débrouiller l'écheveau de la *Rhétorique*, plutôt qu'à se fonder sur celle-ci pour justifier des conclusions concernant ceux-là. La seule manière d'éviter le cercle vicieux serait de pouvoir établir, sans faire appel aux *Topiques*, la chronologie relative et la chronologie absolue des idées d'Aristote sur la rhétorique, depuis le *Gryllos* jusqu'au traité de *Rhétorique* qui nous est parvenu. On ne pourra ici qu'entr'ouvrir ce très complexe dossier.

La *Rhétorique* se réfère très souvent à la dialectique en général, et aux *Topiques* en particulier[2], alors que l'inverse n'est pas vrai[3] ; elle contient plusieurs énumérations de lieux qui présentent avec ceux des *Topiques* d'évidentes affinités[4]. Mais elle ne peut avoir été intégralement rédigée à date ancienne : on y trouve en effet des allusions à divers événements historiques qui ont pris place en 339 et 338[5]. L'unité d'inspiration et de composition du traité a cependant été plusieurs fois mise en question, avec d'assez solides arguments pour qu'on puisse hésiter tout autant à affirmer

1. Citons simplement les positions diamétralement opposées de M. Dufour (*Introduction* à l'édition de la *Rhétorique* dans la Collection Guillaume Budé, p. 14-16), qui date l'ouvrage de la dernière partie du second séjour à Athènes, entre 329 et 323, et de I. Düring (*Aristotle's Protrepticus*, Göteborg, 1961, p. 287-288), pour qui les deux premiers livres, à l'exception des chapitres II, 23-24, remontent à la période 360-355.

2. Cf. les références données plus haut, p. LXXXV, note 2.

3. On ne peut guère citer que I, 3, 101 b 5-10 (qui institue entre la dialectique et la rhétorique, mais aussi la médecine, une comparaison dont on retrouve les termes en *Rhet.*, I, 1, 1355 b 10-14) et VIII, 14, 164 a 5. Les allusions à la rhétorique sont relativement plus nombreuses dans les *Réfutations sophistiques* (cf. 5, 167 b 8 ; 15, 174 b 19 ; 34, 183 b 26 sq.).

4. Cf. non seulement les listes de lieux que contiennent les chapitres II, 23 et 24, mais aussi le chapitre I, 7, sur les degrés du bien et de l'utile, qui présente de nombreux parallèles avec *Top.*, III, 1-3.

5. Cf. M. Dufour, *op. cit.*

qu'il a été intégralement rédigé à date tardive. Le chapitre initial, en particulier, a souvent attiré l'attention par les caractères archaïques qu'il présente à l'égard du reste du traité. En violente opposition avec les auteurs qui avaient déjà composé des τέχναι rhétoriques, Aristote y définit de manière très limitative l'objet légitime d'une telle τέχνη : seules les preuves (πίστεις), dont l'instrument essentiel est l'enthymème ou syllogisme rhétorique, appartiennent de plein droit à l'enseignement technique de l'art du discours ; les moyens de susciter chez l'auditeur des sentiments de suspicion, de pitié, de colère, que développent avec complaisance les rivaux d'Aristote, ne sont que des hors-d'œuvre étrangers au sujet[1]. Corrélativement, les fins poursuivies par l'orateur sont strictement cantonnées à la solution des problèmes de fait, à l'exclusion de tous les problèmes concernant l'appréciation ou l'évaluation de ces faits ; sur ces derniers, le juge doit se prononcer par lui-même, sans avoir de conseils à recevoir des parties en conflit[2]. Cette conception puritaine de la rhétorique ne correspond pas au contenu réel du traité: dès le chapitre I, 2 s'introduit une nouvelle répartition entre les domaines du « technique » et de l'« extra-technique », d'après laquelle doivent être considérés comme preuves techniques, non seulement celles qui constituent des démonstrations persuasives, mais aussi celles qui placent sous un jour favorable le caractère de l'orateur et celles qui éveillent dans l'âme des auditeurs les passions souhaitables[3] ; le livre II de la *Rhétorique* remplira, comme on sait, cette partie du programme. En outre, Aristote redoute si peu de voir son orateur traiter des problèmes d'évaluation qu'il fonde au moins partiellement sa division des genres oratoires sur la différence des valeurs auxquelles chacun d'eux s'ordonne : l'utile et le nuisible pour le genre délibératif, le juste et l'injuste pour le genre judiciaire, le beau et le laid pour le genre épidictique[4].

Il est très remarquable que ce chapitre initial, dont les

1. 1354 a 11-18.
2. 1354 a 26-31.
3. 1355 b 35-1356 a 20. Ce sont l'ἦθος et le πάθος.
4. Cf. I, 3, 1358 b 20 sq.

positions sont apparemment plus proches de celles du *Gryllos* que celles de la *Rhétorique* dans son ensemble, multiple les rapprochements entre la rhétorique et la dialectique. La première est le « pendant » (ἀντίστροφος) de la seconde[1] ; toutes deux élèvent au rang d'une méthode une activité naturelle à l'homme, et qui ne requiert aucun savoir déterminé[2] ; toutes deux sont aptes à conclure les contraires[3] ; toutes deux savent distinguer les procédures qui remplissent réellement leurs fins respectives et celles qui ne le font qu'en apparence[4]. Pendant de la dialectique, la rhétorique en apparaît même comme une dépendance, s'il est vrai que l'enthymème, démonstration rhétorique, est une espèce du syllogisme, et qu'il appartient à la dialectique de connaître de toutes les espèces du syllogisme[5].

Ce parallélisme entre rhétorique et dialectique ne se dément pas à proprement parler dans le reste du traité ; mais il y revêt une forme sensiblement différente. Tout d'abord, l'admission de l'*ethos* et du *pathos* dans l'enceinte technique de la rhétorique conduit Aristote à des formules significatives, dans lesquelles la rhétorique apparaît comme le rejeton de deux disciplines, dont la dialectique n'est plus que l'une, et dont l'autre est la connaissance des mœurs et des caractères, c'est-à-dire l'éthique ou la politique[6]. Techniquement, cette conception de la rhétorique se traduit par une distinction, d'interprétation fort malaisée, entre les enthymèmes qui se tirent de lieux communs, permettant d'argumenter indifféremment dans des domaines spécifiquement différents, comme le droit, la physique, la politique, et ceux qui se tirent de prémisses

1. 1354 a 1. Le mot ἀντίστροφος est celui qu'utilise Platon dans sa classification des techniques relatives au corps et à l'âme (*Gorgias*, 464 b sq.).
2. 1354 a 1-6.
3. 1355 a 29 sq.
4. 1355 b 15 sq.
5. 1355 a 3-14. Les particularités de ce préambule ont été étudiées en détail par A. Kantelhardt, *op. cit.*, p. 37 sq., et surtout par F. Solmsen, *op. cit.*, p. 208 sq.
6. Cf I, 2, 1356 a 20 sq. et 4, 1359 b 9-10 (où le mot de *dialectique* est remplacé par celui d'*analytique*).

propres à chaque espèce et à chaque genre[1]. Plus ces dernières sont appropriées au sujet qu'il traite, plus l'orateur dépasse, à l'insu de ses auditeurs, et peut-être même à son propre insu, les frontières de l'art rhétorique proprement dit, pour empiéter sur des sciences qui ne sont plus de mots, mais de choses. Cette analyse de la rhétorique, où se manifeste peut-être le souci de rapprocher l'image théorique que s'en était faite Aristote sous l'influence de sa théorie de la dialectique et l'image réelle que lui en donnaient les orateurs de son temps[2], aurait pu servir d'armature à une opposition au moins naissante entre la dialectique, rigoureusement liée à l'usage des « lieux communs », et la rhétorique, accessible à l'invasion des prémisses propres ; mais il est remarquable qu'Aristote ne suit nullement cette voie ; bien au contraire, il prolonge à ce propos le parallélisme qu'il avait institué entre rhétorique et dialectique, et attribue explicitement à l'une comme à l'autre le pouvoir, ou la tentation, de déborder subrepticement ses propres limites. Toutefois, Aristote ne parvient à maintenir ce parallélisme entre rhétorique et dialectique qu'en prenant quelque distance par rapport à la théorie de la dialectique qu'exposent les *Topiques* : en effet, si ces derniers admettent au nombre des prémisses dialectiques des propositions empruntées aux sciences et aux techniques[3], jamais ils ne laissent entendre qu'en les utilisant, le dialecticien franchisse sans s'en apercevoir les bornes de son art propre[4] ; il faudrait plutôt dire, semble-t-il, qu'en les empruntant aux savants et aux techniciens, et en se couvrant de l'autorité dont ils jouissent, le dialecticien annexe ces propositions au patrimoine de la dialectique ; s'il est nécessaire d'être compétent pour les

1. Cf. I, 2, 1358 a 1-35 ; 4, 1359 b 8-16.

2. Il ressort des textes cités, en effet, que les syllogismes conformes à la méthode propre de la dialectique et de la rhétorique sont ceux qui se tirent des lieux communs ; Aristote reconnaît cependant (1358 a 26-28) que les enthymèmes bâtis sur ce modèle sont les moins nombreux.

3. Cf. I, 10, 104 a 14-15, 33-37 ; 14, 105 b 1 ; II, 2, 110 a 14-22.

4. Aristote dit au contraire qu'il est évident que les δόξαι κατὰ τέχνας sont des prémisses dialectiques (I, 10, 104 a 33-34).

connaître, il ne faut aucune compétence particulière pour reconnaître la compétence de ceux qui les connaissent. S'il est vrai, par conséquent, que la différence entre les enthymèmes proprement rhétoriques et ceux que l'on pourrait appeler extra-rhétoriques existe aussi, selon la *Rhétorique*, entre les syllogismes proprement dialectiques et ceux que l'on pourrait appeler extra-dialectiques, et s'il est vrai que cette différence constitue « la plus importante et la plus ignorée » qui puisse concerner les uns et les autres[1], il est permis d'en conclure, semble-t-il, que cette doctrine est une nouveauté par rapport aux *Topiques*. Le fait est d'autant plus important que c'est sur cette doctrine que repose l'articulation du traité de *Rhétorique*, lequel étudie séparément, comme on sait, les prémisses propres à chaque genre oratoire[2] et les lieux communs à tous les genres[3].

L'évolution de la rhétorique aristotélicienne paraît ainsi manifester une tendance à distendre progressivement les liens entre la rhétorique, d'une part, et, d'autre part, sinon la dialectique en général, du moins la conception qu'en exposent les *Topiques*[4]. Ce mouvement de divergence

1. I, 2, 1358 a 2-9.

2. Livre I. Les considérations du livre II sur les πάθη semblent également conçues comme ayant le statut de prémisses propres, cf. II, 1, 1378 a 26-29 et F. Solmsen, *op. cit.*, p. 222-224.

3. Livre II, chap. 23 et 24.

4. Je n'ai considéré, dans ce qui précède, que les indices d'évolution qui peuvent se tirer de la comparaison entre le préambule de la *Rhétorique* (I, 1) et le reste de l'ouvrage. Je laisse entièrement de côté la question de savoir s'il est exact, comme a tenté de le montrer F. Solmsen, que le corps de la *Rhétorique*, abstraction faite du chapitre initial, se divise encore en deux étages doctrinalement et chronologiquement distincts, dont l'un serait dominé par l'opposition des lieux et des prémisses, et correspondrait à une théorie de l'enthymème en grande partie gouvernée par le parallélisme entre la rhétorique et la dialectique, tandis que le second, caractérisé par une doctrine nouvelle des prémisses rhétoriques, conçues comme σημεῖα, εἰκότα et τεκμήρια, marquerait l'insertion de la théorie de l'enthymème dans les cadres fondamentaux de l'analytique. Sur le point d'appui fourni par cette analyse, F. Solmsen a édifié une vaste et complexe reconstitution de l'évolution de la pensée d'Aristote dans les domaines de la rhétorique et de la logique, dont l'un des corollaires les plus spectaculaires et les plus discutés est l'antériorité

renvoie, comme à son origine, à une solidarité initiale des deux arts, qui semble rendre vraisemblable l'hypothèse d'une affinité doctrinale et d'une proximité temporelle entre l'enseignement rhétorique donné par Aristote à l'Académie et les premières des recherches consignées dans les *Topiques*.

Une remarque pour finir. Œuvre de jeunesse, au moins pour leur plus grande part, les *Topiques* n'ont jamais été reniés ni mis au rancart par leur auteur[1]. Leurs parties les plus récentes témoignent, nous l'avons vu, des efforts qu'il fit pour les intégrer dans l'édifice nouveau de sa logique et de sa théorie de la connaissance. Leurs procédés d'argumentation sont reconnaissables dans beaucoup de ses œuvres, en particulier dans la *Physique* et dans les *Ethiques*[2]. Si l'enseignement de la dialectique avait été supprimé du programme des études péripatéticiennes, on s'expliquerait difficilement la survivance des préoccupations topiques chez Théophraste, auteur de *Topiques* en deux livres, et de deux livres de « lieux réduits » (ἀνηγμένων τόπων), œuvres dans lesquelles il semble avoir tenté de systématiser et de rationaliser l'ouvrage de son maître, ne se privant d'ailleurs pas de le remanier sur des points d'importance[3]. Son élève et successeur Straton consacra

au moins globale des *Seconds Analytiques* par rapport aux *Premiers*. L'exposé et la discussion d'une telle tentative demanderait un autre cadre ; et comme la première des deux étapes distinguées par F. Solmsen accuse déjà, on l'a montré, un écart sensible par rapport à la situation de la dialectique dans les *Topiques*, la question de savoir jusqu'à quel point l'on était fondé à la dissocier d'une étape encore postérieure peut rester ici dans l'ombre.

1. Un accent particulier a été mis sur ce point par E. Weil, *art. cit.*

2. Cf. F. Solmsen, *op. cit.*, p. 62.

3. Les textes sont rassemblés et commentés par I.M. Bochenski, *La logique de Théophraste*, Fribourg, 1947 ; cf. aussi F. Solmsen, *op. cit.*, p. 64-72. La liste des ouvrages de Théophraste conservée par Diogène Laërce mentionne aussi dix-huit livres de « prémisses premières (πρώτων προτάσεων) », dans lesquels je verrais volontiers, plutôt qu'une dissertation sur les axiomes, comme le suggère Bochenski, la réalisation du catalogue de prémisses dont Aristote recommandait la constitution (*Top.*, I, 14). Quant aux « lieux réduits », ils constituaient vraisemblablement un recueil de lieux mis en forme à l'aide de variables symboliques. Le fragment d'un

lui aussi plusieurs ouvrages à des questions de cet ordre[1] ; Alexandre d'Aphrodise nous a conservé l'objection qu'il éleva à l'encontre d'un des lieux d'Aristote[2], ce qui laisse supposer qu'il avait soumis à un examen détaillé l'ensemble des *Topiques*[3]. Cette tradition ne se serait sans doute pas perpétuée si Aristote n'en avait lui-même donné l'exemple. Il convient sans doute de garder cette observation présente à l'esprit en lisant les *Topiques* ; elle permet d'y voir autre chose qu'un objet de curiosité ou un vestige archéologique. Les chemins de l'histoire, de l'Antiquité tardive et du Moyen Age à nos jours, devaient confirmer, sous plus d'une forme et à plus d'une reprise, la vitalité élémentaire, mais robuste, et somme toute assez émouvante, de ce syllabaire de la raison.

V

LE TEXTE DES TOPIQUES

L'édition d'un texte est toujours tributaire, dans une plus ou moins large mesure, des éditions qui l'ont précédée ; celle-ci ne fait pas exception à la règle. Aussi, pour présenter les problèmes que j'ai eu à résoudre et les principes qui m'ont guidé, m'a-t-il semblé opportun de résumer les travaux de mes devanciers, et de décrire succinctement la position dans laquelle se trouvaient ces problèmes quand

travail de ce genre a été retrouvé sur un papyrus d'Oxyrynchos conservé à Florence (*Papiri della Società Italiana*, IX, N. 1095, p. 164), daté par Vogliano du IIIe siècle après J.-C., qui contient un abrégé de *Top.*, V, 8, 138 a 30-b 26, faisant usage de lettres. Cf. sur ce point R. Philippson, *Il frammento logico fiorentino*, in *Riv. di Filol. e d'Istruz. class.*, 57 (1929), 495-506, et, faisant suite à cet article, les notes de F. Solmsen (507-510) et de A. Vogliano (511).

1. On relève dans la liste de ses œuvres, conservée par Diogène Laërce, un livre d'introduction aux lieux (τόπων προοίμια), quatre livres consacrés respectivement à l'accident, à la définition, au propre et au « genre premier », un livre sur le plus et le moins, un livre sur l'antérieur et le postérieur.

2. Cf. Alex. *in Top.*, 340, 3 sq. (il s'agit du lieu IV, 4, 125 a 5 sq.).

3. Comme en a fait la remarque Prantl, *Geschichte der Logik im Abendland*, I, p. 393-394.

j'ai commencé mes propres recherches. Les éditions dont je ferai état sont les quatre éditions critiques les plus récentes :

Aristotelis Opera. Ed. Academia regia Borussica. T. I : *Aristoteles graece*, ex recognitione Immanuelis Bekkeri. Berlin, 1831.

Aristotelis Organon graece. Ed. Theod. Waitz. Leipzig, 1844-1846. La *Praefatio* se trouve au t. I, les *Topiques* au t. II.

Aristotelis Topica cum libro de Sophisticis Elenchis. E schedis Ioannis Strache ed. Maximilianus Wallies. Leipzig, Teubner, 1923. La préface est signée de Strache seul. Pour simplifier, cependant, je désignerai cette édition et tout ce qu'elle contient en propre par le seul nom de Wallies[1].

Aristotelis Topica et Sophistici Elenchi. Recensuit brevique adnotatione critica instruxit W.D. Ross. Oxford, 1958.

C'est l'ensemble de ces quatre éditions que je désignerai, dans cette introduction et dans les notes, par l'expression « les éditeurs précédents » ; et c'est leur *consensus* que je signale dans l'apparat critique, par le sigle *edd.*

Les manuscrits des Topiques.

Si l'on met à part un court fragment conservé sur papyrus[2], le texte des *Topiques* nous a été conservé, en totalité ou en partie, par 88 manuscrits[3] ; la plupart donnent le texte complet de l'*Organon*.

1. Le travail accompli par Wallies à partir des papiers laissés par Strache et la liste de ses initiatives personnelles font l'objet de son article de *Philologus*, 78 (1922), 301-330, *Textkritisches zu der aristotelischen Topik und den Sophistischen Widerlegungen*.

2. Cf. Grenfell-Hunt, *Fayûm towns and their Papyri*, Londres, 1900, p. 88 sq. ; *Papyrus Fayûm*, *Arch. f. Papyrusforsch.*, II, 367. On date ce fragment d'environ 100 après J.-C. ; il contient, avec quelques lacunes, les lignes 109 b 6-14.

3. Ce nombre a été déterminé à l'aide du livre d'André Wartelle, *Inventaire des manuscrits grecs d'Aristote et de ses commentateurs*, Paris, Les Belles-Lettres, 1963. L'index de l'ouvrage indique 92 manuscrits pour les *Topiques* ; mais il convient de retrancher à cette liste quatre manuscrits qui ne contiennent pas ce traité : *Paris. Coislin.* 170 (1561 Wartelle), *Vat. gr.* 1019 (1758 W.), *Vat. gr.* 1020 (1759 W.), *Vat. Ottobon. gr.* 147 (1901 W.).

Le nombre élevé de ces manuscrits soulève un problème de choix, qui a été diversement résolu par les éditeurs précédents.

Bekker a établi son texte des *Topiques* à partir de trois manuscrits :

A = *Vat. Urb. gr.* 35 (fin du IXe s.), sur parchemin. Ce manuscrit a été copié par Grégoire, sous-diacre, pour le diacre Aréthas, donc avant 901, date de l'élévation de ce dernier au siège archiépiscopal de Césarée de Cappadoce ; il a la même origine que le *Bodleianus Clarke* 39, le plus ancien des manuscrits de Platon, copié en 895 pour le même Aréthas par le scribe Jean. Les *Topiques* y occupent les f. 265-400.

B = *Marc. gr.* 201 (daté de 954), sur parchemin. Ce manuscrit, copié par le moine Ephrem, appartenait à la bibliothèque du cardinal Bessarion, qui y a porté quelques notes marginales. Les *Topiques* occupent les f. 111-166.

C = *Paris. Coislin.* 330 (XIe s.), sur parchemin. Le volume n'est pas tout entier de la même date ni de la même main ; mais les *Topiques* (f. 201-277) appartiennent à l'une de ses deux sections anciennes. Le livre V souffre d'une importante lacune (132 a 18-138 b 33), un cahier ayant disparu après le f. 241.

Ces trois manuscrits, et particulièrement AB, qui sont très proches l'un de l'autre et donnent un texte généralement bon, sont restés à la base des éditions postérieures.

Bekker s'est en outre servi d'un quatrième manuscrit, mais uniquement pour la section du livre V où C était défaillant :

D = *Paris. gr.* 1843 (XIIIe s.), sur bombycin[1]. Les

1. Ce manuscrit a été l'objet d'une curieuse fortune. Au sigle D correspond, dans le catalogue de manuscrits publié par Bekker en tête de son édition, la cote *Paris. Coislin.* 170. Mais on s'est assez rapidement aperçu (cf. Ad. Torstrik, *Die authentica der Berliner Ausgabe des Aristoteles*, *Philologus*, 12 (1857), 494-530) que ce manuscrit ne contenait pas le texte d'Aristote, mais seulement le commentaire de Léon Magentinus (XIVe s.). Les leçons consignées par Bekker sous le sigle D sont ainsi restées énigmatiques jusqu'à une époque récente : le P. Saffrey a montré que ces leçons provenaient du *Paris. gr.* 1843 (cf. Ross, *Praefatio*, p. VI).

Topiques occupent les f. 209-334 ; les marges sont occupées par le *Commentaire* d'Alexandre d'Aphrodise (c'est le manuscrit A de l'édition donnée par Wallies de ce *Commentaire*).

A ce choix très restrictif, l'édition de Waitz apporte un sensible élargissement. Tout en effectuant de nouvelles collations des manuscrits utilisés par Bekker[1], il s'adresse également à d'autres sources, pour la totalité du texte ou pour certaines de ses sections seulement. Il donne une collation intégrale de :

u = *Basileensis gr.* 54 (F. II. 21) (xɪɪᵉ s.), sur parchemin. Les *Topiques* occupent les f. 169-287.

D'autres manuscrits n'ont été que partiellement mis à contribution dans l'édition Waitz :

c = *Vat. gr.* 1024 (fin xᵉ ou début xɪᵉ s.), sur parchemin. Les *Topiques* y figurent f. 137-266. Ce manuscrit de petit format[2] a perdu à date ancienne d'assez nombreux feuillets. Voici le relevé de ces lacunes pour les livres I-IV : 105 a 34 - 106 a 28 (2 f.), 108 a 13 - 108 b 7 (1 f.), 110 a 16 - 110 b 16 (1 f.), 112 a 22 - 113 a 13 (2 f.), 119 a 23 - 120 a 7 (2 f.). Waitz déclare l'avoir utilisé *quibusdam locis* ; en fait, il le cite plus souvent qu'on ne pourrait s'y attendre d'après cette expression.

P = *Vat. gr.* 207 (xɪɪɪᵉ s.), sur bombycin. Ce manuscrit est d'écriture difficile et de présentation assez négligée ; il contient beaucoup de fautes propres. Mais il présente l'originalité de donner le texte des *Topiques* (f. 195-237) sans donner celui des autres traités de l'*Organon*[3] ; les œuvres qu'il contient par ailleurs sont très diverses (Euclide, Pseudo-Denys, auteurs byzantins). Waitz l'a utilisé pour les pages 100-134 et 139-147 Bekker.

N = *Laurent.* 72, 18 (xvᵉ s.), utilisé pour le livre VII.

1. Waitz a rectifié plusieurs erreurs de lecture de Bekker, dont on trouvera la liste dans son article *Varianten zu Aristoteles Organon*, in *Philologus*, 12 (1857), 726-734.

2. Dont l'écriture est parfaitement lisible, quoi qu'en dise Ross, *Praefatio*, p. vɪɪ.

3. Des manuscrits donnant l'ensemble des *Topiques*, huit seulement ne donnent pas le reste de l'*Organon*.

f = *Marc. app. gr. IV*, 5 (daté de 1319), utilisé lui aussi *quibusdam locis*, expression qui appelle la même remarque que ci-dessus.

o = *Marc. gr.* 204 (XIVe s.), utilisé pour le livre I.

q = *Ambros. gr.* 525 (M 71 sup.) (XIVe s.), utilisé pour les livres V et suiv.

Les éditions Wallies et Ross sont, quant au choix des manuscrits utilisés et cités, entièrement tributaires de la liste établie par Waitz. Wallies n'a pas effectué de nouvelles collations, préférant réserver ses efforts au problème du classement des manuscrits (cf. *Praefatio*, p. IX) ; les manuscrits dont fait état son apparat critique sont essentiellement ABCPcu, accessoirement Dqf. Ross a collationné à nouveau C et u, et il fournit pour la première fois la collation intégrale du texte de D, auquel il attache une importance particulière. Son apparat cite régulièrement ABCDu, fréquemment c, rarement NPfoq.

Manuscrits utilisés pour la présente édition.

Parmi les nombreux manuscrits qui n'avaient encore jamais servi à une édition des *Topiques*[1], il en est deux qui, après avoir retenu mon attention par leur date, se sont à l'examen révélés fort intéressants par leur contenu. Ce sont :

Le *Vat. Barberin. gr.* 87 (Xe s.)[2], sur parchemin, que

1. Précisons que deux manuscrits importants de l'*Organon* sont défaillants pour les *Topiques* : n (*Ambros. gr.* 490, IXe s.) ne les contient pas, et d (*Laurent.* 72, 5, XIe s.) les donne d'une main du XIVe siècle.

2. Ce manuscrit, qui se trouvait au XVe siècle à Florence, au couvent de San Marco, a été minutieusement décrit par V. Capocci, *Codices Barberiniani graeci*, Rome, 1958, p. 114-119. Au moment même où j'en faisais la collation, il était l'objet d'un article de L. Torraca, *Il Cod. Vat. Barberinianus Gr. 87 e il testo delle Categorie di Aristotele*, in *Bollettino del Comitato per la preparazione della Edizione Nazionale dei Classici greci e latini*, 11 (1963), 91-108 ; cet article m'a été obligeamment communiqué par R. Weil, qui en avait fait connaître le contenu dans une recension de la *Revue des Etudes grecques*, 77 (1964), 617. L. Torraca y publie la liste des variantes que présente ce manuscrit dans les *Catégories*. Les conclusions qu'il en tire touchant ses rapports généalogiques avec les autres

j'ai baptisé V. Il contient l'*Organon* en entier ; les *Topiques* occupent les f. 165-259. Les dernières pages du livre VIII (à partir de 162 b 20), ainsi que les *Réfutations Sophistiques*, ont été ajoutées par une main du xve siècle. L'une des particularités notables de ce manuscrit est de porter les traces d'une collation ancienne, sous forme de variantes écrites (selon un mode de notation qui remonte à l'époque des papyrus) au-dessus de la ligne, en petite onciale, et encadrées par deux points.

Le *Neo-Eboracensis Pierpont Morgan Library* 758 (xie s.)[1], sur parchemin, que j'ai baptisé M. Ce manuscrit mutilé ne contient plus qu'une partie des *Topiques*, depuis II, 115 a 9, jusqu'à VIII, 157 b 37. Dans les livres II-IV, il comporte en outre une lacune, par chute d'un feuillet, entre 120 a 30 et 120 b 28.

Par ailleurs, j'ai entièrement renoncé à la pratique des citations partielles. Un apparat négatif, comme devait l'être le mien, n'est exempt d'ambiguïté que s'il est tenu compte dans toute l'étendue du texte de tous les manuscrits cités (exception faite naturellement des lacunes) : si l'on n'observe pas ce principe, il est impossible au lecteur de déterminer si, dans un passage donné, tel manuscrit dont le sigle est absent de l'élément critique porte ou non la

manuscrits diffèrent notablement, comme on le verra plus loin (cf. p. cxxviii, n. 2), de celles que m'a inspirées, sur le même problème, l'examen des *Topiques* ; mais la situation généalogique d'un manuscrit de l'*Organon* peut fort bien n'être pas la même d'un bout à l'autre d'une aussi longue série de traités. Signalons aussi que, par une coïncidence heureuse, L. Torraca a choisi comme moi le sigle V pour désigner ce manuscrit. On sait qu'en matière de manuscrits aristotéliciens, toutes les lettres de l'alphabet, en majuscules et en minuscules, ont été épuisées par la liste de Bekker; dans cette liste, le sigle V désignait le *Vaticanus graecus* 266 (1713 Wartelle). Ce dernier manuscrit, du xive siècle, ne contenant que des œuvres physiques et biologiques, aucune confusion grave n'est à redouter.

1. Cf. Seymour de Ricci, *Census of Medieval and Renaissance manuscripts in the United States and Canada*, New-York, 1937, II, p. 1497. Dans la liste de Bekker, le sigle M correspondait au *Vaticanus Urbinas* 37 (1987 Wartelle) ; ce manuscrit du xive siècle ne contenant que des œuvres physiques et morales, aucune confusion n'est à craindre ici non plus.

leçon du texte. Il a donc fallu tenter de choisir les manuscrits sur lesquels reposerait le texte de cette édition de telle manière que la citation intégrale de leurs leçons présentât plus d'avantages que d'inconvénients.

L'utilisation de deux manuscrits nouveaux et le principe de la citation intégrale des manuscrits retenus, qui constituaient l'une et l'autre des risques de surcharge pour l'apparat, ont conduit, pour compenser ce risque, à laisser entièrement de côté quelques-uns des manuscrits utilisés en partie par les éditeurs précédents. Après examen, il a semblé légitime de négliger les quatre manuscrits Nfqo, qui sont de dates relativement tardives ; le plus intéressant d'entre eux est f, mais les plus remarquables de ses leçons se trouvent déjà dans des manuscrits antérieurs à lui. Il est vrai que les *recentiores* ne sont pas nécessairement *deteriores* ; mais les divers sondages que j'ai effectués soit sur ces manuscrits, soit sur d'autres de même date, m'ont paru comporter la même conclusion : dans la limite de ces investigations, il n'existe pas de manuscrit récent qui manifeste nettement l'influence d'une source ancienne distincte de celles dont dérivent les manuscrits que j'ai retenus.

Je me suis donc arrêté à un choix de neuf manuscrits : ABVMPCcuD. J'ai pu collationner directement tous ces manuscrits, à l'exception de M, dont j'ai utilisé une photocopie.

La tradition indirecte : la traduction de Boèce.

L'idée d'utiliser les traductions latines anciennes des *Topiques*[1] pour l'édition critique du texte grec remonte à un passé lointain[2] ; mais elle ne dispose que depuis peu de temps des instruments nécessaires pour se réaliser d'une façon satisfaisante. Cette utilisation soulève en effet autant de problèmes qu'elle en résout, puisque avant d'utiliser une traduction latine comme source indirecte, il est indispensable d'en déterminer avec précision l'auteur, la date et le texte.

Nous savons que Boèce, vers 510 après J.-C., a traduit en latin l'ensemble de l'*Organon* ; il fait à trois reprises, dans son commentaire des *Topiques* de Cicéron[3] et dans son traité *De Differentiis topicis*[4], allusion à sa traduction des *Topiques* d'Aristote. Ce travail suppose un original grec (baptisé Λ par M. Minio-Paluello) antérieur de plusieurs siècles aux plus anciens de nos manuscrits grecs ; encore faut-il déterminer le rapport qu'entretient la traduction de Boèce avec les divers états, manuscrits ou imprimés, attribués ou non à lui[5], sous lesquels se présente la tradition latine des *Topiques*.

1. J'emprunte tous mes renseignements sur ce point aux travaux de M. Minio-Paluello. Les articles de cet auteur qui intéressent spécialement les *Topiques* sont les suivants :

— *Iacobus Veneticus Grecus, canonist and translator of Aristotle*, in *Traditio*, 8 (1952), 281-291.

— *Note sull'Aristotele latino medievale. VI*, in *Rivista di Filos. neo-scolastica*, 44 (1952), 398-411.

— *Id. VII*, *ibid.*, 44 (1952), 485-495.

— *Id. IX*, *ibid.*, 46 (1954), 223-231.

— *The text of Aristotle's Topics and Elenchi : the latin tradition*, in *Class. Quart.* N.S. 5 (1955), 108-118.

— *Note sull'Aristotele latino medievale. X*, in *Riv. di Filos. neoscolastica*, 50 (1958), 97-116.

— *Id. XIII*, *ibid.*, 52 (1960), 29-45.

2. Il en est déjà question dans les *Animadversiones criticae* de l'édition Buhle (1791-1792).

3. PL 64, col. 1051 d-1052 d.

4. I, 1173 c ; IV, 1216 d.

5. Le seul manuscrit qui attribue cette traduction à Boèce est le plus ancien d'entre eux, l'*Oxon. Trinity Coll.* 47 (début du XIIe siècle) ; les autres n'indiquent pas de nom de traducteur.

Waitz et Wallies ont considéré comme authentique un texte publié à Bâle en 1546, dans les *Opera omnia* de Boèce; et c'est à ce texte qu'ils se réfèrent assez fréquemment, le premier dans son commentaire, le second dans son apparat critique (sous le sigle *Bo*). Ils font également état, mais beaucoup plus rarement, d'un *Organon* latin publié à Venise en 1481 sans nom de traducteur ; Waitz le désigne sous le nom de *vetus interpres*, Wallies le cite sous le sigle *tr*.

Après les travaux de M. Minio-Paluello, qui ont entièrement renouvelé le problème de l'*Aristoteles latinus*, on peut tenir pour établi :

1) que le texte de 1546 (qui est à peu de chose près celui de la *Patrologie Latine* de Migne) est inutilisable. Il reproduit en effet un texte révisé en 1502 par Lefèvre d'Etaples, qui a très probablement collationné ses sources latines avec les textes grecs dont il disposait, en particulier celui de l'*editio princeps* d'Aristote, parue chez Alde en 1495.

2) que le texte de 1481 se rapproche davantage du texte de Boèce, dont il ne reproduit cependant qu'un état corrompu.

3) et surtout, que le texte de Boèce n'est autre que celui qui est à la base de la vulgate médiévale des *Topiques* latins, telle qu'on la trouve, sous une forme plus ou moins pure, dans plus de 250 manuscrits. Certains documents faisant mention d'une traduction des *Topiques*, effectuée dans la première moitié du XIIe siècle par un clerc vénitien nommé Jacques, la question se posait de savoir si cette vulgate remontait à Boèce, ou reposait seulement sur Jacques. M. Minio-Paluello, en étudiant les procédés caractéristiques de Boèce dans les traductions qui sont certainement de lui, a démontré qu'il était aussi l'auteur de celle-ci.

Il ne restait plus désormais qu'à déterminer les meilleurs manuscrits de cette traduction et à en établir le texte, pour offrir aux éditeurs du texte grec un instrument enfin solide. Les principaux résultats des travaux de M. Minio-Paluello, dans ce domaine, sont les suivants :

1) Les meilleurs manuscrits de la traduction de Boèce sont l'*Oxoniensis Trinity Coll.* 47 (début du XIIe siècle), l'*Oxoniensis Balliol Coll.* 253 (XIIIe siècle), et le *Carnutensis* 497 (début du XIIe siècle) ; ce dernier, détruit pendant la dernière guerre, est conservé sur microfilm.

2) Un assez court fragment (IV, 2, 122 a 10 - b 24) d'un état révisé de la version boécienne (la révision étant vraisemblablement due à Boèce lui-même) se trouve inséré dans une douzaine de manuscrits du *De divisione* de Boèce[1].

3) Un certain nombre de manuscrits de la version boécienne, en particulier le *cod. Assisi Bibl. Comun.* 658 (fin du XIIIe siècle), portent dans leurs marges un certain nombre de variantes précédées de la mention « *alia translatio* ». Après avoir supposé que ces variantes provenaient de la seconde version boécienne, M. Minio-Paluello a découvert qu'elles avaient en réalité pour origine une traduction médiévale anonyme, effectuée probablement vers 1125[2], et conservée presque en totalité[3] dans un manuscrit de Bologne, le *Bononiensis Bibl. Univers.* 4228 (milieu du XIIe siècle).

Pour mon travail d'éditeur, l'essentiel était de disposer du texte complet de la première version boécienne, la seule qui nous soit parvenue dans son intégralité. Le texte critique établi par M. Minio-Paluello à partir des manuscrits cités ci-dessus n'a pas encore été publié ; les seules sources imprimées dont on dispose actuellement sont, d'une part l'un de ses articles, où figure un choix de leçons de Λ[4],

1. Cette révision ne semble pas s'être accompagnée de la consultation de sources grecques différentes de celles qui avaient été utilisées pour la première version ; aussi ne présente-t-elle pas une grande importance pour l'édition du texte grec.

2. Malgré la coïncidence de date, il ne s'agit pas de la version due à Jacques de Venise. M. Minio-Paluello, comparant les caractéristiques de cette traduction avec celles des versions aristotéliciennes effectuées par six traducteurs du XIIe siècle (parmi lesquels Jacques), conclut que son auteur n'est identique à aucun des six (cf. *Note... XIII*, p. 40).

3. Les passages conservés sont I-II et IV, 5-VIII.

4. Cf. *The text of Aristotle's Topics...*, p. 113-115. La liste publiée intéresse les passages suivants : I ; V, 4-9 ; VI, 1-5. Elle ne comporte que les leçons où Λ est en désaccord avec B.

et d'autre part l'édition Ross, dont l'apparat contient les leçons de Λ, telles que Ross les a déterminées à partir des documents inédits que lui avait communiqués M. Minio-Paluello[1]. C'est dire que la présente édition n'aurait pu contenir, relativement à Λ, que des informations partielles ou de seconde main, si M. Minio-Paluello n'avait eu l'extrême générosité de me confier un exemplaire dactylographié du texte latin complet, tel qu'il l'a établi à partir des deux premiers des manuscrits cités ci-dessus. Ce document m'a permis, d'une part, de contrôler personnellement les informations que donne mon apparat sur Λ, et d'autre part, de tenir compte, dans un certain nombre de cas, des leçons propres à l'un ou à l'autre des deux manuscrits sur lesquels repose le texte utilisé.

Je donne aussi, mais très rarement, quelques leçons empruntés à l'*alia translatio*. Celle-ci n'a pas encore été publiée intégralement ; à en juger par les fragments publiés, elle se différencie de la version boécienne plus par ses procédés de traduction que par le modèle grec qu'elle traduit ; et sa date relativement tardive lui donne assez peu de chances de constituer un document de première importance pour l'édition du texte grec.

Signalons pour finir que la technique boécienne de la traduction est extrêmement précise et littérale ; la version latine est un mot-à-mot qui permet, la plupart du temps, de reconstituer avec une certitude suffisante l'original grec, surtout lorsqu'on connaît par ailleurs les diverses variantes qui affectent un passage donné. Il existe cependant plusieurs catégories de variantes entre lesquelles la traduction latine est incapable de se prononcer : variantes orthographiques, mots synonymes de forme voisine, variantes d'accentuation, variantes effacées par les ambiguïtés de la déclinaison latine, usage des temps et des modes, de l'article, de certaines particules, particularités

1. D'après les renseignements qui m'ont été aimablement fournis par M. Minio-Paluello, la collation qu'il avait communiquée à Ross a été révisée par ses soins, entre le moment où Ross en a fait usage et celui où il l'a lui-même partiellement publiée. Ainsi pourrait-on expliquer les quelques divergences qu'on peut relever entre les deux publications.

de l'ordre des mots, variantes concernant la présence ou l'absence du verbe *être*. Ces restrictions faites, la traduction de Boèce constitue un document d'une utilisation relativement aisée, et d'un intérêt capital.

La tradition indirecte : le commentaire d'Alexandre d'Aphrodise.

Un second élément, non moins important, de la tradition indirecte des *Topiques* est constitué par le monumental commentaire qu'a laissé de cet ouvrage Alexandre d'Aphrodise. Ce commentaire, d'une minutie constante et d'une finesse souvent remarquable, date des dernières années du IIe siècle ou des premières années du IIIe ; il est donc antérieur d'environ trois siècles à la traduction de Boèce.

Les problèmes que pose son emploi à l'éditeur des *Topiques* sont très différents de ceux que soulevait la version boécienne. Une excellente édition en a été donnée par Wallies dans la collection des *Commentaria in Aristotelem graeca* (t. II, 2e partie ; Berlin, 1891)[1] ; la date de cette publication explique que parmi mes devanciers, Wallies lui-même et Ross aient été les seuls à utiliser ce commentaire pour l'édition des *Topiques*. La seule difficulté — mais elle est parfois considérable — consiste à déterminer avec sécurité, à partir du texte du commentaire, le texte commenté. Chaque section du commentaire, il est vrai, est précédée par un lemme emprunté au texte d'Aristote ; mais on s'est aperçu depuis longtemps que ces lemmes n'appartenaient pas à la tradition du commen-

1. Cette édition repose essentiellement sur quatre manuscrits, A (*Paris. gr.* 1843, XIIIe siècle, identique à D des *Topiques*), B (*Paris. gr.* 1917, XIIIe ou XIVe siècle), D (*Vat. gr.* 270, XIIIe siècle), P (*Paris. gr.* 1874, XIIIe siècle). Le texte du commentaire ne nous a été conservé intégralement que pour les quatre premiers livres ; pour les quatre suivants, certains passages seulement figurent dans tous les manuscrits ; d'autres, appartenant au livre VIII, n'ont été conservés que dans P et ses descendants ; d'autres enfin ne figurent que dans un manuscrit plus récent, N (*Neapolitanus* III D 37, du XIVe ou XVe siècle), ainsi que dans l'édition Aldine (1513). Pour le détail de cette question, cf. Wallies, *Die griechischen Ausleger der Aristotelischen Topik* (Berlin, 1891), et la *Praefatio* du même auteur, dans l'édition citée du commentaire d'Alexandre.

taire lui-même, et qu'ils avaient été insérés par les copistes médiévaux, utilisant leurs propres manuscrits des *Topiques* ; les leçons qu'ils contiennent n'ont donc aucune autorité particulière[1]. Les seules informations auxquelles on puisse attribuer la garantie d'Alexandre sont celles qui figurent dans le corps même de son commentaire.

Ce commentaire contient incontestablement des citations[2]. Mais on sait que la technique ancienne de la citation est loin de ressembler à la nôtre : elle n'est pas régie par les mêmes exigences d'exactitude littérale, et elle ignore les instruments matériels grâce auxquels ces exigences peuvent se satisfaire (guillemets, points de suspension, références, crochets droits et obliques, etc.). Seule la comparaison avec le texte même d'Aristote permet donc de déterminer les citations noyées dans le commentaire ; mais cette détermination manque nécessairement de précision. Il est souvent difficile de dire exactement où commence et où finit une citation ; plus difficile encore, lorsqu'on observe, entre ces limites, une variante par rapport au texte de nos manuscrits, de savoir si cette variante figurait dans le texte lu par le commentateur, ou si elle est due à une intention explicative de sa part. L'exégète n'était certainement pas guidé par un souci d'exactitude littérale qui pût lui interdire semblables initiatives : Wallies a pu montrer, sur plusieurs exemples, qu'il lui arrive de citer un même passage, parfois à quelques lignes d'intervalle, sous des formes différentes[3].

1. Il arrive en effet que le lemme donne un texte différent de celui que cite ou présuppose le commentaire. Cf. Waitz, *Praefatio*, p. XXXIII ; Wallies, *Praefatio*, p. XIII.

2. Elles sont imprimées en caractères espacés dans l'édition citée. Mais Wallies précise, dans une note de son édition des *Topiques* (*Praefatio*, p. XIII), qu'il entendait signaler ainsi, non seulement les citations proprement dites, mais aussi les expressions simplement proches de celles d'Aristote (*Aristoteleis similiora*).

3. Cf. les exemples cités par Wallies, *Praefatio*, p. XIII-XIV. Il pourrait sembler nécessaire de distinguer, à ce propos, les citations provenant de la section du commentaire qui intéresse le passage cité lui-même, et celles provenant de sections différentes : la citation extraite du commentaire *ad locum* paraît avoir plus de chances d'être une citation textuelle, la citation extraite d'un commentaire *extra locum* plus de chances d'avoir été faite de mémoire. Mais cette règle n'est pas sans exception, car d'autres tendances jouent en sens

Le commentaire d'Alexandre ne peut donc être utilisé que par comparaison constante avec les manuscrits des *Topiques* : il est clair qu'une variante attestée par lui a beaucoup plus de chances de provenir de l'exemplaire qu'il avait sous les yeux si elle se trouve attestée d'autre part par un ou plusieurs manuscrits. Mais une nouvelle difficulté se présente ici. Les copistes des *Topiques* disposaient en effet du commentaire d'Alexandre ; il n'est nullement invraisemblable que certains d'entre eux aient utilisé ce commentaire pour améliorer le texte d'Aristote[1]. Les convergences observables entre le témoignage d'Alexandre et les manuscrits sont donc très ambiguës, puisqu'elles ne sont pas passibles d'une seule explication : la leçon du manuscrit peut avoir été présente dans le texte lu par Alexandre, mais elle peut aussi s'être introduite dans le manuscrit, ou dans l'un de ses ancêtres, sous l'influence d'Alexandre[2]. Ajoutons une troisième possibilité, qui dans certains cas au moins doit être envisagée :

inverse : lorsqu'il commente un passage, Alexandre peut être tenté de la paraphraser pour mieux l'éclairer ; il le citera, en revanche, de façon plus exacte lorsqu'il ne se préoccupera plus directement de l'expliquer. Par exemple, 107 b 6-7 παρακολουθοῦν τὸ ὁμώνυμον est cité *ad locum* sous une forme «régularisée» (παρακολουθοῦσα ἡ ὁμωνυμία, cf. 110, 3), *extra locum* sous la forme exacte (143, 1).

1. Wallies cite plusieurs exemples en ce sens, *Praefatio*, p. XIV-XV.

2. Les seules situations où l'hésitation ne soit plus permise paraissent être au nombre de deux ; mais elles sont très rarement réalisées. L'interpolation doit être *certainement admise* lorsqu'Alexandre propose lui-même une correction de quelque importance au texte qu'il lit ; si cette correction se retrouve dans un ou plusieurs manuscrits, on peut être assuré qu'elle a pour origine le commentaire d'Alexandre. Cette situation se présente au livre VIII (159 a 5), où le commentateur propose de comprendre comme s'il y avait ἔργον et non εἶναι ; or les manuscrits donnent ἔργον ($ABC^2\Lambda$) ou ἔργον εἶναι ($VcuDA^2$) ; seule la première main de C donne εἶναι. En sens inverse, l'interpolation peut être *certainement exclue* lorsque le témoignage d'Alexandre a pour source une autre œuvre que son commentaire des *Topiques* ; il cite parfois les *Topiques* dans son commentaire de la *Métaphysique*, et les leçons figurant dans ces citations sont assez fréquemment présentes dans l'un ou l'autre de nos manuscrits. Il paraît exclu qu'un copiste des *Topiques* ait été chercher ces citations pour mettre son texte en accord avec elles.

devant certaines phrases elliptiques ou obscures, il peut se faire qu'une intention explicative ait abouti à une correction ou à une addition identiques de part et d'autre.

Les précautions à observer dans l'usage des citations d'Alexandre s'imposent *a fortiori* dans l'usage de ses paraphrases[1].

Il serait pourtant fâcheux de sous-estimer l'importance des informations que l'on peut tirer du commentaire d'Alexandre ; à l'intérieur des limites que prescrit la prudence méthodique, ces informations restent abondantes et souvent précieuses. Les éditeurs précédents ont beaucoup insisté sur les limites de son témoignage, plus que sur son prix : c'est, au moins en partie, parce qu'Alexandre semblait souvent donner raison à des manuscrits qu'ils jugeaient inférieurs et tort à des manuscrits qu'ils jugeaient supérieurs[2]. Les questions que soulève l'utilisation de son commentaire sont en effet étroitement liées au problème du classement des manuscrits ; et ce n'est qu'après avoir étudié ce problème que l'on pourra déterminer plus précisément la place qu'il convient de faire à ce commentaire dans l'étude de la tradition et dans l'établissement du texte.

1. Notons cependant que sur un point la paraphrase donne des informations plus précises que la citation. Le fait qu'Alexandre *ne cite pas* tel mot ou telle expression ne présente naturellement aucune signification ; mais son commentaire est si minutieux que lorsqu'on le voit *ne pas expliquer* telle phrase ou telle expression, et que l'on constate que cette phrase ou que cette expression sont absentes d'un ou plusieurs manuscrits, il est souvent légitime de conclure qu'elles étaient également absentes du manuscrit qu'Alexandre utilisait.

2. Waitz écrit par exemple (*Praefatio*, p. XXIV) : « Les leçons des commentateurs grecs sont souvent conservées dans des manuscrits inférieurs à ceux (nous voulons dire AB) auxquels personne ne niera qu'il faille accorder la plus grande confiance ». Et il ajoute un peu plus loin : « Mais qui se trouvera-t-il, nous le demandons, pour voir là une raison de préférer ces manuscrits aux manuscrits AB ? ». Semblablement, Wallies, qui avait pourtant déclaré qu'en principe il faudrait préférer aux plus anciens manuscrits ceux dont le degré d'accord avec Alexandre était le plus élevé, estime ensuite que ce degré d'accord est en réalité déterminé par l'abondance des interpolations, au point que A et B apparaissent finalement comme d'autant plus dignes de confiance qu'ils sont davantage exempts de ces convergences suspectes avec le témoignage d'Alexandre (*Praefatio*, p. XV).

Le classement des manuscrits : l'état de la question.

Le premier des éditeurs des *Topiques* qui ait étudié le problème du classement des manuscrits est Wallies. Avant lui, Bekker et Waitz s'étaient contentés d'opposer AB à tous les autres ; ces deux manuscrits sont les plus anciens, leur texte est dans l'ensemble le meilleur, et l'on pouvait leur accorder une confiance presque totale. Dans les cas, assez rares, où ils sont en désaccord, Bekker accordait une légère préférence à A, Waitz à B.

Wallies complète ce schéma en proposant de classer les manuscrits en *deux familles*, dont la première a pour représentants principaux AB, et la seconde CuD ; les autres manuscrits, Pc et les *recentiores* Nfq, donnent un texte issu de la contamination réciproque de ces deux familles. Les deux familles ainsi distinguées présentent en outre un degré de consistance très inégal : tandis que A et B, qui s'écartent peu l'un de l'autre, offrent une image exacte du prototype de la première famille, les manuscrits de la seconde famille diffèrent si souvent entre eux que leurs liens de parenté deviennent parfois difficiles à voir ; la négligence des copistes, les contaminations de la première famille, l'irruption de gloses et de corrections de caractère explicatif, sont autant de facteurs qui expliquent cette dispersion, et qui rendent extrêmement malaisée la reconstitution du prototype de la seconde famille. On pourrait, en dépit de ces difficultés, caractériser C comme le chef de file de cette seconde famille, et considérer u comme le représentant d'une vulgate scolaire dépendant de la même famille. Wallies ajoute que la dissociation des deux familles peut être située entre l'époque d'Alexandre et celle de Boèce ; en effet, le texte lu par Alexandre ne se rattache franchement à aucune d'elles, alors que l'original grec de Boèce marque un accord plus fréquent avec les manuscrits de la seconde famille, en particulier u, qu'avec ceux de la première. Mais ce constat d'antiquité n'ajoute pas grand'chose à l'autorité de la seconde famille, qui reste en tout état de cause nettement inférieure à la première.

Les grandes lignes de ce tableau, distinguant deux familles et un groupe de manuscrits contaminés, sont restées inchangées à la suite des travaux de M. Minio-Paluello concernant la traduction de Boèce ; mais la place des divers manuscrits dans le tableau n'est pas restée la même. Selon M. Minio-Paluello[1], on peut suggérer « qu'à la base de la tradition, dans la mesure où elle est connue à partir des manuscrits grecs collationnés et de la traduction de Boèce, il existait deux textes des *Topiques* et des *Réfutations sophistiques*, différant l'un de l'autre sur un millier de leçons environ ; l'un de ces deux textes est représenté sous une forme assez pure par Λ et, pour *Top.* V-VIII, sous une forme un peu plus corrompue par D ; l'autre texte est représenté par B, et moins purement par A ; tous les autres manuscrits (y compris D pour *Top.* I-IV et *Soph. El.*) représentent divers degrés et formes de contamination entre les deux textes de base ». Comme on le voit, c'est maintenant Λ qui devient le représentant le plus fidèle de la seconde famille ; le seul manuscrit qui partage cette situation est D, mais pour les livres V-VIII seulement, et d'ailleurs sous une forme moins pure.

La position de Ross sur ce problème est sensiblement différente ; elle a d'ailleurs varié entre 1956, date d'un article consacré à ce sujet[2], et 1958, date de l'édition et de sa *Praefatio*. Dans l'article de 1956, Ross parle de trois familles, l'une représentée par AB, la seconde par Ccu (PNq étant intermédiaires entre ces deux familles), la troisième enfin par DΛ. Tout en affirmant que la troisième famille est plus souvent d'accord avec la seconde qu'avec la première, il estime qu'elle est aussi importante que les deux autres ; ces expressions ne permettent pas de déterminer s'il considère en définitive le *stemma* comme trifide ou comme bifide. Mais dans la *Praefatio* de son édition, il se rallie sans ambiguïté à la solution bifide ; il ne parle plus que de deux familles, et renonce à diviser d'une

1. Cf. *The text of Aristotle's Topics..., loc. cit.*, p. 112-113. Le texte est accompagné d'un *stemma*, dans lequel une coquille a interverti les indications *Top.*, 1-4 et *Top.*, 5-8.

2. *The text of Aristotle's Topics and Sophistici Elenchi*, in *Mélanges Diès*, Paris, Vrin, 1956, p. 215-219.

manière assurée la seconde en deux parties. Toutefois, la parenté de C et u d'une part, de D et Λ d'autre part, continue à lui paraître assez forte pour légitimer l'usage de sigles collectifs, désignant ces couples de témoins. Il ne fait aucune allusion à la différence, relevée par Minio-Paluello, entre le statut de D dans les livres I-IV et dans les livres V-VIII.

Le classement des manuscrits : difficultés du problème.

Les résultats qui viennent d'être résumés ne m'ont paru ni assez précis, ni surtout assez concordants pour me dispenser de reprendre l'examen du problème, en tenant compte des données nouvelles que fournissaient, d'une part les manuscrits qui n'avaient encore jamais été collationnés, ou qui ne l'avaient été que partiellement, d'autre part les nouvelles collations que j'avais effectuées des manuscrits déjà connus.

Cette tentative, il faut le reconnaître, ne m'a permis d'aboutir qu'à des résultats partiels. Avant d'exposer les quelques certitudes qu'elle m'a procurées, j'indiquerai les obstacles auxquels elle s'est heurtée.

L'histoire du texte de l'*Organon* n'a pas encore été écrite[1] ; mais le nombre élevé des manuscrits qui l'ont transmis suffit pour donner une idée de l'intense activité dont ce texte a été presque sans interruption l'objet. Le prestige dont il était entouré, en particulier dans les milieux scolaires, rend *a priori* très improbable une transmission de type mécanique, dans laquelle les seules fautes qui s'introduisent sont celles que provoque l'inattention des copistes ; la simple lecture d'un apparat critique montre que ce texte n'a pas été seulement copié à de multiples reprises, mais qu'il a constamment été lu la plume à la main, annoté, commenté, explicité de mille

1. On trouvera cependant des indications intéressantes dans l'article de F. Solmsen, *Boethius and the history of the Organon*, in *Amer. Journ. of Philology*, 65 (1944), 69-74, et dans l'Introduction de l'*Inventaire* déjà cité d'A. Wartelle.

manières. On peut également tenir pour très vraisemblable que certains exemplaires aient été collationnés les uns sur les autres : un texte aussi répandu, et dont le sens était aussi avidement interrogé, appelait avec une sorte de nécessité ces pratiques. Toutes ces hypothèses trouvent confirmation dans l'examen des données. Alexandre connaît déjà plusieurs manuscrits divergents[1] ; celui qu'il utilise comme texte de base porte des traces non équivoques d'intervention scolaire[2]. Les manuscrits de la traduction boécienne donnent parfois des leçons différentes, dont chacune est attestée par un ou plusieurs manuscrits grecs[3], ce qui pourrait être l'indice que le traducteur a utilisé divers manuscrits et noté leurs variantes. Parmi les manuscrits grecs, enfin, V se signale à l'attention par ses variantes interlinéaires entre deux points, indices d'une collation ancienne ; d'autres portent dans leur texte même les signes d'un travail de cette nature[4]. Les gloses interpolées sont en nombre considérable ; je crois avoir dépisté quelques-unes de celles qui avaient échappé à l'attention de mes devanciers[5]. Elles ont certainement contribué à rendre plus obscures encore les relations entre les divers manuscrits, déjà embrouillées par les collations et conta-

1. Cf. 187, 12 sq., où il signale une variante importante à propos du τόπος 113 a 20 sq. Les indications fournies dans ce passage par Alexandre ont été mal comprises par les éditeurs précédents, qui en ont tiré des conséquences erronées ; cf. ma note *ad locum*, et ci-dessous, p. CXXV.

2. Il cite par exemple 105 a 30 sous la forme τὴν δὲ αἴσθησιν ἀδύνατον (89, 10), alors que nos manuscrits donnent τὴν δ' ἀδύνατον ; il est très peu probable qu'il ait inséré lui-même le mot explicatif αἴσθησιν, car s'il ne l'avait pas trouvé dans son texte, et s'il avait considéré la phrase aristotélicienne comme obscure, une intention pédagogique cohérente l'aurait conduit à expliquer τὴν μέν, à la ligne précédente, aussi bien que τὴν δέ à la ligne 30. La glose *isolée* αἴσθησιν est de celles qui se rencontrent dans les marges d'un manuscrit, elle ne relève pas du genre du commentaire ; on peut être assuré qu'elle figurait dans le manuscrit utilisé par Alexandre.

3. Cf. notamment 100 b 27 et 119 b 6.

4. En voici quelques exemples frappants. 105 b 9 : γευόμεθα AB : ὀσμώμεθα PΛ γευόμεθα καὶ ὀσμώμεθα VCuD. 113 b 33 : οὕτως ἤ AVP : ἢ τούτων BCcuΛ οὕτως τούτων ἤ D. 119 b 8 : ἀγαθόν VMPD Al^{p}Λ : ὠφέλιμον ABu ὠφέλιμος (sic) καὶ ἀγαθόν C.

5. Elles figurent parfois dans la totalité des manuscrits, et même dans la totalité des témoins, directs et indirects.

minations ; en effet, des manuscrits copiés sur un même modèle porteront des leçons spectaculairement divergentes si ce modèle a été glosé à une date intermédiaire entre les deux copies. Alors que les textes se transmettent par grandes masses, les gloses et autres corrections de type scolaire ont très vraisemblablement une mobilité propre et un destin relativement autonome ; elles se transmettent par des voies plus variées et plus nombreuses que le texte sur lequel elles se greffent[1]. Des manuscrits appartenant à des branches fondamentalement distinctes de la tradition peuvent ainsi se communiquer des variantes isolées, par le seul fait qu'ils appartiennent au même « genre », celui des textes d'usage scolaire, et qu'ils circulent dans le même milieu. De même que la structure d'un arbre peut se dissimuler aux yeux sous l'envahissement d'un lierre, de même celle d'un stemma peut être profondément perturbée par le parasitage scolaire.

Il n'est donc pas surprenant que l'application des méthodes traditionnelles du classement des manuscrits, qui ont été mises au point à partir d'un schéma de transmission mécanique, ne livre dans le cas des *Topiques* que des résultats imprécis. La statistique des accords et des désaccords permet de dégager des parentés parfois nettes, parfois aussi fluctuantes ; l'étude des groupements de manuscrits trois par trois, qui constitue le fond de la méthode de Dom Quentin[2], et que j'ai expérimentée sur quelques échantillons, ne fait nulle part apparaître le « zéro caractéristique », dont la présence permet d'affirmer qu'un manuscrit est intermédiaire entre deux autres. De son côté, la méthode dite des fautes communes, qui ne se

1. L'une des confirmations les plus frappantes que l'on puisse citer de l'autonomie relative des gloses, et de leur destinée souvent inattendue, est la suivante. En collationnant B, j'ai noté qu'à la ligne 102 b 19, après le mot γάρ, ce manuscrit portait un grattage s'étendant environ sur 25 lettres ; j'ai retrouvé ces 25 lettres (τῶν συγκριτικῶν προβλημάτων) dans l'interligne de u, où une main postérieure à celle du copiste les avait inscrites. Cette glose d'apparence récente est donc une résurgence ; elle avait déjà pénétré dans le texte d'un excellent manuscrit, plus de deux siècles auparavant. Les phénomènes de ce genre ne sont certainement pas isolés.

2. Cf. en particulier *Essais de critique textuelle*, Paris, 1926.

borne pas à inventorier les variantes, mais caractérise certaines d'entre elles comme bonnes ou comme mauvaises leçons, se heurte ici comme ailleurs, et peut-être plus qu'ailleurs, à des difficultés d'application : il se trouve en effet que des leçons dont on peut dire avec sécurité qu'elles sont des fautes sont beaucoup plus fréquemment propres à un manuscrit isolé que communes à un groupe de manuscrits, et que les leçons communes à plusieurs manuscrits ne sont qu'exceptionnellement des fautes indiscutables[1]. Signalons enfin une dernière difficulté : le texte des *Topiques* est un texte long, qui a pu n'être pas copié d'un bout à l'autre sur le même modèle. On pourrait expliquer de cette façon le fait que nos manuscrits ne présentent pas toujours les mêmes relations d'un bout à l'autre de l'ouvrage : tel est le cas, en particulier, pour c, très proche de AB dans les livres I-III[2] et de D dans le livre IV, et pour u, très proche de D dans les livres I-III et de VMPΛ dans le livre IV.

A cet inventaire des obstacles rencontrés, il est temps de joindre maintenant celui des résultats obtenus, en se limitant à ceux auxquels s'attache une certitude suffisante.

Le classement des manuscrits : précisions nouvelles.

Mes recherches ont confirmé, dans ses grandes lignes, le travail de mes prédécesseurs, en vérifiant l'existence de deux familles de manuscrits, dont la première, constituée par AB, est aussi la plus importante pour la constitution du texte. Mais elles permettent d'apporter à ce travail quelques précisions complémentaires, qui portent d'une part sur l'insertion de cette bifurcation au sein d'une structure ramifiée plus vaste, d'autre part sur la répartition des divers manuscrits conservés à l'égard de cette bifurcation.

1. Le nombre des fautes communes s'accroît sensiblement si l'on admet de considérer comme telles les additions, corrections et gloses de caractère scolaire. Mais si ce qui a été dit des particularités de transmission de ces variantes est exact, on court quelques risques à le faire.

2. Mais c ne dépend pas de AB. En particulier, il a conservé (seul avec Λ) une excellente *lectio difficilior* en 101 a 1.

1) Une première ramification, plus haute que la dissociation des deux familles, peut être précisément établie à partir de l'analyse et de la comparaison de trois textes : le τόπος 113 a 20-23 (que j'appellerai T), le doublet de ce τόπος qui figure à sa suite dans l'un de nos manuscrits, C (doublet que j'appellerai T'), et le commentaire que donne Alexandre de ce passage[1]. Cette analyse permet en effet de démontrer que le texte d'Alexandre portait T' seul, et que le commentateur connaissait d'autres manuscrits qui (comme C) portaient à la fois T et T', mais qu'il ne connaissait pas de manuscrit portant T seul, comme le font la quasi-totalité des nôtres (Λ inclus). Ce résultat est important à plusieurs égards. Concernant le texte d'Alexandre, il prouve que celui-ci ne figure pas dans l'ascendance commune des deux familles, et qu'il ne possède pas de descendant direct parmi les manuscrits conservés[2]. Concernant C, il prouve que celui-ci ne peut être considéré comme un représentant typique de la seconde famille, puisque celle-ci s'est dessinée au sein de la descendance d'un prototype portant T seul, et que C incorpore au moins un élément (précisément T') provenant d'un prototype différent[3]. Quant au prototype portant T seul, source commune des deux familles, les faits rapportés ci-dessus ne permettent pas de préciser sa date d'apparition : le silence d'Alexandre à son sujet ne prouve évidemment pas qu'il n'existait pas à son époque.

1. J'ai présenté cette analyse sous une forme détaillée dans une communication au *Troisième Symposium Aristotelicum*. Cf. ma note *ad locum*.

2. Il existe cependant au moins un manuscrit, parmi ceux que j'ai eus en mains, qui porte T' seul, comme le texte de base d'Alexandre : le *Paris. gr.* 2086, du XIVe siècle. Mais ce manuscrit, dont j'ai collationné le livre I, paraît trop contaminé pour pouvoir livrer des informations utilisables.

3. Il n'est donc pas nécessaire de conserver à C le statut complexe, sinon contradictoire, que lui donnait Wallies : tout en le considérant comme le « porte-étendard » (*signifer*) de la seconde famille, il le dissocie des autres membres de cette famille, qui selon lui n'en représentent qu'une forme scolaire. En fait, un coup d'œil sur l'apparat critique montre que C n'est pas moins marqué par le parasitage scolaire que les autres manuscrits de la seconde famille ; il l'est, en partie, différemment ; mais il l'est au total davantage.

2) Le manuscrit C, auquel l'analyse précédente confère une situation originale, ne répond pas à tous les espoirs qu'une telle situation autorisait. Sans doute est-il, et de loin, celui de nos manuscrits qui offre avec AB le plus grand nombre de divergences[1], et avec le texte d'Alexandre le plus grand nombre de convergences[2] ; sans doute aussi sa première main nous a-t-elle conservé au moins une leçon de grand prix, en 120 a 7, oblitérée dans tout le reste de la tradition[3]. Mais il est impossible d'affirmer que toutes ses particularités sont l'effet de sa filiation à l'égard du prototype ancien auquel il doit T'. En effet, bon nombre de ses divergences fautives à l'égard de AB lui sont communes avec les manuscrits de la seconde famille (u et D aux livres I-III, c et D au livre IV) ; et l'on ne peut pas supposer que l'apparition de la seconde famille au sein de la descendance du prototype portant T seul ait été provoquée par l'influence de C lui-même, parce que ce dernier possède également un grand nombre de variantes

1. Du moins dans les livres I-II.

2. Ces convergences s'expliquent-elles par des interpolations provenant directement du commentaire d'Alexandre ? On peut affirmer à la fois qu'il en est sûrement ainsi pour certaines d'entre elles, et qu'il n'en est sûrement pas ainsi pour toutes. La première affirmation repose sur le fait que les convergences entre C et Alexandre sont plus nombreuses au début de l'ouvrage, ce qui est très vraisemblablement l'indice d'un travail de collation qui s'est affaibli en se prolongeant, comme il arrive à la plupart des travaux de cette nature. La seconde affirmation repose d'abord sur le fait que C se trouve souvent, à quelques mots seulement d'intervalle, successivement en accord et en désaccord avec Alexandre ; si les accords étaient tous le résultat de l'interpolation, on comprendrait mal que l'interpolateur ait accompli son office avec aussi peu d'esprit de suite. De plus, C porte souvent des variantes attestées par des citations des *Topiques* provenant des commentaires d'Alexandre à d'autres œuvres que les *Topiques* ; dans les cas de ce genre, comme on l'a dit plus haut, l'hypothèse de l'interpolation peut être écartée. Enfin, j'ai déjà signalé (note 2 de la p. CXVII) un passage où la première main de C est seule indemne d'une correction proposée par Alexandre. Les convergences entre C et Alexandre sont donc d'interprétation très difficile ; on sait en gros que certaines sont significatives et que d'autres ne le sont pas ; mais pour déterminer dans quel groupe tombe une convergence donnée, il n'existe pas d'instruments adéquats.

3. J'ai analysé ce passage dans la communication citée ci-dessus ; voir aussi ma note *ad locum*.

propres, qui n'ont pas pénétré dans la seconde famille. C possède donc deux ancêtres non affiliés l'un à l'autre, d'une part le prototype portant T et T', d'autre part le manuscrit perdu qui, au sein de la descendance du prototype portant T seul, a donné naissance à la seconde famille. Quant à savoir si c'est ou non au prototype portant T et T' qu'il doit ses leçons originales, c'est là une question à laquelle il n'est pas possible de répondre de façon déterminée ; il n'existe à ma connaissance aucun témoin, apparenté à C mais indépendant de lui, qui permettrait de remonter dans son ascendance et de faire le tri entre celles de ses leçons propres qui sont de provenance ancienne et les autres[1]. La prudence s'impose donc dans l'emploi de ce manuscrit, dont je n'ai accueilli les leçons dans le texte qu'à titre tout à fait exceptionnel.

3) Les manuscrits autres que C, c'est-à-dire ABVMPcuD, ainsi que Λ, descendent tous du prototype portant T seul. A l'intérieur de ce groupe, A et B se détachent fortement par un grand nombre de caractères qui leur sont communs et qui les opposent au reste des manuscrits. La *lectio difficilior* est la plupart du temps de leur côté ; le parasitage scolaire les a peu atteints ; leur texte apparaît comme un texte de bibliothèque, représentant une tradition peu chargée d'intermédiaires. Leur âge et leur provenance les rapprochent de l'époque de la translittération, à supposer qu'ils n'aient pas été eux-mêmes copiés sur un modèle en onciale. Par rapport à leur texte, pris comme point de référence, les seuls manuscrits qui présentent des divergences assez nombreuses et groupées avec assez de régularité pour justifier l'appellation de « seconde famille » sont u et D dans les livres I-III, c et D dans le livre IV.

1. J'avais espéré trouver un tel témoin dans le manuscrit *Marcianus IV*. 53 (baptisé N[b] par Bekker, qui l'a utilisé pour les *Ethiques*, et h par Waitz, qui l'a utilisé pour les *Catégories*) ; ce manuscrit du XII[e] s. est en effet présenté comme un manuscrit frère de C par E. Mioni, *Aristotelis Codices graeci qui in Bibliothecis Venetis adservantur*, Padoue, 1958, p. 25 sq. et 107 sq. Mais en le collationnant, j'ai reconnu à plusieurs signes non équivoques (omissions de lignes entières, erreurs provoquées par des abréviations mal résolues) qu'il s'agit en fait d'une simple copie de C, tout au moins jusqu'au deuxième chapitre du livre IV, après lequel ce manuscrit semble suivre un modèle différent.

Dans le livre I, par exemple, sur un échantillon de 36 variantes importantes, u et D sont d'accord contre A 26 fois, alors que l'accord de A et D contre u ne se présente que 2 fois, et celui de A et u contre D jamais. Moins nette dans le livre II, cette situation se reproduit au livre III ; et dans le livre IV, le groupe cD occupe une position analogue à celle du groupe uD dans les livres précédents. La plupart de ces divergences présentent un caractère manifestement scolaire, qui permet d'opposer la seconde famille à la première comme une tradition « vivante » à une tradition relativement « morte ».

4) Les manuscrits qu'il reste à considérer, à savoir VMP et Λ, constituent dans une certaine mesure un groupe de témoins apparentés, que l'on peut désigner, avec quelque précaution, sous le nom de groupe Λ. Ce n'est sans doute qu'au livre IV que l'on observe un nombre significatif d'accords liant l'ensemble de ces manuscrits (auxquels se joint alors u, comme il a été signalé plus haut) ; ailleurs, on relève plutôt des convergences n'intéressant qu'une partie d'entre eux[1]. Mais il est incontestable que de tous les manuscrits que j'ai examinés, V et M sont ceux dont l'accord avec Λ est le plus accusé[2] ; le texte de P est beaucoup plus corrompu, mais il conserve les traces perceptibles d'un ancêtre appartenant au même groupe.

5) La situation du groupe Λ par rapport aux deux familles AB et uD (cD) n'est pas facile à déterminer. Statistiquement, ce groupe ne se rattache nettement à aucune des deux ; mais il est plus souvent en accord avec la

1. Il est à remarquer que Λ est souvent exclu de ces convergences ; malgré son antériorité par rapport aux manuscrits du groupe, Λ ne peut être considéré comme leur ancêtre commun ; il n'est que l'un des représentants du groupe, sans privilège particulier. L'étalement chronologique de ce groupe de témoins, qui s'étend du VIe siècle au XIIIe, explique son faible degré de consistance.

2. Dans les livres I et II, où M est défaillant, V présente plus d'accords avec Λ qu'aucun autre manuscrit ; cette place est tenue par M au livre III, par u et V au livre IV. Dans l'article cité plus haut (cf. p. CVIII, n. 2), L. Torraca rattache V à la famille de B, sur la base d'un examen du texte des *Catégories*. Cette conclusion n'est pas celle à laquelle on aboutit à partir du texte des *Topiques*.

première qu'avec la seconde[1]. Si l'on appelle α le « plus proche commun ancêtre » des deux familles, l'analyse des fautes communes fournit aussi bien des arguments en faveur de l'insertion du groupe Λ dans la descendance de α que des arguments contre cette insertion : il existe en effet des fautes communes à la seconde famille et au groupe Λ (ou à certains de ses représentants)[2], dont la première famille est exempte, et des fautes communes aux deux familles, dont le groupe Λ ou certains de ses représentants sont exempts[3]. Pour rendre compte de ces faits, la meilleure hypothèse est probablement de supposer que la seconde famille est issue d'une contamination entre les deux branches représentées par la première famille et par le groupe Λ ; il faut ajouter qu'une fois cette contamination effectuée, la seconde famille a poursuivi son évolution, se chargeant de nouvelles fautes qui accentuent son écart par rapport à AB ; ainsi peut-on comprendre que la famille contaminée soit, paradoxalement, plus éloignée de l'une des branches contaminantes que ne l'est l'autre[4].

1. Sur un même échantillon, au livre I, Λ est en accord avec A 51 fois, avec B 46 fois, avec u 50 fois, avec D 47 fois. Au livre III, les chiffres d'accord sont respectivement 50, 53, 42, 37.

2. Un nombre important de fautes de type scolaire réunissent un ou plusieurs représentants de chacun de ces deux groupes.

3. Exemples de fautes communes aux deux familles, qui ont épargné un ou plusieurs représentants du groupe Λ, et que j'ai d'ailleurs décelées grâce à cette circonstance : 102 b 29 (PΛ ont seuls la bonne leçon), 118 b 30 (bonne leçon de VP, confirmée par Alexandre), 119 b 4-5 (même situation), 124 b 9-10 (bonne leçon de VMPΛ, également confirmée par Alexandre).

4. Je me trouve ainsi en accord, pour l'essentiel, avec les conclusions de M. Minio-Paluello, dont je conserve le schéma fondamental : la tradition se répartit entre deux pôles, dont l'un est représenté par AB, et l'autre par Λ. Sur quelques points, toutefois, je m'écarte de son analyse. Tout d'abord, le second pôle me paraît accessible non seulement par l'intermédiaire de Λ, mais aussi par celui de plusieurs manuscrits qui complètent, parfois précieusement, notre information sur cette branche de la tradition. Ensuite, les manuscrits intermédiaires entre ces deux pôles ne me paraissent pas être les produits individuels d'une formule de contamination chaque fois différente ; ils se groupent à mon sens en une famille contaminée, qui correspond assez exactement à la « seconde famille » dégagée par Wallies. En outre, comme on le verra plus loin, je ne partage pas l'opinion de M. Minio-Paluello sur la supériorité de B à l'égard de

6) En dépit des quelques fautes qui lui sont communes avec la seconde famille, la première famille conserve à mes yeux la situation privilégiée qui lui avait été reconnue par mes prédécesseurs. Il n'en est que plus important de déterminer quelles sont les relations entre A et B, les deux manuscrits qui la représentent, et qui, malgré leur accord d'ensemble, ne donnent pas toujours la même leçon. Les éditeurs précédents ont le plus souvent omis de dire pour quelles raisons ils accordaient un léger surcroît d'autorité, soit à l'un, soit à l'autre[1]. Une étude systématique des divergences entre A et B permet de voir qu'en dehors des fautes de copie propres à l'un ou à l'autre, la situation la plus fréquente est l'accord de B avec la seconde famille contre l'accord de A avec le groupe Λ ; la leçon commune à B et à la seconde famille est souvent de type scolaire[2]. Les cas de divergence entre A et B restant assez rares pour que l'on puisse penser qu'ils ont été copiés

A. Enfin, j'ai cru pouvoir, dans une certaine mesure au moins, insérer le système décrit par M. Minio-Paluello à l'intérieur d'un systéme plus vaste.

1. Les exemples allégués par Waitz, *Praefatio*, p. XIX, en faveur de la supériorité de B sont tous empruntés aux *Catégories* et au *De Interpretatione* ; la situation dans les *Topiques* n'est pas nécessairement la même. Le seul argument tiré des *Topiques* que l'on ait donné en faveur de cette supériorité est celui qu'allègue Wallies ; il repose sur l'examen du passage II, 2, 109 b 6-14, dont un papyrus du Ier siècle après J.-C. nous a conservé le texte. D'après Wallies (*Praefatio*, p. XI), B serait entièrement d'accord avec le papyrus, tandis que A présenterait deux divergences avec lui. En réalité, l'une de ces divergences n'oppose le papyrus qu'à la seconde main de A (109 b 8 εἴπας AB pap. : εἰπὼν A²) ; en outre, on ne peut passer sous silence le fait qu'en 109 b 6 le papyrus s'oppose à tous les manuscrits (y compris A et B), et qu'il s'accorde peut-être avec D contre tous les autres manuscrits en 109 b 11. On gardera donc son sang-froid devant l'unique variante sur laquelle il s'accorde avec B contre A, la présence de τὸν devant τῶν à la ligne 109 b 7; c'est incontestablement une bonne leçon, dont l'autorité se renforce encore d'un parallélisme exact avec un passage des *Catégories* (3 b 3-4). Mais on est en droit de l'adopter, sans pour autant être assuré que B la doive à une source ancienne à laquelle A n'aurait pas eu accès : en effet, B la partage avec C et D, manuscrits avec lesquels il s'accorde souvent lorsqu'il s'écarte de A ; on peut donc présumer une provenance plus récente.

2. Cf. par exemple 102 b 7-8, 102 b 19, 113 a 5, 113 b 1, 115 b 16, 116 b 9, 118 b 30, 120 b 29, 122 b 33.

sur le même modèle, la façon la plus simple d'expliquer les faits serait de supposer que ce modèle commun a reçu des gloses pendant les quelque cinquante ans qui ont séparé la copie A et la copie B[1], et que ces gloses provenaient d'un exemplaire appartenant à la seconde famille. Naturellement, le caractère scolaire de la leçon adoptée par B contre A n'est pas toujours apparent ; mais le nombre des occurrences où il l'est paraît suffisant pour justifier, malgré l'avis de plusieurs de mes devanciers, une préférence de principe en faveur de A dans les cas de divergence entre A et B.

J'ai tenté de résumer ces quelques précisions complémentaires dans le tableau ci-après, qui ne prétend pas au titre de *stemma*, les relations qu'il illustre n'étant pas des relations de modèle à copie, mais de simples relations de descendance plus ou moins directe. D'autres enquêtes seront nécessaires pour en pousser le détail, notamment pour dénombrer et dater les manuscrits perdus dont l'existence doit être supposée. L'essentiel est à mon sens d'avoir établi que notre information sur le texte des *Topiques* n'est pas entièrement réduite au couple de familles distinguées par les éditeurs précédents, ni donc entièrement tributaire de leur origine commune. Dans une mesure malheureusement limitée par les faits de contamination, il existe en effet trois sources d'information adventices, et par là-même dignes d'attention: d'une part, le groupe Λ, qui est relativement indépendant du système des deux familles ; d'autre part, le témoignage d'Alexandre, et, à un bien moindre degré, le manuscrit C, qui sont relativement indépendants du système constitué par l'ensemble des deux familles et du groupe Λ.

4. Ce phénomène a été décrit avec une grande précision par Jean Irigoin, *Stemmas bifides et états de manuscrits*, in *Rev. de Philol.* N.S. 28 (1954), 211-217.

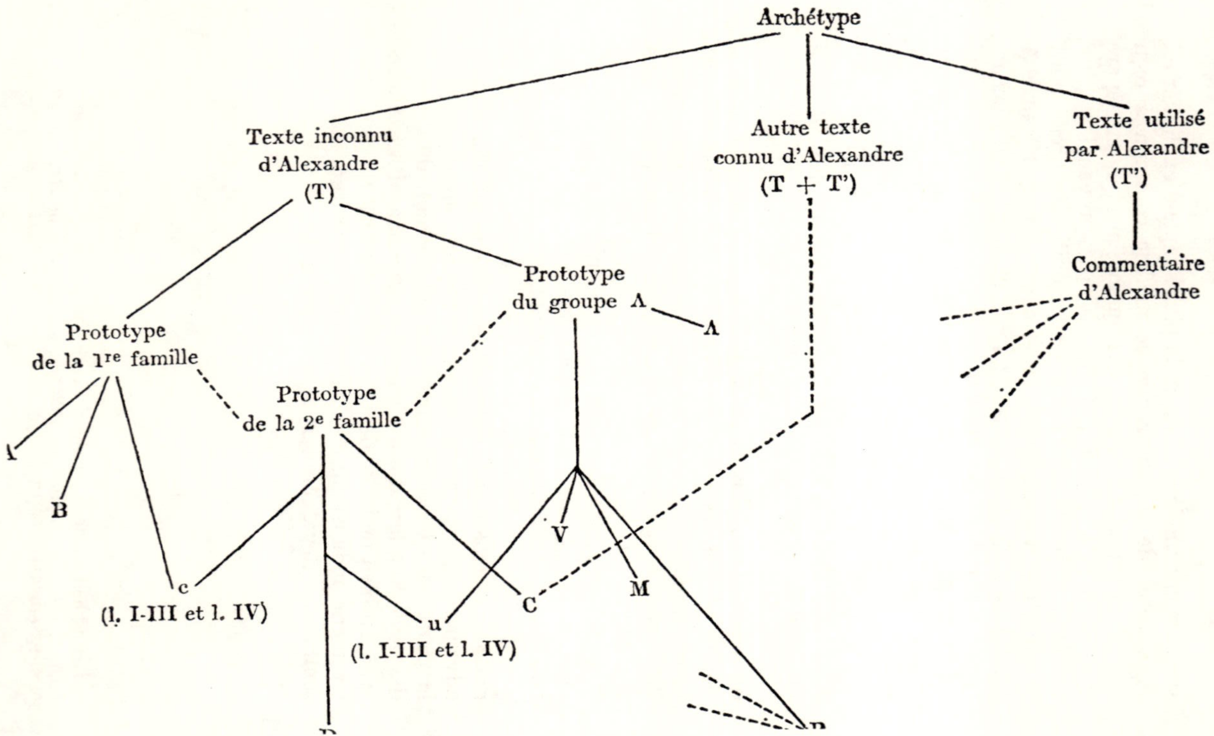
Archétype
Texte inconnu
d'Alexandre
(T)
Autre texte
connu d'Alexandre
(T + T')
Texte utilisé
par Alexandre
(T')
Commentaire
d'Alexandre
Prototype
du groupe Λ
Λ
Prototype
de la 1re famille
Prototype
de la 2e famille
B
V
M
c
(l. I-III et l. IV)
C
u
(l. I-III et l. IV)

VI

PRINCIPES DE LA PRÉSENTE ÉDITION

L'établissement du texte.

La situation qui vient d'être décrite n'est pas de celles qui fournissent à l'éditeur des « règles de fer », lui permettant de déterminer mécaniquement la leçon de l'archétype, et le contraignant à adopter cette leçon, quels que soient ses mérites intrinsèques et ceux des leçons concurrentes ; qu'il la redoute ou qu'il la revendique, il ne peut éluder sa responsabilité. Il en irait différemment si l'indépendance des trois témoins adventices dont nous disposons était absolue, et si nous pouvions connaître dans tous les cas le contenu exact de leur témoignage. Il s'en faut de beaucoup que cette situation soit effectivement réalisée. Le groupe Λ est en effet représenté par plusieurs témoins, qui ne sont pas toujours d'accord entre eux ; les lacunes du témoignage d'Alexandre tiennent au caractère exégétique du document qui nous l'a conservé ; quant au manuscrit C, nous savons qu'il est composite, sans savoir dans quelle mesure ni de quelle manière il l'est. En outre, il se trouve que le témoin le plus accessible est aussi le moins utile, et inversement. En effet, les leçons du groupe Λ nous sont toujours connues ; mais leur position ne leur permet de trancher que les conflits entre les deux familles, conflits qui sont généralement assez faciles à résoudre par la seule étude du contenu propre des variantes en présence. En revanche, le témoignage d'Alexandre, qui pourrait par sa position permettre de corriger avec sécurité d'éventuelles fautes communes aux deux familles, reste très souvent muet.

Dans ces conditions, une méthode rigide n'est pas plus recommandable en théorie qu'applicable en pratique. Dans le tableau des relations entre les divers témoins, j'ai puisé, à défaut de « règles de fer », des incitations et des autorisations, auxquelles je me suis conformé dans toute la mesure du possible : je n'adopte, en principe, la leçon de l'une des familles contre celle de l'autre qu'avec un appui dans le groupe Λ, et une leçon du groupe Λ contre la leçon commune aux deux familles qu'avec l'appui d'Alexandre. Mais en établissant le texte, je n'ai jamais fait abstraction du contenu propre des variantes concurrentes ; mes choix résultent de la composition de plusieurs facteurs, parmi lesquels le facteur paléographique tient une place importante, mais à côté de deux autres facteurs, l'un stylistique et l'autre logique, qu'il est impossible de négliger.

Sur le plan stylistique, les caractères généraux du style d'Aristote, bien connus par ailleurs, incitent à faire largement usage du principe de la *lectio difficilior* ; le seul problème est de discerner, parmi les variantes en présence, laquelle mérite d'être désignée comme telle[1]. Dans le texte des *Topiques*, ce choix est souvent assez simple : la *lectio difficilior* est en général la plus courte, la plus elliptique, parfois aussi la plus irrégulière, ou celle qui donne à la phrase la structure la moins symétrique. Le choix de la *lectio difficilior* conduit en général à l'adoption de la leçon de AB, dans des conditions autorisées par les critères paléographiques ; mais en cas de conflit, je crois que ces critères ne peuvent être invoqués pour interdire l'adoption de la *lectio difficilior* ; très souvent, en effet, la *lectio facilior* se présente avec tant de naturel qu'elle a pu s'introduire simultanément dans des branches paléographiquement distinctes de la tradition.

Sur le plan logique, je n'ai pas cru pouvoir mettre entre parenthèses, dans l'établissement d'un texte comme celui des *Topiques*, les considérations de cohérence et de suite des idées. Avant de charger Aristote d'une faute de logique ou d'une faiblesse d'argumentation (mesurées

1. Il arrive qu'une leçon soit *difficilior* sous un certain rapport, et *facilior* sous un autre ; tel est le cas, par exemple, lorsque les considérations de style et les considérations de contenu entrent en conflit. En I, 5, 102 a 35, la leçon courte ἐρωτηθέντα τί ἐστιν (C) paraît plus conforme à la concision habituelle du style aristotélicien que la leçon longue ἐρωτηθέντα τί ἐστι τὸ προκείμενον, qui est celle de tous les autres manuscrits. Mais la leçon longue est, à l'égard du sens, la *lectio difficilior*, parce que c'est le nom masculin *homme* (cf. 34 ἐπὶ τοῦ ἀνθρώπου) qu'elle désigne par l'expression neutre τὸ προκείμενον; aussi l'ai-je conservée.

naturellement à ses propres principes), il faut s'assurer que l'on a épuisé toutes les autres solutions possibles du problème. J'ai fait usage du critère de la cohérence logique d'une façon systématique, non seulement à l'échelle du τόπος isolé, mais aussi, dans certains cas, à l'échelle du groupe de τόποι : il arrive en effet que leur juxtaposition obéisse à des principes de caractère logique, dissimulés sous l'apparence purement « rhapsodique » de leur énumération[1].

Chaque cas concret de divergence entre les témoins du texte devait donc être résolu conformément à ces trois critères, l'un paléographique, l'autre stylistique, le troisième logique. S'il est réconfortant pour l'éditeur de constater qu'ils s'unissent très souvent pour recommander l'adoption de la même leçon, il faut néanmoins reconnaître qu'ils entrent parfois en conflit. Dans ce dernier cas, heureusement rare, j'ai choisi de subordonner le critère paléographique au critère stylistique, et ce dernier au critère logique.

Le texte établi conformément à ces principes peut, par comparaison avec les éditions antérieures, se caractériser au moyen des traits suivants : (1) fidélité générale à A et B ; (2) préférence pour A dans les cas de divergence entre A et B ; (3) tendance à réduire les écarts par rapport à AB aux cas où ils s'exercent en faveur des leçons du groupe Λ, d'Alexandre et parfois de C, plutôt qu'en faveur des leçons de la seconde famille. Le premier de ces traits apparente la présente édition à celles de Bekker et de Waitz, plutôt qu'à celles de Wallies et de Ross, qui font d'assez fréquents emprunts à la seconde famille, ou corrigent inutilement le texte de la première ; le second m'oppose aux tendances préconisées par Waitz, Wallies et Minio-Paluello ; le troisième constitue, je crois, l'essentiel de l'apport de cette édition au problème de l'établissement du texte des *Topiques*.

Si la tradition assez vaste dont nous disposons permet la plupart du temps de résoudre les problèmes que pose le texte, j'ai cependant adopté quelques conjectures

1. Cf. ci-dessous, p. CXLI, n. 1.

anciennes que mes prédécesseurs n'avaient pas entérinées[1] ; je présente également quelques conjectures personnelles, corrections ou athétèses[2]. Les athétèses dont je prends la responsabilité sont signalées dans le texte par des crochets droits ; parfois, cependant, le souci de ne pas bouleverser trop profondément la linéation de Bekker, d'un usage si répandu et si pratique, m'a conduit à encadrer également de crochets droits des mots ou groupes de mots qui sont non seulement condamnés par moi, mais aussi effectivement omis par un ou plusieurs manuscrits. Dans les deux cas, les mots ou groupes de mots condamnés ne sont pas traduits ; on trouvera en note leur traduction et les arguments sur lesquels repose leur condamnation.

L'apparat critique. Les informations que l'on trouvera dans l'apparat reposent, comme je l'ai dit, sur la collation directe de tous les manuscrits dont il est fait état, à l'exception de M, que j'ai collationné sur photocopie. Le lecteur qui aurait la patience de comparer cet apparat avec celui des éditions antérieures relèverait un assez grand nombre de différences entre les informations données ici et là sur les mêmes manuscrits. Sans être plus que personne à l'abri des erreurs qui peuvent s'introduire dans ce genre de travail à chacune de ses étapes (lecture, notation, report), il va de soi que je prends la responsabilité de chacune de ces différences.

Le présent apparat critique est un apparat négatif, dont les indications peuvent être complétées par élimination. En règle générale, l'élément critique comporte un lemme, qui reproduit la leçon adoptée dans le texte, mais ne comporte pas l'indication des témoins de cette leçon ; le lemme est supprimé lorsque le point d'appui de la variante peut être déterminé sans ambiguïté, ou lorsque cette variante est constituée par une omission ou par une addition (les indications *om.* et *add.* doivent toujours

1. Notamment deux conjectures de Pacius (104 b 24 et 111 b 38) une de Prantl (103 b 34), une de Bonitz (124 b 25).

2. Cf. en particulier 101 b 7, 105 a 37, 111 b 15, 115 b 33, 116 a 16-17, 116 a 24, 117 b 31-32, 122 b 24, 127 a 3-5.

s'entendre *par rapport au texte adopté*). Le lemme est suivi, après deux points, de la variante ou des variantes qui l'affectent, avec l'indication des manuscrits qui présentent ces variantes. Que l'élément critique comporte ou non un lemme, il doit être lu de la même manière : tout manuscrit dont le sigle n'y figure pas est un témoin de la leçon du texte, à moins naturellement qu'il ne soit défaillant pour la portion du texte considérée ; pour dissiper autant que possible les équivoques à ce sujet, je rappelle dans la page des sigles l'étendue exacte des lacunes présentées par les divers manuscrits dans les livres I-IV.

Lorsqu'un manuscrit porte des corrections, je distingue trois cas. Si la correction est de première main, je la note A^{pc} (*post correctionem*), sigle qui a pour corrélat parfois implicite A^{ac} (*ante correctionem*). Si elle est d'une main postérieure, je la note A^2 ; je n'ai pas essayé de distinguer entre les diverses mains postérieures, les corrections observées étant souvent trop minimes pour autoriser une pareille distinction. A^2 désigne donc une main quelconque, différente de la première, et s'oppose à A, qui désigne toujours la première main. Enfin, lorsque la correction est un grattage, qu'il est par nature impossible d'imputer à une main plutôt qu'à une autre, en l'absence de surcharge, j'utilise les expressions *post ras.* et *ante ras.* Ces diverses notations doivent être complétées par élimination, comme les précédentes : lorsque l'une seulement d'entre elles figure dans l'élément critique (par exemple A^{pc}, ou A^2, ou *post ras.* A), on doit en conclure que la leçon du texte est attestée par son corrélat, c'est-à-dire respectivement par A^{ac}, A ou *ante ras.* A. Les seules exceptions à cette règle sont les cas où la leçon du texte est celle de la main postérieure (je note alors la leçon de première main en la faisant suivre de la mention A, *corr.* A^2) et ceux où la leçon de première main n'est pas déterminable, même par comparaison avec les autres manuscrits (je signale alors simplement l'existence d'une correction ou d'un grattage, et leur étendue).

La rédaction d'un apparat négatif soulève des problèmes difficiles lorsqu'on utilise des témoins indirects, qui ne se prononcent pas sur la totalité des cas de divergence. Il en est ainsi pour Λ, dont la traduction latine ne permet pas toujours de reconstituer le texte, et pour Alexandre, dont les citations et paraphrases ne couvrent pas l'ensemble du texte. Pour éviter les équivoques dans toute la mesure du possible, j'ai, *chaque fois que l'élément critique comportait un lemme*, fait suivre ce lemme de l'indication, entre parenthèses, des témoins indirects qui appuient la leçon du texte. Lorsque les manuscrits d'Alexandre ou ceux de Boèce donnent des leçons divergentes, j'ai noté ces divergences, toujours conformément aux règles d'un apparat négatif. Les deux manuscrits de Boèce sont désignés par les sigles Λτ et Λβ ; les manuscrits d'Alexandre sont désignés, entre crochets, par les sigles utilisés dans l'édition Wallies. Lorsque le témoignage d'Alexandre est tiré d'un autre passage que son commentaire *ad locum*, j'indique la référence par la page et la ligne de cette même édition.

Précisons pour finir que l'apparat critique ne tient pas compte, en règle générale, des fautes d'orthographe, ni des variantes orthographiques (οὐδείς-οὐθείς, θάλασσα-θάλαττα, etc.), ni d'un certain nombre de variantes mineures: présence ou absence du ν éphelcystique, crases, élisions, variantes οὕτω-οὕτως, τοιοῦτο-τοιοῦτον, ἄν-ἐάν, etc. La forme adoptée dans le texte est en règle générale celle des manuscrits A et B.

La traduction. La traduction d'un texte aristotélicien est par définition la traduction d'un texte extrêmement connu, plusieurs fois traduit dans la plupart des langues modernes, et abondamment commenté. Moins vraie des *Topiques* que d'autres traités, plus célèbres et plus importants, cette assertion reste largement justifiée : le nombre et la qualité des éditeurs qui m'ont précédé l'atteste. J'ai tiré un grand profit de leur travail ; mais il m'a en même temps incité à ne pas me contenter de pourchasser les quelques erreurs qui peuvent subsister dans les versions les plus soigneuses, en les corrigeant au besoin les unes par les autres. Encore que je ne sois pas assuré d'avoir toujours atteint ce but, j'en ai également assigné d'autres à mon effort.

Il m'a semblé vain de vouloir rivaliser de concision et d'ambiguïté avec le texte d'Aristote; placer le lecteur de la version française devant les problèmes mêmes que rencontre celui du texte grec est sans doute une ambition aussi futile qu'irréalisable. Quitte à courir quelques risques, dont le plus dangereux était de me tromper, et le plus manifeste celui de donner à la traduction un volume typographique très supérieur à celui du texte, j'ai pris le parti de résoudre toutes les ellipses et de dissiper, dans la mesure de mes moyens, toutes les ambiguïtés. Certaines d'entre elles appartiennent congénitalement au texte grec[1] ; d'autres naissent seulement du décalage qui sépare l'expression originale de l'expression française qui s'en présente apparemment comme l'exact décalque[2]. Je n'ai

1. En voici un exemple, qui se présente très souvent, notamment dans le livre IV. Aristote emploie les termes τὸ γένος ou τὸ εἶδος, avec l'article défini, pour désigner deux choses différentes : d'une part, les termes qui, dans la proposition concrète qu'il s'agit d'établir ou de réfuter, *se donnent comme* le genre et l'espèce l'un de l'autre ; d'autre part, les termes qui *sont objectivement* le genre et l'espèce l'un de l'autre. Il en résulte parfois des ambiguïtés dangereuses (cf. par exemple, IV, 2, 122 b 37 sq.). Il m'a paru nécessaire, dans le texte français, de renoncer à l'emploi constant de l'article défini, de façon à obtenir, par le jeu alterné de l'article défini et de l'article indéfini, le moyen de dissocier ces deux significations.

2. Comme exemple de cette situation, en voici un qui se présente presque à chaque page des *Topiques*. La plupart des règles édictées par Aristote consistent à vérifier si une proposition, logiquement liée à la proposition discutée, est vraie ou fausse ; la perspective dialectique étant le plus souvent celle de la réfutation, cette proposition est généralement fausse ; elle représente une erreur qu'il suffit de commettre pour voir compromise la thèse que l'on soutient. Mais cette erreur peut revêtir deux aspects distincts, selon qu'elle consiste à commettre une certaine faute, ou seulement à omettre de satisfaire à une certaine condition. Dans le premier cas, la règle s'exprimera comme suit : « Voir si tel état de choses se trouve réalisé » ; il faut entendre que s'il l'est, le dialecticien dispose du même coup d'un moyen d'attaquer la thèse de son adversaire. Dans le second cas, une difficulté de traduction surgit ; la formulation d'Aristote aboutirait en effet, par transposition directe, à l'expression suivante : « Voir si tel état de choses ne se trouve pas réalisé » ; expression qui ne saurait convenir, puisque le français emploie fréquemment la négation, dans l'interrogation directe ou indirecte, pour appeler une réponse affirmative. Pour éviter toute équivoque, j'ai pris le parti, au risque de quelque lourdeur, de traduire les formules du premier type par « voir s'il ne se trouve pas que tel état

pas jugé nécessaire de signaler, par des crochets obliques, les additions que comporte la traduction par rapport à la lettre du texte ; elles explicitent à mes yeux une signification virtuellement présente dans le texte. Chaque fois que cet effort d'explicitation appelait un choix entre diverses solutions théoriquement possibles, situation dont les désaccords entre traductions existantes permettent souvent de prendre conscience, j'ai essayé de fonder mon choix sur l'énumération complète des solutions possibles et sur l'élimination raisonnée de chacune de celles que je n'ai pas retenues.

Acceptant d'avance que l'on puisse me reprocher d'avoir expliqué en même temps que traduit, je dois quelques éclaircissements sur la méthode d'explication que j'ai adoptée. La pensée aristotélicienne a été recouverte par tant de sédiments qu'il est devenu banal, et pour ainsi dire rituel, de la part de ses interprètes, de prétendre n'expliquer Aristote que par lui-même, *Aristotelem ex Aristotele*. Mais cette intention, excellente en son principe, ne soulève pas moins de problèmes qu'elle ne peut en résoudre : car il reste à déterminer, chez Aristote lui-même, ce qui demande à être expliqué, et ce qui est apte à fournir explication. Le rapprochement de deux citations est par lui-même privé de sens, s'il n'est pas la mise en relation de deux éléments dont l'un est demandeur et l'autre fournisseur d'intelligibilité, et s'il ne s'accompagne pas de la vérification des titres que possède l'élément fournisseur à être utilisé comme tel à l'égard de l'élément demandeur. A ce problème de méthode, j'ai tenté de répondre, dans toute la mesure du possible, en confiant aux structures d'ensemble la fonction d'expliquer les éléments qui les composent. Ce principe d'interprétation est applicable à plusieurs niveaux distincts. Le plus élevé de ceux auxquels il paraît légitime de se placer est celui des *Topiques* eux-mêmes, considérés dans leur totalité ; cette œuvre présente en effet trop de caractères originaux,

de choses se trouve réalisé », et les formules du second type par « voir s'il ne se trouve pas que tel état de choses ne se trouve pas réalisé ».

par rapport aux autres œuvres d'Aristote, pour que l'on puisse y importer sans précautions des informations puisées ailleurs. Au-dessous de l'unité au moins relative que constitue l'ouvrage dans son ensemble, le lieu constitue une seconde unité naturelle, qui doit posséder sa logique interne et l'imposer à ses éléments. Enfin, les divers lieux, qui sont le plus souvent simplement juxtaposés, se groupent parfois selon des principes décelables[1], constituant ainsi de nouvelles unités, à un niveau moyen entre les deux précédentes, et qui sont susceptibles de fournir dans certains cas des informations non négligeables.

Cet effort pour demander aux ensembles la clef des détails comportait également des conséquences sur le plan du vocabulaire. Dans ce domaine, la tradition a consacré certaines équivalences lexicales auxquelles j'ai parfois cru pouvoir me soustraire : le texte des *Topiques*, où le vocabulaire technique de l'aristotélisme ne se présente encore qu'à l'état naissant, se prêtait moins que tout autre à l'application mécanique d'un lexique fixé *ne varietur*. Aux mots d'Aristote, qu'ils fussent concrets ou abstraits, courants ou rares, j'ai cherché à donner tout le sens, et seulement le sens, que leur conférait l'usage qu'Aristote faisait d'eux dans la phrase, le paragraphe, le chapitre, le livre où ils apparaissaient[2]. Chaque fois que cette ambition m'a conduit à renoncer à une traduction consacrée par l'usage, une note en expose les justifications.

1. Le plus fréquent est un principe d'échelonnement, en vertu duquel chaque lieu soumet la proposition discutée à une exigence plus difficile à satisfaire que le lieu qui le précède ; il est donc apte à réfuter une proposition qui aurait survécu, si l'on peut dire, à l'application du lieu antérieur. On trouvera un bon exemple de cette gradation dans le passage I, 15, 106 a 36-b 12.

2. Voir en ce sens, à divers titres, Georges Mounin, *Les problèmes théoriques de la traduction*, Paris, Gallimard, 1963 ; John Lyons, *Structural semantics ; an analysis of part of the vocabulary of Plato*, Oxford, Blackwell, 1963 ; Kurt Ebbinghaus, *Ein formales Modell der Syllogistik des Aristoteles*, Göttingen, Vandenhoeck-Ruprecht, 1964, p. 8.

L'annotation. L'annotation, assez développée, ne vise pas à procurer un commentaire proprement dit du texte aristotélicien, commentaire qui aurait appelé des développements encore bien plus étendus, par la nécessité d'y introduire notamment les nombreuses références et comparaisons qu'exigerait une véritable explication du texte, tant à l'égard des autres œuvres du Stagirite qu'à celui des œuvres de ses contemporains. Il a paru suffisant de se borner aux justifications sur lesquelles reposent les choix et les initiatives qu'ont appelés l'établissement du texte, son interprétation et sa traduction.

Plusieurs personnes et plusieurs institutions m'ont aidé dans mon travail ; je ne saurais terminer cette introduction sans leur dire ma gratitude. C'est malheureusement par un hommage posthume qu'il me faut commencer. Alphonse Dain m'a encouragé à entreprendre cette édition ; sans les leçons et les conseils de ce maître incomparable, je n'en aurais pas assumé les risques ; il m'est amer de penser qu'il n'en aura pas vu l'achèvement. Son successeur à l'Ecole des Hautes Etudes, M. Jean Irigoin, m'a fait bénéficier de sa science et de sa lucidité pour tout ce qui concerne la description des manuscrits, la présentation de l'apparat critique, le choix des principes d'édition. M. l'abbé André Wartelle, le R. P. De Pater, M. Lorenzo Minio-Paluello m'ont généreusement communiqué, avant publication, le dactylogramme des ouvrages qu'ils ont consacrés, l'un aux manuscrits d'Aristote, l'autre à la méthodologie des *Topiques*, le troisième à la traduction latine de Boèce. M. Pierre-Maxime Schuhl a suivi attentivement les étapes de mon travail ; le Centre de recherches sur la pensée antique, qu'il dirige à la Sorbonne dans le cadre, accueillant à l'helléniste, de la Bibliothèque Léon-Robin, a stimulé mon intérêt pour la pensée du jeune Aristote. M. Maurice de Gandillac, directeur de la thèse qu'a été cette édition, ne m'a ménagé ni sa confiance ni son attention ; de l'une ou de l'autre, je ne saurais dire laquelle m'a le plus encouragé. M. Roger Martin m'a aidé dans la résolution des difficultés logiques que les *Topiques* me conduisaient à aborder. M. Raymond Weil, enfin, a lu et révisé mon travail avec une minutie et un soin sans défaillance ; son expérience d'helléniste et d'aristotélisant m'a gardé de plus d'un piège. Le Centre National de la Recherche Scientifique m'a permis de consacrer à ce travail un temps sans proportion avec ses mérites ; à son concours, je dois d'avoir pu consulter sur place la quasi-totalité des manuscrits que j'ai utilisés. Les bibliothèques que j'ai visitées (à Rome, à Venise, à Bâle) m'ont réservé le meilleur accueil ; la Pierpont Morgan Library, de New York, m'a libéralement autorisé à faire état du manuscrit M, dont elle est dépositaire.

BIBLIOGRAPHIE

I. — Éditions.

— *Aristotelis Opera. Ed. Academia regia Borussica.* T. 1 : *Aristoteles graece,* ex recognitione Immanuelis Bekkeri. Berlin, 1831.

— J. Pacius. *Aristotelis Organum.* Morgiis, 1584.

— *Aristotelis Organon graece.* Ed. Theod. Waitz. Leipzig, 1844-1846.

— *Aristotelis Topica cum libro de Sophisticis Elenchis.* E schedis Ioannis Strache ed. Maximilianus Wallies. Leipzig, Teubner, 1923.

— *Aristotelis Topica et Sophistici Elenchi.* Recensuit brevique adnotatione critica instruxit W. D. Ross. Oxford, Clarendon Press, 1958.

II. — Traductions.

— *Aristote. Organon.* V : *les Topiques.* Nouvelle traduction et notes par J. Tricot. Paris, Vrin, 1950 (2e éd.).

— *The Works of Aristotle.* Translated into English under the editorship of Sir David Ross. Vol. I : (. . .) *Topica and De Sophisticis Elenchis,* by W. A. Pickard-Cambridge. Oxford, Clarendon Press, 1928.

— *Aristotle. Posterior Analytics,* by H. Tredennick ; *Topica,* by E. S. Forster. Londres, Heinemann, et Cambridge (Mass.), Harvard University Press, 1960 (Loeb Classical Library). En regard de la traduction est imprimé le texte de l'édition Bekker, avec un petit nombre de modifications signalées en note.

— *Die Topik des Aristoteles* (*des Organon vierter Theil*). Uebersetzt von J. H. von Kirchmann. Heidelberg, Weiss, 1883.

— E. Rolfes. *Aristoteles' Topik.* Leipzig, 1919.

— *Aristoteles. Die Lehrschriften* herausgegeben, übertragen und in ihrer Entstehung erläutert von P. Gohlke. 2, IV : *Topik.* Paderborn, Schöningh, 1952.

— *Aristotele. Organon.* Introduzione, traduzione e note di Giorgio Colli. Einaudi, 1955.

III. — Commentaires.

— *Alexandri Aphrodisiensis in Aristotelis Topicorum libros octo commentaria* ed. Maximilianus Wallies (Commentaria in Aristotelem graeca, II, 2). Berlin, Reimer, 1891.

— J. Pacius. *In Porphyrii Isagogen et Aristotelis Organum commentarium*. Aureliae Allobrogum, 1605.

Les éditions et traductions citées ci-dessus sont annotées plus ou moins abondamment ; les commentaires les plus volumineux se trouvent dans l'édition Waitz et dans la traduction Colli.

IV. — Les manuscrits et l'établissement du texte.

— André Wartelle. *Inventaire des manuscrits grecs d'Aristote et de ses commentateurs*. Paris, Les Belles-Lettres, 1963.

— Elpidius Mioni. *Aristotelis Codices graeci qui in bibliothecis venetis adservantur*. Padoue, Antenore, 1958.

— Ad. Torstrik. *Die authentica der Berliner Ausgabe des Aristoteles*, in *Philologus* 12 (1857), 494-530.

— Theod. Waitz. *Varianten zu Aristoteles Organon*, in *Philologus*, 12 (1857), 726-734.

— J. Imelmann. *Zur Aristoteles' Topik*. Wiss. Beil. z. Progr. des Joachimst. Gymn., 1870.

— M. Wallies, *Textkritisches zu der aristotelischen Topik und den Sophistischen Widerlegungen*, in *Philologus*, 78 (1922), 301-330.

— Lorenzo Minio-Paluello. *The text of Aristotle's Topics and Elenchi : The latin tradition*, in *Class. Quart.* N.S., 5 (1955), 108-118.

— W. D. Ross. *The text of Aristotle's Topics and Sophistici Elenchi.* Mélanges de philosophie grecque offerts à Mgr Diès (p. 215-219). Paris, Vrin, 1956.

— W.S. Maguinness, *Aristotle, Topica* 107 *a* 8-10, in *Class. Rev.*, 60 (1946), 19.

— W.S. Maguinness, *Notes on the Topica of Aristotle*, in *Class. Rev.*, 61 (1947), 11-12.

V. — Ouvrages généraux d'histoire de la logique.

— C. Prantl. *Geschichte der Logik im Abendlande*. Leipzig, Hirzel, 1855-1867 (réimpr. Graz, Akademische Druck- u. Verlagsanstalt, 1955).

— E. Kapp. *Greek Foundations of traditional Logic*. New York, 1942.

— I. M. Bochenski. *Ancient formal logic*. Amsterdam, North-Holland Publishing Company, 1951.

— I. M. Bochenski. *Formale Logik*. Fribourg-Münich, Alber, 1956. Trad. angl. par Ivo Thomas, *A history of formal logic*, University of Notre Dame Press, 1961.

— W. et M. Kneale. *The development of logic*. Oxford, Clarendon Press, 1962.

VI. — Ouvrages sur Aristote intéressant indirectement la dialectique aristotélicienne et les Topiques.

— Tous les livres consacrés à Aristote en général (Zeller, Hamelin,

Ross, Robin, Allan, Moreau, Grenet, etc.) contiennent une étude plus ou moins développée sur les *Topiques*. Parmi ceux qui traitent un sujet spécial, ne se rapportant directement ni à la logique ni à la dialectique, mais qui y touchent par un biais quelconque, citons en particulier :

— L.-M. Régis. *L'opinion selon Aristote*. Paris, Vrin ; Ottawa, Institut d'Etudes médiévales, 1935.

— J.-M. Le Blond. *Logique et méthode chez Aristote*. Etude sur la recherche des principes dans la physique aristotélicienne. Paris, Vrin, 1939.

— Harold Cherniss. *Aristotle's criticism of Plato and the Academy*, I. Baltimore, Johns Hopkins Press, 1944 (2e éd., New York, Russell & Russell, 1962).

— Suzanne Mansion. *Le jugement d'existence chez Aristote*. Louvain-Paris, Desclée de Brouwer, 1946.

— Ernst Tugendhat. ΤΙ ΚΑΤΑ ΤΙΝΟΣ. Eine Untersuchung zu Struktur und Ursprung aristotelischer Grundbegriffe. Fribourg-Münich, Alber, 1958.

— Leo Lugarini. *Aristotele e l'idea della filosofia*. Florence, La Nuova Italia, 1961.

— Pierre Aubenque. *Le problème de l'être chez Aristote*. Paris, Presses Universitaires de France, 1962.

— Wolfgang Wieland. *Die aristotelische Physik*. Untersuchungen über die Grundlegung der Naturwissenschaft und die sprachlichen Bedingungen der Prinzipienforschung bei Aristoteles. Göttingen, Vandenhoeck & Ruprecht, 1962.

— Enrico Berti. *L'unità del sapere in Aristotele*. Padoue, Cedam, 1965.

— Mario Mignucci. *La teoria aristotelica della scienza*. Florence, Sansoni, 1965.

VII. — Ouvrages sur la logique aristotélicienne intéressant plus ou moins directement la dialectique et les Topiques.

— Chr. Brandis. *Ueber die Reihenfolge der Bücher des Aristotelischen Organons*, in *Abhandlungen der k. Akad. d. Wiss. zu Berlin*, Hist.-philol. Kl. (aus Jahre 1833), Berlin, 1835 (p. 249-299).

— Heinrich Maier, *Die Syllogistik des Aristoteles*. Tübingen, Laupp, 1896-1900.

— Guido Calogero. *I fondamenti della logica aristotelica*. Florence, Le Monnier, 1927.

— Friedrich Solmsen. *Die Entwicklung der aristotelischen Logik und Rhetorik*. Berlin, Weidmann, 1929.

— E. Kapp. Article *Syllogistik* in Pauly-Wissowa, *Real-Encyclopädie*, vol. II, 7, col. 1046-1067 (1931).

— J. L. Stocks. *The composition of Aristotle's logical works*, in *Class. Quart.*, 27 (1933), 115-124.

— P. Gohlke. *Die Entstehung der aristotelischen Logik*. Berlin, Junker & Dünnhaupt, 1936.

— Carlo Augusto Viano. *La logica di Aristotele*. Turin, Taylor, 1955.

— Augustin Mansion. *L'origine du syllogisme et la théorie de la science chez Aristote*, in *Aristote et les problèmes de méthode* (Communications présentées au *II*e *Symposium Aristotelicum*, Louvain, 1960), Louvain, Publications Universitaires ; Paris, Béatrice-Nauwelaerts, 1961.

VIII. — Sur la dialectique aristotélicienne en général.

— Charles Thurot. *Etudes sur Aristote. Politique, dialectique, rhétorique*. Paris, Durand, 1860.

— August Tegge. *De vi ac notione dialecticae aristoteleae*. Progr. Treptow, 1877.

— Jeanne Croissant-Goedert. *La dialectique chez Aristote*. (Communication à la Société Belge de Philosophie, 12 mai 1951), résumé in *Rev. intern. de Philos.*, 6 (1952), 150-151.

— Paul Wilpert. *Aristoteles und die Dialektik*, in *Kant-Studien*, 48 (1956-1957), 247-257.

— Carlo Augusto Viano. *La dialettica in Aristotele*, in *Riv. di Filos.*, 49 (1958), 154-178.

— Pierre Aubenque. *Science, culture et dialectique chez Aristote*. (Communication au Congrès de l'Association Guillaume Budé, Lyon, 1958), in *Actes du Congrès*, Paris, Les Belles-Lettres, 1960 (p. 144-149).

— Livio Sichirollo. *Aristotelica*. Urbino, S.T.E.U., 1961.

— Livio Sichirollo. *Giustificazioni della dialettica in Aristotele (ontologia, storia, politica)*. Urbino, Argalia, 1963.

IX. — Ouvrages et articles sur les Topiques.

— Eugène Thionville. *De la théorie des lieux communs dans les Topiques d'Aristote et des principales modifications qu'elle a subies jusqu'à nos jours*. Paris, Durand, 1855.

— Ernst Hambruch. *Logische Regeln der Platonischen Schule in der Aristotelischen Topik*. Wissenschaftliche Beilage zum Jahresbericht des Askanischen Gymnasiums zu Berlin. Berlin, Weidmann, 1904.

— Johannes Pflug. *De Aristotelis Topicorum libro quinto*. Leipzig, Brockhaus, 1908.

— Hans von Arnim. *Das Ethische in Aristoteles' Topik*, in Sitzungsberichte der Akad. d. Wiss. in Wien, Philos.-hist. Kl., t. 205, 4. Vienne, Hölder-Pichler-Tempsky, 1927.

— Paul Gohlke. *Untersuchungen zur Topik des Aristoteles*, in *Hermes*, 63 (1928), 457-479.

— Richard Robinson. *The historical background of Aristotle's Top. VIII*, in *Proc. of the 7th intern. Congress of Philosophy*, Oxford-Londres, 1931.

— Eric Weil. *La place de la logique dans la pensée aristotélicienne*, in *Rev. de Métaph. et de Mor.*, 56 (1951), 283-315.

— W. M. A. Grimaldi. *The aristotelian Topics*, in *Traditio*, 14 (1958), 1-16.

— Edmund Braun. *Zur Einheit der aristotelischen « Topik »*. Cologne, 1959.

— Otto Bird. *The re-discovery of the Topics : Prof. Toulmin's inference-warrants*, in *Proc. of the Amer. Cathol. Philos. Association*, 34 (1960), 200-205.

— Otto Bird. *Logical topics : Aristotle to Ockham*, in *Journ. of the Hist. of Ideas*, 23 (1962), 307-323.

— Pamela M. Huby. *The date of Aristotle's Topics and its treatment of the theory of Ideas*, in *Class. Quart.* N.S., 12 (1962), 72-80.

— W.A. De Pater. *Les Topiques d'Aristote et la dialectique platonicienne. Méthodologie de la définition.* Fribourg (Suisse), Editions Saint-Paul, 1965 (Etudes Thomistes, vol. X).

X. — Travaux inédits relatifs aux Topiques.

J'ai eu le privilège d'assister au *III*e *Symposium Aristotelicum*, qui s'est tenu à Oxford en septembre 1963, et qui a été presque entièrement consacré à l'étude des *Topiques*. Les communications qui y ont été présentées sont actuellement sous presse (Oxford, Clarendon Press) ; j'ai pu en utiliser les copies dactylographiées. Voici la liste de ces communications :

— Jacques Brunschwig. *Observations sur les manuscrits parisiens des Topiques.*

— W. J. Verdenius. *Notes on the Topics.*

— Marion Soreth. *Zu Topik E* 7, 137 a 8-20.

— D. J. Furley. *Notes on Topics Z.*

— Friedrich Solmsen. *Dialectic without the Forms.*

— Paul Moraux. *L'entraînement à la dialectique d'après le* 8e *livre des Topiques.*

— Gilbert Ryle. *Dialectic in the Academy.*

— Joseph Moreau. *Aristote et la dialectique platonicienne.*

— Kurt von Fritz. *Die* ἐπαγωγή *bei Aristoteles.*

— Gérard Verbeke. *La notion de propriété dans les Topiques.*

— W. A. De Pater. *La fonction de l'instrument et du lieu dans les Topiques.*

— Suzanne Mansion. *Notes sur la doctrine des catégories dans les Topiques.*

— Ingemar Düring. *Aristotle's use of examples in the Topics.*

— C. J. De Vogel. *Aristotle's attitude towards Plato and the theory of the Ideas according to the Topics.*

— G. E. L. Owen. *Dialectic and Eristic in the treatment of the Ideas.*

— Olof Gigon. *Aristoteles, Topik III*, 1-3.

— E. De Strycker. *Concepts-clés et terminologie dans les Topiques B-H. Héritage de l'Académie et apport personnel d'Aristote.*

— L. W. Elders. *The Topics and the Platonic theory of principles of being.*

SIGLA

A = Vaticanus Urbinas gr. 35, paulo ante 901.

B = Venetus Marcianus gr. 201, anni 954.

V = Vaticanus Barberinianus gr. 87, saec. X.

M = Neo-Eboracensis Pierpont Morgan Library 758, saec. XI (desunt 100 a 18-115 a 9, 120 a 30 - b 28).

P = Vaticanus gr. 207, saec. XIII.

C = Parisinus Coislinianus 330, saec. XI.

c = Vaticanus gr. 1024, saec. X ex. vel XI in. (desunt 105 a 34-106 a 28, 108 a 13-b 7, 110 a 16-b 16, 112 a 22-113 a 13, 119 a 23-120 a 7).

u = Basileensis gr. 54 (F. II. 21), saec. XII.

D = Parisinus gr. 1843, saec. XIII.

Al^c, Al^p, Al^l = Alexandri citatio, paraphrasis, lemma (codicum siglis, quibus Wallies usus est, inter uncinos nonnunquam adhibitis).

Λ, Λ^{τ}, Λ^{β} = Boethii translationis exemplar, e codicibus Oxoniensibus Trin. Coll. 47 (saec. XII ineuntis) et Ball. Coll. 253 (saec. XIII) vel ambobus vel uno vel altero restitutum.

edd. = recentiorum editorum (Bekker, Waitz, Wallies, Ross) consensus.

TOPIQUES

LIVRE I

GÉNÉRALITÉS SUR LA MÉTHODE DIALECTIQUE

1

Objet propre du traité

Le présent traité[1] se propose de trouver une méthode qui nous rendra capables de raisonner déductivement[2], en prenant appui sur des idées admises[3], sur tous les sujets[4] qui peuvent se présenter, comme aussi, lorsque nous aurons nous-mêmes à répondre d'une affirmation[5], de ne rien dire qui lui soit contraire. Il faut donc commencer par dire ce que c'est qu'un raisonnement déductif, et quelles en sont les variétés, pour faire comprendre la nature de la déduction dialectique ; c'est en effet cette dernière qui est l'objet des recherches du traité qu'on se propose de composer.

Le raisonnement déductif, sa nature, ses espèces.

Un raisonnement déductif est une formule d'argumentation dans laquelle, certaines choses étant posées, une chose distincte de celles qui ont été posées s'ensuit nécessairement, par la vertu même de ce qui a été posé[6]. C'est une démonstration[7] lorsque les points de départ de la déduction sont des affirmations vraies et premières, ou du moins des affirmations telles que la connaissance qu'on en a prend naissance par l'intermédiaire de certaines affirmations premières et vraies ; c'est au contraire une déduction dialectique lorsqu'elle prend pour points de départ des idées admises. Sont vraies et premières les affirmations qui emportent la conviction, non pour une raison extérieure à elles, mais par elles-mêmes (devant les premiers principes des connaissances, en effet, il n'est plus légitime de se poser encore la question de leur pourquoi : chacun d'eux, pris en lui-même,

1-7. *Notes complémentaires*, p. 113-114.

ΤΟΠΙΚΩΝ Α'

[100 a] I Ἡ μὲν πρόθεσις τῆς πραγματείας μέθοδον εὑρεῖν ἀφ' ἧς δυνησόμεθα συλλογίζεσθαι περὶ παντὸς τοῦ προτεθέντος [προβλήματος] ἐξ ἐνδόξων, καὶ αὐτοὶ λόγον ὑπέχοντες μηθὲν ἐροῦμεν ὑπεναντίον. Πρῶτον οὖν ῥητέον τί ἐστι συλλογισμὸς καὶ τίνες αὐτοῦ διαφοραί, ὅπως ληφθῇ ὁ διαλεκτικὸς συλλογισμός· τοῦτον γὰρ ζητοῦμεν κατὰ τὴν προκειμένην πραγματείαν.

Ἔστι δὴ συλλογισμὸς λόγος ἐν ᾧ τεθέντων τινῶν ἕτερόν τι τῶν κειμένων ἐξ ἀνάγκης συμβαίνει διὰ τῶν κειμένων. Ἀπόδειξις μὲν οὖν ἐστιν, ὅταν ἐξ ἀληθῶν καὶ πρώτων ὁ συλλογισμὸς ᾖ, ἢ ἐκ τοιούτων ἃ διά τινων πρώτων καὶ ἀληθῶν τῆς περὶ αὐτὰ γνώσεως τὴν ἀρχὴν εἴληφεν, διαλεκτικὸς δὲ συλλογισμὸς ὁ ἐξ ἐνδόξων συλλογιζόμενος. Ἔστι [100b] δὲ ἀληθῆ μὲν καὶ πρῶτα τὰ μὴ δι' ἑτέρων ἀλλὰ δι' αὑτῶν ἔχοντα τὴν πίστιν (οὐ δεῖ γὰρ ἐν ταῖς ἐπιστημονικαῖς ἀρχαῖς ἐπιζητεῖσθαι τὸ διὰ τί, ἀλλ' ἑκάστην τῶν ἀρχῶν

[100 a] 18 post μέθοδον add. ἐστιν V^{s1} || 19 τοῦ προτεθέντος om. Λ || 20 προβλήματος om. Al^c || ἐξ : δι' Al^c || λόγους Λ || 21 οὖν (Λ) : μὲν οὖν CD || 23 κατὰ (Λ) : καὶ κατὰ D || προκειμένην D^{pc} || 26 τι om. Al^c 7, 22 ; at cf. 9, 20 et 13, 13 || 28 ᾖ post 27 ἀληθῶν C || ᾖ om. D^{ac} || ἃ : ἅ τινα u || 29 εἴληφε τὴν ἀρχὴν Al^c || 30-b 18 ἔστι δὲ om. D.

[100 b] 18 τὰ om. C || ἀλλὰ δι' (Λ) : ἀλλ' ἐξ Al^c || 18-19 αὑτῶν (Al^c [D] Λ) : ἑαυτῶν VP αὐτῶν ABCcuD^{ac} Al^c [AB].

doit être totalement convaincant) ; sont des idées admises, en revanche, les opinions partagées par tous les hommes, ou par presque tous, ou par ceux qui représentent l'opinion éclairée[1], et pour ces derniers par tous, ou par presque tous, ou par les plus connus et les mieux admis comme autorités. Mais c'est une déduction éristique que celle qui prend pour points de départ des idées qui se présentent comme des idées admises, sans en être réellement, de même que celle qui, partant d'idées admises ou se présentant comme telles, se présente comme une déduction sans en être une. Il ne faut pas croire, en effet, que tout ce qui se présente comme une idée admise en soit véritablement une ; car les expressions d'idées admises ne manifestent jamais, à toute première vue, leur véritable caractère, comme il arrive que le fassent les principes des raisonnements éristiques ; au sein de ces raisonnements, en effet, la nature exacte du subterfuge est immédiatement et presque toujours évidente pour ceux qui sont capables d'apercevoir aussi les finesses[2]. Des deux formes ainsi distinguées, on peut désigner la première comme une déduction éristique[3] et comme une déduction, et la seconde comme une déduction éristique, mais non comme une déduction, puisqu'elle se présente comme une déduction sans en être véritablement une.

A toutes les variétés de raisonnements déductifs que nous venons d'indiquer, il faut ajouter les paralogismes, qui s'enracinent dans les conditions propres à certaines sciences, comme il arrive qu'on voie en géométrie et dans les disciplines de la même famille. Ce mode de raisonnement semble bien distinct, en effet, de ceux qui ont été déjà mentionnés : de fait, celui qui raisonne sur une figure fausse ne part ni d'affirmations vraies et premières, ni d'idées admises (son point de départ ne tombant pas sous la définition donnée de ces dernières : ce qu'il pose au départ, ce ne sont ni des opinions partagées par tous les hommes, ni par presque tous, ni par ceux qui représentent l'opinion éclairée, et pour ces derniers, ni par tous, ni par

1-3. *Notes complémentaires,* p. 114-116.

αὐτὴν καθ' ἑαυτὴν εἶναι πιστήν), ἔνδοξα δὲ τὰ δοκοῦντα πᾶσιν ἢ τοῖς πλείστοις ἢ τοῖς σοφοῖς, καὶ τούτοις ἢ πᾶσιν ἢ τοῖς πλείστοις ἢ τοῖς μάλιστα γνωρίμοις καὶ ἐνδόξοις. Ἐριστικὸς δ' ἐστὶ συλλογισμὸς ὁ ἐκ φαινομένων ἐνδόξων μὴ ὄντων δέ, καὶ ὁ ἐξ ἐνδόξων ἢ φαινομένων ἐνδόξων φαινόμενος· οὐ γὰρ πᾶν τὸ φαινόμενον ἔνδοξον καὶ ἔστιν ἔνδοξον. Οὐθὲν γὰρ τῶν λεγομένων ἐνδόξων ἐπιπόλαιον ἔχει παντελῶς τὴν φαντασίαν, καθάπερ περὶ τὰς τῶν ἐριστικῶν λόγων ἀρχὰς συμβέβηκεν ἔχειν· παραχρῆμα γὰρ καὶ ὡς ἐπὶ τὸ πολὺ τοῖς καὶ μικρὰ συνορᾶν δυναμένοις κατάδηλος ἐν αὐτοῖς ἡ τοῦ [101 a] ψεύδους ἐστὶ φύσις. Ὁ μὲν οὖν πρότερος τῶν ῥηθέντων ἐριστικὸς συλλογισμὸς καὶ συλλογισμὸς λεγέσθω, ὁ δὲ λοιπὸς ἐριστικὸς μὲν συλλογισμός, συλλογισμὸς δ' οὔ, ἐπειδὴ φαίνεται μὲν συλλογίζεσθαι, συλλογίζεται δ' οὔ.

Ἔτι δὲ παρὰ τοὺς εἰρημένους ἅπαντας συλλογισμοὺς οἱ ἐκ τῶν περί τινας ἐπιστήμας οἰκείων γινόμενοι παραλογισμοί, καθάπερ ἐπὶ τῆς γεωμετρίας καὶ τῶν ταύτῃ συγγενῶν συμβέβηκεν ἔχειν. Ἔοικε γὰρ ὁ τρόπος οὗτος διαφέρειν τῶν εἰρημένων συλλογισμῶν· οὔτε γὰρ ἐξ ἀληθῶν καὶ πρώτων συλλογίζεται ὁ ψευδογραφῶν οὔτ' ἐξ ἐνδόξων (εἰς γὰρ τὸν ὅρον οὐκ ἐμπίπτει· οὔτε γὰρ τὰ πᾶσι δοκοῦντα λαμβάνει οὔτε τὰ τοῖς πλείστοις οὔτε τὰ τοῖς σοφοῖς, καὶ τούτοις οὔτε τὰ

21 αὑτὴν : αὐτὴν VC Λ, fort. c^{ac} || καθ' ἑαυτὴν om. P c^{ac} u D Λ || 22 post tert. ἢ add. τοῖς cu || 23 καὶ : τε καὶ Al^c || 24 ἐστὶ om. D || 26 καὶ om. fort. Λ || 27 λεγομένων (Al^c [A] Λ^r) : φαινομένων P Al^c [BD] Λ^f || 28 καθάπερ : καθά A || τὰς : τῆς A^{ac} || 29 καὶ — πολὺ om. Al^c || 29-30 τοῖς καὶ : καὶ τοῖς Λ τοῖς A.

[101 a] 2 ἐριστικὸς συλλογισμὸς (Λ) : ἐριστικῶν συλλογισμῶν ABVPCuD edd., Al^p ut uid. || 5 δὲ om. Ccu || 6-7 παρασυλλογισμοί ante ras. C || 7 ταύτῃ (Al^p Λ) : ταύτης BP, uar. lect. A || 11 λαμβάνει : λαμβάνων D^{ac} ut uid. || 12 τούτοις (Λ) : τούτων VcD || tert. τὰ om. cuD Λ.

presque tous, ni par les mieux admis comme autorités) ; c'est en prenant appui sur des assomptions qui sont propres à la science considérée, tout en étant fausses, qu'il effectue sa déduction. De fait, c'est en traçant des demi-cercles autrement qu'il n'est permis, ou en tirant certaines lignes autrement qu'elles ne devraient être tirées[1], qu'il se donne le moyen de commettre son paralogisme.

Telles sont donc, pour parler sommairement, les diverses formes de raisonnements déductifs. Notons que d'une manière générale, pour toutes les distinctions[2] qui ont été faites comme pour celles qui le seront par la suite, tel sera le niveau de détermination auquel nous nous arrêterons, notre dessein n'étant pas de donner de chacun des objets de ces distinctions une expression rigoureusement exacte ; nous voulons simplement les présenter de façon sommaire, estimant qu'il suffit largement, compte tenu du caractère que nous entendons donner à la présente méthode, que l'on puisse, d'une manière ou d'une autre, reconnaître chacun d'eux.

2

Utilité du traité

Après ce que nous avons dit, il conviendrait d'indiquer le nombre et la nature des services que l'on peut attendre du présent traité. Ils sont au nombre de trois : l'entraînement intellectuel, les contacts avec autrui, les connaissances de caractère philosophique. Qu'il puisse servir à l'entraînement intellectuel, c'est ce qui ressort clairement de sa nature ; de fait, une fois en possession de la méthode, nous pourrons plus facilement argumenter sur le sujet qui se présente. Qu'il soit utile pour les contacts avec autrui, cela s'explique du fait que, lorsque nous aurons dressé l'inventaire des opinions qui sont celles de la moyenne des gens, nous nous adresserons à eux, non point à partir de présuppositions qui leur seraient étrangères, mais à partir de celles qui leur sont propres, quand nous voudrons les persuader de renoncer à des affirmations qui nous paraîtront manifestement inacceptables[3]. Que notre traité soit utile enfin aux connaissances de caractère philosophique, cela s'explique du fait que, lorsque nous serons capa-

1-3. *Notes complémentaires*, p. 116.

πᾶσιν οὔτε τοῖς πλείστοις οὔτε τοῖς ἐνδοξοτάτοις), ἀλλ' ἐκ τῶν οἰκείων μὲν τῇ ἐπιστήμῃ λημμάτων οὐκ ἀληθῶν δὲ τὸν συλλογισμὸν ποιεῖται. Τῷ γὰρ ἢ τὰ ἡμικύκλια περιγράφειν μὴ ὡς δεῖ ἢ γραμμάς τινας ἄγειν μὴ ὡς ἂν ἀχθείησαν τὸν παραλογισμὸν ποιεῖται.

Εἴδη μὲν οὖν τῶν συλλογισμῶν ὡς τύπῳ περιλαβεῖν ἔστω τὰ εἰρημένα. Καθόλου δ' εἰπεῖν περὶ πάντων τῶν εἰρημένων καὶ τῶν μετὰ ταῦτα ῥηθησομένων ἐπὶ τοσοῦτον ἡμῖν διωρίσθω, διότι περὶ οὐδενὸς αὐτῶν τὸν ἀκριβῆ λόγον ἀποδοῦναι προαιρούμεθα, ἀλλ' ὅσον τύπῳ περὶ αὐτῶν βουλόμεθα διελθεῖν, παντελῶς ἱκανὸν ἡγούμενοι κατὰ τὴν προκειμένην μέθοδον τὸ δύνασθαι γνωρίζειν ὁπωσοῦν ἕκαστον αὐτῶν.

II Ἑπόμενον δ' ἂν εἴη τοῖς εἰρημένοις εἰπεῖν πρὸς πόσα τε καὶ τίνα χρήσιμος ἡ πραγματεία. Ἔστι δὴ πρὸς τρία, πρὸς γυμνασίαν, πρὸς τὰς ἐντεύξεις, πρὸς τὰς κατὰ φιλοσοφίαν ἐπιστήμας. Ὅτι μὲν οὖν πρὸς γυμνασίαν χρήσιμος, ἐξ αὐτῶν καταφανές ἐστι· μέθοδον γὰρ ἔχοντες ῥᾷον περὶ τοῦ προτεθέντος ἐπιχειρεῖν δυνησόμεθα· πρὸς δὲ τὰς ἐντεύξεις, διότι τὰς τῶν πολλῶν κατηριθμημένοι δόξας οὐκ ἐκ τῶν ἀλλοτρίων ἀλλ' ἐκ τῶν οἰκείων δογμάτων ὁμιλήσομεν πρὸς αὐτούς, μεταβιβάζοντες ὅ τι ἂν μὴ καλῶς φαίνωνται λέγειν ἡμῖν· πρὸς δὲ τὰς κατὰ φιλοσοφίαν ἐπιστήμας, ὅτι

13 post pr. οὔτε add. τὰ VP Al[p] || post alt. οὔτε add. τὰ P Al[p] || 14 post οὐκ add. ἐξ P Λ || 15 τῷ (Λ) : τὸ P || ἢ om. Al[c] 23, 10; at cf. 23, 22 || 17 post ποιεῖται add. ὁ ψευδογραφῶν CD, ante ποιεῖται Al[c] || 18 τῶν om. C || ὡς — περιλαβεῖν om. A || περιλαβεῖν (Al[c] Λ) : εἰπεῖν u[ac], cf. Al[p] 25, 31 || 19 post τῶν add. τε Al[c] [non add. B] || 22 ὅσον τύπῳ (Λ) : ὅσον ὡς τύπῳ VPuD ὅσον τύπῳ εἰπεῖν C || αὐτῶν (Λ) : αὐτοῦ D || 24 ὁπωσοῦν γνωρίζειν Al[c] || 26 δὴ : δὲ Al[1] Λ || 29 περὶ (Λ) : ὑπὲρ C || 32 ὁμιλήσαμεν C[ac] || 33 φαίνονται AC[ac] || 34 ὅτι (Λ) : διότι uD.

bles de développer une aporie en argumentant dans l'un et l'autre sens, nous serons mieux à même de discerner, en chaque matière, le vrai et le faux. Mais on peut encore en attendre un service de plus[1], qui intéresse les notions premières de chaque science. Il est impossible, en effet, d'en dire quoi que ce soit en s'appuyant sur les principes spécifiques de la science considérée, puisque précisément les principes sont ce qui est premier au regard de tout le reste ; il est donc nécessaire, si l'on veut en traiter, d'avoir recours à ce qu'il existe d'idées admises à propos de chacune de ces notions. Cette tâche appartient en propre à la seule dialectique[2], ou du moins à elle principalement ; de fait, sa vocation examinatrice lui ouvre l'accès des principes de toutes les disciplines.

3

Détermination du but a atteindre

Nous serons en parfaite possession de la méthode quand nous en serons au même point que pour la rhétorique, la médecine et les autres techniques de même type[3] ; on ne peut dire, en effet, que de toute manière l'orateur va persuader son public, ou le médecin guérir son patient ; mais à condition qu'ils ne négligent aucun des moyens à leur disposition, nous pourrons dire qu'ils possèdent adéquatement leur science.

4

Éléments fondamentaux de la méthode

Nous avons d'abord à examiner quels sont les éléments constitutifs de notre méthode. Si nous pouvions, d'une part saisir le nombre et la nature des objets sur lesquels portent les raisonnements et identifier leurs éléments constitutifs, d'autre part trouver les moyens de ne jamais en être à court[4], nous pourrions considérer notre programme comme adéquatement rempli.

Il existe une identité de nombre et de nature entre les éléments constitutifs des raisonnements et les objets sur

1-4. *Notes complémentaires*, p. 116-118.

δυνάμενοι πρὸς ἀμφότερα διαπορῆσαι ῥᾷον ἐν ἑκάστοις κατοψόμεθα τἀληθές τε καὶ τὸ ψεῦδος. Ἔτι δὲ πρὸς τὰ πρῶτα τῶν περὶ ἑκάστην ἐπιστήμην. Ἐκ μὲν γὰρ τῶν οἰκείων τῶν κατὰ τὴν προτεθεῖσαν ἐπιστήμην ἀρχῶν ἀδύνατον εἰπεῖν τι περὶ αὐτῶν, ἐπειδὴ πρῶται αἱ ἀρχαὶ ἁπάντων εἰσί, [101 b] διὰ δὲ τῶν περὶ ἕκαστα ἐνδόξων ἀνάγκη περὶ αὐτῶν διελθεῖν. Τοῦτο δ' ἴδιον ἢ μάλιστα οἰκεῖον τῆς διαλεκτικῆς ἐστιν· ἐξεταστικὴ γὰρ οὖσα πρὸς τὰς ἁπασῶν τῶν μεθόδων ἀρχὰς ὁδὸν ἔχει.

III Ἕξομεν δὲ τελέως τὴν μέθοδον ὅταν ὁμοίως ἔχωμεν ὥσπερ ἐπὶ ῥητορικῆς καὶ ἰατρικῆς καὶ τῶν τοιούτων δυνάμεων· [τοῦτο δ' ἐστὶ τὸ ἐκ τῶν ἐνδεχομένων ποιεῖν ἃ προαιρούμεθα·] οὔτε γὰρ ὁ ῥητορικὸς ἐκ παντὸς τρόπου πείσει οὔθ' ὁ ἰατρικὸς ὑγιάσει, ἀλλ' ἐὰν τῶν ἐνδεχομένων μηδὲν παραλίπῃ, ἱκανῶς αὐτὸν ἔχειν τὴν ἐπιστήμην φήσομεν.

IV Πρῶτον οὖν θεωρητέον ἐκ τίνων ἡ μέθοδος. Εἰ δὴ λάβοιμεν πρὸς πόσα καὶ ποῖα καὶ ἐκ τίνων οἱ λόγοι, καὶ πῶς τούτων εὐπορήσομεν, ἔχοιμεν ἂν ἱκανῶς τὸ προκείμενον.

Ἔστι δ' ἀριθμῷ ἴσα καὶ τὰ αὐτὰ ἐξ ὧν τε οἱ λόγοι καὶ περὶ ὧν

35 ἐν ἑκάστοις om. Al[c] 584, 8 || 36 τὸ om. Cu Al[c] 584, 9 || 37 ἐπιστήμην (Al[c] Λ) : ἐπιστήμην ἀρχῶν AuD, ante ras. B || 38 ἀδύνατον (Λ) : οὐ δυνατὸν C || 39 πάντων PCu[ac]D.

[101 b] 1 post ἀνάγκη add. τι A || 1-2 περὶ αὐτῶν διελθεῖν (Λ) : διελθεῖν περὶ αὐτῶν C || 2 διαλεκτικῆς supra ras. B || 4 ἔχει (Λ) : ἕξει VPC || 7 τοῦτο — προαιρούμεθα codd. Λ : non legisse uid. Al, secl. Brunschwig || τοῦτο : τοῦ P || ἃ (Λ) : ὃ C || 9 παραλίπῃ (Al[p] Λ) : παραλείπῃ B, fort. C[ac] παραλίπειν fort. D[ac] || 13 εὐπορήσωμεν P ἐκπορήσομεν A[ac] || ante τὸ del. 3 uel 4 litt. c.

lesquels portent les déductions. En effet, les éléments constitutifs des raisonnements sont les prémisses[1], les objets sur lesquels portent les déductions sont les problèmes[2] ; et toute prémisse, comme tout problème, exhibe, soit un genre, soit un propre, soit un accident (ne parlons pas de la différence, car étant de nature générique, elle doit être rangée sous la même rubrique que le genre). Mais, puisqu'il arrive parfois à un propre d'exprimer l'essentiel de l'essence[3] de son sujet, et parfois de ne pas l'exprimer, divisons le propre en deux parties correspondantes, et appelons « définition » celui qui exprime l'essentiel de l'essence ; quant à l'autre, réservons pour lui ce nom de « propre » que l'on donne indifféremment aux deux[4]. En vertu de ces considérations, on le voit donc bien, la présente division aboutit à quatre termes en tout : propre, définition, genre et accident. Toutefois, qu'on ne s'y trompe pas : nous ne disons pas que chacun de ces quatre termes constitue par lui-même une prémisse ou un problème ; nous disons qu'ils sont à l'origine des problèmes comme des prémisses. Mais il y a, entre un problème et une prémisse, une différence dans l'expression. Si l'on dit en effet : « Est-ce qu'*animal terrestre*[5] *bipède* est la définition de l'homme ? », ou encore : « Est-ce qu'*animal* est genre de l'homme ? », c'est une prémisse ; mais si l'on dit : « Peut-on dire qu'*animal terrestre bipède* est la définition de l'homme, ou non ? », c'est un problème[6] ; et de même dans les autres cas. Il est par conséquent très naturel que problèmes et

1-3. *Notes complémentaires*, p. 118-120.

4. On entend parfois cette expression dans le sens suivant : « conformément au vocabulaire usuel en ces matières » ; et l'on en tire argument pour déclarer que la division des prédicables a été empruntée par Aristote à l'usage de son temps. La conclusion n'est pas nécessairement à rejeter, mais la prémisse n'est pas admissible : il est clair, en effet, que κοινὴ ὀνομασία désigne, non l'appellation *usuelle* du propre, mais le nom qui couvre *indistinctement* les deux parties qu'Aristote vient d'y dissocier. Un rétrécissement analogue de la valeur sémantique d'un mot est décrit par Platon, dans un passage célèbre du *Banquet* (205 c), à propos du mot ποίησις.

5-6. *Notes complémentaires*, p. 120-121.

οἱ συλλογισμοί. Γίνονται μὲν γὰρ οἱ λόγοι ἐκ τῶν προτάσεων· περὶ ὧν δὲ οἱ συλλογισμοί, τὰ προβλήματά ἐστι· πᾶσα δὲ πρότασις καὶ πᾶν πρόβλημα ἢ γένος ἢ ἴδιον ἢ συμβεβηκὸς δηλοῖ (καὶ γὰρ τὴν διαφορὰν ὡς οὖσαν γενικὴν ὁμοῦ τῷ γένει τακτέον)· ἐπεὶ δὲ τοῦ ἰδίου τὸ μὲν τὸ τί ἦν εἶναι σημαίνει, τὸ δ' οὐ σημαίνει, διῃρήσθω τὸ ἴδιον εἰς ἄμφω τὰ προειρημένα μέρη, καὶ καλείσθω τὸ μὲν τὸ τί ἦν εἶναι σημαῖνον ὅρος, τὸ δὲ λοιπὸν κατὰ τὴν κοινὴν περὶ αὐτῶν ἀποδοθεῖσαν ὀνομασίαν προσαγορευέσθω ἴδιον · δῆλον οὖν ἐκ τῶν εἰρημένων διότι κατὰ τὴν νῦν διαίρεσιν τέτταρα τὰ πάντα συμβαίνει γίνεσθαι, ἢ ἴδιον ἢ ὅρος ἢ γένος ἢ συμβεβηκός. Μηδεὶς δ' ἡμᾶς ὑπολάβῃ λέγειν ὡς ἕκαστον τούτων καθ' αὑτὸ λεγόμενον πρότασις ἢ πρόβλημά ἐστιν, ἀλλ' ὅτι ἀπὸ τούτων καὶ τὰ προβλήματα καὶ αἱ προτάσεις γίνονται. Διαφέρει δὲ τὸ πρόβλημα καὶ ἡ πρότασις τῷ τρόπῳ. Οὕτω μὲν γὰρ ῥηθέντος, « ἆρά γε τὸ ζῷον πεζὸν δίπουν ὁρισμός ἐστιν ἀνθρώπου; » καὶ « ἆρά γε τὸ ζῷον γένος ἐστὶ τοῦ ἀνθρώπου; », πρότασις γίνεται· ἐὰν δὲ « πότερον τὸ ζῷον πεζὸν δίπουν ὁρισμός ἐστιν ἀνθρώπου ἢ οὔ ; », πρόβλημα γίνεται· ὁμοίως δὲ καὶ ἐπὶ τῶν ἄλλων. Ὥστ' εἰκότως ἴσα τῷ ἀριθμῷ τὰ προβλή-

16 post δὲ add. γίνονται C Λ || 17 γένος ἢ ἴδιον : ἴδιον ἢ γένος C Λ || 18 ὡς om. c || 19 τὸ μὲν om. B || alt. τὸ om. c^{ac} || 20 pr. σημαίνει : σημαῖνον u^{pc} || pr. τὸ — σημαίνει om. C^{ac} || 21 εἰρημένα PC Λ || 24 διότι (Λ) : ὅτι PuD, post ras. Cc, Al^{p} edd. || 25 post συμβαίνει add. sed delere coepit τι D || 25 ἴδιον ἢ ὅρος ἢ γένος V $Λ^{rac}$: ἴδιον ἢ ὅρον ἢ γένος ABPcD, uar. lect. inter punct. V^{s1}, $Λ^{rpc}$ $Λ^{f}$ ὅρον ἢ ἴδιον ἢ γένος C ἴδιον ἢ γένος ἢ ὅρον u ὅρον ἢ γένος ἢ ἴδιον Al^{p} || 26 ὑπολάβοι u || 27 πρόβλημα ἢ πρότασίς C Al^{c} || 31 ἐστὶ om. CuD Al^{c} || 32 τὸ om. Pc^{ac} || 33 post ἐστιν add. τοῦ u || post οὔ add. καὶ πότερον τὸ ζῷον γένος ἐστίν [post ἐστίν add. ἢ οὔ C^{2} ἀνθρώπου ἢ οὔ B^{2}] CB^{2} || post πρόβλημα add. τι uD || 34 τὰ (Λ) : καὶ τὰ C.

prémisses soient en nombre égal[1], puisque de toute prémisse on peut faire un problème, en remplaçant[2] simplement une expression par l'autre.

5

Définitions des « prédicables »

Il nous faut dire maintenant ce que sont la définition, le propre, le genre et l'accident.

La définition. Une définition est une formule qui exprime l'essentiel de l'essence d'un sujet. On peut donner, soit une formule comme l'équivalent d'un mot unique, soit une formule comme l'équivalent d'une autre formule ; de fait, il n'est pas impossible de donner des définitions de certaines choses déjà désignées par une formule. En revanche, il est bien clair que ceux qui donnent comme définition un mot unique, de quelque façon qu'ils s'y prennent, ne donnent pas une définition de ce qui les occupe, puisque précisément une définition a toujours l'aspect d'une formule. On doit cependant tenir pour définitionnels des énoncés comme celui-ci : est beau ce qui est seyant[3] ; et pareillement, des problèmes comme celui de savoir si sensation et connaissance sont une seule et même chose ou deux choses différentes ; car en matière de définitions, la discussion tourne la plupart du temps sur une question d'identité ou de différence. Appelons définitionnels, en somme, tous les problèmes qui relèvent de la même méthode que les définitions : que tous ceux que nous venons de mentionner soient tels, cela ressort clairement de leur nature même. En effet, une fois devenus habiles à argumenter en faveur d'une identité ou d'une différence, nous aurons du même coup toute facilité pour nous attaquer aux définitions, car si nous montrons qu'il n'y a pas identité entre le défini et le définissant, nous aurons par là-même détruit la définition. Notons toutefois que cette manière de faire n'est pas à double usage, car il ne suffit pas pour établir une définition de montrer qu'il y a identité, alors qu'on peut se contenter, pour en réfuter une, de montrer qu'il n'y a pas identité.

1-3. *Notes complémentaires*, p. 121-122.

ματα καὶ αἱ προτάσεις εἰσίν· ἀπὸ πάσης γὰρ προτάσεως πρόβλημα ποιήσεις μεταλαβὼν τῷ τρόπῳ.

V Λεκτέον δὲ τί ὅρος, τί ἴδιον, τί γένος, τί συμβεβηκός. Ἔστι δ' ὅρος μὲν λόγος ὁ τὸ τί ἦν εἶναι σημαίνων. Ἀποδίδο-
[102a] ται δὲ ἢ λόγος ἀντ' ὀνόματος ἢ λόγος ἀντὶ λόγου· δυνατὸν γὰρ καὶ τῶν ὑπὸ λόγου τινὰ σημαινομένων ὁρίσασθαι. Ὅσοι δ' ὁπωσοῦν ὀνόματι τὴν ἀπόδοσιν ποιοῦνται, δῆλον ὡς οὐκ ἀποδιδόασιν οὗτοι τὸν τοῦ πράγματος ὁρισμόν, ἐπειδὴ πᾶς ὁρισμὸς λόγος τίς ἐστιν. Ὁρικὸν μέντοι καὶ τὸ τοιοῦτον θετέον, οἷον ὅτι καλόν ἐστι τὸ πρέπον. Ὁμοίως δὲ καὶ τὸ πότερον ταὐτὸν αἴσθησις καὶ ἐπιστήμη ἢ ἕτερον· καὶ γὰρ περὶ τοὺς ὁρισμοὺς πότερον ταὐτὸν ἢ ἕτερον ἡ πλείστη γίνεται διατριβή. Ἁπλῶς δὲ ὁρικὰ πάντα λεγέσθω τὰ ὑπὸ τὴν αὐτὴν ὄντα μέθοδον τοῖς ὁρισμοῖς. Ὅτι δὲ πάντα τὰ νῦν ῥηθέντα τοιαῦτ' ἐστί, δῆλον ἐξ αὐτῶν. Δυνάμενοι γὰρ ὅτι ταὐτὸν καὶ ὅτι ἕτερον διαλέγεσθαι, τῷ αὐτῷ τρόπῳ καὶ πρὸς τοὺς ὁρισμοὺς ἐπιχειρεῖν εὐπορήσομεν· δείξαντες γὰρ ὅτι οὐ ταὐτόν ἐστιν ἀνῃρηκότες ἐσόμεθα τὸν ὁρισμόν. Οὐ μὴν ἀντιστρέφει γε τὸ νῦν ῥηθέν· οὐ γὰρ ἱκανὸν πρὸς τὸ κατασκευάσαι τὸν ὁρισμὸν τὸ δεῖξαι ταὐτὸν ὄν. Πρὸς μέντοι τὸ ἀνασκευάσαι αὔταρκες τὸ δεῖξαι ὅτι οὐ ταὐτόν.

36 προβλήματα c[ac] || μεταλαβὼν P, uerisim. Λ [*transsumpto*]: μεταλαμβάνων ABc μεταβαλὼν C μεταβάλλων VuD || 37 τί γένος, τί ἴδιον u.

[102 a] 1 post ὀνόματος add. ἢ ὄνομα ἀντὶ λόγου V[mg] || 2 γὰρ (Λ) : δὲ c || 5 ὁρικὸν : ὁριστικὸν P || 6 ante καλόν fort. add. τὸ ante ras. V, coniec. Ross || 7 post ταὐτὸν add. ἐστιν C || 7-8 ἢ — ταὐτὸν om. V[ac] || 9 ὁριστικὰ ante ras. C || 10 ὄντα post μέθοδον PCu Al[c] 54, 23 [codd. fere omnes] post ὁρισμοῖς Al[c] [B] || 14 γε om. Λ || 17 post ταὐτόν add. ἐστιν uD Λ[r].

Le propre. Est un propre ce qui, sans exprimer l'essentiel de l'essence de son sujet, n'appartient pourtant qu'à lui, et peut s'échanger avec lui en position de prédicat d'un sujet concret[1]. Par exemple, être apte à la lecture et à l'écriture[2] est un propre de l'homme ; de fait si un sujet donné est homme, il est apte à la lecture et à l'écriture, et s'il est apte à la lecture et à l'écriture, il est homme. Personne en effet n'appelle propre ce qui peut appartenir à un autre sujet (par exemple *dormir*, rapporté à l'homme), même dans les cas où il se trouve qu'à un moment donné l'attribut en question n'appartient qu'au sujet considéré. Si l'on veut, après tout, appeler propre tel ou tel attribut de ce genre, il faudra en tout cas l'appeler, non point propre tout court, mais propre momentané ou propre relatif ; de fait, *se trouver du côté droit* s'emploie parfois[3] comme un propre momentané, et *bipède* comme un propre relatif, par exemple s'appliquant à l'homme par rapport au cheval et au chien. Mais il est clair qu'aucun des attributs qui peuvent appartenir à un autre sujet que le leur ne peut s'échanger avec lui en position de prédicat : de fait, si un sujet donné dort, cela n'implique pas qu'il soit homme.

Le genre. Est genre un attribut qui appartient en leur essence à plusieurs choses spécifiquement différentes. Par attributs appartenant en son essence à leur sujet, entendons les attributs du type de ceux qu'il est pertinent de donner comme réponses à la question : *qu'est-ce que c'est que* l'être dont il s'agit ? Par exemple, dans le cas de l'homme, à la question : *qu'est-ce que c'est que* l'être dont il s'agit ? il est pertinent de répondre : un animal. Est également de nature générique le problème de savoir si deux choses appartiennent

1-2. *Notes complémentaires*, p. 122-123.

3. Exceptionnellement, j'adopte ici le texte de C, contre les autres manuscrits qui, avec les éditeurs précédents, ajoutent ἐστι à la fin du premier membre de phrase, et réservent ainsi au second le verbe τυγχάνει λεγόμενον. Il est préférable que la portée de ce dernier s'étende aux deux membres de phrase, celui qui concerne le propre momentané comme celui qui concerne le propre relatif : ce sont les deux expressions mentionnées qui « s'emploient parfois comme des propres », aucune des deux n'en « est » un plus que l'autre.

Ἴδιον δ' ἐστὶν ὃ μὴ δηλοῖ μὲν τὸ τί ἦν εἶναι, μόνῳ δ' ὑπάρχει καὶ ἀντικατηγορεῖται τοῦ πράγματος. Οἷον ἴδιον ἀνθρώπου τὸ γραμματικῆς εἶναι δεκτικόν· εἰ γὰρ ἄνθρωπός ἐστι, γραμματικῆς δεκτικός ἐστι, καὶ εἰ γραμματικῆς δεκτικός ἐστιν, ἄνθρωπός ἐστιν. Οὐθεὶς γὰρ ἴδιον λέγει τὸ ἐνδεχόμενον ἄλλῳ ὑπάρχειν, οἷον τὸ καθεύδειν ἀνθρώπῳ, οὐδ' ἂν τύχῃ κατά τινα χρόνον μόνῳ ὑπάρχον. Εἰ δ' ἄρα τι καὶ λέγοιτο τῶν τοιούτων ἴδιον, οὐχ ἁπλῶς ἀλλὰ ποτὲ ἢ πρός τι ἴδιον ῥηθήσεται· τὸ μὲν γὰρ ἐκ δεξιῶν εἶναι ποτὲ ἴδιον, τὸ δὲ δίπουν πρός τι ἴδιον τυγχάνει λεγόμενον, οἷον τῷ ἀνθρώπῳ πρὸς ἵππον καὶ κύνα. Ὅτι δὲ τῶν ἐνδεχομένων ἄλλῳ ὑπάρχειν οὐθὲν ἀντικατηγορεῖται, δῆλον· οὐ γὰρ ἀναγκαῖον, εἴ τι καθεύδει, ἄνθρωπον εἶναι.

Γένος δ' ἐστὶ τὸ κατὰ πλειόνων καὶ διαφερόντων τῷ εἴδει ἐν τῷ τί ἐστι κατηγορούμενον. Ἐν τῷ τί ἐστι δὲ κατηγορεῖσθαι τὰ τοιαῦτα λεγέσθω ὅσα ἁρμόττει ἀποδοῦναι ἐρωτηθέντα τί ἐστι τὸ προκείμενον· καθάπερ ἐπὶ τοῦ ἀνθρώπου ἁρμόττει, ἐρωτηθέντα τί ἐστι τὸ προκείμενον, εἰπεῖν ὅτι ζῷον. Γενικὸν δὲ καὶ πότερον ἐν τῷ αὐτῷ γένει ἄλλο ἄλλῳ ἢ

20 εἶναι δεκτικόν (Λ) : δεκτικὸν εἶναι C || δεκτικῷ VP || 21-22 καὶ — alt. ἐστιν om. D, suppl. D² || 22 ἴδιον λέγει (Al^c 53, 20 Λ) : λέγει ἴδιον C Al^c || 24 ὑπάρχειν u || δ' ἄρα : γὰρ c || 26 ἴδιον om. Λ || δεξιῶν (Λ) : δεξιᾶς C Al^p || 27 post pr. ἴδιον add. ἐστι ABVPcuD Λ edd. || 29 ἄλλῳ (Λ): καὶ ἄλλῳ C Al^p || post δῆλον add. ἐστι Λ^r || 30 εἴ : fort. ὅ Λ || τι om. D || post καθεύδει add. ἄλλο u^2mg || 32 δὲ post τι V, post ἐν fort. Λ || 32-33 κατηγορεῖσθαι τὰ τοιαῦτα om. P || 33 τὰ τοιαῦτα : ταῦτα Al^p || 33-34 ἀποδοῦναι ἐρωτηθέντα : ἐρωτηθέντα ἀποδοῦναι uD Λ ἀποδοῦναι ἐρωτηθέντας C Al^c[P] ἐρωτηθέντας ἀποδοῦναι Al^c [ABD] || 34-35 καθάπερ — προκείμενον om. c, suppl. c^2mg || 35 ἐρωτηθέντας C || τὸ προκείμενον om. C || 36 post καὶ add. τὸ CuV², post δὲ D² || γένει om. D.

au même genre ou à des genres différents ; ce type de questions relève en effet de la même méthode que le genre. De fait, si nous établissons qu'*animal* est genre de l'homme, et qu'il l'est également du bœuf, nous aurons établi que ce sont là des êtres appartenant au même genre ; en revanche, si nous montrons d'un même terme qu'il est genre de tel être et qu'il ne l'est pas de tel autre, nous aurons établi que ce sont là des êtres qui n'appartiennent pas au même genre[1].

L'accident. Est accident[2] ce qui, sans rien être de tout cela, ni définition, ni propre, ni genre, appartient pourtant à son sujet ; et aussi[3], ce qui peut appartenir et ne pas appartenir à un seul et même sujet, quel qu'il soit. Par exemple, *être assis* peut appartenir et ne pas appartenir à un même sujet ; il en va de même pour *blanc*, puisque rien n'empêche qu'une même chose tantôt soit blanche et tantôt ne le soit pas. De ces deux définitions de l'accident, la meilleure est la seconde ; car lorsqu'on vous donne la première, il est indispensable, si l'on veut la comprendre, de savoir au préalable ce que sont la définition, le genre et le propre ; la seconde, en revanche, n'a besoin de rien d'autre qu'elle-même pour faire connaître ce qu'est par lui-même le terme qu'elle définit. Rattachons aussi à l'accident les problèmes de comparaisons réciproques, problèmes qui s'expriment toujours sous une forme tirée, d'une manière ou de l'autre, d'un accident, par exemple : *Est-ce le beau ou l'utile qui est le plus recommandable ? Est-ce la vie de vertu ou la vie de jouissance qui est la plus plaisante ?*,

1-2. *Notes complémentaires*, p. 123-124.

3. Il faut ici maintenir καί, contre le ἤ de CuD, qui ne doit pas être autre chose qu'une correction intelligente ; mais je ponctue assez fortement après πράγματι, de manière à faire apparaître nettement qu'il y a là deux définitions de l'accident, et non pas les deux parties d'une même définition ; Aristote en compare lui-même les mérites dans les lignes 102 b 10-14. Elles définissent toutes deux l'accident au sens strict ; ce n'est qu'en donnant aux négations de la première (contrairement, sans doute, à l'intention d'Aristote ici) le sens d'une mise entre parenthèses, et non d'une exclusion, que l'on définirait l'accident au sens large.

ἐν ἑτέρῳ. Καὶ γὰρ τὸ τοιοῦτον ὑπὸ τὴν αὐτὴν μέθοδον πίπτει τῷ γένει. Διαλεχθέντες γὰρ ὅτι τὸ ζῷον γένος τοῦ ἀνθρώπου, ὁμοίως δὲ καὶ τοῦ βοός, διειλεγμένοι ἐσόμεθα ὅτι ταῦτα ἐν τῷ [102b] αὐτῷ γένει· ἐὰν δὲ τοῦ μὲν ἑτέρου δείξωμεν ὅτι γένος ἐστί, τοῦ δὲ ἑτέρου ὅτι οὐκ ἔστι, διειλεγμένοι ἐσόμεθα ὅτι οὐκ ἐν τῷ αὐτῷ γένει ταῦτ' ἐστίν.

Συμβεβηκὸς δέ ἐστιν ὃ μηδὲν μὲν τούτων ἐστί, μήτε ὅρος μήτε ἴδιον μήτε γένος, ὑπάρχει δὲ τῷ πράγματι· καὶ ὃ ἐνδέχεται ὑπάρχειν ὁτῳοῦν ἑνὶ καὶ τῷ αὐτῷ καὶ μὴ ὑπάρχειν, οἷον τὸ καθῆσθαι ἐνδέχεται ὑπάρχειν τινὶ τῷ αὐτῷ καὶ μὴ ὑπάρχειν· ὁμοίως δὲ καὶ τὸ λευκόν· τὸ γὰρ αὐτὸ οὐθὲν κωλύει ὁτὲ μὲν λευκὸν ὁτὲ δὲ μὴ λευκὸν εἶναι. Ἔστι δὲ τῶν τοῦ συμβεβηκότος ὁρισμῶν ὁ δεύτερος βελτίων· τοῦ μὲν γὰρ πρώτου ῥηθέντος ἀναγκαῖον, εἰ μέλλει τις συνήσειν, προειδέναι τί ἐστιν ὅρος καὶ γένος καὶ ἴδιον· ὁ δὲ δεύτερος αὐτοτελής ἐστι πρὸς τὸ γνωρίζειν τί ποτ' ἐστὶ τὸ λεγόμενον καθ' αὑτό. Προσκείσθωσαν δὲ τῷ συμβεβηκότι καὶ αἱ πρὸς ἄλληλα συγκρίσεις ὁπωσοῦν ἀπὸ τοῦ συμβεβηκότος λεγόμεναι, οἷον πότερον τὸ καλὸν ἢ τὸ συμφέρον αἱρετώτερον, καὶ πότερον ὁ κατ' ἀρετὴν ἢ ὁ κατ' ἀπόλαυ-

37 ἐν om. Λ || 37-38 πίπτει τῷ γένει (Λ) : τῷ γένει πίπτει CuD || 38 τὸ om. C^{ac} || 39 δὲ om. P || ταῦτα om. AB, suppl. B^{2}.

[102 b] 3 ταῦτ' : τὰ αὐτὰ P || 4 μὲν om. c || 5 post δὲ add. ἐν V || 6 pr. καὶ (Λ) : ἢ Cu^{ac}D || 7-8 ὑπάρχειν τινὶ τῷ αὐτῷ : τινὶ τῷ αὐτῷ ὑπάρχειν uD ὑπάρχειν ὁτῳοῦν ἑνὶ καὶ τῷ αὐτῷ BC τῷ αὐτῷ ὑπάρχειν ὁτῳοῦν ἑνὶ P || 8 pr. καὶ (Λ) : ὡς D || 11 μέλλοι cD || τι B || 11-12 συνοίσειν P || 12 τί (Λ) : τί ποτε VuD || γένος καὶ ἴδιον (Λ) : ἴδιον καὶ γένος C || 14 προσκείσθω c, corr. c^{2} || δὲ om. P|| 15 αἱ om. P || ἀλλήλας B.

et toutes les questions qu'il arrive que l'on pose sur le modèle de celles-là ; de fait, dans toutes les questions de ce type, ce que l'on cherche à déterminer, c'est toujours duquel des deux sujets le prédicat est à un plus haut degré l'accident. Après ce que nous avons dit, il est clair que rien n'empêche un accident de devenir un propre momentané et un propre relatif. *Etre assis*, par exemple, est un accident ; mais quand il y aura quelqu'un qui sera seul assis, ce sera un propre pour ce moment-là ; et s'il y a plus d'une personne assise, ce sera un propre relativement à celles qui ne le sont pas. On le voit, rien n'empêche un accident de devenir un propre relatif et un propre momentané ; mais un propre tout court, jamais.

6

Relations entre les « prédicables »

Il ne faut pas manquer de nous rendre compte que tout ce qui concerne le propre, le genre et l'accident peut aussi trouver une application pertinente dans le domaine des définitions. Si nous montrons, en effet, que le contenu d'une définition[1] n'appartient pas au seul sujet, comme on le fait pour un propre ; ou que le genre indiqué dans une définition n'est pas celui du défini ; ou encore, que l'un des éléments figurant dans une formule définitionnelle n'appartient pas au sujet, ce que justement l'on pourrait dire aussi à propos d'un accident ; dans toutes ces hypothèses, nous aurons du même coup détruit la définition ; en sorte que[2], dans le sens que nous avons donné ci-dessus à ce mot, on pourrait qualifier de « définitionnel », d'une certaine manière, chacun des membres de notre énumération[3]. Ce n'est pourtant pas une raison pour que l'on doive chercher à constituer une méthode unique, qui

1-2. *Notes complémentaires*, p. 123-124.

3. Cette phrase renvoie à la définition donnée en 102 a 9-10 elle sera développée au début du livre VI (139 a 24 - b 5) et à l fin du livre VII (155 a 7-17). Cf. sur ce point l'*Introduction*, p. LXXVII sq., en particulier p. LXXXI, n. 1.

σιν ἡδίων βίος, καὶ εἴ τι ἄλλο παραπλησίως τυγχάνει τούτοις λεγόμενον· ἐπὶ πάντων γὰρ τῶν τοιούτων ποτέρῳ μᾶλλον τὸ κατηγορούμενον συμβέβηκεν ἡ ζήτησις γίνεται. Δῆλον δ' ἐξ αὐτῶν ὅτι τὸ συμβεβηκὸς οὐθὲν κωλύει ποτὲ καὶ πρός τι ἴδιον γίνεσθαι· οἷον τὸ καθῆσθαι, συμβεβηκὸς ὄν, ὅταν τις μόνος καθῆται, τότε ἴδιον ἔσται, μὴ μόνου δὲ καθημένου πρὸς τοὺς μὴ καθημένους ἴδιον. Ὥστε καὶ πρός τι καὶ ποτὲ οὐθὲν κωλύει τὸ συμβεβηκὸς ἴδιον γίνεσθαι. Ἁπλῶς δ' ἴδιον οὐκ ἔσται.

VI Μὴ λανθανέτω δ' ἡμᾶς ὅτι τὰ πρὸς τὸ ἴδιον καὶ τὸ γένος καὶ τὸ συμβεβηκὸς πάντα καὶ πρὸς τοὺς ὁρισμοὺς ἁρμόσει λέγεσθαι. Δείξαντες γὰρ ὅτι οὐ μόνῳ ὑπάρχει τὸ ὑπὸ τὸν ὁρισμόν, ὥσπερ καὶ ἐπὶ τοῦ ἰδίου, ἢ ὅτι οὐ γένος τὸ ἀποδοθὲν ἐν τῷ ὁρισμῷ, ἢ ὅτι οὐχ ὑπάρχει τι τῶν ἐν τῷ λόγῳ ῥηθέντων, ὅπερ καὶ ἐπὶ τοῦ συμβεβηκότος ἂν ῥηθείη, ἀνῃρηκότες ἐσόμεθα τὸν ὁρισμόν· ὥστε καὶ κατὰ τὸν ἔμπροσθεν ἀποδοθέντα λόγον ἅπαντ' ἂν εἴη τρόπον τινὰ ὁρικὰ τὰ κατηριθμημένα. Ἀλλ' οὐ διὰ τοῦτο μίαν ἐπὶ πάντων καθόλου

18-19 τυγχάνει τούτοις : τούτοις τυγχάνει C || 19 τὸ τοιοῦτον V^{ac} ut uid. || post τῶν τοιούτων add. τῶν συγκριτικῶν προβλημάτων u^{2}, ante ras. B || 20 γίνεσθαι V || 20-21 δῆλον δ' ἐξ αὐτῶν sup. ras. V || 21 post κωλύει add. καὶ uD Λ || 22 ὄν D^{pc} || 23 τότε (Λ^{f}) : ποτὲ V P^{pc} Al^{p} τότε ποτὲ P^{ac}uB^{2} Λ^{r} || μὴ om. C^{ac}Dc^{2}u^{2} || 24 μὴ om. DP, suppl. D^{2}, del. A || 26 ἔστι P || 27-28 ἴδιον καὶ τὸ γένος (Λ) : γένος καὶ [καὶ : πρὸς καὶ uD Al^{p}] τὸ ἴδιον CPuD Al^{p} || 28 post συμβεβηκὸς add. λεγόμενα VCuDc^{2} Al^{p} || 29 δείξαντες γὰρ ὅτι (Λ) : ὃ D, corr. D^{2} || τὸ P Λ : τῷ ABVCcuDP^{s1} edd. || 31 ἢ — τι ante 30 ἢ P || 32 ὅπερ (Λ) : ὥσπερ P || καὶ om. c || 33 καὶ om. VPcuD Λ edd. || 33-35 κατὰ — κατηριθμημένα : ἅπαντα ἂν εἴη τὰ κατηριθμημένα γένη τρόπον τινὰ ὁρικὰ κατὰ τὸν ἔμπροσθεν ἀποδοθέντα λόγον Al^{c} || 34 τρόπον (Λ) : λόγον P || post τρόπον del. εἴη C ut uid. || 35 καθόλου om. D, fort. u^{ac}.

puisse s'appliquer universellement à eux tous : en effet, outre qu'une telle méthode n'est pas facile à trouver, elle serait, à supposer qu'on la trouve, extrêmement confuse et peu favorable à l'exécution du programme qui est le nôtre dans ce traité. Si nous donnons au contraire une méthode particulière pour chacun des genres de problèmes que nous avons distingués, nous pensons avoir plus de facilité, en nous fondant sur les caractères propres à chacun d'eux, pour réaliser point par point ce programme. Il est donc de notre intérêt de procéder à une division qui est sommaire, comme on l'a dit plus haut[1], et si cette division laisse un reste, d'annexer à chacune des sections les questions qui lui sont le plus étroitement apparentées, en les baptisant « définitionnelles » et « génériques ». Les principaux de ces appendices ont d'ailleurs déjà été mentionnés à la suite de chaque section.

7

Sens multiples de la notion d'identité

Il nous faut, avant toutes choses, examiner en combien de sens se prend le terme d'*identique*[2]. On pourrait admettre, à prendre les choses sommairement, que les acceptions du terme d'*identique* se divisent en trois ; de fait, on l'utilise couramment pour désigner, soit une identité numérique, soit une identité spécifique, soit une identité générique. Sont numériquement identiques les choses qui, tout en ayant plusieurs noms, ne sont pourtant qu'une seule et même chose, par exemple *pelisse* et *manteau*. Sont spécifiquement identiques les choses qui, tout en étant distinctes, sont indiscernables sous le rapport de l'espèce, par exemple un homme et un autre homme, un cheval et un autre cheval ; on dit en effet des individus appartenant à une même espèce qu'ils sont spécifiquement identiques. Semblablement, sont génériquement identiques les êtres qui appartiennent au même genre, comme le cheval et l'homme. On pourrait estimer cependant que lorsqu'on dit de l'eau qui sort de la même fontaine qu'elle est toujours la même, on utilise notre notion en une acception sensiblement différente[3] de celles qui ont été indiquées ; rangeons malgré tout cet emploi dans le même

μέθοδον ζητητέον· οὔτε γὰρ ῥᾴδιον εὑρεῖν τοῦτ' ἔστιν, εἴ θ' εὑρεθείη, παντελῶς ἀσαφὴς καὶ δύσχρηστος ἂν εἴη πρὸς τὴν προκειμένην πραγματείαν. Ἰδίας δὲ καθ' ἕκαστον τῶν διορισθέντων γενῶν ἀποδοθείσης μεθόδου ῥᾷον ἐκ τῶν περὶ ἕκασ-
[103 a] τον οἰκείων ἡ διέξοδος τοῦ προκειμένου γίνοιτ' ἄν. Ὥστε τύπῳ μέν, καθάπερ εἴρηται πρότερον, διαιρετέον, τῶν δὲ λοιπῶν τὰ μάλισθ' ἑκάστοις οἰκεῖα προσαπτέον, ὁρικά τε καὶ γενικὰ προσαγορεύοντας αὐτά. Σχεδὸν δὲ προσῆπται τὰ ῥηθέντα πρὸς ἑκάστοις.

VII Πρῶτον δὲ πάντων περὶ ταὐτοῦ διοριστέον ποσαχῶς λέγεται. Δόξειε δ' ἂν τὸ ταὐτὸν ὡς τύπῳ λαβεῖν τριχῇ διαιρεῖσθαι. Ἀριθμῷ γὰρ ἢ εἴδει ἢ γένει τὸ ταὐτὸν εἰώθαμεν προσαγορεύειν· ἀριθμῷ μὲν ὧν ὀνόματα πλείω τὸ δὲ πρᾶγμα ἕν, οἷον λώπιον καὶ ἱμάτιον· εἴδει δὲ ὅσα πλείω ὄντα ἀδιάφορα κατὰ τὸ εἶδός ἐστι, καθάπερ ἄνθρωπος ἀνθρώπῳ καὶ ἵππος ἵππῳ· τὰ γὰρ τοιαῦτα τῷ εἴδει λέγεται ταὐτὰ ὅσα ὑπὸ ταὐτὸ εἶδος· ὁμοίως δὲ καὶ γένει ταὐτὰ ὅσα ὑπὸ ταὐτὸ γένος ἐστίν, οἷον ἵππος ἀνθρώπῳ. Δόξειε δ' ἂν τὸ ἀπὸ τῆς αὐτῆς κρήνης ὕδωρ ταὐτὸν λεγόμενον ἔχειν τινὰ διαφορὰν παρὰ τοὺς εἰρημένους τρόπους. Οὐ μὴν ἀλλὰ καὶ τὸ

37 ἄχρηστος P || 38-39 διορισθέντων γενῶν (Λ) : γενῶν τῶν διορισθέντων u.

[103 a] 1 τῶν προκειμένων C || γένοιτ' C || 4 προσαγορεύοντας : προσαγορεύοντες AcD², uar. lect. inter punct. V^{s1} προσαγορεύοντος D || 4 post δὲ add. καὶ BC || 5 ante ἑκάστοις add. τοῖς D || 6 ποσαχῶς (Λ) : πῶς P || 7 λαβεῖν (Λ) : διαλαβεῖν VCcu^{pc} εἰπεῖν Al^{c} || 7-8 διῃρῆσθαι V || 8 ἀριθμῷ γὰρ : ἢ ἀριθμῷ γὰρ B² ἢ γὰρ ἀριθμῷ CPuD Λ || τὸ om. C || 9 ὧν (Λ) : ᾧ u || 10 δὲ om. u^{ac} || post δὲ add. οἷον P || 11 καθάπερ : οἷον P, Λ^{r} ut uid. || 13 εἶδος : εἶδός ἐστιν VuD Λ^{p} ἐστιν εἶδος Λ^{r} || 14 εἰσίν A || ἵππος ἀνθρώπῳ (Λ) : ἀνθρώπῳ ἵππος C || 15 αὐτῆς om. A, suppl. A² || 15-16 τινὰ διαφορὰν : διαφοράν τινα C.

groupe que celui des termes qui, en un sens ou en l'autre, se caractérisent par l'unité de leur espèce ; en effet, les cas de ce genre sont tous de la même famille, et se ressemblent extrêmement, sauf erreur. De fait, entre une eau et une autre, on dit toujours qu'il y a une identité spécifique, parce qu'elles présentent toujours une certaine ressemblance ; le cas de l'eau qui sort de la même fontaine ne constitue pas un cas différent, à ceci près seulement que la ressemblance y est plus accusée. Voilà pourquoi nous ne séparons pas ce cas de celui des termes qui, en un sens ou en l'autre, se caractérisent par l'unité de leur espèce. Ceci dit, de l'avis général, c'est principalement une identité numérique que désigne chez tous le terme d'*identique*. Ici encore, cependant, l'usage recouvre des acceptions multiples. Le sens dominant et premier est celui où l'on exprime ce qui est identique à un sujet donné au moyen d'un autre nom ou d'une définition de ce sujet, par exemple *manteau* pour *pelisse*, *animal terrestre bipède* pour *homme*. Second sens, celui où l'on donne un propre, par exemple *apte au savoir* pour *homme*, *animé d'un mouvement naturel vers le haut* pour *feu*. Troisième sens, celui où l'on a recours à un accident, par exemple *qui est assis* ou *qui est musicien* pour *Socrate*. Dans tous ces cas, c'est bien une unité numérique que l'on entend exprimer. Pour se convaincre au mieux de l'exactitude de ce dernier point, il suffit d'observer les gens quand ils substituent un mode de désignation à un autre ; souvent, en effet, au moment d'ordonner à un esclave d'appeler telle personne, celle qui est assise[1], en nous servant de son nom pour la désigner, nous modifions notre langage, lorsque d'aventure celui qui reçoit notre ordre ne le comprend pas ; prévoyant qu'il comprendra mieux la désignation tirée d'un accident, nous lui ordonnons d'aller nous chercher « celui qui est assis » ou « celui qui est en train de parler » ; c'est bien

1. *Notes complémentaires*, p. 124.

τοιοῦτόν γε ἐν τῷ αὐτῷ τετάχθω τοῖς καθ' ἓν εἶδος ὁπωσοῦν λεγομένοις· ἅπαντα γὰρ τὰ τοιαῦτα συγγενῆ καὶ παραπλήσια ἀλλήλοις ἔοικεν εἶναι. Πᾶν μὲν γὰρ ὕδωρ παντὶ ταὐτὸν τῷ εἴδει λέγεται διὰ τὸ ἔχειν τινὰ ὁμοιότητα· τὸ δ' ἀπὸ τῆς αὐτῆς κρήνης ὕδωρ οὐδενὶ ἄλλῳ διαφέρει ἀλλ' ἢ τῷ σφοδροτέραν εἶναι τὴν ὁμοιότητα, διὸ οὐ χωρίζομεν αὐτὸ τῶν καθ' ἓν εἶδος ὁπωσοῦν λεγομένων. Μάλιστα δ' ὁμολογουμένως τὸ ἓν ἀριθμῷ ταὐτὸν παρὰ πᾶσι δοκεῖ λέγεσθαι. Εἴωθε δὲ καὶ τοῦτο ἀποδίδοσθαι πλεοναχῶς· κυριώτατα μὲν καὶ πρώτως ὅταν ὀνόματι ἢ ὅρῳ τὸ ταὐτὸν ἀποδοθῇ, καθάπερ ἱμάτιον λωπίῳ καὶ ζῷον πεζὸν δίπουν ἀνθρώπῳ· δεύτερον δ' ὅταν τῷ ἰδίῳ, καθάπερ τὸ ἐπιστήμης δεκτικὸν ἀνθρώπῳ καὶ τὸ τῇ φύσει ἄνω φερόμενον πυρί· τρίτον δ' ὅταν ἀπὸ τοῦ συμβεβηκότος, οἷον τὸ καθήμενον ἢ τὸ μουσικὸν Σωκράτει· πάντα γὰρ ταῦτα τὸ ἓν ἀριθμῷ βούλεται σημαίνειν. Ὅτι δ' ἀληθὲς τὸ νῦν ῥηθέν ἐστιν, ἐκ τῶν μεταβαλλόντων τὰς προσηγορίας μάλιστ' ἄν τις καταμάθοι· πολλάκις γάρ, ἐπιτάσσοντες ὀνόματι καλέσαι τινὰ τὸν καθήμενον, μεταβάλλομεν ὅταν τύχῃ μὴ συνιεὶς ᾧ τὴν πρόσταξιν ποιούμεθα, ὡς ἀπὸ τοῦ συμβεβηκότος αὐτοῦ μᾶλλον συνήσοντος, καὶ κελεύομεν τὸν καθήμενον ἢ διαλεγόμενον καλέσαι πρὸς

17 τοιοῦτόν γε : τοιοῦτον C τοιοῦτον γένος P, ante ras. V || 19 ἔοικεν : εἴωθεν P^{ac} || 20 ταὐτὸν τῷ εἴδει : τῷ εἴδει ταὐτὸ V || 21 post ὕδωρ add. ταὐτὸν λεγόμενον u || 23 τῶν — λεγομένων (Λ) : τοῦ — λεγομένου C || 24 τὸ : τῷ ante ras. C || supra ἓν add. ταὐτὸν u^2 || 25 μὲν (Al^c) : δὲ Λ || 26 ἀνταποδοθῇ C || 28 δ' om. A^{ac} || δεκτικὸν : δεκτικὸς Λ δεκτικῶν fort. B^{ac} || 29 post ἄνω add. sed del. coepit οὕτως D || 32 ῥηθέν : εἰρημένον V || μεταβαλόντων P || 33 μάλιστ' om. $Λ^r$ || 34 ante ἐπιτάσσοντες add. καὶ c || τ]·ο·[ν καθήμεν]·ο·[ν V, fort. Al^p : τῶν καθημένων codd. Λ edd. || 36 αὐτοῦ μᾶλλον (Λ) : μᾶλλον αὐτοῦ C.

évidemment parce que nous pensons qu'en le désignant par son nom ou par un accident, c'est bien toujours le même que nous désignons.

8

Justifications de la division des « prédicables »

Tenons donc pour acquise, concernant le terme d'*identique*, la division tripartite qui vient d'être exposée.

Que maintenant les quatre termes indiqués plus haut soient bien les éléments de départ des raisonnements, leurs instruments de réalisation et leurs termes de référence, on peut s'en convaincre tout d'abord par l'induction[1] ; si en effet l'on passait en revue chacune des prémisses et chacun des problèmes, on s'apercevrait qu'ils ont à leur origine soit une définition, soit un propre, soit un genre, soit un accident. Mais on peut aussi s'en convaincre au moyen d'un raisonnement déductif[2]. En effet, tout prédicat possible d'un sujet doit nécessairement, soit s'échanger avec lui en position de prédicat d'un sujet concret, soit ne pas le faire. S'il s'échange avec lui, il doit être définition ou propre : définition s'il exprime l'essentiel de l'essence, propre s'il ne l'exprime pas ; nous avions en effet défini le propre comme ce qui s'échange avec son sujet, sans exprimer toutefois l'essentiel de l'essence. S'il ne s'échange pas en position de prédicat d'un sujet concret, de deux choses l'une : ou bien il figure parmi les termes contenus dans la formule définitionnelle de son sujet, ou bien il n'y figure pas. S'il figure parmi ces termes, il doit être genre ou différence, puisqu'une formule définitionnelle a pour composants un genre et des différences ; s'il n'y figure pas, il doit être accident, cela est clair, puisque l'accident, nous l'avons dit, est ce qui, sans être ni définition ni genre ni propre[3], appartient pourtant à son sujet.

1-3. *Notes complémentaires*, p. 125.

ἡμᾶς, δῆλον ὡς ταὐτὸν ὑπολαμβάνοντες κατά τε τοὔνομα καὶ κατὰ τὸ συμβεβηκὸς σημαίνειν.

[103b] VIII Τὸ μὲν οὖν ταὐτόν, καθάπερ εἴρηται, τριχῇ διῃρήσθω. Ὅτι δ' ἐκ τῶν πρότερον εἰρημένων οἱ λόγοι καὶ διὰ τούτων καὶ πρὸς ταῦτα, μία μὲν πίστις ἡ διὰ τῆς ἐπαγωγῆς· εἰ γάρ τις ἐπισκοποίη ἑκάστην τῶν προτάσεων καὶ τῶν προβλημάτων, φαίνοιτ' ἂν ἢ ἀπὸ τοῦ ὅρου ἢ ἀπὸ τοῦ ἰδίου ἢ ἀπὸ τοῦ γένους ἢ ἀπὸ τοῦ συμβεβηκότος γεγενημένη. Ἄλλη δὲ πίστις ἡ διὰ συλλογισμοῦ. Ἀνάγκη γὰρ πᾶν τὸ περί τινος κατηγορούμενον ἤτοι ἀντικατηγορεῖσθαι τοῦ πράγματος ἢ μή. Καὶ εἰ μὲν ἀντικατηγορεῖται, ὅρος ἢ ἴδιον ἂν εἴη· εἰ μὲν γὰρ σημαίνει τὸ τί ἦν εἶναι, ὅρος, εἰ δὲ μὴ σημαίνει, ἴδιον· τοῦτο γὰρ ἦν ἴδιον, τὸ ἀντικατηγορούμενον μὲν μὴ σημαῖνον δὲ τὸ τί ἦν εἶναι. Εἰ δὲ μὴ ἀντικατηγορεῖται τοῦ πράγματος, ἤτοι τῶν ἐν τῷ ὁρισμῷ τοῦ ὑποκειμένου λεγομένων ἐστὶν ἢ οὔ. Καὶ εἰ μὲν τῶν ἐν τῷ ὁρισμῷ λεγομένων, γένος ἢ διαφορὰ ἂν εἴη, ἐπειδὴ ὁ ὁρισμὸς ἐκ γένους καὶ διαφορῶν ἐστιν· εἰ δὲ μὴ τῶν ἐν τῷ ὁρισμῷ λεγομένων ἐστί, δῆλον ὅτι συμβεβηκὸς ἂν εἴη· τὸ γὰρ συμβεβηκὸς ἐλέγετο ὃ μήτε ὅρος μήτε γένος μήτε ἴδιον, ὑπάρχει δὲ τῷ πράγματι.

38 δῆλον om. Λ' || ταὐτὸν : αὐτὸν c, corr. c[2] || 39 τὸ om. c.
[103 b] 1-2 διαιρείσθω c || 7 γὰρ sup. ras. c[2] || περί : παρά P || 9 post ἀντικατηγορεῖται add. τοῦ πράγματος CuD Λ' || ante ὅρος add. ἢ uD || 10 alt. σημαίνει : σημαίνῃ A, corr. A[2] || 11 τοῦτο γὰρ ἦν ἴδιον om. C || ἦν om. uD || μὴ om. C[ac] || 12 ἀντικατηγορῆται A, corr. A[2] || 14 post ὁρισμῷ add. τοῦ ὑποκειμένου Al[c] || λεγομένων (Λ) : λεγομένων ἐστίν V Al[c] εἴη C || ante γένος add. ἢ P Al[c] || 15-16 ἐπειδὴ — ἐστιν om. Al[c] ut uid. || 15 γενῶν D || 16 ἐστιν om. C || ἐστί om. fort. Λ || 17 δῆλον ὅτι om. Al[c] || 18 γένος μήτε ἴδιον (Λ) : ἴδιον μήτε γένος C Al[c] || post ἴδιον add. ἐστίν C.

9

Catégories et « prédicables »

Il nous faut à présent déterminer[1] les catégories des prédications[2] dans lesquelles entrent les quatre qui ont été indiquées. Elles sont au nombre de dix : essence, quantité, qualité, relation, lieu, temps, position, état, action, passion. Il faut dire en effet que dans tous les cas, l'accident, le genre, le propre et la définition se rangeront dans l'une de ces prédications, attendu que toutes les prémisses qui se forment par leur moyen désignent soit une essence, soit une qualité, soit une quantité, soit encore l'une des autres prédications. Mais il est clair, de par la nature même des choses, qu'en désignant une essence, on désigne tantôt une substance, tantôt une qualité[3], tantôt encore l'une des autres prédications. En effet, quand à propos d'un homme, on dit que c'est là un homme ou un animal, on exprime une essence, et on désigne une substance ; quand à propos d'une couleur blanche, on dit que c'est là du blanc ou une couleur, on exprime une essence, et on désigne une qualité. De même encore, si à propos d'une grandeur d'une coudée, on dit que c'est long d'une coudée ou[4] que c'est une grandeur, on exprimera une essence, et on désigne une quantité. Et de même dans les autres cas : chacune de ces prédications, lorsqu'elle rapporte une chose à elle-même ou à son genre, désigne une essence ; mais lorsqu'elle rapporte l'une à l'autre deux choses différentes, elle désigne, non

1. La leçon δεῖ διορίσασθαι, donnée par tous les éditeurs, ne se trouve dans aucun de nos manuscrits.

2. Je traduis τὰ γένη τῶν κατηγοριῶν par *catégories des prédications*, expression dans laquelle on remarquera que le mot *catégories* traduit γένη, et non κατηγοριῶν ; je l'ai choisi, de préférence à *genre*, *espèce*, *classe* ou *type*, de manière à introduire dans la traduction le terme technique de *catégorie*. Ce déplacement est d'ailleurs à peu près celui qui, sous l'effet de la doctrine aristotélicienne, a donné au mot *catégorie*, dont le sens premier est *prédication*, le sens second de *classe* ou *espèce*. Le phénomène s'observe déjà dans notre chapitre, où les « catégories des prédications » sont désignées sous le nom de κατηγορίαι (103 b 25, 27, 29, 39).

3-4. *Notes complémentaires*, p. 125.

IX Μετὰ τοίνυν ταῦτα δεῖ ὁρίσασθαι τὰ γένη τῶν κατηγοριῶν ἐν οἷς ὑπάρχουσιν αἱ ῥηθεῖσαι τέτταρες. Ἔστι δὲ ταῦτα τὸν ἀριθμὸν δέκα, τί ἐστι, ποσόν, ποιόν, πρός τι, ποῦ, ποτέ, κεῖσθαι, ἔχειν, ποιεῖν, πάσχειν. Ἀεὶ γὰρ τὸ συμβεβηκὸς καὶ τὸ γένος καὶ τὸ ἴδιον καὶ ὁ ὁρισμὸς ἐν μιᾷ τούτων τῶν κατηγοριῶν ἔσται· πᾶσαι γὰρ αἱ διὰ τούτων προτάσεις ἢ τί ἐστιν ἢ ποιὸν ἢ ποσὸν ἢ τῶν ἄλλων τινὰ κατηγοριῶν σημαίνουσιν. Δῆλον δ' ἐξ αὐτῶν ὅτι ὁ τὸ τί ἐστι σημαίνων ὁτὲ μὲν οὐσίαν σημαίνει, ὁτὲ δὲ ποιόν, ὁτὲ δὲ τῶν ἄλλων τινὰ κατηγοριῶν. Ὅταν μὲν γὰρ ἐκκειμένου ἀνθρώπου φῇ τὸ ἐκκείμενον ἄνθρωπον εἶναι ἢ ζῷον, τί ἐστι λέγει καὶ οὐσίαν σημαίνει· ὅταν δὲ χρώματος λευκοῦ ἐκκειμένου φῇ τὸ ἐκκείμενον λευκὸν εἶναι ἢ χρῶμα, τί ἐστι λέγει καὶ ποιὸν σημαίνει. Ὁμοίως δὲ καὶ ἐὰν πηχυαίου μεγέθους ἐκκειμένου φῇ τὸ ἐκκείμενον πηχυαῖον εἶναι ⟨ἢ⟩ μέγεθος, τί ἐστιν ἐρεῖ καὶ ποσὸν σημαίνει. Ὁμοίως δὲ καὶ ἐπὶ τῶν ἄλλων· ἕκαστον γὰρ τῶν τοιούτων, ἐάν τε αὐτὸ περὶ αὐτοῦ λέγηται ἐάν τε τὸ γένος περὶ τούτου, τί ἐστι σημαίνει· ὅταν δὲ περὶ ἑτέρου, οὐ

20 δεῖ ὁρίσασθαι (Λ) : διορίσασθαι P δεῖ διορίσαι Al^{p} διοριστέον CuD δεῖ διορίσασθαι edd. || 21 αἱ P^{pc} || post τέτταρες add. διαφοραί PcuD Λ || 22 supra τί ἐστι add. ἤτοι οὐσία AVPcu^{2} || ποιόν, ποσόν Λ || 24 ὁρισμὸς : ὅρος C || 25 ἔσται ante τῶν transp. C || ἔστι V || ἅπασαι C || διὰ ABcu Al^{c}, uar. lect. inter punct. V^{s1} : ἀπὸ VPC Λ om. D || 26 ποσὸν ἢ ποιὸν VuD || 27 ὅτι ὁ (Λ) : ὁ γὰρ sup. ras. c^{2} || 28 post σημαίνει add. ὁτὲ δὲ ποσόν BVuD || ὁτὲ δὲ ποιόν om. C || 29 μὲν om. P Λ || 30 post τί add. τε D Λ || ἐστι om. P || 31 λευκοῦ post ἐκκειμένου transp. uD || 32 ἢ om. u || post τί add. τε uD || 33 ὁμοίως δὲ καὶ ἐὰν (Λ) : ὁμοίως δὲ καὶ ὅταν P ὅταν δὲ C Al^{c} in Metaph. 473, 8 || 34 φῇ τὸ ἐκκείμενον om. P || <ἢ> Prantl || μέγεθος om. C Al^{c} loc. cit. || post μέγεθος add. ἐρεῖ P || post τί add. τε PuD Λ || ἐρεῖ (Al^{c} loc. cit.) : λέγει uD Λ || 36 ante αὐτὸ add. τὸ VuD Λ || αὐτοῦ : αὐτοῦ PCc ἑαυτοῦ VuD Al^{c} || 37 ante τί add. τὸ C || ὅταν (Al^{c} Λ) : ἐὰν VuD, corr. u^{2}.

plus une essence, mais une quantité, ou une qualité, ou encore l'une des autres prédications.

Tels sont donc[1], en nombre et en nature, les objets sur lesquels portent les raisonnements, et leurs éléments fondamentaux ; comment procéder aux actes de position[2] et par quels moyens éviter de jamais se trouver à court, c'est à présent ce qu'il nous faut expliquer.

10

La prémisse dialectique

Commençons cependant par déterminer ce que c'est qu'une prémisse dialectique et ce que c'est qu'un problème dialectique. Ce serait une erreur, en effet, de considérer toute prémisse et tout problème comme dialectiques ; de fait, personne de sensé ne proposerait comme prémisse une opinion universellement rejetée, ni ne poserait comme problème une question parfaitement claire pour tout le monde[3] ; dans ce dernier cas il n'y a aucune raison d'hésitation, et dans le premier aucune chance d'adoption.

Nature et espèces de la prémisse dialectique.

Une prémisse dialectique est la mise sous forme interrogative d'une idée admise[4] par tous les hommes, ou par presque tous, ou par ceux qui représentent l'opinion éclairée, et pour ces derniers, par tous, ou par presque tous, ou par les plus connus, exception faite cependant des paradoxes ; car une idée propre à l'opinion éclairée a toutes chances d'être acceptée, pourvu qu'elle ne contredise pas celles de l'opinion moyenne. Sont encore des prémisses dialectiques les énoncés qui ressemblent aux idées admises ; ceux qui sont contraires à des idées admises, mis sous forme négative[5] ; enfin, toutes les opinions en accord avec les sciences et techniques[6] constituées. De fait, si c'est une idée admise que les contraires relèvent du même savoir, l'idée qu'ils

1-6. *Notes complémentaires*, p. 125-126.

τί ἐστι σημαίνει ἀλλὰ ποσὸν ἢ ποιὸν ἤ τινα τῶν ἄλλων κατηγοριῶν.

Ὥστε περὶ ὧν μὲν οἱ λόγοι καὶ ἐξ ὧν, [104 a] ταῦτα καὶ τοσαῦτά ἐστι· πῶς δὲ ληψόμεθα καὶ δι' ὧν εὐπορήσομεν, μετὰ ταῦτα λεκτέον.

X Πρῶτον τοίνυν διωρίσθω τί ἐστι πρότασις διαλεκτικὴ καὶ τί πρόβλημα διαλεκτικόν. Οὐ γὰρ πᾶσαν πρότασιν οὐδὲ πᾶν πρόβλημα διαλεκτικὸν θετέον· οὐδεὶς γὰρ ἂν προτείνειε νοῦν ἔχων τὸ μηδενὶ δοκοῦν οὐδὲ προβάλοι τὸ πᾶσι φανερὸν [ἢ τοῖς πλείστοις]· τὰ μὲν γὰρ οὐκ ἔχει ἀπορίαν, τὰ δ' οὐδεὶς ἂν θείη.

Ἔστι δὲ πρότασις διαλεκτικὴ ἐρώτησις ἔνδοξος ἢ πᾶσιν ἢ τοῖς πλείστοις ἢ τοῖς σοφοῖς, καὶ τούτοις ἢ πᾶσιν ἢ τοῖς πλείστοις ἢ τοῖς μάλιστα γνωρίμοις, μὴ παράδοξος· θείη γὰρ ἄν τις τὸ δοκοῦν τοῖς σοφοῖς, ἐὰν μὴ ἐναντίον ταῖς τῶν πολλῶν δόξαις ᾖ. Εἰσὶ δὲ προτάσεις διαλεκτικαὶ καὶ τὰ τοῖς ἐνδόξοις ὅμοια, καὶ τἀναντία τοῖς δοκοῦσιν ἐνδόξοις εἶναι, κατ' ἀντίφασιν προτεινόμενα, καὶ ὅσαι δόξαι κατὰ τέχνας εἰσὶ τὰς εὑρημένας. Εἰ γὰρ ἔνδοξον τὸ τὴν αὐτὴν εἶναι τῶν ἐναντίων ἐπιστήμην, καὶ τὸ αἴσθησιν τὴν

38 ante τί add. τὸ VCuD || σημαίνῃ A, corr. A[2].

[104 a] 1 εἰσι V || ληψόμεθα om. Al[p] || post ληψόμεθα add. πρότασεις B[2], post alt. καὶ u || 6 προβάλοι : προβάλλοι PD προβάλοιτο A || 7 ἢ τοῖς πλείστοις om. c Al[p] || pr. τὰ : τὸ P || 8 post πρότασις add. μὲν CuD, corr. u[2] || 9 τούτοις (Λ) : τούτων c τοιούτοις D || 10 post pr. ἢ add. τοῖς c || post γνωρίμοις add. καὶ ἐνδόξοις Al[p] || 11 τὰ δοκοῦντα V || 12 ἐναντία V || 13 τὰ (Λ) : κατὰ B τὰ ἐν u, corr. u[2] || 14 κατ' ἀντίφασιν post 13 τἀναντία transp. ABVPcuD || 15 ηὑρημένας B || post ἔνδοξον add. εἴη C || 16-17 τὸ αἴσθησιν τὴν αὐτὴν : τὸ τὴν αὐτὴν αἴσθησιν Al[c] 70, 31 τὸ τὴν αἴσθησιν τὴν αὐτὴν Al[c] 71, 9.

relèvent du même sens doit aussi se présenter comme une idée admise ; de même, s'il n'existe numériquement qu'un seul savoir relatif au langage écrit[1], il n'existera également qu'un seul savoir relatif à la flûte, tandis que s'il existe plusieurs savoirs relatifs à l'un, il en existera plusieurs relatifs à l'autre ; car tous ces énoncés paraissent bien liés par une ressemblance et par une parenté. De même, la mise sous forme négative des contraires des idées admises va les faire se présenter comme des idées admises : de fait, si c'est une idée admise qu'il faut bien traiter ses amis, c'en sera une aussi qu'il ne faut pas mal les traiter. Le contraire est ici qu'il faut mal traiter ses amis ; et sa forme négative, qu'il ne faut pas mal les traiter. De la même manière, s'il faut bien traiter ses amis, il ne faudra pas bien traiter ses ennemis ; il s'agit, ici encore, de la mise sous forme négative du contraire, ce contraire étant ici qu'il faut bien traiter ses ennemis. Et de même dans les autres cas. Se présentera aussi comme une idée admise également, par comparaison avec un énoncé donné[2], celui qui énonce le contraire à propos du contraire ; par exemple, s'il faut bien traiter ses amis, il faut mal traiter ses ennemis. Il y a bien quelque apparence de contrariété aussi entre bien traiter ses amis et mal traiter ses ennemis ; mais si tel est véritablement le cas ou non, nous le dirons quand nous traiterons expressément des contraires[3]. Il est clair, enfin, que toutes les opinions en accord avec les sciences et techniques sont aussi des prémisses dialectiques, car les opinions des personnes qui ont étudié ces matières ont toutes chances d'être acceptées, par exemple celles du médecin en matière

1. La γραμματική (cf. la note 2 de la p. 7).

2. Dans les exemples précédents, Aristote a raisonné de façon *abstraite* : si un énoncé est « endoxal », il est logique que le soient aussi ceux qui lui ressemblent, et ceux qui prennent le contre-pied de son contraire ; les exemples ne faisaient que corroborer concrètement ces inférences. Dans le cas présent, en revanche, la justification théorique est encore incertaine (cf. 30-33) ; c'est la *juxtaposition concrète* des deux énoncés qui fait apparaître leur solidarité. L'expression ἐν παραβολῇ a pour fonction d'indiquer ce changement de méthode. Par ailleurs, je maintiens 28 καί, avec AVcuD, suivis par Waitz, parce que ce καί lie le présent exemple aux précédents, alors que celui de la ligne 29 lie, au sein de cet exemple, l'énoncé dérivé et l'énoncé primitif.

3. *Notes complémentaires*, p. 126.

αὐτὴν εἶναι τῶν ἐναντίων ἔνδοξον ἂν φανείη· καὶ εἰ μίαν ἀριθμῷ γραμματικὴν εἶναι, καὶ αὐλητικὴν μίαν, εἰ δὲ πλείους γραμματικάς, καὶ αὐλητικὰς πλείους· πάντα γὰρ ὅμοια καὶ συγγενῆ ταῦτ' ἔοικεν εἶναι. Ὁμοίως δὲ καὶ τὰ τοῖς ἐνδόξοις ἐναντία, κατ' ἀντίφασιν προτεινόμενα, ἔνδοξα φανεῖται· εἰ γὰρ ἔνδοξον ὅτι δεῖ τοὺς φίλους εὖ ποιεῖν, καὶ ὅτι οὐ δεῖ κακῶς ποιεῖν ἔνδοξον. Ἔστι δ' ἐναντίον μὲν ὅτι δεῖ κακῶς ποιεῖν τοὺς φίλους, κατ' ἀντίφασιν δὲ ὅτι οὐ δεῖ κακῶς ποιεῖν. Ὁμοίως δὲ καὶ εἰ δεῖ τοὺς φίλους εὖ ποιεῖν, τοὺς ἐχθροὺς οὐ δεῖ. Ἔστι δὲ καὶ τοῦτο κατ' ἀντίφασιν τῶν ἐναντίων· τὸ γὰρ ἐναντίον ἐστὶν ὅτι δεῖ τοὺς ἐχθροὺς εὖ ποιεῖν. Ὡσαύτως δὲ καὶ ἐπὶ τῶν ἄλλων. Ἔνδοξον δὲ καὶ ἐν παραβολῇ φανεῖται καὶ τὸ ἐναντίον περὶ τοῦ ἐναντίου· οἷον εἰ τοὺς φίλους δεῖ εὖ ποιεῖν, καὶ τοὺς ἐχθροὺς δεῖ κακῶς. Φανείη δ' ἂν καὶ ἐναντίον τὸ τοὺς φίλους εὖ ποιεῖν τῷ τοὺς ἐχθροὺς κακῶς· πότερον δὲ καὶ κατ' ἀλήθειαν οὕτως ἔχει ἢ οὔ, ἐν τοῖς ὑπὲρ τῶν ἐναντίων λεγομένοις ῥηθήσεται. Δῆλον δ' ὅτι καὶ ὅσαι δόξαι κατὰ τέχνας εἰσί, διαλεκτικαὶ προτάσεις εἰσί· θείη γὰρ ἄν τις τὰ δοκοῦντα τοῖς ὑπὲρ τούτων ἐπεσκεμμένοις, οἷον περὶ

17 εἶναι post ἐναντίων transp. C Al^{e} bis || ἔνδοξον ἂν φανείη ante 16 καὶ transp. Al^{c} || φανείη : εἴη P || 18 ante γραμματικὴν et αὐλητικὴν add. τὴν Al^{c} || 19 γραμματικαί, καὶ αὐλητικαὶ A || 21 ἐναντία ante τοῖς ἐνδόξοις transp. Al^{c} || κατ' : καὶ τὰ u^{ac} || 22 post φανεῖται add. εἶναι C || 22-25 καὶ — alt. ποιεῖν om. c, suppl. c^{2mg} || 23 post ποιεῖν add. τοὺς φίλους u Al^{p} || 24 τοὺς φίλους om. u || 25 post pr. ποιεῖν add. τοὺς φίλους u^{a} || 26 τῶν ante κατ' transp. VC || 28 alt. καὶ om. BPC Al^{c} || φαίνεται Λ || 29 περὶ τοῦ ἐναντίου om. P || 30 pr. καὶ om. V || δεῖ κακῶς : κακῶς δεῖ V δεῖ κακῶς ποιεῖν Λ^{r} || post alt. καὶ add. τὸ B || 31 τῷ : τὸ B || post ἐχθροὺς add. δεῖ A || 32 καὶ om. Pu Al^{p} Λ || κατ' ἀλήθειαν om. Al^{p} || οὕτως om. Λ^{r} || 33 δόξαι P^{pc} || 33-34 δόξαι κατὰ τέχνας : κατὰ τὰς τέχνας δόξαι C Al^{p}.

de médecine, celles du géomètre en matière de géométrie, et ainsi des autres.

11

Le problème dialectique

Un problème dialectique est une question dont l'enjeu peut être soit l'alternative pratique d'un choix et d'un rejet, soit l'acquisition d'une vérité et d'une connaissance ; une question qui soit telle, soit en elle-même, soit à titre d'instrument permettant de résoudre une question distincte d'elle-même, dans l'un ou l'autre de ces genres[1] ; une question telle, enfin, qu'à son sujet il n'existe pas d'opinion dans un sens ou dans l'autre, ou bien l'opinion moyenne contredit l'opinion éclairée[2], ou bien l'opinion éclairée l'opinion moyenne, ou bien chacune des deux se divise contre elle-même. Certains problèmes, en effet, ne sont utiles à résoudre que[3] pour savoir s'il faut prendre ou s'il faut laisser, par exemple celui de savoir si le plaisir vaut ou non d'être choisi ; d'autres ne le sont qu'à des fins de pure connaissance, comme celui de savoir si le monde est éternel ou non. D'autres encore n'ont en eux-mêmes[4] aucun de ces deux objets, mais sont des instruments permettant de résoudre les problèmes de l'un ou l'autre type ; de fait, il y a bien des choses que nous souhaitons connaître, non pas pour leur propre compte, mais pour le compte de choses différentes, afin de connaître autre chose grâce à elles. Sont des problèmes aussi bien les questions sur lesquelles il existe des argumentations déductives de sens opposé (on hésite alors à y répondre par l'affirmative ou par la négative, du fait qu'il existe dans les deux sens des arguments persuasifs) que celles à propos desquelles nous n'avons pas d'argument à donner, tant elles sont vastes[5], et tant nous jugeons difficile de motiver notre choix, par exemple celle de savoir si le monde est éternel ou non ; de fait, les questions de ce genre peuvent très bien faire le sujet d'une enquête.

1-5. *Notes complémentaires*, p. 126-127.

μὲν τῶν ἐν ἰατρικῇ ὡς ὁ ἰατρός, περὶ δὲ τῶν ἐν γεωμετρίᾳ ὡς ὁ γεωμετρικός· ὁμοίως δὲ καὶ ἐπὶ τῶν ἄλλων.

[104b] XI Πρόβλημα δ' ἐστὶ διαλεκτικὸν θεώρημα τὸ συντεῖνον ἢ πρὸς αἵρεσιν καὶ φυγὴν ἢ πρὸς ἀλήθειαν καὶ γνῶσιν, ἢ αὐτὸ ἢ ὡς συνεργὸν πρός τι ἕτερον τῶν τοιούτων, περὶ οὗ ἢ οὐδετέρως δοξάζουσιν ἢ ἐναντίως οἱ πολλοὶ τοῖς σοφοῖς ἢ οἱ σοφοὶ τοῖς πολλοῖς ἢ ἑκάτεροι αὐτοὶ ἑαυτοῖς. Ἔνια μὲν γὰρ τῶν προβλημάτων χρήσιμον εἰδέναι μόνον πρὸς τὸ ἑλέσθαι ἢ φυγεῖν, οἷον πότερον ἡ ἡδονὴ αἱρετὸν ἢ οὔ· ἔνια δὲ πρὸς τὸ εἰδέναι μόνον, οἷον πότερον ὁ κόσμος ἀίδιος ἢ οὔ. Ἔνια δὲ αὐτὰ μὲν [καθ' αὑτὰ] πρὸς οὐδέτερα τούτων, συνεργὰ δέ ἐστι πρός τινα τῶν τοιούτων· πολλὰ γὰρ αὐτὰ μὲν καθ' αὑτὰ οὐ βουλόμεθα γνωρίζειν, ἑτέρων δ' ἕνεκα, ὅπως διὰ τούτων ἄλλο τι γνωρίσωμεν. Ἔστι δὲ προβλήματα καὶ ὧν ἐναντίοι εἰσὶ συλλογισμοί (ἀπορίαν γὰρ ἔχει πότερον οὕτως ἔχει ἢ οὐχ οὕτως, διὰ τὸ περὶ ἀμφοτέρων εἶναι λόγους πιθανούς), καὶ περὶ ὧν λόγον μὴ ἔχομεν, ὄντων μεγάλων, χαλεπὸν οἰόμενοι εἶναι τὸ διὰ τί ἀποδοῦναι, οἷον πότερον ὁ κόσμος ἀίδιος ἢ οὔ· καὶ γὰρ τὰ τοιαῦτα ζητήσειεν ἄν τις.

36-37 pr. ἐν — γεωμετρικός : ἐν γεωμετρίᾳ ὡς ὁ γεωμέτρης, περὶ δὲ τῶν ἐν ἰατρικῇ ὡς ὁ ἰατρός Λ || 36 ὁ om. AB || 37 γεωμέτρης C Al^p Λ || ὁμοίως — ἄλλων om. Λ.

[104 b] 1 θεώρημα sup. ras. u || 3 συνεργοῦν P || 4 μηδετέρως PCu^ac D Al^c bis (at cf. 75, 25) || δοξάζουσιν post ἐναντίως transp. P || 4 οἱ πολλοὶ τοῖς σοφοῖς ἢ post 5 ἢ transp. P Al^c (at cf. 74, 7 et 75, 26), om. C || 5 αὐτοὶ om. D || ἑαυτοῖς: αὐτοῖς C Λ || 6 χρήσιμα D || μόνον om. C edd. || 8 οἷον om. c || 9 καθ' αὑτὰ recte om. APc || οὐδέτερον VPCuD Λ || 11 ἑτέρου C || ἕνεκεν CuD || 12-13 ἐναντίοι εἰσὶ συλλογισμοί : εἰσὶν [εἰσὶν : ἐστὶν D] ἐναντίοι συλλογισμοί CuD Al^c || 13 ante συλλογισμοί del. οἱ c ut uid. || 14 ἀμφοτέρων (Al^c) : ἀμφότερα AB ἀμφοτέρους D || εἶναι λόγους : εἶναι τοὺς λόγους P λόγους εἶναι u || 15 ἔχωμεν AB, corr. A² || ἔχομεν, ὄντων : ἐχόμενον τῶν CD, corr. C².

Tenons donc pour acquises les définitions que nous venons de donner des problèmes et des prémisses.

La thèse dialectique.

Une thèse est une pensée paradoxale, soutenue par quelque philosophe célèbre, par exemple, qu'il est impossible de porter la contradiction, comme l'a dit Antisthène, ou que toutes choses sont en mouvement, selon Héraclite, ou que l'être est un, comme le dit Mélissos (notons en effet que si c'était le premier venu qui émettait des paradoxes, il serait absurde d'y prêter attention) ; sont aussi des thèses les énoncés paradoxaux en faveur desquels nous disposons d'un argument[1], par exemple celui qui déclare qu'il est faux que tout ce qui est quelque chose doive nécessairement, soit l'être devenu, soit l'être éternellement, comme disent les sophistes ; car lorsqu'on est «grammairien tout en étant musicien», on ne l'est pas devenu, et on ne l'est pas non plus éternellement[2] ; voilà, de fait, une conclusion que d'aucuns refusent, mais qui a pourtant des chances d'être acceptée, parce qu'elle a un argument pour elle.

Thèses et problèmes.

Une thèse est donc un problème, elle aussi ; mais tout problème n'est pas une thèse, puisque certains des problèmes sont des questions de telle nature qu'à leur sujet nous n'avons d'opinion ni dans un sens ni dans l'autre. Qu'une thèse soit, elle aussi, un problème, cela est clair ; d'après nos explications, en effet, il faut nécessairement que la thèse soit un sujet de conflit, soit entre l'opinion moyenne et l'opinion éclairée, soit au sein de l'un ou l'autre de ces secteurs, puisqu'une thèse est une pensée paradoxale. Mais en pratique, actuellement, on appelle thèses tous les problèmes dialectiques ; peu importe d'ailleurs qu'on les désigne d'une manière ou d'une autre ; car si nous avons distingué comme nous avons fait les deux notions, ce n'était pas pour le plaisir de créer un vocabulaire nouveau,

1-2. *Notes complémentaires*, p. 128-129.

Τὰ μὲν οὖν προβλήματα καὶ αἱ προτάσεις καθάπερ εἴρηται διωρίσθω.

Θέσις δέ ἐστιν ὑπόληψις παράδοξος τῶν γνωρίμων τινὸς κατὰ φιλοσοφίαν, οἷον ὅτι οὐκ ἔστιν ἀντιλέγειν, καθάπερ ἔφη Ἀντισθένης, ἢ ὅτι πάντα κινεῖται, καθ' Ἡράκλειτον, ἢ ὅτι ἓν τὸ ὄν, καθάπερ Μέλισσός φησιν (τὸ γὰρ τοῦ τυχόντος ἐναντία ταῖς δόξαις ἀποφηναμένου φροντίζειν εὔηθες)· ἢ περὶ ὧν λόγον ἔχομεν ἐναντίων ταῖς δόξαις, οἷον ὅτι οὐ πᾶν τὸ ὂν ἤτοι γενόμενόν ἐστιν ἢ ἀίδιον, καθάπερ οἱ σοφισταί φασιν· μουσικὸν γὰρ ὄντα γραμματικὸν εἶναι οὔτε γενόμενον οὔτε ἀίδιον ὄντα· τοῦτο γάρ, εἰ καί τινι μὴ δοκεῖ, δόξειεν ἂν διὰ τὸ λόγον ἔχειν.

Ἔστι μὲν οὖν καὶ ἡ θέσις πρόβλημα· οὐ πᾶν δὲ πρόβλημα θέσις, ἐπειδὴ ἔνια τῶν προβλημάτων τοιαῦτ' ἐστὶ περὶ ὧν οὐδετέρως δοξάζομεν. Ὅτι δέ ἐστι καὶ ἡ θέσις πρόβλημα, δῆλον· ἀνάγκη γὰρ ἐκ τῶν εἰρημένων ἢ τοὺς πολλοὺς τοῖς σοφοῖς περὶ τὴν θέσιν ἀμφισβητεῖν ἢ ὁποτερουσοῦν ἑαυτοῖς, ἐπειδὴ ὑπόληψίς τις παράδοξος ἡ θέσις ἐστίν. Σχεδὸν δὲ νῦν πάντα τὰ διαλεκτικὰ προβλήματα θέσεις καλοῦνται. Διαφερέτω δὲ μηδὲν ὁπωσοῦν λεγόμενον· οὐ γὰρ ὀνοματοποιῆσαι βουλόμενοι διείλομεν οὕτως αὐτά, ἀλλ' ἵνα

22 ἢ (Λ) : καὶ P, fort. V^{ac} || ὂν (Λ) : πᾶν C, corr. C^{2} || καθάπερ : ὥσπερ PCuD || 23 ἐναντία ταῖς δόξαις om. C || 24 post εὔηθες add. ἐστιν VuD Λ || λόγον ante ταῖς transp. uD || ἐναντίων Pacius : ἐναντίον codd. Al^{c} Λ || 26 μουσικὸν γὰρ : τὸν μουσικὸν C || 27-28 δοκῇ ABC Λ, corr. A^{2} || 28 τὸ (Λ) : τὸν A, corr. A^{2} || post ἔχειν add. πιθανόν VPcu^{2} || 31-32 καὶ ἡ θέσις πρόβλημα (Λ) : τι πρόβλημα καὶ ἡ θέσις C || 33 ὁποτερωσοῦν u || 34 ὑπόληψίς — ἐστίν (Λ) : παράδοξος ὑπόληψις ἡ θέσις ἐστίν Al^{c} ὑπόληψίς τις ἡ θέσις ἐστι παράδοξος uD.

mais pour que les différences qui peuvent exister réellement entre elles ne risquent pas de nous échapper.

Il ne faut pas examiner n'importe quel problème ni n'importe quelle thèse, mais seulement ceux qui pourraient être un sujet d'embarras pour un interlocuteur qui mérite qu'on lui donne une réponse raisonnée, et non pas seulement qu'on le rabroue, ou qu'on le renvoie à ses sens ; de fait, ceux qui demandent s'il faut ou non honorer les dieux et aimer ses parents ne méritent que d'être rabroués, et ceux qui demandent si la neige est blanche ou non ne méritent que d'être renvoyés à leurs sens[1]. Il ne faut pas non plus retenir les cas où la démonstration serait immédiate, ni ceux où elle serait trop longue ; car les premiers ne suscitent aucun embarras, et les seconds en suscitent plus qu'il ne faut pour un exercice d'entraînement.

12

Déduction et induction

Ces distinctions faites, il convient de déterminer combien il existe d'espèces de raisonnements dialectiques : il en existe deux, l'induction et la déduction. Ce que c'est que la déduction, nous l'avons déjà dit[2]. Quant à l'induction, elle consiste à partir des cas individuels pour accéder aux énoncés universels ; par exemple, s'il est vrai que le meilleur pilote est celui qui s'y connaît, et qu'il en va de même du meilleur cocher, alors, d'une façon générale, le meilleur en tout domaine[3] est celui qui s'y connaît. L'induction est un procédé plus persuasif, plus éclairant, intuitivement plus accessible, et à la portée de la moyenne des gens ; la déduction, elle, est un procédé plus contraignant et plus efficace à l'égard des spécialistes de la contradiction.

13

Les instruments dialectiques

Tenons donc pour acquises les définitions qui ont été données ci-dessus des divers genres d'objets sur lesquels

1-3. *Notes complémentaires*, p. 129.

[105 a] μὴ λανθάνωσιν ἡμᾶς τίνες αὐτῶν τυγχάνουσιν οὖσαι διαφοραί.

Οὐ δεῖ δὲ πᾶν πρόβλημα οὐδὲ πᾶσαν θέσιν ἐπισκοπεῖν, ἀλλ' ἣν ἀπορήσειεν ἄν τις τῶν λόγου δεομένων καὶ μὴ κολάσεως ἢ αἰσθήσεως· οἱ μὲν γὰρ ἀποροῦντες πότερον δεῖ τοὺς θεοὺς τιμᾶν καὶ τοὺς γονεῖς ἀγαπᾶν ἢ οὔ, κολάσεως δέονται, οἱ δὲ πότερον ἡ χιὼν λευκὴ ἢ οὔ, αἰσθήσεως. Οὐδὲ δὴ ὧν σύνεγγυς ἡ ἀπόδειξις, οὐδ' ὧν λίαν πόρρω· τὰ μὲν γὰρ οὐκ ἔχει ἀπορίαν, τὰ δὲ πλεῖον ἢ κατὰ γυμναστικήν.

XII Διωρισμένων δὲ τούτων χρὴ διελέσθαι πόσα τῶν λόγων εἴδη τῶν διαλεκτικῶν. Ἔστι δὲ τὸ μὲν ἐπαγωγή, τὸ δὲ συλλογισμός. Καὶ συλλογισμὸς μὲν τί ἐστιν, εἴρηται πρότερον. Ἐπαγωγὴ δὲ ἡ ἀπὸ τῶν καθ' ἕκαστον ἐπὶ τὰ καθόλου ἔφοδος· οἷον εἰ ἔστι κυβερνήτης ὁ ἐπιστάμενος κράτιστος, καὶ ἡνίοχος, καὶ ὅλως ἐστὶν ὁ ἐπιστάμενος περὶ ἕκαστον ἄριστος. Ἔστι δ' ἡ μὲν ἐπαγωγὴ πιθανώτερον καὶ σαφέστερον καὶ κατὰ τὴν αἴσθησιν γνωριμώτερον καὶ τοῖς πολλοῖς κοινόν, ὁ δὲ συλλογισμὸς βιαστικώτερον καὶ πρὸς τοὺς ἀντιλογικοὺς ἐνεργέστερον.

XIII Τὰ μὲν οὖν γένη περὶ ὧν τε οἱ λόγοι καὶ ἐξ ὧν

[105 a] 1 οὖσαι (Λ) : αἱ C οὖσαι αἱ [ante ras. ἀεὶ] post ras. D || 3 δεῖ post 3-4 ἐπισκοπεῖν transp. Al^c || οὐδὲ : οὔτε C || 5 κολάσεως ἢ αἰσθήσεως (Λ) : αἰσθήσεως ἢ κολάσεως Al^c || 6 τοὺς θεοὺς (Λ) : τὸν θεὸν P || γονέας C || 8 οὔθ' C || 9 πλεῖον : πλείω VPCuD A^{2}c^2 Al^c [BDP] πλείονα Al^c [A] πλείον' Waitz || 10 δὴ V || χρὴ διελέσθαι (Λ) : διελέσθαι δεῖ uD || 12 τίς C || 13 ἡ om. C || ἀπὸ (Λ) : διὰ C Al^c || ἕκαστα Cc Al^c || τὰ : τὸ C Al^c || 14 πρόοδος Al^p || εἰ om. A || 15 ὅλως : πᾶς fort. Λ || ἔσται VCuDc^{2s1} || περὶ ἕκαστον ante ὁ C, om. Λ^r fort. recte || 15-16 ἄριστος om. Λ^p || 19 ἐναργέστερον VCuDA^2 Al^c, corr. C^2 || 20 τε om. uD, fort. Λ.

portent les raisonnements, et qui sont en même temps leurs éléments fondamentaux[1].

Pour ce qui est des instruments grâce auxquels nous ne serons jamais à court d'arguments déductifs, ils sont au nombre de quatre. Le premier consiste à poser des prémisses ; le second, à savoir dissocier les divers sens d'un terme[2] ; le troisième, à découvrir les différences ; le quatrième est la perception des similitudes. Les trois derniers sont eux aussi, en un certain sens, des prémisses ; on peut en effet construire des prémisses sur la base de chacun d'eux ; on dira, par exemple, que ce qui est souhaitable, c'est soit le beau, soit le plaisant, soit l'utile ; qu'entre sens et connaissance, il y a cette différence que lorsqu'on perd l'une, on peut la retrouver, mais non pas l'autre; qu'il existe un rapport similaire entre sain et santé d'une part, tonique et « tonus »[3] d'autre part. La première de ces prémisses repose sur la diversité des sens d'un terme, la seconde sur les différences, la troisième sur les similitudes[4].

14

Premier instrument : la collecte des prémisses

Il existe autant de manières de recueillir des prémisses que d'espèces distinguées dans le chapitre que nous avons consacré à la prémisse : on peut retenir les opinions qui sont celles de tous les hommes, ou de presque tous, ou de ceux qui représentent l'opinion éclairée, et parmi ceux-ci, celles de tous, ou de presque tous, ou des plus connus, exception faite[5] de celles qui contredisent les évidences communes ; et aussi toutes celles qui sont en accord avec la science ou la technique[6]. Il est également légitime de

1. Conclusion des chapitres consacrés, d'une part aux prédicables (chap. 4-9), d'autre part aux prémisses et problèmes (chap. 10-11). Cf. 101 b 11-13, 103 b 39 - 104 a 2, la note 4 de la p. 4 et la note 1 de la p. 14.

2. Le mot 23 ἕκαστον, déplacé par C, peut être légitimement suspecté, par comparaison avec les expressions analogues 106 a 9 et 108 a 18.

3-6. *Notes complémentaires*, p. 130-131.

καθάπερ ἔμπροσθεν εἴρηται διωρίσθω. Τὰ δ' ὄργανα δι' ὧν εὐπορήσομεν τῶν συλλογισμῶν ἐστὶ τέτταρα, ἓν μὲν τὸ προτάσεις λαβεῖν, δεύτερον δὲ ποσαχῶς [ἕκαστον] λέγεται δύνασθαι διελεῖν, τρίτον τὰς διαφορὰς εὑρεῖν, τέταρτον δὲ ἡ τοῦ ὁμοίου σκέψις. Ἔστι δὲ τρόπον τινὰ καὶ τὰ τρία τούτων προτάσεις· ἔστι γὰρ καθ' ἕκαστον αὐτῶν ποιῆσαι πρότασιν, οἷον ὅτι αἱρετόν ἐστι τὸ καλὸν ἢ τὸ ἡδὺ ἢ τὸ συμφέρον, καὶ ὅτι διαφέρει αἴσθησις ἐπιστήμης τῷ τὴν μὲν ἀποβαλόντι δυνατὸν εἶναι πάλιν λαβεῖν, τὴν δ' ἀδύνατον, καὶ ὅτι ὁμοίως ἔχει τὸ ὑγιεινὸν πρὸς ὑγίειαν καὶ τὸ εὐεκτικὸν πρὸς εὐεξίαν. Ἔστι δ' ἡ μὲν πρώτη πρότασις ἀπὸ τοῦ πολλαχῶς λεγομένου, ἡ δὲ δευτέρα ἀπὸ τῶν διαφορῶν, ἡ δὲ τρίτη ἀπὸ τῶν ὁμοίων.

XIV Τὰς μὲν οὖν προτάσεις ἐκλεκτέον ὁσαχῶς διωρίσθη περὶ προτάσεως, ἢ τὰς πάντων δόξας προχειριζόμενον ἢ τὰς τῶν πλείστων ἢ τὰς τῶν σοφῶν, καὶ τούτων ἢ πάντων ἢ τῶν πλείστων ἢ τῶν γνωριμωτάτων, μὴ ἐναντίας ταῖς [105 b] φαινομέναις, καὶ ὅσαι δόξαι κατὰ τέχνην εἰσίν. Δεῖ δὲ

21 διῃρήσθω VP al. transl. || 22 εὐπορήσωμεν C Λ || συλλογισμῶν (Al^p Al^c in An. Pr. 333, 3 Λ) : συλλογισμῶν καὶ τῶν ἐπαγωγῶν C || εἰσὶ u || 23 τὸ om. Al^c in An. Pr. || post δὲ add. τὸ PC Al^p || ἕκαστον post 24 λέγεται transp. C, damn. Brunschwig || 24 post τρίτον add. τὸ uD || 25 τρόπον τινὰ post 26 τούτων transp. u Al^p || 27 ποιῆσαι post πρότασιν transp. C Λ || post ὅτι add. τὸ Al^c || 29 ἀποβαλόντι (Λ) : ἀποβαλόντα CD Al^c [B] ἀποβαλλόντα Al^c [ADP] || 29 δυνατὸν et 30 ἀδύνατον mut. P || πάλιν om. C || 30 post δ' add. αἴσθησιν Al^c || 31 εὐεκτοῦν V || 34-106 a 28 τὰς — χρῶμα deficit c || 35 προτάσεων V || προχειριζόμενον : προχειριζόμεν]·οι·[V προχειριζομένῳ Λ || 37 γνωριμωτέρων V^ac || μὴ (μὴ τὰς iam coni. Waitz) Brunschwig : ἢ τὰς ABCu^ac D Al^p ἢ καὶ τὰς VPu^pc Λ.

[105 b] 1 τέχνην (Λ) : τέχνας BC Al^c [B] τὰς τέχνας Al^c [cett. codd.].

proposer le contraire des évidences communes[1], mis sous forme négative, comme on l'a dit plus haut[2]. Il n'est pas moins utile de forger soi-même des prémisses, en rassemblant non seulement celles qui sont effectivement des idées admises, mais aussi celles qui leur ressemblent, par exemple, que les contraires relèvent du même sens, puisqu'ils relèvent du même savoir ; et encore, que la vue s'effectue par réception de quelque chose en nous, non par émission de quelque chose hors de nous[3], puisque c'est ainsi qu'opèrent les autres sens : de fait, l'ouïe s'effectue par réception de quelque chose en nous, non par émission de quelque chose hors de nous, le goût pareillement, et de même les autres. En outre, on peut poser comme un principe et comme une thèse admise tout ce qui a première vue se vérifie dans la totalité ou la quasi-totalité des cas ; car les interlocuteurs accordent une prémisse lorsqu'ils ne voient pas dans quel cas elle ne se vérifie pas. Il faut encore recueillir des prémisses dans les livres[4], et dresser des tableaux[5] pour chaque catégorie de sujets, avec des têtes de rubriques séparées, par exemple « *le bien* », ou « *l'animal* », « bien » devant être entendu dans toute son ampleur[6], en commençant par l'essence. On indiquera en marge, à chaque fois, le nom des tenants de ces opinions[7], notant par exemple que c'est Empédocle qui dit que les éléments des corps sont au nombre de quatre ; car une chose a toutes chances d'être acceptée quand c'est quelqu'un de célèbre qui l'a dite.

Il existe, à prendre les choses sommairement, trois sortes de prémisses et de problèmes. Parmi les prémisses,

1. Je supprime ἐνδόξοις avec P, contre les autres manuscrits qui ont accueilli ce mot, glose très probable de φαινομέναις (cf. 105 b 1). Le φαινόμενον ἔνδοξον est tout autre chose (cf. 100 b 24 sq.).

2. Cf. 104 a 13-14 et 20-33.

3. Il est assez curieux de noter que cette théorie passive de la vision est donnée par l'auteur de la *Vita Marciana* (37 Düring) comme l'un des deux apports d'Aristote à la φυσιολογία, l'autre étant la théorie de la quintessence.

4-6. *Notes complémentaires*, p. 131.

7. Malgré l'ambiguïté de la formule, le contexte manifeste clairement que παρασημαίνεσθαι porte sur ἑκάστων et non sur δόξας : ce que l'on doit inscrire « dans la marge », c'est le nom des tenants de telle ou telle opinion, non point cette opinion elle-même.

προτείνειν καὶ τὰς ἐναντίας ταῖς φαινομέναις [ἐνδόξοις] κατ' ἀντίφασιν, καθάπερ εἴρηται πρότερον. Χρήσιμον δὲ καὶ τὸ ποιεῖν αὐτὰς ἐν τῷ ἐκλέγειν μὴ μόνον τὰς οὔσας ἐνδόξους ἀλλὰ καὶ τὰς ὁμοίας ταύταις, οἷον ὅτι τῶν ἐναντίων ἡ αὐτὴ αἴσθησις (καὶ γὰρ ἡ ἐπιστήμη), καὶ ὅτι ὁρῶμεν εἰσδεχόμενοί τι, οὐκ ἐκπέμποντες· καὶ γὰρ ἐπὶ τῶν ἄλλων αἰσθήσεων οὕτως· ἀκούομέν τε γὰρ εἰσδεχόμενοί τι, οὐκ ἐκπέμποντες, καὶ γευόμεθα ὡσαύτως· ὁμοίως δὲ καὶ ἐπὶ τῶν ἄλλων. Ἔτι ὅσα ἐπὶ πάντων ἢ τῶν πλείστων φαίνεται, ληπτέον ὡς ἀρχὴν καὶ δοκοῦσαν θέσιν· τιθέασι γὰρ οἱ μὴ συνορῶντες ἐπὶ τίνος οὐχ οὕτως. Ἐκλέγειν δὲ χρὴ καὶ ἐκ τῶν γεγραμμένων λόγων, τὰς δὲ διαγραφὰς ποιεῖσθαι περὶ ἑκάστου γένους ὑποτιθέντας χωρίς, οἷον περὶ ἀγαθοῦ ἢ περὶ ζῴου, καὶ περὶ ἀγαθοῦ παντός, ἀρξάμενον ἀπὸ τοῦ τί ἐστιν. Παρασημαίνεσθαι δὲ καὶ τὰς ἑκάστων δόξας, οἷον ὅτι Ἐμπεδοκλῆς τέτταρα ἔφησε τῶν σωμάτων στοιχεῖα εἶναι· θείη γὰρ ἄν τις τὸ ὑπό τινος εἰρημένον ἐνδόξου.

Ἔστι δ' ὡς τύπῳ περιλαβεῖν τῶν προτάσεων καὶ τῶν προβλημάτων μέρη τρία. Αἱ μὲν γὰρ ἠθικαὶ προτάσεις εἰ-

2 καὶ om. PuD || ἐνδόξοις (Al^{c}Λ) recte om. P || 4 αὐτοὺς BD || 5-6 αἴσθησις : ἐπιστήμη u^{ac}D Λ om. P || 6 ἡ ἐπιστήμη : ἐπιστήμη C, corr. C^{2} αἴσθησις u^{ac}D ἡ αὐτὴ αἴσθησις Λ αἴσθησις ἐπιστήμη P || 7 post τι add. καὶ BVCuD || post γὰρ add. καὶ Al^{c} [D] || 8 οὕτως (Λ) : ὡσαύτως VuD || post τι add. καὶ BVCuD || 9 pr. καὶ om. u || γευόμεθα : ὀσμώμεθα P Λ γευόμεθα καὶ ὀσμώμεθα VCuD || 10 ante πάντων add. τῶν uD || 12 ἐπὶ τίνος : ἐπί τινος BVPCuD Λ || post οὕτως add. ἔχει uD, ἔχειν VC || 13 δὲ : τε V || διαγραφὰς ABVCD u$^{2\gamma\rho}$ Λ : διαφορὰς Pu || 14 ὑποτιθέντας : ὑποτιθέντα C ἐπιτιθέντας Al^{p} προτιθέντας fort. Λ || alt. περὶ om. CuD || 15 ἀγαθοῦ post παντός transp. C || 17 τέτταρα ἔφησε : τέτταρά φησι VPuD φησι τέτταρα C || 18 εἰρημένον post ἐνδόξου transp. C Λ || ἔνδοξον u^{2} || 20 ἠθικαὶ C^{2}.

certaines sont éthiques, d'autres sont physiques, d'autres enfin sont logiques. Exemple de prémisse éthique : doit-on obéissance à ses parents plutôt qu'aux lois, en cas de discordance ? De prémisse logique : les contraires relèvent-ils ou non du même savoir ? Prémisse physique : le monde est-il éternel ou non ? La division est la même pour les problèmes. Quant à la nature exacte de chacune de ces classes, il n'est pas commode de s'en expliquer par une définition, mais on doit s'efforcer d'acquérir cette habitude que procure l'induction et qui permet de reconnaître chacune d'elles, à la lumière des exemples que nous venons de donner.

Ces questions doivent être traitées, au niveau philosophique, selon la vérité, mais dialectiquement au niveau de l'opinion[1].

Il faut prendre toutes les prémisses sous la forme la plus générale possible ; et il faut d'une seule en faire plusieurs, en disant par exemple que les opposés en général relèvent du même savoir, par suite, qu'il en va de même pour les contraires, et de même pour les relatifs. De la même manière, il faut encore subdiviser à leur tour ces prémisses, aussi loin qu'on peut pousser la subdivision, en disant par exemple qu'il en va de même pour le bon et le mauvais, le blanc et le noir, le froid et le chaud, et ainsi de suite.

15

Deuxième instrument :

la dissociation des divers sens des termes

Nous en avons dit assez sur les prémisses[2]. A propos maintenant des divers sens des termes, il ne faut pas seulement prendre en considération les divers sujets dont, en

1. Je passe ici à la ligne : cette remarque isolée se rattache plutôt à ce qui la précède qu'à ce qui la suit.
2. *Notes complémentaires*, p. 131.

σίν, αἱ δὲ φυσικαί, αἱ δὲ λογικαί. Ἠθικαὶ μὲν οὖν αἱ τοιαῦται, οἷον πότερον δεῖ τοῖς γονεῦσι μᾶλλον ἢ τοῖς νόμοις πειθαρχεῖν, ἐὰν διαφωνῶσιν· λογικαὶ δὲ οἷον πότερον τῶν ἐναντίων ἡ αὐτὴ ἐπιστήμη ἢ οὔ· φυσικαὶ δὲ πότερον ὁ κόσμος ἀίδιος ἢ οὔ. Ὁμοίως δὲ καὶ τὰ προβλήματα. Ποῖαι δ' ἕκασται τῶν προειρημένων, ὁρισμῷ μὲν οὐκ εὐπετὲς ἀποδοῦναι περὶ αὐτῶν· τῇ δὲ διὰ τῆς ἐπαγωγῆς συνηθείᾳ πειρατέον γνωρίζειν ἑκάστην αὐτῶν, κατὰ τὰ προειρημένα παραδείγματα ἐπισκοποῦντα.

Πρὸς μὲν οὖν φιλοσοφίαν κατ' ἀλήθειαν περὶ αὐτῶν πραγματευτέον, διαλεκτικῶς δὲ πρὸς δόξαν.

Ληπτέον δ' ὅτι μάλιστα καθόλου πάσας τὰς προτάσεις, καὶ τὴν μίαν πολλὰς ποιητέον, οἷον ὅτι τῶν ἀντικειμένων ἡ αὐτὴ ἐπιστήμη, εἶθ' ὅτι τῶν ἐναντίων καὶ ὅτι τῶν πρός τι. Τὸν αὐτὸν δὲ τρόπον καὶ ταύτας πάλιν διαιρετέον, ἕως ἂν ἐνδέχηται διαιρεῖν, οἷον ὅτι ἀγαθοῦ καὶ κακοῦ, καὶ λευκοῦ καὶ μέλανος, καὶ ψυχροῦ καὶ θερμοῦ. Ὁμοίως δὲ καὶ ἐπὶ τῶν ἄλλων.

[106 a] XV Περὶ μὲν οὖν προτάσεων ἱκανὰ τὰ προειρημένα. Τὸ δὲ ποσαχῶς, πραγματευτέον μὴ μόνον ὅσα λέγεται καθ'

23 πείθεσθαι C || 23-24 λογικαὶ — οὔ post 25 οὔ transp. V || 23 οἷον om. C || 24 ἡ αὐτὴ (Λ) : μία C || post δὲ add. οἷον VCu Λ || 25 ὁποῖαι C || 26 δ' om. P || προειρημένων (Al^c Λ') : εἰρημένων VC Λ' || 28 γνωρίζειν post ἑκάστην transp. C || 29 ἐπισκοποῦντας V || 31 πρὸς om. A || 32 πάσας τὰς προτάσεις : προτάσεις Al^c 587, 14 [B] πρότασιν Al^c loc. cit. [cett. codd.] || 32-33 καὶ — ποιητέον om. Λ' || 33 post αὐτὴ add. καὶ μία C || 36 οἷον om. P || ὅτι : ἐπὶ uD || 37 pr. καὶ — θερμοῦ om. C.

[106 a] 1 περὶ : ὑπὲρ C || προτάσεων u Al^p Λ : προτάσεως ABVPCD || εἰρημένα CuD || 2 λέγηται A, corr. A².

des sens différents, peut se dire le terme étudié ; il faut encore essayer d'expliquer les raisons diverses qu'ils ont de se dire tels ; ainsi, on ne se contentera pas de dire que le terme *bon* se prend en un certain sens quand on l'attribue à la justice et au courage, en un autre sens quand on l'attribue au tonique[1] et au sain ; on dira aussi que les premiers se le laissent attribuer parce qu'ils sont intrinsèquement qualifiés d'une certaine manière, alors que les seconds le font parce qu'ils sont capables d'exercer une certaine action, et non parce qu'ils sont intrinsèquement qualifiés d'une certaine manière. Et de même dans les autres cas.

Moyens de reconnaître si un terme se prend en plusieurs sens.

Pour savoir si un terme donné se prend en plusieurs sens spécifiques ou en un seul, il faut utiliser les procédés suivants. Considérer d'abord son contraire, pour voir s'il se prend en plusieurs sens, la discordance éventuelle pouvant être d'ailleurs soit d'espèce soit de nom. Dans certains cas, en effet, la différence apparaît immédiatement sur le plan même des noms ; ainsi, *aigu* a pour contraire *grave* dans les sons[2], et *obtus* dans les corps[3]. Il est donc clair que le contraire d'*aigu* se prend en plusieurs sens ; et si tel est le cas, on peut en dire autant d'*aigu*, puisque à chacun des termes ci-dessus doit correspondre un contraire distinct : ce n'est pas le même *aigu*, en effet, qui va être le contraire d'*obtus* et celui de *grave*, encore qu'*aigu* soit contraire à chacun d'eux. De son côté, *grave* a pour contraire *aigu* dans les sons et *léger* dans les corps ; *grave* se prend par conséquent en plusieurs sens, puisque son contraire en fait autant. De même encore, *beau* s'oppose à *laid* pour qualifier un être vivant, et à *méchant* pour qualifier un logis[4] ; *beau* est donc un terme équivoque.

Dans certains cas, en revanche, il n'existe aucune discordance sur le plan des noms, mais c'est une différence

1. Cf. la note 3 de la p. 19.
2-4. *Notes complémentaires*, p. 132.

ἕτερον τρόπον, ἀλλὰ καὶ τοὺς λόγους αὐτῶν πειρατέον ἀποδιδόναι, οἷον μὴ μόνον ὅτι ἀγαθὸν καθ' ἕτερον μὲν τρόπον λέγεται δικαιοσύνη καὶ ἀνδρεία, εὐεκτικὸν δὲ καὶ ὑγιεινὸν καθ' ἕτερον, ἀλλ' ὅτι καὶ τὰ μὲν τῷ αὐτὰ ποιά τινα εἶναι, τὰ δὲ τῷ ποιητικά τινος καὶ οὐ τῷ αὐτὰ ποιά τινα εἶναι. Ὡσαύτως δὲ καὶ ἐπὶ τῶν ἄλλων.

Πότερον δὲ πολλαχῶς ἢ μοναχῶς τῷ εἴδει λέγεται, διὰ τῶνδε θεωρητέον. Πρῶτον μὲν ἐπὶ τοῦ ἐναντίου σκοπεῖν εἰ πολλαχῶς λέγεται, ἐάν τε τῷ εἴδει ἐάν τε τῷ ὀνόματι διαφωνῇ. Ἔνια γὰρ εὐθὺς καὶ τοῖς ὀνόμασιν ἕτερά ἐστιν· οἷον τῷ ὀξεῖ ἐν φωνῇ μὲν ἐναντίον τὸ βαρύ, ἐν ὄγκῳ δὲ τὸ ἀμβλύ. Δῆλον οὖν ὅτι τὸ ἐναντίον τῷ ὀξεῖ πολλαχῶς λέγεται. Εἰ δὲ τοῦτο, καὶ τὸ ὀξύ· καθ' ἑκάτερον γὰρ ἐκείνων ἕτερον ἔσται τὸ ἐναντίον. Οὐ γὰρ τὸ αὐτὸ ὀξὺ τῷ ἀμβλεῖ καὶ τῷ βαρεῖ ἔσται ἐναντίον· ἑκατέρῳ δὲ τὸ ὀξὺ ἐναντίον. Πάλιν τῷ βαρεῖ ἐν φωνῇ μὲν τὸ ὀξὺ ἐναντίον, ἐν ὄγκῳ δὲ τὸ κοῦφον· ὥστε πολλαχῶς τὸ βαρὺ λέγεται, ἐπειδὴ καὶ τὸ ἐναντίον. Ὁμοίως δὲ καὶ τῷ καλῷ τῷ μὲν ἐπὶ τοῦ ζῴου τὸ αἰσχρόν, τῷ δ' ἐπὶ τῆς οἰκίας τὸ μοχθηρόν, ὥστε ὁμώνυμον τὸ καλόν.

Ἐπ' ἐνίων δὲ τοῖς μὲν ὀνόμασιν οὐδαμῶς διαφωνεῖ, τῷ

4-5 μὲν — δικαιοσύνη : λέγεται τρόπον δικαιοσύνη μὲν C || 6 post ἕτερον add. τρόπον C || τινα om. Al^c || 7 οὐ : οὐχι u || αὐτὰ ποιά τινα : ποιὰ αὐτά τινα AB ποιά τινα τὰ αὐτὰ Λ || 9 πολλαχῶς ἢ μοναχῶς : μοναχῶς ἢ πολλαχῶς C πλεοναχῶς ἢ μοναχῶς PuD Λ, corr. u^2 || 11 λέγεται (Λ^f) : λέγηται B, om. Λ^r || 13 ὀξὺ P || τῷ βαρεῖ P || 15 ἐκείνων : τούτων Vu^{ac}D Λ || 17 τῷ om. C || 18 πάλιν — ἐναντίον om. P || post ὀξὺ add. ἔστιν V, ἔσται C || 20 τοῦ om. P Al^c || 21 τῷ (Λ) : τὸ ABP, corr. A^2 || τῆς om. P Al^c || 21 οἰκείας ante ras. C || 23 οὐδαμῶς : οὐδὲν VuD Λ.

spécifique qui se dévoile immédiatement dans les termes considérés ; ainsi dans le cas de *clair* et de *sombre*[1]. On dit en effet d'un son qu'il est clair ou sombre, on le dit aussi d'une couleur. Il n'existe donc aucune discordance sur le plan des noms, mais c'est une différence spécifique qui se dévoile immédiatement dans ces termes, puisque ce n'est pas de la même manière que l'on dit d'une couleur qu'elle est claire et qu'on le dit d'un son. On s'en aperçoit clairement aussi en se référant aux organes des sens, puisque les qualités spécifiquement identiques relèvent du même sens ; or ce n'est pas par le même sens que nous apprécions la clarté d'un son et celle d'une couleur, mais par la vue pour l'une et par l'ouïe pour l'autre. Il en va de même pour *piquant* et *doux*[2], appliqués aux saveurs et aux corps : ils relèvent ici du toucher et là du goût. Ici encore il n'y a aucune discordance sur le plan des noms, ni pour les termes directs ni pour leurs contraires, puisque c'est *doux* qui est le contraire de chacune des acceptions de *piquant*.

Voir encore si l'un des sens du terme étudié possède un contraire, et l'autre absolument aucun ; par exemple, le plaisir de boire a un contraire, la douleur d'avoir soif ; mais le plaisir de voir que la diagonale est incommensurable avec le côté n'en a point ; d'où suit que le plaisir se prend en plusieurs sens. Autre exemple : désignant le sentiment, *aimer* a un contraire, qui est *haïr*, mais désignant l'acte physique[3], il n'en a pas ; il est donc clair qu'*aimer* est un terme équivoque.

Examiner aussi les termes intermédiaires, pour voir si à l'un[4] des sens du terme étudié correspond un inter-

1. Si je traduis par *clair–sombre* le couple λευκός-μέλας, ce n'est pas seulement parce qu'il s'applique plus aisément aux sons que le couple *blanc–noir* ; c'est aussi parce que cette traduction ne fait que souligner une composante qui appartient au champ de signification effectif de λευκός-μέλας. Dans la représentation grecque de la couleur, on le sait en effet, ces deux mots désignent non seulement les deux pôles de l'échelle des couleurs, mais encore ceux d'une dimension qui, à des degrés divers, appartient intrinsèquement à toutes les couleurs.

2-4. *Notes complémentaires*, p. 132-133.

δ' εἴδει κατάδηλος ἐν αὐτοῖς εὐθέως ἡ διαφορά ἐστιν, οἷον ἐπὶ τοῦ λευκοῦ καὶ μέλανος. Φωνὴ γὰρ λευκὴ καὶ μέλαινα λέγεται, ὁμοίως δὲ καὶ χρῶμα. Τοῖς μὲν οὖν ὀνόμασιν οὐδὲν διαφωνεῖ· τῷ δ' εἴδει κατάδηλος ἐν αὐτοῖς εὐθέως ἡ διαφορά· οὐ γὰρ ὁμοίως τό τε χρῶμα λευκὸν λέγεται καὶ ἡ φωνή. Δῆλον δὲ τοῦτο καὶ διὰ τῆς αἰσθήσεως· τῶν γὰρ αὐτῶν τῷ εἴδει ἡ αὐτὴ αἴσθησις· τὸ δὲ λευκὸν τὸ ἐπὶ τῆς φωνῆς καὶ τοῦ χρώματος οὐ τῇ αὐτῇ αἰσθήσει κρίνομεν, ἀλλὰ τὸ μὲν ὄψει τὸ δ' ἀκοῇ. Ὁμοίως δὲ καὶ τὸ ὀξὺ καὶ τὸ ἀμβλὺ ἐν χυμοῖς καὶ ἐν ὄγκοις, ἀλλὰ τὸ μὲν ἁφῇ, τὸ δὲ γεύσει. Οὐδὲ γὰρ ταῦτα διαφωνεῖ τοῖς ὀνόμασιν, οὔτ' ἐπ' αὐτῶν οὔτ' ἐπὶ τῶν ἐναντίων· ἀμβλὺ γὰρ καὶ τὸ ἐναντίον ἑκατέρῳ.

Ἔτι εἰ τῷ μὲν ἔστι τι ἐναντίον τῷ δ' ἁπλῶς μηδέν· οἷον τῇ μὲν ἀπὸ τοῦ πίνειν ἡδονῇ ἡ ἀπὸ τοῦ διψῆν λύπη ἐναντίον, τῇ δ' ἀπὸ τοῦ θεωρεῖν ὅτι ἡ διάμετρος τῇ πλευρᾷ [106 b] ἀσύμμετρος οὐδέν, ὥστε πλεοναχῶς ἡ ἡδονὴ λέγεται. Καὶ τῷ μὲν κατὰ τὴν διάνοιαν φιλεῖν τὸ μισεῖν ἐναντίον, τῷ δὲ κατὰ τὴν σωματικὴν ἐνέργειαν οὐδέν· δῆλον οὖν ὅτι τὸ φιλεῖν ὁμώνυμον.

Ἔτι ἐπὶ τῶν ἀνὰ μέσον, εἰ τῷ μὲν ἔστι τι

24 κατάλληλος D || εὐθέως post κατάδηλος transp. P, post ἐστιν V, om. uD || ἐστιν ante ἡ transp. uD, om. C || 25 post pr. καὶ add. τοῦ V || 27 ἐν αὐτοῖς εὐθέως om. uD, ante κατάδηλος suppl. u[2mg] || 27-28 post διαφορά add. ἐστιν V Λ || 28 οὐ : οὔτε V || λευκὸν : hic redit c || 31 post καὶ add. ἐπὶ C Λ || 32 ἀμβλύ: βαρὺ P, om. C[ac] || 33 post ὄγκοις add. ὑπακούεται οὐ τῇ αὐτῇ αἰσθήσει κρίνεται (sed punctis notata et ut ἑρμηνεία descripta) C || post μὲν et post δὲ add. ἐν C || 35 γὰρ et τὸ om. P[ac] || 36 pr. τῷ (Λ): τὸ c[ac] || τῷ μὲν sup. ras. D || τι ante ἔστι transp. uD || ἁπλῶς μηδέν (Λ) : οὐθὲν ἁπλῶς PuD || 37 διψεῖν AC, corr. A[2] C[2].

[106 b] 1-3 ὥστε — οὐδέν om. V, suppl. V[2mg] || 4 post ἔτι add. καὶ C || ἀνὰ μέσον : ἀμέσων c, corr. c[2] || τῷ et 5 τῷ (Λ) : τῶν Cu[pc] edd. || ἔστι om. P.

médiaire, mais non à l'autre ; ou si, alors qu'il en correspond bien un à chacun d'eux, ce n'est pas le même dans les deux cas ; par exemple, entre *clair* et *sombre*, dans les couleurs il y a *terne*, et dans les sons il n'y a rien, ou à la rigueur *étranglé*[1], puisque certains disent qu'un son étranglé est intermédiaire entre le clair et le sombre ; *clair* est donc un terme équivoque, et *sombre* également.

Voir encore si dans l'un des sens les intermédiaires sont plusieurs, alors que dans l'autre il n'en existe qu'un ; tel est le cas pour *clair* et *sombre*, puisque pour les couleurs les intermédiaires sont plusieurs, alors que pour les sons il n'y en a qu'un, qui est *étranglé*.

Et encore, examiner le terme opposé contradictoirement, pour voir s'il se prend en plusieurs sens ; car s'il se prend en plusieurs sens, son opposé se prendra aussi en plusieurs sens. Par exemple, *ne pas voir* se prend en plusieurs sens, dont l'un est *ne pas posséder la vue*, l'autre *ne pas faire acte effectif de vision* ; et si ce terme se prend en plusieurs sens, il suit nécessairement que *voir* se prend aussi en plusieurs sens ; car à chacun des sens de *ne pas voir* va s'opposer quelque chose : à *ne pas posséder la vue*, la posséder, et à *ne pas faire acte effectif de vision*, en faire acte.

Examiner en outre les termes qui s'opposent comme privation et possession ; car si l'un se prend en plusieurs sens, l'autre en fait autant. Par exemple, s'il est vrai que *sentir* se prend en plusieurs sens, l'un moral et l'autre

1. Il n'est pas facile de trouver en français un intermédiaire entre *clair* et *sombre*, qui ne puisse s'appliquer qu'aux sons, à l'exclusion des couleurs ; la plupart des mots auxquels on pourrait songer pour rendre σομφόν (*amorti*, *voilé*, *éteint*, *étouffé*, *sourd*, *assourdi*) ont en même temps une signification picturale. *Etranglé* n'est qu'un pis-aller.

ἀνὰ μέσον τῷ δὲ μηδέν, ἢ εἰ ἀμφοῖν μὲν ἔστι, μὴ ταὐτὸν δέ· οἷον λευκοῦ καὶ μέλανος ἐν χρώμασι μὲν τὸ φαιόν, ἐν φωνῇ δ' οὐδέν, ἢ εἰ ἄρα, τὸ σομφόν, καθάπερ τινές φασι σομφὴν φωνὴν ἀνὰ μέσον εἶναι· ὥσθ' ὁμώνυμον τὸ λευκόν, ὁμοίως δὲ καὶ τὸ μέλαν. Ἔτι εἰ τῶν μὲν πλείω τὰ ἀνὰ μέσον, τῶν δὲ ἕν, καθάπερ ἐπὶ τοῦ λευκοῦ καὶ μέλανος· ἐπὶ μὲν γὰρ τῶν χρωμάτων πολλὰ τὰ ἀνὰ μέσον, ἐπὶ δὲ τῆς φωνῆς ἕν, τὸ σομφόν.

Πάλιν ἐπὶ τοῦ κατ' ἀντίφασιν ἀντικειμένου σκοπεῖν εἰ πλεοναχῶς λέγεται· εἰ γὰρ τοῦτο πλεοναχῶς λέγεται, καὶ τὸ τούτῳ ἀντικείμενον πλεοναχῶς ῥηθήσεται. Οἷον τὸ μὴ βλέπειν πλεοναχῶς λέγεται, ἓν μὲν τὸ μὴ ἔχειν ὄψιν, ἓν δὲ τὸ μὴ ἐνεργεῖν τῇ ὄψει· εἰ δὲ τοῦτο πλεοναχῶς, ἀναγκαῖον καὶ τὸ βλέπειν πλεοναχῶς λέγεσθαι· ἑκατέρῳ γὰρ τῷ μὴ βλέπειν ἀντικείσεταί τι, οἷον τῷ μὲν μὴ ἔχειν ὄψιν τὸ ἔχειν, τῷ δὲ μὴ ἐνεργεῖν τῇ ὄψει τὸ ἐνεργεῖν.

Ἔτι ἐπὶ τῶν κατὰ στέρησιν καὶ ἕξιν λεγομένων ἐπισκοπεῖν· εἰ γὰρ θάτερον πλεοναχῶς λέγεται, καὶ τὸ λοιπόν. Οἷον εἰ τὸ αἰσθάνεσθαι πλεοναχῶς λέγεται, κατά τε

5 εἰ om. u || 6 χρώματι C || 7 εἰ (Λ) : εἴπερ Al^{c}, om. A || τινές post φασι transp. VC || 8 σοφὴν A, corr. A^{2} || 10 post καὶ add. τοῦ VPcuD || 10-11 alt. ἐπὶ — μέσον om. P || 11 μὲν om. Λ || post μέσον add. καθάπερ ἐπὶ τοῦ λευκοῦ καὶ μέλανος u^{pc} || 14 εἰ — λέγεται om. c, suppl. c^{2} || 15 τούτων D || 16 alt. ἓν : ἕτερον VCuD Λ || 17 post πλεοναχῶς add. λέγεται Cc^{2} Λ^{f} || 17-18 ἀναγκαῖον — πλεοναχῶς om. cu^{ac}, suppl. c^{2} || 18 post γὰρ duas litt. del. c || τῷ: τὸ P, fort. c^{ac} || 19 ἀντίκειται PuD Λ || τι : τι οὖν D, om. B || 20 τῷ : τὸ C^{ac} || 21 λεγομένων ante καὶ transp. u || 22-23 καὶ — λέγεται om. c || 22-23 λοιπόν (Λ) : ἕτερον PuD || 23 εἰ om. P.

physique, *être insensible* se prendra aussi en plusieurs sens, l'un moral et l'autre physique[1]. Que maintenant ce soit bien comme privation et possession que s'opposent[2] les termes que nous venons de donner comme exemples, cela est clair, puisque c'est par nature que les êtres vivants possèdent l'une et l'autre sensibilité, celle qui est morale comme celle qui est physique.

Il faut aussi examiner les inflexions[3]. En effet, si *justement* se prend en plusieurs sens, *juste* se prendra aussi en plusieurs sens ; de fait, à chacun des sens de *justement* correspond un sens de *juste* ; ainsi, s'il est vrai que *justement* signifie tantôt juger *selon sa conscience*, tantôt *comme il faut*[4], il en va de même pour *juste*. Pareillement, si *sain* se prend en plusieurs sens, *sainement* se prendra en plusieurs sens ; ainsi, s'il est vrai qu'on appelle *sain* tantôt ce qui *procure* la santé, tantôt ce qui la *préserve*, tantôt ce qui l'*indique*, *sainement* signifiera soit *d'une manière qui procure la santé*, soit *d'une manière qui la préserve*, soit *d'une manière qui l'indique*. Et de même dans les autres cas : chaque fois qu'un terme se prend en plusieurs sens, l'inflexion qu'on en tire se prendra en plusieurs sens, et réciproquement.

1. Le sens moral de αἰσθάνεσθαι et d'ἀναίσθητον εἶναι se rapporte à l'intelligence, tandis que celui de *sentir* et d'*être insensible* se rapporte à l'affectivité ; malgré cette différence, la transposition reste acceptable.

2. 26 ἀντίκεινται, attesté par la plupart des manuscrits, a été conservé par Waitz et Wallies, contrairement à Bekker et Ross qui ont préféré la leçon ἀντίκειται de VCc. Le pluriel avec un sujet neutre est assez fréquent chez Aristote : cf. Bonitz, *Index aristotelicus*, 490 a 44 sq. ; Waitz, t. I, p. 535 (à propos de *An. Pr.*, 69 b 4-5).

3. La πτῶσις est une catégorie grammaticale d'usage assez élastique. Ici comme dans le passage postérieur où la notion sera présentée au lecteur comme s'il ne l'avait pas encore rencontrée (114 a 33-34), elle désigne limitativement les adverbes formés par dérivation à partir du radical d'un substantif ou d'un adjectif ; mais en 124 b 36 elle désigne les *cas* grammaticaux (les *flexions* proprement dites), et en 133 b 36 les *genres* grammaticaux (cf. aussi 136 b 15-32, où elle désigne successivement les *adverbes* et les *cas*).

4. *Notes complémentaires*, p. 133.

τὴν ψυχὴν καὶ τὸ σῶμα, καὶ τὸ ἀναίσθητον εἶναι πλεοναχῶς ῥηθήσεται, κατά τε τὴν ψυχὴν καὶ τὸ σῶμα. Ὅτι δὲ κατὰ στέρησιν καὶ ἕξιν ἀντίκεινται τὰ νῦν λεγόμενα, δῆλον, ἐπειδὴ πέφυκεν ἑκατέραν τῶν αἰσθήσεων ἔχειν τὰ ζῷα, καὶ κατὰ τὴν ψυχὴν καὶ κατὰ τὸ σῶμα.

Ἔτι δ' ἐπὶ τῶν πτώσεων ἐπισκεπτέον. Εἰ γὰρ τὸ δικαίως πλεοναχῶς λέγεται, καὶ τὸ δίκαιον πλεοναχῶς ῥηθήσεται· καθ' ἑκάτερον γὰρ τῶν δικαίως ἔστι δίκαιον· οἷον εἰ τὸ δικαίως λέγεται τό τε κατὰ τὴν ἑαυτοῦ γνώμην κρῖναι καὶ τὸ ὡς δεῖ, ὁμοίως καὶ τὸ δίκαιον. Ὡσαύτως δὲ καὶ εἰ τὸ ὑγιεινὸν πλεοναχῶς, καὶ τὸ ὑγιεινῶς πλεοναχῶς ῥηθήσεται· οἷον εἰ ὑγιεινὸν τὸ μὲν ὑγιείας ποιητικὸν τὸ δὲ φυλακτικὸν τὸ δὲ σημαντικόν, καὶ τὸ ὑγιεινῶς ἢ ποιητικῶς ἢ φυλακτικῶς ἢ σημαντικῶς ῥηθήσεται. Ὁμοίως δὲ καὶ ἐπὶ τῶν ἄλλων, ὅταν αὐτὸ πλεοναχῶς λέγηται, καὶ
[107 a] ἡ πτῶσις ἡ ἀπ' αὐτοῦ πλεοναχῶς ῥηθήσεται, καὶ εἰ ἡ πτῶσις, καὶ αὐτό.

24 post pr. καὶ add. κατὰ C Al^{p} || εἶναι om. D || 25 τε om. A || post καὶ add. κατὰ Λ^{r} || 26 ἀντίκειται VCc || τὰ νῦν λεγόμενα (Λ): ἀλλήλοις uD ἀλλήλαις P ἀλλήλοις τὰ νῦν λεγόμενα u^{2} || 27 τὸ ζῷον CuD Al^{c} || 28 pr. καὶ κατὰ : κατά τε [κάτε u] PCuD || τὴν om. c || alt. κατὰ om. PCu || τὸ om. c || 29 δ' om. C || ἐπισκεπτέον : σκεπτέον D σκοπητέον u || 30 λέγεται — πλεοναχῶς om. D || 30-31 ῥηθήσεται : λέγεται u || 31 δικαίως : δικαίων ABVPcDu^{2} Λ, corr. c^{2} || ante δίκαιον add. τὸ D || 32 εἰ om. PCu, suppl. u^{2} || pr. τὸ : γὰρ D, om. C || 33 post pr. καὶ add. κατὰ τὸν νόμον D || post ὁμοίως add. δὲ CuD || 34 καὶ εἰ (Λ) : εἰ καὶ C εἰ uD καὶ P^{ac} || pr. πλεοναχῶς : πλεοναχῶς λέγεται PD Λ πολλαχῶς λέγεται u || ὑγιεινῶς : ὑγιεινὸν P || 35 ῥηθήσεται om. C || εἰ om. PuD || post ὑγιεινὸν add. λέγεται CuD Λ, μὲν λέγεται P || 38 αὐτὸ om. A.

[107 a] 1 ἀπ' αὐτοῦ (Λ) : τοῦ αὐτοῦ P ἀπὸ τούτου C || 2 post πτῶσις add. πλεοναχῶς λέγεται uD.

Regarder aussi la catégorie des prédications[1] qui font intervenir le mot étudié, pour voir si elle est identique dans tous les cas ; si en effet elle n'est pas identique, il est clair que le terme en question est équivoque. Par exemple, le terme *bon* désigne, s'agissant de nourriture, ce qui exerce une action agréable, et s'agissant de médecine, ce qui exerce une action saine ; appliqué à une âme, il signifie qu'elle est qualifiée d'une certaine manière, qu'elle est tempérante, ou courageuse, ou juste ; de même quand on l'applique à un homme. Parfois, il se réfère au temps ; il désigne alors ce qui vient au moment opportun[2] ; de fait, on appelle *bon* ce qui vient au moment opportun. Souvent aussi il se réfère à la quantité ; il désigne alors ce qui possède la juste mesure ; de fait, on appelle également *bon* ce qui possède la juste mesure. Il en résulte que *bon* est un terme équivoque. De même, le terme *clair*, appliqué à une substance, désigne la couleur ; appliqué à un son, la propriété d'être aisément entendu. La situation est encore à peu près la même pour *aigu*, qui lui non plus ne s'attribue pas de la même manière dans tous les cas où il s'attribue : en effet, un son aigu est un son rapide, si l'on en croit la théorie mathématique de l'acoustique ; un angle aigu, un angle inférieur à un droit; une lame aiguë, une lame taillée à angle aigu.

Regarder aussi les genres auxquels appartiennent les êtres désignés par un même nom, pour voir s'il ne se trouve pas qu'ils sont distincts et sans relation de subordination l'un avec l'autre. Tel est le cas pour *bélier*[3], qui désigne tantôt un animal, tantôt une chose[4] ; autre est en effet, dans chacun des cas, la formule définitionnelle qu'on peut substituer au nom ; dans l'un, ce sera *animal qualifié de telle et telle façon* ; dans l'autre, *chose qualifiée de telle*

1. Cf. 103 b 20 et la note 2 de la p. 13.

2. J'adopte ici la lecture proposée par W.S. Maguinness, *Aristotle, Topica* 107 *a* 8-10, in *Class. Rev.* 60 (1946), 19 ; la logique du texte et le parallèle fourni par la phrase suivante la rendent hautement vraisemblable.

3-4. *Notes complémentaires*, p. 133.

Σκοπεῖν δὲ καὶ τὰ γένη τῶν κατὰ τοὔνομα κατηγοριῶν, εἰ ταὐτά ἐστιν ἐπὶ πάντων· εἰ γὰρ μὴ ταὐτά, δῆλον ὅτι ὁμώνυμον τὸ λεγόμενον. Οἷον τὸ ἀγαθὸν ἐν ἐδέσματι μὲν τὸ ποιητικὸν ἡδονῆς, ἐν ἰατρικῇ δὲ τὸ ποιητικὸν ὑγιείας, ἐπὶ δὲ ψυχῆς τὸ ποιὰν εἶναι, οἷον σώφρονα ἢ ἀνδρείαν ἢ δικαίαν· ὁμοίως δὲ καὶ ἐπὶ ἀνθρώπου. Ἐνιαχοῦ δὲ τὸ ποτέ, οἷον τὸ ἐν τῷ καιρῷ [ἀγαθόν]· ἀγαθὸν γὰρ λέγεται τὸ ἐν τῷ καιρῷ. Πολλάκις δὲ τὸ ποσόν, οἷον ἐπὶ τοῦ μετρίου· λέγεται γὰρ καὶ τὸ μέτριον ἀγαθόν. Ὥστε ὁμώνυμον τὸ ἀγαθόν. Ὡσαύτως δὲ καὶ τὸ λευκὸν ἐπὶ σώματος μὲν χρῶμα, ἐπὶ δὲ φωνῆς τὸ εὐήκοον. Παραπλησίως δὲ καὶ τὸ ὀξύ· οὐ γὰρ ὡσαύτως ἐπὶ πάντων τὸ αὐτὸ λέγεται· φωνὴ μὲν γὰρ ὀξεῖα ἡ ταχεῖα, καθάπερ φασὶν οἱ κατὰ τοὺς ἀριθμοὺς ἁρμονικοί, γωνία δ' ὀξεῖα ἡ ἐλάσσων ὀρθῆς, μάχαιρα δὲ ἡ ὀξυγώνιος.

Σκοπεῖν δὲ καὶ τὰ γένη τῶν ὑπὸ τὸ αὐτὸ ὄνομα, εἰ ἕτερα καὶ μὴ ὑπ' ἄλληλα. Οἷον ὄνος τό τε ζῷον καὶ τὸ σκεῦος· ἕτερος γὰρ ὁ κατὰ τοὔνομα λόγος αὐτῶν· τὸ μὲν γὰρ ζῷον ποιόν τι ῥηθήσεται, τὸ δὲ σκεῦος ποιόν τι. Ἐὰν

3 post δὲ add. δεῖ C Λ^{f} || κατὰ τοὔνομα : κατούνομα A κατ' ὄνομα P || 3-4 κατηγοριῶν (Al^{p} Λ) : προσηγοριῶν [προσηριῶν u] u^{2}, sup. ras. B^{2} || 4 ἐστιν post πάντων transp. PCuD || 5 ἐδέσμασι V Λ || 6 ἡδονῆς — ποιητικὸν om. c^{ac} || 8 post alt. δὲ add. καὶ Λ || 9 pr. ἀγαθόν del. Maguinness || 10 pr. τὸ : τῷ C, corr. C^{2} || τῷ om. uD || οἷον : οἷον τὸ VC, om. Λ || 11 λέγεται sup. ras. B^{2} || 11-12 ὥστε — ἀγαθόν om. cu^{ac}D, corr. c^{2} || 12 alt. τὸ om. C || 13 δὲ post φωνῆς transp. u, om. c || 15 ante φωνὴ add. οἷον C || γὰρ om. CuD || post ταχεῖα add. λέγεται V || φησὶν D || κατὰ : περὶ PuD Al^{c} || 17 ὀξυγώνια P || 18 τῶν : τὰ u^{2} || 19 μὴ om. Λ^{r} || 19-20 τό τε — σκεῦος (Λ) : τὸ μὲν γὰρ σκεῦος τὸ δὲ ζῷον C || 21 pr. ποιόν τι post ῥηθήσεται transp. uD || pr. τι om. P || ῥηθήσεται : σημαίνει Λ^{r} || alt. ποιόν τι : ὁποῖόν τι VCc^{2}.

et telle façon. Mais si les genres sont subordonnés l'un à l'autre, les formules définitionnelles ne seront plus nécessairement différentes. Ainsi, *corbeau* a pour genre *animal* et *oiseau* ; lorsque nous disons donc que le corbeau est un oiseau, nous disons du même coup qu'il est un animal qualifié de telle et telle façon ; d'où suit que, dans cette prédication, l'un et l'autre genre lui sont attribués. De la même manière, quand nous disons que le corbeau est un animal volatile bipède, nous disons du même coup, qu'il est un oiseau ; de cette manière aussi, par conséquent l'un et l'autre genre sont attribués au corbeau dans cette prédication[1]. Mais quand les genres ne sont pas subordonnés l'un à l'autre, cette situation ne se réalise pas : de fait, qui dit *chose* ne dit pas *animal*, ni réciproquement.

Ne pas regarder seulement sur le terme à l'étude si les genres auxquels il appartient sont différents et sans relation de subordination l'un avec l'autre, mais aussi sur son contraire ; car si ce contraire se prend en plusieurs sens, il est clair que le terme à l'étude en fait autant.

Il peut être utile aussi d'observer la définition que l'on obtient à partir de celles d'expressions composées comme *substance claire* et *son clair* ; car si l'on supprime de ces définitions ce qu'elles ont de propre, il faut que la formule résiduelle soit identique. Ce n'est pas ce qui se produit avec les expressions équivoques, comme celles qu'on vient de mentionner ; car la première aura pour définition *substance ayant telle et telle couleur*, et la seconde *son qui se fait aisément entendre.* On voit qu'en supprimant

1. *Notes complémentaires*, p. 133-134.

δὲ ὑπ' ἄλληλα τὰ γένη ᾖ, οὐκ ἀναγκαῖον ἑτέρους τοὺς λόγους εἶναι. Οἷον τοῦ κόρακος τὸ ζῷον καὶ τὸ ὄρνεον γένος ἐστίν· ὅταν οὖν λέγωμεν τὸν κόρακα ὄρνεον εἶναι, καὶ ζῷον ποιόν τί φαμεν αὐτὸν εἶναι, ὥστ' ἀμφότερα τὰ γένη περὶ αὐτοῦ κατηγορεῖται. Ὁμοίως δὲ καὶ ὅταν ζῷον πτηνὸν δίπουν τὸν κόρακα λέγωμεν, ὄρνεόν φαμεν αὐτὸν εἶναι· καὶ οὕτως οὖν ἀμφότερα τὰ γένη κατηγορεῖται κατὰ τοῦ κόρακος [, καὶ ὁ λόγος αὐτῶν]. Ἐπὶ δὲ τῶν μὴ ὑπ' ἄλληλα γενῶν οὐ συμβαίνει τοῦτο· οὔτε γὰρ ὅταν σκεῦος λέγωμεν, ζῷον λέγομεν, οὔθ' ὅταν ζῷον, σκεῦος.

Σκοπεῖν δὲ μὴ μόνον ἐπὶ τοῦ προκειμένου εἰ ἕτερα τὰ γένη καὶ μὴ ὑπ' ἄλληλα, ἀλλὰ καὶ ἐπὶ τοῦ ἐναντίου· εἰ γὰρ τὸ ἐναντίον πολλαχῶς λέγεται, δῆλον ὅτι καὶ τὸ προκείμενον.

Χρήσιμον δὲ καὶ τὸ ἐπὶ τὸν ὁρισμὸν ἐπιβλέπειν τὸν ἐκ τοῦ συντιθεμένου γιγνόμενον, οἷον λευκοῦ σώματος καὶ λευκῆς φωνῆς· ἀφαιρουμένου γὰρ τοῦ ἰδίου τὸν αὐτὸν λόγον δεῖ λείπεσθαι. Τοῦτο δ' οὐ συμβαίνει ἐπὶ τῶν ὁμωνύμων, οἷον [107 b] ἐπὶ τῶν νῦν εἰρημένων· τὸ μὲν γὰρ ἔσται σῶμα τοιόνδε χρῶμα ἔχον, τὸ δὲ φωνὴ εὐήκοος. Ἀφαιρεθέντος οὖν τοῦ

22 ᾖ sup. ras. V || ἑτέρους post λόγους transp. V || 23 pr. τὸ om. Pc || alt. τὸ om. VPcuD || 24 post λέγωμεν add. οὖν u^{ac} || post κόρακα add. καὶ VuD || καὶ om. C || 24-25 ποιόν τί om. Al^{p} || 25 αὐτὸν : αὐτὸ uD || περὶ : τοῦ Al^{p} || 26 τὸν : αὐτὸν Λ || 27 post λέγωμεν add. εἶναι VC || φαμεν αὐτὸν (Λ) : αὐτόν φαμεν u αὐτὸν φασὶν V || 28 κατὰ om. u || 28-29 καὶ — αὐτῶν recte om. P : hab. cett. codd. Λ || 29 ὑπ' ἄλληλα : ὑπαλλήλων uD || 30-31 λέγωμεν P || 32 ἐπὶ τοῦ προκειμένου εἰ VC^{pc} Al^{p} : εἰ τοῦ προκειμένου ABPcu D Λ ἐπὶ τοῦ προκειμένου C^{ac} || 36 τὸ ἐπὶ om. PuD || 37 ἐκ (Λ) : ἐπὶ fort. c, corr. c^{2}, om. Al^{p}.

[107 b] 2 οὖν (Λ) : δὲ uD.

substance et *son*, le résidu n'est pas identique ici et là ; mais justement il aurait dû l'être, si le terme *clair* avait été employé ici et là en un sens univoque.

Mais il arrive souvent que l'équivoque se maintienne insidieusement jusque dans ces définitions elles-mêmes ; aussi faut-il soumettre à leur tour les définitions à examen. Par exemple, si l'adversaire appelle *équilibré*[1] ce qui indique et procure la santé, il ne faut pas abandonner la partie, mais au contraire examiner ce qu'il entend par *équilibré* dans chaque cas, et voir si ce n'est pas, dans l'un, ce qui, quantitativement[2], est apte à procurer la santé, et dans l'autre, ce qui, qualitativement, est apte à indiquer quel est l'état du sujet.

Voir aussi s'il ne se trouve pas que les expressions étudiées sont, faute de commune mesure, réfractaires à toute mise en relation d'inégalité ou d'égalité, comme le sont *son clair* et *manteau clair*, *saveur aigre*[3] et *son aigre* ; de fait, ce sont là des choses que l'on ne dit ni également claires ou également aigres, ni plus claire ou plus aigre l'une que l'autre. *Clair* et *aigre* sont par conséquent des termes équivoques. Quand il y a univocité, en effet, il y a toujours commune mesure ; de fait, c'est à des degrés soit égaux, soit inégaux, qu'un attribut univoque va se dire de ses sujets.

Puisque par ailleurs des genres distincts et sans relation de subordination l'un avec l'autre ont des différences spécifiquement distinctes elles aussi (par exemple *animal* et *savoir*, dont les différences sont effectivement distinctes), regarder s'il ne se trouve pas que les êtres désignés par un même nom constituent des différences pour des genres distincts et sans relation de subordination l'un avec

1. *Notes complémentaires*, p. 134.

2. Il convient ici, malgré Bekker et Ross, de conserver le τοσοῦτον des principaux manuscrits, et de ne pas le changer en τοιοῦτον. L'équivoque ici dégagée se trouve contenue dans le seul mot συμμέτρως (cf. la note précédente) ; or on voit mal quelle autre équivoque ce mot pourrait receler par lui-même que celle d'un sens quantitatif et d'un sens qualitatif. On observera, au surplus, que si l'on devait lire τοιοῦτον dans les deux cas distingués en 107 b 11 et 12, on s'expliquerait mal l'emploi de deux corrélatifs différents, ὥστε et οἷον.

3. *Notes complémentaires*, p. 134.

σώματος καὶ τῆς φωνῆς οὐ ταὐτὸν ἐν ἑκατέρῳ τὸ λειπόμενον· ἔδει δέ γε, εἴπερ συνώνυμον ἦν τὸ λευκὸν τὸ ἐφ' ἑκατέρου λεγόμενον.

Πολλάκις δὲ καὶ ἐν αὐτοῖς τοῖς λόγοις λανθάνει παρακολουθοῦν τὸ ὁμώνυμον· διὸ καὶ ἐπὶ τῶν λόγων σκεπτέον. Οἷον ἐάν τις τὸ σημαντικὸν καὶ ποιητικὸν ὑγιείας τὸ συμμέτρως ἔχον [πρὸς ὑγίειαν] φῇ εἶναι, οὐκ ἀποστατέον ἀλλ' ἐπισκεπτέον τί τὸ συμμέτρως καθ' ἑκάτερον εἴρηκεν, οἷον εἰ τὸ μὲν τὸ τοσοῦτον εἶναι ὥστε ποιεῖν ὑγίειαν, τὸ δὲ τὸ τοιοῦτον οἷον σημαίνειν ποία τις ἡ ἕξις.

Ἔτι εἰ μὴ συμβλητὰ κατὰ τὸ μᾶλλον ἢ ὁμοίως, οἷον λευκὴ φωνὴ καὶ λευκὸν ἱμάτιον, καὶ ὀξὺς χυμὸς καὶ ὀξεῖα φωνή· ταῦτα γὰρ οὔθ' ὁμοίως λέγεται λευκὰ ἢ ὀξέα, οὔτε μᾶλλον θάτερον. Ὥσθ' ὁμώνυμον τὸ λευκὸν καὶ τὸ ὀξύ. Τὸ γὰρ συνώνυμον πᾶν συμβλητόν· ἢ γὰρ ὁμοίως ῥηθήσεται ἢ μᾶλλον θάτερον.

Ἐπεὶ δὲ τῶν ἑτέρων γενῶν καὶ μὴ ὑπ' ἄλληλα ἕτεραι τῷ εἴδει καὶ αἱ διαφοραί, οἷον ζῴου καὶ ἐπιστήμης (ἕτεραι γὰρ τούτων αἱ διαφοραί), σκοπεῖν εἰ τὰ ὑπὸ τὸ αὐτὸ ὄνομα ἑτέρων γενῶν καὶ μὴ ὑπ' ἄλληλα διαφοραί

3 ἐν om. u || 4 γε om. C || 8 post καὶ add. τὸ C Al^{p} || 9 πρὸς ὑγίειαν non legisse uid. Al, del. Brunschwig || φησιν P || εἶναι ante φῇ transp. C || 11 pr. τὸ : τῷ P^{ac} ut uid. || alt. τὸ (Al^{p} Λ) : τῷ VPCD, fort. u^{ac}, om. cu^{pc} || τοσοῦτον (Al^{p} Λ) : τοιοῦτον c^{ac}u^{pc} || tert. τὸ : τῷ P^{ac} || quart. τὸ (Λ) : τῷ VPCuDc^{2}, om. c || 11-12 post τοιοῦτον add. εἶναι VC Al^{p} || 12 σημαίνει D || 13 μὴ (Λ) : τὰ P || συμβλητὰ sup. ras. c^{2} || 14 pr. καὶ om. P || 15 λέγεται post λευκὰ transp. u || 16 λευκὸν— ὀξύ (Λ) : ὀξὺ— λευκόν C || 19 ἑτέρων γενῶν ABc^{ac}u Λ, uar. lect. inter punct. V^{s1} : ἑτερογενῶν [ἑτερω - C] VPCc^{pc}D || post ἄλληλα add. τεταγμένων VP Al^{c} Λ || 20 ἐπιστήμης c^{pc} || 21 ante αἱ add. καὶ C || τὰ (Λ) : τῶν u^{pc}D.

l'autre, comme le fait par exemple *aigu* pour les sons et pour les corps ; de fait, un son se différencie d'un autre son par cela qu'il est aigu, et un corps d'un autre corps de la même façon. *Aigu* est par conséquent un terme équivoque ; car c'est à des genres distincts et sans relation de subordination l'un avec l'autre qu'il fournit des différences[1].

Voir s'il ne se trouve pas, inversement, que ce sont les êtres désignés par un même nom qui ont eux-mêmes des différences distinctes ; tel est le cas par exemple pour *couleur*, d'une part dans le domaine des corps, et d'autre part en musique[2] ; de fait, dans le domaine des corps, ses différences sont *dissociateur* et *compresseur du corps optique*[3] ; en musique, ce ne sont pas les mêmes. *Couleur* est par conséquent un terme équivoque : à choses identiques, en effet, différences identiques.

En outre, puisqu'une espèce n'est jamais la différence de quoi que ce soit, regarder s'il ne se trouve pas que les êtres désignés par un même nom sont, l'un, une espèce, et l'autre, une différence ; *clair*, par exemple, appliqué à une substance physique, désigne une espèce de la couleur ; appliqué à un son, il désigne une différence : de fait, un son se différencie d'un autre son par cela qu'il est clair.

16

Troisième instrument : la découverte des différences

Tels sont donc, en matière de sens multiples, les procédés et types de procédés à mettre en œuvre.

Touchant la mise en lumière des différences, il faut instituer les comparaisons aussi bien à l'intérieur même des genres[4] (on se demandera par exemple quelle différence il y a entre justice et courage, entre sagesse et

1-4. *Notes complémentaires*, p. 134-135.

εἰσιν, οἷον τὸ ὀξὺ φωνῆς καὶ ὄγκου· διαφέρει γὰρ φωνὴ φωνῆς τῷ ὀξεῖα εἶναι, ὁμοίως δὲ καὶ ὄγκος ὄγκου. Ὥστε ὁμώνυμον τὸ ὀξύ· ἑτέρων γὰρ γενῶν καὶ οὐχ ὑπ' ἄλληλα διαφοραί εἰσιν.

Πάλιν εἰ αὐτῶν τῶν ὑπὸ τὸ αὐτὸ ὄνομα ἕτεραι αἱ διαφοραί, οἷον χρώματος τοῦ τε ἐπὶ τῶν σωμάτων καὶ τοῦ ἐν τοῖς μέλεσιν· τοῦ μὲν γὰρ ἐπὶ τῶν σωμάτων διακριτικὸν καὶ συγκριτικὸν ὄψεως, τοῦ δ' ἐπὶ τῶν μελῶν οὐχ αἱ αὐταὶ διαφοραί. Ὥστε ὁμώνυμον τὸ χρῶμα· τῶν γὰρ αὐτῶν αἱ αὐταὶ διαφοραί.

Ἔτι ἐπεὶ τὸ εἶδος οὐδενός ἐστι διαφορά, σκοπεῖν τῶν ὑπὸ τὸ αὐτὸ ὄνομα εἰ τὸ μὲν εἶδός ἐστι τὸ δὲ διαφορά· οἷον τὸ λευκὸν τὸ μὲν ἐπὶ τοῦ σώματος εἶδος χρώματος, τὸ δ' ἐπὶ τῆς φωνῆς διαφορά· διαφέρει γὰρ φωνὴ φωνῆς τῷ λευκὴ εἶναι.

XVI Περὶ μὲν οὖν τοῦ πολλαχῶς διὰ τούτων καὶ τῶν τοιούτων σκεπτέον.

Τὰς δὲ διαφορὰς ἐν αὐτοῖς τε τοῖς γένεσι [108 a] πρὸς ἄλληλα θεωρητέον, οἷον τίνι διαφέρει δικαιοσύνη

23 ante φωνῆς add. τῆς P || 24 ὥστε om. P^{ac} || 25-26 ἑτέρων — εἰσιν fort. delenda || 25 γὰρ om. C, suppl. C^2 || 26 ἐστι D || 29 τοῦ (Λ) : τὸ u^{ac} || 29-30 συγκριτικὸν καὶ διακριτικὸν Al^p || 31 διαφοραί om. uD || post αὐτῶν add. γενῶν c^2 || 33 post διαφορά add. ὁ γὰρ ἄνθρωπος καὶ ὁ βοῦς οὐκ [οὐκ : οὐδενὸς Λ] ἔστι διαφορὰ ἀλλ' [ἀλλ' : καὶ uD] εἶδος ἕκαστον αὐτῶν uD^{ac} Λ || post σκοπεῖν add. χρὴ VCD^2, ante σκοπεῖν add. δεῖ c^2 || 33-34 σκοπεῖν — διαφορά om. P || 33 τῶν (Λ) : τὸ c || 34 alt. et tert. τὸ (Λ) : τοῦ c || 37 λευκῇ AC, corr. A^2C^2 || 38 οὖν om. c || τοῦ (Λ) : τῶν PuD || 39 σκοπητέον u || δὲ om. D || post γένεσι add. τοῖς $ABVPc^{ac}u^{pc}$ Λ, τῶν Colli.

tempérance, toutes choses qui appartiennent effectivement au même genre) qu'en passant d'un genre à un autre, s'ils ne sont pas trop éloignés (on se demandera par exemple quelle différence il y a entre sensation et connaissance) ; en effet, lorsque leurs genres sont très éloignés, la différence des choses est entièrement évidente.

17

Quatrième instrument : la perception des similitudes

Pour la similitude, il faut l'observer d'abord sur des termes appartenant à des genres distincts, selon la formule : ce que l'un est à une chose, l'autre l'est à une autre chose (par exemple, ce que la connaissance est à son contenu[1], la sensation l'est au sien), ou selon la formule : ce que l'un est dans une chose, l'autre l'est dans une autre chose (par exemple, ce qu'est la prunelle dans l'œil[2], l'intelligence l'est dans l'âme ; ce qu'est l'absence d'agitation dans la mer, l'absence de vent l'est dans l'air) ; et il faut s'entraîner surtout avec des termes appartenant à des genres très éloignés l'un de l'autre ; car nous deviendrons ainsi capables d'apercevoir plus facilement les similitudes dans les autres cas. Mais il faut aussi étudier des termes appartenant au même genre, pour voir s'il leur appartient bien à tous quelque chose d'identique, par exemple à l'homme, au cheval et au chien ; car c'est dans la mesure où il leur appartient quelque chose d'identique qu'ils présentent une similitude.

18

Utilité respective des trois derniers instruments

La dissociation des divers sens des termes.

L'examen des divers sens d'un même terme sert à clarifier le débat[3] (on a chance, en effet, de mieux savoir ce que l'on pose, une fois qu'a été mis en lumière en combien de sens se prend telle proposition) et à s'assurer que les raisonnements porteront sur

1-3. *Notes complémentaires*, p. 136.

ἀνδρείας καὶ φρόνησις σωφροσύνης (ταῦτα γὰρ ἅπαντα ἐκ τοῦ αὐτοῦ γένους ἐστίν), καὶ ἐξ ἄλλου πρὸς ἄλλο τῶν μὴ πολὺ λίαν διεστηκότων, οἷον τίνι αἴσθησις ἐπιστήμης· ἐπὶ μὲν γὰρ τῶν πολὺ διεστηκότων κατάδηλοι παντελῶς αἱ διαφοραί.

XVII Τὴν δὲ ὁμοιότητα σκεπτέον ἐπί τε τῶν ἐν ἑτέροις γένεσιν, ὡς ἕτερον πρὸς ἕτερόν τι, οὕτως ἄλλο πρὸς ἄλλο (οἷον ὡς ἐπιστήμη πρὸς ἐπιστητόν, οὕτως αἴσθησις πρὸς αἰσθητόν), καὶ ὡς ἕτερον ἐν ἑτέρῳ τινί, οὕτως ἄλλο ἐν ἄλλῳ (οἷον ὡς ὄψις ἐν ὀφθαλμῷ, νοῦς ἐν ψυχῇ, καὶ ὡς γαλήνη ἐν θαλάσσῃ, νηνεμία ἐν ἀέρι)· μάλιστα δ᾽ ἐν τοῖς πολὺ διεστῶσι γυμνάζεσθαι δεῖ· ῥᾷον γὰρ ἐπὶ τῶν λοιπῶν δυνησόμεθα τὰ ὅμοια συνορᾶν. Σκεπτέον δὲ καὶ τὰ ἐν τῷ αὐτῷ γένει ὄντα, εἴ τι ἅπασιν ὑπάρχει ταὐτόν, οἷον ἀνθρώπῳ καὶ ἵππῳ καὶ κυνί· ᾗ γὰρ ὑπάρχει τι αὐτοῖς ταὐτόν, ταύτῃ ὅμοιά ἐστιν.

XVIII Χρήσιμον δὲ τὸ μὲν ποσαχῶς λέγεται ἐπεσκέφθαι πρὸς τὸ σαφές (μᾶλλον γὰρ ἄν τις εἰδείη τί τίθησιν, ἐμφανισθέντος ποσαχῶς λέγεται) καὶ πρὸς τὸ γίνεσθαι

[108 a] 2 σωφροσύνης om. c, suppl. c^{2} || ταῦτα γὰρ ἅπαντα : ταῦτα γὰρ πάντα Pu^{ac}D πάντα γὰρ ταῦτα C || 3 ἐστίν (Λ) : ἐστὶ τῆς ἀρετῆς DB^{2} εἰσὶ τῆς ἀρετῆς Vu τῆς ἀρετῆς ἐστι C || 4 λίαν (c$^{2\gamma\rho}$ Λ) : τούτων c || post τίνι add. διαφέρει uDV^{2} Λ || 5 μὲν om. VC Λ, del. c || γὰρ om. P || κατάλληλοι C || 7 σκεπτέον: ληπτέον C || ἐν om. c || 8 τι om. cuD || 9 ὡς om. A, suppl. A^{2} || 10 pr. ἐν om. u || alt. ἐν: πρὸς P^{ac} || 11 post ὄψις add. ἐστιν Al^{c} || post alt. ἐν add. τῇ uD || 12 post ἀέρι add. ἑκάτερον γὰρ ἐν ἡσυχίᾳ ante ras., ἑκάτερον γὰρ ἡσυχία post ras. V || 12-13 διεστηκόσι c || 13-b 7 ῥᾷον — τε deficit c || 15 εἴ om. uD || 19 post πρὸς add. τε C Al^{c} edd. || τί (Λ) : ὅ C ὅ τι V.

les choses mêmes, et non sur les mots ; tant que la diversité des sens reste dans l'ombre, en effet, il peut se faire que répondant et questionneur n'aient pas en tête le même objet ; mais une fois mis en lumière en combien de sens se prend la proposition, et lequel d'entre eux le répondant a en tête lorsqu'il la pose, le questionneur se couvrirait de ridicule s'il dirigeait son argumentation sur un autre que celui-là. L'étude de ces questions peut également servir à déjouer les paralogismes, et à en faire soi-même. Une fois au courant des sens divers d'une même expression, en effet, nous ne risquons pas d'être les victimes d'un paralogisme, puisque nous nous apercevrons si le questionneur dirige son argumentation sur un autre sens que nous ; et lorsque nous aurons nous-mêmes le rôle du questionneur, nous pourrons faire des paralogismes, pour peu que le répondant ignore en combien de sens se prend la proposition. Notons cependant que cette pratique n'est pas possible dans tous les cas, mais seulement lorsque, parmi les divers sens de la proposition en jeu, les uns constituent une vérité, et les autres une fausseté. Ajoutons aussi que ce procédé ne relève pas proprement de la dialectique ; c'est pourquoi les dialecticiens doivent se garder de recourir à ce type d'argumentation, qui consiste à jouer sur les mots, à moins d'être dans l'incapacité absolue de discuter d'une autre manière la proposition en jeu.

La découverte des différences.

La découverte des différences est utile pour faire des raisonnements sur les questions d'identité et de différence, et pour faire connaître l'essence des choses[1]. Qu'elle soit utile pour faire des raisonnements sur les questions d'identité et de différence, cela est bien clair : une fois découverte une différence quelconque entre les termes à l'étude, nous aurons en effet montré qu'ils

1. *Notes complémentaires*, p. 137.

κατ' αὐτὸ τὸ πρᾶγμα καὶ μὴ πρὸς τὸ ὄνομα τοὺς συλλογισμούς· ἀδήλου γὰρ ὄντος ποσαχῶς λέγεται, ἐνδέχεται μὴ ἐπὶ ταὐτὸν τόν τε ἀποκρινόμενον καὶ τὸν ἐρωτῶντα φέρειν τὴν διάνοιαν· ἐμφανισθέντος δὲ ποσαχῶς λέγεται καὶ ἐπὶ τί φέρων τίθησι, γελοῖος ἂν φαίνοιτο ὁ ἐρωτῶν, εἰ μὴ πρὸς τοῦτο τὸν λόγον ποιοῖτο. Χρήσιμον δὲ καὶ πρὸς τὸ μὴ παραλογισθῆναι καὶ πρὸς τὸ παραλογίσασθαι. Εἰδότες γὰρ ποσαχῶς λέγεται οὐ μὴ παραλογισθῶμεν, ἀλλ' εἰδήσομεν ἐὰν μὴ πρὸς τὸ αὐτὸ τὸν λόγον ποιῆται ὁ ἐρωτῶν· αὐτοί τε ἐρωτῶντες δυνησόμεθα παραλογίσασθαι, ἐὰν μὴ τυγχάνῃ εἰδὼς ὁ ἀποκρινόμενος ποσαχῶς λέγεται. Τοῦτο δ' οὐκ ἐπὶ πάντων δυνατόν, ἀλλ' ὅταν ᾖ τῶν πολλαχῶς λεγομένων τὰ μὲν ἀληθῆ τὰ δὲ ψευδῆ. Ἔστι δὲ οὐκ οἰκεῖος ὁ τρόπος οὗτος τῆς διαλεκτικῆς· διὸ παντελῶς εὐλαβητέον τοῖς διαλεκτικοῖς τὸ τοιοῦτον, τὸ πρὸς τοὔνομα διαλέγεσθαι, ἐὰν μή τις ἄλλως ἐξαδυνατῇ περὶ τοῦ προκειμένου διαλέγεσθαι.

Τὸ δὲ τὰς διαφορὰς εὑρεῖν χρήσιμον πρός τε τοὺς συλλογισμοὺς τοὺς περὶ ταὐτοῦ καὶ ἑτέρου καὶ πρὸς τὸ γνω-
[108b] ρίζειν τί ἐστιν ἕκαστον. Ὅτι μὲν οὖν πρὸς τοὺς συλλογισμοὺς τοὺς περὶ ταὐτοῦ καὶ ἑτέρου χρήσιμον, δῆλον· εὑρόντες γὰρ διαφορὰν τῶν προκειμένων ὁποιανοῦν δεδειχότες ἐσόμεθα ὅτι

21 κατ' αὐτὸ τὸ : κατὰ τὸ αὐτὸ V Λ || 23 ἐρωτῶντα—ἀποκρινόμενον C Al^{p} || 25 ἂν φαίνοιτο : ἀναφαίνοιτο P || 29 μὴ om. u || τὸ αὐτὸ (Λ) : τοῦτο CuD || τὸν λόγον post ποιῆται transp. u || ποιῆται C^{pc}D^{pc} || 30 παραλογίζεσθαι C || 32 post πάντων add. ἀεὶ V Λ || 36 ἄλλως (Λ) : ἄλλος D ἄλλῳ u, corr. u^{2} || 38 τε om. P Λ^{f}.
[108 b] 1 ἐστιν post ἕκαστον transp. AB || ἕκαστον an delendum ? || 2 post γὰρ add. τὴν C.

ne sont pas identiques. Qu'elle soit utile aussi pour faire connaître les essences, cela se voit au fait que nous utilisons couramment les différences caractéristiques d'une chose pour isoler ce qui est la formule propre de son essence.

La perception des similitudes.

L'observation des similitudes est utile pour faire des inductions, pour faire des raisonnements hypothétiques et pour répondre aux questions de définition. Qu'elle le soit pour faire des inductions, cela se voit au fait que c'est par la production de cas individuels présentant une similitude que nous nous sentons autorisés à induire l'universel[1] ; de fait, il n'est pas facile de faire une induction sans connaître les cas semblables. Que maintenant l'observation des similitudes soit utile pour faire des raisonnements hypothétiques, cela résulte du fait qu'il est admis, sur plusieurs cas semblables, que ce qui vaut de l'un vaut de tous les autres ; si bien que, lorsque parmi ces cas il en est un sur lequel nous ne sommes pas à court d'arguments, nous nous ferons accorder au préalable que ce qui vaut de tel et tel cas vaut aussi du cas à l'étude ; et une fois faite la démonstration sur le cas parallèle, nous l'aurons faite du même coup, par hypothèse, sur le cas à l'étude ; de fait, ayant posé comme hypothèse que ce qui valait de tel et tel cas valait aussi du cas à l'étude, notre démonstration se trouve effectuée. Que l'observation des similitudes, enfin, soit utile pour répondre aux questions de définition, cela s'explique du fait qu'une fois en mesure d'apercevoir ce qu'il y a d'identique dans chacun des éléments d'un ensemble[2], nous n'aurons plus d'embarras pour déterminer dans quel genre il faut placer ce que nous voulons définir ; car parmi les attributs communs, celui qui au plus haut degré appartient au sujet en son essence a toutes chances d'être son genre. Dans le cas des notions très éloignées l'une de l'autre, l'observation des simili-

1-2. *Notes complémentaires*, p. 137-138.

οὐ ταὐτόν· πρὸς δὲ τὸ γνωρίζειν τί ἐστι, διότι τὸν ἴδιον τῆς οὐσίας ἑκάστου λόγον ταῖς περὶ ἕκαστον οἰκείαις διαφοραῖς χωρίζειν εἰώθαμεν.

Ἡ δὲ τοῦ ὁμοίου θεωρία χρήσιμος πρός τε τοὺς ἐπακτικοὺς λόγους καὶ πρὸς τοὺς ἐξ ὑποθέσεως συλλογισμοὺς καὶ πρὸς τὴν ἀπόδοσιν τῶν ὁρισμῶν. Πρὸς μὲν οὖν τοὺς ἐπακτικοὺς λόγους, διότι τῇ καθ' ἕκαστα ἐπὶ τῶν ὁμοίων ἐπαγωγῇ τὸ καθόλου ἀξιοῦμεν ἐπάγειν· οὐ γὰρ ῥᾴδιόν ἐστιν ἐπάγειν μὴ εἰδότας τὰ ὅμοια. Πρὸς δὲ τοὺς ἐξ ὑποθέσεως συλλογισμούς, διότι ἔνδοξόν ἐστιν, ὥς ποτε ἐφ' ἑνὸς τῶν ὁμοίων ἔχει, οὕτως καὶ ἐπὶ τῶν λοιπῶν. Ὥστε πρὸς ὅ τι ἂν αὐτῶν εὐπορῶμεν διαλέγεσθαι, προδιομολογησόμεθα, ὥς ποτε ἐπὶ τούτων ἔχει, οὕτω καὶ ἐπὶ τοῦ προκειμένου ἔχειν, δείξαντες δὲ ἐκεῖνο καὶ τὸ προκείμενον ἐξ ὑποθέσεως δεδειχότες ἐσόμεθα· ὑποθέμενοι γάρ, ὥς ποτε ἐπὶ τούτων ἔχει, οὕτω καὶ ἐπὶ τοῦ προκειμένου ἔχειν, τὴν ἀπόδειξιν πεποιήμεθα. Πρὸς δὲ τὴν τῶν ὁρισμῶν ἀπόδοσιν, διότι δυνάμενοι συνορᾶν τί ἐν ἑκάστῳ ταὐτόν, οὐκ ἀπορήσομεν εἰς τί δεῖ γένος ὁριζομένους τὸ προκείμενον τιθέναι· τῶν γὰρ κοινῶν τὸ μάλιστα ἐν τῷ τί ἐστι κατηγορούμενον γένος ἂν εἴη. Ὁμοίως δὲ καὶ ἐν τοῖς πολὺ διεστῶσι

4-5 τῆς οὐσίας post 5 ἑκάστου transp. uD || 6 χωρίζειν (Λ) : γνωρίζειν VP || 7 ἡ—τε suppl. c² || a uerbo τοὺς rursus adest c || 9 pr. πρὸς — ὁρισμῶν om. uerisim. u^ac || ἀπόδοσιν post ὁρισμῶν transp. Al^c || 10 ante ἐπὶ add. καὶ cu^pc || 14 εὐποροῦμεν u^ac || 15 προσδιομολογησόμεθα u || ὥς ποτε : ὥσπερ uD Λ || τούτων (Λ) : αὐτῶν uD || 16 δὲ (Λ) : γὰρ C || alt. καὶ om. c, suppl. c² || 17-18 ὑποτιθέμενοι D || 18 ἔχει om. C || 19 πεποιήμεθα (Λ) : πεποιημένοι ἐσόμεθα C || 20 διότι (Λ) : ὅτι uD || 21-22 τὸ προκείμενον post 22 τιθέναι transp. C || 23 ante γένος add. τὸ CuD.

tudes n'est pas moins utile en vue des définitions : on dira, par exemple, que l'absence d'agitation est dans la mer la même chose que l'absence de vent dans l'air (un repos l'une et l'autre), et que le point est dans la ligne la même chose que l'unité dans le nombre (un principe l'un et l'autre). Par suite, si nous donnons comme un genre ce qu'il y a de commun dans tous ces cas, les définitions obtenues ne nous apparaîtront pas sans quelque pertinence. Ce sont d'ailleurs ces définitions, en pratique, que donnent couramment ceux qui veulent définir ces termes : de fait, ils disent que l'unité est le principe du nombre et que le point est le principe de la ligne[1]. Il est donc bien clair qu'ils prennent, comme le genre où placer ces deux choses, ce qu'il y a de commun entre elles.

Tels sont donc les instruments qui sont au service des raisonnements déductifs ; quant aux lieux[2], par rapport auxquels ce qui a été dit jusqu'ici[3] trouve son utilité, les voici à présent.

1. Cf. la note précédente.

2. Première apparition du mot τόποι dans les *Topiques.* Compte tenu de son étymologie, de sa transposition latine *loci*, de sa fortune dans toute la tradition occidentale, il semble inutile de chercher à le traduire autrement que par *lieux.*

3. Τὰ λεχθέντα désigne certainement l'ensemble du contenu du livre I, et non pas les instruments dialectiques en particulier : ceux-ci viennent d'être nommés, et s'ils étaient ici en cause, il serait inutile de les désigner explicitement une seconde fois.

χρήσιμος πρὸς τοὺς ὁρισμοὺς ἡ τοῦ ὁμοίου θεωρία, οἷον ὅτι ταὐτὸν γαλήνη μὲν ἐν θαλάσσῃ, νηνεμία δ' ἐν ἀέρι (ἑκάτερον γὰρ ἡσυχία), καὶ ὅτι στιγμὴ ἐν γραμμῇ καὶ μονὰς ἐν ἀριθμῷ (ἑκάτερον γὰρ ἀρχή). Ὥστε τὸ κοινὸν ἐπὶ πάντων γένος ἀποδιδόντες δόξομεν οὐκ ἀλλοτρίως ὁρίζεσθαι. Σχεδὸν δὲ καὶ οἱ ὁριζόμενοι οὕτως εἰώθασιν ἀποδιδόναι· τήν τε γὰρ μονάδα ἀρχὴν ἀριθμοῦ φασιν εἶναι καὶ τὴν στιγμὴν ἀρχὴν γραμμῆς. Δῆλον οὖν ὅτι εἰς τὸ κοινὸν ἀμφοτέρων γένος τιθέασιν.

Τὰ μὲν οὖν ὄργανα δι' ὧν οἱ συλλογισμοὶ ταῦτ' ἐστίν· οἱ δὲ τόποι πρὸς οὓς χρήσιμα τὰ λεχθέντα οἵδε εἰσίν.

24 χρήσιμον P || 25 γαλήνη post θαλάσσῃ transp. u || 26 post ὅτι add. ὡς C || alt. καὶ om. C || 28 δείξομεν P || δόξομεν post ἀλλοτρίως transp. C || 29 οἱ om. A || 33 λεχθέντα : προειρημένα Al^{p} Λ || εἰσίν om. D.

TOPIQUES

LIVRE II

LIEUX DE L'ACCIDENT

1

Remarques préliminaires

Les problèmes se divisent en problèmes universels et problèmes particuliers[1]. Exemples de problèmes universels : tout plaisir est un bien, aucun plaisir n'est un bien. Exemples de problèmes particuliers : quelque plaisir est un bien, quelque plaisir n'est pas un bien. Mais les procédés qui permettent d'établir ou de réfuter universellement sont applicables indifféremment aux deux types de problèmes, puisque, si nous montrons que le prédicat appartient à tous, nous aurons montré du même coup qu'il appartient à l'un quelconque ; de la même manière, si nous montrons qu'il n'appartient à aucun, nous aurons montré du même coup qu'il n'appartient pas à tous[2]. Il convient donc de commencer par les procédés qui permettent de réfuter universellement, d'abord parce que les procédés de ce type sont applicables indifféremment aux problèmes universels et aux problèmes particuliers, ensuite parce que, les thèses que l'on met en discussion étant plus souvent affirmatives que négatives, les dialecticiens ont plus ordinairement pour tâche d'effectuer des réfutations.

Disons aussi qu'il est très difficultueux d'inverser la formulation qui correspond proprement à l'assignation d'un accident[3], puisque c'est seulement dans le cas des accidents qu'une affirmation peut être vraie sous un certain rapport seulement, et non pas universellement : de fait, à partir de la définition, du propre et du genre, l'inversion est nécessairement valide. Par exemple, s'il appartient à quelque sujet d'être un animal terrestre bipède, il sera vrai de dire, en inversant, que ce sujet

1-3. *Notes complémentaires*, p. 138-139.

ΤΟΠΙΚΩΝ Β'

I Ἔστι δὲ τῶν προβλημάτων τὰ μὲν καθόλου τὰ δ' ἐπὶ μέρους. Καθόλου μὲν οὖν οἷον ὅτι πᾶσα ἡδονὴ ἀγαθὸν καὶ ὅτι οὐδεμία ἡδονὴ ἀγαθόν· ἐπὶ μέρους δὲ οἷον ὅτι ἔστι τις ἡδονὴ [109 a] ἀγαθὸν καὶ ἔστι τις ἡδονὴ οὐκ ἀγαθόν. Ἔστι δὲ πρὸς ἀμφότερα τὰ γένη τῶν προβλημάτων κοινὰ τὰ καθόλου κατασκευαστικὰ καὶ ἀνασκευαστικά· δείξαντες γὰρ ὅτι παντὶ ὑπάρχει, καὶ ὅτι τινὶ ὑπάρχει δεδειχότες ἐσόμεθα· ὁμοίως δὲ κἂν ὅτι οὐδενὶ ὑπάρχει δείξωμεν, καὶ ὅτι οὐ παντὶ ὑπάρχει δεδειχότες ἐσόμεθα. Πρῶτον οὖν περὶ τῶν καθόλου ἀνασκευαστικῶν ῥητέον διά τε τὸ κοινὰ εἶναι τὰ τοιαῦτα πρὸς τὰ καθόλου καὶ τὰ ἐπὶ μέρους, καὶ διὰ τὸ μᾶλλον τὰς θέσεις κομίζειν ἐν τῷ ὑπάρχειν ἢ μή, τοὺς δὲ διαλεγομένους ἀνασκευάζειν.

Ἔστι δὲ χαλεπώτατον τὸ ἀντιστρέφειν τὴν ἀπὸ τοῦ συμβεβηκότος οἰκείαν ὀνομασίαν· τὸ γὰρ πῇ καὶ μὴ καθόλου ἐπὶ μόνων ἐνδέχεται τῶν συμβεβηκότων. Ἀπὸ μὲν γὰρ τοῦ ὅρου καὶ τοῦ ἰδίου καὶ τοῦ γένους ἀναγκαῖον ἀντιστρέφειν. Οἷον εἰ ὑπάρχει τινὶ ζῴῳ πεζῷ δίποδι εἶναι, ἀντιστρέψαντι ἀληθὲς ἔσται λέγειν ὅτι ζῷον πεζὸν

36 ὅτι om. PcuD.

[109 a] 1 post καὶ add. ὅτι C Λ || 1-2 πρὸς ἀμφότερα om. P || 2 post καθόλου add. καὶ Λ || 3 ἀνασκευαστικὰ καὶ κατασκευαστικά C || 5 ὑπάρχει (Λ) : ὑπάρχῃ BA² ὑπάρχειν Cc || 5-6 οὐ παντὶ ὑπάρχει (Λ) : τινὶ οὐχ ὑπάρχειν C || 6 ante οὖν add. μὲν PCD || 8 pr. τὰ (Λ) : τὸ DP² || post μᾶλλον add. εἶναι V || 14 ὑπάρξει P || πεζῷ om. C || 15 ἀντιστρέψαντα fort. Λʳ || ἐστι Vcu || ὅτι om. cu.

est un animal terrestre bipède. De même en partant du genre : s'il appartient à un sujet d'être un animal, ce sujet est un animal. Même chose encore avec le propre : s'il appartient à un sujet d'être apte à la lecture et à l'écriture, ce sujet sera apte à la lecture et à l'écriture. C'est qu'aucune de ces déterminations ne peut appartenir, ou ne pas appartenir, à son sujet sous un certain rapport seulement : elles peuvent seulement, soit lui appartenir purement et simplement, soit ne pas lui appartenir du tout. Mais lorsqu'il s'agit d'accidents, rien n'empêche une détermination comme la blancheur ou la justice d'appartenir à son sujet sous un certain rapport seulement ; il ne suffit donc pas de montrer que la blancheur ou la justice appartiennent à un sujet pour montrer que ce sujet est blanc ou juste ; car on peut toujours soulever des difficultés en disant qu'il n'est blanc ou juste que sous un certain rapport. D'où suit que l'inversion n'est pas nécessairement valide dans le cas des accidents.

Il faut aussi faire une distinction parmi les fautes auxquelles peuvent donner lieu les problèmes, car elles sont de deux sortes, selon qu'on se trompe ou qu'on s'écarte de la manière habituelle de parler ; car il en est qui se trompent, disant qu'appartient à un sujet quelque chose qui ne lui appartient pas, et c'est en quoi consiste leur faute ; mais il en est aussi[1] qui appellent les choses par d'autres noms que les leurs (comme si on appelait *homme* un platane, par exemple), s'écartant ainsi de la manière habituelle de désigner les choses.

2

Lieux

Un premier lieu consiste à regarder s'il ne se trouve pas que l'adversaire a donné pour un accident du sujet une détermination qui lui appartient selon quelque autre mode. Cette faute se commet surtout avec les genres, comme lorsqu'on dit du blanc, par exemple, qu'il a pour

1. *Notes complémentaires*, p. 139.

δίπουν ἐστίν. Ὁμοίως δὲ καὶ ἀπὸ τοῦ γένους· εἰ γὰρ ζῴῳ ὑπάρχει τινὶ εἶναι, ζῷόν ἐστιν. Τὰ δ' αὐτὰ καὶ ἐπὶ τοῦ ἰδίου· εἰ γὰρ ὑπάρχει τινὶ γραμματικῆς δεκτικῷ εἶναι, γραμματικῆς δεκτικὸν ἔσται. Οὐδὲν γὰρ τούτων ἐνδέχεται κατά τι ὑπάρχειν ἢ μὴ ὑπάρχειν, ἀλλ' ἁπλῶς ἢ ὑπάρχειν ἢ μὴ ὑπάρχειν. Ἐπὶ δὲ τῶν συμβεβηκότων οὐδὲν κωλύει κατά τι ὑπάρχειν, οἷον λευκότητα ἢ δικαιοσύνην, ὥστε οὐκ ἀπόχρη τὸ δεῖξαι ὅτι ὑπάρχει λευκότης ἢ δικαιοσύνη πρὸς τὸ δεῖξαι ὅτι λευκὸς ἢ δίκαιός ἐστιν· ἔχει γὰρ ἀμφισβήτησιν ὅτι κατά τι λευκὸς ἢ δίκαιός ἐστιν. Ὥστ' οὐκ ἀναγκαῖον ἐπὶ τῶν συμβεβηκότων τὸ ἀντιστρέφειν.

Διορίσασθαι δὲ δεῖ καὶ τὰς ἁμαρτίας τὰς ἐν τοῖς προβλήμασιν, ὅτι εἰσὶ διτταί, ἢ τῷ ψεύδεσθαι ἢ τῷ παραβαίνειν τὴν κειμένην λέξιν· οἵ τε γὰρ ψευδόμενοι καὶ τὸ μὴ ὑπάρχον ὑπάρχειν τινὶ λέγοντες ἁμαρτάνουσι, καὶ οἱ τοῖς ἀλλοτρίοις ὀνόμασι τὰ πράγματα προσαγορεύοντες, οἷον τὴν πλάτανον ἄνθρωπον, παραβαίνουσι τὴν κειμένην ὀνομασίαν.

II Εἷς μὲν δὴ τόπος τὸ ἐπιβλέπειν εἰ τὸ κατ' ἄλλον τινὰ τρόπον ὑπάρχον ὡς συμβεβηκὸς ἀποδέδωκεν. Ἁμαρτάνεται δὲ μάλιστα τοῦτο περὶ τὰ γένη, οἷον εἴ τις τῷ λευκῷ

18 τινὶ om. C || 19 ἔσται (Λ) : ἐστιν Ccu || ἐνδέχεται post 20 pr. ὑπάρχειν transp. Λ' || 20 ἢ μὴ ὑπάρχειν om. C || 20-21 ἀλλ' — μὴ ὑπάρχειν om. Pu^ac || 20 alt. ἢ om. BCuD || 24 et 25 λευκὸν ἢ δίκαιόν cu || 24-25 ἔχει — ἐστιν om. P || 25 ἐστιν om. D || 27 καὶ : κατὰ P || 28 pr. et alt. τῷ (Λ) : τὸ Dc² || 30 λέγοντες : φάσκοντες C || 34 post μὲν add. οὖν D || τρόπος P || 35 τινὰ om. Al^c 177, 10 || 36 μάλιστα post τοῦτο transp. VPC Λ^f || εἴ τις τῷ λευκῷ (Λ) : τῷ λευκῷ εἴ τις D εἰ τῷ λευκῷ C εἴ τις τὸ λευκὸν Bc, corr. c² τὸ λευκὸν P.

accident d'être une couleur : en fait, il n'est pas vrai que le blanc ait pour accident d'être une couleur, la couleur est son genre. Dans certains cas, le répondant précise explicitement son intention, par la formulation même de sa thèse, disant par exemple que la justice a pour accident d'être une qualité[1] ; mais souvent aussi, même sans cette mention explicite, il reste évident qu'il a présenté un genre comme un accident, s'il dit par exemple que la blancheur est colorée ou que la marche se meut. En effet, l'attribution d'un genre à son espèce ne se fait jamais sous une forme dérivée[2] : les genres s'attribuent toujours de manière univoque à leurs espèces, puisque les espèces admettent à la fois le nom et la définition de leur genre[3]. Par suite, en disant que le blanc est coloré, on ne présente pas l'attribut comme un genre, puisqu'on utilise une expression dérivée ; on ne le présente pas non plus comme un propre ou comme une définition, puisque définition et propre n'appartiennent à aucun autre sujet, alors qu'il existe bien d'autres choses colorées que le blanc, par exemple un morceau de bois, une pierre, un homme, un cheval ; il est donc clair qu'on le présente comme un accident.

Autre lieu : examiner les sujets auxquels l'attribut a été universellement assigné ou refusé. Procéder à cet examen espèce par espèce, sans entrer dans la multiplicité indéfinie des individus : l'enquête en sera plus méthodique et plus ramassée. Il convient de commencer l'examen par les premières subdivisions du sujet, pour descendre ensuite progressivement jusqu'aux éléments indivisibles. Par exemple, si l'adversaire a dit que les opposés relèvent du même savoir, il faut voir si les relatifs relèvent du même savoir, et les contraires, et les opposés selon la privation et

1-2. *Notes complémentaires*, p. 139-140.

3. Exceptionnellement, j'adopte ici la leçon de BPCD (τὸν τῶν γενῶν) contre celle de AVcu (τῶν γενῶν) ; elle est en effet appuyée par l'unique papyrus qui porte un fragment des *Topiques*, et elle possède un parallèle précis en *Cat.* 3 b 3-4. Je ne crois cependant pas que l'on puisse tirer argument de ce fait pour donner à B une préférence de principe sur A : cf. *Introduction*, p. CXXX, n. 1.

φαίη συμβεβηκέναι χρώματι εἶναι· οὐ γὰρ συμβέβηκε τῷ λευκῷ χρώματι εἶναι, ἀλλὰ γένος αὐτοῦ τὸ χρῶμά ἐστιν. Ἐνδέχεται μὲν οὖν καὶ κατὰ τὴν ὀνομασίαν διορίσαι τὸν τιθέ-

[109b] μενον, οἷον ὅτι συμβέβηκε τῇ δικαιοσύνῃ ἀρετῇ εἶναι· πολλάκις δὲ καὶ μὴ διορίσαντι κατάδηλον ὅτι τὸ γένος ὡς συμβεβηκὸς ἀποδέδωκεν, οἷον εἴ τις τὴν λευκότητα κεχρῶσθαι φήσειεν ἢ τὴν βάδισιν κινεῖσθαι. Ἀπ' οὐδενὸς γὰρ γένους παρωνύμως ἡ κατηγορία κατὰ τοῦ εἴδους λέγεται, ἀλλὰ πάντα συνωνύμως τὰ γένη τῶν εἰδῶν κατηγορεῖται· καὶ γὰρ τοὔνομα καὶ τὸν λόγον ἐπιδέχεται τὸν τῶν γενῶν τὰ εἴδη. Ὁ οὖν κεχρωσμένον εἴπας τὸ λευκὸν οὔτε ὡς γένος ἀποδέδωκεν, ἐπειδὴ παρωνύμως εἴρηκεν, οὔθ' ὡς ἴδιον ἢ ὡς ὁρισμόν· ὁ γὰρ ὁρισμὸς καὶ τὸ ἴδιον οὐδενὶ ἄλλῳ ὑπάρχει, κέχρωσται δὲ πολλὰ καὶ τῶν ἄλλων, οἷον ξύλον λίθος ἄνθρωπος ἵππος. Δῆλον οὖν ὅτι ὡς συμβεβηκὸς ἀποδίδωσιν.

Ἄλλος τὸ ἐπιβλέπειν οἷς ὑπάρχειν ἢ πᾶσιν ἢ μηδενὶ εἴρηται. Σκοπεῖν δὲ κατ' εἴδη καὶ μὴ ἐν τοῖς ἀπείροις· ὁδῷ γὰρ μᾶλλον καὶ ἐν ἐλάττοσιν ἡ σκέψις. Δεῖ δὲ σκοπεῖν καὶ ἄρχεσθαι ἀπὸ τῶν πρώτων, εἶτ' ἐφεξῆς ἕως τῶν ἀτόμων. Οἷον εἰ τῶν ἀντικειμένων τὴν αὐτὴν ἐπιστήμην ἔφησεν εἶναι, σκεπτέον εἰ τῶν πρός τι καὶ τῶν ἐναντίων καὶ τῶν κατὰ στέ-

37 et 38 χρώματι (Λ) : χρῶμα τί c, corr. c² || 37 post εἶναι add. ἀλλὰ γένος D.

[109 b] 2 post κατάδηλον add. ἐστιν D || 4 κεκινῆσθαι V || 6 συνωνύμως post γένη transp. pap. || post γὰρ add. καὶ c² || 7 alt. τὸν (pap.) om. AVcu || 8 εἴπας (pap.) : εἰπὼν PDA²c²u², post ras. C || 9 ὡς om. D Λ^p || 11 ξύλον λίθος (Λ): λίθος ξύλον C λίθος D, fort. pap. || 12 ἀποδέδωκεν CD Λ || 13 post ἄλλος add. τόπος CD Λ || 14 κατ' (Λ) : καὶ τὰ D || post ὁδῷ add. τε VCD || 16 ἐφεξῆς om. Λ.

la possession, et les termes contradictoires[1]. Si la situation n'est pas encore claire à ce niveau, il faut diviser à leur tour ces termes, jusqu'à atteindre les espèces indivisibles : on regardera comment il en va des choses justes et des choses injustes, du double et de la moitié, de la cécité et de la vue, de l'être et du non-être[2]. Car si l'on montre, sur un de ces cas, que les deux termes ne relèvent pas du même savoir, l'on aura du même coup réfuté la thèse en cause. On procédera de façon analogue dans le cas d'une universelle négative. Le présent lieu est à double usage, destructif et constructif : car s'il se révèle, chaque fois que l'on produit de nouvelles divisions, que l'attribution est exacte dans tous les cas, ou dans un grand nombre de cas, on peut exiger de l'adversaire qu'il l'accorde sous sa forme universelle, ou qu'il produise lui-même une contre-instance en montant dans quel cas il n'en est pas ainsi : s'il n'adopte aucun de ces partis, il fera figure d'extravagant par son refus.

Autre lieu : remplacer par leurs définitions tant l'accident que son sujet, soit en substituant à chacun des deux la sienne, soit en ne le faisant que pour l'un des deux, et voir ensuite s'il ne se trouve pas que ces définitions dévoilent l'inexactitude de quelque assertion dont la thèse initiale présupposait la vérité[3]. Par exemple, si l'adversaire soutient qu'on peut léser un dieu, demander : qu'est-ce que léser quelqu'un ? Si c'est lui nuire volontairement, il est clair qu'un dieu ne saurait être lésé, puisqu'on ne peut en rien lui nuire. Si l'adversaire soutient que l'homme de valeur[4] est envieux, demander : qu'est-ce qu'un envieux, et qu'est-ce que l'envie ? Si l'envie est un sentiment de douleur éprouvé à la vue du bonheur de quelqu'un d'honorable, il est clair que l'homme de valeur ne connaît pas l'envie : car il ne vaudrait plus rien. Et s'il soutient que l'homme enclin à l'indignation est envieux, demander :

1. Cette division quadripartite des ἀντικείμενα est classique (cf. *Cat.*, 10, 11 b 17 sq. ; *Métaph.*, I, 4, 1055 a 38 sq., et 7, 1057 a 33 sq.) ; les *Topiques* en font souvent usage : cf. 113 b 15 - 114 a 25, 135 b 7 - 136 a 13.

ρησιν καὶ ἕξιν καὶ τῶν κατ' ἀντίφασιν λεγομένων ἡ αὐτὴ ἐπιστήμη. Κἂν ἐπὶ τούτων μήπω φανερὸν ᾖ, πάλιν ταῦτα διαιρετέον μέχρι τῶν ἀτόμων· οἷον εἰ τῶν δικαίων καὶ ἀδίκων, ἢ τοῦ διπλασίου καὶ ἡμίσεος, ἢ τυφλότητος καὶ ὄψεως, ἢ τοῦ εἶναι καὶ μὴ εἶναι. Ἐὰν γὰρ ἐπὶ τινὸς δειχθῇ ὅτι οὐχ ἡ αὐτή, ἀνῃρηκότες ἐσόμεθα τὸ πρόβλημα· ὁμοίως δὲ καὶ ἐὰν μηδενὶ ὑπάρχῃ. Οὗτος δ' ὁ τόπος ἀντιστρέφει πρὸς τὸ ἀνασκευάζειν καὶ κατασκευάζειν. Ἐὰν γὰρ ἐπὶ πάντων φαίνηται διαίρεσιν προενέγκασιν ἢ ἐπὶ πολλῶν, ἀξιωτέον καὶ καθόλου τιθέναι ἢ ἔνστασιν φέρειν ἐπὶ τίνος οὐχ οὕτως· ἐὰν γὰρ μηδέτερον τούτων ποιῇ, ἄτοπος φανεῖται μὴ τιθείς.

Ἄλλος τὸ λόγους ποιεῖν τοῦ τε συμβεβηκότος καὶ ᾧ συμβέβηκεν, ἢ ἀμφοτέρων καθ' ἑκάτερον ἢ τοῦ ἑτέρου, εἶτα σκοπεῖν εἴ τι μὴ ἀληθὲς ἐν τοῖς λόγοις ὡς ἀληθὲς εἴληπται. Οἷον εἰ ἔστι θεὸν ἀδικεῖν, τί τὸ ἀδικεῖν ; εἰ γὰρ τὸ βλάπτειν ἑκουσίως, δῆλον ὡς οὐκ ἔστι θεὸν ἀδικεῖσθαι· οὐ γὰρ ἐνδέχεται βλάπτεσθαι τὸν θεόν. Καὶ εἰ φθονερὸς ὁ σπουδαῖος, τίς ὁ φθονερὸς καὶ τίς ὁ φθόνος ; εἰ γὰρ ὁ φθόνος ἐστὶ λύπη ἐπὶ φαινομένῃ εὐπραγίᾳ τῶν ἐπιεικῶν τινος, δῆλον ὅτι ὁ σπουδαῖος οὐ φθονερός· φαῦλος γὰρ ἂν εἴη. Καὶ εἰ ὁ νεμεσητι-

20 κἂν (Λ) : καὶ A, corr. A[2] || πάλιν post ταῦτα transp. P || ταὐτά C || 21-22 τοῦ δικαίου καὶ ἀδίκου Λ || 21 post καὶ add. τῶν C || 22 (bis) et 23 ἢ : εἰ V || 23 καὶ : ἢ C Λ || post ἐὰν add. μὲν Al[c] || ἐπιδειχθῇ D || 24 ἀνῃρηκότες ἐσόμεθα (Λ) : ἀνῄρηται D || πρόβλημα (Λ) : προκείμενον V || 25 ὑπάρχει P, corr. P[2] || τρόπος P || ante πρὸς add. καὶ VD || 26 ἀνασκευάζειν καὶ κατασκευάζειν AB Al[c] : inu. ord. cett. Λ || 27 προσενέγκασιν c, ante ras. u || post ἐπὶ add. τῶν P || καὶ om. P || 29 φαίνεται C Λ || 30 ἄλλος tanquam schol. V[mg] || post ἄλλος add. τόπος C || ᾧ : ὧν P || 31 post pr. ἢ add. καὶ cu || 33 pr. εἰ om. A[ac] || post θεὸν add. τὸ u[ac] || 36 τί Al[p] || alt. ὁ φθόνος post ἐστι transp. PD Al[p].

qu'est-ce que c'est que chacun de ces caractères ? Ce sera une manière de voir clairement si la thèse initiale est vraie ou fausse : ainsi, s'il est vrai que l'envieux est celui qui s'afflige du bonheur des bons, et l'homme enclin à l'indignation celui qui s'afflige du bonheur des méchants, on voit clairement que l'homme enclin à l'indignation ne saurait être envieux. Remplacer également les termes qui figurent dans les définitions par leurs propres définitions, sans s'arrêter avant d'être parvenu en terrain de connaissance : souvent, en effet, tant qu'on ne donne qu'une définition inanalysée, la contradiction cherchée reste encore dissimulée, et elle ne devient manifeste que si l'on remplace l'un des mots composant la définition par sa propre définition.

Faire également du problème soumis à la discussion une prémisse qu'on se propose à soi-même, et imaginer des contre-instances[1] : car toute contre-instance sera un instrument d'attaque contre la thèse. Le présent lieu est à peu près le même que celui[2] qui consiste à examiner les sujets auxquels l'attribut a été universellement assigné ou refusé ; il n'y a de différence que dans l'expression.

Faire également la distinction entre les choses qu'il faut et celles qu'il ne faut pas appeler comme tout le monde, car cela peut servir tant à établir qu'à réfuter une proposition. On dira par exemple que, pour dénommer les choses, il faut s'exprimer comme tout le monde, mais que, pour dire quelles choses sont ou ne sont pas ceci ou cela, il ne faut plus se soucier de ce que dit tout le monde. Ainsi, on désignera par *sain* ce qui procure la santé,

1. *Notes complémentaires*, p. 140.
2. Cf. 109 b 13 sq.

κὸς φθονερός, τίς ἑκάτερος αὐτῶν ; οὕτω γὰρ καταφανὲς [110a] ἔσται πότερον ἀληθὲς ἢ ψεῦδος τὸ ῥηθέν· οἷον εἰ φθονερὸς μὲν ὁ λυπούμενος ἐπὶ ταῖς τῶν ἀγαθῶν εὐπραγίαις, νεμεσητικὸς δ' ὁ λυπούμενος ἐπὶ ταῖς τῶν κακῶν εὐπραγίαις, δῆλον ὅτι οὐκ ἂν εἴη φθονερὸς ὁ νεμεσητικός. Λαμβάνειν δὲ καὶ ἀντὶ τῶν ἐν τοῖς λόγοις ὀνομάτων λόγους, καὶ μὴ ἀφίστασθαι ἕως ἂν εἰς γνώριμον ἔλθῃ· πολλάκις γὰρ ὅλου μὲν τοῦ λόγου ἀποδοθέντος οὔπω δῆλον τὸ ζητούμενον, ἀντὶ δέ τινος τῶν ἐν τῷ λόγῳ ὀνομάτων λόγου ῥηθέντος κατάδηλον γίνεται.

Ἔτι τὸ πρόβλημα πρότασιν ἑαυτῷ ποιούμενον ἐνίστασθαι· ἡ γὰρ ἔνστασις ἔσται ἐπιχείρημα πρὸς τὴν θέσιν. Ἔστι δ' ὁ τόπος οὗτος σχεδὸν ὁ αὐτὸς τῷ ἐπιβλέπειν οἷς ὑπάρχειν ἢ πᾶσιν ἢ μηδενὶ εἴρηται· διαφέρει δὲ τῷ τρόπῳ.

Ἔτι διορίζεσθαι ποῖα δεῖ καλεῖν ὡς οἱ πολλοὶ καὶ ποῖα οὔ· χρήσιμον γὰρ καὶ πρὸς τὸ κατασκευάζειν καὶ πρὸς τὸ ἀνασκευάζειν· οἷον ὅτι ταῖς μὲν ὀνομασίαις τὰ πράγματα προσαγορευτέον καθάπερ οἱ πολλοί, ποῖα δὲ τῶν πραγμάτων ἐστὶ τοιαῦτα ἢ οὐ τοιαῦτα, οὐκέτι προσεκτέον τοῖς πολλοῖς. Οἷον ὑγιεινὸν μὲν ῥητέον τὸ ποιητικὸν ὑγιείας,

[110 a] 2-3 ἀγαθῶν — τῶν om. V^{ac} || 2 εὐπραξίαις u || 4 φθονερὸς post νεμεσητικός transp. V || 5 δὲ (Λ) : δεῖ Al^{c} δὲ δεῖ A^{2} || τοῖς om. V || 6 προαφίστασθαι C Al^{c} || εἰς (Λ) : εἴς τι CD ἐπί τι Al^{c} || 7 ἀποδοθέντος (Λ) : ῥηθέντος D || οὔπω : οὐ VPCcuD Λ || 9 γίνεται om. Λ^{r} || 10 τὸ πρόβλημα om. Λ^{r} || 11 ἔσται : ἐστιν D || 12-13 ὑπάρχει c, corr. c^{2} || 13 pr. ἢ om. cu, suppl. c^{2} || 14 διορίζεσθαι (Λ) : δεῖ ὁρίζεσθαι V δεῖ διορίζεσθαι C || 16 πρὸς τὸ om. C || 16-b 10 οἷον — πειρατέον deficit c || 18 εἰσὶ D || μὴ D.

comme tout le monde le fait ; mais lorsqu'il s'agit de savoir si une chose donnée est ou non susceptible de procurer la santé, il ne faut plus parler comme tout le monde, mais comme le médecin.

3

Autres lieux, utilisables lorsqu'un terme se prend en plusieurs sens

En outre, lorsqu'un terme se prend en plusieurs sens, et qu'il est posé comme appartenant ou n'appartenant pas à un sujet, mener la démonstration sur l'un des deux sens, à défaut de pouvoir le faire sur les deux à la fois. Ce procédé n'est à utiliser que si l'équivoque reste dissimulée : car si l'adversaire se rend compte qu'il y a là un terme qui se prend en plusieurs sens, il fera objection, en disant que l'argumentation a porté, non sur le sens qu'il donnait lui-même à ce terme dans le problème posé, mais sur l'autre. Le présent lieu est à double usage, constructif comme destructif. Si l'on veut en effet établir une proposition, on montrera qu'elle est vraie pour l'un des deux sens, à défaut de pouvoir le faire pour les deux ; et si l'on veut en réfuter une, on montrera qu'elle est fausse pour l'un des deux sens, à défaut de pouvoir le faire pour les deux. A cette différence près[1] cependant que, pour réfuter, il n'est besoin de suspendre l'argumentation à un accord préalable ni dans le cas d'une universelle affirmative ni dans celui d'une universelle négative : car si nous montrons que l'attribut n'appartient pas à l'un quelconque, nous aurons du même coup réfuté l'affirmation qu'il appartient à tous ; et de même, si nous montrons seulement qu'il appartient à un seul, nous réfuterons l'affirmation qu'il n'appartient à aucun. En revanche, quand on veut établir une proposition, il faut se mettre au préalable bien d'accord pour dire que, si l'attribut appartient à l'un quelconque, il appartient aussi à tous, à supposer que le postulat soit plausible : car pour démontrer qu'il appartient à tous, il ne suffit pas d'établir l'attribution dans le cas d'un seul ; par exemple, on ne peut conclure de l'immortalité de

ὡς οἱ πολλοὶ λέγουσιν· πότερον δὲ τὸ προκείμενον ποιητικὸν ὑγιείας ἢ οὔ, οὐκέτι ὡς οἱ πολλοὶ κλητέον ἀλλ' ὡς ὁ ἰατρός.

III Ἔτι ἐὰν πολλαχῶς λέγηται, κείμενον δὲ ᾖ ὡς ὑπάρχει ἢ ὡς οὐχ ὑπάρχει, θάτερον δεικνύναι τῶν πλεοναχῶς λεγομένων, ἐὰν μὴ ἄμφω ἐνδέχηται. Χρηστέον δ' ἐπὶ τῶν λανθανόντων· ἐὰν γὰρ μὴ λανθάνῃ πολλαχῶς λεγόμενον, ἐνστήσεται ὅτι οὐ διείλεκται ὅπερ αὐτὸς ἠπόρει ἀλλὰ θάτερον. Οὗτος δ' ὁ τόπος ἀντιστρέφει καὶ πρὸς τὸ κατασκευάσαι καὶ ἀνασκευάσαι. Κατασκευάζειν μὲν γὰρ βουλόμενοι δείξομεν ὅτι θάτερον ὑπάρχει, ἐὰν μὴ ἄμφω δυνώμεθα· ἀνασκευάζοντες δὲ ὅτι οὐχ ὑπάρχει θάτερον δείξομεν, ἐὰν μὴ ἄμφω δυνώμεθα. Πλὴν ἀνασκευάζοντι μὲν οὐδὲν δεῖ ἐξ ὁμολογίας διαλέγεσθαι, οὔτ' εἰ παντὶ οὔτ' εἰ μηδενὶ ὑπάρχειν εἴρηται· ἐὰν γὰρ δείξωμεν ὅτι οὐχ ὑπάρχει ὁτῳοῦν, ἀνῃρηκότες ἐσόμεθα τὸ παντὶ ὑπάρχειν· ὁμοίως δὲ κἂν ἑνὶ δείξωμεν ὑπάρχον, ἀναιρήσομεν τὸ μηδενὶ ὑπάρχειν. Κατασκευάζουσι δὲ προδιομολογητέον ὅτι, εἰ ὁτῳοῦν ὑπάρχει, παντὶ ὑπάρχει, ἂν πιθανὸν ᾖ τὸ ἀξίωμα. Οὐ γὰρ
[110b] ἀπόχρη πρὸς τὸ δεῖξαι ὅτι παντὶ ὑπάρχει τὸ ἐφ' ἑνὸς διαλεχθῆναι, οἷον εἰ ἡ τοῦ ἀνθρώπου ψυχὴ ἀθάνατος, διότι

20 ante ὡς add. ἢ Al[c], sed hoc uerbum delendum esse coni. Al || ποιητικὸν om. u, suppl. u[2mg] || 21 κλητέον : κτητέον D[ac] λεκτέον u Λ || ὁ om. P || 25 ἐνδέχεται C || 28 καὶ om. Pu || 28-29 κατασκευάσαι καὶ ἀνασκευάσαι (Λ[r]) : κατασκευάσαι AP κατασκευάσαι καὶ πρὸς τὸ ἀνασκευάσαι VuD Λ[f] ἀνασκευάσαι καὶ κατασκευάσαι C || 32 ἀνασκευάζουσι Vu || 34 post ὅτι add. τινὶ C || 35 ὁπωσοῦν C || 36 ὑπάρχον : ὑπάρχειν C || 37 ὅτι om. P || 38 ὑπάρχει, ἂν πιθανὸν : ὑπάρχει ἀπιθανὸν B, corr. B[2].

[110 b] 2 διαλεγῆναι C || διότι : ὅτι A[2]D καὶ ὅτι u διὰ τοῦτο Λ.

l'âme humaine à celle[1] de toute âme ; il faut par conséquent se mettre au préalable d'accord pour dire que, si une âme quelconque est immortelle, toute âme est immortelle. Ce procédé n'est pas à employer dans tous les cas, mais seulement lorsqu'on est dans l'incapacité de fournir facilement une argumentation unique qui s'applique universellement à tous les cas, comme l'est celle du géomètre démontrant que la somme des angles d'un triangle vaut deux droits.

Si au contraire l'adversaire se rend compte qu'il y a dans l'énoncé un terme qui se prend en plusieurs sens, spécifier les sens en lesquels il se prend, pour réfuter aussi bien que pour établir une proposition. Par exemple, s'il est vrai que *ce qu'il faut faire*[2] désigne soit ce qui est utile soit ce qui est beau, il faut essayer d'établir ou de réfuter l'application de chacun de ces deux sens à la chose en discussion, c'est-à-dire de montrer qu'elle est à la fois belle et utile, ou qu'elle n'est ni belle ni utile. Si l'on ne peut y parvenir, on fera la démonstration pour l'un des deux sens seulement, en faisant remarquer qu'elle est partiellement vraie et partiellement fausse. Même formule si le nombre des acceptions en lesquelles se spécifie le terme considéré est supérieur à deux.

Et encore, faisons une place aux expressions qui se prennent en plusieurs sens, mais d'une autre façon que par équivocité : par exemple, lorsqu'on dit que plusieurs objets relèvent d'un savoir unique, on entend, soit que l'un est la fin et l'autre le moyen de cette fin (ainsi la production de la santé et la prescription du régime relèvent de la médecine), soit que tous deux sont des fins (ainsi lorsqu'on dit que les contraires relèvent du même savoir, puisqu'ils ne sont pas plus une fin l'un que l'autre), soit que l'un relève par soi de ce savoir[3] et l'autre par accident (en relève par soi, par exemple, l'égalité à deux droits

1. *Notes complémentaires*, p. 141.
2. Τὸ δέον. Le développement de l'équivoque prouve qu'on ne peut traduire ce mot par *devoir*, le sens moral (τὸ καλόν) n'étant précisément que l'un des sens possibles de τὸ δέον.
3. *Notes complémentaires*, p. 141.

ψυχὴ πᾶσα ἀθάνατος· ὥστε προομολογητέον ὅτι, εἰ ἡτισοῦν ψυχὴ ἀθάνατος, πᾶσα ἀθάνατος. Τοῦτο δ' οὐκ ἀεὶ ποιητέον, ἀλλ' ὅταν μὴ εὐπορῶμεν κοινὸν ἐπὶ πάντων ἕνα λόγον εἰπεῖν, καθάπερ ὁ γεωμέτρης ὅτι τὸ τρίγωνον δυσὶν ὀρθαῖς ἴσας ἔχει.

Ἐὰν δὲ μὴ λανθάνῃ πολλαχῶς λεγόμενον, διελόμενον ὁσαχῶς λέγεται καὶ ἀναιρεῖν καὶ κατασκευάζειν. Οἷον εἰ τὸ δέον ἐστὶ τὸ συμφέρον ἢ τὸ καλόν, πειρατέον ἄμφω κατασκευάζειν ἢ ἀναιρεῖν περὶ τοῦ προκειμένου, οἷον ὅτι καλὸν καὶ συμφέρον, ἢ ὅτι οὔτε καλὸν οὔτε συμφέρον. Ἐὰν δὲ μὴ ἐνδέχηται ἀμφότερα, θάτερον δεικτέον, ἐπισημαινόμενον ὅτι τὸ μὲν τὸ δ' οὔ. Ὁ δ' αὐτὸς λόγος κἂν πλείω ᾖ εἰς ἃ διαιρεῖται.

Πάλιν ὅσα μὴ καθ' ὁμωνυμίαν λέγεται πολλαχῶς ἀλλὰ κατ' ἄλλον τρόπον, οἷον ἐπιστήμη μία πλειόνων ἢ ὡς τοῦ τέλους καὶ τοῦ πρὸς τὸ τέλος, οἷον ἰατρικὴ τοῦ ὑγίειαν ποιῆσαι καὶ τοῦ διαιτῆσαι, ἢ ὡς ἀμφοτέρων τελῶν, καθάπερ τῶν ἐναντίων ἡ αὐτὴ λέγεται ἐπιστήμη (οὐδὲν γὰρ μᾶλλον τέλος τὸ ἕτερον τοῦ ἑτέρου), ἢ ὡς τοῦ καθ' αὑτὸ καὶ τοῦ κατὰ συμβεβηκός, οἷον καθ' αὑτὸ μὲν ὅτι τὸ τρίγωνον δυ-

3 ψυχὴ post πᾶσα transp. VPCD || προομολογητέον: προδιομολογητέον VuD προσδιομολογητέον C || διότι C || 3-4 εἰ ἡτισοῦν : εἴ τις οὖν ABV, corr. A² εἴ τις P Λ || 4 ante πᾶσα add. καὶ C || 7 post ἔχει add. τὰς γωνίας C, τὰς τρεῖς γωνίας PD Λ || 9 ποσαχῶς VPu || 10 a uerbo πειρατέον rursus adest c || 12 ἢ—συμφέρον om. u[ac] || pr. οὔτε (Λ) : οὐ A || 14 κἂν (Λ) : καὶ A, corr. A² || 15 ante εἰς add. τὰ V || 16 λέγηται ABV, corr. A² || 17 post τρόπον add. τὸν τῆς ἀμφιβολίας DA² || 18 alt. τοῦ (Λ) : τῶν BCD Al[c] || post οἷον add. ἡ PCD || 20 λέγεται om. Λ || 21 post τέλος add. τέλους B u[pc] || 22 τὸ om. BD || post τρίγωνον add. τὰς τρεῖς γωνίας C.

de la somme des angles d'un triangle, et par accident, celle de la somme des angles d'un triangle équilatéral : en effet, le triangle équilatéral a pour accident d'être un triangle[1], et c'est par là que nous savons que la somme de ses angles vaut deux droits). Si donc il n'est, en aucun de ces sens, possible que plusieurs objets relèvent du même savoir, il est clair que l'on peut dire en généralisant que la chose est impossible ; mais si, en l'un de ces sens, cela est possible, il est clair que la chose est possible. La division ne doit être poussée qu'autant que de besoin. Si nous voulons par exemple établir une proposition, il faut produire les cas où la possibilité se vérifie, et ne pousser la division que jusqu'aux sens qui peuvent servir à l'établissement de la proposition ; et si l'on veut réfuter une proposition, on produira les cas où la possibilité ne se vérifie pas, en négligeant tous les autres. On procédera ainsi, dans ce cas comme dans le précédent[2], lorsque le nombre exact des sens possibles de l'expression reste ignoré de l'adversaire. On se servira des mêmes lieux pour établir que telle chose relève ou non de telle autre chose, par exemple que tel objet relève de tel savoir, soit à titre de fin, soit à titre de moyen de la fin, soit à titre d'objet par accident, ou inversement, qu'il n'en peut relever à aucun des titres que nous venons de mentionner. Même formule encore pour le désir, comme pour tous les autres termes dont on dit qu'ils ont pour objet plusieurs choses : car une chose peut être l'objet d'un désir soit à titre de fin (désir de la santé), soit à titre de moyen d'une fin (désir de prendre médecine), soit à titre d'objet par accident, comme dans le cas du vin, que l'amateur de douceurs désire non parce qu'il est du vin, mais parce qu'il est doux ; l'objet par soi de son désir, c'est le doux, et le vin n'est

1. *Notes complémentaires*, p. 141-142.

2. La traduction explicite le parallèle esquissé par Aristote entre le présent τόπος et le précédent (110 a 23-32). Dans les deux cas, le questionneur exploite l'ignorance du répondant relativement à une pluralité de sens ; dans le cas précédent, cette pluralité tient à l'équivocité d'un terme ; dans le cas présent, à l'ambiguïté de la relation entre un terme et son complément.

σὶν ὀρθαῖς ἴσας ἔχει, κατὰ συμβεβηκὸς δὲ ὅτι τὸ ἰσόπλευρον· ὅτι γὰρ συμβέβηκε τῷ τριγώνῳ ἰσοπλεύρῳ τριγώνῳ εἶναι, κατὰ τοῦτο γνωρίζομεν ὅτι δυσὶν ὀρθαῖς ἴσας ἔχει. Εἰ οὖν μηδαμῶς ἐνδέχεται τὴν αὐτὴν εἶναι πλειόνων ἐπιστήμην, δῆλον ὅτι ὅλως οὐκ ἐνδέχεται εἶναι, ἢ εἴ πως ἐνδέχεται, δῆλον ὅτι ἐνδέχεται. Διαιρεῖσθαι δὲ ὁσαχῶς χρήσιμον. Οἷον ἐὰν βουλώμεθα κατασκευάσαι, τὰ τοιαῦτα προοιστέον ὅσα ἐνδέχεται, καὶ διαιρετέον εἰς ταῦτα μόνον ὅσα καὶ χρήσιμα πρὸς τὸ κατασκευάσαι· ἂν δ' ἀνασκευάσαι, ὅσα μὴ ἐνδέχεται, τὰ δὲ λοιπὰ παραλειπτέον. Ποιητέον δὲ καὶ ἐπὶ τούτων, ὅταν λανθάνῃ ποσαχῶς λέγεται. Καὶ εἶναι δὲ τόδε τοῦδε ἢ μὴ εἶναι ἐκ τῶν αὐτῶν τόπων κατασκευαστέον, οἷον ἐπιστήμην τήνδε τοῦδε ἢ ὡς τέλους ἢ ὡς τῶν πρὸς τὸ τέλος ἢ ὡς τῶν κατὰ συμβεβηκός, ἢ πάλιν μὴ εἶναί τι κατὰ μηδένα τῶν ῥηθέντων τρόπων. Ὁ δ' αὐτὸς λόγος καὶ περὶ ἐπιθυμίας καὶ ὅσα ἄλλα λέγεται πλειόνων· ἔστι γὰρ ἡ
[111a] ἐπιθυμία τούτου ἢ ὡς τέλους, οἷον ὑγιείας, ἢ ὡς τῶν πρὸς τὸ τέλος, οἷον τοῦ φαρμακευθῆναι, ἢ ὡς τοῦ κατὰ συμβεβηκός, καθάπερ ἐπὶ τοῦ οἴνου ὁ φιλόγλυκυς, οὐχ ὅτι οἶνος ἀλλ' ὅτι γλυκύς ἐστιν. Καθ' αὐτὸ μὲν γὰρ τοῦ γλυκέος ἐπιθυμεῖ, τοῦ

23 post ἔχει add. τὰς τρεῖς [τρεῖς om. Al^p] γωνίας PD Al^p Λ || 24 τῷ τριγώνῳ (Λ): τῷ Cu, corr. u^2 τούτῳ B ut uid., corr. B^2 || 25 εἶναι — ὅτι om. C, suppl. C^{2mg} || δύο C || 26 ἐνδέχηται AB, corr. A^2 || 27 εἶναι om. C || 29 post ἐὰν add. μὲν C || ante ὅσα add. εἰς C || 30 μόνα C || 32 ἐνδέχηται AB, corr. A^2 || παραληπτέον AB, fort. C^{ac}, corr. A^2 || 33 ὅταν (Λ) : ἂν Al^c || λέγηται BV || 35 τῶν om. Al^c || πρὸς : πρὸ cu^{ac} || 35-36 τὸ τέλος : τέλους c || 36 τῶν (Λ) : τὸ P, om. cu Al^c || τι om. C.

[111 a] 1 πρὸς : πρὸ c || 2 τὸ τέλος : τέλους c || 2 ὡς om. Al^p || τοῦ : τῶν Λ, om. CD || 3 φιλόγλυκ]·ο·[ς V^{s1} || 4 ἔστιν om. C.

son objet que par accident. De fait, lorsqu'il est sec, il ne le désire plus ; c'est donc par accident qu'il le désire. Le présent lieu est utile dans l'étude des termes relatifs ; de fait, les termes comme ceux que nous venons d'étudier sont en général des relatifs.

4

Autres lieux

En outre, substituer aux termes des termes plus familiers ; par exemple, au lieu d'*acribie dans la représentation*, mettre *exactitude* ; au lieu d'*affairé*, mettre *remuant*[1] ; car une fois le libellé d'une thèse rendu plus familier, elle devient plus facile à attaquer. Le présent lieu est cependant applicable aux deux usages, constructif aussi bien que destructif.

Pour montrer qu'un même sujet possède deux attributs contraires, on regardera du côté de son genre ; ainsi, si nous voulons montrer qu'il existe justesse et fausseté au niveau de la perception : percevoir c'est juger ; or, il est possible de juger avec justesse et sans justesse ; justesse et fausseté doivent donc exister aussi au niveau de la perception. La démonstration procède, en l'occurrence, du genre à l'espèce, puisque juger est le genre de percevoir : qui perçoit porte en effet une sorte de jugement. On peut aller, inversement, de l'espèce au genre, puisque tout ce qui appartient à une espèce appartient aussi à son genre ; par exemple, si *savoir* est mauvais et bon[2], *disposition* aussi est mauvaise et bonne, puisque *disposition* est le genre de *savoir*. Le premier de ces lieux est faux s'il s'agit d'établir une proposition, tandis que le second est vrai :

1-2. *Notes complémentaires*, p. 142-143.

δ' οἴνου κατὰ συμβεβηκός· ἐὰν γὰρ αὐστηρὸς ᾖ, οὐκέτι ἐπιθυμεῖ. Κατὰ συμβεβηκὸς οὖν ἐπιθυμεῖ. Χρήσιμος δ' ὁ τόπος οὗτος ἐν τοῖς πρός τι· σχεδὸν γὰρ τὰ τοιαῦτα τῶν πρός τί ἐστιν.

IV Ἔτι τὸ μεταλαμβάνειν εἰς τὸ γνωριμώτερον ὄνομα, οἷον ἀντὶ τοῦ ἀκριβοῦς ἐν ὑπολήψει τὸ σαφὲς καὶ ἀντὶ τῆς πολυπραγμοσύνης ἡ φιλοπραγμοσύνη· γνωριμωτέρου γὰρ γινομένου τοῦ ῥηθέντος εὐεπιχειρητοτέρα ἡ θέσις. Ἔστι δὲ καὶ οὗτος ὁ τόπος πρὸς ἄμφω κοινός, καὶ πρὸς τὸ κατασκευάζειν καὶ ἀνασκευάζειν.

Πρὸς δὲ τὸ δεῖξαι τὰ ἐναντία τῷ αὐτῷ ὑπάρχοντα σκοπεῖν ἐπὶ τοῦ γένους, οἷον ἐὰν βουλώμεθα δεῖξαι ὅτι ἔστι περὶ αἴσθησιν ὀρθότης καὶ ἁμαρτία· τὸ δ' αἰσθάνεσθαι κρίνειν ἐστί· κρίνειν δ' ἔστιν ὀρθῶς καὶ μὴ ὀρθῶς, καὶ περὶ αἴσθησιν ἂν εἴη ὀρθότης καὶ ἁμαρτία. Νῦν μὲν οὖν ἐκ τοῦ γένους περὶ τὸ εἶδος ἡ ἀπόδειξις· τὸ γὰρ κρίνειν γένος τοῦ αἰσθάνεσθαι· ὁ γὰρ αἰσθανόμενος κρίνει πως. Πάλιν δ' ἐκ τοῦ εἴδους τῷ γένει· ὅσα γὰρ τῷ εἴδει ὑπάρχει, καὶ τῷ γένει· οἷον εἰ ἔστιν ἐπιστήμη φαύλη καὶ σπουδαία, καὶ διάθεσις φαύλη καὶ σπουδαία· ἡ γὰρ διάθεσις τῆς ἐπιστήμης γένος. Ὁ μὲν οὖν πρότερος τόπος ψευδής ἐστι πρὸς τὸ κατασκευάσαι, ὁ δὲ δεύτερος ἀλη-

6 κατὰ — ἐπιθυμεῖ om. u || 7 τοῖς (Λ) : τῷ A || post τῶν add. ἐν τοῖς C || 9 ἀκριβῶς A, corr. A² || 10 τὴν φιλοπραγμοσύνην PCDA²c² || 10-11 γενομένου C || 11 post θέσις add. ἐστίν CD, ante θέσις Λ*ᶠ* || 12 καὶ om. P || 12-13 κατασκευάζειν καὶ ἀνασκευάζειν : κατασκευάζειν καὶ πρὸς τὸ ἀνασκευάζειν VD Λ ἀνασκευάζειν καὶ [καὶ: καὶ πρὸς τὸ u] κατασκευάζειν cu || 15 ἔστι post 16 αἴσθησιν transp. Al^{c} || 16 τὸ δ' (Λ) : ἐπεὶ τὸ Al^{p} || post κρίνειν add. τι c²ˢˡ Al^{c} || 17 ἂν εἴη : ἐστιν cu || 18 τὸ εἶδος : τοῦ εἴδους D || 20 κρινεῖ C || δ' om. A Λ || 22 alt. καὶ — σπουδαία om. c, suppl. c² || post διάθεσις add. ἐστὶν ἄρα C, εἶναι P || alt. φαύλη καὶ σπουδαία om. D || 23-24 τρόπος P.

il n'est pas nécessaire, en effet, que tout ce qui appartient à un genre appartienne aussi à son espèce : de fait, *animal* est ailé et quadrupède, *homme* ne l'est pas. En revanche, tout ce qui appartient à une espèce appartient nécessairement aussi à son genre : de fait, si *homme* est bon, *animal* aussi est bon. Mais pour réfuter une proposition, c'est le premier lieu qui est vrai, et le suivant qui est faux : car ce qui n'appartient pas à un genre n'appartient pas non plus, par le fait même, à son espèce, alors que ce qui n'appartient pas à une espèce n'est pas nécessairement incapable d'appartenir à son genre.

Observons aussi que, lorsqu'un sujet se laisse attribuer un genre, il doit nécessairement se laisser aussi attribuer l'une des espèces de ce genre, et que tout ce qui possède un genre, ou se laisse attribuer un prédicat dérivant d'un genre, doit nécessairement posséder aussi l'une des espèces de ce genre, ou se laisser attribuer un prédicat dérivant de l'une d'elles : par exemple, un sujet qui se laisse attribuer le prédicat *science* se laissera aussi attribuer le prédicat *grammaire*, ou[1] *musique*, ou quelqu'une des autres sciences ; et quelqu'un qui possède une science, ou se laisse attribuer un prédicat dérivant du mot *science*, possèdera aussi la grammaire, ou la musique, ou quelqu'une des autres sciences, ou se laissera attribuer un prédicat dérivant du nom de l'une d'elles, comme *grammairien* ou *musicien*. Ceci posé, si la thèse en discussion fait intervenir une expression tirée, d'une manière ou d'une autre, d'un genre, comme le fait par exemple *l'âme se meut*, on regardera s'il est possible à l'âme de se mouvoir selon l'une ou l'autre des espèces du mouvement, par exemple de croître, ou de disparaître, ou d'apparaître, et autres

1. A la place du premier ἤ de la ligne 37, on lit καί dans ABVPcΛ ; il est possible que ἤ soit une correction ancienne, dont la nécessité paraît indiscutable.

θής. Οὐ γὰρ ἀναγκαῖον, ὅσα τῷ γένει ὑπάρχει, καὶ τῷ εἴδει ὑπάρχειν· ζῷον μὲν γάρ ἐστι πτηνὸν καὶ τετράπουν, ἄνθρωπος δ' οὔ. Ὅσα δὲ τῷ εἴδει ὑπάρχει, ἀναγκαῖον καὶ τῷ γένει· εἰ γάρ ἐστιν ἄνθρωπος σπουδαῖος, καὶ ζῷόν ἐστι σπουδαῖον. Πρὸς δὲ τὸ ἀνασκευάζειν ὁ μὲν πρότερος ἀληθής, ὁ δὲ ὕστερος ψευδής· ὅσα γὰρ τῷ γένει οὐχ ὑπάρχει, οὐδὲ τῷ εἴδει· ὅσα δὲ τῷ εἴδει μὴ ὑπάρχει, οὐκ ἀνάγκη τῷ γένει μὴ ὑπάρχειν.

Ἐπεὶ δ' ἀναγκαῖον, ὧν τὸ γένος κατηγορεῖται, καὶ τῶν εἰδῶν τι κατηγορεῖσθαι, καὶ ὅσα ἔχει τὸ γένος ἢ παρωνύμως ἀπὸ τοῦ γένους λέγεται, καὶ τῶν εἰδῶν τι ἀναγκαῖον ἔχειν ἢ παρωνύμως ἀπό τινος τῶν εἰδῶν λέγεσθαι (οἷον εἴ τινος ἐπιστήμη κατηγορεῖται, καὶ γραμματικὴ ἢ μουσικὴ ἢ τῶν ἄλλων τις ἐπιστημῶν κατηγορηθήσεται, καὶ εἴ τις ἔχει [111b] ἐπιστήμην ἢ παρωνύμως ἀπὸ τῆς ἐπιστήμης λέγεται, καὶ γραμματικὴν ἕξει ἢ μουσικὴν ἤ τινα τῶν ἄλλων ἐπιστημῶν ἢ παρωνύμως ἀπό τινος αὐτῶν ῥηθήσεται, οἷον γραμματικὸς ἢ μουσικός)· ἐὰν οὖν τι τεθῇ λεγόμενον ἀπὸ τοῦ γένους ὁπωσοῦν, οἷον τὴν ψυχὴν κινεῖσθαι, σκοπεῖν εἰ κατά τι τῶν εἰδῶν τῶν τῆς κινήσεως ἐνδέχεται τὴν ψυχὴν κινεῖσθαι, οἷον αὔξεσθαι ἢ φθείρεσθαι ἢ γίγνεσθαι ἢ ὅσα ἄλλα κινήσεως εἴδη·

27 ὑπάρχει om. cu || ἀνάγκη D || 28 ἐστιν om. Λ, fort. P || καὶ om. V || 29-30 δὲ ὕστερος ABV[a1]cu : δεύτερος D δὲ δεύτερος VC, Λ ut uid., deficit P || 30 οὐχ : μὴ D || 31 μὴ : οὐχ C || ὑπάρχῃ A, corr. A[2] || 32 μὴ om. P || 34 τι : δεῖ B || 35-36 ἀπὸ—παρωνύμως om. V, suppl. V[2mg] || 36 ἕχει B || 37 καὶ : ἢ Al[c] [ABD] || pr. ἢ (Al[c]) : καὶ ABVPc Λ, corr. c[2].

[111 b] 1 καὶ (Λ) : ἢ D || 2 τινα post ἄλλων transp. C || 4 τι om. c[ac] || 5 οἷον om. D, suppl. D[2mg] || post οἷον add. τὸ Cc[2]D[2] || 6 τῶν om. V || 6-7 post αὔξεσθαι add. ἢ μειοῦσθαι V Al[p] Λ.

espèces du mouvement[1] : car si ce n'est possible selon aucune d'entre elles, il est clair que l'âme ne se meut pas. Le présent lieu est applicable aux deux usages, destructif comme constructif : car si l'âme se meut selon l'une des espèces du mouvement, il est clair qu'elle se meut, tandis que si elle ne se meut selon aucune d'entre elles, il est clair qu'elle ne se meut pas.

Lorsqu'on est à court d'instruments d'attaque contre une thèse, l'examiner en s'appuyant sur les définitions, véritables ou communément admises, de la chose qu'elle met en jeu ; et s'il ne suffit pas d'en prendre une, en prendre plusieurs. Une fois ces définitions données, en effet, l'attaque sera plus facile[2].

En considérant la thèse en discussion, chercher une proposition dont la vérité implique celle de cette thèse, ou qui soit nécessairement vraie si elle est vraie : si l'on veut établir la thèse, on cherchera une proposition dont la vérité implique la sienne (car si l'on montre que cette proposition est vraie, on aura du même coup démontré la thèse) ; et si l'on veut la réfuter, on cherchera une proposition qui soit vraie si elle est vraie (car si nous montrons qu'un conséquent de la thèse n'est pas vrai, nous aurons du même coup réfuté la thèse)[3].

Se placer aussi au point de vue du temps, pour voir s'il ne se révèle pas quelque discordance ; tel est le cas si l'adversaire soutient que ce qui se nourrit doit nécessairement croître, puisque les animaux se nourrissent toute leur vie, mais ne croissent pas toute leur vie. Même

1. On sait que κίνησις a un sens plus général que *mouvement* ; le mot équivaut la plupart du temps, chez Aristote, à μεταβολή, *changement*. Les espèces de la κίνησις correspondent à diverses catégories : la substance (apparition et disparition, c'est-à-dire passage du non-être à l'être et de l'être au non-être), la quantité (croissance et décroissance), la qualité (altération), le lieu (mouvement local). Je m'en autoriserai parfois pour traduire κίνησις par *changement* ; mais ici, où sont en question des conceptions de l'âme issues de celle de Platon, la notion de *mouvement* doit rester au premier plan.

2-3. *Notes complémentaires*, p. 143-144.

εἰ γὰρ κατὰ μηδέν, δῆλον ὅτι οὐ κινεῖται. Οὗτος δ' ὁ τόπος κοινὸς πρὸς ἄμφω, πρός τε τὸ ἀνασκευάζειν καὶ κατασκευάζειν· εἰ γὰρ κατά τι τῶν εἰδῶν κινεῖται, δῆλον ὅτι κινεῖται, καὶ εἰ κατὰ μηδὲν τῶν εἰδῶν κινεῖται, δῆλον ὅτι οὐ κινεῖται.

Μὴ εὐποροῦντι δὲ ἐπιχειρήματος πρὸς τὴν θέσιν σκοπεῖν ἐκ τῶν ὁρισμῶν, ἢ τῶν ὄντων τοῦ προκειμένου πράγματος ἢ τῶν δοκούντων, καὶ εἰ μὴ ἀφ' ἑνός, ἀλλ' ἀπὸ πλειόνων. Ῥᾷον γὰρ ὁρισαμένοις ἐπιχειρεῖν ἔσται [· πρὸς γὰρ τοὺς ὁρισμοὺς ῥᾷον ἡ ἐπιχείρησις].

Σκοπεῖν δὲ ἐπὶ τοῦ προκειμένου, τίνος ὄντος τὸ προκείμενόν ἐστιν, ἢ τί ἐστιν ἐξ ἀνάγκης εἰ τὸ προκείμενόν ἐστι, κατασκευάζειν μὲν βουλομένῳ, τίνος ὄντος τὸ προκείμενον ἔσται (ἐὰν γὰρ ἐκεῖνο δειχθῇ ὑπάρχον, καὶ τὸ προκείμενον δεδειγμένον ἔσται), ἀνασκευάζειν δὲ βουλομένῳ, τί ἐστιν εἰ τὸ προκείμενόν ἐστιν (ἐὰν γὰρ δείξωμεν τὸ ἀκόλουθον τῷ προκειμένῳ μὴ ὄν, ἀνῃρηκότες ἐσόμεθα τὸ προκείμενον).

Ἔτι ἐπὶ τὸν χρόνον ἐπιϐλέπειν, εἴ που διαφωνεῖ, οἷον εἰ τὸ τρεφόμενον ἔφησεν ἐξ ἀνάγκης αὔξεσθαι· τρέφεται μὲν γὰρ ἀεὶ τὰ ζῷα, αὔξεται δ' οὐκ ἀεί. Ὁμοίως δὲ καὶ

8 δ' om. C || 9-10 ἀνασκευάζειν καὶ κατασκευάζειν : κατασκευάζειν καὶ [post καὶ add. τὸ V] ἀνασκευάζειν VD Λ || 10 post ὅτι add. καὶ C || 14 καὶ εἰ : κἂν εἰ VPcDu² καὶ ἂν C καὶ A || μὴ om. Λ^r || ἀπὸ om. A || 15 ὁρισαμένοις (Λ) : ὁρισμένοις D ὁρισαμένους C || 15-16 πρὸς — ἐπιχείρησις damn. Brunschwig || 16 ῥᾷον : ῥάων Vcu DA²C² ῥᾳδία V^{s1} Λ || 17 post δὲ add. δεῖ c² || ἐπὶ (Λ) : περὶ Cc² || 17-18 τὸ προκείμενόν ἐστιν : ἐστι τὸ προκείμενον P ἀνάγκη τὸ προκείμενον εἶναι [εἶναι : ἐστιν B²] VDA²B²c² Λ τὸ προκείμενον ἀνάγκη εἶναι C || 19 post μὲν add. οὖν D, γὰρ c² || ὄντος om. c, suppl. c^{2s1} || post ἔσται add. ἐξ ἀνάγκης C Λ || 20 καὶ : κατὰ P || 21 post τί add. οὖν D, fort. u, οὐκ c²u² || 24 ἐπιϐλέπειν : ἀποϐλέπειν ante ras. c ut uid. || που om. P || 25 ἔφησεν ἐξ : ἐφ' ἧς ἐξ A, corr. A² || αὔξεσθαι sup. ras. V || 26 δὲ om. D.

procédé s'il soutient que savoir, c'est se souvenir : car l'un porte sur le temps passé, alors que l'autre porte aussi sur le présent et sur l'avenir : de fait, nous sommes dits *savoir* à propos de choses présentes et de choses futures (par exemple, qu'il va y avoir une éclipse), alors qu'il n'est possible de se souvenir que du passé.

5

Autres lieux, fondés sur le déplacement du problème

Mentionnons aussi ce tour sophistique[1] qui consiste à conduire la discussion jusqu'à un point de nature à fournir des moyens d'attaque en abondance ; ce procédé sera parfois logiquement légitime[2], parfois il n'en aura que l'apparence, parfois enfin il n'en aura ni l'apparence ni la réalité. Il est légitime lorsque, le répondant ayant refusé une prémisse sur une question utile à résoudre pour l'appréciation de sa thèse[3], on dirige l'argumentation sur ce point contesté, et qu'il se trouve être de ceux sur lesquels[4] on n'est pas à court de moyens d'attaque. Il en va de même lorsqu'on effectue, sur la base de la thèse initiale, une abduction[5] aboutissant à une seconde thèse[6], que l'on entreprend de réfuter, la réfutation de cette seconde thèse entraînant celle de la thèse initiale. Le procédé n'a que l'apparence de la légitimité, lorsque la seconde question, celle sur laquelle on dirige l'argumentation, se présente comme utile à l'appréciation de la thèse initiale et solidaire d'elle, sans l'être véritablement, que l'on y ait du reste été conduit par un refus opposé par le répondant, ou par une abduction de caractère admis, effectuée sur la base de la thèse initiale, et conduisant à cette seconde thèse, objet de l'effort de réfutation. Le

1. Il n'est pas sophistique en soi, il le devient sous certaines conditions, comme le prouvent la suite du chapitre et la brève allusion qu'on trouve à ce passage en *Soph. El.*, 12, 172 b 25-28.

2. 'Αναγκαῖον : non pas *nécessaire* dans le sens d'*obligé*, mais fondé sur une relation véritable de nécessité logique, c'est-à-dire *nécessairement valide, logiquement légitime*. Le mot apparaît avec le même sens en 109 a 14 et 25.

3-6. *Notes complémentaires*, p. 144-147.

εἰ τὸ ἐπίστασθαι ἔφησε μεμνῆσθαι· τὸ μὲν γὰρ τοῦ παρεληλυθότος χρόνου ἐστί, τὸ δὲ καὶ τοῦ παρόντος καὶ τοῦ μέλλοντος. Ἐπίστασθαι μὲν γὰρ λεγόμεθα τὰ παρόντα καὶ τὰ μέλλοντα, οἷον ὅτι ἔσται ἔκλειψις· μνημονεύειν δ' οὐκ ἐνδέχεται ἄλλο ἢ τὸ παρεληλυθός.

V Ἔτι ὁ σοφιστικὸς τρόπος, τὸ ἄγειν εἰς τοιοῦτον πρὸς ὃ εὐπορήσομεν ἐπιχειρημάτων· τοῦτο δ' ἔσται ὁτὲ μὲν ἀναγκαῖον, ὁτὲ δὲ φαινόμενον ἀναγκαῖον, ὁτὲ δ' οὔτε φαινόμενον οὔτ' ἀναγκαῖον. Ἀναγκαῖον μὲν οὖν ὅταν, ἀρνησαμένου τοῦ ἀποκρινομένου τῶν πρὸς τὴν θέσιν τι χρησίμων, πρὸς τοῦτο τοὺς λόγους ποιῆται, τυγχάνῃ δὲ τοῦτο τῶν τοιούτων ὂν πρὸς ὃ εὐπορεῖν ἔστιν ἐπιχειρημάτων. Ὁμοίως δὲ καὶ ὅταν, ἀπαγωγὴν [112a] πρός τι διὰ τοῦ κειμένου ποιησάμενος, ἀναιρεῖν ἐπιχειρῇ· τούτου γὰρ ἀναιρεθέντος καὶ τὸ προκείμενον ἀναιρεῖται. Φαινόμενον δ' ἀναγκαῖον, ὅταν φαίνηται μὲν χρήσιμον καὶ οἰκεῖον τῆς θέσεως, μὴ ᾖ δέ, πρὸς ὃ γίγνονται οἱ λόγοι, εἴτε ἀρνησαμένου τοῦ τὸν λόγον ὑπέχοντος, εἴτε ἀπαγωγῆς ἐνδόξου διὰ τῆς θέσεως πρὸς αὐτὸ γινομένης, ἀναιρεῖν ἐπιχειροίη

27 post ἔφησε add. τις C Λ' || 28 pr. καὶ om. cu || alt. τοῦ om. P || 30 ὅτι om. V || post ἔσται add. ἡλίου VPCcuDB^{2} Λ || 31 ἄλλο (Λ) : ἀλλ' C || 32 ὁ σοφιστικὸς (Λ) : καὶ σοφιστικὸς ὁ c^{2} || τρόπος (Al^{p} Λ) : τόπος Cc^{ac} || τοιοῦτον (Λ) : τοῦτον u^{ac} τοῦτο Al^{p} || 33 εὐποροῦμεν Al^{c} || 35-36 ἀποκρινομένου (Al^{p}) : ἀποκριναμένου ABVCcu || 37 ποιεῖται A^{ac}B || τυγχάνει BCcuD, corr. c^{2} || τῶν τοιούτων (Λ) : τὸ [τῶν D^{2}] τοιοῦτον D || ὃ : ἃ fort. Λ || 37-38 εὐπορεῖν ἔστιν (Λ) : ἔστιν εὐπορεῖν P εὐπορεῖ C || 38 ἀπαγωγὴν Pacius : ἐπαγωγὴν codd. Al^{cp} Λ.

[112 a] 1 πρός τι om. Λ' || προκειμένου V Al^{c} [BP] || ποιησάμενος (Al^{c} Λ): ποιησαμένους AB, corr. A^{2} ποιησαμένου VC^{2}c^{2}D^{2}A^{3}, coni. Al || 1-2 ἐπιχειρεῖ AP^{ac}, corr. A^{2} || 5 ἀπαγωγῆς Pacius : ἐπαγωγῆς ABC ἀπὸ ἐπαγωγῆς VPcuDB^{2} Λ || 6 τῆς om. D || γενομένης C || ἐπιχειρεῖ VPcuD Λ.

dernier cas est celui où le déplacement du point de mire de l'argumentation ne possède aucune légitimité, réelle ou apparente, et où le répondant se trouve tomber en porte-à-faux sous le coup d'une réfutation paralogique[1]. Mais il faut se garder de recourir à ce dernier procédé[2], manifestement très éloigné de ceux de la dialectique et tout à fait étranger à cet art. Aussi convient-il que le répondant, en cette occasion, évite de perdre son sang-froid[3], et qu'il accorde les propositions qui ne peuvent servir à l'appréciation de sa thèse, en faisant remarquer celles qu'il accorde sans être convaincu de leur vérité ; car l'impasse dans laquelle se trouvent les questionneurs est ordinairement plus totale lorsqu'on leur accorde toutes les propositions de cette nature, et qu'ils ne parviennent pas à conclure.

En outre, chaque fois que l'on dit une chose quelconque, on en dit d'une certaine manière plusieurs, puisque toute assertion a plusieurs conséquences nécessaires[4]. Par exemple, en disant d'un sujet[5] qu'il est un homme, on dit du même coup qu'il est un animal, qu'il est un être vivant, qu'il est bipède, qu'il est apte à l'intelligence et au savoir ; si bien qu'en détruisant l'une quelconque de ces conséquences, on détruit aussi l'assertion initiale. Mais il faut prendre garde à ces substitutions, c'est-à-dire se garder de substituer à la thèse initiale une thèse plus difficile à réfuter[6] : de fait, c'est parfois la conséquence qui est la plus facile à détruire, mais parfois aussi c'est la thèse même faisant l'objet de la discussion.

6

Autres lieux

Si, de deux attributs, l'un et seulement l'un doit nécessairement appartenir à un sujet, par exemple à

1. Dans cette phrase peut-être corrompue, mais que l'on voit mal comment amender de façon satisfaisante, je donne à παρεξελέγχεσθαι le sens de *être l'objet d'une réfutation paralogique* (cf. *Soph. El.*, 176 a 24-25), et à ἄλλως celui de *en porte-à-faux*. La réfutation porte en fait sur un point arbitrairement choisi, qui n'entretient aucun rapport réel avec celui qui est en question.

2-6. *Notes complémentaires*, p. 147.

αὐτό. Τὸ δὲ λοιπόν, ὅταν μήτ' ἀναγκαῖον ᾖ μήτε φαινόμενον πρὸς ὅ γίγνονται οἱ λόγοι, ἄλλως δὲ παρεξελέγχεσθαι συμβαίνῃ τῷ ἀποκρινομένῳ. Δεῖ δ' εὐλαβεῖσθαι τὸν ἔσχατον τῶν ῥηθέντων τρόπον· παντελῶς γὰρ ἀπηρτημένος καὶ ἀλλότριος ἔοικεν εἶναι τῆς διαλεκτικῆς. Διὸ δεῖ καὶ τὸν ἀποκρινόμενον μὴ δυσκολαίνειν, ἀλλὰ τιθέναι τὰ μὴ χρήσιμα πρὸς τὴν θέσιν, ἐπισημαινόμενον ὅσα μὴ δοκεῖ, τίθησι δέ. Μᾶλλον γὰρ ἀπορεῖν ὡς ἐπὶ τὸ πολὺ συμβαίνει τοῖς ἐρωτῶσι πάντων τιθεμένων αὐτοῖς τῶν τοιούτων, ἐὰν μὴ περαίνωσιν.

Ἔτι πᾶς ὁ εἰρηκὼς ὁτιοῦν τρόπον τινὰ πολλὰ εἴρηκεν, ἐπειδὴ πλείω ἑκάστῳ ἐξ ἀνάγκης ἀκόλουθά ἐστιν· οἷον ὁ εἰρηκὼς ἄνθρωπον εἶναι καὶ ὅτι ζῷόν ἐστιν εἴρηκε καὶ ὅτι ἔμψυχον καὶ ὅτι δίπουν καὶ ὅτι νοῦ καὶ ἐπιστήμης δεκτικόν, ὥστε ὁποιουοῦν ἑνὸς τῶν ἀκολούθων ἀναιρεθέντος ἀναιρεῖται καὶ τὸ ἐν ἀρχῇ. Εὐλαβεῖσθαι δὲ χρὴ τὰ τοιαῦτα καὶ τὸ χαλεπωτέρου τὴν μετάληψιν ποιεῖσθαι· ἐνίοτε μὲν γὰρ ῥᾷον τὸ ἀκόλουθον ἀνελεῖν, ἐνίοτε δ' αὐτὸ τὸ προκείμενον.

VI Ὅσοις δ' ἀνάγκη θάτερον μόνον ὑπάρχειν, οἷον τῷ ἀν-

7 ὅταν : ὅτε C || ᾖ om. C || 8 ὃ (Λ) : ἃ cu || ἄλλως δὲ : ἄλλως τε Pc^{ac} ἀλλ' ὥς τε fort. V^{ac} ἀλλ' ὡς Λ || 9 συμβαίνει BVPC || ἀποκριναμένῳ C || 10 τρόπον codd. Λ : τρόπων edd. || 11 δεῖ : δὲ fort. C, corr. C^{2}, om. c, suppl. c^{2} || 12 alt. μὴ om. u, suppl. u^{2mg} || 13 ὅσα μὴ : ὡς ἅμα μὴ C ὡς μὴ C^{2} ὅτι μὴ fort. Λ ὡς ἃ fort. c, corr. c^{2} || 13 δοκῇ AC, corr. A^{2}C^{2} || post δοκεῖ add. μὲν uB^{2}c^{2} || 14 τὸ om. P || 15 ante πάντων add. ὅταν C || τιθεμένων post αὐτοῖς transp. C || ἐὰν μὴ (Λ) : μηδὲν C || 16 εἰρηκὼς : εἰπὼν Al^{c} || 20 ὁποιουοῦν post ἑνὸς transp. C || ἀνῄρηται CD || 21 post χρὴ add. καὶ Λ || τὰ τοιαῦτα om. BCD Al^{p} || καὶ τὸ : καὶ τὸ ἐκ Pu εἰς τὸ B^{2} τὸ εἰς Al^{c} τῷ fort. Λ || χαλεπώτερον B^{2} Al^{c} || 22 ῥᾷον : ῥᾴδιόν ἐστι D Λ ῥαδιαίτερον C || ἀκολουθοῦν C || 23-113 a 13 ἀνελεῖν — alt. τὸ δὲ deficit c || 24 θάτερον post μόνον transp. PD.

un homme la maladie ou la santé, et si nous disposons, concernant l'un de ces attributs, de nombreux arguments pour établir qu'il appartient ou n'appartient pas à ce sujet, ce seront autant d'arguments dont nous disposerons concernant l'autre. Ce lieu est à double usage, puisqu'en montrant que l'un des attributs appartient au sujet, nous aurons montré du même coup que l'autre ne lui appartient pas, et qu'en montrant qu'il ne lui appartient pas, nous aurons montré du même coup que l'autre lui appartient ; il est donc clair que ce lieu est utilisable dans les deux sens.

Argumenter aussi en infléchissant les sens d'un terme à l'aide d'un rapport d'analogie[1], et en alléguant qu'il est plus juste[2] de le prendre en ce sens qu'en son sens usuel ; par exemple, on entendra par *eupsychos*, non le courageux, selon l'usage actuel du mot, mais *celui qui a l'âme bonne*, sur le modèle fourni par *euelpis*, mot qui désigne *celui qui a bon espoir*. De la même manière, on devrait dire *eudaimôn* (heureux) *celui dont le génie est vertueux*, si l'on en croit Xénocrate[3], qui appelle heureux *celui dont l'âme est vertueuse*, parce que le génie de chacun n'est autre que son âme.

Etant donné qu'il y a des choses qui sont nécessairement vraies, d'autres qui ne le sont qu'en règle générale, d'autres enfin qui ne le sont qu'occasionnellement, l'adversaire qui pose comme généralement vrai ce qui l'est nécessairement, ou comme nécessairement vrai ce qui l'est généralement (ou même encore le contraire de ce qui l'est généralement), fournit toujours ainsi une ouverture à l'attaque[4]: s'il pose en effet comme généralement vrai ce qui l'est nécessairement, il est clair qu'il omet d'affirmer universellement du sujet un prédicat qui lui appartient universellement, ce qui constitue une erreur ; erreur encore s'il énonce comme nécessairement vraie l'expression d'une

1-2. *Notes complémentaires*, p. 147-148.

3. Fragment 81 Heinze. Pour le jeu étymologique sur εὐδαίμων, on rapprochera de ce texte le fragment 171 DK de Démocrite, et pour l'identification du δαίμων avec l'âme, le fragment 119 DK d'Héraclite. Cf. Marcel Détienne, *Xénocrate et la démonologie pythagoricienne*, REA, 60 (1958), 271-279.

4. *Notes complémentaires*, p. 148.

θρώπῳ τὴν νόσον ἢ τὴν ὑγίειαν, ἐὰν πρὸς θάτερον εὐπορῶμεν διαλέγεσθαι ὅτι ὑπάρχει ἢ οὐχ ὑπάρχει, καὶ πρὸς τὸ λοιπὸν εὐπορήσομεν. Τοῦτο δ' ἀντιστρέφει πρὸς ἄμφω· δείξαντες μὲν γὰρ ὅτι ὑπάρχει θάτερον, ὅτι οὐχ ὑπάρχει τὸ λοιπὸν δεδειχότες ἐσόμεθα· ἐὰν δ' ὅτι οὐχ ὑπάρχει δείξωμεν, τὸ λοιπὸν ὅτι ὑπάρχει δεδειχότες ἐσόμεθα. Δῆλον οὖν ὅτι πρὸς ἄμφω χρήσιμος ὁ τόπος.

Ἔτι τὸ ἐπιχειρεῖν μεταφέροντα τοὔνομα κατὰ τὸν λόγον, ὡς μάλιστα προσῆκον ἐκλαμβάνειν ἢ ὡς κεῖται τοὔνομα, οἷον εὔψυχον μὴ τὸν ἀνδρεῖον, καθάπερ νῦν κεῖται, ἀλλὰ τὸν εὖ τὴν ψυχὴν ἔχοντα, καθάπερ καὶ εὔελπιν τὸν ἀγαθὰ ἐλπίζοντα· ὁμοίως δὲ καὶ εὐδαίμονα οὗ ἂν ὁ δαίμων ᾖ σπουδαῖος, καθάπερ Ξενοκράτης φησὶν εὐδαίμονα εἶναι τὸν τὴν ψυχὴν ἔχοντα σπουδαίαν· ταύτην γὰρ ἑκάστου εἶναι δαίμονα.

[112b] Ἐπεὶ δὲ τῶν πραγμάτων τὰ μὲν ἐξ ἀνάγκης ἐστί, τὰ δ' ὡς ἐπὶ τὸ πολύ, τὰ δ' ὁπότερ' ἔτυχεν, ἐὰν τὸ ἐξ ἀνάγκης ὡς ἐπὶ τὸ πολὺ τεθῇ ἢ τὸ ὡς ἐπὶ τὸ πολὺ ἐξ ἀνάγκης (ἢ αὐτὸ ἢ τὸ ἐναντίον τῷ ὡς ἐπὶ τὸ πολύ), ἀεὶ δίδωσι τόπον ἐπιχειρήματος. Ἐὰν γὰρ τὸ ἐξ ἀνάγκης ὡς ἐπὶ τὸ πολὺ τεθῇ, δῆλον ὅτι οὐ παντί φησιν ὑπάρχειν, ὑπάρχοντος παντί, ὥστε ἡμάρτηκεν· εἴ τε τὸ ὡς ἐπὶ τὸ πολὺ λεγόμενον ἐξ

25 ante τὴν add. ἢ CD || pr. et alt. τὴν om. CD || 28 ὅτι οὐχ ὑπάρχει post 29 ἐσόμεθα transp. PD || 29 ὑπάρχῃ AB, fort. D^{ac} || 30 οὖν om. P || 32 κατὰ (Al^{c}) : ἐπὶ AVPuB^{2} Λ || 33 μάλιστα (Λ) : μᾶλλον CD Al^{p} || προσῆκεν A || ἐκλαμβάνειν om. BC, suppl. B^{2} || post κεῖται add. καὶ P || 34 νῦν om. VPuD Λ || 35 εὐέλπιδα uB^{2} || 36 δὲ om. u || ἂν om. CD || ᾖ om. CD.

[112 b] 1 ἐπεὶ : ἐπὶ B^{ac} || ἐξ ἀνάγκης post ἐστί transp. V Λ || 4 pr. ἢ : ἤτοι C || τῷ : τὸ B || 5 ἐπιχειρημάτων V || post ἐὰν add. τε C, ante ras. D || 6 φήσει P || 7 pr. τὸ om. P.

chose généralement vraie, puisqu'il affirme alors universellement du sujet un prédicat qui ne lui appartient pas universellement. Il en va de même encore s'il présente comme nécessairement vrai le contraire d'une chose généralement vraie, car le contraire d'une chose généralement vraie se vérifie lui-même encore moins souvent, par définition ; par exemple, s'il est vrai, en règle générale, que les hommes sont méchants, il est encore bien moins vrai qu'ils soient bons ; d'où suit que l'erreur est plus grave encore si l'on pose comme nécessairement vrai qu'ils soient bons. Même situation encore s'il a présenté comme nécessairement vraie ou comme généralement vraie une chose qui l'est occasionnellement ; car ce qui est vrai occasionnellement ne l'est ni nécessairement ni généralement. Lorsque l'adversaire énonce sa thèse sans préciser s'il la tient pour généralement vraie ou pour nécessairement vraie, et qu'elle est en fait généralement vraie, il est possible d'argumenter comme s'il l'avait présentée comme nécessairement vraie ; s'il a dit par exemple, sans autre précision, que ceux qui ont été déshérités sont de méchantes gens, on argumentera en faisant comme s'il avait présenté cette assertion comme nécessairement vraie.

Voir encore s'il ne se trouve pas que l'adversaire a posé une chose comme l'accident d'elle-même, en croyant avoir affaire à deux choses différentes à cause de deux mots différents ; par exemple, Prodicos[1] divisait les plaisirs en joie, volupté et liesse, mots qui sont tous des noms d'une seule et même chose, le plaisir. Si l'on donnait donc *être en joie* comme l'accident d'*être en liesse*, ce serait donner une chose comme l'accident d'elle-même.

7

Autres lieux, utilisant les contraires

Compte tenu du fait que les contraires se combinent

1. *Notes complémentaires*, p. 148.

ἀνάγκης ἔφησε· παντὶ γάρ φησιν ὑπάρχειν, οὐχ ὑπάρχοντος παντί. Ὁμοίως δὲ καὶ εἰ τὸ ἐναντίον τῷ ὡς ἐπὶ τὸ πολὺ ἐξ ἀνάγκης εἴρηκεν· ἀεὶ γὰρ ἐπ' ἔλαττον λέγεται τὸ ἐναντίον τῷ ὡς ἐπὶ τὸ πολύ· οἷον εἰ ὡς ἐπὶ τὸ πολὺ φαῦλοι οἱ ἄνθρωποι, ἀγαθοὶ ἐπ' ἔλαττον, ὥστ' ἔτι μᾶλλον ἡμάρτηκεν, εἰ ἀγαθοὺς ἐξ ἀνάγκης εἴρηκεν. Ὡσαύτως δὲ καὶ εἰ τὸ ὁπότερ' ἔτυχεν ἐξ ἀνάγκης ἔφησεν ἢ ὡς ἐπὶ τὸ πολύ· οὔτε γὰρ ἐξ ἀνάγκης τὸ ὁπότερ' ἔτυχεν οὔθ' ὡς ἐπὶ τὸ πολύ. Ἐνδέχεται δέ, κἂν μὴ διορίσας εἴπῃ πότερον ὡς ἐπὶ τὸ πολὺ ἢ ἐξ ἀνάγκης εἴρηκεν, ᾖ δὲ τὸ πρᾶγμα ὡς ἐπὶ τὸ πολύ, διαλέγεσθαι ὡς ἐξ ἀνάγκης εἰρηκότος αὐτοῦ, οἷον, εἰ φαύλους τοὺς ἀποκλήρους ἔφησεν εἶναι μὴ διορίσας, ὡς ἐξ ἀνάγκης εἰρηκότος αὐτοῦ διαλέγεσθαι.

Ἔτι καὶ εἰ αὐτὸ αὑτῷ συμβεβηκὸς ἔθηκεν ὡς ἕτερον διὰ τὸ ἕτερον εἶναι ὄνομα, καθάπερ Πρόδικος διῃρεῖτο τὰς ἡδονὰς εἰς χαρὰν καὶ τέρψιν καὶ εὐφροσύνην· ταῦτα γὰρ πάντα τοῦ αὐτοῦ, τῆς ἡδονῆς, ὀνόματά ἐστιν. Εἰ οὖν τις τὸ χαίρειν τῷ εὐφραίνεσθαι φήσει συμβεβηκέναι, αὐτὸ ἂν αὑτῷ φαίη συμβεβηκέναι.

VII Ἐπεὶ δὲ τὰ ἐναντία συμπλέκεται μὲν ἀλλήλοις ἐξα-

8 ἔφησε om. Λ[r] || γάρ om. Λ[r,l] || φησιν : φήσει P ἔφησε Λ || 9 δὲ om. u || 10 ἀεὶ (Λ) : τὸ C || 11 εἰ om. D, suppl. D[a] || alt. ὡς om. Λ[r] || οἱ om. u || 12 post ἄνθρωποι del. 6-7 litt. C || ὥστ' : ὡς P || 13 pr. εἰ — εἴρηκεν om. u[ac] || post εἴρηκεν add. εἶναι CD || 15 ὁπότερον D || 16 post ἢ add. ὡς u || 18 et 19-20 εἰρηκότος post αὐτοῦ transp. V Λ || 21 καὶ εἰ: εἰ καὶ PD εἰ u || αὑτῷ : τὸ P || 23-24 ταῦτα γὰρ πάντα (Λ) : πάντα γὰρ ταῦτα u || 24 ὀνόματός u || 24-25 τὸ χαίρειν τῷ (Λ) : τῷ χαίρειν τὸ C τῷ χαίρειν τῷ D τὸ χαίρειν τὸ D[s1] || 25 φήσει : θήσει Λ φαίη CuD, ante τῷ transp. u || 27 συμπέπλεκται ABP || ἀλλήλοις post ἐξαχῶς transp. C.

entre eux de six manières, et que quatre de ces combinaisons seulement forment une contrariété, il faut mettre en jeu les contraires sous la forme que dictera l'utilité, pour réfuter comme pour établir une proposition. Qu'ils se combinent de six manières, cela se voit bien : ou bien en effet les termes des deux couples de contraires se combineront chacun à chacun (ce qui peut se faire de deux manières, par exemple *faire du bien à ses amis* et *faire du mal à ses ennemis*, ou inversement, *faire du mal à ses amis* et *du bien à ses ennemis*), ou bien les deux termes du premier avec un seul terme du second (ce qui peut se faire aussi de deux manières, par exemple *faire du bien à ses amis* et *faire du mal à ses amis*, ou encore *faire du bien à ses ennemis* et *du mal à ses ennemis*), ou bien un seul terme du premier avec les deux termes du second (ce qui peut se faire encore de deux manières, par exemple *faire du bien à ses amis* et *faire du bien à ses ennemis*, ou encore *du mal à ses amis et du mal à ses ennemis*)[1]. Les deux premières combinaisons indiquées, disions-nous, ne forment pas une contrariété : *faire du bien à ses amis* n'est pas contraire à *faire du mal à ses ennemis*, car ce sont choses toutes deux recommandées, et qui relèvent de la même disposition du caractère ; d'autre part, *faire du mal à ses amis* n'est pas non plus contraire à *faire du bien à ses ennemis*, car ce sont cette fois choses toutes deux à éviter, et qui relèvent de la même disposition du caractère. On admet d'ailleurs qu'entre deux choses à éviter, il n'y a pas contrariété, à moins que l'une ne désigne un excès et l'autre le défaut correspondant ; car il est admis que l'excès est une chose à éviter, et le défaut aussi. Les

1. Je supprime ici l'alinéa : c'est en effet l'ensemble de la section 112 b 30 - 113 a 18 qui constitue la base théorique sur laquelle reposent les moyens d'argumentation ici proposés.

χῶς, ἐναντίωσιν δὲ ποιεῖ τετραχῶς συμπλεκόμενα, δεῖ λαμβάνειν τὰ ἐναντία ὅπως ἂν χρήσιμον ᾖ καὶ ἀναιροῦντι καὶ κατασκευάζοντι. Ὅτι μὲν οὖν ἑξαχῶς συμπλέκεται, δῆλον. Ἢ γὰρ ἑκάτερον τῶν ἐναντίων ἑκατέρῳ τῶν ἐναντίων συμπλακήσεται (τοῦτο δὲ διχῶς, οἷον τὸ τοὺς φίλους εὖ ποιεῖν καὶ τὸ τοὺς ἐχθροὺς κακῶς, ἢ ἀνάπαλιν τὸ τοὺς φίλους κακῶς καὶ τοὺς ἐχθροὺς εὖ), ἢ ἀμφότερα περὶ τοῦ ἑνός (διχῶς δὲ καὶ τοῦτο, οἷον τὸ τοὺς φίλους εὖ καὶ τὸ τοὺς φίλους κακῶς, ἢ τὸ τοὺς ἐχθροὺς εὖ καὶ τοὺς ἐχθροὺς κακῶς), ἢ τὸ ἓν περὶ ἀμφοτέρων (διχῶς δὲ καὶ τοῦτο, οἷον τὸ τοὺς φίλους εὖ καὶ τὸ τοὺς ἐχθροὺς εὖ, ἢ τοὺς φίλους κακῶς καὶ τοὺς ἐχθροὺς κακῶς). [113a] Αἱ μὲν οὖν πρῶται δύο ῥηθεῖσαι συμπλοκαὶ οὐ ποιοῦσιν ἐναντίωσιν. Τὸ γὰρ τοὺς φίλους εὖ ποιεῖν τῷ τοὺς ἐχθροὺς κακῶς οὐκ ἔστιν ἐναντίον· ἀμφότερα γὰρ αἱρετὰ καὶ τοῦ αὐτοῦ ἤθους· οὐδὲ τὸ τοὺς φίλους κακῶς τῷ τοὺς ἐχθροὺς εὖ· καὶ γὰρ ταῦτα ἀμφότερα φευκτὰ καὶ τοῦ αὐτοῦ ἤθους. Οὐ δοκεῖ δὲ φευκτὸν φευκτῷ ἐναντίον εἶναι, ἐὰν μὴ τὸ μὲν καθ' ὑπερβολὴν τὸ δὲ κατ' ἔνδειαν λεγόμενον ᾖ· ἥ τε γὰρ ὑπερβολὴ τῶν φευκτῶν δοκεῖ εἶναι, ὁμοίως δὲ καὶ ἡ ἔνδεια. Τὰ δὲ

28 συμπεπλεγμένα A || δεῖ post 29 λαμβάνειν transp. C || 29 ᾖ ante χρήσιμον transp. C, om. u || 30 συμπέπλεκται A συμπλέκονται V || 31 ἢ B^2 || 33 ante alt. τὸ add. ἢ P || 33-34 φίλους — εὖ : ἐχθροὺς εὖ ποιεῖν καὶ τοὺς φίλους κακῶς Λ || 33 post alt. κακῶς add. ποιεῖν PCD || post καὶ add. τὸ VC || 34 ἀμφότερα : ὅταν ἄμφω ABΛ ὅταν ἀμφότερα VP || post 35 et 36 εὖ add. ποιεῖν PCuD || 35 alt. τὸ om. P || 36 post καὶ add. τὸ VCuD || 37 alt. τὸ om. VPD || 38 ante pr. et alt. τοὺς add. τὸ V.

[113 a] 1 πρῶται post δύο transp. C || 2 τῷ (Λ) : τὸ B καὶ τὸ D || 4 οὔτε CD || τῷ (Λ) : τὸ BD || 5 ταῦτα (Λ) : τὰ D || post ἤθους add. ἀπὸ κακίας γὰρ B || 7 λεγόμενον om. Al^c || ᾖ ante τὸ transp. D, ante 6 τὸ Cu Al^c || 8 τῶν φευκτῶν post δοκεῖ transp. u.

quatre autres combinaisons, en revanche, forment toutes une contrariété : en effet, *faire du bien à ses amis* est contraire à *faire du mal à ses amis*, puisque les deux choses relèvent de dispositions contraires du caractère, et que l'une est recommandée et l'autre à éviter. Il en va de même pour les autres combinaisons : dans chacun des couples, il y a une chose qui est recommandée et l'autre qui est à éviter, une chose qui relève d'une disposition convenable du caractère et l'autre d'une mauvaise. Une conséquence qui suit clairement de ce que nous venons de dire, c'est qu'une même chose a plusieurs contraires : *faire du bien à ses amis* a pour contraire aussi bien *faire du bien à ses ennemis* que *faire du mal à ses amis* ; et si l'on considère chacune des autres expressions de la même manière, on lui apercevra pareillement deux contraires. Mettre donc en jeu celui des deux contraires qui est utilisable contre la thèse adverse.

En outre, si l'accident proposé possède un contraire, voir s'il ne se trouve pas que ce contraire appartient justement au sujet même qui, aux dires de l'adversaire, devait posséder son contraire : car s'il lui appartient, l'autre ne saurait lui appartenir, puisqu'il est impossible pour un même sujet de posséder simultanément deux attributs contraires[1].

1. Il existe deux rédactions de ce τόπος. La première se trouve dans tous nos manuscrits ; c'est celle que donne le texte, comme celui de tous les éditeurs (113 a 20-23). La seconde nous a été conservée par C, qui la donne immédiatement après la première ; on la trouvera dans l'apparat critique. Alexandre donne à ce sujet de précieuses indications, qui ont été mal comprises jusqu'ici. Si l'on appelle T la première rédaction et T' la seconde, il apparaît en effet qu'Alexandre connaît deux types de manuscrits, dont les uns donnent à la fois T et T' (comme le fait C) et dont les autres donnent seulement T'. Celui qu'il utilise comme texte de base appartient à ce dernier type ; le texte qu'il commente est en effet T' (on peut s'en convaincre en comparant le vocabulaire de sa paraphrase avec celui des deux versions en présence), et c'est à T qu'il se réfère quand il parle du τόπος presque identique qui précède dans certains manuscrits celui qu'il commente (τῷ πρὸ αὐτοῦ ἔν τισι φερομένῳ). Il faut observer qu'Alexandre ne mentionne aucun manuscrit portant T seul, comme le font presque tous les nôtres. Sur les conclusions à tirer de ces faits relativement à l'histoire du texte et à son établissement, cf. *Introduction*, p. CXXV et suiv.

λοιπὰ πάντα τέτταρα ποιεῖ ἐναντίωσιν. Τὸ γὰρ τοὺς φίλους εὖ ποιεῖν τῷ τοὺς φίλους κακῶς ἐναντίον· ἀπό τε γὰρ ἐναντίου ἤθους ἐστί, καὶ τὸ μὲν αἱρετὸν τὸ δὲ φευκτόν. Ὡσαύτως δὲ καὶ ἐπὶ τῶν ἄλλων· καθ' ἑκάστην γὰρ συζυγίαν τὸ μὲν αἱρετὸν τὸ δὲ φευκτόν, καὶ τὸ μὲν ἐπιεικοῦς ἤθους τὸ δὲ φαύλου. Δῆλον οὖν ἐκ τῶν εἰρημένων ὅτι τῷ αὐτῷ πλείονα ἐναντία συμβαίνει γίνεσθαι· τῷ γὰρ τοὺς φίλους εὖ ποιεῖν καὶ τὸ τοὺς ἐχθροὺς εὖ ποιεῖν ἐναντίον καὶ τὸ τοὺς φίλους κακῶς, ὁμοίως δὲ καὶ τῶν ἄλλων ἑκάστῳ τὸν αὐτὸν τρόπον ἐπισκοποῦσι δύο τὰ ἐναντία φανήσεται. Λαμβάνειν οὖν τῶν ἐναντίων ὁπότερον ἂν ᾖ πρὸς τὴν θέσιν χρήσιμον.

Ἔτι εἰ ἔστι τι ἐναντίον τῷ συμβεβηκότι, σκοπεῖν εἰ ὑπάρχει ᾧπερ τὸ συμβεβηκὸς εἴρηται ὑπάρχειν· εἰ γὰρ τοῦτο ὑπάρχει, ἐκεῖνο οὐκ ἂν ὑπάρχοι· ἀδύνατον γὰρ τὰ ἐναντία ἅμα τῷ αὐτῷ ὑπάρχειν.

9 πάντα post τέτταρα transp. Cu Λ || post τὸ add. τε Cu || τούς : τὸ D || 10 τῷ : τὸ BP^{ac} || τε om. D || ante ἐναντίου add. τοῦ CD || 11 alt. δὲ om. D || 13-14 a uerbo φαύλου rursus adest c || 14 πλείω u πλείῳ C || 14-15 ἐναντία post 15 συμβαίνει transp. u || 15 τῷ : τὸ B¦ || καὶ om. u DA^{2} || 16 τὸ — τὸ om. C || τοὺς ἐχθροὺς εὖ et τοὺς φίλους κακῶς : inu. ord. Al^{c} 469, 11 || ἐναντίον post κακῶς transp. Λ, post 15 ποιεῖν Al^{c}, om. u^{ac} || post καὶ add. τῷ τοὺς ἐχθροὺς κακῶς ποιεῖν D^{ac} || post κακῶς add. ἐναντίον PD^{ac} || 17 post καὶ add. ἐπὶ D^{2} Λ || ἕκαστον V Λ || ante τὸν add. κατὰ C || 17-18 ἐπισκοποῦντι CD || 20-23 ἔτι — ὑπάρχειν locum ut alterius in C seruati simillimum ἔν τισι seclusum esse test. Al. 187, 12-15 || 20 εἰ om. P || 21 ὑπάρχει C^{2} || ᾧπερ (Λ) : ᾧπερ καὶ D ὥσπερ P || τὸν συμβεβηκότα V^{ac} ut uid. || ὑπάρχειν om. C || 22 ὑπάρχει : ὑπάρχοι B^{ac} ὑπάρχῃ C^{ac} || ὑπάρχοι (Λ) : ὑπάρχει A ὑπάρχῃ BcA^{2} || post γὰρ add. ἄμφω D, ἀμφότερα Cu || 23 ἅμα om. CuD || post ὑπάρχειν add. ἄλλος, εἴ τι [τινι Al^{p}] συμβεβηκέναι τινί [τι Al^{p}] φησιν, ἐφορᾶν εἰ τῷ συμβεβηκότι ἐναντίον ἐστί τι [ἐναντίον — τι : ἐστὶν ἐναντίον Al^{p}]. Εἰ οὖν τὸ ἐναντίον ὑπάρχει [ὑπάρχῃ C] τοῦ συμβεβηκότος ᾧ φησι συμβεβηκέναι, ἐκεῖνο οὐκ ἂν ὑπάρχοι ὃ ἐξ ἀρχῆς ἔφησε [ἔφη C] συμβεβηκέναι. Ἀδύνατον γὰρ τὰ ἐναντία ἅμα [ἅμα τἀναντία Al^{c}] ὑπάρχειν C Al^{cp}.

Voir encore s'il ne se trouve pas que l'on a attribué au sujet un prédicat tel que, si la chose était vraie, ce sujet devrait nécessairement posséder deux attributs contraires. Par exemple, si l'adversaire soutient que les Idées sont en nous[1], il en résultera qu'elles sont à la fois mobiles et immobiles, et aussi qu'elles sont à la fois sensibles et intelligibles. On admet en effet, chez les partisans de l'existence des Idées, que les Idées sont immobiles et intelligibles ; mais si elles sont en nous, il est impossible qu'elles soient immobiles : car lorsque nous sommes en mouvement, tout ce qui est en nous doit forcément se trouver entraîné dans ce mouvement. Il n'est pas moins clair qu'elles seront sensibles, s'il est vrai qu'elles sont en nous : car c'est par le sens de la vue que nous prenons connaissance de l'aspect extérieur[2] en chacun.

Et encore, si l'accident qui a été posé possède un contraire, voir si le sujet est bien susceptible de recevoir ce contraire aussi bien qu'il l'est de recevoir l'accident lui-même : car c'est toujours un même sujet qui est susceptible de recevoir les attributs contraires. Si l'adversaire soutient, par exemple, que la colère implique la haine[3], la haine devrait avoir pour siège la partie irascible de l'âme, puisque c'est là que réside la colère. Il faut donc regarder si le contraire de la haine réside aussi dans cette partie irascible : car si tel n'est pas le cas, et si c'est dans la partie concupiscible que réside l'amour, la colère ne saurait impliquer la haine. Même formule s'il soutient que la partie concupiscible de l'âme est ignorante : elle devrait être en effet susceptible de savoir, si elle l'était d'être ignorante ; or, que la partie concupiscible soit susceptible de savoir, ce n'est pas ce que l'on admet. On procédera donc comme on vient de dire lorsqu'il s'agit de réfuter une proposition. Quand il s'agit d'en établir une, le présent lieu n'est pas utilisable pour montrer que l'accident appartient au sujet, mais il l'est pour montrer qu'il peut

1-3. *Notes complémentaires*, p. 148-149.

῞Η εἴ τι τοιοῦτον εἴρηται κατά τινος, οὗ ὄντος ἀνάγκη τὰ ἐναντία ὑπάρχειν· οἷον εἰ τὰς ἰδέας ἐν ἡμῖν ἔφησεν εἶναι· κινεῖσθαί τε γὰρ καὶ ἠρεμεῖν αὐτὰς συμβήσεται, ἔτι δὲ αἰσθητὰς καὶ νοητὰς εἶναι. Δοκοῦσι γὰρ αἱ ἰδέαι ἠρεμεῖν καὶ νοηταὶ εἶναι τοῖς τιθεμένοις ἰδέας εἶναι· ἐν ἡμῖν δὲ οὔσας ἀδύνατον ἀκινήτους εἶναι· κινουμένων γὰρ ἡμῶν ἀναγκαῖον καὶ τὰ ἐν ἡμῖν πάντα συγκινεῖσθαι. Δῆλον δ' ὅτι καὶ αἰσθηταί, εἴπερ ἐν ἡμῖν εἰσι· διὰ γὰρ τῆς περὶ τὴν ὄψιν αἰσθήσεως τὴν ἐν ἑκάστῳ μορφὴν γνωρίζομεν.

Πάλιν εἰ κεῖται συμβεβηκὸς ᾧ ἔστι τι ἐναντίον, σκοπεῖν εἰ καὶ τοῦ ἐναντίου δεκτικὸν ὅπερ καὶ τοῦ συμβεβηκότος· τὸ γὰρ αὐτὸ τῶν ἐναντίων δεκτικόν. Οἷον εἰ τὸ μῖσος ἕπεσθαι ὀργῇ ἔφησεν, εἴη ἂν τὸ μῖσος ἐν τῷ θυμοειδεῖ· ἐκεῖ γὰρ [113b] ἡ ὀργή. Σκεπτέον οὖν εἰ καὶ τὸ ἐναντίον ἐν τῷ θυμοειδεῖ· εἰ γὰρ μή, ἀλλ' ἐν τῷ ἐπιθυμητικῷ ἐστιν ἡ φιλία, οὐκ ἂν ἕποιτο μῖσος ὀργῇ. ῾Ομοίως δὲ καὶ εἰ τὸ ἐπιθυμητικὸν ἀγνοεῖν ἔφησεν· εἴη γὰρ ἂν καὶ ἐπιστήμης δεκτικόν, εἴπερ καὶ ἀγνοίας· ὅπερ οὐ δοκεῖ, τὸ ἐπιθυμητικὸν δεκτικὸν εἶναι ἐπιστήμης. ᾿Ανασκευάζοντι μὲν οὖν καθάπερ εἴρηται χρηστέον. Κατασκευάζοντι δέ, ὅτι μὲν ὑπάρχει τὸ συμβεβηκός, οὐ χρήσιμος ὁ τόπος· ὅτι δ' ἐνδέχεται ὑπάρχειν,

25 ὑπάρχειν (Λ) : συμβαίνειν u || post 25-26 εἶναι add. καὶ P || 26 τε om. u || αὐτὰ A[ac] || 27 γὰρ : δὲ c Λ[f] || post ἠρεμεῖν add. καὶ κινεῖσθαι B[2] || 28 νοηταὶ (Λ) : ἀκίνητοι καὶ νοηταὶ Cu νοηταὶ καὶ ἀκίνητοι D || 29-30 ἀνάγκη u || 30 πάντα (Λ) : ὄντα CuD || 31 διὰ sup. ras. V || 32 ἐν om. c || 33 τι om. c, suppl. c[2] || post σκοπεῖν add. δεῖ V[2]c[2] || 34 δεικτικὸν u || τοῦ : τὸ C, corr. C[2] || 35-36 ἕπεσθαι ὀργῇ ἔφησεν (Λ) : ὀργῇ ἕπεσθαι ἔφησεν V ἔφησεν ὀργῇ ἕπεσθαι u.

[113 b] 1-2 post θυμοειδεῖ add. ἡ φιλία BCuc[2] || 2 ἀλλ' om. P || θυμητικῷ A, corr. A[2] || ἐστιν om. Cu || 3 ante μῖσος add. τὸ BCu || ante ὀργῇ add. τῇ u || 5 καὶ om. D Λ || 8-9 ὅτι — χρήσιμος om. C.

lui appartenir. En effet, si nous montrons qu'un sujet n'est pas susceptible de recevoir le contraire d'un accident, nous aurons montré du même coup que cet accident ne lui appartient pas et ne peut pas lui appartenir ; mais si nous montrons qu'il possède ce contraire ou qu'il est susceptible de recevoir ce contraire, nous n'aurons pas encore montré que l'accident lui appartient également : la seule chose que nous aurons montrée, c'est qu'il peut lui appartenir.

8

Autres lieux, fondés sur les quatre formes d'opposition

Contradiction.

Par ailleurs, puisqu'il existe quatre types d'opposition[1], examiner les termes contradictoires, en les attachant l'un à l'autre en ordre croisé[2], et ce, pour détruire une proposition comme pour en établir une ; on fera admettre la nécessité de ce croisement par voie d'induction[3]. Si par exemple l'homme est animal, ce qui n'est pas animal n'est pas homme ; et de même dans les autres cas. Dans le domaine qui nous occupe, en effet, la consécution se fait en ordre croisé : *homme* implique *animal*, mais ce n'est pas *non-homme* qui implique *non-animal*, c'est à l'inverse *non-animal* qui implique *non-homme*. On doit donc poser qu'il en va de même dans tous les cas : par exemple, si ce qui est beau est plaisant, ce qui n'est pas plaisant n'est pas beau ; et si cette dernière assertion est fausse, la première l'est également. En vertu de la même formule, si ce qui n'est pas plaisant n'est pas beau, ce qui est beau est plaisant[4]. On voit donc bien qu'on peut utiliser dans les deux sens la consécution des termes contradictoires, opérée en ordre croisé.

Contrariété.

Examiner aussi les contraires, pour voir si le contraire de l'un des termes implique bien celui de l'autre, soit en ordre parallèle, soit en ordre croisé ; et ce, pour détruire une proposition comme pour en établir une ; ici encore, faire admettre par voie inductive la légitimité de ce type d'inférence[5].

1-5. *Notes complémentaires*, p. 149-150.

χρήσιμος. Δείξαντες μὲν γὰρ ὅτι οὐ δεκτικὸν τοῦ ἐναντίου, δεδειχότες ἐσόμεθα ὅτι οὔτε ὑπάρχει τὸ συμβεβηκὸς οὔτ' ἐνδέχεται ὑπάρξαι· ἐὰν δὲ δείξωμεν ὅτι ὑπάρχει τὸ ἐναντίον ἢ ὅτι δεκτικὸν τοῦ ἐναντίου ἐστίν, οὐδέπω δεδειχότες ἐσόμεθα ὅτι καὶ τὸ συμβεβηκὸς ὑπάρχει, ἀλλ' ὅτι ἐνδέχεται ὑπάρχειν, ἐπὶ τοσοῦτον μόνον δεδειγμένον ἔσται.

VIII Ἐπεὶ δ' αἱ ἀντιθέσεις τέτταρες, σκοπεῖν ἐπὶ μὲν τῶν ἀντιφάσεων ἀνάπαλιν ἐκ τῆς ἀκολουθήσεως, καὶ ἀναιροῦντι καὶ κατασκευάζοντι, λαμβάνειν δ' ἐξ ἐπαγωγῆς. Οἷον εἰ ὁ ἄνθρωπος ζῷον, τὸ μὴ ζῷον οὐκ ἄνθρωπος· ὁμοίως δὲ καὶ ἐπὶ τῶν ἄλλων. Ἐνταῦθα γὰρ ἀνάπαλιν ἡ ἀκολούθησις· τῷ μὲν γὰρ ἀνθρώπῳ τὸ ζῷον ἕπεται, τῷ δὲ μὴ ἀνθρώπῳ τὸ μὴ ζῷον οὔ, ἀλλ' ἀνάπαλιν τῷ μὴ ζῴῳ τὸ οὐκ ἄνθρωπος. Ἐπὶ πάντων οὖν τὸ τοιοῦτον ἀξιωτέον· οἷον εἰ τὸ καλὸν ἡδύ, καὶ τὸ μὴ ἡδὺ οὐ καλόν· εἰ δὲ μὴ τοῦτο, οὐδ' ἐκεῖνο. Ὁμοίως δὲ καὶ εἰ τὸ μὴ ἡδὺ οὐ καλόν, τὸ καλὸν ἡδύ. Δῆλον οὖν ὅτι πρὸς ἄμφω ἀντιστρέφει ἡ κατὰ τὴν ἀντίφασιν ἀκολούθησις ἀνάπαλιν γινομένη.

Ἐπὶ δὲ τῶν ἐναντίων σκοπεῖν εἰ τῷ ἐναντίῳ τὸ ἐναντίον ἕπεται, ἢ ἐπὶ ταὐτὰ ἢ ἀνάπαλιν, καὶ ἀναιροῦντι καὶ κατασκευάζοντι· λαμβάνειν δὲ καὶ τὰ τοιαῦτα ἐξ ἐπαγωγῆς.

9 μὲν om. u Λ || τὸ ἐναντίον u^ac || 10 οὔτε : οὐχ P || 15 post ἀντιθέσεις add. εἰσὶ C Λ, post δ' Al^c (335, 27) || ἐπὶ Wallies : ἐκ codd. Al^c Λ || 16-17 ἀναιροῦντα καὶ κατασκευάζοντα Cu Al^c || 23 καὶ om. u || alt. μὴ post τοῦτο transp. Cu || 24 εἰ om. P || pr. τὸ post μὴ transp. ABc (fort. c^pc) || 25 πρὸς om. Λ || ἀντιστρέφει om. Al^c || τὴν om. D || 26 γενομένη C || 28 pr. ἢ om. VP || ταὐτὸ Λ' || post ταὐτὰ add. ἡ ἀκολούθησις uD || pr. καὶ om. C || alt. καὶ (Λ) : ἢ C ἢ καὶ u || 29 καὶ om. c || τὰ τοιαῦτα (Λ) : τὰ αὐτὰ u || post ἐπαγωγῆς add. ἐφ' ὅσον χρήσιμον CuD Λ edd.

La consécution est parallèle dans des cas comme celui de *courage* et *lâcheté* : l'un entraîne *qualité*, l'autre *défaut* ; l'un entraîne *recommandé*, l'autre *contre-indiqué*. Dans ce dernier cas encore[1], c'est en ordre parallèle que se fait la consécution, puisque *contre-indiqué* est le contraire de *recommandé*[2]. Et de même dans les autres cas. En revanche, la consécution est croisée dans un cas comme le suivant : la « bonne forme »[3] entraîne la santé, mais ce n'est pas la « mauvaise forme » qui entraîne la maladie, c'est la maladie qui entraîne la « mauvaise forme ». On voit donc bien que dans ce cas la consécution est croisée. Mais ce croisement est peu fréquent dans le domaine des contraires, la consécution s'y fait le plus souvent en ordre parallèle[4]. Ceci posé, s'il n'existe aucune consécution, parallèle ou croisée, entre le contraire de l'un des termes du problème et celui de l'autre, il est clair qu'il n'en existe pas non plus de l'un à l'autre de ces termes eux-mêmes. En revanche, s'il existe une consécution au niveau des contraires, il en existe nécessairement une aussi au niveau des termes primitifs.

Privation et possession.

On doit appliquer aux privations et possessions le même mode d'examen qu'aux contraires, à ceci près que le croisement n'existe pas dans le cas des privations, la consécution devant toujours s'y faire en ordre parallèle, comme de *vue* à *sens* et de *cécité* à *insensibilité* (il existe aussi[5], en effet, une opposition de possession à privation entre *sens* et *insensibilité*, puisque l'un est la possession de ce dont l'autre est la privation).

Relation.

On doit également traiter les relatifs de la même façon que la privation[6] :

1-5. *Notes complémentaires*, p. 151.

6. J'adopte ici la *lectio difficilior* de PcΛ, qui portent seulement τῇ στερήσει, alors que les autres manuscrits, suivis par les éditeurs précédents, portent la version longue τῇ ἕξει καὶ τῇ στερήσει. Dans la pratique dialectique, les termes des propositions primitives sont la plupart du temps positifs ; il est donc normal de dire que le dialecticien « fait usage » de la seule privation. Cette version courte avait naturellement toutes chances d'être rapidement supplantée par la version longue au cours de la transmission du texte.

Ἐπὶ ταὐτὰ μὲν οὖν ἡ ἀκολούθησις, οἷον τῇ ἀνδρείᾳ καὶ τῇ δειλίᾳ· τῇ μὲν γὰρ ἀρετὴ ἀκολουθεῖ, τῇ δὲ κακία, καὶ τῇ μὲν ἀκολουθεῖ τὸ αἱρετόν, τῇ δὲ τὸ φευκτόν. Ἐπὶ ταὐτὰ οὖν καὶ οὕτως ἡ ἀκολούθησις· ἐναντίον γὰρ τῷ αἱρετῷ τὸ φευκτόν. Ὁμοίως δὲ καὶ ἐπὶ τῶν ἄλλων. Ἀνάπαλιν δὲ ἡ ἀκολούθησις, οἷον εὐεξίᾳ μὲν ἡ ὑγίεια ἀκολουθεῖ, καχεξίᾳ δὲ νόσος οὔ, ἀλλὰ νόσῳ καχεξία. Δῆλον οὖν ὅτι [114a] ἀνάπαλιν ἐπὶ τούτων ἡ ἀκολούθησις. Σπάνιον δὲ τὸ ἀνάπαλιν ἐπὶ τῶν ἐναντίων συμβαίνει, ἀλλὰ τοῖς πλείστοις ἐπὶ τὸ αὐτὸ ἡ ἀκολούθησις. Εἰ οὖν μήτ' ἐπὶ ταὐτὰ τῷ ἐναντίῳ τὸ ἐναντίον ἀκολουθεῖ μήτε ἀνάπαλιν, δῆλον ὅτι οὐδὲ τῶν ῥηθέντων ἀκολουθεῖ τὸ ἕτερον τῷ ἑτέρῳ. Εἰ δ' ἐπὶ τῶν ἐναντίων, καὶ ἐπὶ τῶν ῥηθέντων ἀναγκαῖον τὸ ἕτερον τῷ ἑτέρῳ ἀκολουθεῖν.

Ὁμοίως δὲ τοῖς ἐναντίοις καὶ ἐπὶ τῶν στερήσεων καὶ ἕξεων σκεπτέον· πλὴν οὐκ ἔστιν ἐπὶ τῶν στερήσεων τὸ ἀνάπαλιν, ἀλλ' ἐπὶ ταὐτὰ τὴν ἀκολούθησιν ἀναγκαῖον ἀεὶ γίγνεσθαι, καθάπερ ὄψει μὲν αἴσθησιν, τυφλότητι δ' ἀναισθησίαν (ἀντίκειται γὰρ καὶ ἡ αἴσθησις τῇ ἀναισθησίᾳ ὡς ἕξις καὶ στέρησις· τὸ μὲν γὰρ ἕξις αὐτῶν, τὸ δὲ στέρησίς ἐστιν).

Ὁμοίως δὲ τῇ στερήσει καὶ ἐπὶ τῶν πρός

30 ταὐτὸν P Λ' || 32 alt. τὸ om. D || 33 ante οὖν add. μὲν P || οὕτως ἡ : ἡ τούτων BCcu Λ edd. οὕτως τούτων ἡ D || 34 τῷ αἱρετῷ τὸ φευκτόν : τὸ αἱρετὸν τῷ φευκτῷ BVPCuD Λ edd. || 35 post οἷον add. εἰ C || ἡ om. Cu || 36 ante καχεξίᾳ add. καὶ P || καχεξίᾳ corr. C².

[114 a] 1 post ἀκολούθησις add. γίνεται PD Λ || 2-3 τὸ αὐτὸ (Λ): ταὐτὰ PCuDB²c^pc || 3-4 τὸ ἐναντίον τῷ ἐναντίῳ C || 4 post οὐδὲ add. ἐπὶ BCu || 5 ἀκολουθεῖ — ἑτέρῳ : 6 ἀναγκαῖον — ἀκολουθεῖν c || 6 ἀνάγκη V, fort. Λ || 7-8 τῆς στερήσεως καὶ ἕξεως Λ || 7 post alt. καὶ add. ἐπὶ τῶν Cu || 8 τῶν om. u || 11 pr. καὶ om. Cu edd. || ἡ om. P || 13 post δὲ add. τῇ ἕξει καὶ ABVCuD edd. || τῇ om. V.

en effet, dans ce cas encore, la consécution est parallèle. Par exemple, si le triple est un multiple, le tiers est un sous-multiple ; et de fait, le triple se dit tel par relation à son tiers[1], et le multiple par relation à son sous-multiple. Et encore, si la connaissance est une représentation, un contenu de connaissance est un contenu de représentation[2] ; et si la vision est une sensation, le visible est un sensible. Objection : il n'est pas nécessairement vrai que dans le cas des relatifs, la consécution se fasse comme on vient de le dire : en effet, le sensible est connaissable, mais la sensation n'est pas connaissance. Il faut dire toutefois que la légitimité de cette objection n'est pas universellement admise, puisque pour beaucoup de gens, il n'existe pas de connaissance des sensibles. En outre, la relation indiquée peut tout aussi bien fonctionner dans le sens contraire, pour prouver, en l'occurrence, que le sensible n'est pas connaissable : en effet, dira-t-on, la sensation n'est pas non plus connaissance.

9

Autres lieux, utilisant les coordonnés et les inflexions

Et encore, examiner les coordonnés[3] et les inflexions[4], qu'il s'agisse de détruire ou d'établir une proposition. On appelle coordonnés des termes comme *choses justes* et *homme juste*, coordonnés de *justice*, *choses courageuses* et *homme courageux*, coordonnés de *courage*. De la même façon, ce qui procure quelque chose et ce qui préserve quelque chose sont des coordonnés de ce qu'ils procurent ou préservent, par exemple *choses saines*, coordonné de *santé*, *choses toniques*, coordonné de « *tonus* »[5] ; et de même dans les autres cas. Voilà ce qu'on a l'habitude d'appeler coordonnés ; on appelle inflexions, en revanche, des termes comme *justement*, *courageusement*, *sainement*, et

1-4. *Notes complémentaires*, p. 151-152.

5. Je lis ici ὑγιείᾳ et εὐεξίᾳ, au lieu de ὑγιείας et εὐεξίας que donnent les manuscrits. Cette correction, paléographiquement bénigne, se justifie du fait que ces mots ne peuvent être compris que comme les compléments de σύστοιχα, et non comme ceux de ποιητικὰ ἢ φυλακτικά ; or, si ces derniers appellent le génitif (cf. 106 b 35 et 114 a 30), σύστοιχα appelle régulièrement le datif (cf. 114 a 28, 29, 30, 36).

τι χρηστέον· ἐπὶ ταὐτὰ γὰρ καὶ τούτων ἡ ἀκολούθησις. Οἷον εἰ τὸ τριπλάσιον πολλαπλάσιον, καὶ τὸ τριτημόριον πολλοστημόριον· λέγεται γὰρ τὸ μὲν τριπλάσιον πρὸς τὸ τριτημόριον, τὸ δὲ πολλαπλάσιον πρὸς τὸ πολλοστημόριον. Πάλιν εἰ ἡ ἐπιστήμη ὑπόληψις, καὶ τὸ ἐπιστητὸν ὑποληπτόν· καὶ εἰ ἡ ὅρασις αἴσθησις, καὶ τὸ ὁρατὸν αἰσθητόν. Ἔνστασις ὅτι οὐκ ἀνάγκη ἐπὶ τῶν πρός τι τὴν ἀκολούθησιν γίνεσθαι καθάπερ εἴρηται· τὸ γὰρ αἰσθητὸν ἐπιστητόν ἐστιν, ἡ δ' αἴσθησις οὐκ ἐπιστήμη. Οὐ μὴν ἀληθής γε ἡ ἔνστασις δοκεῖ εἶναι· πολλοὶ γὰρ οὔ φασι τῶν αἰσθητῶν ἐπιστήμην εἶναι. Ἔτι πρὸς τοὐναντίον οὐχ ἧττον χρήσιμον τὸ ῥηθέν, οἷον ὅτι τὸ αἰσθητὸν οὐκ ἔστιν ἐπιστητόν· οὐδὲ γὰρ ἡ αἴσθησις ἐπιστήμη.

IX Πάλιν ἐπὶ τῶν συστοίχων καὶ ἐπὶ τῶν πτώσεων, καὶ ἀναιροῦντα καὶ κατασκευάζοντα. Λέγεται δὲ σύστοιχα μὲν τὰ τοιάδε οἷον τὰ δίκαια καὶ ὁ δίκαιος τῇ δικαιοσύνῃ, καὶ τὰ ἀνδρεῖα καὶ ὁ ἀνδρεῖος τῇ ἀνδρείᾳ. Ὁμοίως δὲ καὶ τὰ ποιητικὰ καὶ τὰ φυλακτικὰ σύστοιχα ἐκείνῳ οὗ ἐστι ποιητικὰ ἢ φυλακτικά, οἷον τὰ ὑγιεινὰ ὑγιείᾳ καὶ τὰ εὐεκτικὰ εὐεξίᾳ· τὸν αὐτὸν δὲ τρόπον καὶ ἐπὶ τῶν ἄλλων. Σύστοιχα μὲν οὖν τὰ τοιαῦτα εἴωθε λέγεσθαι, πτώσεις δὲ οἷον τὸ δικαίως καὶ ἀνδρείως

14 τούτων : τούτοις D, u ut uid., corr. u² || 15 πολλαπλάσιον om. A, suppl. A² || τριτημόριον sup. ras. V || 16-17 λέγεται — πολλοστημόριον om. c || 19 ὅρασις : ὄψις C || 20 ἀναγκαῖον CuD || 22 γε om. Cu || ἡ ἔνστασις ante ἀληθής transp. c || δοκεῖ (Λ) : δόξειεν Cu || 28 τὰ δίκαια (Λ) : τὸ δίκαιον Al^c || 29 δὲ om. c || 29-30 καὶ τὰ (Λ) : ἢ AB || 30-31 σύστοιχα — φυλακτικά om. c || 30 ἐκείνῳ (Λ) : ἐκείνων PCuD τοῖς Al^p || οὗ (Λ) : ὧν Al^p ἐστιν ὧν Cu || 31 ὑγιείᾳ et εὐεξίᾳ Brunschwig : ὑγιείας et εὐεξίας codd. || 32 δὲ (Λ) : δὴ PD, om. u || 33 πτῶσις V || οἷον om. c || post καὶ add. τὸ C.

toutes les expressions de ce type. On admet d'ailleurs que les termes infléchis sont également des coordonnés ; par exemple, *justement* est un coordonné de *justice*, *courageusement* un coordonné de *courage*. On appelle en somme[1] coordonnés tous les termes qui se rangent sur une même ligne, par exemple *justice*, *homme juste*, *chose juste*, *justement*. Il est donc clair qu'il suffit de montrer que l'un quelconque des termes appartenant à une même série est bon ou louable pour montrer du même coup que tous les autres le sont aussi ; par exemple, si la justice est louable, on peut en dire autant de l'homme juste, de la chose juste, de *justement*. Mais on dira aussi de *justement*[2] qu'il est *louablement*, en appliquant à *louable* la même inflexion que celle qui, de *justice*, permet de tirer *justement*.

Examiner non seulement la proposition donnée, mais aussi celle qui attribue au contraire du sujet le contraire du prédicat. On montrera par exemple que ce qui est bon n'est pas nécessairement plaisant, vu que ce qui est mauvais n'est pas nécessairement douloureux ; ou alors que s'il l'est, l'autre l'est aussi. De même, si la justice est savoir, l'injustice est ignorance ; et si *justement* est *savamment* et *adroitement*, *injustement* est *sottement* et *maladroitement*. Mais si ces conséquents sont faux, les antécédents le sont aussi ; tel est le cas dans notre dernier exemple, puisque *injustement* se présenterait plutôt comme *adroitement* que comme *maladroitement*. Ce lieu a déjà été mentionné dans les consécutions des contraires[3] : car ce que nous affirmons ici, c'est simplement que le contraire du sujet entraîne le contraire du prédicat.

Considérer aussi l'apparition des choses, leur disparition, leurs agents producteurs et destructeurs, pour

1. J'adopte la conjecture très raisonnable de Wallies, qui propose de remplacer ici par δή le δέ des manuscrits.
2. *Notes complémentaires*, p. 152.
3. Cf. plus haut, 113 b 27 - 114 a 6.

καὶ ὑγιεινῶς καὶ ὅσα τοῦτον τὸν τρόπον λέγεται. Δοκεῖ δὲ καὶ τὰ κατὰ τὰς πτώσεις σύστοιχα εἶναι, οἷον τὸ μὲν δικαίως τῇ δικαιοσύνῃ, τὸ δὲ ἀνδρείως τῇ ἀνδρείᾳ. Σύστοιχα δὴ λέγεται τὰ κατὰ τὴν αὐτὴν συστοιχίαν ἅπαντα, οἷον δικαιοσύνη, δίκαιος, δίκαιον, δικαίως. Δῆλον οὖν ὅτι ἑνὸς ὁποιουοῦν δειχθέντος τῶν κατὰ τὴν αὐτὴν συστοιχίαν ἀγαθοῦ ἢ
[114b] ἐπαινετοῦ καὶ τὰ λοιπὰ πάντα δεδειγμένα γίνεται· οἷον εἰ ἡ δικαιοσύνη τῶν ἐπαινετῶν, καὶ ὁ δίκαιος καὶ τὸ δίκαιον καὶ τὸ δικαίως τῶν ἐπαινετῶν. Ῥηθήσεται δὲ τὸ δικαίως καὶ ἐπαινετῶς κατὰ τὴν αὐτὴν πτῶσιν ἀπὸ τοῦ ἐπαινετοῦ καθάπερ τὸ δικαίως ἀπὸ τῆς δικαιοσύνης.

Σκοπεῖν δὲ μὴ μόνον ἐπ' αὐτοῦ τοῦ εἰρημένου, ἀλλὰ καὶ ἐπὶ τοῦ ἐναντίου τὸ ἐναντίον, οἷον ὅτι τὸ ἀγαθὸν οὐκ ἐξ ἀνάγκης ἡδύ· οὐδὲ γὰρ τὸ κακὸν λυπηρόν· ἢ εἰ τοῦτο, κἀκεῖνο. Καὶ εἰ ἡ δικαιοσύνη ἐπιστήμη, καὶ ἡ ἀδικία ἄγνοια· καὶ εἰ τὸ δικαίως ἐπιστημονικῶς καὶ ἐμπείρως, τὸ ἀδίκως ἀγνοούντως καὶ ἀπείρως. Εἰ δὲ ταῦτα μή, οὐδ' ἐκεῖνα, καθάπερ ἐπὶ τοῦ νῦν ῥηθέντος· μᾶλλον γὰρ ἂν φανείη τὸ ἀδίκως ἐμπείρως ἢ ἀπείρως. Οὗτος δ' ὁ τόπος εἴρηται πρότερον ἐν ταῖς τῶν ἐναντίων ἀκολουθήσεσιν· οὐδὲν γὰρ ἄλλο νῦν ἀξιοῦμεν ἢ τὸ ἐναντίον τῷ ἐναντίῳ ἀκολουθεῖν.

Ἔτι ἐπὶ τῶν γενέσεων καὶ φθορῶν καὶ ποιητικῶν καὶ

34 ὑγιεινῶς (Λ) : ὑγιεινῶς καὶ εὐεκτικῶς Cu μουσικῶς Al[p] || 37 δὴ Wallies : δὲ codd. Λ || 38 δίκαιος om. u, suppl. u[2].

[114 b] 1 γίνεται : ἐστί P Λ ἔσται D || 2 εἰ om. P || καὶ τὸ δίκαιον ante pr. καὶ transp. C || 3 δικαίως καὶ damn. Wallies || καὶ damn. Bonitz || 4 ἐπαινετοὺς D[ac] || 6 τοῦ om. P || 7 alt. τὸ om. c, suppl. c[2] || 8 καλὸν Pcu, corr. c[2]u[2] || 9-10 post δικαίως add. καὶ u || 10 ἀγνοοῦντος A, fort. B[ac], corr. A[2] || 13 τρόπος Λ || 14-15 τῷ ἐναντίῳ τὸ ἐναντίον PD || 16 post pr. et alt. καὶ add. τῶν c.

réfuter une proposition comme pour en établir une. En effet, ce dont l'apparition est un bien est lui-même un bien (et de ce qui est un bien, l'apparition est elle-même bonne) ; en revanche, ce dont l'apparition est un mal est lui-même un mal[1]. Dans le cas de la disparition, il faut inverser : en effet, ce dont la disparition est un bien est lui-même un mal, et ce dont la disparition est un mal est lui-même un bien. Même formule encore avec les agents producteurs et destructeurs : ce dont l'agent producteur est un bien est lui-même un bien, ce dont l'agent destructeur est un bien est lui-même un mal.

10

Autres lieux, fondés sur la notion de degré égal ou inégal

Et encore, examiner les termes semblables, pour voir s'ils se comportent bien semblablement ; par exemple, si un savoir peut à lui seul porter sur plusieurs objets, il en va de même pour une opinion ; et si posséder la vue c'est voir, posséder l'ouïe c'est entendre. Et de même dans les autres cas, cas de similitude réelle ou de similitude couramment admise. Ce lieu est à double usage : car s'il en va de telle manière dans l'un des cas semblables, il en va également ainsi dans les autres, et s'il n'en va pas de telle manière dans l'un de ces cas, il n'en va pas davantage ainsi dans les autres. Examiner aussi, s'il s'agit initialement d'un objet unique, s'il en va encore de même avec des objets multiples[2] ; car il arrive qu'une discordance se manifeste ainsi. Par exemple, si savoir une chose c'est l'avoir présente à l'esprit, savoir plusieurs choses, ce devrait être avoir plusieurs choses présentes à l'esprit ; mais ce second énoncé est faux, puisque, s'il est possible de savoir plusieurs choses, il ne l'est pas d'avoir plusieurs

1-2. *Notes complémentaires*, p. 152.

φθαρτικῶν, καὶ ἀναιροῦντι καὶ κατασκευάζοντι. Ὧν γὰρ αἱ γενέσεις τῶν ἀγαθῶν, καὶ αὐτὰ ἀγαθά (καὶ εἰ αὐτὰ ἀγαθά, καὶ αἱ γενέσεις)· εἰ δὲ αἱ γενέσεις τῶν κακῶν, καὶ αὐτὰ τῶν κακῶν. Ἐπὶ δὲ τῶν φθορῶν ἀνάπαλιν· εἰ γὰρ αἱ φθοραὶ τῶν ἀγαθῶν, αὐτὰ τῶν κακῶν, εἰ δ' αἱ φθοραὶ τῶν κακῶν, αὐτὰ τῶν ἀγαθῶν. Ὁ δ' αὐτὸς λόγος καὶ ἐπὶ ποιητικῶν καὶ φθαρτικῶν· ὧν μὲν γὰρ τὰ ποιητικὰ ἀγαθά, καὶ αὐτὰ τῶν ἀγαθῶν, ὧν δὲ τὰ φθαρτικὰ ἀγαθά, αὐτὰ τῶν κακῶν.

X Πάλιν ἐπὶ τῶν ὁμοίων εἰ ὁμοίως ἔχει· οἷον εἰ ἐπιστήμη μία πλειόνων, καὶ δόξα, καὶ εἰ τὸ ὄψιν ἔχειν ὁρᾶν, καὶ τὸ ἀκοὴν ἔχειν ἀκούειν. Ὁμοίως δὲ καὶ ἐπὶ τῶν ἄλλων, καὶ ἐπὶ τῶν ὄντων καὶ τῶν δοκούντων. Χρήσιμος δ' ὁ τόπος πρὸς ἄμφω· εἰ μὲν γὰρ ἐπί τινος τῶν ὁμοίων οὕτως ἔχει, καὶ ἐπὶ τῶν ἄλλων τῶν ὁμοίων, εἰ δὲ ἐπί τινος μή, οὐδ' ἐπὶ τῶν ἄλλων. Σκοπεῖν δὲ καὶ εἰ ἐφ' ἑνὸς καὶ εἰ ἐπὶ πολλῶν ὁμοίως ἔχει· ἐνιαχοῦ γὰρ διαφωνεῖ. Οἷον εἰ τὸ ἐπίστασθαι διανοεῖσθαι, καὶ τὸ πολλὰ ἐπίστασθαι πολλὰ διανοεῖσθαι· τοῦτο δ' οὐκ ἀληθές· ἐπίστασθαι μὲν γὰρ ἐνδέχεται πολλά, διανοεῖ-

17 ἀναιροῦντα καὶ κατασκευάζοντα D^{ac} || 18 alt. καὶ — ἀγαθά om. C || 19-20 εἰ — κακῶν om. VPcD $Λ^{f}$, non legisse uid. Al^{p} || 19 εἰ δὲ : καὶ ὧν Cu $Λ^{r}$ || 20 post κακῶν add. καὶ εἰ αὐτὰ τῶν κακῶν, καὶ αἱ γενέσεις τῶν κακῶν Wallies || ante εἰ del. ὧν uel τῶν D || 22 post ἐπὶ add. τῶν VD Al^{c} || post καὶ add. ἐπὶ τῶν V Al^{c} || 23 post ἀγαθά add. ἦν Al^{c} || 24 αὐτὰ : ταῦτα P || 26 alt. τὸ om. c^{ac} || 27 ἀκούειν : ἀκοήν D || alt. ἐπὶ om. CuD || 28 post καὶ add. ἐπὶ Λ || 28 ὁ τόπος post 28-29 ἄμφω transp. u || 29 ἔχει om. Cu || 30-31 post ἄλλων add. τῶν ὁμοίων Cu Λ || 31 pr. εἰ om. cDV^{pc} Λ, suppl. D^{2} || alt. εἰ om. VPcuD Λ || post πολλῶν add. εἰ cDV^{pc} Λ || 32 εἰ om. D || 32-33 post διανοεῖσθαι add. ἐστι P || 33 τὸ om. c, suppl. c^{2} || post ἐπίστασθαι add. ἐστι Λ || 34 ἐπίστασθαι — πολλά : ἐνδέχεται γὰρ πολλὰ ἐπίστασθαι Λ || ἐνδέχεται post πολλά transp. Cu.

choses présentes à l'esprit. Et s'il est faux, le premier l'est aussi, qui affirmait, à propos d'une chose unique, que la savoir, c'est l'avoir présente à l'esprit.

Faire également appel à la considération du *plus* et du *moins*. Il existe quatre lieux[1] ; le premier consiste à voir si un *plus* du côté du sujet entraîne un *plus* du côté du prédicat ; par exemple, si le plaisir est un bien, un plus grand plaisir est un plus grand bien ; et si commettre une injustice est un mal, commettre une plus grande injustice est un plus grand mal. Ce lieu est à double usage : car si l'accroissement du sujet entraîne l'accroissement de l'accident, comme dans les exemples ci-dessus, il est clair que l'accident appartient au sujet ; et dans le cas contraire, il ne lui appartient pas. On fera admettre ces types d'inférence[2] par la voie inductive. Autre lieu, lorsqu'un même attribut est rapporté à deux sujets : s'il n'appartient pas à celui des sujets auquel il est plus vraisemblable qu'il appartienne, il n'appartient pas non plus à celui auquel il est moins vraisemblable qu'il appartienne ; et s'il appartient à celui auquel il est moins vraisemblable qu'il appartienne, il appartient aussi à celui auquel il est plus vraisemblable qu'il appartienne. Cas inverse, lorsque deux attributs sont rapportés à un sujet unique : si celui des attributs qui est le plus réputé lui appartenir ne lui appartient pas, celui qui l'est le moins ne lui appartient pas non plus ; si celui qui est le moins réputé lui appartenir lui appartient, celui qui l'est le plus lui appartient aussi. Dernier cas, lorsque deux attributs sont rapportés à deux sujets : si l'attribut qui est le plus réputé appartenir à son sujet ne lui appartient pas, l'autre n'appartient pas non plus au sien ; si celui qui est le moins réputé appartenir à son sujet lui appartient, l'autre appartient aussi au sien.

1. Les variantes relevées dans les manuscrits paraissent justifier, par leur diversité, la conjecture de Wallies, qui supprime tout ce qui s'est accroché au mot τόποι.

2. *Notes complémentaires*, p. 153.

σθαι δ' οὔ. Εἰ οὖν τοῦτο μή, οὐδ' ἐκεῖνο τὸ ἐφ' ἑνός, ὅτι τὸ ἐπίστασθαι διανοεῖσθαί ἐστιν.

Ἔτι ἐκ τοῦ μᾶλλον καὶ ἧττον. Εἰσὶ δὲ τόποι [τοῦ μᾶλλον] τέσσαρες· εἷς μὲν εἰ ἀκολουθεῖ τὸ μᾶλλον τῷ μᾶλλον, οἷον εἰ ἡδονὴ ἀγαθόν, καὶ ἡ μᾶλλον ἡδονὴ μᾶλ-
[115a] λον ἀγαθόν, καὶ εἰ τὸ ἀδικεῖν κακόν, καὶ τὸ μᾶλλον ἀδικεῖν μᾶλλον κακόν. Χρήσιμος δὲ πρὸς ἄμφω ὁ τόπος· εἰ μὲν γὰρ ἀκολουθεῖ τῇ τοῦ ὑποκειμένου ἐπιδόσει ἡ τοῦ συμβεβηκότος ἐπίδοσις, καθάπερ εἴρηται, δῆλον ὅτι συμβέβηκεν· εἰ δὲ μὴ ἀκολουθεῖ, οὐ συμβέβηκεν. Τοῦτο δ' ἐπαγωγῇ ληπτέον. Ἄλλος ἑνὸς περὶ δύο λεγομένου, εἰ ᾧ μᾶλλον εἰκὸς ὑπάρχειν μὴ ὑπάρχει, οὐδ' ᾧ ἧττον, καὶ εἰ ᾧ ἧττον εἰκὸς ὑπάρχειν ὑπάρχει, καὶ ᾧ μᾶλλον. Πάλιν δυοῖν περὶ ἑνὸς λεγομένων, εἰ τὸ μᾶλλον ὑπάρχειν δοκοῦν μὴ ὑπάρχει, οὐδὲ τὸ ἧττον, ἢ εἰ τὸ ἧττον δοκοῦν ὑπάρχειν ὑπάρχει, καὶ τὸ μᾶλλον. Ἔτι δυοῖν περὶ δύο λεγομένων, εἰ τὸ θατέρῳ μᾶλλον ὑπάρχειν δοκοῦν μὴ ὑπάρχει, οὐδὲ τὸ λοιπὸν τῷ λοιπῷ, ἢ εἰ τὸ ἧττον δοκοῦν τῷ ἑτέρῳ ὑπάρχειν ὑπάρχει, καὶ τὸ λοιπὸν τῷ λοιπῷ.

35 οὖν : δὲ P Λ || 37 post pr. καὶ add. τοῦ D || τρόποι u^{ac} || τόποι Wallies : τόποι τοῦ μᾶλλον BVPD τοῦ μᾶλλον τόποι A Λ τόποι μᾶλλον c τόποι τοῦ μᾶλλον καὶ ἧττον Cu || 38 τὸ μᾶλλον τῷ : τῷ μᾶλλον τὸ u || 39 εἰ : ἡ P || ἀγαθόν — ἡδονὴ om. C, suppl. C².

[115 a] 1 ante ἀγαθόν del. 3-4 litt. C || 2 δὲ (Λ) : δ' οὖν ABV || 5 ἀκολουθῇ A, corr. A² || οὐ : οὐδὲ P || ἐπαγωγῇ (Λ) : ἐξ ἐπαγωγῆς D || 6 ἄλλος om. V || δυοῖν Cu || 7 μὴ : οὐχ C || ὑπάρχει : ὑπάρχῃ A, corr. A² || καὶ (Λ) : ἢ D || εἰ om. u || 9 ἑνὸς : hic incipit M || post τὸ add. θατέρῳ B || ὑπάρχει : ὑπάρχῃ fort. C, corr. C² || 10 ἢ — ἧττον om. A, suppl. A² || ἢ εἰ : καὶ εἰ c εἰ δὲ CuDA² Al^{p} Λ || 11 post ἔτι add. δὲ P || δύο : δυοῖν Ccu || λεγομένοιν u || τὸ : τῷ fort. C, corr. C² || 12 ὑπάρχει : ὑπάρχῃ fort. C, corr. C² || 13-14 ἢ — λοιπῷ om. A || ἢ εἰ (Λ) : εἰ δὲ uDC² Al^{p} ἢ εἰ δὲ C || 13 τῷ ἑτέρῳ post ὑπάρχειν transp. Cu || ὑπάρχειν om. c.

Prendre également appui sur les appartenances à égal degré (réelles ou réputées telles), et ce de trois manières, comme nous le disions dans le cas du *plus*[1], dans le cas des trois lieux mentionnés en dernier. Premier cas, un attribut unique appartient ou est réputé appartenir à égal degré à deux sujets : s'il n'appartient pas à l'un, il n'appartient pas non plus à l'autre ; et s'il appartient à l'un, il appartient aussi à l'autre. Deuxième cas, deux attributs appartiennent à égal degré à un même sujet : si l'un ne lui appartient pas, l'autre non plus ; si l'un lui appartient, l'autre aussi. Même manière de faire, enfin, dans le cas où deux attributs appartiennent à égal degré à deux sujets : si l'un des attributs n'appartient pas à son sujet, l'autre n'appartient pas non plus au sien ; si l'un appartient à son sujet, l'autre appartient aussi au sien.

11

Autres lieux

Telles sont donc toutes les manières d'utiliser dans l'argumentation la considération du *plus*, du *moins* et de l'égal degré.

Prendre également appui sur l'addition : si une chose, en s'ajoutant à une autre, la rend bonne ou blanche, de non blanche ou de non bonne qu'elle était primitivement, la chose ajoutée sera blanche ou bonne, telle précisément qu'elle rend le tout. De plus, si une chose, en s'ajoutant à une autre déjà en possession d'une certaine propriété, intensifie en elle cette propriété, elle en sera elle-même dotée. Et de même dans les autres cas. Ce lieu n'est pas utilisable en toute circonstance, mais seulement lorsqu'un accroissement de degré est susceptible de se produire. Le présent lieu ne peut servir à une réfutation[2] ; car si, en

1. Ross a corrigé en ἐκ le premier ἐπὶ de la ligne 16, mais cette correction n'est pas indispensable : τοῦ μᾶλλον ne dépend pas d'un σκοπεῖν sous-entendu, mais plutôt de ἐλέγετο. Reste que la succession des deux ἐπί est assez choquante ; peut-être devrait-on considérer ἐπὶ τοῦ μᾶλλον comme une glose interpolée.

2. *Notes complémentaires*, p. 153.

Ἔτι ἐκ τοῦ ὁμοίως ὑπάρχειν ἢ δοκεῖν ὑπάρχειν τριχῶς, καθάπερ ἐπὶ τοῦ μᾶλλον ἐπὶ τῶν ὕστερον ῥηθέντων τριῶν τόπων ἐλέγετο. Εἴτε γὰρ ἕν τι δυσὶν ὁμοίως ὑπάρχει ἢ δοκεῖ ὑπάρχειν, εἰ τῷ ἑτέρῳ μὴ ὑπάρχει, οὐδὲ τῷ ἑτέρῳ, εἰ δὲ θατέρῳ ὑπάρχει, καὶ τῷ λοιπῷ· εἴτε δύο τῷ αὐτῷ ὁμοίως, εἰ τὸ ἕτερον μὴ ὑπάρχει, οὐδὲ τὸ λοιπόν, εἰ δὲ θάτερον, καὶ τὸ λοιπόν. Τὸν αὐτὸν δὲ τρόπον καὶ εἰ δύο δυσὶν ὁμοίως ὑπάρχει· εἰ γὰρ τὸ ἕτερον τῷ ἑτέρῳ μὴ ὑπάρχει, οὐδὲ τὸ λοιπὸν τῷ λοιπῷ· εἰ δὲ ὑπάρχει τὸ ἕτερον τῷ ἑτέρῳ, καὶ τὸ λοιπὸν τῷ λοιπῷ.

XI Ἐκ μὲν οὖν τοῦ μᾶλλον καὶ ἧττον καὶ τοῦ ὁμοίως τοσαυταχῶς ἐνδέχεται ἐπιχειρεῖν.

Ἔτι δ' ἐκ τῆς προσθέσεως, ἐὰν ἕτερον πρὸς ἕτερον προστεθὲν ποιῇ ἀγαθὸν ἢ λευκὸν μὴ ὂν πρότερον λευκὸν ἢ ἀγαθόν, τὸ προστεθὲν ἔσται λευκὸν ἢ ἀγαθόν, οἷόνπερ καὶ τὸ ὅλον ποιεῖ. Ἔτι εἰ πρὸς τὸ ὑπάρχον προστεθέν τι μᾶλλον ποιεῖ τοιοῦτον οἷον ὑπῆρχε, καὶ αὐτὸ ἔσται τοιοῦτον. Ὁμοίως δὲ καὶ ἐπὶ τῶν ἄλλων. Χρήσιμος δὲ οὐκ ἐν ἅπασιν ὁ τόπος, ἀλλ' ἐν οἷς τὴν τοῦ μᾶλλον ὑπεροχὴν συμβαίνει γίνεσθαι. Οὗτος δὲ ὁ τόπος οὐκ ἀντιστρέ-

16 pr. ἐπὶ (Λ) : ἀπὸ Al[p] ἐκ Ross || 18 post ἢ add. εἰ C || ὑπάρχει : ὑπάρχῃ A, corr. A[2] δοκεῖ ὑπάρχειν uc[2] || 18-19 οὐδὲ — ὑπάρχει om. c, suppl. c[2mg] || 19 εἰ δὲ (Λ) : καὶ εἰ C || θάτερον u[2] || ὑπάρξει C || 20 post pr. εἰ add. δὲ P || ὑπάρχῃ A, corr. A[2] || 20-21 εἰ — λοιπόν om. u, suppl. u[2] || 21 τῷ λοιπῷ u[2] || 22 post δυσὶν add. τισιν Cu || τῷ ἑτέρῳ τὸ ἕτερον M || 22-23 ὑπάρχῃ A, corr. A[2] || 23-24 εἰ — λοιπῷ om. Λ[f] || 25 post pr. καὶ add. τοῦ C || 26 δ' om. Cu || 27 ποιεῖ A, corr. A[2] || 28 ἀγαθὸν ἢ λευκόν Cu Al[c] || 28-29 τὸ — ἀγαθόν om. B || 28-29 ἀγαθὸν ἢ λευκόν Al[p] || 29 οἷόνπερ : οἷον c καὶ τοιοῦτον οἷόνπερ C || 30 προστεθῇ P || 33 τρόπος P.

s'ajoutant à une autre, une chose ne la rend pas bonne, cela ne prouve encore pas qu'elle ne soit pas bonne elle-même ; de fait, le bon s'ajoutant au mauvais ne rend pas le tout nécessairement bon, pas plus que le blanc ajouté au noir[1].

Et encore, si un prédicat se dit, affecté de *plus* ou de *moins*, d'un sujet, il lui appartient absolument parlant ; car de ce qui n'est pas bon ou de ce qui n'est pas blanc, on ne dira pas non plus qu'il est plus ou moins bon, ou plus ou moins blanc ; d'une chose qui est mauvaise, de fait, on dira, non point qu'elle est plus ou moins bonne qu'une autre, mais qu'elle est plus ou moins mauvaise. Le présent lieu ne peut, lui non plus, servir à une réfutation : car beaucoup des prédicats qui ne peuvent être affectés de *plus* appartiennent, absolument parlant, à leur sujet ; de fait, un sujet ne reçoit pas le prédicat *homme* affecté de plus ou de moins, il n'en est pas moins homme pour autant.

Il faut examiner de la même manière si l'attribution est correcte sous un certain rapport, à un certain moment, en un certain endroit ; car si un prédicat est possible sous un certain rapport, il est possible absolument parlant ; de même s'il l'est à un certain moment ou en un certain endroit. De fait, ce qui est impossible absolument parlant n'est possible ni sous un certain rapport, ni en un certain endroit, ni à un certain moment[2]. Objection : sous un certain rapport, il existe des gens qui par nature sont vertueux, par exemple libéraux ou tempérants ; mais absolument parlant il n'existe pas de gens qui par nature soient vertueux[3]. De même, il est possible que pour un temps donné une chose périssable ne périsse pas, mais il

1. L'expression est fortement elliptique ; mais la conjecture de Wallies, qui voudrait lire οὐδὲ λευκὸν τὸ λευκὸν μέλανι, ne paraît pas indispensable. Elle n'explicite d'ailleurs qu'une partie de ce qu'il faut sous-entendre.

2-3. *Notes complémentaires*, p. 153.

φει πρὸς τὸ ἀνασκευάζειν. Εἰ γὰρ μὴ ποιεῖ τὸ προστιθέμενον ἀγαθόν, οὐδέπω δῆλον εἰ αὐτὸ μὴ ἀγαθόν· τὸ γὰρ [115b] ἀγαθὸν κακῷ προστιθέμενον οὐκ ἐξ ἀνάγκης ἀγαθὸν τὸ ὅλον ποιεῖ, οὐδὲ λευκὸν μέλανι.

Πάλιν εἴ τι μᾶλλον καὶ ἧττον λέγεται, καὶ ἁπλῶς ὑπάρχει· τὸ γὰρ μὴ ὂν ἀγαθὸν ἢ λευκὸν οὐδὲ μᾶλλον ἢ ἧττον ἀγαθὸν ἢ λευκὸν ῥηθήσεται· τὸ γὰρ κακὸν οὐδενὸς μᾶλλον ἢ ἧττον ἀγαθὸν ἀλλὰ μᾶλλον κακὸν ἢ ἧττον ῥηθήσεται. Οὐκ ἀντιστρέφει δ' οὐδ' οὗτος ὁ τόπος πρὸς τὸ ἀνασκευάσαι· πολλὰ γὰρ τῶν οὐ λεγομένων μᾶλλον ἁπλῶς ὑπάρχει· ἄνθρωπος γὰρ οὐ λέγεται μᾶλλον καὶ ἧττον, ἀλλ' οὐ διὰ τοῦτο οὐκ ἔστιν ἄνθρωπος.

Τὸν αὐτὸν δὲ τρόπον σκεπτέον καὶ ἐπὶ τοῦ κατά τι καὶ ποτὲ καὶ πού· εἰ γὰρ κατά τι ἐνδέχεται, καὶ ἁπλῶς ἐνδέχεται· ὁμοίως δὲ καὶ τὸ ποτὲ ἢ πού· τὸ γὰρ ἁπλῶς ἀδύνατον οὔτε κατά τι οὔτε πού οὔτε ποτὲ ἐνδέχεται. Ἔνστασις ὅτι κατά τι μέν εἰσι φύσει σπουδαῖοι, οἷον ἐλευθέριοι ἢ σωφρονικοί, ἁπλῶς δὲ οὐκ εἰσὶ φύσει σπουδαῖοι. Ὁμοίως δὲ καὶ ποτὲ μὲν ἐνδέχεται τῶν φθαρτῶν τι μὴ

[115 b] 1 προστίθεμεν D || 1-2 τὸ ὅλον post 2 ποιεῖ transp. u Λ′ || 2 λευκὸν : τὸ λευκὸν Cu λευκῷ M λευκὸν τὸ λευκὸν Wallies || μέλαν MCD, corr. C[2] || post μέλανι add. οὐδὲ [οὐδὲ τὸ u] γλυκὺ πικρῷ [πικρόν B[2]] VMPuDB[2], οὐδὲ τῷ πικρῷ γλυκύ c[2] || 4 οὐδὲν CcuB[2] || ἢ : καὶ Λ || 7 οὐδ' (Λ) : οὐδὲν V om. u || τρόπος P || 8 οὐ : μὴ Cu || post μᾶλλον add. καὶ ἧττον CuDc[2] || 10 ἔστιν (Λ) : ἔσται C om. c || 12 πού καὶ ποτέ ante ras. V ut uid. || εἰ (Λ) : ὃ VDC[pc] || 13 pr. τὸ : ἐπὶ τοῦ VD om. Ccu || ἢ : καὶ VCu Λ || 14 ποτὲ οὔτε πού Al[c] || 15 τι post μέν transp. u || ἐστιν A || 15-16 ἐλεύθεροι u || 16 φύσει post σπουδαῖοι transp. u || post σπουδαῖοι add. οὐδεὶς γὰρ φύσει φρόνιμος BCuc[2]D[2].

n'est pas possible qu'absolument parlant elle ne périsse pas. De la même manière encore, l'observation de tel régime est utile dans un endroit donné, en l'occurrence dans une région insalubre, mais elle ne l'est pas absolument parlant. Et encore, il est possible que dans un endroit donné il n'y ait qu'un seul homme, mais il n'est pas possible qu'absolument parlant il n'y ait qu'un seul homme. De la même manière encore, il est beau dans un endroit donné de sacrifier son père, en l'occurrence chez les Triballes[1] ; mais cela n'est pas beau absolument parlant. Ou plus exactement, ce que l'on veut dire ici, ce n'est pas *dans un endroit donné*, c'est *pour certains hommes* : car peu importe où ils se trouvent ; pour eux[2], cela sera beau partout. Et encore, prendre médecine est utile à un certain moment, en l'occurrence lorsqu'on est malade ; mais cela n'est pas utile absolument parlant. Plus exactement, ici encore, ce que l'on veut dire n'est pas *à un certain moment*, mais *pour un homme qui est dans un certain état* : car peu importe le moment, l'essentiel étant que tel soit son état. Ce qui est tel ou tel absolument parlant, c'est ce dont on dira, sans rien ajouter, que c'est beau, ou le contraire ; par exemple, on ne dira pas que sacrifier son père soit beau, on dira que c'est beau pour certains hommes ; donc, ce n'est pas beau absolument parlant. En revanche, on dira qu'honorer les dieux est beau, sans rien ajouter ; donc[3], c'est beau absolument parlant. En somme, tout ce que l'on tient communément pour beau, ou pour laid, ou pour quoi que ce soit de ce genre, sans aucune addition, pourra se dire tel absolument parlant.

1. Peuple de la Thrace, traditionnellement pris comme exemple de sauvagerie primitive. Dans un épisode des *Oiseaux* (1565 sq.), Aristophane met par exemple en scène un dieu Triballe, dont le langage barbare est plaisamment imité.

2. Avec Wallies, je supprime ici deux mots, qui sont dans AVPcD τοῖς Τριβαλλοῖς (« pour les Triballes »), et dans BMCu οὖσι Τριβαλλοῖς (« parce qu'ils sont Triballes »). La première version dénonce par elle-même son caractère de glose ; la seconde ne paraît être qu'une tentative postérieure pour mieux intégrer cette glose dans son contexte.

3. *Notes complémentaires*, p. 154.

φθαρῆναι, ἁπλῶς δ' οὐκ ἐνδέχεται μὴ φθαρῆναι. Τὸν αὐτὸν δὲ τρόπον καὶ πού μὲν συμφέρει τοιαύτῃ διαίτῃ χρῆσθαι, οἷον ἐν τοῖς νοσώδεσι τόποις, ἁπλῶς δ' οὐ συμφέρει. Ἔτι δὲ πού μὲν ἕνα μόνον δυνατὸν εἶναι, ἁπλῶς δὲ οὐ δυνατὸν ἕνα μόνον εἶναι. Τὸν αὐτὸν δὲ τρόπον καὶ πού μὲν καλὸν τὸν πατέρα θύειν, οἷον ἐν Τριβαλλοῖς, ἁπλῶς δ' οὐ καλόν. Ἢ τοῦτο μὲν οὐ πού σημαίνει ἀλλὰ τισίν· οὐδὲν γὰρ διαφέρει ὅπου ἂν ὦσιν· πανταχοῦ γὰρ αὐτοῖς ἔσται καλόν[, τοῖς Τριβαλλοῖς]. Πάλιν ποτὲ μὲν συμφέρει φαρμακεύεσθαι, οἷον ὅταν νοσῇ, ἁπλῶς δ' οὔ. Ἢ οὐδὲ τοῦτο ποτὲ σημαίνει ἀλλὰ τῷ διακειμένῳ πως· οὐδὲν γὰρ διαφέρει ὁποτεοῦν, ἐὰν οὕτω μόνον διακείμενος ᾖ. Τὸ δ' ἁπλῶς ἐστιν ὃ μηδενὸς προστεθέντος ἐρεῖς ὅτι καλόν ἐστιν ἢ τὸ ἐναντίον· οἷον τὸ τὸν πατέρα θύειν οὐκ ἐρεῖς καλὸν εἶναι ἀλλὰ τισὶ καλὸν εἶναι· οὐκ ἄρα ἁπλῶς καλόν· ἀλλὰ τὸ τοὺς θεοὺς τιμᾶν ἐρεῖς καλὸν οὐδὲν προσθείς· ἁπλῶς ἄρα καλόν ἐστιν. Ὥστε ὃ ἂν μηδενὸς προστιθεμένου δοκῇ εἶναι καλὸν ἢ αἰσχρὸν ἢ ἄλλο τι τῶν τοιούτων, ἁπλῶς ῥηθήσεται.

18 ἁπλῶς—φθαρῆναι om. MP, suppl. M[2mg] || 21 μόνον om. CD, suppl. D[2mg] || 24 post ἀλλὰ add. μᾶλλον VuD || 25 ἔσται (Λ) : ἔστι C ἄρα c, corr. c[2] || 26 τοῖς : οὖσι BMCu ἐν Λ || τοῖς Τριβαλλοῖς damn. Wallies || 27 ποτὲ om. u || 28-29 ὁποτεροῦν ante ras. u || 30 προστιθέντος c || ἐστιν om. P || 31 τὸ om. D || 32 εἶναι om. CuD || post καλόν add. ἐστίν u || τὸν θεὸν P || 33 προστιθείς C || ἄρα Brunschwig : γὰρ ABVMCcuD Λ[r] edd. μὴ P δὲ Λ[f] || 34 δοκεῖ AVPu[ac]D.

TOPIQUES

LIVRE III

COMPLÉMENT AUX LIEUX DE L'ACCIDENT

1

Lieux du préférable

Pour déterminer, entre deux ou plusieurs choses, laquelle est préférable[1], ou laquelle est la meilleure, voici maintenant les éléments sur lesquels l'examen doit prendre appui. Mais d'abord précisons que ce genre d'examen ne doit pas porter sur des choses trop éloignées l'une de l'autre et présentant entre elles une grande différence (car personne n'hésite sur le point de savoir ce qui est préférable du bonheur ou de la richesse), mais sur des choses proches l'une de l'autre, et à propos desquelles nous ne sommes pas tous d'accord pour désigner celle qu'il faut privilégier, du fait qu'on ne distingue à l'œil nu, entre l'une et l'autre, aucune supériorité. Il est donc clair que, dans les cas de ce genre, il suffira de mettre en lumière un ou plusieurs facteurs de supériorité pour que l'esprit reconnaisse, quelle que soit celle des choses comparées qui se trouve manifester cette supériorité, que c'est bien elle qui est préférable.

Pour commencer, ce qui est plus durable ou plus stable est préférable à ce qui l'est moins. De même, ce qui serait l'objet d'un choix préférentiel de la part d'un homme raisonnable, ou d'un homme de bien, ou d'une loi bien faite, ou des hommes de valeur dans chaque domaine, s'ils opèrent leur choix en tant que tels[2], soit dans leur majorité, soit dans leur totalité (par exemple, en médecine, ou en charpenterie, la majorité des médecins,

1-2. *Notes complémentaires*, p. 154.

ΤΟΠΙΚΩΝ Γʹ

[116a] I Πότερον δ' αἱρετώτερον ἢ βέλτιον δυεῖν ἢ πλειόνων, ἐκ τῶνδε σκεπτέον. Πρῶτον δὲ διωρίσθω ὅτι τὴν σκέψιν ποιούμεθα οὐχ ὑπὲρ τῶν πολὺ διεστώτων καὶ μεγάλην πρὸς ἄλληλα διαφορὰν ἐχόντων (οὐδεὶς γὰρ ἀπορεῖ πότερον ἡ εὐδαιμονία ἢ ὁ πλοῦτος αἱρετώτερον), ἀλλ' ὑπὲρ τῶν σύνεγγυς, καὶ περὶ ὧν ἀμφισβητοῦμεν ποτέρῳ δεῖ προσθέσθαι μᾶλλον, διὰ τὸ μηδεμίαν ὁρᾶν τοῦ ἑτέρου πρὸς τὸ ἕτερον ὑπεροχήν. Δῆλον οὖν ἐπὶ τῶν τοιούτων ὅτι δειχθείσης ὑπεροχῆς ἢ μιᾶς ἢ πλειόνων συγκαταθήσεται ἡ διάνοια ὅτι τοῦτ' ἔστιν αἱρετώτερον, ὁπότερον τυγχάνει αὐτῶν ὑπερέχον.

Πρῶτον μὲν οὖν τὸ πολυχρονιώτερον ἢ βεβαιότερον αἱρετώτερον τοῦ ἧττον τοιούτου. Καὶ ὃ μᾶλλον ἂν ἕλοιτο ὁ φρόνιμος ἢ ὁ ἀγαθὸς ἀνὴρ ἢ ὁ νόμος ὁ ὀρθὸς ἢ οἱ σπουδαῖοι περὶ ἕκαστα αἱρούμενοι ᾗ τοιοῦτοί εἰσιν [ἢ οἱ ἐν ἑκάστῳ γένει ἐπιστήμονες], ἢ ὅσα οἱ πλείους ἢ πάντες, οἷον ἐν ἰατρικῇ ἢ

[116 a] 3 δυοῖν PD Al^c [AB] || post πλειόνων add. ὄντων Mu || 4 τῶνδε : τῶν A^ac || 6 ante διαφορὰν add. τὴν CM^pc || 8 διαμφισβητοῦμεν VMCuD || πότερον Λ^f || δεῖ : δὲ uel δὴ u^ac || προσθέσθαι post μᾶλλον transp. V || 9 alt. τὸ om. M || 10 τῶν τοιούτων : τούτων M Λ || post δειχθείσης add. τινὸς Al^c || ἢ om. uD || 11 συγκατατίθεται Al^c || 12 ὁπότερον : ἢ πότερον P || ὑπερέχον (Λ) : ἔχον ὑπεροχήν uD || 13 post οὖν add. φαμεν VD, φαμεν ὅτι u || τὸ om. u^ac || ἢ (Λ) : καὶ VD || 15 pr. ὁ om. CuD || tert. ὁ om. B, suppl. B² || 16 ante περὶ add. οἱ CuA²M² || ᾗ : ἢ D^ac, fort. ante ras. C || εἰσιν om. Al^c || ἢ (Λ) : ἤτοι A² om. ABMc, suppl. M² || 16-17 ἢ — ἐπιστήμονες legisse non uid. Al., damn. Brunschwig || 17 ὅσα om. CD || post πλείους add. τῶν ἰατρῶν c || post alt. ἢ add. οἱ VPuD || οἷον : οἱ P.

ou leur totalité) ; ou d'une manière générale, de la part de la majorité des hommes, ou de leur totalité, ou de la totalité des êtres[1] : tel est le cas pour le bien, puisque tous les êtres aspirent au bien. Il faut orienter l'argumentation dans celle de ces directions qui se révélera utile. Mais absolument parlant, c'est la science la meilleure qui détermine ce qui est meilleur et ce qui est préférable ; sous tel rapport particulier, en revanche, c'est la science propre au domaine considéré[2].

Ensuite, une chose qui a pour essence d'être cela même qu'elle exhibe[3] est préférable à une chose qui n'appartient pas au genre qu'elle met en cause ; par exemple, la justice est préférable au juste, car l'une appartient au genre en cause[4], mais non l'autre ; l'une est essentiellement un bien, mais non l'autre. En effet, on ne dit jamais d'une chose qu'elle a pour essence d'être telle chose, qui est un genre, si elle ne se trouve pas appartenir à ce genre : par exemple, *homme blanc* n'a pas pour essence d'être une couleur. Et de même dans les autres cas.

De plus, ce qui est souhaitable par soi-même est préférable à ce qui n'est souhaitable que par autre chose que soi-même ; par exemple, être en bonne santé est préférable à faire de la gymnastique, car l'un est souhaitable par soi-même, l'autre ne l'est que par autre chose que soi-même. Et ce qui est souhaitable en soi est préférable à ce qui ne l'est que par accident ; par exemple, avoir des amis justes est préférable à avoir des ennemis justes, car l'un est souhaitable en soi, l'autre ne l'est que par accident : si nous souhaitons avoir des ennemis justes, c'est en effet par accident, à savoir pour qu'ils ne nous nuisent en rien. Ce lieu est identique à celui qui le précède, seule l'expression est différente : avoir des amis justes est en effet une chose souhaitable par elle-même, dussions-nous n'en

1. Cf. *Eth. Nic.*, I, 1, 1094 a 3; X, 2, 1172 b 10 ; *Rhet.*, I, 6, 1362 a 23. La substitution du neutre πάντα au masculin πάντες a pour effet d'élargir à l'ensemble des êtres, même privés de raison, la portée d'une formule qui ne visait primitivement que l'ensemble des hommes. Cette substitution se rattache probablement à la théorie hédoniste d'Eudoxe (cf. Plat., *Phil.*, 20 d, et le second des textes cités ci-dessus).

2-4. *Notes complémentaires*, p. 154-155.

τεκτονικῇ ἃ οἱ πλείους τῶν ἰατρῶν ἢ πάντες, ἢ ὅσα ὅλως οἱ πλείους ἢ πάντες ἢ πάντα, οἷον τἀγαθόν· πάντα γὰρ τἀγαθοῦ ἐφίεται. Δεῖ δ' ἄγειν πρὸς ὅ τι ἂν ᾖ χρήσιμον τὸ ῥηθησόμενον. Ἔστι δ' ἁπλῶς μὲν βέλτιον καὶ αἱρετώτερον τὸ κατὰ τὴν βελτίω ἐπιστήμην, τινὶ δὲ τὸ κατὰ τὴν οἰκείαν.

Ἔπειτα δὲ τὸ ὅπερ τόδε τι τοῦ μὴ ἐν γένει, οἷον ἡ δικαιοσύνη τοῦ δικαίου· τὸ μὲν γὰρ ἐν γένει [τῷ ἀγαθῷ], τὸ δ' οὔ, καὶ τὸ μὲν ὅπερ ἀγαθόν, τὸ δ' οὔ. Οὐδὲν γὰρ λέγεται ὅπερ τὸ γένος ὃ μὴ τυγχάνει ἐν τῷ γένει ὄν· οἷον ὁ λευκὸς ἄνθρωπος οὐκ ἔστιν ὅπερ χρῶμα. Ὁμοίως δὲ καὶ ἐπὶ τῶν ἄλλων.

Καὶ τὸ δι' αὑτὸ αἱρετὸν τοῦ δι' ἕτερον αἱρετοῦ αἱρετώτερον, οἷον τὸ ὑγιαίνειν τοῦ γυμνάζεσθαι· τὸ μὲν γὰρ δι' αὑτὸ αἱρετόν, τὸ δὲ δι' ἕτερον. Καὶ τὸ καθ' αὑτὸ τοῦ κατὰ συμβεβηκός, οἷον τὸ τοὺς φίλους δικαίους εἶναι τοῦ τοὺς ἐχθρούς. Τὸ μὲν γὰρ καθ' αὑτὸ αἱρετόν, τὸ δὲ κατὰ συμβεβηκός· τὸ γὰρ τοὺς ἐχθροὺς δικαίους εἶναι κατὰ συμβεβηκὸς αἱρούμεθα, ὅπως μηδὲν ἡμᾶς βλάπτωσιν. Ἔστι δὲ τοῦτο ταὐτὸ τῷ πρὸ τούτου, διαφέρει δὲ τῷ τρόπῳ· τὸ μὲν γὰρ τοὺς φίλους δικαίους εἶναι δι' αὑτὸ αἱρούμεθα, καὶ εἰ μηδὲν ἡμῖν

18 ἃ (Λ) : ἢ A^{ac} ἢ ἃ BM, ante ras. c || πλείους : πλεῖστοι uD || τῶν om. uD || ἢ πάντες om. P || post pr. ἢ add. οἱ M^{pc}, ἢ ἃ οἱ C || ἁπάντες uel ἃ πάντες ante ras. V, fort. ante ras. M || ὅλως (Λ) : ἁπλῶς c || 18-19 οἱ πλείους om. P || 20 ἐφίενται P || ᾖ om. M^{ac}u || 21 μὲν om. c || 23 post τι add. ὂν CDA^{2} || 24 τῷ ἀγαθῷ : τὸ ἀγαθὸν u^{ac}, damn. Brunschwig || 25 ᾧπερ fort. P^{ac} || οὐδὲν : οὐδὲ P || 26 τυγχάνῃ A, corr. A^{2} || ὄν om. D || 29 αὐτὸ PCD || αἱρετοῦ om. Λ || 30 αὐτὸ PCD || 32-33 οἷον — συμβεβηκός om. c, suppl. c^{2mg} || 32 post εἶναι add. κατὰ συμβεβηκὸς αἱρούμεθα P^{ac} || τοῦ : ἢ τὸ MC || 33 γὰρ om. Λ^{r} || 35 τοῦτο post ταὐτὸ transp. uD || 36 τούτου (Λ) : αὐτοῦ VCuD Al^{p} || 37 αὐτὸ PCuD.

profiter en rien, et fussent-ils aux Indes[1] ; avoir des ennemis justes, en revanche, n'est une chose souhaitable que par autre chose qu'elle-même, à savoir pour qu'ils ne nous nuisent en rien.

De plus, ce qui est en soi la cause d'un bien est préférable à ce qui ne l'est que par accident[2] ; par exemple les qualités sont préférables à la chance[3] (car les unes sont en soi causes de biens, l'autre ne l'est que par accident) ; de même pour tout autre couple de ce genre. Même situation dans le cas du contraire : ce qui est en soi la cause d'un mal est plus à éviter que ce qui ne l'est que par accident, par exemple les défauts et la malchance : car les uns le sont en soi[4], la malchance ne l'est que par accident.

De plus, ce qui est bon absolument parlant est préférable à ce qui ne l'est que pour telle ou telle personne ; par exemple, guérir[5] est préférable à se faire opérer, car l'un est bon absolument parlant, l'autre ne l'est que pour certains, ceux qui ont besoin de se faire opérer. Ce qui est bon par nature est préférable à ce qui est bon autrement que par nature ; par exemple, la justice est préférable au juste, car la bonté est naturelle chez l'une, acquise chez l'autre. Ce qui appartient[6] à l'être le meilleur ou le plus précieux est préférable ; par exemple, ce qui appartient à un dieu est préférable à ce qui appartient à l'homme, ce qui appartient à l'âme, à ce qui appartient au corps. Et ce qui appartient en propre à l'être le meilleur est meilleur que ce qui appartient en propre au pire ; par exemple, ce qui appartient en propre à un dieu est meilleur que ce qui appartient en propre à l'homme ; en effet, à s'en tenir à ce qu'ils ont tous deux en commun, il n'y a entre eux aucune différence, et c'est par ce qu'ils ont chacun en propre que l'un l'emporte sur l'autre. Et ce qui a pour lieu de résidence des réalités meilleures, antérieures ou plus précieuses est meilleur ; par exemple, la santé est préférable à la force et à la beauté, car elle s'établit au niveau des constituants liquides, solides, chauds et froids,

1-6. *Notes complémentaires*, p. 155.

μέλλει ἔσεσθαι, κἂν ἐν Ἰνδοῖς ὦσιν· τὸ δὲ τοὺς ἐχθροὺς δι' ἕτερον, ὅπως μηθὲν ἡμᾶς βλάπτωσιν.

[116b] Καὶ τὸ αἴτιον ἀγαθοῦ καθ' αὑτὸ τοῦ κατὰ συμβεβηκὸς [αἰτίου], καθάπερ ἡ ἀρετὴ τῆς τύχης (ἡ μὲν γὰρ καθ' αὑτήν, ἡ δὲ κατὰ συμβεβηκός, αἰτία τῶν ἀγαθῶν) καὶ εἴ τι ἄλλο τοιοῦτον. Ὁμοίως δὲ καὶ ἐπὶ τοῦ ἐναντίου· τὸ γὰρ καθ' αὑτὸ κακοῦ αἴτιον φευκτότερον τοῦ κατὰ συμβεβηκός, οἷον ἡ κακία καὶ ἡ τύχη· τὸ μὲν γὰρ καθ' αὑτό [κακόν], ἡ δὲ τύχη κατὰ συμβεβηκός.

Καὶ τὸ ἁπλῶς ἀγαθὸν τοῦ τινὶ αἱρετώτερον, οἷον τὸ ὑγιάζεσθαι τοῦ τέμνεσθαι· τὸ μὲν γὰρ ἁπλῶς ἀγαθόν, τὸ δὲ τινί, τῷ δεομένῳ τομῆς. Καὶ τὸ φύσει τοῦ μὴ φύσει, οἷον ἡ δικαιοσύνη τοῦ δικαίου· τὸ μὲν γὰρ φύσει, τὸ δ' ἐπίκτητον. Καὶ τὸ τῷ βελτίονι καὶ τιμιωτέρῳ ὑπάρχον αἱρετώτερον, οἷον θεῷ ἢ ἀνθρώπῳ, καὶ ψυχῇ ἢ σώματι. Καὶ τὸ τοῦ βελτίονος ἴδιον βέλτιον ἢ τὸ τοῦ χείρονος, οἷον τὸ τοῦ θεοῦ ἢ τὸ τοῦ ἀνθρώπου· κατὰ μὲν γὰρ τὰ κοινὰ ἐν ἀμφοτέροις οὐδὲν διαφέρει ἀλλήλων, τοῖς δ' ἰδίοις τὸ ἕτερον τοῦ ἑτέρου ὑπερέχει. Καὶ τὸ ἐν βελτίοσιν ἢ προτέροις ἢ τιμιωτέροις βέλτιον, οἷον ὑγίεια ἰσχύος καὶ κάλλους· ἡ μὲν γὰρ ἐν ὑγροῖς καὶ

38 μέλλει post ἔσεσθαι transp. c.

[116 b] 1 ἀγαθοῦ : τοῦ ἀγαθοῦ P om. C, suppl. C[2mg] || 2 αἰτίου AB edd. : om. cett. Λ || 6 κακόν damnandum esse coni. Wallies || ἡ δὲ τύχη (Λ) : τὸ δὲ C || 8 post οἷον del. 2-3 litt. C || 8-9 τὸ ὑγιάζεσθαι post 9 τέμνεσθαι transp. u || 9 ὑγιάζεσθαι (Λ) : γυμνάζεσθαι BCD Λ[r2mg], corr. B[2] || 10 τῷ om. D || τομῆς sup. ras. u[2] || 12 τὸ : τὰ ante ras. V || τῷ om. P || ὑπάρχον legisse non uid. Al[p] || 13 pr. et alt. ἢ : ἤπερ VM || 14 pr. τὸ om. Λ[r] || ἢ : ἤπερ VM || 15 οὐδενὶ C || 16 τοῖς — ἑτέρου : ταῖς δ' ἰδίαις τὸ ἕτερον τοῦ ἑτέρου διαφοραῖς Λ[f] || post ἑτέρου add. διαφέρον MC Λ[r] || 16-17 ὑπάρχει ACM[2] || 17 ἐν om. M[ac].

bref des éléments premiers[1] dont se compose l'être vivant, alors que les autres s'établissent à un niveau postérieur, la force se situant à celui des fibres et des os ; quant à la beauté, on s'accorde pour voir en elle une sorte d'heureuse proportion entre les membres. D'autre part, il est admis qu'une fin est préférable aux moyens qui tendent vers elle ; et de deux moyens, c'est le plus rapproché de la fin qui est préférable. D'une manière générale, les moyens qui tendent vers la fin même de la vie sont préférables à ceux qui tendent vers quelque fin différente ; par exemple, ce qui contribue au bonheur est préférable à ce qui contribue à la sagesse. Le possible aussi est préférable à l'impossible. En outre, de deux agents producteurs, c'est celui dont la fin est la meilleure qui est préférable. Entre un agent producteur et une fin, on déterminera celui qui est préférable au moyen d'une relation proportionnelle[2] : chaque fois que l'une des deux fins surpasse l'autre plus que celle-ci ne surpasse son propre agent producteur — supposons par exemple que le bonheur surpasse la santé plus que la santé ne surpasse le salutaire — le premier agent producteur, ici l'agent du bonheur, est meilleur que la seconde fin, ici la santé. En effet, autant le bonheur surpasse la santé, autant l'agent producteur du bonheur surpasse le salutaire ; mais par hypothèse, c'est dans une moindre mesure que la santé surpassait le salutaire ; il en résulte que l'agent producteur du bonheur surpasse le salutaire plus que la santé ne surpasse le salutaire. La conclusion[3] est claire : l'agent producteur du bonheur est préférable à la santé, puisqu'il surpasse plus qu'elle un même terme de référence.

1. On lit ici πρῶτον dans ABVPcDΛ ; la leçon πρώτων de Cu est peut-être une correction ancienne, mais elle est indispensable. Cf. les expressions parallèles de 129 b 18 et de 147 b 29 sq.

2. *Notes complémentaires*, p. 156-157.

3. AB sont seuls à donner ici ἄρα, contre οὖν dans tous les autres manuscrits. Ἄρα est probablement une correction, destinée à souligner en cette phrase la conclusion finale du raisonnement assez long et compliqué qui vient d'être exposé.

ξηροῖς καὶ θερμοῖς καὶ ψυχροῖς, ἁπλῶς δ' εἰπεῖν ἐξ ὧν πρώτων συνέστηκε τὸ ζῷον, τὰ δ' ἐν τοῖς ὑστέροις. Ἡ μὲν γὰρ ἰσχὺς ἐν τοῖς νεύροις καὶ ὀστοῖς, τὸ δὲ κάλλος τῶν μελῶν τις συμμετρία δοκεῖ εἶναι. Καὶ τὸ τέλος τῶν πρὸς τὸ τέλος αἱρετώτερον δοκεῖ εἶναι, καὶ δυοῖν τὸ ἔγγιον τοῦ τέλους. Καὶ ὅλως τὸ πρὸς τὸ τοῦ βίου τέλος αἱρετώτερον μᾶλλον ἢ τὸ πρὸς ἄλλο τι, οἷον τὸ πρὸς εὐδαιμονίαν συντεῖνον ἢ τὸ πρὸς φρόνησιν. Καὶ τὸ δυνατὸν τοῦ ἀδυνάτου. Ἔτι δύο ποιητικῶν οὗ τὸ τέλος βέλτιον· ποιητικοῦ δὲ καὶ τέλους ἐκ τοῦ ἀνάλογον· ὅταν πλείονι ὑπερέχῃ τὸ τέλος τοῦ τέλους ἢ ἐκεῖνο τοῦ οἰκείου ποιητικοῦ, οἷον εἰ ἡ εὐδαιμονία πλείονι ὑπερέχει ὑγιείας ἢ ὑγίεια ὑγιεινοῦ, τὸ ποιητικὸν εὐδαιμονίας βέλτιον ὑγιείας. Ὅσῳ γὰρ ἡ εὐδαιμονία ὑγιείας ὑπερέχει, τοσούτῳ καὶ τὸ ποιητικὸν τὸ τῆς εὐδαιμονίας τοῦ ὑγιεινοῦ ὑπερέχει· ἡ δὲ ὑγίεια τοῦ ὑγιεινοῦ ἐλάττονι ὑπερεῖχεν· ὥστε πλείονι ὑπερέχει τὸ ποιητικὸν εὐδαιμονίας τοῦ ὑγιεινοῦ ἢ ἡ ὑγίεια τοῦ ὑγιεινοῦ. Δῆλον οὖν ὅτι αἱρετώτερον τὸ ποιητικὸν εὐδαιμονίας τῆς ὑγιείας· τοῦ γὰρ αὐτοῦ πλείονι ὑπερέχει.

19 καὶ — ψυχροῖς om. ABM¹Pc Λ || 20 πρῶτον ABVPcD Λ, fort. M^{ac} || ante τὸ add. καὶ Cu² || 22-23 καὶ — εἶναι om. P || 23 δοκεῖ εἶναι om. Cu^{ac}D || δυεῖν C || 24 et 25 ἢ : ἤπερ VM || 25 alt. τὸ om. A || 26 post φρόνησιν add. τὸ γὰρ πρὸς εὐδαιμονίαν συντεῖνον [συντεῖνον om. M^{pc}] αἱρετώτερον M^{pc} Λ || post ποιητικῶν add. ὄντων VMCc²u² Λ || 27 βέλτιον : αἴτιον P || post βέλτιον add. καὶ αὐτὸ βέλτιον VMCuDB²c² Al^{p} Λ || ἀναλόγου D || 28 ὑπερέχει P, corr. P² || 29 εἰ om. VMuD Λ || πλείονι om. Λ^{r} || ἢ : ἤπερ VM ἢ ἡ c || 30 ante ὑγιεινοῦ add. τοῦ V || ante τὸ add. ὥστε VMuDB² Λ || 31 ἡ om. c || τοσοῦτον MPuD || 32 τὸ om. VCuD || ὑπερέχει om. Λ || 33 ἔλαττον P || ὑπερεῖχεν (Λ) : ὑπερέχει CuD || post ὑπερεῖχεν add. ἢ ἡ εὐδαιμονία τῆς ὑγιείας C || ὑπερέχει post 34 εὐδαιμονίας transp. uD || 34 ἢ : ἤπερ VM || ἡ om. PcD || 35 οὖν : ἄρα AB edd.

En outre, ce qui est en soi plus beau, plus précieux, plus louable, est préférable, par exemple l'amitié à la richesse et la justice à la force ; car les unes sont en soi des choses précieuses et louables, les autres ne le sont pas en soi, mais par autre chose qu'elles-mêmes. Personne, en effet, ne fait cas de la richesse par elle-même, mais seulement par autre chose qu'elle-même ; en revanche, nous faisons cas de l'amitié en elle-même, dussions-nous ne retirer d'elle aucun profit distinct d'elle-même.

2

Autres lieux du préférable

En outre, lorsque deux choses sont tout à fait proches l'une de l'autre, et que nous ne parvenons à discerner aucune supériorité de l'une sur l'autre, il faut les examiner à la lumière de ce qu'elles impliquent[1]. Celle qui implique le plus grand bien est la préférable ; et si ce qu'elles impliquent est mauvais, c'est celle qui implique le moindre mal qui est la préférable ; notons en effet que même si elles sont souhaitables toutes deux, rien ne les empêche d'impliquer certaines conséquences fâcheuses. Il existe deux manières de conduire l'examen à partir de ce que les choses impliquent, ce qu'elles impliquent pouvant leur être antérieur aussi bien que postérieur ; par exemple, si quelqu'un apprend une chose, cela implique qu'il l'ignorait avant et qu'il la saura après. En règle générale, ce qu'une chose implique postérieurement est meilleur[2]. On prendra donc, des deux choses qu'implique une même chose, ce que demande l'utilité.

En outre, un nombre de biens plus grand est préférable à un plus petit, aussi bien absolument parlant que lorsqu'un des groupes est compris dans l'autre, à savoir le plus petit dans le plus grand. (Objection : non, si d'aventure l'une des choses considérées a l'autre pour

1. Comme l'indique la fin de ce paragraphe, les mots ἑπόμενα ou παρεπόμενα n'ont pas de valeur chronologique : il existe des ἑπόμενα *a parte ante* et *a parte post*. Cf. la note 3 de la p. 51.
2. *Notes complémentaires*, p. 157.

Ἔτι τὸ κάλλιον καθ' αὑτὸ καὶ τιμιώτερον καὶ ἐπαινετώτερον, οἷον φιλία πλούτου καὶ δικαιοσύνη ἰσχύος· τὰ μὲν γὰρ καθ' αὑτὰ τῶν τιμίων καὶ ἐπαινετῶν, τὰ δ' [117a] οὐ καθ' αὑτὰ ἀλλὰ δι' ἕτερον. Οὐδεὶς γὰρ τιμᾷ τὸν πλοῦτον δι' ἑαυτόν, ἀλλὰ δι' ἕτερον· τὴν δὲ φιλίαν καθ' αὑτό, καὶ εἰ μηδὲν μέλλει ἡμῖν ἕτερον ἀπ' αὐτῆς ἔσεσθαι.

II Ἔτι ὅταν δύο τινὰ ᾖ σφόδρα αὑτοῖς παραπλήσια καὶ μὴ δυνώμεθα ὑπεροχὴν μηδεμίαν συνιδεῖν τοῦ ἑτέρου πρὸς τὸ ἕτερον, ὁρᾶν ἀπὸ τῶν παρεπομένων. Ὧι γὰρ ἕπεται μεῖζον ἀγαθόν, τοῦθ' αἱρετώτερον· ἂν δ' ᾖ τὰ ἑπόμενα κακά, ᾧ τὸ ἔλαττον ἀκολουθεῖ κακόν, τοῦθ' αἱρετώτερον· ὄντων γὰρ ἀμφοτέρων αἱρετῶν οὐδὲν κωλύει δυσχερές τι παρέπεσθαι. Διχῶς δ' ἀπὸ τοῦ ἕπεσθαι ἡ σκέψις· καὶ γὰρ πρότερον καὶ ὕστερον ἕπεται, οἷον τῷ μανθάνοντι τὸ μὲν ἀγνοεῖν πρότερον, τὸ δ' ἐπίστασθαι ὕστερον. Βέλτιον δ' ὡς ἐπὶ τὸ πολὺ τὸ ὕστερον ἑπόμενον. Λαμβάνειν οὖν τῶν ἑπομένων ὁπότερον ἂν ᾖ χρήσιμον.

Ἔτι τὰ πλείω ἀγαθὰ τῶν ἐλαττόνων, ἢ ἁπλῶς ἢ ὅταν τὰ ἕτερα ἐν τοῖς ἑτέροις ἐνυπάρχῃ, τὰ ἐλάττω ἐν τοῖς πλείοσιν. (Ἔνστασις, εἴ που θάτερον θατέρου χάριν· οὐδὲν γὰρ

38 ante ἰσχύος add. ὑγιείας καὶ VM Λ.

[117 a] 6 δυνάμεθα P || 7 τὸ : τὸν P || ἀπὸ (Λ) : ἐπὶ C || 8-9 ἂν — αἱρετώτερον om. B, suppl. B^{2mg} || 8 δ' om. D, suppl. D^{2} || κακά ante ᾖ transp. Al^{c} || 14 οὖν om. B || 16 alt. ἢ om. u^{ac} || 17 pr. ἐν om. AVuD, eras. M || ἐνυπάρχει P || ἐλάττονα uD.

fin : les deux prises ensemble ne sont alors en rien préférables à l'une des deux seulement ; par exemple, la somme de la guérison et de la santé n'est pas préférable à la santé, puisque nous ne souhaitons la guérison qu'en vue de la santé. De plus[1], rien n'empêche qu'une somme de choses qui ne sont pas toutes des biens[2] ne soit préférable à une somme de biens ; par exemple, la somme du bonheur et d'un terme qui n'est pas un bien est préférable à la somme de la justice et du courage). Les mêmes choses aussi sont préférables jointes au plaisir, plutôt que sans plaisir ; et les mêmes choses sont préférables sans douleur, plutôt que jointes à la douleur.

De plus, il y a pour chaque chose un moment déterminé où elle a le plus de prix, c'est à ce moment-là qu'elle est préférable ; par exemple, vivre à l'abri de la souffrance est préférable pendant la vieillesse, plutôt que pendant la jeunesse : car c'est pendant la vieillesse que cela a le plus de prix. Pour la même raison, la sagesse est préférable pendant la vieillesse ; car personne ne tient à voir des jeunes gens aux postes de commande, et c'est parce qu'on les estime dépourvus de sagesse. Situation inverse pour le courage, puisque c'est pendant la jeunesse que le déploiement du courage est le plus nécessaire. Même situation pour la tempérance, puisque les jeunes sont, plus que les vieux, en proie aux désirs.

Ce qui est plus utile en toute ou presque toute occasion est préférable ; par exemple, la justice, la tempérance, sont préférables au courage : car les premières sont toujours utiles, le dernier ne l'est qu'en certaines occasions. Et si, de deux choses, l'une est telle que, si tous la possédaient, l'autre deviendrait inutile, alors que l'autre est telle que, même si tous la possédaient, nous aurions encore besoin de la première, c'est la première qui est préférable ; tel est par exemple le cas pour la justice et le courage : de fait, si tout le monde était juste, le courage n'aurait

1. Cette phrase constitue une nouvelle exception à la règle posée au début du paragraphe. Si l'on ouvre une parenthèse à la ligne 18, il faut donc, selon la suggestion de Verdenius, la refermer à la ligne 23, et non à la ligne 21, comme l'a fait Ross.

2. *Notes complémentaires*, p. 157.

αἱρετώτερα τὰ ἄμφω τοῦ ἑνός, οἷον τὸ ὑγιάζεσθαι καὶ ἡ ὑγίεια τῆς ὑγιείας, ἐπειδὴ τὸ ὑγιάζεσθαι τῆς ὑγιείας ἕνεκεν αἱρούμεθα. Καὶ μὴ ἀγαθὰ δὲ ἀγαθῶν οὐδὲν κωλύει εἶναι αἱρετώτερα, οἷον εὐδαιμονίαν καὶ ἄλλο τι ὃ μὴ ἔστιν ἀγαθὸν δικαιοσύνης καὶ ἀνδρείας.) Καὶ ταὐτὰ μεθ' ἡδονῆς μᾶλλον ἢ ἄνευ ἡδονῆς. Καὶ ταὐτὰ μετ' ἀλυπίας ἢ μετὰ λύπης.

Καὶ ἕκαστον ἐν ᾧ καιρῷ μεῖζον δύναται, ἐν τούτῳ καὶ αἱρετώτερον, οἷον τὸ ἀλύπως ἐν τῷ γήρᾳ μᾶλλον ἢ ἐν τῇ νεότητι· μεῖζον γὰρ ἐν τῷ γήρᾳ δύναται. Κατὰ ταὐτὰ δὲ καὶ ἡ φρόνησις ἐν τῷ γήρᾳ αἱρετώτερον· οὐδεὶς γὰρ τοὺς νέους αἱρεῖται ἡγεμόνας, διὰ τὸ μὴ ἀξιοῦν φρονίμους εἶναι. Ἡ δ' ἀνδρεία ἀνάπαλιν· ἐν τῇ νεότητι γὰρ ἀναγκαιοτέρα ἡ κατὰ τὴν ἀνδρείαν ἐνέργεια. Ὁμοίως δὲ καὶ ἡ σωφροσύνη· μᾶλλον γὰρ οἱ νέοι τῶν πρεσβυτέρων ὑπὸ τῶν ἐπιθυμιῶν ἐνοχλοῦνται.

Καὶ ὃ ἐν παντὶ καιρῷ ἢ ἐν τοῖς πλείστοις χρησιμώτερον, οἷον δικαιοσύνη καὶ σωφροσύνη ἀνδρείας· αἱ μὲν γὰρ ἀεί, ἡ δὲ ποτὲ χρησίμη. Καὶ ὃ πάντων ἐχόντων μηδὲν θατέρου δεόμεθα ἢ ὃ ἐχόντων προσδεόμεθα τοῦ λοιποῦ, καθάπερ ἐπὶ δικαιοσύνης καὶ ἀνδρείας· δικαίων μὲν γὰρ πάντων

19 αἱρετώτερον M Λ || γυμνάζεσθαι u || ἡ om. Mu, suppl. u[2mg] || 20 γυμνάζεσθαι u || ἕνεκεν : ἕνεκα καὶ u || 21 δὲ om. P || εἶναι post 21-22 αἱρετώτερα transp. V || 23 ταὐτὰ : ταῦτα B, corr. B[2] || μᾶλλον om. P || 24 ταὐτὰ : τὰ V ταῦτα B, corr. B[2] || alt. ἢ : ἤπερ M μᾶλλον ἢ C Λ[p] || μετὰ om. P || 28 post δύναται add. εἶναι uD || ταὐτὰ : ταῦτα ABVPcuD Λ, corr. B[2] || δὲ (Λ) : γὰρ uD || 30 post μὴ add. δὲ PuD || 32 δὲ om. c || 37 χρήσιμος CuD || 38 ὃ om. C || ἔχοντες ABcuD Al[p].

aucun emploi ; mais si tout le monde était courageux, la justice aurait encore son emploi.

En outre, on peut prendre appui sur la disparition et la perte des choses comparées, sur leur apparition et leur acquisition[1], comme aussi sur leur contraire[2]. En effet, les choses dont la disparition est plus à éviter sont elles-mêmes préférables. De même dans le cas de la perte et du contraire : une chose dont la perte ou le contraire sont plus à éviter est elle-même préférable. Dans le cas de l'apparition et de l'acquisition, c'est l'inverse : en effet, les choses dont l'acquisition, et l'apparition sont préférables sont elles-mêmes préférables.

Autre lieu : ce qui est le plus rapproché du bien est meilleur et préférable ; de même[3], ce qui ressemble le plus au bien ; c'est ainsi que la justice est préférable au juste. De même encore, ce qui ressemble davantage à un terme meilleur que les deux comparés[4] : par exemple, aux dires de certains, Ajax vaut mieux qu'Ulysse, parce qu'il ressemble davantage à Achille. (Objection à cela : il n'en est pas ainsi, car rien n'empêche que ce ne soit pas sur le plan où Achille est supérieur qu'Ajax lui ressemble davantage ; l'autre peut donc très bien exceller sans lui ressembler. Voir aussi[5] si la ressemblance n'est pas d'ordre caricatural, comme celle qui unit le singe à l'homme, auquel de son côté le cheval ne ressemble pas : de fait, le singe n'est pas plus beau que le cheval, bien qu'il ressemble davantage à l'homme[6]). Et encore, avec deux

1. Entre φθορά et ἀποβολή, comme entre γένεσις et λῆψις, il y a la différence qui sépare l'ordre de l'*être* (apparition et disparition) et l'ordre de l'*avoir* (acquisition et perte).

2-4. *Notes complémentaires*, p. 158.

5. Comme le suggère Verdenius, il faut ici encore repousser à la ligne 19 la fermeture de la parenthèse, placée par Ross à la ligne 17. Cf. la note 1 de la p. 66.

6. Aux lignes 17 et 19, les manuscrits hésitent sur le genre, masculin ou neutre, des adjectifs ὅμοιος, κάλλιον, ὁμοιότερον. J'adopte chaque fois le texte de AB, qui paraît être dans les divers cas la *lectio difficilior*.

[117b] ὄντων οὐδὲν χρήσιμος ἡ ἀνδρεία, ἀνδρείων δὲ πάντων ὄντων χρήσιμος ἡ δικαιοσύνη.

Ἔτι ἐκ τῶν φθορῶν καὶ τῶν ἀποβολῶν, καὶ τῶν γενέσεων καὶ τῶν λήψεων, καὶ τῶν ἐναντίων. Ὧν γὰρ αἱ φθοραὶ φευκτότεραι, αὐτὰ αἱρετώτερα. Ὁμοίως δὲ καὶ ἐπὶ τῶν ἀποβολῶν καὶ τῶν ἐναντίων· εἴτε γὰρ ἡ ἀποβολὴ ἢ τὸ ἐναντίον φευκτότερα, αὐτὸ αἱρετώτερον. Ἐπὶ δὲ τῶν γενέσεων καὶ τῶν λήψεων ἀνάπαλιν· ὧν γὰρ αἱ λήψεις καὶ αἱ γενέσεις αἱρετώτεραι, καὶ αὐτὰ αἱρετώτερα.

Ἄλλος τόπος, τὸ ἐγγύτερον τἀγαθοῦ βέλτιον καὶ αἱρετώτερον· καὶ τὸ ὁμοιότερον τἀγαθῷ, οἷον ἡ δικαιοσύνη δικαίου. Καὶ τὸ τῷ βελτίονι αὐτῶν ὁμοιότερον, καθάπερ τὸν Αἴαντα τοῦ Ὀδυσσέως φασὶ βελτίω τινὲς εἶναι, διότι ὁμοιότερος τῷ Ἀχιλλεῖ. (Ἔνστασις τούτου ὅτι οὐκ ἀληθές· οὐδὲν γὰρ κωλύει μὴ ᾗ βέλτιστος ὁ Ἀχιλλεύς, ταύτῃ ὁμοιότερον εἶναι τὸν Αἴαντα, τοῦ ἑτέρου ὄντος μὲν ἀγαθοῦ μὴ ὁμοίου δέ. Σκοπεῖν δὲ καὶ εἰ ἐπὶ τὰ γελοιότερα εἴη ὅμοιος, καθάπερ ὁ πίθηκος τῷ ἀνθρώπῳ, τοῦ ἵππου μὴ ὄντος ὁμοίου· οὐ γὰρ κάλλιον ὁ πίθηκος, ὁμοιότερον δὲ τῷ ἀνθρώπῳ.) Πά-

[117 b] 4 καὶ τῶν ἐναντίων post 3 ἀποβολῶν legisse uid. Al || 6 εἴτε : εἰ uD Λ οὐ C || ἢ : καὶ uD Λ^{p} ἤπερ M^{2} || 7 φευκτότερον VCuD || 8-9 pr. αἱ — γενέσεις (Λ) : αἱ γενέσεις τε καὶ αἱ λήψεις Al^{c} αἱ λήψεις καὶ γενέσεις C || 10 τόπος om. c || ἐγγυτέρῳ Al^{c} || ἀγαθοῦ D || 11 τὸ : τῷ ante ras. C || τἀγαθῷ : ἀγαθῷ post ras. ut uid., ἀγαθοῦ ante ras. D || 12 ante δικαίου add. τοῦ Cu || βελτίονι c^{2} || αὐτῶν (Al^{p} Λ) : αὐτοῦ AB edd. αὐτῷ C^{2} || 13 βελτίονα M || τινὲς om. M || 14 ante τῷ add. ἦν C || 15 ᾖ (Λ) : ἢ AB, corr. A^{2}B^{2} ᾗ C, fort. D^{ac} || 17 ὁμοίου (Al^{c}) : ὁμοίως P Λ, M^{ac}D^{ac} ut uid. || καὶ εἰ : εἰ καὶ M Λ om. c || τὸ γελοιότερον AB || ante εἴη add. εἰ c || ὅμοιος : ὅμοιον C Λ edd. ὁμοίως M || 18 τῷ om. CM^{ac} || 19 καλλίων VMPCcuD Λ || ὁμοιότερος uD Λ.

termes de référence : si une chose ressemble davantage au meilleur de ces deux termes, et l'autre au pire, celle qui ressemble davantage au meilleur doit être aussi la meilleure. (Ici encore, objection possible : car rien n'empêche que l'une des choses ne ressemble que médiocrement au meilleur des termes de référence, tandis que l'autre ressemble beaucoup au pire : par exemple, si Ajax ressemble médiocrement à Achille, et Ulysse beaucoup à Nestor. Objection analogue si l'une des choses ressemble en pire au meilleur des termes de référence, alors que l'autre ressemble en mieux au pire, comme c'est le cas pour le cheval à l'égard de l'âne et pour le singe à l'égard de l'homme).

Autre lieu : ce qui a plus grande apparence est préférable à ce qui l'a moindre, et ce qui est plus difficile à ce qui l'est moins : car notre joie est plus grande à posséder des biens qu'il est impossible d'acquérir facilement. Ce qui nous appartient davantage en propre est préférable à ce qui est plus commun. Et ce que nous avons à un moindre degré en commun avec des gens sans valeur est préférable[1].

En outre, si absolument parlant ceci est meilleur que cela, le meilleur des éléments de ceci est meilleur que le meilleur des éléments de cela : par exemple, si l'homme est meilleur que le cheval, le meilleur des hommes est meilleur que le meilleur des chevaux. Et si le meilleur des éléments de ceci est meilleur que le meilleur des éléments de cela, absolument parlant ceci est meilleur que cela : par exemple, si le meilleur des hommes est meilleur que le meilleur des chevaux, absolument parlant l'homme est meilleur que le cheval.

1. *Notes complémentaires*, p. 158-159.

λιν ἐπὶ δυοῖν, εἰ τὸ μὲν τῷ βελτίονι τὸ δὲ τῷ χείρονι ὁμοιότερον, εἴη ἂν βέλτιον τὸ τῷ βελτίονι ὁμοιότερον. (Ἔχει δὲ καὶ τοῦτο ἔνστασιν· οὐδὲν γὰρ κωλύει τὸ μὲν τῷ βελτίονι ἠρέμα ὅμοιον εἶναι, τὸ δὲ τῷ χείρονι σφόδρα, οἷον εἰ ὁ μὲν Αἴας τῷ Ἀχιλλεῖ ἠρέμα, ὁ δ' Ὀδυσσεὺς τῷ Νέστορι σφόδρα. Καὶ εἰ τὸ μὲν τῷ βελτίονι ἐπὶ τὰ χείρω ὅμοιον εἴη, τὸ δὲ τῷ χείρονι ἐπὶ τὰ βελτίω, καθάπερ ἵππος ὄνῳ καὶ πίθηκος ἀνθρώπῳ.)

Ἄλλος, τὸ ἐπιφανέστερον τοῦ ἧττον τοιούτου, καὶ τὸ χαλεπώτερον· μᾶλλον γὰρ ἀγαπῶμεν ἔχοντες ἃ μὴ ἔστι ῥᾳδίως λαβεῖν. Καὶ τὸ ἰδιαίτερον τοῦ κοινοτέρου. Καὶ τὸ τοῖς κακοῖς ἀκοινωνητότερον [· αἱρετώτερον γὰρ ᾧ μηδεμία δυσχέρεια ἀκολουθεῖ ἢ ᾧ ἀκολουθεῖ].

Ἔτι εἰ ἁπλῶς τοῦτο τούτου βέλτιον, καὶ τὸ βέλτιστον τῶν ἐν τούτῳ βέλτιον τοῦ ἐν τῷ ἑτέρῳ βελτίστου· οἷον εἰ βέλτιον ἄνθρωπος ἵππου, καὶ ὁ βέλτιστος ἄνθρωπος τοῦ βελτίστου ἵππου βελτίων. Καὶ εἰ τὸ βέλτιστον τοῦ βελτίστου βέλτιον, καὶ ἁπλῶς τοῦτο τούτου βέλτιον· οἷον εἰ ὁ βέλτιστος ἄνθρωπος τοῦ βελτίστου ἵππου βελτίων, καὶ ἁπλῶς ἄνθρωπος ἵππου βελτίων.

20 δυεῖν cD^{pc}, fort. C^{ac} || 21 εἴη ἂν βέλτιον (Λ) : εἴη, βέλτιον C αἱρετώτερον εἴη ἂν uD || 23 σφόδρα sup. ras. C || εἰ om. cu || 24 post ἠρέμα add. ὅμοιος u^{pc} || ὁ δ' om. c || 25 post βελτίονι add. ὅμοιον AVuD || 26 ὅμοιον εἴη om. M Λ || 26-27 ἵππον c || 28 ἄλλος om. Λ || 29-30 ῥᾴδιον c Λ || 30 ante pr. καὶ add. ὁμοίως δὲ VPCuD || 31-32 αἱρετώτερον — alt. ἀκολουθεῖ legisse non uid. Al, damn. Brunschwig || 31 ᾧ : ὃ B || 32 ἢ ᾧ ἀκολουθεῖ om. uD, suppl. u^{2mg} || 32 ᾧ : ὃ B || 33 ἁπλῶς om. Mc Λ, suppl. c^2, post βέλτιον M^2 || post βέλτιον add. καὶ τὸ βέλτιον sed punct. not. C || 34 pr. ἐν sup. ras. D^2 || 34-35 βελτίων VMPuD Λ, corr. D^2 || 36 post alt. καὶ add. τὸ VM || 37 εἰ om. A || 38 post καὶ add. ὁ VMD^{pc} || post ἄνθρωπος add. τοῦ ἁπλῶς VM Λ || 39 βέλτιον c.

En outre, ce dont il est possible de faire profiter ses amis est préférable à ce dont il est impossible de les faire profiter. Et de deux choses, celle qu'à l'égard d'un ami nous aimons mieux faire que l'autre est préférable à celle qu'à l'égard du premier venu nous aimons mieux faire que l'autre ; par exemple, agir avec justice et rendre des services sont préférables à en avoir l'air ; car à un ami nous aimons mieux rendre des services qu'en avoir l'air, tandis qu'au premier venu, c'est l'inverse.

Ce qui est du superflu[1] est meilleur que le strict nécessaire, parfois aussi il lui est préférable ; de fait, bien vivre est meilleur que vivre ; or bien vivre est[2] du superflu, alors que vivre même est de l'ordre du strict nécessaire. Parfois, notons-le, les choses meilleures ne sont pas en même temps les choses préférables ; de fait, il n'est pas nécessairement vrai que si une chose est meilleure, elle soit en même temps préférable ; toujours est-il que philosopher est meilleur que gagner de l'argent, mais ce n'est pas ce qui est préférable pour qui manque du nécessaire. Il y a superflu dès que, disposant du strict nécessaire, on se procure[3] en sus d'autres choses qui ont une valeur. On peut sans doute dire, en gros, que le strict nécessaire est préférable, et que ce qui est du superflu est meilleur.

Ce qu'il n'est pas possible de se procurer auprès d'autrui[4] est préférable à ce qu'il est possible de se procurer aussi auprès d'autrui : c'est ce qui fait que la justice est préférable au courage. Et si ceci sans cela est souhaitable, tandis que cela sans ceci ne l'est pas, ceci est préférable à cela : par exemple, une capacité sans sagesse n'est pas souhaitable, tandis qu'une sagesse sans capacité est souhaitable. Et si de deux choses, nous disons ne pas

1. L'opposition entre τὰ ἐκ περιουσίας et τὰ ἀναγκαῖα correspond à peu près, pour le contenu, à celle du superflu et du (strict) nécessaire ; mais on notera la différence des valeurs qui s'attachent à ces termes en grec et en français. Le mot de *superflu* a une nuance péjorative : ce qui est superflu est inutile et superfétatoire. Au contraire, comme la suite du texte s'efforce de l'expliquer, les choses ἐκ περιουσίας ont un prix particulier : en elles-mêmes, elles ont plus de valeur que le strict nécessaire.

2-4. *Notes complémentaires*, p. 159.

[118a] Ἔτι ὧν ἔστι τοὺς φίλους μετασχεῖν, αἱρετώτερα ἢ ὧν μή. Καὶ ἃ πρὸς τὸν φίλον πρᾶξαι μᾶλλον βουλόμεθα ἢ ἃ πρὸς τὸν τυχόντα, ταῦτα αἱρετώτερα, οἷον τὸ δικαιοπραγεῖν καὶ εὖ ποιεῖν μᾶλλον ἢ τὸ δοκεῖν· τοὺς γὰρ φίλους εὖ ποιεῖν βουλόμεθα μᾶλλον ἢ δοκεῖν, τοὺς δὲ τυχόντας ἀνάπαλιν.

Καὶ τὰ ἐκ περιουσίας τῶν ἀναγκαίων βελτίω, ἐνίοτε δὲ καὶ αἱρετώτερα· βέλτιον γὰρ τοῦ ζῆν τὸ εὖ ζῆν, τὸ δὲ εὖ ζῆν ἐστιν ἐκ περιουσίας, αὐτὸ δὲ τὸ ζῆν ἀναγκαῖον. Ἐνίοτε δὲ τὰ βελτίω οὐχὶ καὶ αἱρετώτερα· οὐ γὰρ εἰ βελτίω, ἀναγκαῖον καὶ αἱρετώτερα· τὸ γοῦν φιλοσοφεῖν βέλτιον τοῦ χρηματίζεσθαι, ἀλλ' οὐχ αἱρετώτερον τῷ ἐνδεεῖ τῶν ἀναγκαίων. Τὸ δ' ἐκ περιουσίας ἐστὶν ὅταν ὑπαρχόντων τῶν ἀναγκαίων ἄλλα τινὰ προσκατασκευάζηται τῶν καλῶν. Σχεδὸν δὲ ἴσως αἱρετώτερον τὸ ἀναγκαῖόν ἐστι, βέλτιον δὲ τὸ ἐκ περιουσίας.

Καὶ ὃ μὴ ἔστι παρ' ἄλλου πορίσασθαι ἢ ὃ ἔστι καὶ παρ' ἄλλου, οἷον πέπονθεν ἡ δικαιοσύνη πρὸς τὴν ἀνδρείαν. Καὶ εἰ τόδε μὲν ἄνευ τοῦδε αἱρετόν, τόδε δὲ ἄνευ τοῦδε μή· οἷον δύναμις ἄνευ φρονήσεως οὐχ αἱρετόν, φρόνησις δ' ἄνευ δυνάμεως αἱρετόν. Καὶ δυοῖν εἰ θάτερον ἀρνούμεθα, ἵνα τὸ

[118 a] 1 ἔσται Λ || 2 πρᾶξαι μᾶλλον βουλόμεθα (Al^{c}) : μᾶλλον πρᾶξαι βουλόμεθα VMC Al^{c} [D] Λ βουλόμεθα πρᾶξαι μᾶλλον PuD || ἢ : ἤπερ V || 3 ante ταῦτα add. καὶ Al^{c} || 4 ante καὶ add. ἢ u || ἢ : ἤπερ VM || 4-5 ἢ — μᾶλλον om. u, suppl. u^{2mg} || 7 τοῦ : τὸ u^{ac} || 7-8 alt. τὸ — ζῆν om. M, suppl. M^{2} || 8 ἐστιν post περιουσίας transp. u, om. Λ^{r} || 9 τὰ om. D, suppl. D^{2} || alt. βελτίω (Λ) : βέλτιον uD, corr. u^{2} || 9-10 ἀναγκαῖα Cc, corr. C^{2}c^{2} || 10 αἱρετώτερα (Λ) : αἱρετώτερον uD, corr. u^{2} || γοῦν (Al^{c}) : γὰρ CuD οὖν Λ ut uid. || 13 προκατασκευάζηται V^{ac}Pc, corr. c^{2} || ante τῶν add. τις ABPCcuD edd., post καλῶν M^{2} || 14 pr. δὲ om. D^{ac} || ante pr. τὸ add. μὲν Cc || ἐστι ante pr. τὸ transp. VPuD || 17 οἷον : ὁποῖον VM Λ || 20 δυεῖν D^{pc} || αἱρούμεθα D^{ac}.

posséder l'une pour paraître posséder l'autre, celle que nous voulons paraître posséder est préférable à l'autre ; par exemple, nous disons n'être pas travailleurs, pour qu'on nous croie naturellement doués.

En outre, est préférable ce dont il est moins blâmable de mal supporter la privation ; est préférable aussi ce dont il est plus blâmable de ne pas mal supporter[1] la privation.

3

Autres lieux du préférable

En outre, de deux choses appartenant à la même espèce, celle qui possède la qualité spécifique correspondante est préférable à celle qui ne la possède pas ; si toutes deux la possèdent, c'est celle qui la possède au plus haut degré qui est préférable.

En outre, si l'une des choses comparées améliore le sujet dans lequel elle réside, l'autre ne le faisant pas, la première est préférable, de même que ce qui communique de la chaleur est plus chaud que ce qui n'en communique pas. Si toutes deux l'améliorent, c'est celle qui le fait davantage, ou encore celle qui améliore la chose la meilleure et la plus importante, comme dans le cas où l'une améliore l'âme et l'autre le corps.

En outre, on peut comparer les choses à partir de leurs inflexions, de leurs emplois, de leurs actions, de leurs effets ; inversement, l'on comparera ceux-ci à partir de celles-là, car d'un groupe à l'autre l'inférence est réciproque. Par exemple, si *justement* est préférable à *courageusement*, la justice aussi est préférable au courage ; et si la justice est préférable au courage, *justement* aussi est préférable à *courageusement*. Et pareillement dans les autres cas.

En outre, si, par rapport à un même terme de référence, l'une des choses comparées est un plus grand bien, l'autre

1. La leçon asymétrique δυσφοροῦντι est bien attestée.

λοιπὸν δόξῃ ἡμῖν ὑπάρχειν, ἐκεῖνο αἱρετώτερον ὃ βουλόμεθα δοκεῖν ὑπάρχειν· οἷον φιλοπονεῖν ἀρνούμεθα, ἵν' εὐφυεῖς εἶναι δόξωμεν.

Ἔτι οὗ τῇ ἀπουσίᾳ ἧττον ἐπιτιμητέον δυσφοροῦσι, τοῦτο αἱρετώτερον. Καὶ οὗ τῇ ἀπουσίᾳ μὴ δυσφοροῦντι μᾶλλον ἐπιτιμητέον, τοῦτο αἱρετώτερον.

III Ἔτι τῶν ὑπὸ τὸ αὐτὸ εἶδος τὸ ἔχον τὴν οἰκείαν ἀρετὴν τοῦ μὴ ἔχοντος· ἄμφω δ' ἐχόντων τὸ μᾶλλον ἔχον.

Ἔτι εἰ τὸ μὲν ποιεῖ ἀγαθὸν ἐκεῖνο ᾧ ἂν παρῇ, τὸ δὲ μὴ ποιεῖ, τὸ ποιοῦν αἱρετώτερον, καθάπερ καὶ θερμότερον τὸ θερμαῖνον τοῦ μή. Εἰ δ' ἄμφω ποιεῖ, τὸ μᾶλλον ποιοῦν· ἢ εἰ τὸ βέλτιον καὶ κυριώτερον ποιεῖ ἀγαθόν, οἷον εἰ τὸ μὲν τὴν ψυχὴν τὸ δὲ τὸ σῶμα.

Ἔτι ἀπὸ τῶν πτώσεων καὶ τῶν χρήσεων καὶ τῶν πράξεων καὶ τῶν ἔργων. Καὶ ταῦτα δὲ ἀπ' ἐκείνων· ἀκολουθεῖ γὰρ ἀλλήλοις. Οἷον εἰ τὸ' δικαίως αἱρετώτερον τοῦ ἀνδρείως, καὶ ἡ δικαιοσύνη τῆς ἀνδρείας αἱρετώτερον· καὶ εἰ ἡ δικαιοσύνη τῆς ἀνδρείας αἱρετώτερον, καὶ τὸ δικαίως τοῦ ἀνδρείως. Παραπλησίως δὲ καὶ ἐπὶ τῶν ἄλλων.

[118b] Ἔτι εἴ τινος τοῦ αὐτοῦ τὸ μὲν μεῖζον ἀγαθόν ἐστι τὸ δὲ

22 αἱρούμεθα B[ac] ut uid. || 22-23 εἶναι δόξωμεν (Λ) : δόξωμεν ὑπάρχειν uD || 25 ante καὶ add. ἀλλὰ Al[c] || δυσφοροῦντι (Al[c]): δυσφοροῦσι VC Al[p] Λ[p] || 26 ante τοῦτο add. καὶ Al[c] || 28 post ἔχοντος add. αἱρετώτερον CM[2] || 29 ἐκεῖνο — παρῇ (Λ) : τὸν ἔχοντα uD || 30 ποιῇ AB[ac], corr. A[2] || τὸ ποιοῦν (Λ) : τῷ ποιοῦντι B || καὶ om. uD || θερμὸν C || 31 post μή add. θερμαίνοντος uD || 33 post σῶμα add. ἔτι οὗ ἡ ἀκρότης καὶ τὸ εὖ αἱρετώτερον, καὶ αὐτὸ αἱρετώτερον· ἔχει δὲ ἔνστασιν V || 34 post ἔτι add. δὲ C Λ || 37 αἱρετώτερον om. C || 37-38 alt. καὶ — αἱρετώτερον om. AMc, suppl. M[2]c[2] [αἱρετώτερον om. c[2]] || 38 τὸ : τοῦ P || τοῦ : καὶ P.

[118 b] 1 τοῦ om. M, suppl. M[2].

un moindre bien, la première est préférable. S'il y a deux termes de référence, est préférable celle qui surpasse le plus grand des deux[1]. Mais pour le cas où deux choses sont toutes deux préférables à une même troisième, celle qui lui est préférable à un plus haut degré est préférable à celle qui l'est à un moindre degré. En outre, si l'excès d'une chose est préférable à l'excès d'une autre la première est elle-même préférable à la seconde : tel est le cas de l'amitié à l'égard de la richesse, puisqu'un excès d'amis est préférable à un excès de richesse. Et ce que l'on aime mieux se devoir à soi-même est préférable à ce que l'on aime mieux devoir à quelqu'un d'autre, par exemple les amis aux richesses.

Prendre également appui sur l'addition, en regardant, lorsqu'on ajoute les deux choses comparées[2] à une même troisième, laquelle donne le tout préférable. Mais il faut se garder d'alléguer ici des cas où le terme commun utilise comme instrument l'une des choses qu'on lui ajoute, ou coopère avec elle d'une manière ou d'une autre, sans utiliser l'autre comme instrument ni coopérer avec elle : par exemple, on ne comparera pas la scie et la faux en les joignant à l'art du charpentier ; car s'il est vrai qu'en combinaison[3] la scie est préférable, absolument parlant elle ne l'est pas. Derechef, une chose est préférable à une autre si, ajoutée au plus petit de deux termes de référence[4], elle donne un tout plus grand que l'autre ajoutée au plus grand. On utilisera la soustraction de façon analogue : de fait, ce dont la soustraction à partir d'un même tout laisse un reste plus petit doit être lui-même plus grand, si[5] par sa soustraction il donne un reste plus petit.

1. La traduction est obligée d'expliciter ici un texte exceptionnellement elliptique. Les deux termes comparés ne sont plus, comme précédemment, rapportés à un terme de réference unique (cf. 118 b 1 τινος τοῦ αὐτοῦ), mais rapportés à deux termes de référence, dont l'un est supérieur à l'autre (μείζονος). Soit A et B les termes comparés, C et D les termes de référence, C étant supérieur à D ; dès lors, si A vaut mieux que C et si B vaut mieux que D, A vaut mieux que B (pourvu toutefois, faudrait-il ajouter, que A et B dépassent de la même quantité le terme de référence auquel ils sont respectivement rapportés). Cette interprétation s'applique également à plusieurs passages parallèles (118 b 16, 119 a 21-22).

2-5. *Notes complémentaires*, p. 159-160.

ἔλαττον, αἱρετώτερον τὸ μεῖζον. Ἢ εἰ μείζονος μεῖζον θάτερον. Ἀλλὰ καὶ εἰ δύο τινὰ τινὸς εἴη αἱρετώτερα, τὸ μᾶλλον αἱρετώτερον τοῦ ἧττον αἱρετωτέρου αἱρετώτερον. Ἔτι οὗ ἡ ὑπερβολὴ τῆς ὑπερβολῆς αἱρετωτέρα, καὶ αὐτὸ αἱρετώτερον, οἷον φιλία χρημάτων· αἱρετωτέρα γὰρ ἡ τῆς φιλίας ὑπερβολὴ τῆς τῶν χρημάτων. Καὶ οὗ μᾶλλον ἂν ἕλοιτο αὐτὸς αὐτῷ αἴτιος εἶναι ἢ οὗ ἕτερον, οἷον τοὺς φίλους τῶν χρημάτων.

Ἔτι ἐκ τῆς προσθέσεως, εἰ τῷ αὐτῷ προστιθέμενον τὸ ὅλον αἱρετώτερον ποιεῖ. Εὐλαβεῖσθαι δὲ δεῖ προτείνειν ἐφ' ὧν τῷ μὲν ἑτέρῳ τῶν προστιθεμένων χρῆται τὸ κοινὸν ἢ ἄλλως πως συνεργόν ἐστι, τῷ δὲ λοιπῷ μὴ χρῆται μηδὲ συνεργόν ἐστιν, οἷον πρίονα καὶ δρέπανον μετὰ τεκτονικῆς· αἱρετώτερον γὰρ ὁ πρίων συνδυαζομένοιν, ἁπλῶς δὲ οὐχ αἱρετώτερον. Πάλιν εἰ ἐλάττονι προστεθέν τι τὸ ὅλον μεῖζον ποιεῖ. Ὁμοίως δὲ καὶ ἐκ τῆς ἀφαιρέσεως· οὗ γὰρ ἀφαιρεθέντος ἀπὸ τοῦ αὐτοῦ τὸ λειπόμενον ἔλαττον, ἐκεῖνο μεῖζον ἂν εἴη, ὃ ποτε ἀφαιρεθὲν τὸ λειπόμενον ἔλαττον ποιεῖ.

2 ἢ om. $CM^{ac}B^{2}$ || μείζονος : μείζονι V || post μεῖζον add. ἢ $CuDB^{2}$, μεῖζον ἢ P || 2-3 post θάτερον add. θατέρου P || 3-4 ἀλλὰ — alt. αἱρετώτερον om. V^{ac} || 3 τινὰ om. c || post τινὰ add. ἑνὸς V Al^{c} Λ || 4 ante τοῦ add. αὐτῶν V, αὐτοῦ Al^{c} || 7 ἂν om. u || 8 ἕτερος $BMCcuA^{2}D^{pc}$ Al^{c}, uar. lect. inter punct. V^{s1} || 10 προθέσεως C || τὸ αὐτὸ uar. lect. inter punct. V^{s1} || post αὐτῷ del. 4 litt. C || post προστιθέμενον add. τι $VMPCuB^{2}D^{pc}c^{2}$ Al^{c} (278, 1) Λ edd. || 11 τὸ ὅλον: τῷ ὅλῳ uar. lect. inter punct. V^{s1}, om. Λ || post δεῖ add. τὰ τοιαῦτα V Al^{c} || 12 τῷ μὲν ἑτέρῳ sup. ras. C || προσχρῆται C || 12-13 ὅλως D || 13-14 τῷ — ἐστιν om. A || 13 μὴ om. V^{ac} || 15 συνδυαζομένοιν Wallies : συνδυαζόμενον ABVMPCuD συνδυαζόμενα c συνδυαζόμενος Λ || 16 τι om. P || 18 ἐλαττοῖ AB, corr. A^{2} || post ἔλαττον add. ἢ M^{2} || 19 ὁπότε BVMCcuD, corr. D^{2} || τὸ λειπόμενον post ἔλαττον transp. PuD || ἐποίει V.

Si l'une des choses comparées est souhaitable par elle-même, l'autre ne l'étant que pour l'opinion, la première est préférable, par exemple la santé par rapport à la beauté. On peut définir ainsi ce qui n'est souhaitable que pour l'opinion : ce qu'on ne se soucierait pas de posséder si personne ne le savait. De même, si une chose est souhaitable à la fois par elle-même et pour l'opinion, une autre pour l'une seulement de ces raisons, la première est préférable. Et celle qui, plus qu'une autre, est par elle-même précieuse, est à la fois meilleure et préférable. On pourrait dire que ce qui est plus précieux en soi est ce que par soi-même nous choisissons de préférence, dût-il n'en rien résulter d'autre.

Distinguer également en combien de sens se prend le mot *souhaitable*, et à quels titres on l'emploie, en l'occurrence à celui de l'utile, ou à celui du beau, ou à celui du plaisant : car ce qui a son emploi à tous ces titres, ou à un plus grand nombre d'entre eux, est préférable, à degré égal[1]. Si en revanche c'est au même titre que les choses comparées sont souhaitables, il faut voir laquelle le possède au plus haut degré, laquelle est la plus plaisante, ou la plus belle, ou la plus utile[2]. Et encore, ce qui vise à quelque chose de meilleur est préférable : par exemple, ce qui vise à l'excellence à ce qui vise au plaisir. De même dans le cas des choses à rejeter : est plus à rejeter, en effet, ce qui fait davantage obstacle aux choses souhaitables, par exemple, la maladie plus que la laideur : de fait, la maladie entrave davantage le plaisir aussi bien que l'exercice de la vertu.

On peut s'appuyer encore sur l'égale possibilité de montrer que la chose en discussion est à rejeter et qu'elle est à souhaiter : car si une chose est telle que l'on aurait autant de raisons de la souhaiter que de la rejeter, tandis que l'on n'a que des raisons d'en souhaiter une autre, la première est moins souhaitable.

1. *Notes complémentaires*, p. 160.

2. Sauf P, les manuscrits portent ici la forme συμφερώτερον, qui, tout en constituant la *lectio facilior*, par rapport au positif συμφέρον, n'est attestée nulle part ailleurs. Sans connaître la leçon de P, le dictionnaire de Liddell-Scott propose συμφορώτερον à titre de correction ; cette suggestion a été suivie par Ross.

Καὶ εἰ τὸ μὲν δι' αὑτὸ τὸ δὲ διὰ τὴν δόξαν αἱρετόν, οἷον ὑγίεια κάλλους. Ὅρος δὲ τοῦ πρὸς δόξαν τὸ μηδενὸς συνειδότος μὴ ἂν σπουδάσαι ὑπάρχειν. Καὶ εἰ τὸ μὲν δι' αὑτὸ καὶ διὰ τὴν δόξαν αἱρετόν, τὸ δὲ διὰ θάτερον μόνον. Καὶ ὁπότερον μᾶλλον δι' αὑτὸ τίμιον, τοῦτο καὶ βέλτιον καὶ αἱρετώτερον. Τιμιώτερον δ' ἂν εἴη καθ' αὑτὸ ὃ μηδενὸς ἄλλου μέλλοντος ὑπάρξειν δι' αὑτὸ αἱρούμεθα μᾶλλον.

Ἔτι διελέσθαι ποσαχῶς τὸ αἱρετὸν λέγεται καὶ τίνων χάριν, οἷον τοῦ συμφέροντος ἢ τοῦ καλοῦ ἢ τοῦ ἡδέος· τὸ γὰρ πρὸς ἅπαντα ἢ πρὸς τὰ πλείω χρήσιμον αἱρετώτερον, ἂν ὑπάρχῃ τὸ ὁμοίως. Τῶν δ' αὐτῶν ἀμφοτέροις ὑπαρχόντων, ὁποτέρῳ μᾶλλον ὑπάρχει σκεπτέον, πότερον ἥδιον ἢ κάλλιον ἢ συμφορώτερον. Πάλιν τὸ τοῦ βελτίονος ἕνεκεν αἱρετώτερον, οἷον τὸ ἀρετῆς ἕνεκεν ἢ ἡδονῆς. Ὁμοίως δὲ καὶ ἐπὶ τῶν φευκτῶν· φευκτότερον γὰρ τὸ μᾶλλον ἐμποδιστικὸν τῶν αἱρετῶν, οἷον νόσος αἴσχους· καὶ γὰρ ἡδονῆς καὶ τοῦ σπουδαῖον εἶναι κωλυτικώτερον ἡ νόσος.

Ἔτι ἐκ τοῦ ὁμοίως δεικνύναι φευκτὸν καὶ αἱρετὸν τὸ προκείμενον· ἧττον γὰρ αἱρετὸν τὸ τοιοῦτον ὃ καὶ ἕλοιτ' ἄν τις ὁμοίως καὶ φύγοι, τοῦ ἑτέρου ὄντος αἱρετοῦ μόνον.

21 post μηδενὸς add. ὄντος τοῦ Cu || 22 αὑτὸ : αὑτό τε VD || 23 pr. διὰ om. D || αἱρετόν om. Λ || 24 αὑτὸ PCD, fort. B || pr. καὶ om. D || 26 αὑτὸ PCcD || 28 τοῦ ἡδέος P^{pc}D^{pc} || post τὸ add. μὲν c || 29 alt. πρὸς om. C || post ἂν add. μὴ V^{2} || 30 ὑπάρχοι BC Λ edd. (contra Al^{p}) || τὸ (Al^{p}) : τοῦ μὴ ABMCcuD Λ edd., corr. C^{2} || ὁμοίως : οὕτως Λ || δ' post αὐτῶν transp. u || 31 ante πότερον add. οἷον Wallies || ἥδιον : ἴδιον B || 32 συμφερώτερον ABVMCcuD || τὸ om. P || 35 αἱρετῶν PCuD, uar. lect. inter punct. V^{s1} : ἀρετῶν ABVMc Λ ἀγαθῶν Al^{p} || 37 τὸ om. C^{ac} || 38 ἕλοιτ' ἂν (Λ) : ἕλοιτο δὴ D || 39 φύγῃ u || μόνου D.

4

Application des lieux précédents aux problèmes non comparatifs

Voilà donc comment il faut traiter les problèmes de comparaison. Mais les mêmes lieux peuvent aussi servir à montrer qu'une chose donnée est simplement à souhaiter ou à rejeter : il suffit en effet d'y supprimer la relation de supériorité à l'égard d'un second terme. De fait, si ce qui est plus précieux est plus souhaitable, ce qui est précieux est souhaitable ; et si ce qui est plus utile est plus souhaitable, ce qui est utile est souhaitable. Et de même dans tous les autres cas, s'ils comportent du moins ce type de comparaison. Il faut dire en effet que dans certains cas[1], en procédant à la comparaison entre deux choses, on exprime en même temps directement l'idée que ces deux choses sont souhaitables, ou que l'une des deux l'est, par exemple lorsqu'on dit que l'une est bonne par nature, et l'autre, autrement que par nature ; ce qui est bon par nature est en effet évidemment souhaitable.

5

Généralisation des lieux du préférable

Il faut généraliser autant qu'il est possible les lieux du *plus* et du *plus grand* ; car pris de cette manière, ils pourraient servir à résoudre un plus grand nombre de problèmes. Il est possible de généraliser certains de ceux qui ont été indiqués en modifiant légèrement leur formulation : par exemple, ce qui est tel[2] par nature est plus tel que ce qui est tel autrement que par nature. Et si une chose rend tel ce qui la possède[3], une autre ne rendant pas tel ce qui la possède, celle qui le fait est plus telle que celle qui ne le fait pas ; si toutes deux le font, celle qui le fait davantage est elle-même plus telle.

1-3. *Notes complémentaires*, p. 161.

[119a] IV Τὰς μὲν οὖν πρὸς ἄλληλα συγκρίσεις καθάπερ εἴρηται ποιητέον. Οἱ αὐτοὶ δὲ τόποι χρήσιμοι καὶ πρὸς τὸ δεικνύναι ὁτιοῦν αἱρετὸν ἢ φευκτόν· ἀφαιρεῖν γὰρ μόνον δεῖ τὴν πρὸς ἕτερον ὑπεροχήν. Εἰ γὰρ τὸ τιμιώτερον αἱρετώτερον, καὶ τὸ τίμιον αἱρετόν, καὶ εἰ τὸ χρησιμώτερον αἱρετώτερον, καὶ τὸ χρήσιμον αἱρετόν. Ὁμοίως δὲ καὶ ἐπὶ τῶν ἄλλων, ὅσα τοιαύτην ἔχει τὴν σύγκρισιν. Ἐπ' ἐνίων γὰρ εὐθέως κατὰ τὴν πρὸς ἕτερον σύγκρισιν καὶ ὅτι αἱρετὸν ἑκάτερον ἢ τὸ ἕτερον λέγομεν, οἷον ὅταν τὸ μὲν φύσει ἀγαθὸν τὸ δὲ μὴ φύσει λέγωμεν· τὸ γὰρ φύσει ἀγαθὸν δῆλον ὅτι αἱρετόν ἐστιν.

V Ληπτέον δ' ὅτι μάλιστα καθόλου τοὺς τόπους περὶ τοῦ μᾶλλον καὶ τοῦ μείζονος· ληφθέντες γὰρ οὕτως πρὸς πλείω χρήσιμοι ἂν εἴησαν. Ἔστι δ' αὐτῶν τῶν εἰρημένων ἐνίους καθόλου μᾶλλον ποιεῖν μικρὸν παραλλάσσοντα τῇ προσηγορίᾳ, οἷον τὸ φύσει τοιοῦτο τοῦ μὴ φύσει τοιούτου μᾶλλον τοιοῦτο. Καὶ εἰ τὸ μὲν ποιεῖ τὸ δὲ μὴ ποιεῖ τὸ ἔχον τοιόνδε [ἢ ᾧ ἂν ὑπάρχῃ], μᾶλλον τοιοῦτο ὅ ποτε ποιεῖ ἢ ὃ μὴ ποιεῖ· εἰ δ' ἄμφω ποιεῖ, τὸ μᾶλλον ποιοῦν τοιοῦτο.

[119 a] 1 ἀλλήλας B, c ut uid., corr. c² || 3 μόνον post δεῖ transp. D || 4-5 καὶ — αἱρετώτερον om. P || 5 alt. καὶ om. C || 7 γὰρ : δὲ Al^p Λ || 8 ἢ : ἤπερ MD^pc || post τὸ add. γε V || 9-10 λέγομεν — ἀγαθὸν sup. ras. A² || 10 λέγομεν BD^ac || αἱρετόν sup. ras. c || 11 ἐστιν om. M Λ || 12 δ' om. D, suppl. D² || τοὺς om. Ac, fort. M^ac || 13 τοῦ om. Al^c || μείζονος : ἥττονος sup. ras. c, corr. c² || post μείζονος add. καὶ ὅλως τῶν ἐν συγκρίσει V || πρὸς : περὶ P || 15 μᾶλλον ante 14-15 καθόλου transp. PCD, om. Al^p || παραλλάσσοντας PCD || 17 alt. ποιεῖ : ποιῇ A, corr. A² || 17 ἢ : ἐν D, om. McA^pc Al^c Λ, eras. C || 17-18 ἢ ᾧ ἂν ὑπάρχῃ damn. Waitz || 18 alt. ποιεῖ : ποιῇ A, corr. A² || 19 post τοιοῦτο add. μᾶλλον Al^c.

En outre, si une chose est plus telle, une autre moins telle qu'un même terme de référence ; ou encore (avec deux termes de référence) si l'une est plus telle qu'un terme lui-même tel, l'autre plus telle qu'un terme lui-même non tel[1], il est clair que c'est la première qui est plus telle. On peut aussi, en utilisant l'addition, voir si l'addition des deux choses comparées à une même troisième donne un tout plus tel dans un cas que dans l'autre ; ou encore, avec deux termes de référence, si l'addition de l'une au moins tel donne un tout plus tel que celle de l'autre au plus tel. Et de même en utilisant la soustraction : ce dont la soustraction laisse un reste moins tel est lui-même plus tel. Et ce qui est moins mêlé du contraire est plus tel : par exemple, ce qui est moins mêlé de sombre est plus clair. Et encore, indépendamment des lieux indiqués ci-dessus : est plus tel ce qui admet davantage la définition propre du terme en cause ; par exemple, si *clair* se définit comme couleur dissociatrice du corps optique, est plus clair ce qui est davantage[2] couleur dissociatrice du corps optique.

6

Lieux de l'accident particulier

Si le problème est posé sous forme particulière et non universelle, les premiers[3] des lieux mentionnés, lieux universels tant constructifs que destructifs, sont tous utilisables. De fait, en réfutant ou en établissant une universelle, nous démontrons du même coup la particulière : car si l'attribut appartient à tous, il appartient aussi à l'un quelconque, et s'il n'appartient à aucun, il n'appartient pas non plus à l'un quelconque. Mais les lieux les plus pratiques, les plus facilement applicables aux deux types de problèmes, sont ceux qui se fondent sur les opposés, les coordonnés et les inflexions. L'assentiment général s'attache en effet au même degré à l'affirmation

1-3. *Notes complémentaires*, p. 161-162.

Ἔτι εἰ τοῦ αὐτοῦ τινος τὸ μὲν μᾶλλον τὸ δὲ ἧττον τοιοῦτο· καὶ εἰ τὸ μὲν τοιούτου μᾶλλον τοιοῦτο, τὸ δὲ μὴ τοιούτου, δῆλον ὅτι τὸ πρῶτον μᾶλλον τοιοῦτο. Ἔτι ἐκ τῆς προσθέσεως, εἰ τῷ αὐτῷ προστιθέμενον τὸ ὅλον μᾶλλον ποιεῖ τοιοῦτο, ἢ εἰ τῷ ἧττον τοιούτῳ προστιθέμενον τὸ ὅλον μᾶλλον ποιεῖ τοιοῦτο. Ὁμοίως δὲ καὶ ἐκ τῆς ἀφαιρέσεως· οὗ γὰρ ἀφαιρεθέντος τὸ λειπόμενον ἧττον τοιοῦτο, αὐτὸ μᾶλλον τοιοῦτο. Καὶ τὰ τοῖς ἐναντίοις ἀμιγέστερα μᾶλλον τοιαῦτα, οἷον λευκότερον τὸ τῷ μέλανι ἀμιγέστερον. Ἔτι παρὰ τὰ εἰρημένα πρότερον τὸ μᾶλλον ἐπιδεχόμενον τὸν οἰκεῖον τοῦ προκειμένου λόγον· οἷον εἰ τοῦ λευκοῦ ἐστι λόγος χρῶμα διακριτικὸν ὄψεως, λευκότερον ὅ ἐστι μᾶλλον χρῶμα διακριτικὸν ὄψεως.

VI Ἂν δ' ἐπὶ μέρους καὶ μὴ καθόλου τὸ πρόβλημα τεθῇ, πρῶτοι μὲν οἱ εἰρημένοι καθόλου κατασκευαστικοὶ ἢ ἀνασκευαστικοὶ τόποι πάντες χρήσιμοι. Καθόλου γὰρ ἀναιροῦντες ἢ κατασκευάζοντες καὶ ἐπὶ μέρους δείκνυμεν· εἰ γὰρ παντὶ ὑπάρχει, καὶ τινί, καὶ εἰ μηδενί, οὐδὲ τινί. Μάλιστα δ' ἐπίκαιροι καὶ κοινοὶ τῶν τόπων οἵ τ' ἐκ τῶν ἀντικειμένων καὶ τῶν συστοίχων καὶ τῶν πτώσεων. Ὁμοίως γὰρ ἔνδοξον τὸ ἀξιῶ-

21 μᾶλλον post μὲν transp. Al^c || 21-22 τοιούτου Al^c [P] Bonitz : τοιοῦτον Al^c [AD] τοιούτου τοιοῦτον ABMPCcu Λ τοιούτου μᾶλλον τοιοῦτον VD || 22 post πρῶτον add. ῥηθὲν Al^c || 23-120 a 7 εἰ — ἐνδέχεται deficit c || 23 τὸ αὐτὸ B || 24-25 ἢ — τοιοῦτο om. P || 24 τῷ (Λ) : τὸ ABM, corr. A² || τοιούτῳ (Λ) : τοιοῦτο B || 28 προειρημένα V || 31 λευκότερον — ὄψεως om. P || ὅ om. VCD || μᾶλλον χρῶμα : τὸ μᾶλλον χρῶμα C χρῶμα τὸ μᾶλλον VD Al^p Λ || 33 πρῶτον MPCuD Λ edd. || 33-34 ἢ ἀνασκευαστικοὶ om. M^ac u || 34 τόποι om. M^ac u Λ || πάντες post χρήσιμοι transp. PD || 35 post καὶ add. τὰ C || 37 τῶν τόπων: τόποι D Λ || 38-39 post ἀξιῶσαι add. ὅτι VD.

si tout plaisir est un bien, toute douleur aussi est un mal et à l'affirmation *si quelque plaisir est un bien, quelque douleur aussi est un mal*[1]. De même, si quelque sens n'est pas capacité, quelque privation de sens n'est pas non plus incapacité[2]. Et si quelque contenu de pensée est contenu de connaissance, quelque pensée aussi est connaissance[3]. Et encore, si quelque chose faite *d'injuste manière* est un bien, quelque chose injuste aussi est un bien[4]. Et si quelque chose faite *de plaisante manière* est à rejeter, quelque plaisir est à rejeter[5]. Selon le même raisonnement, si quelque chose plaisante est bienfaisante, quelque plaisir est un bien[6]. On raisonnera de même dans le cas des agents destructeurs, des apparitions et des disparitions. Si en effet quelque agent destructeur du plaisir ou du savoir est un bien, quelque plaisir ou quelque savoir doit être un mal. De même, si quelque disparition de savoir est un bien, ou quelque apparition de savoir un mal, quelque savoir sera un mal ; par exemple, si l'oubli de ce qu'on a fait de vil est un bien, ou son souvenir un mal, le savoir de ce qu'on a fait de vil doit être un mal. Et de même dans les autres cas : à toutes ces formules dérivées, en effet, l'assentiment général s'attache au même degré qu'à celles dont elles dérivent[7].

1. Premier lieu des opposés : les contraires.

2. Second lieu des opposés : les opposés selon la possession et la privation.

3. Troisième lieu des opposés : les relatifs.

4-5. *Notes complémentaires*, p. 162-163.

6. Lieu des coordonnés. A la ligne 8, je préfère la *lectio difficilior* ἀγαθόν, qu'Alexandre a certainement lue, mais que les manuscrits qui la portent n'avaient aucune raison d'emprunter à son commentaire, malgré ce que dit Wallies, *Praefatio*, p. xv. La correction ὠφέλιμον était facile ; C la présente sous la forme non intégrée ὠφέλιμος.

7. La traduction explicite le sens de cette remarque : la relation d'égalité instituée par 16 ὁμοίως s'établit non entre l'antécédent et le conséquent des implications qui viennent d'être énoncées, mais entre ces implications elles-mêmes, dont les membres sont des particulières, et les implications de même type entre propositions universelles. Cf. 119 a 38 sq.

σαι, εἰ πᾶσα ἡδονὴ ἀγαθόν, καὶ λύπην πᾶσαν εἶναι κακόν, [119b] τῷ εἴ τις ἡδονὴ ἀγαθόν, καὶ λύπην εἶναί τινα κακόν. Ἔτι εἴ τις αἴσθησις μὴ ἔστι δύναμις, καὶ ἀναισθησία τις οὐκ ἔστιν ἀδυναμία. Καὶ εἴ τι ὑποληπτὸν ἐπιστητόν, καὶ ὑπόληψίς τις ἐπιστήμη. Πάλιν εἴ τι τῶν ἀδίκως ἀγαθόν, καὶ τῶν ἀδίκων τι ἀγαθόν. Καὶ εἴ τι τῶν ἡδέως φευκτόν, ἡδονή τις φευκτόν. Κατὰ ταὐτὰ δὲ καὶ εἴ τι τῶν ἡδέων ὠφέλιμον, ἡδονή τις ἀγαθόν. Καὶ ἐπὶ τῶν φθαρτικῶν δὲ καὶ τῶν γενέσεων καὶ φθορῶν ὡσαύτως. Εἰ γάρ τι φθαρτικὸν ἡδονῆς ἢ ἐπιστήμης ὂν ἀγαθόν ἐστιν, εἴη ἄν τις ἡδονὴ ἢ ἐπιστήμη τῶν κακῶν. Ὁμοίως δὲ καὶ εἰ φθορά τις ἐπιστήμης τῶν ἀγαθῶν ἢ γένεσις τῶν κακῶν, ἔσται τις ἐπιστήμη τῶν κακῶν· οἷον εἰ τὸ ἐπιλανθάνεσθαι ἅ τις αἰσχρὰ ἔπραξε τῶν ἀγαθῶν, ἢ τὸ ἀναμιμνήσκεσθαι τῶν κακῶν, εἴη ἂν τὸ ἐπίστασθαι ἅ τις αἰσχρὰ ἔπραξε τῶν κακῶν. Ὡσαύτως δὲ καὶ ἐπὶ τῶν ἄλλων· ἐν ἅπασι γὰρ ὁμοίως τὸ ἔνδοξον.

39-b1 καὶ — ἀγαθόν om. D, suppl. D²ᵐᵍ || 39 λύπην post πᾶσαν transp. D² Al^c.

[119 b] 1 τῷ : καὶ τὸ u, fort. Λ || post ἡδονὴ add. τις Al^c || εἶναί post τινα transp. P Al^c Λ || 2 δύναμις ante μὴ transp. Al^c || ἔστιν (Λ) : ἔσται C || 3 alt. καὶ om. MPD Λ || ὑπόληψίς τις (Λ): ὑπόληψις A, corr. A² τις ὑπόληψις Al^c || 4-5 ἀδίκως : ἀδίκων ABMCuD || post ἀγαθόν add. καὶ τῶν δικαίων τι κακόν· πάλιν [πάλιν : καὶ D] εἴ τι τῶν δικαίως [δικαίως : ἀδίκων M Λ ἀδίκως CuDM²] κακόν [post κακόν add. καὶ τῶν δικαίως τι ἀγαθόν, καὶ εἴ τι τῶν ἀδίκων κακόν C] ABMCuD Λ edd. || ἀδίκων : ἀδίκως ABC δικαίων M δικαίως uDM² Λ || 6 ἀγαθόν : κακόν C Λ^r || ἡδέως : ἡδέων CD Al^c Λ edd. || pr. φευκτόν : φευκτῶν AB, corr. A²B² || ante ἡδονή add. καὶ VMu Λ || φευκτή CD Λ || 7 ἡδέως M || ante ἡδονή add. καὶ V || 8 ἀγαθόν (Al^p Λ) : ὠφέλιμον ABu edd. ὠφέλιμος καὶ ἀγαθόν C || δὲ om. u || post alt. καὶ add. ἐπὶ PD || 11 post εἰ add. ἡ Al^c || τις : τῆς Al^c || post ἢ add. ἡ AB Al^c, eras. B || 12 ἔστι Al^c || 13 λανθάνεσθαι u || αἰσχρὰ post ἔπραξε transp. PD || 14 post ἂν add. καὶ CM² || αἰσχρὰ om. u Λ^r.

On peut également s'appuyer sur les relations *plus, moins, autant.* Si en effet quelque terme appartenant à un autre genre que le terme étudié est plus tel qu'il ne l'est, et si aucun des membres de ce second genre n'est tel, le terme étudié ne saurait lui non plus être tel ; par exemple, si quelque savoir est davantage un bien que le plaisir, et si aucun savoir n'est un bien, le plaisir ne saurait non plus en être un. On procédera de même avec les relations *autant* et *moins* : on pourra ainsi réfuter une proposition aussi bien qu'en établir une, à ceci près qu'avec la relation *autant* on peut faire les deux opérations, alors qu'avec la relation *moins* on peut seulement établir une proposition, mais non en réfuter une. De fait, si quelque capacité est autant que le savoir un bien, et si quelque capacité est effectivement un bien, le savoir aussi en est un ; en revanche, si aucune capacité n'est un bien, le savoir n'en est pas un non plus. D'un autre côté, si quelque capacité est moins que le savoir un bien, et si quelque capacité est effectivement un bien, le savoir en est un aussi ; en revanche, si aucune capacité n'est un bien, il n'en résulte pas nécessairement qu'aucun savoir ne soit un bien. On voit donc clairement qu'avec la relation *moins* on peut seulement établir une proposition.

Il est possible de réfuter une proposition en se référant non seulement à un genre différent de celui qui est en cause, mais aussi au même genre, à condition de prendre en considération l'élément de ce genre qui est le plus tel ; par exemple, la thèse de l'adversaire étant que quelque savoir est un bien, si l'on montrait que la sagesse[1] n'est pas un bien, aucun autre savoir ne saurait en être un, puisque celui même qui est le plus réputé en être un n'en est pas un. En outre, on peut raisonner à partir d'une hypothèse, en posant comme une inférence légitime que si le prédicat appartient (ou n'appartient pas) à un seul, il appartient à tous (ou n'appartient à aucun) ; par exemple, que si l'âme humaine est immortelle, les autres âmes le

1. *Notes complémentaires,* p. 163.

Ἔτι ἐκ τοῦ μᾶλλον καὶ ἧττον καὶ ὁμοίως. Εἰ γὰρ μᾶλλον μὲν τῶν ἐξ ἄλλου γένους τι τοιοῦτο, ἐκείνων δὲ μηδέν ἐστιν, οὐδ' ἂν τὸ εἰρημένον εἴη τοιοῦτον· οἷον εἰ μᾶλλον μὲν ἐπιστήμη τις ἀγαθὸν ἢ ἡδονή, μηδεμία δ' ἐπιστήμη ἀγαθόν, οὐδ' ἂν ἡδονὴ εἴη. Καὶ ἐκ τοῦ ὁμοίως δὲ καὶ ἧττον ὡσαύτως· ἔσται γὰρ καὶ ἀναιρεῖν καὶ κατασκευάζειν, πλὴν ἐκ μὲν τοῦ ὁμοίως ἀμφότερα, ἐκ δὲ τοῦ ἧττον κατασκευάζειν μόνον, ἀνασκευάζειν δὲ οὔ. Εἰ γὰρ ὁμοίως δύναμίς τις ἀγαθὸν καὶ ἐπιστήμη, ἔστι δέ τις δύναμις ἀγαθόν, καὶ ἐπιστήμη ἐστίν· εἰ δὲ μηδεμία δύναμις, οὐδ' ἐπιστήμη. Εἰ δ' ἧττον δύναμίς τις ἀγαθὸν ἢ ἐπιστήμη, ἔστι δέ τις δύναμις ἀγαθόν, καὶ ἐπιστήμη· εἰ δὲ μηδεμία δύναμις ἀγαθόν, οὐκ ἀνάγκη καὶ ἐπιστήμην μηδεμίαν εἶναι ἀγαθόν. Δῆλον οὖν ὅτι κατασκευάζειν μόνον ἐκ τοῦ ἧττον ἔστιν.

Οὐ μόνον δ' ἐξ ἄλλου γένους ἔστιν ἀνασκευάζειν, ἀλλὰ καὶ ἐκ τοῦ αὐτοῦ, λαμβάνοντι τὸ μάλιστα τοιοῦτον· οἷον εἰ κεῖται ἐπιστήμη τις ἀγαθόν, δειχθείη δ' ὅτι φρόνησις οὐκ ἀγαθόν, οὐδ' ἄλλη οὐδεμία ἔσται, ἐπεὶ οὐδ' ἡ μάλιστα δοκοῦσα. Ἔτι ἐξ ὑποθέσεως, ὁμοίως ἀξιώσαντα, εἰ ἑνί, καὶ πᾶσιν ὑπάρχειν ἢ μὴ ὑπάρχειν, οἷον εἰ ἡ τοῦ ἀνθρώπου ψυχὴ ἀθάνατος,

18 ἐκεῖνο fort. M^{ac} || 19 εἴη om. Mu, suppl. M^{2mg} || ἐπιστήμη post 20 τις transp. C || 20 τις ἀγαθὸν sup. ras. minore spatio u || ἢ : ἤπερ VD^{pc} || post ἂν add. ἡ C Al^{c} [D] || 21 ἐκ om. P, suppl. P^{2} || ἔστι C || 23 ἀμφοτέρου u || μόνον om. Mu Λ || 25 ἔστι D^{pc} || τις post δύναμις transp. u || ἐστίν om. Λ || 25-27 εἰ — alt. ἐπιστήμη om. $Λ^{r}$ || 27 ἢ : ἤπερ V || 30 ἐκ τοῦ ἧττον om. Mu, suppl. $M^{2}u^{2}$ || 31-32 γένους — καὶ sup. ras. D || 32 λαμβάνοντα VCuD || οἷον : ὁποῖον A || 33 ἐπιστήμη post τις transp. VPD || post ὅτι add. ἡ VCD || 34 ἐπειδὴ MC || οὐδ' ἡ : οὐ M, corr. M^{2} || 35 ἀξιώσαντας D Al^{c} || 35-36 ὑπάρχειν (bis) : ὑπάρχει PD || 36 ἢ μὴ ὑπάρχειν om. M, suppl. M^{2mg} || ἡ om. M.

sont aussi, et que si celle-là ne l'est pas, les autres ne le sont pas non plus. Si donc la thèse de l'adversaire est que le prédicat appartient à l'un quelconque[1], il faut montrer qu'il n'appartient pas à l'un quelconque; car il s'ensuivra, en vertu de l'hypothèse, qu'il n'appartient à aucun. En revanche, si la thèse est que le prédicat n'appartient pas à l'un quelconque, il faut montrer qu'il appartient à l'un quelconque ; car ainsi encore il s'ensuivra qu'il appartient à tous. Il est clair, notons-le, que le responsable de l'hypothèse rend universel un problème qui avait été posé sous forme particulière ; il considère, en effet, qu'en accordant la particulière on accorde l'universelle, puisqu'aussi bien, si le prédicat appartient à l'un quelconque, il tient pour légitime d'en inférer qu'il appartient à tous.

Degré de détermination des problèmes particuliers

Lorsque le problème est indéterminé, il n'est possible de le réfuter que d'une seule façon : par exemple, si l'adversaire a dit que quelque[2] plaisir est un bien ou n'est pas un bien, sans ajouter aucune précision supplémentaire. En effet, s'il a dit que quelque plaisir est un bien, il faut montrer universellement qu'aucun plaisir n'en est un, si l'on veut détruire la proposition en cause ; de même, s'il a dit que quelque plaisir n'est pas un bien, il faut montrer universellement que tout plaisir en est un. Il n'existe pas d'autre moyen d'effectuer la réfutation : car si nous montrons que quelque plaisir n'est pas un bien, ou est un bien, nous n'avons pas encore détruit la proposition en cause. Il est donc clair qu'on ne peut réfuter les propositions de ce genre que d'une seule manière ; mais on peut les établir de deux manières : en effet, que nous montrions universellement que tout plaisir est un bien, ou que nous montrions seulement que quelque plaisir est un bien, la proposition en cause aura de toute manière été démontrée. De même, s'il nous faut établir

1. A quelque individu appartenant à l'espèce qui constitue le sujet de la thèse. Sur cette façon d'exprimer les propositions particulières, cf. 109 a 3 sq. et la note *ad locum*.

2. *Notes complémentaires*, p. 163-164.

καὶ τὰς ἄλλας, εἰ δ' αὕτη μή, μηδὲ τὰς ἄλλας. Εἰ μὲν οὖν ὑπάρχειν τινὶ κεῖται, δεικτέον ὅτι οὐχ ὑπάρχει τινί· ἀκολουθήσει γὰρ διὰ τὴν ὑπόθεσιν τὸ μηδενὶ ὑπάρχειν. Εἰ δὲ [120a] τινὶ μὴ ὑπάρχον κεῖται, δεικτέον ὅτι ὑπάρχει τινί· καὶ γὰρ οὕτως ἀκολουθήσει τὸ πᾶσιν ὑπάρχειν. Δῆλον δ' ἐστὶν ὅτι ὁ ὑποτιθέμενος ποιεῖ τὸ πρόβλημα καθόλου, ἐπὶ μέρους τεθέν· τὸν γὰρ ἐπὶ μέρους ὁμολογοῦντα καθόλου ἀξιοῖ ὁμολογεῖν, ἐπειδή, εἰ ἑνί, καὶ πᾶσιν ὁμοίως ἀξιοῖ ὑπάρχειν.

Ἀδιορίστου μὲν οὖν ὄντος τοῦ προβλήματος μοναχῶς ἀνασκευάζειν ἐνδέχεται, οἷον εἰ τινὰ ἔφησεν ἡδονὴν ἀγαθὸν εἶναι ἢ μὴ ἀγαθὸν καὶ μηδὲν ἄλλο προσδιώρισεν. Εἰ μὲν γὰρ τινὰ ἔφησεν ἡδονὴν ἀγαθὸν εἶναι, δεικτέον καθόλου ὅτι οὐδεμία, εἰ μέλλει ἀναιρεῖσθαι τὸ προκείμενον· ὁμοίως δὲ καὶ εἰ τινὰ ἔφησεν ἡδονὴν μὴ εἶναι ἀγαθόν, δεικτέον καθόλου ὅτι πᾶσα. Ἄλλως δ' οὐκ ἐνδέχεται ἀναιρεῖν· ἐὰν γὰρ δείξωμεν ὅτι ἐστὶ τὶς ἡδονὴ οὐκ ἀγαθὸν ἢ ἀγαθόν, οὔπω ἀναιρεῖται τὸ προκείμενον. Δῆλον οὖν ὅτι ἀναιρεῖν μὲν μοναχῶς ἐνδέχεται, κατασκευάζειν δὲ διχῶς· ἄν τε γὰρ καθόλου δείξωμεν ὅτι πᾶσα ἡδονὴ ἀγαθόν, ἄν τε ὅτι ἐστὶ τὶς ἡδονὴ ἀγαθόν, δεδειγμένον ἔσται τὸ προκείμενον. Ὁμοίως δὲ κἂν δέῃ διαλεχθῆναι

37 μηδὲ : οὐδὲ D, uar. lect. inter punct. V[s1] || 38-120 a 1 δεικτέον — κεῖται om. P || 39 διὰ om. D.

[120 a] 1 ὑπάρχον : ὑπάρχειν VCD Al[c] Λ || 2 δ' : δὴ Λ, ante ras. fort. M || 3 τὸ πρόβλημα post καθόλου transp. VPD || καθόλου ante ποιεῖ transp. Al[c] || ante ἐπὶ add. τὸ V || τεθέντος C || 4 ὁμολογοῦντα (Λ) : τιθέντα C || ἀξιοῖ post ὁμολογεῖν transp. PD || 5 εἰ om. MD Λ || 7 a uerbo ἐνδέχεται rursus adest c [6 ἀδιορίστου — 7 ἐνδέχεται suppl. c²] || τινὰ ante ras. C : τις Al[c] om. cett. Λ edd. || 9 ἔφησεν post ἡδονὴν transp. PD || post εἶναι add. ἢ μὴ ἀγαθόν M || καθόλου post ὅτι transp. C || post οὐδεμία add. ἡδονὴ ἀγαθόν ἐστιν C || 10 μέλλοι A || 13 οὐκ post ἢ transp. Λ || οὐκ ἀγαθὸν ἢ om. C || ἢ ἀγαθόν om. D Al[c] || 14 ἐνδέχεται : λέγεται u Λ ἐνδέχεται καὶ λέγεται M || 15 γὰρ om. c || 16 ἔσται P.

dialectiquement que quelque plaisir n'est pas un bien : que nous montrions qu'aucun plaisir n'en est un, ou que nous montrions que quelque plaisir n'en est pas un, nous aurons établi des deux manières, ici universellement et là particulièrement, que quelque plaisir n'est pas un bien. Si au contraire la thèse est déterminée[1], on pourra la détruire de deux manières ; par exemple, si elle consiste à poser que quelque plaisir est un bien et que quelque plaisir n'en est pas un : que l'on montre en effet que tout plaisir est un bien, ou que l'on montre qu'aucun n'en est un, la thèse en cause aura été réfutée. Si maintenant l'adversaire a posé qu'il y a un seul plaisir qui soit un bien[2], on pourra détruire sa thèse de trois façons : en montrant que tout plaisir est un bien, ou qu'aucun plaisir n'en est un, ou que plus d'un plaisir en est un, nous aurons détruit la thèse en cause. Si enfin la thèse est plus strictement déterminée encore, si par exemple elle consiste à poser que la sagesse est la seule des qualités qui soit un savoir[3], on peut la détruire de quatre manières : si l'on montre en effet que toute qualité est un savoir, ou qu'aucune n'en est un, ou qu'une autre, la justice par exemple, en est un aussi, ou enfin que la sagesse elle-même n'en est pas un, la thèse en cause aura été détruite.

Il est utile aussi de considérer les cas individuels du sujet qui, aux dires de l'adversaire, possède ou ne possède pas l'attribut considéré — procédé déjà utilisé à propos des problèmes universels[4]. Il faut également mener l'examen en opérant des divisions au sein des genres, espèce par espèce, jusqu'à ce qu'on atteigne les espèces indivisibles, comme on l'a dit plus haut : en effet, qu'il se révèle que le prédicat appartient à tous ou qu'il se révèle qu'il n'appartient à aucun, la production d'une grande quantité de

1. Premier degré de « détermination » : quelque S *au plus* est P (cf. la note précédente).

2. Second degré de « détermination » : un S au plus est P.

3. Troisième degré de « détermination » : un S au plus, à savoir S_1, est P.

4. Cf. 109 b 13 sq.

ὅτι ἐστὶ τὶς ἡδονὴ οὐκ ἀγαθόν, ἐὰν δείξωμεν ὅτι οὐδεμία ἀγαθὸν ἢ ὅτι τὶς οὐκ ἀγαθόν, διειλεγμένοι ἐσόμεθα ἀμφοτέρως, καὶ καθόλου καὶ ἐπὶ μέρους, ὅτι ἐστὶ τὶς ἡδονὴ οὐκ ἀγαθόν. Διωρισμένης δὲ τῆς θέσεως οὔσης, διχῶς ἀναιρεῖν ἔσται, οἷον εἰ τεθείη τινὶ μὲν ὑπάρχειν ἡδονῇ ἀγαθῷ εἶναι, τινὶ δ' οὐχ ὑπάρχειν· εἴτε γὰρ πᾶσα δειχθείη ἡδονὴ ἀγαθὸν εἴτε μηδεμία, ἀνῃρημένον ἔσται τὸ προκείμενον. Εἰ δὲ μίαν ἡδονὴν μόνην ἀγαθὸν ἔθηκεν εἶναι, τριχῶς ἐνδέχεται ἀναιρεῖν· δείξαντες γὰρ ὅτι πᾶσα ἢ ὅτι οὐδεμία ἢ ὅτι πλείους μιᾶς ἀγαθόν, ἀνῃρηκότες ἐσόμεθα τὸ προκείμενον. Ἐπὶ πλεῖον δὲ τῆς θέσεως διορισθείσης, οἷον ὅτι ἡ φρόνησις μόνη τῶν ἀρετῶν ἐπιστήμη, τετραχῶς ἔστιν ἀναιρεῖν· δειχθέντος γὰρ ὅτι πᾶσα ἀρετὴ ἐπιστήμη ἢ ὅτι οὐδεμία ἢ ὅτι καὶ ἄλλη τις, οἷον ἡ δικαιοσύνη, ἢ ὅτι αὐτὴ ἡ φρόνησις οὐκ ἐπιστήμη, ἀνῃρημένον ἔσται τὸ προκείμενον.

Χρήσιμον δὲ καὶ τὸ ἐπιβλέπειν ἐπὶ τὰ καθ' ἕκαστα, ἐν οἷς ὑπάρχειν τι ἢ μὴ εἴρηται, καθάπερ ἐν τοῖς καθόλου προβλήμασιν. Ἔτι δ' ἐν τοῖς γένεσιν ἐπιβλεπτέον διαιροῦντα κατ' εἴδη μέχρι τῶν ἀτόμων, καθάπερ εἴρηται πρότερον· ἄν τε γὰρ παντὶ φαίνηται ὑπάρχον ἄν τε μηδενί, πολλὰ προενέγκαντι

18 οὐκ om. P || ἐὰν — ἀγαθὸν om. C, suppl. C[2mg] || 19 ἢ — ἀγαθόν om. M || οὐκ om. A, suppl. A[2] || καὶ om. P || 21 ἔσται ante διχῶς transp. D || 22 ἡδονὴ CcD || ἀγαθὸν PCD, fort. M Λ || εἶναι om. CD || 23 post ἀγαθὸν add. εἶναι sed punct. not. B || 24 ἔσται (Λ) : ἄρα c || μίαν : μηδεμίαν ante ras. u || ἡδονὴν ante ἀγαθὸν transp. MPD || μόνον VCcu Λ || 25 ἔθηκεν post 24 μόνην transp. M Λ || 26 post πᾶσα add. ἡδονὴ ἀγαθὸν CD || ἀγαθόν om. D || 27-28 διωρισθείσης C, ante ras. B || 28 μόνη om. C || αἱρετῶν D || 30-120 b 28 pr. ἢ — χιών deficit M || 30 post τις del. 4-5 litt. V || post ὅτι add. οὐδ' CD || αὐτὴ : αὕτη u ἡ αὐτὴ Λ || 31 οὐκ ἐπιστήμη om. C || 32 καὶ om. c || ἐπιβλέπειν sup. ras. A || 34 ἔτι : ἐστι A, corr. A[2] || διαιροῦντας C || 35 καθάπερ εἴρηται : καθὰ προείρηται A || πρότερον ante εἴρηται transp. u Λ || 36 προσενέγκαντι Cu.

cas permet d'exiger de l'adversaire qu'il accorde la proposition universelle, ou qu'il produise lui-même une contre-instance en montrant dans quel cas il n'en est pas ainsi. De plus, dans les cas où il est possible de diviser l'accident, soit spécifiquement, soit numériquement, il faut examiner s'il ne se trouve pas que le sujet ne possède aucun des attributs issus de cette division ; on prouvera par exemple que le temps ne se meut pas, et qu'il n'est pas un mouvement, en énumérant toutes les espèces du mouvement : si en effet le temps ne se laisse attribuer aucune d'entre elles, il est clair qu'il ne se meut pas et qu'il n'est pas un mouvement. On prouverait de la même manière que l'âme n'est pas un nombre, en s'appuyant sur la division de tous les nombres en impairs ou pairs : en effet, si l'âme n'est ni quelque chose d'impair ni quelque chose de pair, il est clair qu'elle n'est pas un nombre.

Tels sont donc les moyens et types de procédés par lesquels on peut traiter les problèmes concernant l'accident.

ἀξιωτέον καθόλου ὁμολογεῖν ἢ φέρειν ἔνστασιν ἐπὶ τίνος οὐχ οὕτως. Ἔτι ἐφ' ὧν ἔστιν ἢ εἴδει ἢ ἀριθμῷ διορίσαι τὸ συμβεβηκός, σκεπτέον εἰ μηδὲν τούτων ὑπάρχει, οἷον ὅτι ὁ χρό- [120b] νος οὐ κινεῖται οὐδ' ἐστὶ κίνησις, καταριθμησάμενον πόσα εἴδη κινήσεως· εἰ γὰρ μηδὲν τούτων ὑπάρχει τῷ χρόνῳ, δῆλον ὅτι οὐ κινεῖται οὐδ' ἐστὶ κίνησις. Ὁμοίως δὲ καὶ ὅτι ἡ ψυχὴ οὐκ ἀριθμός, διελόμενον ὅτι πᾶς ἀριθμὸς ἢ περιττὸς ἢ ἄρτιος· εἰ γὰρ ἡ ψυχὴ μήτε περιττὸν μήτε ἄρτιον, δῆλον ὅτι οὐκ ἀριθμός.

Πρὸς μὲν οὖν τὸ συμβεβηκὸς διὰ τῶν τοιούτων καὶ οὕτως ἐπιχειρητέον.

38 post οὕτως add. ἔχειν C || 39 ὑπάρχειν P.

[120 b] 1 καταριθμησαμένους D || 2 ὑπάρχοι CD || 3 alt. ὅτι om. P || 8 ἐγχειρητέον PD || post ἐπιχειρητέον add. 12 μετὰ — γένος A, 12-13 μετὰ — ἐπισκεπτέον c.

TOPIQUES

LIVRE IV

LIEUX DU GENRE

1

Lieux

Il convient à présent d'examiner ce qui concerne le genre et le propre. Ces derniers sont des éléments constitutifs de ce qui concerne les définitions ; mais il est rare que les praticiens de la dialectique les prennent en eux-mêmes comme objets de leurs investigations[1].

Si donc quelque objet s'est vu attribuer un genre, regarder d'abord tous les objets de la même famille[2] que l'objet en question, pour voir s'il ne s'en trouve pas auquel ce genre ne s'attribue pas ; un procédé analogue a été décrit dans le cas de l'accident[3]. Par exemple, si le bien a été posé comme le genre du plaisir, voir s'il ne se trouve pas un plaisir qui ne soit pas bon : car si tel est le cas, il est clair que le bien n'est pas le genre du plaisir, puisque le genre s'attribue à tout ce qui se range sous une même espèce. Voir après cela s'il ne se trouve pas que le « genre »[4], loin d'être un attribut appartenant à l'essence de son sujet, lui appartient à titre d'accident, à la manière dont *blanc* s'attribue à la neige, ou *spontanément mobile* à l'âme : car la neige n'est pas essentiellement du *blanc*, et c'est pourquoi *blanc* n'est pas le genre de la neige ; ni l'âme, essentiellement un *mobile*, mais c'est pour elle un accident de se mouvoir, comme c'en est souvent un pour l'animal de marcher et d'être en marche[5]. De plus, *mobile* paraît bien exprimer, non pas l'essence d'une chose, mais une action qu'elle exerce ou qu'elle subit ; de même pour *blanc*, qui manifeste, non pas l'essence de la neige, mais une qualification qu'elle possède. Aucun de ces deux termes, en conséquence, n'est un attribut appartenant à l'essence de son sujet[6].

1-6. *Notes complémentaires*, p. 164-165.

ΤΟΠΙΚΩΝ Δʹ

I Μετὰ δὲ ταῦτα περὶ τῶν πρὸς τὸ γένος καὶ τὸ ἴδιον ἐπισκεπτέον. Ἔστι δὲ ταῦτα στοιχεῖα τῶν πρὸς τοὺς ὅρους· περὶ αὐτῶν δὲ τούτων ὀλιγάκις αἱ σκέψεις γίνονται τοῖς διαλεγομένοις.

Ἂν δὴ τεθῇ γένος τινὸς τῶν ὄντων, πρῶτον μὲν ἐπιβλέπειν ἐπὶ πάντα τὰ συγγενῆ τῷ λεχθέντι, εἴ τινος μὴ κατηγορεῖται, καθάπερ ἐπὶ τοῦ συμβεβηκότος, οἷον, εἰ τῆς ἡδονῆς τἀγαθὸν γένος κεῖται, εἴ τις ἡδονὴ μὴ ἀγαθόν· εἰ γὰρ τοῦτο, δῆλον ὅτι οὐ γένος τἀγαθὸν τῆς ἡδονῆς· τὸ γὰρ γένος κατὰ πάντων τῶν ὑπὸ τὸ αὐτὸ εἶδος κατηγορεῖται. Εἶτα εἰ μὴ ἐν τῷ τί ἐστι κατηγορεῖται ἀλλ' ὡς συμβεβηκός, καθάπερ τὸ λευκὸν τῆς χιόνος, ἢ ψυχῆς τὸ κινούμενον ὑφ' αὑτοῦ· οὔτε γὰρ ἡ χιὼν ὅπερ λευκόν, διόπερ οὐ γένος τὸ λευκὸν τῆς χιόνος, οὔθ' ἡ ψυχὴ ὅπερ κινούμενον, συμβέβηκε δ' αὐτῇ κινεῖσθαι, καθάπερ καὶ τῷ ζῴῳ πολλάκις βαδίζειν τε καὶ βαδίζοντι εἶναι. Ἔτι τὸ κινούμενον οὐ τί ἐστιν ἀλλά τι ποιοῦν ἢ πάσχον σημαίνειν ἔοικεν. Ὁμοίως δὲ καὶ τὸ λευκόν· οὐ γὰρ τί ἐστιν ἡ χιών, ἀλλὰ ποιόν τι, δηλοῖ. Ὥστ' οὐδέτερον αὐτῶν ἐν τῷ τί ἐστι κατηγορεῖται.

12-13 μετὰ — ἐπισκεπτέον in III transp. c || 14 δὲ τούτων om. u^{ac} || 15 γένος post τινὸς transp. PD || 17 κατηγορῆται A, corr. A^{2} || 18 μὴ om. u^{ac} || 20 εἰδῶν V || 21 εἶτα (Λ) : ἔτι $ABc^{γρ}u^{pc}$ || 23 αὐτοῦ PC, corr. C^{2} || 24 οὐδ' C || ante κινούμενον add. τὸ VD || 27 ἢ πάσχον in minore spatio u || 28 a uerbo ἀλλὰ rursus adest M || τι om. D || 29 post κατηγορεῖται add. τὸ δὲ γένος [γένος αὐτῶν D^{2}] ἐν τῷ τί ἐστι κατηγορεῖται BCD^{2}, τὸ δὲ γένος αὐτῶν οὐ τί ἐστι D.

Prendre surtout en considération la définition de l'accident, pour voir s'il ne se trouve pas qu'elle s'applique au terme indiqué comme le genre : tel est le cas dans les exemples qu'on vient de mentionner, puisqu'il est possible de se mouvoir soi-même[1] et de ne pas le faire, et qu'il l'est pareillement d'être blanc et de ne pas l'être ; d'où résulte que ces deux termes ne sont pas des genres, mais des accidents, puisque nous avons défini l'accident comme ce qui peut appartenir à un sujet et ne pas lui appartenir[2].

Voir encore s'il ne se trouve pas que le « genre » et l'« espèce », au lieu d'appartenir à la même section[3], sont l'un substance et l'autre qualification[4], ou encore, l'un relatif et l'autre qualification : par exemple, la neige et le cygne sont des substances, tandis que *blanc* n'est pas substance mais qualification ; d'où suit que *blanc* n'est pas le genre de la neige, ni celui du cygne. Et encore, *savoir* se range dans les relatifs, tandis que *bien* et *beau* sont des qualifications ; d'où suit que ni *bien* ni *beau* ne sont les genres du savoir, puisque les genres des relatifs doivent être eux-mêmes des relatifs, comme on voit dans le cas du double : de fait, *multiple*, qui est le genre du double, est lui-même un relatif. D'une manière générale, un genre doit appartenir à la même section que son espèce : si l'espèce est substance, le genre l'est aussi ; si l'espèce est une qualification, le genre est aussi une qualification ; par exemple, si *blanc* est une qualification, *couleur* aussi en est une. Et de même dans les autres cas.

1. Sauf D, les manuscrits portent ici τι, soit avant soit après κινεῖν. Le mot n'est pas strictement indispensable, et sa place mal déterminée peut légitimer son élimination.

2. Cf. la seconde définition de l'accident, 102 b 6-7.

3. Je traduis littéralement διαίρεσις, mot rarement employé, comme il l'est ici, pour désigner les catégories. Cf. 121 a 6.

4. Je traduis ποιόν par *qualification*, non seulement pour réserver le mot *qualité* à la traduction d'ἀρετή (cf. la note 1 de la p. 36), mais aussi parce que *qualification* paraît plus apte à désigner la *catégorie* de qualité. S'il est vrai, en effet, que la qualité est une entité réelle, la catégorie de qualité est d'abord le *prédicat qui l'exprime*, comme l'a bien montré S. Mansion dans sa communication au *Troisième Symposium Aristotelicum* (Note sur la doctrine des catégories dans les *Topiques*).

Μάλιστα δ' ἐπὶ τὸν τοῦ συμβεβηκότος ὁρισμὸν ἐπιβλέπειν, εἰ ἐφαρμόττει ἐπὶ τὸ ῥηθὲν γένος, οἷον καὶ τὰ νῦν εἰρημένα· ἐνδέχεται γὰρ κινεῖν αὐτὸ ἑαυτὸ καὶ μή, ὁμοίως δὲ καὶ λευκὸν εἶναι καὶ μή, ὥστ' οὐδέτερον αὐτῶν γένος ἀλλὰ συμβεβηκός, ἐπειδὴ συμβεβηκὸς ἐλέγομεν ὃ ἐνδέχεται ὑπάρχειν τινὶ καὶ μή.

Ἔτι εἰ μὴ ἐν τῇ αὐτῇ διαιρέσει τὸ γένος καὶ τὸ εἶδος, ἀλλὰ τὸ μὲν οὐσία τὸ δὲ ποιόν, ἢ τὸ μὲν πρός τι τὸ δὲ ποιόν· οἷον ἡ μὲν χιὼν καὶ ὁ κύκνος οὐσία, τὸ δὲ λευκὸν οὐκ οὐσία ἀλλὰ ποιόν, ὥστ' οὐ γένος τὸ λευκὸν τῆς χιόνος οὐδὲ τοῦ κύκνου. [121a] Πάλιν ἡ μὲν ἐπιστήμη τῶν πρός τι, τὸ δ' ἀγαθὸν καὶ τὸ καλὸν ποιόν, ὥστ' οὐ γένος τὸ ἀγαθὸν ἢ τὸ καλὸν τῆς ἐπιστήμης· τὰ γὰρ τῶν πρός τι γένη καὶ αὐτὰ τῶν πρός τι δεῖ εἶναι, καθάπερ ἐπὶ τοῦ διπλασίου· καὶ γὰρ τὸ πολλαπλάσιον, γένος ὂν τοῦ διπλασίου, καὶ αὐτὸ τῶν πρός τί ἐστιν. Καθόλου δ' εἰπεῖν ὑπὸ τὴν αὐτὴν διαίρεσιν δεῖ τὸ γένος τῷ εἴδει εἶναι· εἰ γὰρ τὸ εἶδος οὐσία, καὶ τὸ γένος, καὶ εἰ ποιὸν τὸ εἶδος, καὶ τὸ γένος ποιόν τι· οἷον εἰ τὸ λευκὸν ποιόν τι, καὶ τὸ χρῶμα. Ὁμοίως δὲ καὶ ἐπὶ τῶν ἄλλων.

30 τὸν : τῶν A, corr. A[2] om. V || 30-31 ἐπιϐλέπειν P[pc] || 31 οἷα VCcuD, corr. u[2] || 32 post κινεῖν add. τι ABMP, ante κινεῖν VCcu Λ || 34 post ἐνδέχεται add. τὸ αὐτὸ Vu Λ[r], τῷ αὐτῷ Λ[p] || 36 post pr. τὸ add. τε Al[c] || 37 pr. ποιόν (Λ) : ποσόν D || ἢ — ποιόν om. c Λ[p1] || 38 τὸ — οὐσία om. A, suppl. A[2].

[121 a] 1 post πάλιν add. ὁμοίως C || 2 post ποιόν add. τι C || ἀγαθὸν ἢ τὸ καλὸν : καλὸν ἢ τὸ ἀγαθὸν Λ || 3 καὶ om. C[ac] || 4 καθάπερ : καθάπερ καὶ V οἷον CD, fort. Λ || καὶ γὰρ om. P || 4-5 πολλαπλάσιον om. P || 5 γένος ὂν : ὂν γένος AB οἷον γένος u || τοῦ om. MPD || 7 pr. εἰ (Λ) : εἴτε VCD || alt. καὶ om. C || post ποιὸν add. τι VMPCc D.

Et encore, voir s'il ne se trouve pas que le « genre » doit ou peut participer de ce qui a été placé en lui. Par « participer », il faut entendre « admettre la définition du terme dont on participe ». Il est donc clair que les espèces participent des genres, mais que les genres ne participent pas des espèces : car l'espèce admet bien la définition du genre, mais le genre n'admet pas celle de l'espèce. Il faut donc regarder s'il ne se trouve pas que le terme donné comme le genre participe ou peut participer de son espèce ; tel serait le cas, par exemple, si l'on assignait quelque genre à *existant* ou à *un* : il arrivera en effet que le genre participera de son espèce, puisque *existant* et *un* s'attribuent à tous les êtres et que, par suite, leurs définitions en font autant.

Voir encore s'il ne se trouve pas un objet dont il soit vrai d'affirmer le terme donné comme l'espèce, mais faux d'affirmer celui donné comme le genre ; tel serait le cas, par exemple, si l'on posait *existant*, ou *contenu de connaissance*, comme le genre du contenu d'opinion[1]. En effet, on va pouvoir affirmer *contenu d'opinion* de l'inexistant (puisque beaucoup de choses qui n'existent pas sont des contenus d'opinion) ; qu'il soit, en revanche, impossible d'affirmer *existant* ou *contenu de connaissance* de l'inexistant, c'est ce qui va de soi. En conséquence, le contenu d'opinion n'a pour genre ni *existant* ni *contenu de connaissance* : car tout ce qui se laisse attribuer une espèce doit aussi se laisser attribuer son genre.

Et encore, voir s'il ne se trouve pas que le terme rangé dans un genre ne peut participer d'aucune de ses espèces : car il est impossible de participer d'un genre sans participer d'aucune de ses espèces, à moins d'être précisément l'une des espèces issues de la première division du genre ;

1. *Notes complémentaires*, p. 165.

Πάλιν εἰ ἀνάγκη ἢ ἐνδέχεται τοῦ τεθέντος ἐν τῷ γένει μετέχειν τὸ γένος. Ὅρος δὲ τοῦ μετέχειν τὸ ἐπιδέχεσθαι τὸν τοῦ μετεχομένου λόγον. Δῆλον οὖν ὅτι τὰ μὲν εἴδη μετέχει τῶν γενῶν, τὰ δὲ γένη τῶν εἰδῶν οὔ· τὸ μὲν γὰρ εἶδος ἐπιδέχεται τὸν τοῦ γένους λόγον, τὸ δὲ γένος τὸν τοῦ εἴδους οὔ. Σκεπτέον οὖν εἰ μετέχει ἢ ἐνδέχεται μετέχειν τοῦ εἴδους τὸ ἀποδοθὲν γένος, οἷον εἴ τις τοῦ ὄντος ἢ τοῦ ἑνὸς γένος τι ἀποδοίη· συμβήσεται γὰρ μετέχειν τὸ γένος τοῦ εἴδους· κατὰ πάντων γὰρ τῶν ὄντων τὸ ὂν καὶ τὸ ἓν κατηγορεῖται, ὥστε καὶ ὁ λόγος αὐτῶν.

Ἔτι εἰ κατά τινος τὸ ἀποδοθὲν εἶδος ἀληθεύεται, τὸ δὲ γένος μή, οἷον εἰ τὸ ὂν ἢ τὸ ἐπιστητὸν τοῦ δοξαστοῦ γένος τεθείη. Κατὰ γὰρ τοῦ μὴ ὄντος τὸ δοξαστὸν κατηγορηθήσεται (πολλὰ γὰρ τῶν μὴ ὄντων δοξαστά)· ὅτι δὲ τὸ ὂν ἢ τὸ ἐπιστητὸν οὐ κατηγορεῖται κατὰ τοῦ μὴ ὄντος, δῆλον. Ὥστ' οὐ γένος τὸ ὂν οὐδὲ τὸ ἐπιστητὸν τοῦ δοξαστοῦ· καθ' ὧν γὰρ τὸ εἶδος κατηγορεῖται, καὶ τὸ γένος δεῖ κατηγορεῖσθαι.

Πάλιν εἰ μηδενὸς τῶν εἰδῶν ἐνδέχεται μετέχειν τὸ τεθὲν ἐν τῷ γένει· ἀδύνατον γὰρ τοῦ γένους μετέχειν μηδενὸς τῶν εἰδῶν μετέχον, ἂν μή τι τῶν κατὰ τὴν πρώτην διαίρε-

10 εἰ : ἢ u, corr. u^2 || ἀνάγκη ἢ ἐνδέχεται : ἐνδέχεται ἢ ἀνάγκη c^{ac} || ἀνάγκη (Al^c [309, 24] Λ) : κατ' ἀνάγκην C || ἢ om. P, sup. ras. u : ᾗ ἢ V ᾗ ἢ εἰ V^{pc} || 12 μετεχομένου (Λ) : μετέχεσθαι λεγομένου Al^c || 13-14 τὸ — οὔ om. c || 15 μετέχει ἢ om. MPcu Λ, suppl. M^2c^2 || post ἢ add. εἰ V || 16 ἢ — τι (Λ) : ἢ τοῦ ἑνὸς γένος τό τι [post τι add. γένος D^{pc}] VP$D^{pc}M^2$ Al^p τὸ ἓν ἢ τοῦ ἑνὸς τὸ ὂν γένος Cc^2 ἢ τοῦ ἑνὸς τό τι γένος ἀπεδόθη ἢ τοῦ ἑνὸς τὸ ὂν γένος D^{ac} || 21 et 23 post τὸ ὂν add. ἢ τὸ ἓν Al^p || 22 γὰρ om. c || τὸ om. c, suppl. c^2 || 23 ὅτι om. CD || δὲ post pr. τὸ transp. CD || alt. τὸ om. C || 24 δῆλον om. CD || 27 ante πάλιν add. καὶ Al^c [308, 3] || δέχεται A, corr. A^2.

ces dernières, en effet, ne participent que du genre. Si donc *changement*[1] a été posé comme le genre du plaisir, il faut regarder s'il ne se trouve pas que le plaisir n'est ni transport, ni altération, ni aucun des autres types de changement que l'on distingue. Il est clair, en effet, qu'il ne saurait alors participer d'aucune des espèces, ni par conséquent non plus du genre, puisqu'il est nécessaire que ce qui participe d'un genre participe aussi de l'une de ses espèces. Il en résulte que le plaisir ne saurait être une espèce du changement, ni d'ailleurs non plus l'un des individus qui, au-dessous du niveau de l'espèce, appartiennent au changement[2] : car les individus participent eux aussi du genre et de l'espèce ; par exemple, tel homme individuel participe à la fois de l'homme et de l'animal.

Voir encore s'il ne se trouve pas que le terme introduit dans un genre possède plus d'extension que ce genre, comme *contenu d'opinion* à l'égard d'*existant* : en effet, l'existant comme l'inexistant sont des contenus d'opinion[3] ; d'où suit que le contenu d'opinion ne saurait être une espèce de l'existant, l'extension du genre étant toujours supérieure à celle de l'espèce. Voir encore s'il ne se trouve pas que l'extension de l'espèce et celle du genre sont égales, ce qui arriverait par exemple si, de deux attributs vérifiés par tout sujet, comme *existant* et *un*, on posait celui-ci comme l'espèce et celui-là comme le genre ; *existant* et *un* conviennent en effet à tout sujet ; aucun des deux ne saurait donc être le genre de l'autre, puisque leurs extensions sont égales. Même résultat si l'on subordonnait l'un à l'autre[4] commencement et principe : car le principe est

1. Je traduis par *changement* le mot κίνησις, qui doit être pris ici dans sa plus grande généralité. Cf. la note 1 de la p. 44.
2. *Notes complémentaires*, p. 165-166.
3. Cf. 121 a 20-26 et la note 1 de la p. 82.
4. *Notes complémentaires*, p. 166.

σιν εἰδῶν ᾖ· ταῦτα δὲ τοῦ γένους μόνον μετέχει. Ἂν οὖν ἡ κίνησις γένος τῆς ἡδονῆς τεθῇ, σκεπτέον εἰ μήτε φορὰ μήτ' ἀλλοίωσις ἡ ἡδονὴ μήτε τῶν λοιπῶν τῶν ἀποδοθεισῶν κινήσεων μηδεμία. Δῆλον γὰρ ὅτι οὐδενὸς ἂν τῶν εἰδῶν μετέχοι· ὥστ' οὐδὲ τοῦ γένους, ἐπειδὴ ἀναγκαῖόν ἐστι τὸ τοῦ γένους μετέχον καὶ τῶν εἰδῶν τινος μετέχειν. Ὥστ' οὐκ ἂν εἴη εἶδος ἡ ἡδονὴ κινήσεως, οὐδὲ τῶν ἀτόμων οὐδὲν τῶν ὑπὸ τὸ εἶδος τῶν τῆς κινήσεως ὄντων· καὶ γὰρ τὰ ἄτομα μετέχει τοῦ γένους καὶ τοῦ εἴδους, οἷον ὁ τὶς ἄνθρωπος καὶ ἀνθρώπου μετέχει καὶ ζῴου.

[121b] Ἔτι εἰ ἐπὶ πλέον λέγεται τοῦ γένους τὸ ἐν τῷ γένει τεθέν, οἷον τὸ δοξαστὸν τοῦ ὄντος· καὶ γὰρ τὸ ὂν καὶ τὸ μὴ ὂν δοξαστόν, ὥστ' οὐκ ἂν εἴη τὸ δοξαστὸν εἶδος τοῦ ὄντος· ἐπὶ πλέον γὰρ ἀεὶ τὸ γένος τοῦ εἴδους λέγεται. Πάλιν εἰ ἐπ' ἴσων τὸ εἶδος καὶ τὸ γένος λέγεται, οἷον εἰ τῶν πᾶσιν ἑπομένων τὸ μὲν εἶδος τὸ δὲ γένος τεθείη, καθάπερ τὸ ὂν καὶ τὸ ἕν· παντὶ γὰρ τὸ ὂν καὶ τὸ ἕν· ὥστ' οὐδέτερον οὐδετέρου γένος, ἐπειδὴ ἐπ' ἴσων λέγεται. Ὁμοίως δὲ καὶ εἰ τὸ πρῶτον καὶ ἡ ἀρχὴ ὑπ' ἄλληλα τεθείη· ἥ τε γὰρ ἀρχὴ πρῶτον καὶ τὸ

30 εἰδῶν om. D || μόνον post μετέχει transp. MPD || 31 φορὰ (Al^{p} [BP^{pc}]) : φθορά VCcB^{2}M^{2} Λ, ante ras. uD || 33 μετέχει B || 34 post pr. γένους add. μετέχει VD || 36 ante κινήσεως add. τῆς VCu Al^{p} || οὐδὲν (Λ) : οὐδὲ ABPCcu Al^{c} || τὸ (Al^{c} Λ) : τι fort. M^{ac}D^{ac} || τῶν om. MPcu Al^{c} Λ || 37 ante τοῦ add. καὶ C || 37-38 γένους — εἴδους : εἴδους καὶ τοῦ γένους VMcu Λ.

[121 b] 1 ante τὸ add. τὸ εἶδος C, ut glossam V^{s1} || 2 post γὰρ add. καὶ D || tert. τὸ om. Mc || 4 γένος et εἴδους P^{pc} || ἴσων (Al^{p} Λ) : ἴσης VD τῶν ἴσων P ἴσον u, corr. u^{2} || 5 εἶδος — γένος : γένος καὶ τὸ εἶδος u Al^{p} Λ || 6 εἶδος — γένος (Λ) : γένος τὸ δὲ εἶδος C || τεθῇ V || post καθάπερ add. καὶ C || 7 παντὶ (Al^{p} Λ) : πᾶν VCD || καὶ τὸ ἕν (Al^{p} Λ) : ἓν καὶ τὸ ἓν ὄν VCD || οὐδετέρου post γένος transp. D || 8 ἴσον Vu || 9 ὑπ' M^{2}, coniec. Waitz : ἐπ' ABVPcu, M ut uid., εἰς CDc^{2}, Λ ut uid. || ἥ M^{pc}.

commencement, et le commencement principe ; d'où il résulte, soit que ce sont deux mots pour une seule chose, soit du moins qu'aucun des deux n'est le genre de l'autre. Le principe fondamental, pour traiter tous les problèmes de ce type, est que l'extension d'un genre est supérieure à celle de son espèce et de sa différence ; notons en effet qu'une différence possède, elle aussi, moins d'extension que son genre.

Voir également si, parmi les choses qui ne diffèrent pas spécifiquement de celle qui est donnée comme l'espèce, il ne s'en trouve pas une dont le terme indiqué comme le genre ne soit pas le genre, ou ne saurait être admis comme tel ; et si l'on doit établir la proposition, voir s'il ne s'en trouve pas une dont ce terme soit bien le genre. En effet, les choses qui ne diffèrent pas spécifiquement ont toutes le même genre ; si donc l'on démontre d'un genre qu'il est celui de l'une d'entre elles, il est évidemment celui de toutes ; et si l'on démontre qu'il n'est pas celui de l'une d'entre elles, il n'est évidemment celui d'aucune. Tel serait le cas si, supposant qu'il existe des lignes insécables, on donnait *indivisible* comme leur genre : en effet, les lignes qui admettent la division n'ont pas pour genre celui qu'on a indiqué ; or elles ne sont, sous le rapport de l'espèce, pas différentes des premières, puisque les lignes droites sont toutes, sous le rapport de l'espèce, sans différences entre elles.

2

Autres lieux

Examiner également s'il ne se trouve pas que le terme donné comme l'espèce relève de quelque autre genre, qui ne soit ni englobant ni subordonné par rapport au terme donné comme le genre ; tel serait le cas si l'on posait *savoir* comme le genre de la justice ; car celle-ci a aussi pour genre *qualité*[1], et aucun des deux genres en question n'englobe l'autre. D'où suit que *savoir* ne saurait être le genre de la justice : car on admet que lorsqu'une même espèce tombe sous deux genres, l'un de ceux-ci est englobé

1. 'Αρετή. Cf. la note 1 de la p. 36.

πρῶτον ἀρχή, ὥστ' ἢ ἀμφότερα τὰ εἰρημένα ταὐτόν ἐστιν ἢ οὐδέτερον οὐδετέρου γένος. Στοιχεῖον δὲ πρὸς ἅπαντα τὰ τοιαῦτα τὸ ἐπὶ πλέον τὸ γένος ἢ τὸ εἶδος καὶ τὴν διαφορὰν λέγεσθαι· ἐπ' ἔλαττον γὰρ καὶ ἡ διαφορὰ τοῦ γένους λέγεται.

Ὁρᾶν δὲ καὶ εἴ τινος τῶν ἀδιαφόρων εἴδει μὴ ἔστι τὸ εἰρημένον γένος ἢ μὴ δόξαι ἄν, κατασκευάζοντι δέ, εἰ ἔστι τινός. Ταὐτὸν γὰρ πάντων τῶν ἀδιαφόρων εἴδει γένος· ἂν οὖν ἑνὸς δειχθῇ, δῆλον ὅτι πάντων, κἂν ἑνὸς μή, δῆλον ὅτι οὐδενός, οἷον εἴ τις ἀτόμους τιθέμενος γραμμὰς τὸ ἀδιαίρετον γένος αὐτῶν φήσειεν εἶναι· τῶν γὰρ διαίρεσιν ἐχουσῶν γραμμῶν οὐκ ἔστι τὸ εἰρημένον γένος, ἀδιαφόρων οὐσῶν κατὰ τὸ εἶδος· ἀδιάφοροι γὰρ ἀλλήλαις κατὰ τὸ εἶδος αἱ εὐθεῖαι γραμμαὶ πᾶσαι.

II Σκοπεῖν δὲ καὶ εἴ τι ἄλλο γένος ἐστὶ τοῦ ἀποδοθέντος εἴδους, ὃ μήτε περιέχει τὸ ἀποδοθὲν γένος μήθ' ὑπ' ἐκεῖνό ἐστιν, οἷον εἴ τις τῆς δικαιοσύνης τὴν ἐπιστήμην θείη γένος· ἔστι γὰρ καὶ ἡ ἀρετὴ γένος, καὶ οὐδέτερον τῶν γενῶν τὸ λοιπὸν περιέχει. Ὥστ' οὐκ ἂν εἴη ἡ ἐπιστήμη γένος τῆς δικαιοσύνης· δοκεῖ γάρ, ὅταν ἓν εἶδος ὑπὸ δύο γένη ᾖ, τὸ ἕτερον ὑπὸ τοῦ

10 εἰσιν V || 11 γένους ante ras. V || 12 ἢ : ἤπερ Vu || 13 καὶ om. D || 15 ante εἴδει add. τῷ VMPCcuD || 16 γένος ante 15 τὸ transp. Vu Λ || post ἢ add. εἰ Cc || δόξαι : δόξειεν CcuD || 17 πάντων τῶν ἀδιαφόρων (Λ) : τῶν ἀδιαφόρων ἁπάντων MPcD || ante εἴδει add. τῷ VPCcuD || ante γένος add. τὸ VuD || 18 pr. ἑνὸς om. D, suppl. D^{2}, post δειχθῇ transp. c || δειχθείη u || κἂν : καὶ A || post μή add. δειχθῇ VCD || 19 θέμενος P || 20 φήσειεν ante 19-20 γένος transp. c || 21 ἔσται C || post ἔστι add. γένος c || γένος (Λ) : ἑνός C || 22 εἶδος P^{pc} || 25 περιέχῃ fort. C^{ac} || 26 τῆς : τὴν u^{ac} || τὴν ἐπιστήμην : τῆς ἐπιστήμης u^{ac} || θείη post γένος transp. MPcD || 28 γένος post δικαιοσύνης transp. u || 29 ᾖ : εἴη A.

par l'autre. Il y a cependant lieu, dans certains cas, d'hésiter sur ce point[1] : car certains pensent que la sagesse est à la fois une qualité et un savoir, et qu'aucun de ces genres n'est englobé par l'autre. Bien sûr, ce n'est pas tout le monde qui accorde que la sagesse soit un savoir ; mais si l'on accordait quand même la vérité de cette assertion, il deviendrait alors manifestement nécessaire de dire qu'entre deux genres d'un même terme, il doit y avoir, soit subordination de l'un à l'autre, soit subordination des deux à un même troisième ; c'est ce dernier cas qui se réalise avec *qualité* et *savoir* : tous deux, en effet, sont subordonnés au même genre, puisque chacun d'eux est un état et une disposition. Il faut donc examiner s'il ne se trouve pas que le terme indiqué comme le genre ne réalise aucune de ces deux possibilités : car si lui et l'autre ne sont subordonnés ni l'un à l'autre, ni tous deux à un même troisième, le terme indiqué comme le genre ne saurait l'être.

Examiner également le genre du terme indiqué comme genre, puis encore et toujours le genre supérieur, pour voir si ce sont bien tous des attributs de l'espèce indiquée, et des attributs essentiels de cette espèce : car un genre supérieur[2] doit toujours être un attribut de son espèce en son essence. Si donc on relève quelque part une discordance, le terme indiqué n'est évidemment pas genre. Et encore, voir s'il ne se trouve pas qu'il y a participation à l'espèce, soit du genre indiqué lui-même, soit de l'un de ses genres supérieurs : car les termes supérieurs ne participent d'aucun de leurs termes inférieurs. Telle est donc la

1. Cf. *Introduction*, p. LVII, n. 4.

2. Deux leçons sont ici en présence, l'une au singulier (πᾶν γὰρ τὸ ἐπάνω γένος) dans VMPcΛ, l'autre au pluriel (πάντα γὰρ τὰ ἐπάνω γένη) dans ABDC², suivis par mes prédécesseurs (le modèle de u devait aussi porter la leçon au singulier, puisque ce dernier manuscrit fait un saut du même au même à partir de 4 τὸ ἐπάνω γένος). J'adopte la leçon au singulier, qui a toutes chances d'être la *lectio difficilior*. Cf. une tournure analogue en 123 a 34.

ἑτέρου περιέχεσθαι. Ἔχει δ' ἀπορίαν ἐπ' ἐνίων τὸ τοιοῦτον· δοκεῖ γὰρ ἐνίοις ἡ φρόνησις ἀρετή τε καὶ ἐπιστήμη εἶναι καὶ οὐδέτερον τῶν γενῶν ὑπ' οὐδετέρου περιέχεσθαι. Οὐ μὴν ὑπὸ πάντων γε συγχωρεῖται τὴν φρόνησιν ἐπιστήμην εἶναι. Εἰ δ' οὖν τις συγχωροίη τὸ λεγόμενον ἀληθὲς εἶναι, ἀλλὰ τό γε ὑπ' ἄλληλα ἢ ὑπὸ ταὐτὸ ἄμφω γίγνεσθαι τὰ τοῦ αὐτοῦ γένη τῶν ἀναγκαίων δόξειεν ἂν εἶναι, καθάπερ καὶ ἐπὶ τῆς ἀρετῆς καὶ τῆς ἐπιστήμης συμβαίνει· ἄμφω γὰρ ὑπὸ τὸ αὐτὸ γένος ἐστίν· ἑκάτερον γὰρ αὐτῶν ἕξις καὶ διάθεσίς ἐστιν. Σκεπτέον οὖν εἰ μηδέτερον ὑπάρχει τῷ ἀποδοθέντι γένει. Εἰ
[122a] γὰρ μήθ' ὑπ' ἄλληλά ἐστι τὰ γένη μήθ' ὑπὸ ταὐτὸν ἄμφω, οὐκ ἂν εἴη τὸ ἀποδοθὲν γένος.

Σκοπεῖν δὲ καὶ τὸ γένος τοῦ ἀποδοθέντος γένους καὶ οὕτως ἀεὶ τὸ ἐπάνω γένος, εἰ πάντα κατηγορεῖται τοῦ εἴδους, καὶ εἰ ἐν τῷ τί ἐστι κατηγορεῖται· πᾶν γὰρ τὸ ἐπάνω γένος κατηγορεῖσθαι δεῖ τοῦ εἴδους ἐν τῷ τί ἐστιν. Εἴ οὖν που διαφωνεῖ, δῆλον ὅτι οὐ γένος τὸ ἀποδοθέν. Πάλιν εἰ μετέχει τὸ γένος τοῦ εἴδους, ἢ αὐτὸ ἢ τῶν ἐπάνω τι γενῶν· οὐδενὸς γὰρ τῶν ὑποκάτω τὸ ἐπάνω μετέχει. Ἀνασκευάζοντι μὲν

31 post γὰρ add. ἐν uD || 32 περιέχεται CD || 34 οὖν om. u Λ || τὰ λεγόμενα P || τό : τῷ M^{s1} || 35 γε post 34 ἀλλὰ transp. B || post ταὐτὸ add. γένος VD || ἄμφω post γίγνεσθαι transp. MPD || 36 ἂν ante δόξειεν transp. VMPcD, om. u || καὶ om. VD || 37 ante καὶ add. τε D || post καὶ add. ἐπὶ Pu Λ || τῆς om. D || post συμβαίνει add. εἶναι MP || 38 ἑκάτερον — ἐστιν om. V, suppl. V^{2mg} || 39 ὑπάρχει (Λ) : ἐστι c.

[122 a] 1 pr. μήθ' : μηδ' ABMPCcu || alt. μηθ' : μηδ' ABCu || 3 post δὲ add. δεῖ $ABCu^2$ || 4 ἄνω cD || 4-6 εἰ — γένος om. u || 5 εἰ om. MPD Λ || κατηγορεῖται om. D || 5-6 κατηγορεῖται — γένος om. C, suppl. C^{2mg} || 5-6 πάντα γὰρ τὰ ἐπάνω γένη $ABDC^2$ edd. || 6-7 εἰ — ἀποδοθέν om. $Λ^r$ || 7 ἀποδοθέν sup. ras. c^2 || μετέχει (Λ) : μετέχῃ C μετέχοι D || 8 τι : τινος P || 9 τῶν ὑποκάτω post τὸ ἐπάνω transp. Vu.

manière d'utiliser ce point de vue pour réfuter une proposition. Si l'on veut en établir une, un premier cas est celui où l'adversaire accorde que le terme énoncé comme le genre appartient à l'espèce, mais conteste que ce soit à titre de genre qu'il lui appartient ; il suffit alors de montrer que l'un quelconque des genres supérieurs est un attribut de l'espèce en son essence : car si l'un d'entre eux est un attribut essentiel, tous les autres, tant supérieurs qu'inférieurs à lui, du moment qu'ils sont bien des attributs[1], seront des attributs essentiels ; d'où suit que le terme donné comme le genre est lui aussi un attribut essentiel. Qu'il suffise que l'un des genres soit un attribut essentiel pour que tous les autres[2], du moment qu'ils sont bien des attributs, soient eux aussi des attributs essentiels, on le fera admettre par induction. En revanche, si la contestation porte sur la pure et simple appartenance à l'espèce du terme donné comme son genre, il ne suffit plus de montrer que l'un des genres supérieurs est un attribut appartenant à l'espèce en son essence ; par exemple[3], si l'on propose[4] *transport* comme le genre de la marche, il ne suffit pas de montrer que[5] la marche est un changement pour montrer qu'elle est un transport, attendu qu'il existe encore d'autres formes de changement ; il faut montrer en outre que la marche ne participe d'aucune des espèces issues de la même division que le transport[6] : ce qui participe d'un genre doit en effet participer aussi de l'une des espèces issues de sa première division. Si donc la marche ne participe, ni de l'accroissement, ni de la diminution, ni des autres formes de changement, il est

1. Il semble inutile d'ajouter ici τοῦ εἴδους (« de l'espèce »), comme le font ABCc, suivis par les éditeurs précédents. Cf. 122 a 18.

2. A la suite d'une erreur de Bekker, les éditions donnent ici πάντα τὰ λοιπά, texte qui ne figure dans aucun manuscrit.

3. Cf. ci-dessus, 121 a 30 sq., et la note 1 de la p. 83. Le transport (φορά) est le changement de lieu ou mouvement local ; il est l'une des espèces de la κίνησις, changement en général.

4. ABCcu² sont seuls à donner au verbe ἀπέδωκε un sujet, τις ; mais l'expression de ce sujet n'est pas indispensable, d'autant moins que τις désigne en règle générale, dans les *Topiques*, l'adversaire du lecteur, c'est-à-dire le répondant ; or le sujet du verbe ἀπέδωκε est ici le questionneur, c'est-à-dire le lecteur lui-même.

5-6. *Notes complémentaires*, p. 166.

οὖν καθάπερ εἴρηται χρηστέον. Κατασκευάζοντι δέ, ὁμολογουμένου μὲν ὑπάρχειν τῷ εἴδει τοῦ ῥηθέντος γένους, ὅτι δ' ὡς γένος ὑπάρχει ἀμφισβητουμένου, ἀπόχρη τὸ δεῖξαί τι τῶν ἐπάνω γενῶν ἐν τῷ τί ἐστι τοῦ εἴδους κατηγορούμενον. Ἑνὸς γὰρ ἐν τῷ τί ἐστι κατηγορουμένου πάντα καὶ τὰ ἐπάνω τούτου καὶ τὰ ὑποκάτω, ἄνπερ κατηγορῆται, ἐν τῷ τί ἐστι κατηγορηθήσεται· ὥστε καὶ τὸ ἀποδοθὲν γένος ἐν τῷ τί ἐστι κατηγορεῖται. Ὅτι δ' ἑνὸς ἐν τῷ τί ἐστι κατηγορουμένου πάντα καὶ τὰ λοιπά, ἄνπερ κατηγορῆται, ἐν τῷ τί ἐστι κατηγορηθήσεται, δι' ἐπαγωγῆς ληπτέον. Εἰ δ' ἁπλῶς ὑπάρχειν ἀμφισβητεῖται τὸ ἀποδοθὲν γένος, οὐκ ἀπόχρη τὸ δεῖξαι τῶν ἐπάνω τι γενῶν ἐν τῷ τί ἐστι τοῦ εἴδους κατηγορούμενον. Οἷον εἰ τῆς βαδίσεως γένος ἀπέδωκε τὴν φοράν, οὐκ ἀπόχρη τὸ δεῖξαι διότι κίνησίς ἐστιν ἡ βάδισις πρὸς τὸ δεῖξαι διότι φορά ἐστιν, ἐπειδὴ καὶ ἄλλαι κινήσεις εἰσίν, ἀλλὰ προσδεικτέον ὅτι οὐδενὸς μετέχει ἡ βάδισις τῶν κατὰ τὴν αὐτὴν διαίρεσιν τῇ φορᾷ· ἀνάγκη γὰρ τὸ τοῦ γένους μετέχον καὶ τῶν εἰδῶν τινος μετέχειν τῶν κατὰ τὴν πρώτην διαίρεσιν. Εἰ οὖν ἡ βάδισις μήτ' αὐξήσεως μήτε μειώσεως μήτε τῶν ἄλ-

11 μὲν post ὑπάρχειν transp. P || 12 γένους C || ὑπάρχον c || τι post 13 ἐπάνω transp. VCD || 14 post ἐστι add. τοῦ εἴδους C || 15 post ὑποκάτω add. γένη C || ὧνπερ uar. lect. Λ[r] || κατηγορεῖται A, corr. A[2] || post κατηγορῆται add. τοῦ εἴδους ABCc edd. || 17 πάντα post 18 καὶ transp. MPD, post 18 λοιπά V || 18 ἄνπερ (Λ) : ἅπερ u ὧνπερ Al[c] || κατηγορεῖται u Al[c] || 19 ληπτέον (Λ): ῥηθήσεται C || 22 post εἰ add. τις ABCcu[2] edd. || ἀποδέδωκε BCc || φοράν : διαφοράν A, corr. A[2] || τὸ om. D || 23 pr. διότι : ὅτι VCcuDM[s1] Λ || alt. διότι : ὅτι VPCcuDM[s1] Λ || 24 ἐστιν om. Λ[r] || προσδεικτέον : προδεικτέον u προσαποδεικτέον V || 26 τῇ φορᾷ (Al[p]): τῇ διαφορᾷ fort. A εἰ μὴ τῆς [τῆς om. c[2]] φορᾶς MPCuA[2]B[2]c[2] Λ edd. τῇ φορᾷ εἰ μὴ τῆς φορᾶς VD || 27 τινος om. c || εἰ : ἢ fort. ante ras. B || 28 μήτ' αὐξήσεως om. Λ[r] || 28-29 ἄλλων om. C suppl. C[2]

clair qu'elle doit participer du transport ; d'où suit que *transport* doit être le genre de la marche.

Et encore, examiner les objets auxquels s'attribue comme genre le terme posé comme l'espèce, pour voir si le terme donné comme son genre est bien un attribut essentiel de ces objets, pour lesquels précisément l'espèce est un tel attribut ; et l'on fera la même recherche pour tous les termes supérieurs au genre. Si en effet on relève quelque part une discordance, il est clair que le terme donné comme le genre ne l'est pas : car s'il l'était, tant les termes supérieurs à lui que lui-même seraient tous des attributs appartenant en leur essence aux objets pour lesquels précisément l'espèce est un tel attribut. Lors donc qu'on veut réfuter une proposition, le cas utile est celui où le genre n'est pas un attribut appartenant en leur essence aux objets pour lesquels l'espèce en est un ; mais lorsqu'on veut en établir une, le cas utile est celui où il est bien un attribut leur appartenant en leur essence. Il en résultera, en effet, que le genre comme l'espèce seront des attributs appartenant en son essence au même objet, de sorte que ce même objet se trouvera subordonné à deux genres. Ces genres sont donc nécessairement subordonnés l'un à l'autre[1]. Il suffit alors de montrer que le terme que nous voulons établir comme le genre n'est pas subordonné à l'espèce pour qu'on voie clairement que c'est l'espèce qui doit lui être subordonnée ; et l'on se trouvera ainsi avoir démontré que c'est bien lui le genre.

Regarder également les définitions des genres, pour voir si elles sont bien applicables, tant au terme donné comme l'espèce qu'à ceux qui participent de cette espèce : car les définitions des genres doivent s'attribuer à l'espèce

1. Cf. 121 b 29-30, et l'*Introduction*, p. LVII, n. 4.

λων κινήσεων μετέχει, δῆλον ὅτι τῆς φορᾶς ἂν μετέχοι· ὥστ' εἴη ἂν γένος ἡ φορὰ τῆς βαδίσεως.

Πάλιν ἐφ' ὧν τὸ εἶδος τὸ τεθὲν ὡς γένος κατηγορεῖται, σκοπεῖν εἰ καὶ τὸ ἀποδοθὲν γένος ἐν τῷ τί ἐστιν αὐτῶν τούτων κατηγορεῖται ὧνπερ καὶ τὸ εἶδος, ὁμοίως δὲ καὶ εἰ τὰ ἐπάνω τοῦ γένους πάντα. Εἰ γάρ που διαφωνεῖ, δῆλον ὅτι οὐ γένος τὸ ἀποδοθέν· εἰ γὰρ ἦν γένος, ἅπαντ' ἂν καὶ τὰ ἐπάνω τούτου καὶ αὐτὸ τοῦτο ἐν τῷ τί ἐστι κατηγορεῖτο, ὧνπερ καὶ τὸ εἶδος ἐν τῷ τί ἐστι κατηγορεῖται. Ἀνασκευάζοντι μὲν οὖν χρήσιμον, εἰ μὴ κατηγορεῖται τὸ γένος ἐν τῷ τί ἐστιν ὧνπερ καὶ τὸ εἶδος κατηγορεῖται· κατασκευάζοντι δ', εἰ [122b] κατηγορεῖται ἐν τῷ τί ἐστι, χρήσιμον. Συμβήσεται γὰρ τὸ γένος καὶ τὸ εἶδος τοῦ αὐτοῦ ἐν τῷ τί ἐστι κατηγορεῖσθαι, ὥστε τὸ αὐτὸ ὑπὸ δύο γένη γίνεται. Ἀναγκαῖον οὖν ὑπ' ἄλληλα τὰ γένη εἶναι. Ἂν οὖν δειχθῇ ὃ βουλόμεθα γένος κατασκευάσαι μὴ ὂν ὑπὸ τὸ εἶδος, δῆλον ὅτι τὸ εἶδος ὑπὸ τοῦτ' ἂν εἴη, ὥστε δεδειγμένον ἂν εἴη ὅτι γένος τοῦτο.

Σκοπεῖν δὲ καὶ τοὺς λόγους τῶν γενῶν, εἰ ἐφαρμόττουσιν ἐπί τε τὸ ἀποδοθὲν εἶδος καὶ τὰ μετέχοντα τοῦ εἴδους· ἀνάγκη γὰρ τοὺς τῶν γενῶν λόγους κατηγορεῖσθαι τοῦ εἴδους

29 μετέχοι : μετέχῃ M || 32 ante αὐτῶν add. τῶν CcDB[a], fort. Λ || 33 pr. καὶ om. AB Λ || εἰ om. c || 35 ἅπαντ' : πάντ' CD ἅπαντες u[ac] || 36 κατηγορεῖτο (Λ) : κατηγοροῖτο u κατηγορῆται C, corr. C[2] || ὧνπερ (Λ) : ὥσπερ uD, fort. Al[p] || 37 κατηγορεῖται ante ἐν transp. C || 38 κατηγοροῖτο u Λ || 39 ὧνπερ (Λ) : ὥσπερ u, corr. u[2].

[122 b] 1 post γὰρ add. καὶ VMPD || 3 ἀνάγκῃ D, fort. Λ || 4 ante γένος add. ὡς D || 6 ante γένος add. τὸ C || 7 post δὲ add. δεῖ c || 7-8 ἐφαρμόζουσιν c || 8 post καὶ add. ἐπὶ VCcD Λ.

et aux termes qui participent de l'espèce. Si donc on relève quelque part une discordance, il est clair que le terme donné comme le genre ne l'est pas.

Et encore, voir s'il ne se trouve pas que l'adversaire a donné une différence comme genre, en proposant par exemple *immortel* comme le genre de *dieu* : de fait, *immortel* est une différence de *vivant*, puisque parmi les vivants il en est de mortels et d'autres immortels. Il est donc clair qu'une faute a été commise : car une différence n'est jamais le genre de quoi que ce soit. Pour l'exactitude de ce dernier point, elle est évidente, puisqu'une différence n'exprime jamais l'essence d'une chose, mais plutôt une qualification de cette chose, comme font par exemple *terrestre* et *bipède*.

Voir aussi s'il ne se trouve pas que l'adversaire a mis une différence dans son genre, disant par exemple que l'impair est essentiellement un nombre[1] : car *impair* est une différence, et non une espèce, de *nombre* ; et il est admis qu'une différence ne participe pas de son genre. En effet, tout ce qui participe d'un genre est, soit une espèce, soit un individu ; or une différence n'est ni une espèce, ni un individu ; il est donc clair qu'une différence ne participe pas de son genre. D'où résulte que l'impair ne saurait être une espèce, puisqu'il ne participe pas de son genre[2].

Voir encore s'il ne se trouve pas que l'adversaire a mis un genre dans son espèce, disant par exemple que le contact est essentiellement une continuité, ou le mélange, essentiellement une mixture, ou encore définissant, à la manière de Platon, le déplacement local comme un transport[3]. En effet, un contact n'est pas nécessairement une continuité, c'est à l'inverse une continuité qui est un

1. Cf. sur cette expression 116 a 23 et la note *ad locum*. Ici comme en 122 b 25-26, 38 et 123 a 2, les accusatifs s'expliquent probablement par un ἔφησεν sous-entendu.

2-3. *Notes complémentaires*, p. 166-167.

καὶ τῶν μετεχόντων τοῦ εἴδους. Εἰ οὖν που διαφωνεῖ, δῆλον ὅτι οὐ γένος τὸ ἀποδοθέν.

Πάλιν εἰ τὴν διαφορὰν ὡς γένος ἀπέδωκεν, οἷον εἰ τὸ ἀθάνατον γένος θεοῦ· διαφορὰ γάρ ἐστι ζῴου τὸ ἀθάνατον, ἐπειδὴ τῶν ζῴων τὰ μὲν θνητὰ τὰ δ' ἀθάνατα. Δῆλον οὖν ὅτι διημάρτηται· οὐδενὸς γὰρ ἡ διαφορὰ γένος ἐστίν. Ὅτι δὲ τοῦτ' ἀληθές, δῆλον· οὐδεμία γὰρ διαφορὰ σημαίνει τί ἐστιν ἀλλὰ μᾶλλον ποιόν τι, καθάπερ τὸ πεζὸν καὶ τὸ δίπουν.

Καὶ εἰ τὴν διαφορὰν εἰς τὸ γένος ἔθηκεν, οἷον τὸ περιττὸν ὅπερ ἀριθμόν· διαφορὰ γὰρ ἀριθμοῦ τὸ περιττόν, οὐκ εἶδός ἐστιν· οὐδὲ δοκεῖ μετέχειν ἡ διαφορὰ τοῦ γένους. Πᾶν γὰρ τὸ μετέχον τοῦ γένους ἢ εἶδος ἢ ἄτομόν ἐστιν, ἡ δὲ διαφορὰ οὔτε εἶδος οὔτε ἄτομόν ἐστιν· δῆλον οὖν ὅτι οὐ μετέχει τοῦ γένους ἡ διαφορά. Ὥστ' οὐδὲ τὸ περιττὸν εἶδος ἂν εἴη [ἀλλὰ διαφορά], ἐπειδὴ οὐ μετέχει τοῦ γένους.

Ἔτι εἰ τὸ γένος εἰς τὸ εἶδος ἔθηκεν, οἷον τὴν ἅψιν ὅπερ συνοχὴν ἢ τὴν μῖξιν ὅπερ κρᾶσιν, ἢ ὡς Πλάτων ὁρίζεται φορὰν τὴν κατὰ τόπον κίνησιν. Οὐ γὰρ ἀναγκαῖον τὴν ἅψιν συνοχὴν εἶναι, ἀλλ' ἀνάπαλιν τὴν συνοχὴν ἅψιν· οὐ

10 που om. c || 11 ὅτι om. A, corr. A², sup. ras. C || 12 ἀποδέδωκεν BVCcD || 13 γένος post θεοῦ transp. C || 14 post μὲν add. ἐστι c || 15 ἡμάρτηται CcD Al^p || 16 ante τί add. τὸ c || 17 τι om. Al^c || ante pr. τὸ add. καὶ C || alt. τὸ om. Bc || δίπουν : τάτρεπουν D || 18 post διαφορὰν add. ὡς εἶδος Cc^ac V^sl Al^c, post γένος D², post ἔθηκεν M² || εἰς τὸ : ὡς D, corr. D² || ἔθηκεν : τέθηκεν C τέθεικεν C² || 19 ante οὐκ add. καὶ Vu Λ || 20 οὐδὲ δοκεῖ (Λ) : οὐ δοκεῖ δὲ cD Al^c || μετέχειν ante δοκεῖ transp. B, corr. B² || 21-22 ἡ — ἐστιν om. Cu Λ, suppl. u^2mg || 22 οὖν om. D || ὅτι : ὡς u || 23 διαφθορά D^ac || 23-24 ἀλλὰ διαφορά damn. Brunschwig || 24 post γένους add. ἡ διαφορά VD || 25 et 28 (bis) σύναψιν PCcDM²u^pc Al^p || 28 post τὴν add. σύναψιν D^ac.

contact : car il n'est pas vrai que les choses qui se touchent soient toujours en continuité, ce sont celles qui sont en continuité qui se touchent. Il en va de même dans les autres exemples : il n'est pas vrai que tout mélange soit une mixture (un mélange de solides n'est pas une mixture), ni que tout changement de lieu soit un transport : car la marche n'est pas considérée comme un transport, ce mot[1] s'appliquant plutôt aux déplacements involontaires d'un lieu à un autre, comme sont ceux des objets inanimés. Il est clair aussi que, dans les cas cités, l'espèce a une extension plus grande que le genre, alors que c'est l'inverse qui devrait avoir lieu.

Et encore, voir s'il ne se trouve pas que l'adversaire a mis une différence dans l'espèce qu'elle détermine, disant par exemple que l'immortel est essentiellement un dieu — il en résultera en effet que son « espèce » aura une extension égale ou supérieure à celle de son « genre », puisqu'une différence a toujours une extension égale ou supérieure à celle de l'espèce qu'elle détermine[2] — ; ou encore, qu'il a mis un genre dans une de ses différences, disant par exemple que la couleur est essentiellement quelque chose de compresseur, ou le nombre, essentiellement quelque chose d'impair ; ou même, qu'il a donné un genre comme étant une différence — car on peut même s'attendre à voir mettre en jeu des thèses de ce type, qui donneraient par exemple le mélange comme différence à la mixture, ou le changement de lieu au transport[3]. Il faut traiter tous les problèmes de ce type par les mêmes procédés ; les lieux indiqués ont en effet un principe commun, à savoir que le genre doit avoir plus d'extension que la différence, et ne pas participer de la différence ; or les formes de propositions indiquées ci-dessus ne peuvent

1. Le sujet de 34 λέγεται est évidemment ἡ φορά, bien que le sujet de la phrase précédente soit ἡ βάδισις. Les manuscrits BCcDV[2] le précisent explicitement ; mais la *lectio difficilior* est celle qui ne comporte pas cette précision.

2. *Notes complémentaires*, p. 167-168.

3. Cf. ci-dessus, 122 b 25 sq., et la note 3 de la p. 88.

γὰρ πᾶν τὸ ἁπτόμενον συνέχεται, ἀλλὰ τὸ συνεχόμενον ἅπτεται. Ὁμοίως δὲ καὶ ἐπὶ τῶν λοιπῶν· οὔτε γὰρ ἡ μῖξις ἅπασα κρᾶσις (ἡ γὰρ τῶν ξηρῶν μῖξις οὐκ ἔστι κρᾶσις) οὔθ' ἡ κατὰ τόπον μεταβολὴ πᾶσα φορά· ἡ γὰρ βάδισις οὐ δοκεῖ φορὰ εἶναι· σχεδὸν γὰρ ἐπὶ τῶν ἀκουσίως τόπον ἐκ τόπου μεταβαλλόντων λέγεται, καθάπερ ἐπὶ τῶν ἀψύχων συμβαίνει. Δῆλον δ' ὅτι καὶ ἐπὶ πλέον λέγεται τὸ εἶδος τοῦ γένους ἐν τοῖς ἀποδοθεῖσι, δέον ἀνάπαλιν γίνεσθαι.

Πάλιν εἰ τὴν διαφορὰν εἰς τὸ εἶδος ἔθηκεν, οἷον τὸ ἀθάνατον ὅπερ θεόν. Συμβήσεται γὰρ ἐπ' ἴσης ἢ ἐπὶ πλεῖον τὸ εἶδος λέγεσθαι· ἀεὶ γὰρ ἡ διαφορὰ ἐπ' ἴσης ἢ ἐπὶ [123a] πλεῖον τοῦ εἴδους λέγεται. Ἔτι εἰ τὸ γένος εἰς τὴν διαφοράν, οἷον τὸ χρῶμα ὅπερ συγκριτικὸν ἢ τὸν ἀριθμὸν ὅπερ περιττόν. Καὶ εἰ τὸ γένος ὡς διαφορὰν εἶπεν· ἐγχωρεῖ γάρ τινα καὶ τοιαύτην κομίσαι θέσιν, οἷον κράσεως τὴν μῖξιν διαφορὰν ἢ φορᾶς τὴν κατὰ τόπον μεταβολήν. Σκεπτέον δὲ πάντα τὰ τοιαῦτα διὰ τῶν αὐτῶν· ἐπικοινωνοῦσι γὰρ οἱ τόποι· ἐπὶ πλέον τε γὰρ τὸ γένος τῆς διαφορᾶς δεῖ λέγεσθαι καὶ μὴ μετέχειν τῆς διαφορᾶς, οὕτω δ' ἀποδοθέντος οὐδέτερον τῶν εἰ-

29 ἅπαν C || ἁπτόμενον : συναπτόμενον P Al[p] || 30 συνάπτεται P Al[p] || λοιπῶν (Λ) : ἄλλων MPCD || 31 οὔθ' (Λ) : οὐδ' ABVCu || 32 μεταβολὴ sup. ras. u || 33 δοκεῖ post φορὰ transp. MPD || ante φορὰ add. ἡ ante ras. V || post γὰρ add. ἡ φορὰ BCcDV[2] || 34 post λέγεται add. ἡ φορά V[2] || 35 καὶ ante ὅτι transp. MPD, om. c || 36 post δέον add. οὖν c || γίνεσθαι : λέγεσθαι c || 37 πάλιν om. C, suppl. C[2] || 38 ἴσης (Al[p]) : ἴσον VMPuD ἴσων fort. Λ || 39-123 a 1 τὸ — πλεῖον om. P || 39 ἴσης : ἴσον VMCuD ἴσων fort. Λ.

[123 a] 1-2 post διαφοράν add. ἔθηκεν Ccu[pc]B[2]M[2] || 4 κομίσασθαι C || ante κράσεως add. τῆς Cc || 5 φορᾶς : διαφορᾶς A, corr. A[2] || 5-6 πάντα post 6 τοιαῦτα transp. C.

remplir aucune de ces deux conditions, car le genre y aura moins d'extension que la différence, et il participera d'elle.

Et encore, si aucune des différences attachées au « genre » ne s'attribue au terme indiqué comme l'espèce, le « genre » ne pourra pas non plus s'attribuer à lui ; par exemple, on ne peut attribuer à l'âme ni l'impair ni le pair ; et par conséquent, pas davantage le nombre. Même résultat si l'« espèce » est par nature antérieure au « genre », et si sa suppression entraîne celle du « genre » : car il est admis que c'est le contraire qui doit avoir lieu. De même encore, s'il y a possibilité, pour le terme indiqué comme le genre, ou pour la différence, de faire défaut à leur « espèce », comme peuvent le faire le mouvement à l'âme, ou le vrai et le faux à l'opinion, aucun des deux termes donnés comme le genre ou la différence ne saurait l'être : car il est admis qu'un genre ou une différence restent présents, aussi longtemps que dure leur espèce.

3

Autres lieux

Examiner également s'il ne se trouve pas que le terme introduit dans un genre participe de quelque chose de contraire à ce genre, ou qu'il peut en participer : car un même terme alors participera simultanément des contraires, puisque d'un côté, un genre ne fait jamais défaut à son espèce, et que de l'autre, le terme en question participe aussi du contraire de ce genre, ou qu'il peut en participer. Voir aussi s'il ne se trouve pas que l'« espèce » a en partage quelque chose que les entités subordonnées au « genre » sont dans l'impossibilité absolue de posséder ; par exemple, s'il est vrai que l'âme a la vie en partage, et qu'il n'y a pas de nombre qui soit capable de vivre, l'âme ne saurait être une espèce du nombre.

Il faut examiner aussi s'il ne se trouve pas que l'« espèce » est équivoque au regard du « genre », en utilisant les principes de base qui ont été fournis concernant l'équivoque[1] : car un genre et son espèce sont univoques au regard l'un de l'autre.

1. Cf. 106 a 9 - 107 b 37.

ρημένων δυνατὸν συμβαίνειν· ἐπ' ἔλαττόν τε γὰρ ῥηθήσεται καὶ μεθέξει τὸ γένος τῆς διαφορᾶς.

Πάλιν εἰ μηδεμία διαφορὰ κατηγορεῖται τῶν τοῦ γένους κατὰ τοῦ ἀποδοθέντος εἴδους, οὐδὲ τὸ γένος κατηγορηθήσεται· οἷον ψυχῆς οὔτε τὸ περιττὸν οὔτε τὸ ἄρτιον κατηγορεῖται, ὥστ' οὐδ' ἀριθμός. Ἔτι εἰ πρότερον φύσει τὸ εἶδος καὶ συναναιρεῖ τὸ γένος· δοκεῖ γὰρ τὸ ἐναντίον. Ἔτι εἰ ἐνδέχεται ἀπολιπεῖν τὸ εἰρημένον γένος ἢ τὴν διαφοράν, οἷον ψυχὴν τὸ κινεῖσθαι ἢ δόξαν τὸ ἀληθὲς καὶ ψεῦδος, οὐκ ἂν εἴη τῶν εἰρημένων οὐδέτερον γένος οὐδὲ διαφορά· δοκεῖ γὰρ τὸ γένος καὶ ἡ διαφορὰ παρακολουθεῖν, ἕως ἂν ᾖ τὸ εἶδος.

III Σκοπεῖν δὲ καὶ εἰ τὸ ἐν τῷ γένει κείμενον μετέχει τινὸς ἐναντίου τῷ γένει ἢ εἰ ἐνδέχεται μετέχειν· τὸ γὰρ αὐτὸ τῶν ἐναντίων ἅμα μεθέξει, ἐπειδὴ τὸ μὲν γένος οὐδέποτ' ἀπολείπει, μετέχει δὲ καὶ τοῦ ἐναντίου ἢ ἐνδέχεται μετέχειν. Ἔτι εἴ τινος κοινωνεῖ τὸ εἶδος ὃ ἀδύνατον ὅλως ὑπάρχειν τοῖς ὑπὸ τὸ γένος· οἷον εἰ ἡ ψυχὴ τῆς ζωῆς κοινωνεῖ, τῶν δ' ἀριθμῶν μηδένα δυνατὸν ζῆν, οὐκ ἂν εἴη εἶδος ἀριθμοῦ ἡ ψυχή.

Σκεπτέον δὲ καὶ εἰ ὁμώνυμον τὸ εἶδος τῷ γένει, στοιχείοις χρώμενον τοῖς εἰρημένοις πρὸς τὸ ὁμώνυμον· συνώνυμον γὰρ τὸ γένος καὶ τὸ εἶδος.

9 τε om. u || 11 διαφορὰ post κατηγορεῖται transp. c || 14 ante ἀριθμός add. ὁ VCcD || ante φύσει add. τῇ D || 15 post ἐναντίον add. οὐκ ἂν εἴη γένος Ccu^{pc}, τὸ γένος τοῦ εἴδους τῇ φύσει πρότερον D || 16 ἀπολείπειν VMCuD || ante ψυχὴν add. τὴν u || 17 alt. τὸ om. A, suppl. A^{2} || 19 ᾖ sup. ras. B || 20 τῷ sup. ras. B, om. u || 21 εἰ om. cuD || 22-23 ἀλείπει (sic) A, corr. A^{2} || 23 post ἢ add. εἰ P || 25 post τὸ add. αὐτὸ D || τῆς om. CcD || 26 μηδὲν ἀδύνατον D^{ac} || εἶδος post ἀριθμοῦ transp. C || 27-28 ante στοιχείοις add. τοῖς c || 28 τὸ ὁμώνυμον (Λ) : τὴν ὁμωνυμίαν CcD Al^{c}.

Puisque tout genre possède plusieurs espèces, voir aussi s'il ne se trouve pas que le terme indiqué comme le genre est dans l'impossibilité de posséder une autre espèce : car s'il n'en possède pas d'autre, ce terme ne saurait évidemment en aucune façon être un genre.

Examiner aussi s'il ne se trouve pas que l'adversaire a donné comme genre un terme pris au sens figuré, disant par exemple que la tempérance est une harmonie : un genre[1], en effet, s'attribue toujours à ses espèces en son sens propre, alors que l'harmonie n'est pas un attribut de la tempérance au sens propre, mais au sens figuré, attendu que le domaine de l'harmonie est toujours le son.

En outre, dans le cas où l'« espèce » possède un contraire[2], il y a un examen à faire. Cet examen prend diverses formes. Premier cas : voir si ce contraire appartient bien au même genre, lorsque le « genre » ne possède pas de contraire : car des contraires doivent appartenir au même genre, lorsque ce genre ne possède lui-même aucun contraire. Si maintenant le « genre » possède un contraire, voir si le contraire de l'« espèce » appartient bien à ce contraire : car le contraire d'une espèce doit appartenir au contraire de son genre, dans le cas précisément où ce genre en possède un. Chacune de ces lois est manifeste par induction. Et encore, voir s'il ne se trouve pas que le contraire de l'« espèce » n'appartient absolument à aucun genre, étant lui-même un genre, comme par exemple le bien : car s'il n'appartient pas à un genre, son contraire

1, Je conserve ici l'article (πᾶν γὰρ τὸ γένος), omis par les éditeurs précédents à la suite des manuscrits Ccu. Certes, la construction de πᾶν pris en ce sens avec l'article défini est rare, sauf lorsque le mot sur lequel il porte est un adjectif ou un participe substantivé. Cependant, l'article défini est régulièrement employé dans les phrases qui, comme celle-ci, énoncent la loi générale sur laquelle s'appuie le τόπος considéré. On observera d'ailleurs que cet emploi de l'article défini ne correspond pas exactement à l'usage français : là où le grec institue une relation légale entre « le genre » et « l'espèce », le français l'institue plus naturellement entre « un genre » et « son espèce ». La traduction opère régulièrement cette transposition.

2. *Notes complémentaires*, p. 168-169.

Ἐπεὶ δὲ παντὸς γένους εἴδη πλείω, σκοπεῖν εἰ μὴ ἐνδέχεται ἕτερον εἶδος εἶναι τοῦ εἰρημένου γένους· εἰ γὰρ μὴ ἔστι, δῆλον ὅτι οὐκ ἂν εἴη ὅλως γένος τὸ εἰρημένον.

Σκοπεῖν δὲ καὶ εἰ τὸ μεταφορᾷ λεγόμενον ὡς γένος ἀποδέδωκεν, οἷον τὴν σωφροσύνην συμφωνίαν· πᾶν γὰρ τὸ γένος κυρίως κατὰ τῶν εἰδῶν κατηγορεῖται, ἡ δὲ συμφωνία κατὰ τῆς σωφροσύνης οὐ κυρίως ἀλλὰ μεταφορᾷ· πᾶσα γὰρ συμφωνία ἐν φθόγγοις.

[123b] Ἔτι ἂν ᾖ ἐναντίον τῷ εἴδει, σκοπεῖν. Ἔστι δὲ πλεοναχῶς ἡ σκέψις· πρῶτον μὲν εἰ ἐν τῷ αὐτῷ γένει καὶ τὸ ἐναντίον, μὴ ὄντος ἐναντίου τῷ γένει· δεῖ γὰρ τὰ ἐναντία ἐν τῷ αὐτῷ γένει εἶναι, ἂν μηδὲν ἐναντίον τῷ γένει ᾖ. Ὄντος δ' ἐναντίου τῷ γένει, σκοπεῖν εἰ τὸ ἐναντίον ἐν τῷ ἐναντίῳ· ἀνάγκη γὰρ τὸ ἐναντίον ἐν τῷ ἐναντίῳ εἶναι, ἄνπερ ᾖ ἐναντίον τι τῷ γένει. Φανερὸν δὲ τούτων ἕκαστον διὰ τῆς ἐπαγωγῆς. Πάλιν εἰ ὅλως ἐν μηδενὶ γένει τὸ τῷ εἴδει ἐναντίον ἀλλ' αὐτὸ γένος, οἷον τἀγαθόν· εἰ γὰρ τοῦτο μὴ ἐν γένει,

30 ἐπεὶ δὲ (Λ) : ἔτι ἐπειδὴ c || 31 εἶδος om. A, suppl. A^{2} || 32 ὅτι om. M, suppl. M^{2} || ὅλως post γένος transp. Vu Λ || 33 μεταφορᾷ (Λ) : κατὰ μεταφορὰν PCcuDA^{2}B^{2}M^{2} Al^{p} || 34 ἀπέδωκεν u || ἅπαν B^{2} || τὸ om. Ccu edd. || 36 μεταφορᾷ (Λ) : κατὰ μεταφοράν CcB^{2}M^{2} || 37 post ἐν del. 1-2 litt. V.

[123 b] 1 ᾖ — εἴδει : ᾖ ἐναντίον τι [τι ἐναντίον c] τῷ εἴδει BVMcu Λ ᾖ τινι [τινι ᾖ P^{pc}] ἐναντίον τὸ εἶδος P^{pc}D εἴη τὸ εἶδος ἐναντίον τινί C || ἔστι δὲ sup. ras. c^{2} || 2 post μὲν del. 2-3 litt. D || 2-3 καὶ τὸ ἐναντίον : καὶ τὸν ἐναντίον ante ras. C τὰ ἐναντία u || 3 post γένει add. τινὸς ὡς τῷ χρώματι V || 4 γένει post εἶναι transp. C || ᾖ post μηδὲν transp. C Λ, post ἐναντίον MPD, corr. P^{2} || 5 ἐν om. c || post ἐναντίῳ add. ἐστίν C, γένει ἐστί cD || 6 ἀνάγκη — εἶναι (Λ) : τὰ γὰρ ἐναντία ἐν τοῖς ἐναντίοις γένεσι cD || εἶναι om. P^{ac}, post ἐναντίον suppl. P^{pc} || 7 τι ante 6-7 ἐναντίον transp. C, om. u^{ac}D || post ἕκαστον add. ἐστι CcD || 9 τἀγαθόν : τὸ ἐναντίον P || μὴ om. Λ^{r} || post γένει add. κεῖται CcD, ἐστι B^{2}.

n'appartiendra pas non plus à un genre, mais il sera lui-même un genre, comme c'est le cas pour le bien et le mal : aucun d'eux n'appartient en effet à un genre, chacun d'eux[1] est un genre. Voir encore s'il ne se trouve pas que, « genre » et « espèce » ayant chacun un contraire, l'un des couples possède un intermédiaire, mais non l'autre. En effet, lorsque des genres ont un intermédiaire, leurs espèces aussi, et lorsque des espèces en ont un, leurs genres aussi ; tel est le cas de *qualité* et *défaut*, *justice* et *injustice* : chacun de ces couples possède en effet un intermédiaire. (Objection à cela : *santé* et *maladie* n'ont pas d'intermédiaire, *mal* et *bien* en ont un). Ou bien encore, voir s'il ne se trouve pas qu'il existe bien un moyen terme pour les deux couples, celui des espèces et celui des genres, mais au lieu que ce soit à un titre semblable, qu'il s'agit dans un cas d'un terme défini par négation, et dans l'autre d'un terme positif. Il est admis, en effet, que ce doit être à un titre semblable ici et là, comme dans le cas de *qualité* et *défaut*, *justice* et *injustice* : de fait, ici comme là, les moyens termes se définissent par négation. En outre, lorsque le « genre » n'a pas de contraire, voir, non seulement si le contraire de l'« espèce » appartient bien au même genre, mais aussi si le moyen terme en fait bien autant ; car là où sont les extrêmes, là aussi sont les moyens, comme pour *clair* et *sombre* : de fait, la couleur est à la fois leur genre et celui de toutes les couleurs intermédiaires. (Objection : *insuffisance* et *excès* sont dans le même genre

1. Je garde αὐτῶν, contre αὐτὸ de cD, correction suscitée par les parallèles des lignes 9 et 10.

οὐδὲ τὸ ἐναντίον τούτου ἐν γένει ἔσται ἀλλ' αὐτὸ γένος, καθάπερ ἐπὶ τοῦ ἀγαθοῦ καὶ τοῦ κακοῦ συμβαίνει· οὐδέτερον γὰρ τούτων ἐν γένει, ἀλλ' ἑκάτερον αὐτῶν γένος. Ἔτι εἰ ἐναντίον τινὶ καὶ τὸ γένος καὶ τὸ εἶδος, καὶ τῶν μὲν ἔστι τι μεταξύ, τῶν δὲ μή. Εἰ γὰρ τῶν γενῶν ἔστι τι μεταξύ, καὶ τῶν εἰδῶν, καὶ εἰ τῶν εἰδῶν, καὶ τῶν γενῶν, καθάπερ ἐπ' ἀρετῆς καὶ κακίας καὶ δικαιοσύνης καὶ ἀδικίας· ἑκατέρων γὰρ ἔστι τι μεταξύ. (Ἔνστασις τούτου ὅτι ὑγιείας καὶ νόσου οὐδὲν μεταξύ, κακοῦ δὲ καὶ ἀγαθοῦ.) Ἢ εἰ ἔστι μέν τι ἀμφοῖν ἀνὰ μέσον, καὶ τῶν εἰδῶν καὶ τῶν γενῶν, μὴ ὁμοίως δέ, ἀλλὰ τῶν μὲν κατὰ ἀπόφασιν τῶν δ' ὡς ὑποκείμενον. Ἔνδοξον γὰρ τὸ ὁμοίως ἀμφοῖν, καθάπερ ἐπ' ἀρετῆς καὶ κακίας καὶ δικαιοσύνης καὶ ἀδικίας· ἀμφοῖν γὰρ κατὰ ἀπόφασιν τὰ ἀνὰ μέσον. Ἔτι ὅταν μὴ ᾖ ἐναντίον τῷ γένει, σκοπεῖν μὴ μόνον εἰ τὸ ἐναντίον ἐν τῷ αὐτῷ γένει, ἀλλὰ καὶ τὸ ἀνὰ μέσον· ἐν ᾧ γὰρ τὰ ἄκρα, καὶ τὰ ἀνὰ μέσον, οἷον ἐπὶ λευκοῦ καὶ μέλανος· τὸ γὰρ χρῶμα γένος τούτων τε καὶ τῶν ἀνὰ μέσον χρωμάτων ἁπάντων. (Ἔνστασις ὅτι ἡ μὲν ἔνδεια καὶ ὑπερβολὴ ἐν τῷ αὐτῷ γένει — ἐν τῷ κακῷ γὰρ

10 τούτῳ PCc || 11 ἀγαθοῦ — κακοῦ (Λ) : κακοῦ καὶ τοῦ ἀγαθοῦ C || 12 αὐτῶν (Λ) : αὐτὸ cD || post γένος add. ἐστι P || ἔτι : εἶτα V Λ || post εἰ add. εἴη cDM[2] || 13 τινὶ om. C || γένος — εἶδος (Λ): εἶδος καὶ τὸ γένος c || ἔστι τι post 15 pr. εἰδῶν transp. P || 15 pr. καὶ — γενῶν om. P || 18 ἢ εἰ (Λ) : εἰ P ἔτι εἰ u ἔτι ἢ D || μέν τι (Λ) : μέντοι BMCcD || 20 post ὑποκείμενον add. κατὰ κατάφασιν M || 21 τὸ ὁμοίως post ἀμφοῖν transp. P || ante ἀμφοῖν add. ἐπ' cD || 22 ante alt. καὶ add. τε M || 23 τὰ : τὸ VcuDA[2] Λ τι P || post ᾖ add. τι PCcD Al[p] || 24 ante καὶ add. εἰ C || 25 alt. τὰ : τὸ VMCuDB[2] Al[c] Λ || ἀνὰ om. VMu || 26 γὰρ om. P || τε om. c, ante τούτων transp. P || 27 μέσων ante ras. A || post ἔνστασις add. τούτου CcD || 28 post καὶ add. ἡ MCcD.

— dans le genre *mal* l'un et l'autre — alors que la juste mesure, qui est le moyen terme entre eux, n'est pas dans le genre *mal*, mais dans le genre *bien*). Voir également s'il ne se trouve pas que le « genre » a un contraire et que l'« espèce » n'en a pas : car si un genre a un contraire, son espèce aussi, comme dans le cas de *qualité* et *défaut*, *justice* et *injustice*[1]. Et de même dans les autres cas, c'est une loi qui devrait à l'examen s'imposer comme évidente[2]. (Objection, dans le cas de la santé et de la maladie : absolument parlant, la santé est le contraire de la maladie, mais une maladie particulière[3] comme la fièvre, l'ophtalmie et chacune des autres, ne possède pas de contraire).

Tels sont donc, lorsqu'on veut réfuter une proposition, les divers points de vue à adopter : il est clair, en effet, que si les situations décrites ne se réalisent pas, le terme donné comme le genre ne l'est pas. Si maintenant l'on veut établir une proposition, il y a ici trois procédés : le premier est de voir si le contraire[4] appartient bien au genre indiqué, lorsque ce genre ne possède pas de contraire : car si ce contraire appartient à ce genre, il est clair que l'espèce qui est en cause en fait autant. Voir ensuite si le moyen terme se trouve bien dans le genre indiqué : car là où est le moyen terme, là aussi sont les extrêmes. Et encore, si le genre possède un contraire, voir si le contraire de l'espèce appartient bien au contraire du genre : car si tel est bien le cas, il est clair que l'espèce qui est en cause appartient aussi au genre qui est en cause.

1. *Notes complémentaires*, p. 169.
2. Je supprime, avec VMPuDΛ, les mots τὸ τοιοῦτον.
3. Les mots εἶδος ὂν [οὖσα CM²] νόσου apparaissent, par leur contenu comme par leurs variations, comme une glose, que l'on appréhende encore sous cette forme dans l'interligne de V.
4. Texte de VMuDΛ ; les autres manuscrits, suivis par les éditeurs, ajoutent τῷ εἴδει après ἐναντίον, complément conforme au sens, mais qui n'en constitue pas moins la *lectio facilior*. Cf. d'ailleurs 123 b 2-3 et 24.

ἄμφω — τὸ δὲ μέτριον ἀνὰ μέσον ὂν τούτων οὐκ ἐν τῷ κακῷ ἀλλ' ἐν τῷ ἀγαθῷ.) Σκοπεῖν δὲ καὶ εἰ τὸ μὲν γένος ἐναντίον τινί, τὸ δὲ εἶδος μηδενί. Εἰ γὰρ τὸ γένος ἐναντίον τινί, καὶ τὸ εἶδος, καθάπερ ἀρετὴ καὶ κακία καὶ δικαιοσύνη καὶ ἀδικία. Ὁμοίως δὲ καὶ ἐπὶ τῶν ἄλλων σκοποῦντι φανερὸν ἂν δόξειεν εἶναι. (Ἔνστασις ἐπὶ τῆς ὑγιείας καὶ νόσου· ἁπλῶς μὲν γὰρ ὑγίεια νόσῳ ἐναντίον, ἡ δὲ τὶς νόσος [εἶδος ὂν νόσου] οὐδενὶ ἐναντίον, οἷον ὁ πυρετὸς καὶ ἡ ὀφθαλμία καὶ τῶν ἄλλων ἕκαστον.)

[124a] Ἀναιροῦντι μὲν οὖν τοσαυταχῶς ἐπισκεπτέον· εἰ γὰρ μὴ ὑπάρχει τὰ εἰρημένα, δῆλον ὅτι οὐ γένος τὸ ἀποδοθέν. Κατασκευάζοντι δὲ τριχῶς· πρῶτον μὲν εἰ τὸ ἐναντίον ἐν τῷ εἰρημένῳ γένει, μὴ ὄντος ἐναντίου τῷ γένει· εἰ γὰρ τὸ ἐναντίον ἐν τούτῳ, δῆλον ὅτι καὶ τὸ προκείμενον. Ἔτι εἰ τὸ ἀνὰ μέσον ἐν τῷ εἰρημένῳ γένει· ἐν ᾧ γὰρ τὸ ἀνὰ μέσον, καὶ τὰ ἄκρα. Πάλιν ἂν ᾖ ἐναντίον τι τῷ γένει, σκοπεῖν εἰ καὶ τὸ ἐναντίον ἐν τῷ ἐναντίῳ· ἂν γὰρ ᾖ, δῆλον ὅτι καὶ τὸ προκείμενον ἐν τῷ προκειμένῳ.

29 κακῷ (Λ) : αὐτῷ VPC || 30 τὸ μὲν : μὲν τὸ c τὸ P τὸ μὴ u || 32 post εἶδος add. ἐστι C, ἔσται cD || post καθάπερ add. καὶ D || 32-33 ἀρετὴ — ἀδικία (Al[p] Λ) : ἀρετὴ κακίᾳ καὶ δικαιοσύνη ἀδικίᾳ ABVc ἀρετῆς καὶ κακίας καὶ δικαιοσύνης καὶ ἀδικίας C || 34 post εἶναι add. τὸ τοιοῦτον ABCc edd. || post ἔνστασις add. τούτου cD || post καὶ add. τῆς VPu || 35 post γὰρ add. πᾶσα AB || ἐναντία Pu Al[c][ADP] Λ || ἡ (Λ) : εἰ BcD, fort. M, corr. M[2]c[2] || 35-36 εἶδος — νόσου om. V [εἶδος V[s1] ut glossa] || 36 ὂν : οὖσα CM[2] || ἐναντία P || ἡ om. C || post alt. καὶ add. εἴ τι V.

[124 a] 1 post οὖν add. ἕκαστον D || 2 ὑπάρχῃ AC, corr. A[2]C[2] || post δῆλον add. δ' A[ac] || 3 post ἐναντίον add. τῷ εἴδει ABPCcV[2]M[2] edd. || 6 εἰ om. c, suppl. c[2] || pr. τὸ : τὰ u[pc] || post γένει add. μὴ ὄντος ἐναντίου τῷ γένει εἰ P || τὸ (Λ) : τὰ MCuD || 7 τι om. cu || 8 τῷ om. M, suppl. M[2].

Et encore, voir les inflexions et coordonnés[1], pour voir s'ils s'enchaînent de la même façon que les termes primitifs, et cela, pour réfuter comme pour établir une proposition ; car l'appartenance est simultanément vraie, ou fausse, pour chacun des membres de la série et pour tous. Par exemple, si la justice est un savoir, *justement* équivaudra à *savamment*, et le juste sera un savant ; mais si l'une de ces formules n'est pas vraie, aucune des autres ne le sera davantage.

4

Autres lieux

Et encore, examiner les termes qui entretiennent entre eux un même rapport ; pour donner un exemple, le plaisant est au plaisir ce que le bienfaisant est au bien, chacun étant l'agent producteur de l'autre. Si donc le plaisir est essentiellement un bien, le plaisant sera essentiellement bienfaisant : il est clair, en effet, qu'il doit être l'agent producteur d'un bien, puisque le plaisir est un bien. Même raisonnement dans le cas de l'apparition et de la disparition des choses : par exemple, si l'opération de bâtir est l'exercice d'une activité, l'état qui en résulte est l'état résultant d'une activité[2] ; et si l'opération d'apprendre est l'exercice d'une remémoration, l'état qui en résulte est l'état résultant d'une remémoration ; et encore, si être décomposé c'est disparaître, l'état qui résulte d'une décomposition est l'état qui résulte d'une disparition, et une décomposition est une disparition[3]. De même pour les agents d'apparition[4] et de disparition, pour les capacités et pour les exercices ; en un mot, tous les termes entretenant avec ceux du problème un rapport identique, quelle qu'en soit la nature, doivent être examinés, tant pour détruire que pour établir une proposition, sur le modèle de ce que nous avons dit pour l'apparition et la disparition. Si en effet l'agent de disparition d'une

1-4. *Notes complémentaires*, p. 169.

Πάλιν ἐπὶ τῶν πτώσεων καὶ τῶν συστοίχων, εἰ ὁμοίως ἀκολουθοῦσι, καὶ ἀναιροῦντι καὶ κατασκευάζοντι· ἅμα γὰρ ἑνὶ καὶ πᾶσιν ὑπάρχει ἢ οὐχ ὑπάρχει. Οἷον εἰ ἡ δικαιοσύνη ἐπιστήμη τις, καὶ τὸ δικαίως ἐπιστημόνως καὶ ὁ δίκαιος ἐπιστήμων· εἰ δὲ τούτων τι μή, οὐδὲ τῶν λοιπῶν οὐδέν.

IV Πάλιν ἐπὶ τῶν ὁμοίως ἐχόντων πρὸς ἄλληλα· οἷον τὸ ἡδὺ ὁμοίως ἔχει πρὸς τὴν ἡδονὴν καὶ τὸ ὠφέλιμον πρὸς τὸ ἀγαθόν· ἑκάτερον γὰρ ἑκατέρου ποιητικόν. Εἰ οὖν ἐστιν ἡ ἡδονὴ ὅπερ ἀγαθόν, καὶ τὸ ἡδὺ ὅπερ ὠφέλιμον ἔσται· δῆλον γὰρ ὅτι ἀγαθοῦ ἂν εἴη ποιητικόν, ἐπειδὴ ἡ ἡδονὴ ἀγαθόν. Ὡσαύτως δὲ καὶ ἐπὶ τῶν γενέσεων καὶ φθορῶν· οἷον εἰ τὸ οἰκοδομεῖν ἐνεργεῖν, τὸ ᾠκοδομηκέναι ἐνηργηκέναι, καὶ εἰ τὸ μανθάνειν ἀναμιμνήσκεσθαι, καὶ τὸ μεμαθηκέναι ἀναμεμνῆσθαι, καὶ εἰ τὸ διαλύεσθαι φθείρεσθαι, καὶ τὸ διαλελύσθαι ἐφθάρθαι καὶ ἡ διάλυσις φθορά τις. Καὶ ἐπὶ τῶν γενητικῶν δὲ καὶ φθαρτικῶν ὡσαύτως, καὶ ἐπὶ τῶν δυνάμεων καὶ χρήσεων, καὶ ὅλως καθ' ὁποιανοῦν ὁμοιότητα καὶ ἀναιροῦντι καὶ κατασκευάζοντι σκεπτέον καθάπερ ἐπὶ τῆς γενέσεως καὶ φθορᾶς ἐλέγομεν. Εἰ γὰρ τὸ φθαρτικὸν διαλυτι-

10 post καὶ add. ἐπὶ ABM edd. || συστοίχων : στοιχείων c, corr. c^2 || εἰ om. P || 14 εἰ : ἐὰν CcD || τι om. AD || post μή add. ἢ C || οὐδέν (Λ) : οὐδενί A ἐστιν c || 17 ἑκατέρου γὰρ ἑκάτερον P || ἐστιν om. Λ || ἡ om. P || 19 ἡ om. MPcD Al^c [ABP] || 20 post alt. καὶ add. τῶν c || 21 ante alt. τὸ add. καὶ VPuA^2 || 22 καὶ om. CcD || 23 alt. καὶ om. AB || 23-24 alt. καὶ — ἐφθάρθαι om. D Al^c [P] || 24 τις om. Al^c Λ fort. recte || τῶν om. C^{ac} || 24-25 γεννητικῶν uD$A^2$$C^{pc}$ Al^p[B] || 25 δὲ (Λ) : τε c || 26 post pr. καὶ add. τῶν Al^c || 28 ante φθορᾶς add. τῆς c.

chose est un agent de décomposition, disparaître c'est être décomposé ; et si l'agent d'apparition d'une chose est un agent producteur, apparaître c'est être produit, et une apparition est une production. De même encore dans le cas de la capacité et de l'exercice : si une capacité est une disposition, être capable c'est être disposé, et si l'exercice d'une chose est une activité, se servir de cette chose c'est exercer une activité, et l'état résultant de cet exercice est l'état résultant d'une activité.

Si l'opposé de l'« espèce » est une privation, il existe deux manières de détruire la proposition. La première est de voir s'il ne se trouve pas que cet opposé appartient au terme donné comme le genre : car une privation n'appartient jamais au même genre que son corrélat, ou du moins jamais au même genre prochain ; par exemple, si la vue a pour genre prochain *sens*, la cécité ne sera pas un sens. Deuxièmement, si le « genre » et l'« espèce » ont tous deux une privation pour opposé, et si l'opposé de l'une n'appartient pas à l'opposé de l'autre, l'« espèce » ne saurait appartenir davantage au « genre ». Tels sont donc les usages possibles de ce point de vue quand on veut détruire une proposition ; si l'on veut en établir une, il n'y en a qu'un, que voici : si l'opposé de l'espèce appartient bien à l'opposé du genre, l'espèce en cause doit appartenir au genre en cause ; par exemple, si la cécité est la privation d'un sens, la vue est un sens[1].

Et encore, examiner les négations des termes du problème, en ordre croisé, comme on l'a expliqué à propos de l'accident[2] ; par exemple, si le plaisant est essentiellement

1. Je préfère la leçon asymétrique de VMPuΛ, sans τις.
2. Cf. 113 b 15-26.

κόν, καὶ τὸ φθείρεσθαι διαλύεσθαι· καὶ εἰ τὸ γενητικὸν ποιητικόν, τὸ γίγνεσθαι ποιεῖσθαι καὶ ἡ γένεσις ποίησις. Ὁμοίως δὲ καὶ ἐπὶ τῶν δυνάμεων καὶ χρήσεων· εἰ γὰρ ἡ δύναμις διάθεσις, καὶ τὸ δύνασθαι διακεῖσθαι, καὶ εἴ τινος ἡ χρῆσις ἐνέργεια, τὸ χρῆσθαι ἐνεργεῖν καὶ τὸ κεχρῆσθαι ἐνηργηκέναι.

Ἂν δὲ στέρησις ᾖ τὸ ἀντικείμενον τῷ εἴδει, διχῶς ἔστιν ἀνελεῖν. Πρῶτον μέν, εἰ ἐν τῷ ἀποδοθέντι γένει τὸ ἀντικείμενον· ἢ γὰρ ἁπλῶς ἐν οὐδενὶ γένει τῷ αὐτῷ ἡ στέρησις ἢ οὐκ ἐν τῷ ἐσχάτῳ· οἷον εἰ ἡ ὄψις ἐν ἐσχάτῳ γένει τῇ αἰσθήσει, ἡ τυφλότης οὐκ ἔσται αἴσθησις. Δεύτερον δ', εἰ καὶ τῷ γένει καὶ [124b] τῷ εἴδει ἀντίκειται στέρησις, μὴ ἔστι δὲ τὸ ἀντικείμενον ἐν τῷ ἀντικειμένῳ, οὐδ' ἂν τὸ ἀποδοθὲν ἐν τῷ ἀποδοθέντι εἴη. Ἀναιροῦντι μὲν οὖν καθάπερ εἴρηται χρηστέον, κατασκευάζοντι δὲ μοναχῶς· εἰ γὰρ τὸ ἀντικείμενον ἐν τῷ ἀντικειμένῳ, καὶ τὸ προκείμενον ἐν τῷ προκειμένῳ ἂν εἴη· οἷον εἰ ἡ τυφλότης ἀναισθησία τις, ἡ ὄψις αἴσθησις.

Πάλιν ἐπὶ τῶν ἀποφάσεων σκοπεῖν ἀνάπαλιν, καθάπερ ἐπὶ τοῦ συμβεβηκότος ἐλέγετο· οἷον εἰ τὸ ἡδὺ ὅπερ

29 post διαλύεσθαι add. καὶ ἡ φθορὰ διάλυσις fort. Al[c] || γεννητικὸν APCu Al[c] [B] || 30 ante τὸ add. καὶ VCcD Al[c] Λ || γέννησις P || 31 post alt. καὶ add. τῶν C || 33 ἡ om. A || ante pr. τὸ add. καὶ c || 35 εἴδει : γένει P || 37 pr. ἢ (Λ) : εἰ BP || alt. ἢ : εἰ P || 38 εἰ om. P || 39 δ' εἰ : δὴ P || εἰ post καὶ transp. D || 39-b 1 γένει — εἴδει : εἴδει καὶ τῷ γένει P.

[124 b] 1 ante στέρησις add. ἡ VD, ante ras. c || 3-4 ante κατασκευάζοντι add. καὶ c || 6 εἰ om. A, suppl. A[2] || ante alt. ἡ add. καὶ cD || post αἴσθησις add. τις ABCcD edd.

bon, ce qui n'est pas bon n'est pas plaisant[1] ; il est impossible, en effet, si vraiment *bon* est le genre de *plaisant*, qu'il existe une chose non bonne qui soit plaisante : car ce qui ne se laisse pas attribuer un genre ne se laisse attribuer aucune de ses espèces non plus. Si maintenant l'on veut établir une proposition, on mènera l'examen de façon analogue : si ce qui n'est pas bon n'est pas plaisant, en effet, ce qui est plaisant est bon, et par suite, *bon* est le genre de *plaisant*.

Lorsque l'« espèce » est relative à quelque chose, examiner si le « genre » est bien relatif lui aussi à quelque chose : car si une espèce est un relatif, son genre aussi en est un, comme dans le cas de *double* et de *multiple*, termes qui sont l'un et l'autre des relatifs. En revanche, si le « genre » est un relatif, il n'est pas nécessairement vrai que l'« espèce » en soit aussi un : de fait, le savoir est un relatif, mais savoir lire et écrire n'en est pas un (peut-être que même la loi énoncée la première risque de ne pas être considérée comme vraie : en effet, une qualité est essentiellement quelque chose de beau et de bon ; or une qualité est un relatif, alors que *bon* et *beau* sont, non des relatifs, mais des qualifications).

Et encore, voir s'il ne se trouve pas que l'« espèce » n'a pas le même corrélat quand elle est prise en elle-même et quand elle est prise selon son genre ; par exemple, si l'on dit du double qu'il est le double de sa moitié, on doit dire aussi qu'il est le multiple[2] de sa moitié ; sinon, *multiple* ne saurait être le genre de *double*.

Voir encore s'il ne se trouve pas que l'« espèce » n'a pas le même corrélat quand elle est prise selon son « genre »

1-2. *Notes complémentaires*, p. 170.

ἀγαθόν, τὸ μὴ ἀγαθὸν οὐχ ἡδύ· ἀδύνατον γάρ, εἴπερ τὸ ἀγαθὸν γένος τοῦ ἡδέος, εἶναί τι μὴ ἀγαθὸν ἡδύ· ὧν γὰρ τὸ γένος μὴ κατηγορεῖται, οὐδὲ τῶν εἰδῶν οὐδέν. Καὶ κατασκευάζοντι δὲ ὡσαύτως σκεπτέον· εἰ γὰρ τὸ μὴ ἀγαθὸν οὐχ ἡδύ, τὸ ἡδὺ ἀγαθόν, ὥστε γένος τὸ ἀγαθὸν τοῦ ἡδέος.

Ἐὰν δ' ᾖ πρός τι τὸ εἶδος, σκοπεῖν εἰ καὶ τὸ γένος πρός τι· εἰ γὰρ τὸ εἶδος τῶν πρός τι, καὶ τὸ γένος, καθάπερ ἐπὶ τοῦ διπλασίου καὶ πολλαπλασίου· ἑκάτερον γὰρ τῶν πρός τι. Εἰ δὲ τὸ γένος τῶν πρός τι, οὐκ ἀνάγκη καὶ τὸ εἶδος· ἡ μὲν γὰρ ἐπιστήμη τῶν πρός τι, ἡ δὲ γραμματικὴ οὔ. (Ἢ οὐδὲ τὸ πρότερον ῥηθὲν ἀληθὲς ἂν δόξειεν· ἡ γὰρ ἀρετὴ ὅπερ καλὸν καὶ ὅπερ ἀγαθόν, καὶ ἡ μὲν ἀρετὴ τῶν πρός τι, τὸ δ' ἀγαθὸν καὶ τὸ καλὸν οὐ τῶν πρός τι ἀλλὰ ποιά.)

Πάλιν εἰ μὴ πρὸς ταὐτὸ λέγεται τὸ εἶδος καθ' αὑτό τε καὶ κατὰ τὸ γένος· οἷον εἰ τὸ διπλάσιον ἡμίσεος λέγεται διπλάσιον, καὶ [τὸ] πολλαπλάσιον ἡμίσεος δεῖ λέγεσθαι. Εἰ δὲ μή, οὐκ ἂν εἴη τὸ πολλαπλάσιον γένος τοῦ διπλασίου.

Ἔτι εἰ μὴ πρὸς τὸ αὐτὸ κατά τε τὸ γένος λέγεται καὶ

9-10 post pr. ἀγαθόν add. ἐστι, καὶ CcD || μὴ : οὐκ D || post ἡδύ add. εἰ γὰρ μὴ οὕτως ἔχοι [ἔχει uV^{2}M^2], εἴη ἄν τι καὶ [καὶ del. c] οὐκ ἀγαθὸν ἡδύ [ἡδὺ οὐκ ἀγαθόν C^{ac}uDM^2] ABCcuDV^{2}M^2 edd. (contra Al^p Λ) || γάρ (Al^c Λ) : δέ CDA^{2}P^{a1} || 11 εἶναί post ἡδύ transp. Al^c || 12 κατηγορῆται AP, corr. A^2 || οὔτε V || οὐδέν : ἐστι c || 13 τὸ μὴ sup. ras. A^2 || 14 post γένος add. ἐστι cD || 16 τῶν om. M || 16-17 post καθάπερ add. καὶ M || 17 post καὶ add. τοῦ c || 18 τῶν om. Al^c || 20 post δόξειεν add. εἶναι C || 20-21 καλὸν — ἀγαθόν : ἀγαθὸν καὶ ὅπερ καλόν MCcD Λ || 22 καὶ : ἢ M || 23 ταὐτὸ (Λ) : αὐτὸ c || 24 pr. τὸ om. c, suppl. c^2 || 25 τὸ damn. Bonitz || δεῖ post 25-26 λέγεσθαι transp. M || 28 alt. τὸ om. c.

et quand elle est prise selon chacun des genres de ce genre. Si en effet le double est un multiple de sa moitié, on devra dire aussi qu'il est une quantité supérieure à cette moitié, et d'une façon générale, quand on le prendra selon chacun des genres supérieurs, il devra toujours avoir sa moitié pour corrélat. (Objection : une espèce n'a pas nécessairement le même corrélat quand elle est prise en elle-même et quand elle est prise selon son genre : de fait, la connaissance se dit par relation à son contenu, mais elle est un état et une disposition, non de son contenu, mais de l'âme).

Et encore, voir si le « genre » et l'« espèce » gouvernent bien la même inflexion, comme *à quelque chose*, ou *de quelque chose*, ou autant d'autres qu'il y en a. L'inflexion que gouverne une espèce doit en effet être aussi celle que gouverne son genre, comme dans le cas du double et de ses genres superposés : de fait, c'est *de quelque chose* que se disent aussi bien *double* que *multiple*. De même dans le cas du savoir : c'est *de quelque chose* que se disent aussi bien le savoir lui-même que ses genres, comme la disposition et l'état. (Objection : dans certains cas il n'en est pas ainsi : de fait, *différent* et *contraire* se disent *de quelque chose*[1], mais *autre*, qui est leur genre, se dit, non pas *de quelque chose*, mais *que quelque chose* ; on dit en effet *autre que quelque chose*).

Et encore, voir s'il ne se trouve pas que le « genre » et l'« espèce ». tout en gouvernant bien la même inflexion dans leur corrélat, ne le font plus une fois remplacés par leurs inverses, comme le font *double* et *multiple* ; de fait, chacun de ces termes se dit *de quelque chose*, aussi bien en lui-même qu'après inversion, puisque c'est également *de quelque chose* que se disent aussi bien *moitié* que *sous-multiple*. De même encore dans le cas de la connaissance et de la représentation : de fait, elles-mêmes[2] se disent *de quelque chose*, et elles conservent cette similitude en

1. La traduction d'un passage aussi étroitement lié aux particularités syntaxiques de la langue grecque ne peut être qu'approximative. On me permettra d'écrire que *contraire* se construit avec la préposition *de*, en considérant que si ce n'est pas vrai de l'adjectif *contraire*, ce l'est du substantif *contraire*.

2. *Notes complémentaires*, p. 171.

κατὰ πάντα τὰ τοῦ γένους γένη. Εἰ γὰρ τὸ διπλάσιον ἡμίσεος πολλαπλάσιόν ἐστι, καὶ ὑπερέχον ἡμίσεος ῥηθήσεται, καὶ ἁπλῶς κατὰ πάντα τὰ ἐπάνω γένη πρὸς τὸ ἥμισυ ῥηθήσεται. (Ἔνστασις ὅτι οὐκ ἀνάγκη καθ' αὑτὸ καὶ κατὰ τὸ γένος πρὸς ταὐτὸ λέγεσθαι· ἡ γὰρ ἐπιστήμη ἐπιστητοῦ λέγεται, ἕξις δὲ καὶ διάθεσις οὐκ ἐπιστητοῦ ἀλλὰ ψυχῆς.)

Πάλιν εἰ ὡσαύτως λέγεται τὸ γένος καὶ τὸ εἶδος κατὰ τὰς πτώσεις, οἷον εἰ τινὶ ἢ τινὸς ἢ ὁσαχῶς ἄλλως. Ὡς γὰρ τὸ εἶδος, καὶ τὸ γένος, καθάπερ ἐπὶ τοῦ διπλασίου καὶ τῶν ἐπάνω· τινὸς γὰρ καὶ τὸ διπλάσιον καὶ τὸ πολλαπλάσιον. Ὁμοίως δὲ καὶ ἐπὶ τῆς ἐπιστήμης· τινὸς γὰρ [125a] καὶ αὐτὴ καὶ τὰ γένη, οἷον ἥ τε διάθεσις καὶ ἡ ἕξις. (Ἔνστασις ὅτι ἐνιαχοῦ οὐχ οὕτως· τὸ μὲν γὰρ διάφορον καὶ τὸ ἐναντίον τινί, τὸ δ' ἕτερον, γένος ὂν τούτων, οὐ τινὶ ἀλλὰ τινός· ἕτερον γάρ τινος λέγεται.)

Πάλιν εἰ ὁμοίως τὰ πρός τι κατὰ τὰς πτώσεις λεγόμενα μὴ ὁμοίως ἀντιστρέφει, καθάπερ ἐπὶ τοῦ διπλασίου καὶ τοῦ πολλαπλασίου. Ἑκάτερον γὰρ τούτων τινὸς καὶ αὐτὸ καὶ κατὰ τὴν ἀντιστροφὴν λέγεται· τινὸς γὰρ καὶ τὸ ἥμισυ καὶ τὸ πολλοστημόριον. Ὡσαύτως δὲ καὶ ἐπὶ τῆς ἐπιστήμης καὶ τῆς ὑπολήψεως· αὐταὶ γὰρ τινός, καὶ ἀντιστρέφει

29 τὸ om. ABMPu, suppl. B²M² || 30 ante πολλαπλάσιόν add. καὶ MC, καὶ τὸ VB² || ἐστι (Λ) : ἡμίσεος V || post καὶ add. τὸ VCcDM², κατὰ τὸ B²C² || 31 ἄνω cD || 33 αὐτὸ Vc, corr. c² || 35 εἰ om. Λ^r || 36 post ἄλλως add. λέγεται cD || 37 τοῦ om. P.

[125 a] 1 αὕτη BVPCu || 2 ἔνια MC || διαφέρον C || 5 εἰ om. Λ^r || τὰ om. MP || τὰς om. P || 5-6 λεγομένας A^{ac} || 6 ἀντιστρέφη A, corr. A² || 8 pr. καὶ om. MCc || 10 post pr. καὶ add. ἐπὶ Cc || αὐταὶ Bonitz : αὗται codd. || post αὐταὶ add. τε BVPCcuD Λ.

s'inversant[1], puisque[2] contenu de connaissance et contenu de représentation se disent tous deux *pour quelque chose*[3]. Si donc, pour certains termes, la similitude ne se conserve pas dans l'inversion, il est clair que l'un ne saurait être le genre de l'autre.

Et encore, voir s'il ne se trouve pas que l'« espèce » et le « genre » n'ont pas le même nombre de corrélats. Il est admis, en effet, que chacun d'eux possède des corrélats identiques en nature et en nombre ; tel est le cas pour *don* et *prestation*[4], puisqu'on dit *don de quelque chose à quelqu'un*[5], et *prestation de quelque chose à quelqu'un* ; et *prestation* est le genre de *don*, puisqu'un don est une prestation que l'on n'a pas à rendre. Dans certains cas, pourtant, l'égalité du nombre des corrélats n'est pas réalisée : le double est double *de quelque chose*, alors que *quantité supérieure* et *quantité majeure* se disent *à quelque chose de quelque chose* : en effet, toute quantité supérieure et toute quantité majeure sont supérieures *de quelque chose* et supérieures *à quelque chose*. D'où suit que les termes ci-dessus ne sont pas genres du double, puisqu'ils n'ont pas le même nombre de corrélats que leur « espèce » ; ou alors il n'est pas universellement vrai qu'une espèce et son genre possèdent le même nombre de corrélats.

Voir encore si le corrélat[6] du « genre » est bien le genre du corrélat de l'« espèce » ; par exemple, si *multiple* est le genre du double, *sous-multiple* sera celui de la moitié ; le corrélat d'un genre doit être en effet le genre du corrélat de son espèce. Si donc l'on posait que la connaissance est essentiellement une sensation, il faudrait aussi que le contenu de l'une fût essentiellement un contenu de l'autre. Or il n'en est rien : il est faux que tout contenu de connaissance soit le contenu d'une sensation, puisqu'il en est certains qui sont les contenus d'une intellection[7]. D'où

1. Copistes et éditeurs ont résolu diversement le problème de la ponctuation de cette phrase. Il paraît cependant certain qu'il faut une ponctuation forte après 11 ὁμοίως : les emplois du verbe αντιστρέφει aux lignes 6 et 12 montrent en effet que le sujet de ce verbe est toujours le couple des termes primitifs ; il n'est donc pas possible de faire de τὸ ἐπιστητὸν καὶ τὸ ὑποληπτόν le sujet de 10 ἀντιστρέφει, dont le véritable sujet est ἡ ἐπιστήμη καὶ ἡ ὑπόληψις.
2-7. *Notes complémentaires*, p. 171.

ὁμοίως· τό τε γὰρ ἐπιστητὸν καὶ τὸ ὑποληπτὸν τινί. Εἰ οὖν ἐπί τινων μὴ ὁμοίως ἀντιστρέφει, δῆλον ὅτι οὐ γένος θάτερον θατέρου.

Πάλιν εἰ μὴ πρὸς ἴσα τὸ εἶδος καὶ τὸ γένος λέγεται. Ὁμοίως γὰρ καὶ ἰσαχῶς ἑκάτερον δοκεῖ λέγεσθαι, καθάπερ ἐπὶ τῆς δωρεᾶς καὶ τῆς δόσεως· ἥ τε γὰρ δωρεὰ τινὸς τινὶ λέγεται, καὶ ἡ δόσις τινὸς τινί· ἔστι δὲ ἡ δόσις γένος τῆς δωρεᾶς· ἡ γὰρ δωρεὰ δόσις ἐστὶν ἀναπόδοτος. Ἐπ' ἐνίων δ' οὐ συμβαίνει πρὸς ἴσα λέγεσθαι· τὸ μὲν γὰρ διπλάσιον τινὸς διπλάσιον, τὸ δ' ὑπερέχον καὶ τὸ μεῖζον τινὸς τινί· πᾶν γὰρ τὸ ὑπερέχον καὶ τὸ μεῖζον τινὶ ὑπερέχει καὶ τινὸς ὑπερέχει. Ὥστ' οὐ γένη τὰ εἰρημένα τοῦ διπλασίου, ἐπειδὴ οὐ πρὸς ἴσα τῷ εἴδει λέγεται· ἢ οὐ καθόλου ἀληθὲς τὸ πρὸς ἴσα τὸ εἶδος καὶ τὸ γένος λέγεσθαι.

Ὁρᾶν δὲ καὶ εἰ τοῦ ἀντικειμένου τὸ ἀντικείμενον γένος· οἷον εἰ τοῦ διπλασίου τὸ πολλαπλάσιον, καὶ τοῦ ἡμίσεος τὸ πολλοστημόριον· δεῖ γὰρ τὸ ἀντικείμενον τοῦ ἀντικειμένου γένος εἶναι. Εἰ οὖν τις θείη τὴν ἐπιστήμην ὅπερ αἴσθησιν, δεήσει καὶ τὸ ἐπιστητὸν ὅπερ αἰσθητὸν εἶναι. Οὐκ ἔστι δέ· οὐ γὰρ πᾶν τὸ ἐπιστητὸν αἰσθητόν· καὶ γὰρ τῶν νοητῶν ἔνια ἐπιστητά.

11 γὰρ om. ABVMPCuD Λ || 12 μὴ : οὐχ V || ἀντιστρέφῃ A, corr. A[2] || 14 post ἴσα add. καὶ C || εἶδος — γένος (Λ) : γένος καὶ τὸ εἶδος cDM[pc] || 15 γὰρ : δὲ V Λ || 16 τε om. VPu || post τινὸς add. ἢ AB, καὶ McuDB[2] Λ, ἢ καὶ C || 17 post τινὸς add. καὶ ABMCcuD Λ || 20 post μεῖζον add. καὶ B || 20-21 τινὸς — μεῖζον om. uD || 21 ante τινί add. καὶ ABCcM[2] Λ || 23 pr. οὐ om. P || 24 εἶδος — γένος (Λ) : γένος καὶ τὸ εἶδος McD || 25 εἰ : εἰς ante ras. u ἐπὶ c ἔτι fort. D[pc] || 26 εἰ (Λ) : εἴη M[ac] εἰ γένος εἴη M[pc] || post πολλαπλάσιον add. εἴη C, ἢ c, εἰ V || post καὶ add. εἰ M || 27 τὰ ἀντικείμενα V || 28 αἴσθησις P || 29 ὅπερ om. c[ac] || πᾶν om. A.

suit que *contenu sensible* n'est pas le genre du contenu de connaissance ; et s'il ne l'est pas, *sensation* n'est pas davantage celui de la connaissance.

Puisque par ailleurs l'on peut distinguer trois groupes parmi les relatifs — ceux d'abord qui ont nécessairement pour lieu de résidence ou d'attache les termes par relation auxquels, en l'occurrence, ils se trouvent dits (par exemple, une composition[1], un état, un équilibre, toutes choses qui ne peuvent résider ailleurs que dans les termes par relation auxquels ils sont dits) ; ceux ensuite qui ne résident pas nécessairement dans les termes par relation auxquels, en l'occurrence, ils sont dits, mais qui peuvent le faire (par exemple une connaissance, si son contenu est l'âme : de fait, rien n'empêche que ce soit d'elle-même que l'âme possède la connaissance, mais ce n'est pas une nécessité, puisqu'il est également possible pour une connaissance[2] d'avoir pour lieu de résidence autre chose que son propre contenu) ; ceux enfin qui ne peuvent absolument pas résider dans les termes par relation auxquels, en l'occurrence, ils se trouvent dits (par exemple, un contraire ne peut résider dans son contraire, ni une connaissance dans son contenu, à moins que ce contenu ne se trouve être l'âme ou l'homme) — il faut examiner la situation sous l'angle de cette division[3], lorsque l'adversaire donne comme le genre d'un terme appartenant à l'une de ces catégories un terme appartenant à une autre ; tel est le cas, par exemple, s'il a dit que le souvenir est la persistance d'une connaissance : en effet, toute persistance a pour lieu de résidence ou d'attache la chose même qui persiste ; d'où suit que la persistance d'une connaissance réside dans cette connaissance. Le souvenir résidera donc dans la connaissance, puisqu'il est la persistance de cette connaissance. Or cela ne se peut, puisque tout souvenir

1-2. *Notes complémentaires*, p. 172.

3. Σκοπεῖν étant régulièrement employé avec εἰ, et non avec ἐάν, il faut probablement interpréter ici ce verbe en un sens absolu (cf. 123 b 1). La correction adoptée par Forster, sur la suggestion de Maguinness (ἐάν τις εἰς γένος θῇ τὸ τοιοῦτον, <εἰ> εἰς τὸ μὴ τοιοῦτον), est ingénieuse, mais ne semble pas s'imposer.

Ὥστ' οὐ γένος τὸ αἰσθητὸν τοῦ ἐπιστητοῦ. Εἰ δὲ τοῦτο μή, οὐδ' αἴσθησις ἐπιστήμης.

Ἐπεὶ δὲ τῶν πρός τι λεγομένων τὰ μὲν ἐξ ἀνάγκης ἐν ἐκείνοις ἢ περὶ ἐκεῖνά ἐστι πρὸς ἅ ποτε τυγχάνει λεγόμενα (οἷον ἡ σύνθεσις καὶ ἡ ἕξις καὶ ἡ συμμετρία· ἐν ἄλλῳ γὰρ οὐδενὶ δυνατὸν ὑπάρχειν τὰ εἰρημένα ἢ ἐν ἐκείνοις πρὸς ἃ λέγεται), τὰ δ' οὐκ ἀνάγκη μὲν ἐν ἐκείνοις ὑπάρχειν πρὸς ἅ ποτε λέγεται, ἐνδέχεται δέ (οἷον εἰ ἐπιστητὸν ἡ ψυχή· οὐδὲν γὰρ κωλύει τὴν αὑτῆς ἐπιστήμην ἔχειν τὴν ψυχήν, οὐκ ἀναγκαῖον δέ· δυνατὸν γὰρ καὶ ἐν ἄλλῳ [125b] ὑπάρχειν τὴν αὐτὴν ταύτην), τὰ δ' ἁπλῶς οὐκ ἐνδέχεται ἐν ἐκείνοις ὑπάρχειν πρὸς ἅ ποτε τυγχάνει λεγόμενα (οἷον τὸ ἐναντίον ἐν τῷ ἐναντίῳ οὐδὲ τὴν ἐπιστήμην ἐν τῷ ἐπιστητῷ, ἐὰν μὴ τυγχάνῃ τὸ ἐπιστητὸν ψυχὴ ἢ ἄνθρωπος ὄν), σκοπεῖν οὖν χρή, ἐάν τις εἰς γένος θῇ τὸ τοιοῦτον εἰς τὸ μὴ τοιοῦτον, οἷον εἰ τὴν μνήμην μονὴν ἐπιστήμης εἶπεν· πᾶσα γὰρ μονὴ ἐν τῷ μένοντι καὶ περὶ ἐκεῖνο, ὥστε καὶ ἡ τῆς ἐπιστήμης μονὴ ἐν τῇ ἐπιστήμῃ. Ἡ μνήμη ἄρα ἐν τῇ ἐπιστήμῃ, ἐπειδὴ μονὴ τῆς ἐπιστήμης ἐστίν. Τοῦτο δ' οὐκ ἐνδέχεται· μνήμη

32 ante αἴσθησις add. ἡ MCcD || post αἴσθησις add. τῆς MCcD || 34-35 τυγχάνει λεγόμενα : λέγεται D Λ || 35 ἡ σύνθεσις καὶ ἡ ἕξις Al^p : ἡ διάθεσις καὶ ἡ ἕξις codd. Λ αἱ διαθέσεις καὶ αἱ ἕξεις Al^c in Metaph. 408, 23 sq. || alt. ἡ om. cD || 36 post ἢ del. 1-2 litt. V || ἐν om. c || 38 εἰ om. P || 39 ἡ ψυχή : ἐν τῇ ψυχῇ fort. Λ || post ψυχή add. εἴη CB^{2pc}, ante ἡ VDB^{1ac} Al^c [loc. cit.] Λ, post 38 εἰ M || αὑτὴν fort. C, corr. C^2.

[125 b] 3 pr. ἐν om. A || 4 ὄν : ὤν M^{ac}, om. Al^c [loc. cit.] || 5 pr. εἰς (Λ) : ὡς u, om. D || alt. εἰς om. Λ || 5-6 εἰς τὸ μὴ τοιοῦτον om. P || 6 εἴποι CcD || 7-8 τῷ — pr. ἐν om. P || 8 ante ἡ add. καὶ P || 9-10 μνήμη γὰρ πᾶσα : ἡ μνήμη γὰρ πᾶσα M^2 ἡ γὰρ μνήμη πᾶσα Cc πᾶσα γὰρ μνήμη Al^c.

réside dans l'âme. L'application du lieu que l'on vient d'indiquer s'étend aussi à l'accident, car il ne fait aucune différence de dire que *persistance* est le genre du souvenir ou de déclarer qu'elle en est un accident : il suffit que le souvenir soit, d'une manière ou d'une autre, la persistance d'une connaissance, pour qu'on puisse appliquer à son sujet la même argumentation.

5

Autres lieux

Et encore, voir s'il ne se trouve pas que l'adversaire a mis une disposition dans un acte, ou un acte dans une disposition, disant par exemple qu'un sens est un mouvement transmis par le corps : de fait, un sens est une disposition, tandis qu'un mouvement est un acte. Même raisonnement s'il a dit que le souvenir est une disposition rétentrice ayant pour objet une représentation : car le souvenir n'est jamais une disposition, il est bien plutôt un acte.

Se trompent aussi ceux qui mettent une disposition dans la capacité qu'elle implique, disant par exemple que la douceur est la maîtrise de la colère, le courage et la justice, celle des mouvements de peur ou de cupidité : de fait, on appelle courageux et doux celui qui n'éprouve pas ces mouvements ; maître de lui, en revanche, celui qui les éprouve sans se laisser mener par eux. Il est donc fort possible que chacune de ces dispositions implique une capacité ainsi faite que, si l'on éprouvait ces mouvements, loin de se laisser mener par eux, on les maîtriserait ; il n'en reste pas moins que ce qui s'appelle être courageux, ce qui s'appelle être doux[1], ce n'est pas cela, mais c'est bien être totalement inaccessible aux mouvements de cette nature.

Parfois aussi, on pose comme le genre un terme simplement rattaché au sujet par un lien quelconque, donnant par exemple la douleur comme le genre de la colère, ou la représentation comme celui de la conviction ; ce qui est une erreur, car si les deux termes en question sont bien

1. *Notes complémentaires*, p. 172.

γὰρ πᾶσα ἐν ψυχῇ. Ἔστι δ' ὁ εἰρημένος τόπος καὶ πρὸς τὸ συμβεβηκὸς κοινός· οὐδὲν γὰρ διαφέρει τῆς μνήμης γένος τὴν μονὴν εἰπεῖν ἢ συμβεβηκέναι φάσκειν αὐτῇ τοῦτο· [εἰ γὰρ ὁπωσοῦν ἐστιν ἡ μνήμη μονὴ ἐπιστήμης, ὁ αὐτὸς ἁρμόσει περὶ αὐτῆς λόγος.

V Πάλιν εἰ τὴν ἕξιν εἰς τὴν ἐνέργειαν ἔθηκεν ἢ τὴν ἐνέργειαν εἰς τὴν ἕξιν, οἷον τὴν αἴσθησιν κίνησιν διὰ σώματος· ἡ μὲν γὰρ αἴσθησις ἕξις, ἡ δὲ κίνησις ἐνέργεια. Ὁμοίως δὲ καὶ εἰ τὴν μνήμην ἕξιν καθεκτικὴν ὑπολήψεως εἶπεν· οὐδεμία γὰρ μνήμη ἕξις, ἀλλὰ μᾶλλον ἐνέργεια.

Διαμαρτάνουσι δὲ καὶ οἱ τὴν ἕξιν εἰς τὴν ἀκολουθοῦσαν δύναμιν τάττοντες, οἷον τὴν πραότητα ἐγκράτειαν ὀργῆς καὶ τὴν ἀνδρείαν καὶ τὴν δικαιοσύνην φόβων καὶ κερδῶν· ἀνδρεῖος μὲν γὰρ καὶ πρᾶος ὁ ἀπαθὴς λέγεται, ἐγκρατὴς δ' ὁ πάσχων καὶ μὴ ἀγόμενος. Ἴσως μὲν οὖν ἀκολουθεῖ δύναμις ἑκατέρῳ τοιαύτη ὥστ', εἰ πάθοι, μὴ ἄγεσθαι ἀλλὰ κρατεῖν· οὐ μὴν τοῦτό γ' ἐστὶ τὸ μὲν ἀνδρείῳ τὸ δὲ πράῳ εἶναι, ἀλλὰ τὸ ὅλως μὴ πάσχειν ὑπὸ τῶν τοιούτων μηδέν.

Ἐνίοτε δὲ καὶ τὸ παρακολουθοῦν ὁπωσοῦν ὡς γένος τιθέασιν, οἷον τὴν λύπην τῆς ὀργῆς καὶ τὴν ὑπόληψιν τῆς πίστεως· ἄμφω γὰρ τὰ εἰρημένα παρακολουθεῖ μὲν τρόπον

10 post ψυχῇ add. ἐστιν M[pc] || 12 αὐτῇ : αὐτὸ V αὐτὴ C, corr. C[a] || 13 ὁπωσοῦν ἐστιν (Λ) : ὅπως εἰ D || 15 εἰ C[pc] || 16 post ἕξιν add. οὐκ ἔστι [οὐκέτι D] γένος τὸ τοιοῦτον McD || post οἷον add. εἰ MPuD || 18 εἰ om. P || 19 μνήμη post ἕξις transp. cD || 20 ἁμαρτάνουσι M Al[p] || 22 post φόβων add. ἐγκράτειαν M[a], post κερδῶν CcD || 23 ante pr. ὁ add. καὶ c || 26 ταὐτό MC || pr. et alt. τὸ Imelmann Wallies : τῷ codd. || ἀνδρεῖον — πρᾶον Imelmann || 28 παρακολουθεῖν D || 30 προειρημένα fort. Λ.

rattachés d'une certaine manière à ceux que l'on donne comme leurs espèces, aucun d'eux toutefois n'est leur genre. De fait, l'homme en colère ne souffre que dans la mesure où une douleur a été antérieurement éveillée en lui : car ce n'est pas la colère qui est cause de la douleur, c'est la douleur qui est cause de la colère ; d'où suit qu'absolument parlant, la colère n'est pas une douleur. Pour les mêmes raisons, une conviction n'est pas davantage une représentation : car on peut se représenter une même idée sans en être convaincu, aussi bien qu'en l'étant, ce qui ne serait pas possible si la conviction était vraiment une espèce de la représentation[1] : car il n'est pas possible qu'une chose continue à rester la même si elle franchit décidément les limites de son espèce, par exemple, qu'un animal reste le même animal si tantôt il est homme et tantôt ne l'est pas. Et si l'on s'avise de dire qu'il est impossible de se représenter une idée sans en être convaincu[2], représentation et conviction auront alors la même extension, si bien que la première ne saurait davantage ainsi être le genre de la seconde, puisque le genre doit avoir une extension supérieure.

Voir également si les deux termes ont un même lieu naturel de résidence : en effet, le lieu de résidence d'une espèce est celui même de son genre, par exemple celui du blanc est celui même de la couleur, et celui du savoir lire et écrire, celui même du savoir. Si donc l'adversaire dit que le respect humain[3] est une peur, ou que la colère est une douleur, l'identité de lieu de l'espèce et du genre ne sera pas réalisée, puisque le respect humain réside dans la partie raisonnable de l'âme, tandis que la peur réside dans sa partie irascible, et que la douleur réside dans sa partie concupiscible (attendu que le plaisir y réside également), tandis que la colère réside dans sa partie irascible. D'où suit que les termes indiqués ne sont pas genres, leur lieu naturel de résidence n'étant pas le même que celui de leurs « espèces ». De la même manière, si l'amitié réside dans la partie concupiscible de l'âme, elle

1-3. *Notes complémentaires*, p. 172-173.

τινὰ τοῖς ἀποδοθεῖσιν εἴδεσιν, οὐδέτερον δ' αὐτῶν γένος ἐστίν. Ὁ μὲν γὰρ ὀργιζόμενος λυπεῖται προτέρας ἐν αὐτῷ τῆς λύπης γενομένης· οὐ γὰρ ἡ ὀργὴ τῆς λύπης ἀλλ' ἡ λύπη τῆς ὀργῆς αἰτία, ὥσθ' ἁπλῶς ἡ ὀργὴ οὐκ ἔστι λύπη. Κατὰ ταὐτὰ δ' οὐδ' ἡ πίστις ὑπόληψις· ἐνδέχεται γὰρ τὴν αὐτὴν ὑπόληψιν καὶ μὴ πιστεύοντα ἔχειν, οὐκ ἐνδέχεται δ', εἴπερ εἶδος ἡ πίστις ὑπολήψεως· οὐ γὰρ ἐνδέχεται τὸ αὐτὸ ἔτι διαμένειν, ἄνπερ ἐκ τοῦ εἴδους ὅλως μεταβάλῃ, καθάπερ οὐδὲ τὸ αὐτὸ ζῷον ὁτὲ μὲν ἄνθρωπον εἶναι ὁτὲ δὲ μή. Ἂν δέ τις φῇ ἐξ ἀνάγκης τὸν ὑπολαμβάνοντα καὶ πιστεύειν, [126a] ἐπ' ἴσον ἡ ὑπόληψις καὶ ἡ πίστις ῥηθήσεται, ὥστ' οὐδ' ἂν οὕτως εἴη γένος· ἐπὶ πλέον γὰρ δεῖ λέγεσθαι τὸ γένος.

Ὁρᾶν δὲ καὶ εἰ ἔν τινι τῷ αὐτῷ πέφυκεν ἄμφω γίνεσθαι· ἐν ᾧ γὰρ τὸ εἶδος, καὶ τὸ γένος, οἷον ἐν ᾧ τὸ λευκόν, καὶ τὸ χρῶμα, καὶ ἐν ᾧ γραμματική, καὶ ἐπιστήμη. Ἐὰν οὖν τις τὴν αἰσχύνην φόβον εἴπῃ ἢ τὴν ὀργὴν λύπην, οὐ συμβήσεται ἐν τῷ αὐτῷ τὸ εἶδος καὶ τὸ γένος ὑπάρχειν· ἡ μὲν γὰρ αἰσχύνη ἐν τῷ λογιστικῷ, ὁ δὲ φόβος ἐν τῷ θυμοειδεῖ· καὶ ἡ μὲν λύπη ἐν τῷ ἐπιθυμητικῷ (ἐν τούτῳ γὰρ καὶ ἡ ἡδονή), ἡ δὲ ὀργὴ ἐν τῷ θυμοειδεῖ. Ὥστ' οὐ γένη τὰ ἀποδοθέντα, ἐπειδὴ οὐκ ἐν τῷ αὐτῷ τοῖς εἴδεσι πέφυκε γίνεσθαι. Ὁμοίως δὲ καὶ εἰ ἡ φιλία ἐν τῷ ἐπιθυμητικῷ,

32 πρότερον PC || 33 γινομένης P || 35 ταῦτα ABVD Λ || 36 ἔχειν C[pc] || post δ' add. τὴν αὐτήν CM[2] || 37 εἶδος post πίστις transp. C Λ || ante ὑπολήψεως add. τῆς VPu || τὸ αὐτὸ ἔτι : ἔτι τὸ αὐτὸ D τι τὸ αὐτὸ c || 38 μεταβάλλῃ c || 39 pr. et alt. ὁτὲ (Λ): ὅτι B ποτὲ Al[c] || μή : λευκόν P.

[126 a] 1 ἴσον : ἴσων M[ac]PcDA[2] Λ ἴσης Al[p] || ἂν post 2 οὕτως transp. u, om. M || 3 τινι om. cD Al[p] || τὸ αὐτὸ B || 4 καὶ om. P || 6 ἐὰν : εἰ u || τις post εἴπῃ transp. u || 7 post pr. τὸ add. τε C || 12 δὲ om. Pu || ἐν om. D.

ne saurait être une volonté, puisque toute volonté réside dans sa partie raisonnable. Ce lieu peut servir aussi pour l'accident, puisqu'un accident et ce dont il est l'accident ont le même lieu de résidence ; d'où suit que s'il s'avère qu'ils n'ont pas le même lieu de résidence, il est clair que l'« accident » n'en est pas un.

Et encore, voir s'il ne se trouve pas que c'est sous un certain rapport seulement que l'« espèce » participe du terme indiqué comme son genre ; car il est admis que ce n'est pas sous un certain rapport seulement que s'effectue la participation à un genre : de fait, ce n'est pas sous un certain rapport seulement que l'homme est un animal, ni que savoir lire et écrire est un savoir[1] ; et de même dans les autres cas. Voir donc s'il ne se trouve pas, dans certaines thèses, que la participation au « genre » ne s'effectue que sous un certain rapport, par exemple si l'on a dit qu'un vivant est essentiellement un sensible ou un visible : car c'est sous un certain rapport seulement qu'un vivant est sensible ou visible ; c'est sous le rapport du corps qu'il est sensible et visible, sous celui de l'âme il ne l'est pas. D'où suit que *visible* et *sensible* ne sauraient être le genre du vivant.

Il arrive aussi que, sans s'en apercevoir[2], on mette un tout dans sa partie, disant par exemple qu'un vivant est un corps animé. Il est exclu qu'une partie puisse être l'attribut de son tout ; d'où suit que le corps ne saurait être le genre du vivant, puisqu'il en est une partie.

Voir également s'il ne se trouve pas que l'adversaire a mis une chose blâmable, ou peu recommandée, dans une capacité ou dans le genre du *capable*, décrivant par exemple un sophiste, un calomniateur ou un voleur comme un

1. Le texte adopté ici résulte de la combinaison de ceux de VMPΛ et d'Al[c]. Contrairement aux autres manuscrits, VMPΛ ne répètent pas κατά τι après γραμματική ; cette omission pourrait être conforme à l'archétype, à condition toutefois que le premier κατά τι occupât une place susceptible de le faire porter à la fois sur les deux membres de la phrase ; or c'est précisément ainsi qu'il se présente dans la citation d'Alexandre. Le défaut de symétrie du texte adopté est susceptible d'expliquer les diverses corrections dont il a été l'objet.

2. *Notes complémentaires*, p. 173.

οὐκ ἂν εἴη βούλησις· πᾶσα γὰρ βούλησις ἐν τῷ λογιστικῷ. Χρήσιμος δ' ὁ τόπος καὶ πρὸς τὸ συμβεβηκός· ἐν τῷ αὐτῷ γὰρ τὸ συμβεβηκὸς καὶ ᾧ συμβέβηκεν, ὥστ' ἂν μὴ ἐν τῷ αὐτῷ φαίνηται, δῆλον ὅτι οὐ συμβέβηκεν.

Πάλιν εἰ κατά τι τὸ εἶδος τοῦ εἰρημένου γένους μετέχει· οὐ δοκεῖ γὰρ κατά τι μετέχεσθαι τὸ γένος. Οὐ γάρ ἐστι κατά τι ζῷον ὁ ἄνθρωπος, οὐδ' ἡ γραμματικὴ ἐπιστήμη· ὁμοίως δὲ καὶ ἐπὶ τῶν ἄλλων. Σκοπεῖν οὖν εἰ ἐπί τινων κατά τι μετέχεται τὸ γένος, οἷον εἰ τὸ ζῷον ὅπερ αἰσθητὸν ἢ ὁρατὸν εἴρηται. Κατά τι γὰρ αἰσθητὸν ἢ ὁρατὸν τὸ ζῷον· κατὰ τὸ σῶμα γὰρ αἰσθητὸν καὶ ὁρατόν, κατὰ δὲ τὴν ψυχὴν οὔ. Ὥστ' οὐκ ἂν εἴη γένος τὸ ὁρατὸν καὶ τὸ αἰσθητὸν τοῦ ζῴου.

Λανθάνουσι δ' ἐνίοτε καὶ τὸ ὅλον εἰς τὸ μέρος τιθέντες, οἷον τὸ ζῷον σῶμα ἔμψυχον. Οὐδαμῶς δὲ τὸ μέρος τοῦ ὅλου κατηγορεῖται· ὥστ' οὐκ ἂν εἴη τὸ σῶμα γένος τοῦ ζῴου, ἐπειδὴ μέρος ἐστίν.

Ὁρᾶν δὲ καὶ εἴ τι τῶν ψεκτῶν ἢ φευκτῶν εἰς δύναμιν ἢ τὸ δυνατὸν ἔθηκεν, οἷον τὸν σοφιστὴν ἢ διάβολον ἢ

13 post pr. βούλησις add. τις BMCD edd. || 14-15 ἐν — συμβεβηκὸς om. AVPc Λ, suppl. c² || 15 post γὰρ add. καὶ D || ἂν om. A, suppl. A² || 17 πάλιν (Λ) : ἔτι McD || 18 δόξει Pu || 19 κατά τι ζῷον hic Al^{c} : post ἄνθρωπος transp. codd. Λ || post γραμματικὴ add. κατά τι ABCcuD || 20 εἰ om. Pu || 21 ὅπερ : ὥσπερ c ut uid., corr. c² || 22 alt. ἢ (Λ) : καὶ cD || 23 γὰρ post pr. κατὰ transp. MD Al^{p} || post γὰρ add. καὶ C || αἰσθητὸν om. D || post αἰσθητὸν add. τε Al^{p} || post ὁρατόν add. τὸ ζῷον D || 24 τὴν om. P || εἴη om. c || γένη CD || γένος ante 25 τοῦ transp. M || 24-25 ὁρατὸν — αἰσθητὸν : αἰσθητὸν καὶ τὸ ὁρατὸν P Λ || 27 τοῦ : τὸ A, corr. A² || 30 εἴ τι sup. ras. c² || 31 τὸν : τὸ c, om. u || post σοφιστὴν add. τὸν δυνάμενον ἀπὸ φαινομένης σοφίας χρηματίζεσθαι u || alt. ἢ om. APcD, suppl. A² || post διάβολον add. τὸν δυνάμενον διαβάλλειν καὶ ἐχθροὺς ποιεῖν τοὺς φίλους u.

homme capable de voler subrepticement les biens d'autrui[1] ; en effet, aucun de ces personnages ne reçoit son nom du seul fait qu'il possède l'une des capacités en question. Un dieu, un homme de bien sont eux aussi capables de faire le mal ; mais ils ne se voient pas attribuer ces noms, car c'est toujours à raison de leur volonté délibérée que les êtres malfaisants reçoivent leur nom. En outre, une capacité est toujours une chose souhaitable : même celles de faire le mal sont souhaitables, et c'est pourquoi nous disons qu'un dieu et un homme de bien les possèdent : c'est qu'ils nous paraissent capables de faire le mal. D'où suit qu'une capacité ne saurait être le genre d'une chose blâmable. Autrement, il en résulterait qu'une chose blâmable serait souhaitable, puisqu'il existerait alors une capacité blâmable.

Voir encore s'il ne se trouve pas qu'il a mis une chose par elle-même précieuse ou souhaitable dans une capacité ou dans le genre du *capable* ou de l'*agent producteur* : en effet, une capacité, un être capable ou producteur de quelque chose ne sont jamais souhaitables que pour autre chose qu'eux-mêmes.

Ou bien encore, voir s'il ne se trouve pas qu'il a mis une chose appartenant à deux ou plusieurs genres dans l'un seulement d'entre eux. Il existe en effet des termes qu'on ne peut mettre dans un genre unique, comme *fourbe* ou *calomniateur* : de fait, ne sont calomniateurs ou fourbes ni celui qui veut sans pouvoir, ni celui qui peut sans vouloir, mais seulement celui qui possède à la fois ces deux propriétés ; d'où suit qu'il ne faut pas mettre ces termes dans un genre unique, mais à la fois dans les deux qu'on vient de dire.

1. Aristote ne donne que la définition du voleur ; mais cette lacune (dont Alexandre porte témoignage dans son commentaire) n'a pas à être comblée, comme ont cru devoir le faire CuB²M¹, d'ailleurs sous plus d'une forme.

κλέπτην τὸν δυνάμενον λάθρᾳ τὰ ἀλλότρια κλέπτειν· οὐδεὶς γὰρ τῶν εἰρημένων τῷ δυνατὸς εἶναί τι τούτων τοιοῦτος λέγεται. Δύναται μὲν γὰρ καὶ ὁ θεὸς καὶ ὁ σπουδαῖος τὰ φαῦλα δρᾶν, ἀλλ' οὐκ εἰσὶ τοιοῦτοι· πάντες γὰρ οἱ φαῦλοι κατὰ προαίρεσιν λέγονται. Ἔτι πᾶσα δύναμις τῶν αἱρετῶν· καὶ γὰρ αἱ τῶν φαύλων δυνάμεις αἱρεταί, διὸ καὶ τὸν θεὸν καὶ τὸν σπουδαῖον ἔχειν φαμὲν αὐτάς· δυνατοὺς γὰρ εἶναι τὰ φαῦλα πράσσειν. Ὥστ' [126b] οὐδενὸς ἂν εἴη ψεκτοῦ γένος ἡ δύναμις. Εἰ δὲ μή, συμβήσεται τῶν ψεκτῶν τι αἱρετὸν εἶναι· ἔσται γάρ τις δύναμις ψεκτή.

Καὶ εἴ τι τῶν δι' αὐτὸ τιμίων ἢ αἱρετῶν εἰς δύναμιν ἢ τὸ δυνατὸν ἢ τὸ ποιητικὸν ἔθηκεν· πᾶσα γὰρ δύναμις καὶ πᾶν τὸ δυνατὸν ἢ τὸ ποιητικὸν δι' ἄλλο αἱρετόν.

Ἢ εἴ τι τῶν ἐν δύο γένεσιν ἢ πλείοσιν εἰς θάτερον ἔθηκεν. Ἔνια γὰρ οὐκ ἔστιν εἰς ἓν γένος θεῖναι, οἷον τὸν φένακα καὶ τὸν διάβολον· οὔτε γὰρ ὁ προαιρούμενος ἀδυνατῶν δέ, οὔθ' ὁ δυνάμενος μὴ προαιρούμενος δέ, διάβολος ἢ φέναξ, ἀλλ' ὁ ἄμφω ταῦτα ἔχων. Ὥστ' οὐ θετέον εἰς ἓν γένος ἀλλ' εἰς ἀμφότερα τὰ εἰρημένα.

32 λάθρᾳ τὰ ἀλλότρια (Al° Λ) : λάθρᾳ ἀλλότρια AB τὰ ἀλλότρια λάθρᾳ u τὰ ἀλλότρια CB² || κλέπτειν : ὑφαιρεῖσθαι CB² Al^p || post κλέπτειν (resp. ὑφαιρεῖσθαι) add. ἢ δυνάμενον διαβάλλειν ἢ σοφίζεσθαι CB²M² || οὐδὲ εἷς D || 33 τῷ (Λ) : τὸ PCB² || τούτων (Λ) : τῶν τοιούτων CB² || τοιοῦτος post λέγεται transp. CB² || 34 δυνατὸς CcD || alt. ὁ om. P || 36 πᾶσαι αἱ δυνάμεις McD || post γὰρ add. καὶ M || 38 post γὰρ add. φαμεν cD.

[126 b] 1 γένους BPc || 2 τι ante τῶν transp. cD || 4 αὐτὸ : αὑτὸ MCcD αὑτὰ Al^p || αἱρετὸν P || 5 πᾶσαι γὰρ δυνάμεις D || 7 τι (Λ) : τις c || δυσὶ CcD || 9 οὔτε — δέ om. D || 10 τὸ δυνάμενον μὴ προαιρούμενον V || ante μὴ add. μὲν cD || 11 οὐ θετέον (Λ) : οὐδέτερον CcD || post εἰς add. τὸ CcD || 12 post εἰρημένα add. θετέον MCcD.

Il arrive aussi que, renversant l'ordre des termes, l'on donne le genre pour la différence et la différence pour le genre, disant par exemple que la stupeur est une immensité[1] d'étonnement et la conviction une intensité de représentation. En fait, ni l'immensité ni l'intensité ne sont les genres, ce sont les différences : il est admis en effet que la stupeur est un étonnement immense, et la conviction, une représentation intense[2]. De plus, si l'on donne comme les genres *immensité* et *intensité*, il en résultera que des choses sans vie seront convaincues ou stupéfaites. En effet, l'intensité et l'immensité d'une chose sont toujours présentes dans la chose même dont elles le sont[3]. Si donc la stupeur est une immensité d'étonnement, la stupeur sera présente dans l'étonnement, et par suite, l'étonnement sera stupéfait. De la même façon, la conviction sera présente dans la représentation, s'il est vrai qu'elle est une intensité de représentation ; et par suite, la représentation sera convaincue. En outre, on sera conduit, si l'on soutient pareille thèse, à parler d'intensité intense et d'immensité immense ; il existe en effet des convictions intenses[4] ; si donc la conviction est une intensité, ce seront des intensités intenses. De la même façon, il existe des stupeurs immenses ; si donc la stupeur est une immensité, ce seront des immensités immenses. Or

1. Je traduis ὑπερβολή par *immensité*, plutôt que par *excès*, parce qu'un étonnement *excessif* est un étonnement disproportionné *par rapport à son objet*, alors que la stupeur dont il s'agit ici est un étonnement *de degré supérieur au degré moyen*.

2. Je supprime ici, avec c, un membre de phrase qui a l'apparence d'une glose scolaire (« si bien qu'étonnement et représentation sont le genre, immensité et intensité la différence ») ; son omission par ce manuscrit ne s'explique pas par *homeoteleuton*.

3. Après 22 ἐστι, MPuΛ ajoutent ὑπερβολή, les autres manuscrits σφοδρότης καὶ ὑπερβολή. Par ailleurs, la paraphrase d'Alexandre est ainsi rédigée (351, 18) : ἐπεὶ ἡ ὑπερβολὴ καὶ ἡ σφοδρότης ἐν ἐκείνοις εἰσὶν ὧν εἰσι (πᾶσα γὰρ σφοδρότης ἐν ἐκείνῳ οὗ ἐστι σφοδρότης, κτλ.) ; on remarquera la tournure abrupte ὧν εἰσι, qu'Alexandre fait suivre d'une parenthèse explicative. L'hypothèse qui rend le mieux compte de ces faits est probablement celle d'un texte originairement elliptique (οὗ ἐστι), imité et expliqué dans la paraphrase d'Alexandre, et complété de diverses manières dans les diverses branches de la tradition. J'adopte ce texte en calquant sur lui la traduction, autant que faire se peut.

4. Notes complémentaires, p. 178.

Ἔτι ἐνίοτε ἀνάπαλιν τὸ μὲν γένος ὡς διαφορὰν τὴν δὲ διαφορὰν ὡς γένος ἀποδιδόασιν, οἷον τὴν ἔκπληξιν ὑπερβολὴν θαυμασιότητος καὶ τὴν πίστιν σφοδρότητα ὑπολήψεως. Οὔτε γὰρ ἡ ὑπερβολὴ οὔθ' ἡ σφοδρότης γένος, ἀλλὰ διαφορά· δοκεῖ γὰρ ἡ ἔκπληξις θαυμασιότης εἶναι ὑπερβάλλουσα καὶ ἡ πίστις ὑπόληψις σφοδρά [, ὥστε γένος ἡ θαυμασιότης καὶ ἡ ὑπόληψις, ἡ δ' ὑπερβολὴ καὶ ἡ σφοδρότης διαφορά]. Ἔτι εἴ τις τὴν ὑπερβολὴν καὶ σφοδρότητα ὡς γένη ἀποδώσει, τὰ ἄψυχα πιστεύσει καὶ ἐκπλαγήσεται. Ἡ γὰρ ἑκάστου σφοδρότης καὶ ὑπερβολὴ πάρεστιν ἐκείνῳ οὗ ἐστι [σφοδρότης καὶ ὑπερβολή]. Εἰ οὖν ἡ ἔκπληξις ὑπερβολή ἐστι θαυμασιότητος, παρέσται τῇ θαυμασιότητι ἡ ἔκπληξις, ὥσθ' ἡ θαυμασιότης ἐκπλαγήσεται. Ὁμοίως δὲ καὶ ἡ πίστις παρέσται τῇ ὑπολήψει, εἴπερ σφοδρότης ὑπολήψεώς ἐστιν, ὥστε ἡ ὑπόληψις πιστεύσει. Ἔτι συμβήσεται τῷ οὕτως ἀποδιδόντι σφοδρότητα σφοδρὰν λέγειν καὶ ὑπερβολὴν ὑπερβάλλουσαν. Ἔστι γὰρ πίστις σφοδρά· εἰ οὖν ἡ πίστις σφοδρότης ἐστί, σφοδρότης ἂν εἴη σφοδρά. Ὁμοίως δὲ καὶ ἔκπληξις ἔστιν ὑπερβάλλουσα· εἰ οὖν ἡ ἔκπληξις ὑπερβολή ἐστιν, ὑπερβολὴ ἂν

14 ἀποδιδόασιν [ἀποδίδωσι C] ante 13 τὴν transp. CcD Al[p], post 14 διαφορὰν P || 15 θαυμασιότητα u || καὶ : ἢ P || 18-19 ὥστε — διαφορά om. c : hab. cett. Λ || 19 ἡ ὑπόληψις, ἡ δ' (Λ) : ὑπόληψίς ἐστιν, ἡ δ' C ἡ ὑπόληψις, ἐστὶ δὲ ἡ D || 20 post καὶ add. τὴν VCcDM[2] || γένος cuD || 22 post καὶ add. ἡ VCD || 22-23 σφοδρότης καὶ om. MPu Λ, σφοδρότης καὶ ὑπερβολή om. Al[p] : hab. cett. || 23-24 θαυμασιότης A, fort. C[ac], corr. A[2] || 24 πάρεστι P || pr. ἡ om. C || 27 ἀποδόντι D || 29 post γὰρ add. τις CcDB[2] Al[c] || post σφοδρά add. καὶ ἔκπληξις ὑπερβάλλουσα ABCcD || εἰ οὖν ἡ : ἡ οὖν P || ἐστί om. Λ[r] || 29-30 ante σφοδρότης add. καὶ D || 30 post ἔκπληξις add. τις Cc Al[c] || 31-32 εἰ — ὑπερβάλλουσα om. M, suppl. M[2mg] || 31 ἡ om. M[2].

ce sont là des choses que l'on n'admet point, pas plus qu'une connaissance qui serait le contenu d'une connaissance[1], ou un mouvement affecté de mouvement.

Parfois aussi, on commet l'erreur de mettre, comme en son genre[2], une modification dans le sujet qu'elle modifie ; c'est ce que font ceux qui disent que l'immortalité est une vie éternelle ; de fait, l'immortalité a tout l'air d'être une modification ou une détermination incidente de la vie. Qu'il en soit bien comme on vient de dire, c'est ce qui apparaîtrait clairement si l'on accordait, sous forme d'hypothèse, que quelqu'un soit devenu immortel, de mortel qu'il était : en effet, personne ne dira que cet homme reçoive une vie différente de celle qu'il possède, on dira seulement qu'une détermination incidente ou une modification est venue s'attacher à cette même vie. Et par suite, la vie n'est pas le genre de l'immortalité.

Et encore, voir s'il ne se trouve pas que l'on donne une modification comme étant cela même dont elle est la modification[3], disant par exemple que le vent est de l'air en mouvement[4]. En effet, l'air reste identique à lui-même, quand il est en mouvement comme quand il est en repos. D'où suit que le vent n'est en aucune façon de l'air : car autrement, le vent continuerait même une fois disparu le mouvement de l'air, puisqu'aussi bien l'air

1. Entre ἐπιστητόν (ABPcuΛ Al[p]) et ἐπιστῆμον (VMCDB[2]Al[c]), il faut certainement choisir ἐπιστητόν, comme l'ont fait d'ailleurs les éditeurs précédents, à l'exception de Ross. Aristote veut montrer qu'aucune détermination n'est susceptible d'affecter un objet qui serait déjà une détermination de même nature ; il ne peut exister pour lui quelque chose de tel qu'un mouvement lui-même affecté d'un mouvement (sa physique ignore la notion d'accélération). Le parallélisme établi entre le cas de la connaissance et celui du mouvement impose la leçon ἐπιστητόν : de même qu'il n'existe pas de mouvement qui serait l'*objet passif* d'un autre mouvement, de même il n'existe pas de connaissance qui serait l'*objet passif* d'une autre connaissance. Il est bon de se souvenir, à ce propos, que l'idée d'un savoir du savoir, qui n'est plus un paradoxe dans les philosophies de la réflexion, en constitue un dans la perspective platonico-aristotélicienne : cf. la critique du *Charmide* (166 b sq.), et les importants commentaires de Pierre Aubenque, *Le problème de l'être chez Aristote*, p. 273.

2-4. *Notes complémentaires*, p. 173-175.

εἴη ὑπερβάλλουσα. Οὐ δοκεῖ δ' οὐδέτερον τούτων, ὥσπερ οὐδ' ἐπιστήμη ἐπιστητὸν οὐδὲ κίνησις κινούμενον.

Ἐνίοτε δὲ διαμαρτάνουσι καὶ τὸ πάθος εἰς γένος τὸ πεπονθὸς τιθέντες, οἷον ὅσοι τὴν ἀθανασίαν ζωὴν ἀίδιόν φασιν εἶναι· πάθος γάρ τι ζωῆς ἢ σύμπτωμα ἡ ἀθανασία ἔοικεν εἶναι. Ὅτι δ' ἀληθὲς τὸ λεγόμενον, δῆλον ἂν γένοιτο εἴ τις συγχωρήσαι ἐκ θνητοῦ τινα ἀθάνατον γενέσθαι· οὐδεὶς γὰρ φήσει ἑτέραν αὐτὸν ζωὴν λαμβάνειν, ἀλλὰ σύμπτωμά τι [127a] ἢ πάθος αὐτῇ ταύτῃ παραγενέσθαι. Ὥστ' οὐ γένος ἡ ζωὴ τῆς ἀθανασίας.

Πάλιν εἰ τὸ πάθος, οὗ ἐστι πάθος, ἐκεῖνο [γένος] φασὶν εἶναι, οἷον τὸ πνεῦμα ἀέρα κινούμενον. [Μᾶλλον γὰρ κίνησις ἀέρος τὸ πνεῦμα.] Ὁ γὰρ αὐτὸς ἀὴρ διαμένει, ὅταν τε κινῆται καὶ ὅταν μένῃ. Ὥστ' οὐκ ἔστιν ὅλως ἀὴρ τὸ πνεῦμα· ἦν γὰρ ἂν καὶ μὴ κινουμένου τοῦ ἀέρος πνεῦμα, εἴπερ ὁ αὐτὸς ἀὴρ δια-

32 post εἴη add. ἡ P || 33 ante ἐπιστήμη add. ἡ VPCcD Al^p || post ἐπιστήμη add. αὐτὴ Al^c || ἐπιστητὸν (Λ) : ἐπιστῆμον VMCDB^2 Al^c || ante κίνησις add. ἡ VPCcD Al^c || 34 ἐνίοτε δὲ (Λ) : ἔτι ἐνίοτε D || ἁμαρτάνουσι M Al^p || post καὶ add. οἱ MuC^{pc} || γένος an delendum ? || 35 ὅσοι (Λ): ὡς οἱ P οἱ c εἰ D om. C^{ac} || φασιν (Λ) : φάσκοντες PcD || 36 τι : τῆς Mu Λ || ἢ : καὶ Λ^r || ἢ σύμπτωμα om. c || ἡ : ἢ C^{ac}u || 38 συγχωρήσαι Wallies : συγχωρῆσαι VMP συγχωρήσοι AB συγχωρήσει u συγχωρήσειεν CcD || τινα (Λ) : τι CcD, om. Al^c || γίνεσθαι CcD Al^c edd. || 39 αὐτὸ CD.

[127 a] 1 παθῶν c, corr. c^2 || αὐτῇ (Λ) : αὐτὸ P αὐτὴν c ut uid., corr. c^2 || ταύτῃ om. cD || παραγεγενῆσθαι CcD || 3 πάλιν (Λ) : ἔτι PcD || εἰ om. c || τὸ πάθος (Al^c Λ) : τοῦ πάθους uD^{s1} edd. || οὗ ante τὸ transp. C^2 || ἐκείνου BVPDM^2 Λ || ἐκεῖνο ante οὗ transp. Al^p || γένος damn. Brunschwig : hab. codd. Λ [γένους V, C^{ac} ut uid., πάσχον uel πεπονθὸς Al^c] || 4-5 μᾶλλον — πνεῦμα damn. Brunschwig || 4 post κίνησις add. τις P || 6 μένῃ (Λ) : μή Al^c || ἔσται A || ὅλος c^{pc} || 7 τοῦ : τὸ A, corr. A^2 || πνεῦμα om. cD, suppl. c^2 || ante ἀὴρ add. ὁ P.

reste identique à lui-même, lui en qui précisément consiste dans cette hypothèse le vent. Et de même dans les autres cas de ce genre. Si toutefois l'on juge nécessaire d'accorder, dans le cas présent, que le vent est[1] bien de l'air en mouvement, ce n'est certainement pas une raison pour accepter des formules de ce type dans tous les cas, y compris ceux où le « genre » n'est pas un attribut vrai du sujet ; on ne peut les accepter que dans les cas où le terme donné comme le genre est un attribut vrai du sujet. Parfois en effet, il est admis qu'il ne l'est pas, par exemple dans le cas de la neige et de la boue : on dit que la neige est de l'eau condensée, et la boue, de la terre mêlée d'eau ; mais la neige n'est pas de l'eau, ni la boue de la terre ; d'où suit qu'aucun des termes indiqués ne saurait être le genre ; car un genre doit toujours être un attribut vrai de ses espèces. De la même manière, le vin n'est pas non plus de l'eau corrompue, pour citer Empédocle[2] qui l'appelle « eau corrompue dans du bois » ; de fait, absolument parlant, il n'est pas de l'eau.

6

Autres lieux

Voir encore s'il ne se trouve pas que le terme donné comme le genre n'est en aucune manière le genre de quoi que ce soit : car il ne le sera évidemment pas non plus de ce qui est indiqué comme son espèce. Prendre appui, dans cet examen, sur l'absence de toute différence spécifique entre les participants du terme indiqué comme le genre, par exemple entre les choses blanches, lesquelles ne présentent entre elles aucune différence spécifique, alors que les espèces d'un genre sont toujours différentes ; d'où suit que *blanc* ne saurait être le genre de quoi que ce soit.

1. J'ai supprimé 10 ἔστι, que les divers manuscrits placent à des endroits très variables. De même à la ligne 18.

2. Fragment 81 Diels-Kranz.

μένει ὅσπερ ἦν πνεῦμα. Ὁμοίως δὲ καὶ ἐπὶ τῶν ἄλλων τῶν τοιούτων. Εἰ δ' ἄρα καὶ ἐπὶ τούτου δεῖ συγχωρῆσαι ὅτι ἀὴρ κινούμενος τὸ πνεῦμα, ἀλλ' οὔτι κατὰ πάντων τὸ τοιοῦτον ἀποδεκτέον καθ' ὧν μὴ ἀληθεύεται τὸ γένος, ἀλλ' ἐφ' ὅσων ἀληθῶς κατηγορεῖται τὸ ἀποδοθὲν γένος. Ἐπ' ἐνίων γὰρ οὐ δοκεῖ ἀληθεύεσθαι, οἷον ἐπὶ τοῦ πηλοῦ καὶ τῆς χιόνος. Τὴν μὲν γὰρ χιόνα φασὶν ὕδωρ εἶναι πεπηγός, τὸν δὲ πηλὸν γῆν ὑγρῷ πεφυραμένην· ἔστι δ' οὔθ' ἡ χιὼν ὕδωρ οὔθ' ὁ πηλὸς γῆ. Ὥστ' οὐκ ἂν εἴη γένος οὐδέτερον τῶν ἀποδοθέντων· δεῖ γὰρ τὸ γένος ἀληθεύεσθαι ἀεὶ κατὰ τῶν εἰδῶν. Ὁμοίως δ' οὐδ' ὁ οἶνος ὕδωρ σεσηπός, καθάπερ Ἐμπεδοκλῆς φησι σαπὲν ἐν ξύλῳ ὕδωρ· ἁπλῶς γὰρ οὐκ ἔστιν ὕδωρ.

VI Ἔτι εἰ ὅλως τὸ ἀποδοθὲν μηδενός ἐστι γένος· δῆλον γὰρ ὡς οὐδὲ τοῦ λεχθέντος. Σκοπεῖν δ' ἐκ τοῦ μηδὲν διαφέρειν εἴδει τὰ μετέχοντα τοῦ ἀποδοθέντος γένους, οἷον τὰ λευκά· οὐδὲν γὰρ διαφέρει τῷ εἴδει ταῦτ' ἀλλήλων, παντὸς δὲ γένους ἐστὶ τὰ εἴδη διάφορα· ὥστ' οὐκ ἂν εἴη τὸ λευκὸν γένος οὐδενός.

8 ὥσπερ MPCcD Al[c] [A] Λ, fort. V[ac], corr. M[2] || ante ἦν add. ὅτε CcD || ante πνεῦμα add. τὸ C || 9 δεῖ ante καὶ transp. P || συγχωρεῖν Al[c] || διότι c || 10 ante κινούμενος add. ἐστι ABVM edd., post κινούμενος u Λ, ante 9 ἀὴρ PCcD Al[c] || pr. τὸ om. u || post οὔτι add. γε VCcD || κατὰ : ἐπὶ Al[p] || 10-11 τὸ τοιοῦτον : τῶν τοιούτων Cc τὸν τοιοῦτον D || 11 ἀποδοτέον Λ || post τὸ add. τεθὲν PcD || 12 ὅσον Λ || 13 οὐ om. M[ac] || τοῦ — χιόνος (Λ) : τῆς χιόνος καὶ τοῦ πηλοῦ CcD || post καὶ add. ἐπὶ A || 15 πεφυρμένην u || 15-16 ἡ — γῆ (Λ) : ὁ πηλὸς γῆ οὔθ' [οὐδ' D] ἡ χιὼν ὕδωρ cD || 16 γένος post οὐδέτερον transp. C || post ἀποδοθέντων add. γενῶν VMPu Λ || 17 post κατὰ add. πάντων Λ || δ' om. c || 18 ὁ οἶνος post ὕδωρ transp. P || ante ὕδωρ add. ἐστιν ABVC Λ, post ὕδωρ cD || σεσηπός : πεπηγός P || 21 post δ' add. ἐστὶν D || μηδενὶ M[2] || post διαφέρειν add. τῷ D || 23 γὰρ om. VMPu Λ || ταῦτ' ante τῷ transp. C || 23-25 παντὸς — οὐδενός om. P || 23 δὲ: γὰρ C Λ[f] || 24 τὰ om. CcD.

Et encore, voir s'il ne se trouve pas que l'adversaire a donné comme le genre ou comme la différence un attribut vérifié par tout sujet, comme il en existe plusieurs ; entre autres, *existant* et *un* sont des attributs vérifiés par tout sujet. Si donc il a donné *existant* comme le genre, il est clair que ce devrait être là le genre de toutes choses, puisqu'il en est l'attribut, et qu'un genre n'est l'attribut de rien d'autre que de ses espèces. Par suite, *un* devrait être aussi une espèce d'*existant*. Le résultat est donc qu'une espèce va s'attribuer à toutes les choses auxquelles s'attribue son genre (puisque *existant* et *un* s'attribuent sans exception à toutes choses), alors qu'une espèce doit toujours avoir une extension moindre. Et si c'est comme la différence qu'il a donné un attribut vérifié par tout sujet, il est clair que cette différence aura une extension égale ou supérieure à celle de son genre ; égale, si le genre lui aussi est un attribut vérifié par tout sujet ; et si le genre n'est pas un attribut vérifié par tout sujet, la différence aura une extension supérieure à la sienne.

Voir encore s'il ne se trouve pas que le terme donné comme le genre désigne quelque chose d'inhérent au substrat que constitue l'« espèce », comme par exemple *blanc* s'il s'agit de la neige : il en résulte clairement qu'il ne saurait être son genre, puisqu'un genre désigne seulement quelque chose d'attribuable au substrat que constitue son espèce[1].

Voir aussi s'il ne se trouve pas que le « genre » n'est pas univoque au regard de l'« espèce » ; car un genre s'attribue de façon univoque à toutes ses espèces.

Autre faute possible, lorsque l'« espèce » et le « genre » possèdent tous deux un contraire, et que l'on met la

1. Ce τόπος repose sur la distinction entre ἐν ὑποκειμένῳ εἶναι (« être inhérent à un substrat ») et καθ' ὑποκειμένου λέγεσθαι (« être attribuable à un substrat ») ; cf. *Cat.*, 2, 1 a 20 sq.

Πάλιν εἰ τὸ πᾶσιν ἀκολουθοῦν γένος ἢ διαφορὰν εἶπεν· πλείω γὰρ τὰ πᾶσιν ἑπόμενα, οἷον τὸ ὂν καὶ τὸ ἓν τῶν πᾶσιν ἑπομένων ἐστίν. Εἰ οὖν τὸ ὂν γένος ἀπέδωκε, δῆλον ὅτι πάντων ἂν εἴη γένος, ἐπειδὴ κατηγορεῖται αὐτῶν· κατ' οὐδενὸς γὰρ τὸ γένος ἀλλ' ἢ κατὰ τῶν εἰδῶν κατηγορεῖται. Ὥστε καὶ τὸ ἓν εἶδος ἂν εἴη τοῦ ὄντος. Συμβαίνει οὖν κατὰ πάντων ὧν τὸ γένος κατηγορεῖται καὶ τὸ εἶδος κατηγορεῖσθαι, ἐπειδὴ τὸ ὂν καὶ τὸ ἓν κατὰ πάντων ἁπλῶς κατηγορεῖται, δέον ἐπ' ἔλαττον τὸ εἶδος κατηγορεῖσθαι. Εἰ δὲ τὸ πᾶσιν ἑπόμενον διαφορὰν εἶπε, δῆλον ὅτι ἐπ' ἴσον ἢ ἐπὶ πλέον ἡ διαφορὰ τοῦ γένους ῥηθήσεται· εἰ μὲν γὰρ καὶ τὸ γένος τῶν πᾶσιν ἑπομένων, ἐπ' ἴσον· εἰ δὲ μὴ πᾶσιν ἕπεται τὸ γένος, ἐπὶ πλέον ἡ διαφορὰ λέγοιτ' ἂν αὐτοῦ.

[127b] Ἔτι εἰ ἐν ὑποκειμένῳ τῷ εἴδει τὸ ἀποδοθὲν γένος λέγεται, καθάπερ τὸ λευκὸν ἐπὶ τῆς χιόνος, ὥστε δῆλον ὅτι οὐκ ἂν εἴη γένος· καθ' ὑποκειμένου γὰρ τοῦ εἴδους μόνον τὸ γένος λέγεται.

Σκοπεῖν δὲ καὶ εἰ μὴ συνώνυμον τὸ γένος τῷ εἴδει· κατὰ πάντων γὰρ τῶν εἰδῶν συνωνύμως τὸ γένος κατηγορεῖται.

Ἔτι ὅταν ὄντος καὶ τῷ εἴδει καὶ τῷ γένει ἐναντίου τὸ

26 ante γένος add. ἢ V || 28 ἀπέδωκε: ἀποδέδωκε VCcD ἀπεδώκαμεν MPu Λ || 29 ante γένος add. τὸ D || 31 εἴη om. P || 32 εἶδος : γένος C || 33 ante pr. τὸ add. καὶ CcD || ἁπλῶς om. c || 34 δέον : δεῖ δὲ VMPu Λ || 35 ἴσον : ἴσων P ἴσης Al[p] || 37 ἴσης Al[p] || 38 ἡ διαφορὰ post ἂν transp. V || λέγοιτ' : γένοιτ' B.

[127 b] 1 εἰ om. P || 5 post συνώνυμον add. ἐστι D, fort. Λ || τὸ — εἴδει (Λ) : τὸ εἶδος τῷ γένει VMPuD || 6-7 τὸ γένος post κατηγορεῖται transp. P || 8 pr. καὶ om. D || ante τὸ add. καὶ C.

meilleure des espèces contraires dans le pire des genres : il en résulte, en effet, que l'autre espèce sera dans l'autre genre, puisque les contraires ont des genres contraires ; en somme, la meilleure espèce sera dans le pire genre, et la pire dans le meilleur[1] ; or il est admis qu'un terme meilleur a pour genre un terme meilleur. Voir aussi, dans le cas d'une chose[2] qui entretient un même rapport avec deux genres distincts, s'il ne se trouve pas qu'on a donné comme genre le pire des deux, et non le meilleur, disant par exemple que l'âme est essentiellement un mouvement ou un mobile. Il est admis, en effet, que l'âme a tout aussi bien rapport au repos qu'au mouvement ; par suite, s'il est vrai que le repos vaut mieux que le mouvement, c'est dans ce premier genre qu'il fallait la mettre.

Prendre également appui sur les degrés *plus* et *moins*, en regardant, quand il s'agit de réfuter une proposition, s'il ne se trouve pas que le « genre » admet le *plus* et que l'« espèce » ne l'admet pas, qu'on la prenne en elle-même ou en quelque chose qui reçoit d'elle son nom. Par exemple, si *qualité* admet le *plus*, *justice* et *juste* l'admettent aussi ; de fait, on dit d'un homme qu'il est *plus juste* qu'un autre. Si donc le terme donné comme le genre admet le *plus*, tandis que son « espèce » ne l'admet pas, qu'on la prenne en elle-même ou en quelque chose qui reçoit d'elle son nom, le terme donné comme le genre ne saurait l'être.

Et encore, si l'on trouve un terme ayant plus ou autant de titres à faire valoir, et qui n'est pas genre du sujet en question, il est clair que celui qui a été proposé ne l'est pas davantage. Ce lieu est particulièrement utile dans les cas où plusieurs termes se révèlent comme les attributs d'une espèce en son essence, sans qu'il soit déterminé[3],

1-2. *Notes complémentaires*, p. 175-176.

3. Texte de V, qui trouve une confirmation dans la paraphrase d'Alexandre (ἐφ' ὧν πλείω τοῦ αὐτοῦ ἐν τῷ τί ἐστι κατηγορεῖται, οὐκ ἔχομεν δὲ ὡμολογημένον ποῖόν ἐστιν αὐτῶν γένος). En supposant δὲ authentique, on peut expliquer que sa chute ait entraîné divers essais pour remettre la construction sur pied (καὶ μὴ διώρισται ABCcu ; εἰ μὴ διώρισται MPΛ ; καὶ εἰ μὴ διώρισται D).

βέλτιον τῶν ἐναντίων εἰς τὸ χεῖρον γένος θῇ· συμβήσεται γὰρ τὸ λοιπὸν ἐν τῷ λοιπῷ εἶναι, ἐπειδὴ τὰ ἐναντία ἐν τοῖς ἐναντίοις γένεσιν, ὥστε τὸ βέλτιον ἐν τῷ χείρονι ἔσται καὶ τὸ χεῖρον ἐν τῷ βελτίονι· δοκεῖ δὲ τοῦ βελτίονος καὶ τὸ γένος βέλτιον εἶναι. Καὶ εἰ τοῦ αὐτοῦ ὁμοίως πρὸς ἄμφω ἔχοντος εἰς τὸ χεῖρον καὶ μὴ τὸ βέλτιον γένος ἔθηκεν, οἷον τὴν ψυχὴν ὅπερ κίνησιν ἢ κινούμενον. Ὁμοίως γὰρ ἡ αὐτὴ στατικὴ καὶ κινητικὴ δοκεῖ εἶναι· ὥστ' εἰ βέλτιον ἡ στάσις, εἰς τοῦτο ἔδει τὸ γένος θεῖναι.

Ἔτι ἐκ τοῦ μᾶλλον καὶ ἧττον, ἀνασκευάζοντι μέν, εἰ τὸ γένος δέχεται τὸ μᾶλλον, τὸ δ' εἶδος μὴ δέχεται, μήτ' αὐτὸ μήτε τὸ κατ' ἐκεῖνο λεγόμενον. Οἷον εἰ ἡ ἀρετὴ δέχεται τὸ μᾶλλον, καὶ ἡ δικαιοσύνη καὶ ὁ δίκαιος· λέγεται γὰρ δικαιότερος ἕτερος ἑτέρου. Εἰ οὖν τὸ μὲν ἀποδοθὲν γένος τὸ μᾶλλον δέχεται, τὸ δ' εἶδος μὴ δέχεται, μήτ' αὐτὸ μήτε τὸ κατ' ἐκεῖνο λεγόμενον, οὐκ ἂν εἴη γένος τὸ ἀποδοθέν.

Πάλιν εἰ τὸ μᾶλλον δοκοῦν ἢ ὁμοίως μὴ ἔστι γένος, δῆλον ὅτι οὐδὲ τὸ ἀποδοθέν. Χρήσιμος δ' ὁ τόπος ἐπὶ τῶν τοιούτων μάλιστα, ἐφ' ὧν πλείω φαίνεται τοῦ εἴδους ἐν τῷ τί ἐστι κατηγορούμενα, μὴ διώρισται δὲ μηδ' ἔχομεν εἰπεῖν

9 θῇ : θείη V τεθῇ cD || 10 γὰρ (Λ) : δὲ D || τὸ : τῷ C^{ac} || ἐπεὶ u || 11 καὶ τὸ : τὸ δὲ C || 11-12 καὶ — βελτίονι om. VMPuD Λ || 13 post αὐτοῦ add. εἴδους ABCcM^{2} Al^{p} edd. || 14 post μὴ add. εἰς ABCu Λ || 18 μὲν om. P || εἰ : εἰς ante ras. C || 21 λέγεται : ἐνδέχεται P || 22 δικαιότερος (Λ) : μᾶλλον δίκαιος C δίκαιος μᾶλλον cD || 23 τὸ μᾶλλον post pr. δέχεται transp. CcD || αὐτὸ (Λ) : τοῦτο C || 27 ὅτι om. D || post τόπος add. οὗτος C Λ || 28 ὧν (Al^{c} Λ) : ὅσων CcD || πλείω post φαίνεται transp. C || 29 κατηγορούμενον P || ante μὴ add. καὶ ABCcuM^{2}, εἰ MP Λ, καὶ εἰ D || δὲ om. ABMP CcuD Λ.

ni que nous puissions dire, lequel d'entre eux est le genre. Par exemple, pour la colère, il est admis que *douleur* et *représentation*[1] sont des attributs qui lui appartiennent en son essence : un homme en colère éprouve en effet une douleur, et il a la représentation d'un affront dont il est l'objet. Même type d'examen à propos de l'espèce, par comparaison avec un autre terme : si l'on trouve un terme ayant plus ou autant de titres à faire partie du terme donné comme le genre, et qui n'en fait pas partie, il est clair que le terme donné comme l'espèce ne saurait davantage faire partie de ce genre.

Tels sont donc, quand il s'agit de détruire une proposition, les usages à faire de ce moyen. Mais quand il s'agit d'en établir une, le fait que le terme donné comme le genre et son espèce admettent tous deux le *plus* ne justifie pas l'application du lieu : car rien n'empêche que tous deux ne l'admettent, et que néanmoins aucun des deux ne soit le genre de l'autre ; de fait, *beau* et *blanc* l'admettent[2], et aucun des deux n'est le genre de l'autre. En revanche, la comparaison des genres entre eux et des espèces entre elles est utilisable ; par exemple, si tel terme et tel autre ont les mêmes titres à être genres du sujet en cause, si l'un est genre, l'autre aussi. De la même manière, si celui qui a moins de titres l'est, celui qui en a le plus l'est aussi ; par exemple, si *capacité* a plus de titres que *qualité* à être le genre de la maîtrise de soi, et si *qualité* est son genre, *capacité* l'est aussi. Le même raisonnement peut s'appliquer au cas de l'espèce : quand tel terme et tel autre ont les mêmes titres à être espèces du genre en cause, si l'un est une espèce, l'autre l'est aussi ; et si celui qui a le moins de titres à faire valoir est une espèce, celui qui en a le plus l'est aussi.

1. ABCcDV²u², suivis par les éditeurs précédents lisent ὀλιγωρίας après 30-31 ὑπόληψις. On se convaincra qu'il s'agit d'une glose en observant que l'enjeu du problème est de déterminer le *genre* de la colère : or ὑπόληψις est un genre, mais ὑπόληψις ὀλιγωρίας n'en est pas un.

2. Texte de MPu, qui font ici l'ellipse de τὸ μᾶλλον, comme le font tous les manuscrits à la ligne précédente.

ποῖον αὐτῶν γένος. Οἷον τῆς ὀργῆς καὶ ἡ λύπη καὶ ἡ ὑπόληψις ἐν τῷ τί ἐστι κατηγορεῖσθαι δοκεῖ· λυπεῖται γὰρ ὁ ὀργιζόμενος καὶ ὑπολαμβάνει ὀλιγωρεῖσθαι. Ἡ αὐτὴ δὲ σκέψις καὶ ἐπὶ τοῦ εἴδους πρὸς ἄλλο τι συγκρίνοντι· εἰ γὰρ τὸ μᾶλλον ἢ τὸ ὁμοίως δοκοῦν εἶναι ἐν τῷ ἀποδοθέντι γένει μὴ ἔστιν ἐν τῷ γένει, δῆλον ὅτι οὐδὲ τὸ ἀποδοθὲν εἶδος εἴη ἂν ἐν τῷ γένει.

Ἀναιροῦντι μὲν οὖν καθάπερ εἴρηται χρηστέον. Κατασκευάζοντι δέ, εἰ μὲν ἐπιδέχεται τὸ μᾶλλον τό τε ἀπο-[128a] δοθὲν γένος καὶ τὸ εἶδος, οὐ χρήσιμος ὁ τόπος· οὐδὲν γὰρ κωλύει ἀμφοτέρων ἐπιδεχομένων μὴ εἶναι θάτερον θατέρου γένος· τό τε γὰρ καλὸν καὶ τὸ λευκὸν ἐπιδέχεται, καὶ οὐδέτερον οὐδετέρου γένος. Ἡ δὲ τῶν γενῶν καὶ τῶν εἰδῶν πρὸς ἄλληλα σύγκρισις χρήσιμος· οἷον εἰ ὁμοίως τόδε καὶ τόδε γένος, εἰ θάτερον γένος, καὶ θάτερον. Ὁμοίως δὲ καὶ εἰ τὸ ἧττον, καὶ τὸ μᾶλλον· οἷον εἰ τῆς ἐγκρατείας μᾶλλον ἡ δύναμις ἢ ἡ ἀρετὴ γένος, ἡ δ' ἀρετὴ γένος, καὶ ἡ δύναμις. Τὰ δ' αὐτὰ καὶ ἐπὶ τοῦ εἴδους ἁρμόσει λέγεσθαι· εἰ γὰρ ὁμοίως τόδε καὶ τόδε τοῦ προκειμένου εἶδος, εἰ θάτερον εἶδος, καὶ τὸ λοιπόν· καὶ εἰ τὸ ἧττον δοκοῦν εἶδός ἐστι, καὶ τὸ μᾶλλον.

30 pr. καὶ om. cD || 31 ante ἐν add. ὀλιγωρίας ABCcDV²u² || κατηγορεῖσθαι post δοκεῖ transp. CcD || 32 ante γὰρ add. τε B edd. || ὁ om. P || 33-34 συγκρίνοντος V || 34 δοκεῖ P || 36 ante εἶδος add. ὅλως cD, post εἶδος CB², post γένει M² || 38 τε om. cD.

[128 a] 3 καλὸν — λευκὸν (Λ) : λευκὸν καὶ τὸ καλὸν cD || post ἐπιδέχεται add. τὸ μᾶλλον ABVCcD Al^p Λ^f || 4 οὐδέτερον οὐδετέρου : οὐδ' ἕτερον [οὐδέτερον P] ἑτέρου PD || 4-5 γενῶν — εἰδῶν (Λ) : εἰδῶν καὶ τῶν γενῶν MPC Al^p || 8 ἡ δ' (Λ) : εἰ δ' C εἰ ἡ PC²c^pc ἡ fort. c^ac εἰ δ' ἡ DB² || 9 δ' post αὐτὰ transp. V || 10 εἴδους PD.

De plus, pour établir une proposition, il faut voir si le genre est bien, pour les divers termes dont il a été donné comme le genre, un attribut leur appartenant en leur essence, ceci lorsqu'on a indiqué comme espèce, non pas un terme unique, mais plusieurs termes différents les uns des autres ; car il est clair qu'il sera bien leur genre. Et si l'on a indiqué comme espèce un terme unique, voir si le genre s'attribue bien aux autres espèces[1] ; car on se retrouvera ainsi dans le cas où il s'attribue à plusieurs termes différents les uns des autres.

Puisque par ailleurs certains admettent qu'une différence est elle aussi un attribut des espèces en leur essence, on se servira, pour séparer le genre d'avec la différence, des principes fondamentaux indiqués plus haut : d'abord, que le genre a une extension plus grande que la différence ; ensuite, que lorsqu'on demande quelle est l'essence d'une chose, le genre est une réponse plus pertinente à donner que la différence (en disant que l'homme est un animal, on exprime mieux l'essence de l'homme qu'en disant qu'il est terrestre) ; enfin, qu'une différence exprime toujours la qualification d'un genre, tandis qu'un genre n'exprime pas celle d'une différence : qui dit *terrestre*, en effet, dit *animal qualifié d'une certaine façon* ; mais qui dit *animal* ne dit pas *terrestre qualifié d'une certaine façon.*

Telles sont donc les manières de séparer la différence d'avec le genre. Puisque d'autre part il est admis que, si *musicien* est, en tant que musicien, savant, la musique

1. *Notes complémentaires*, p. 176.

Ἔτι πρὸς τὸ κατασκευάζειν σκεπτέον εἰ καθ' ὧν ἀπεδόθη τὸ γένος, ἐν τῷ τί ἐστι κατηγορεῖται, μὴ ὄντος ἑνὸς τοῦ ἀποδοθέντος εἴδους ἀλλὰ πλειόνων καὶ διαφόρων· δῆλον γὰρ ὅτι γένος ἔσται. Εἰ δ' ἓν τὸ ἀποδοθὲν εἶδός ἐστι, σκοπεῖν εἰ καὶ κατὰ τῶν ἄλλων εἰδῶν κατηγορεῖται· πάλιν γὰρ συμβήσεται κατὰ πλειόνων καὶ διαφόρων αὐτὸ κατηγορεῖσθαι.

Ἐπεὶ δὲ δοκεῖ τισι καὶ ἡ διαφορὰ ἐν τῷ τί ἐστι τῶν εἰδῶν κατηγορεῖσθαι, χωριστέον τὸ γένος ἀπὸ τῆς διαφορᾶς χρώμενον τοῖς εἰρημένοις στοιχείοις, πρῶτον μὲν ὅτι τὸ γένος ἐπὶ πλέον λέγεται τῆς διαφορᾶς, εἶθ' ὅτι κατὰ τὴν τοῦ τί ἐστιν ἀπόδοσιν μᾶλλον ἁρμόττει τὸ γένος ἢ τὴν διαφορὰν εἰπεῖν (ὁ γὰρ ζῷον εἴπας τὸν ἄνθρωπον μᾶλλον δηλοῖ τί ἐστιν ὁ ἄνθρωπος ἢ ὁ πεζόν), καὶ ὅτι ἡ μὲν διαφορὰ τὴν ποιότητα τοῦ γένους ἀεὶ σημαίνει, τὸ δὲ γένος τῆς διαφορᾶς οὔ· ὁ μὲν γὰρ εἴπας πεζὸν ποιόν τι ζῷον λέγει, ὁ δὲ ζῷον εἴπας οὐ λέγει ποιόν τι πεζόν.

Τὴν μὲν οὖν διαφορὰν ἀπὸ τοῦ γένους οὕτω χωριστέον. Ἐπεὶ δὲ δοκεῖ, ⟨εἰ⟩ τὸ μουσικόν, ᾗ μουσικόν ἐστιν, ἐπιστη-

14 ὄντος post ἑνὸς transp. u || post ἑνὸς add. τινος C || 15 post ἀλλὰ add. καὶ D || διαφερόντων D || 16 τῷ ἀποδοθέντι P || 17 τῶν om. ABcD edd. || post εἰδῶν add. τὸ γένος ἐν τῷ τί ἐστι ABVCcD Λ edd. || 18 διαφερόντων PD || αὐτὸ ante καὶ transp. cD || 18-19 post κατηγορεῖσθαι add. καὶ γένος ὁμολογεῖσθαι cDu^{pc}, ἐν τῷ τί ἐστι M^{2} || 20 post διαφορὰ add. τῶν εἰδῶν P || 22 μὲν om. B || 24 τί om. P || ἢ : ἤπερ VMPu || 25 εἴπας : εἰπὼν PCcDu^{pc}B^{2} || 26 ὁ πεζόν (Λ) : εἰ πεζὸν εἶπε [εἰπεῖν c] cD || διότι VMPu || τὴν om. CcD Al^{c} edd. || 27 διαφθορᾶς u || 28 γὰρ om. A, suppl. A^{2} || εἰπὼν PcDu^{pc}B^{2}C^{2} Al^{p} || ζῷον post λέγει transp. cD || λέγει : δηλοῖ V || 29 εἰπὼν PCcDu^{pc}B^{2} || οὐ λέγει post τι transp. C || 31 εἰ add. Imelmann : om. codd. Λ || ᾗ : καθὸ MPu || ἐστιν om. P || 31-32 ἐπιστη]·τ·[όν V.

est une espèce du savoir[1], et que, si ce qui marche est, par le fait même de marcher, en mouvement, la marche est un mouvement, on fera, lorsqu'on veut établir qu'une chose appartient à un certain genre, un examen sur le modèle qu'on vient de donner ; par exemple, si l'on veut établir que le savoir est essentiellement une conviction, on regardera si celui qui sait est bien, en tant qu'il sait, convaincu : car il est clair qu'en ce cas le savoir doit être une espèce de la conviction. On procédera de la même façon dans les autres cas de cette nature.

Notons en outre qu'il est malaisé, devant un attribut constamment lié à son sujet, sans être réciprocable avec lui, de discerner ce qui l'empêche d'être son genre ; si donc de deux termes, le premier est lié universellement au second, alors que le second n'est pas lié universellement au premier — le calme s'attribue ainsi à l'absence de vent, et le divisible au nombre, mais l'inverse n'est pas vrai, puisque tout divisible n'est pas nombre, ni tout calme absence de vent — on assimilera, pour son propre usage, un attribut constant à un genre, lorsqu'il n'est pas réciprocable avec son sujet ; mais lorsque c'est le partenaire qui en fait la proposition, il ne faut pas le laisser dire dans tous les cas. Objection à lui faire : *qui n'est pas* s'attribue universellement à *qui devient* (en effet, ce qui devient quelque chose[2] ne l'est pas), sans que l'inverse soit vrai (en effet, il est faux que tout ce qui n'est pas quelque chose le devienne) ; et cependant, *qui n'est pas* n'est pas le genre de *qui devient*, pour la simple raison qu'il n'existe pas d'espèces de ce qui n'est pas.

Telles sont donc les manières de s'y prendre concernant le genre.

1. *Notes complémentaires*, p. 176-177.

2. Le sens de ce raisonnement requiert, semble-t-il, une interprétation attributive des verbes *être* et *devenir* ; en disant τὸ γινόμενον οὐκ ἔστι, Aristote n'entend pas dissocier le règne du Devenir et celui de l'Etre ; seule peut être présentée comme allant de soi une proposition dont le sens est « ce qui devient X n'est pas X », cet X pouvant être remplacé par n'importe quel attribut.

μόν ἐστι, ἡ μουσικὴ ἐπιστήμη τις εἶναι, καὶ εἰ τὸ βαδίζον τῷ βαδίζειν κινεῖται, ἡ βάδισις κίνησίς τις εἶναι, σκοπεῖν, ἐν ᾧ ἂν γένει βούλῃ τι κατασκευάσαι, τὸν εἰρημένον τρόπον, οἷον εἰ τὴν ἐπιστήμην ὅπερ πίστιν, εἰ ὁ ἐπιστάμενος ᾗ ἐπίσταται πιστεύει· δῆλον γὰρ ὅτι ἡ ἐπιστήμη πίστις ἄν τις εἴη. Τὸν αὐτὸν δὲ τρόπον καὶ ἐπὶ τῶν ἄλλων τῶν τοιούτων.

Ἔτι ἐπεὶ τὸ παρεπόμενόν τινι ἀεὶ καὶ μὴ ἀντιστρέφον χαλεπὸν χωρίσαι τοῦ μὴ γένος εἶναι, ἂν τόδε μὲν τῷδ' ἕπηται παντί, [128b] τόδε δὲ τῷδε μὴ παντί, οἷον τῇ νηνεμίᾳ ἡ ἠρεμία καὶ τῷ ἀριθμῷ τὸ διαιρετόν, ἀνάπαλιν δ' οὔ (τὸ γὰρ διαιρετὸν οὐ πᾶν ἀριθμός, οὐδ' ἡ ἠρεμία νηνεμία), αὐτὸν μὲν χρῆσθαι ὡς γένους ὄντος τοῦ ἀεὶ ἀκολουθοῦντος, ὅταν μὴ ἀντιστρέφῃ θάτερον, ἄλλου δὲ προτείνοντος μὴ ἐπὶ πάντων ὑπακούειν. Ἔνστασις δ' αὐτοῦ ὅτι τὸ μὴ ὂν ἕπεται παντὶ τῷ γινομένῳ (τὸ γὰρ γινόμενον οὐκ ἔστι) καὶ οὐκ ἀντιστρέφει (οὐ γὰρ πᾶν τὸ μὴ ὂν γίνεται), ἀλλ' ὅμως οὐκ ἔστι γένος τὸ μὴ ὂν τοῦ γινομένου· ἁπλῶς γὰρ οὐκ ἔστι τοῦ μὴ ὄντος εἴδη.

Περὶ μὲν οὖν τοῦ γένους καθάπερ εἴρηται μετιτέον.

32 ἐστι coni. Al : εἶναι AMPcuD Al° τι εἶναι BVC Λ τί ἐστι Imelmann || ante ἡ add. καὶ ABCcuD Al° [B] Λ || τις om. MPu Λ || εἶναι : ἐστι VMPu Λ εἶναί ἐστι A corr. A² om. Al° || 33 κινεῖσθαι B^ac || 34 βούλῃ [βούλει AMcD, βούληται Λ] post κατασκευάσαι transp. u, post εἰρημένον M, ante γένει B, corr. B², om. P || 35 pr. εἰ om. VMPu Λ || πίστις c || εἰ ὁ : οἷον B^ac || ᾗ : τι ᾗ cD καθὸ VMPu Al° Λ || 36 τις om. cD || 39 post εἶναι add. αὐτὸ D || τόδε : τὸ MPu.

[128 b] 1 τόδε : τὸ Pu || δὲ om. D || τῷδε om. P || 1-2 ἡ ἠρεμία om. P || 3 νηνεμία om. P || post νηνεμία add. πᾶσα cD || αὐτῷ D || post μὲν add. οὖν CcD || 4 γένος A || ἀεὶ om. D || 5 προτείναντος C || 5-6 ἀκούειν MPu || 6 αὐτοῦ om. cD || 6-7 γενομένῳ P, fort. M² || 7 γενόμενον fort. M² || ἔσται P || 9 γὰρ post ἔστι VMPu Λ || 10 μετιτέον (Λ) : μεθοδευτέον cDu^pc.

NOTES COMPLÉMENTAIRES

Page 1.

1. En traduisant par *traité* le mot πραγματεία, je n'entends pas préjuger de la nature exacte du genre littéraire auquel il convient de rattacher les *Topiques*. Il est certain que cet ouvrage a été l'objet d'une série de cours effectivement professés devant des auditeurs (cf. le chapitre final des *Réfutations sophistiques*, en particulier 184 b 3-8) ; mais il est vraisemblable que le dossier constitué en vue de ces cours s'est progressivement enrichi de matériaux rédigés avec plus ou moins de détail, un peu à la manière dont s'accroissent nos modernes fichiers, jusqu'à devenir l'inventaire volumineux que nous avons maintenant sous les yeux, et qui semble à première vue, tel qu'il se présente, assez malaisément enseignable. Sur le caractère oral des traités aristotéliciens, voir en dernier lieu F. Dirlmeier, *Merkwürdige Zitate in der Eudemischen Ethik des Aristoteles*, Heidelberg, Winter, 1962, et le compte rendu de cet ouvrage par D.J. Allan, *Classical Review*, 14 (1964), 151-2, où se trouve évoqué le problème posé par les *Topiques*.

2. Je traduis ainsi συλλογίζεσθαι, et je rendrai corrélativement συλλογισμός par *raisonnement déductif* ou par *déduction*. Le mot *syllogisme* a reçu en effet, de la doctrine exposée dans les *Premiers Analytiques*, un sens technique incompatible avec l'emploi qui est fait du mot συλλογισμός dans les *Topiques*. A la solution bâtarde qui consiste à traduire ce mot par *syllogisme* quand on le peut, et par un autre mot quand on ne le peut manifestement pas (par exemple en 103 b 7 sq.), j'ai préféré un parti unitaire. Les passages 103 b 2-19 et 105 a 10-19 montrent clairement que συλλογισμός prend son sens dans une opposition dont le second membre est ἐπαγωγή, et que cette opposition épuise le champ des λόγοι ou des πίστεις (cf. aussi *Soph. El.*, 4, 165 b 27-28) ; elle est celle de la voie *a priori* et de la voie *a posteriori*. La traduction traditionnelle d'ἐπαγωγή étant *induction*, le mot de *déduction* semble s'imposer pour lui faire pendant et traduire συλλογισμός.

3. Bien que le mot ἔνδοξος apparaisse peu dans les *Topiques* (à l'exception du livre I), sa signification exacte mérite une attentive mise au point. Il faut souligner que le caractère « endoxal » d'une opinion ou d'une idée n'est pas, en son principe, une propriété qui lui appartient *de droit*, en vertu de son contenu intrinsèque (ce qui interdit les traductions par *probable*, *vraisemblable*, *plausible*, et autres adjectifs comportant un suffixe analogue), mais une propriété qui lui appartient *de fait* : comme le précisera la définition donnée en

100 b 21-23 (cf. aussi 104 a 8-37), les énoncés « endoxaux » sont ceux qui ont des garants réels, qui sont autorisés ou accrédités par l'adhésion effective que leur donnent, soit la totalité ou la quasi-totalité des hommes, soit la totalité ou la quasi-totalité des σοφοί, des représentants de ce qu'on peut appeler l'opinion éclairée (corrélativement, un énoncé paradoxal n'est pas, en son principe, un énoncé intrinsèquement improbable ou invraisemblable, mais un énoncé qui, *en fait*, heurte les opinions dominantes). Ainsi s'explique qu'il puisse y avoir des énoncés qui se présentent comme « endoxaux » sans l'être véritablement (100 b 24 sq.) et d'autres qui ressemblent aux énoncés « endoxaux » (104 a 13, 15-20). Ces justifications fournies, reste à faire entendre que le mot ἔνδοξος couvre à la fois des idées admises par l'opinion commune et des idées admises par les σοφοί: je pense avoir approximativement préservé cette double possibilité en utilisant simplement l'expression d'*idée admise*.

4. Je supprime ici προβλήματος, non seulement parce qu'Alexandre omet ce mot (5,20), mais aussi parce que Λ, de son côté, omet τοῦ προτεθέντος. Ce jeu d'omissions laisse supposer que l'une des deux expressions est une glose de l'autre. Et que ce soit προβλήματος qui glose τοῦ προτεθέντος, la preuve en est, d'abord que τὸ προτεθέν s'emploie très souvent seul (cf. 101 a 30 ; *An. Pr.*, II, 12, 62 a 30 ; 13, 62 b 10), ensuite que le mot πρόβλημα n'est sans doute pas assez courant à l'époque pour être introduit ainsi sans aucune préparation. Aristote le définira plus loin avec soin (101 b 16 ; 104 b 1 sq.) ; avant lui, le mot semble appartenir à la langue technique des géomètres (cf. Platon, *Rép.*, 530 b, 531 c ; *Théét.*, 180 c) plutôt qu'à celle des dialecticiens.

5. Λόγον ὑπέχειν, c'est jouer le rôle du répondant dans la joute dialectique. Précisons que le sens premier de l'expression n'est pas *soutenir l'assaut de la discussion*, mais *fournir ses raisons, s'expliquer, se faire le répondant* (de la thèse mise en discussion).

6. Cette définition du συλλογισμός est répétée presque mot pour mot au début des *Premiers Analytiques* (24 b 18-20).

7. Sur la théorie de la démonstration (ἀπόδειξις), ici rapidement évoquée, voir *An. Po.*, I, 2 sq.

Page 2.

1. Les σοφοί ne paraissent être exactement ici ni les *sages*, ni les *philosophes*, ni les *savants* : ce sont ceux qui s'y connaissent, en quelque domaine que ce soit. Ils s'opposent essentiellement aux πολλοί (cf. 104 b 4-5) comme l'élite au grand nombre, l'*intelligentsia* à la moyenne des hommes. L'expression d'*opinion éclairée*, dans son opposition avec l'*opinion moyenne*, paraît correspondre assez bien à la notion en cause.

2. Contre la plupart des traducteurs, qui entendent ici « même pour ceux qui ne possèdent qu'une faible compréhension », j'adopte pour ce passage l'interprétation diamétralement opposée de Colli. Pour trancher en ce sens l'alternative créée par l'ambiguïté de μικρά (qui peut signifier, soit *peu de chose*, soit *de petites choses*), je m'appuie

moins sur la place de 30 καί (qui selon Colli doit porter sur μικρά et non sur τοῖς — δυναμένοις) que sur la valeur de δύνασθαι, qui désigne toujours une capacité positive (cf. 126 a 36), appelant ainsi la négation sur lui et non sur son complément (cf. 117 a 6, 158 a 5 ; *Rhet.*, I, 2, 1357 a 3-4), et sur la valeur de συνορᾶν, qui, en dépit des apparences, désigne moins l'opération de *comprendre*, d'*embrasser par la pensée*, que celle d'*apercevoir*, de *discerner* (cf. 108 a 14, 108 b 20, 117 a 6, 158 a 5, 163 b 10 ; *Soph. El.*, 5, 167 a 38) ; on entendra donc par μικρά *de petites choses* plus naturellement que *peu de chose.* On objectera peut-être que cette interprétation affaiblit l'opposition que vient d'établir Aristote entre la *difficulté* qu'il y a à discerner si ce qui se présente comme une idée admise en est véritablement une, et la *facilité* qu'il y a « presque toujours » à découvrir la fausseté des principes éristiques : si cette facilité n'est telle que pour les esprits subtils, est-elle encore une facilité ? Disons d'abord qu'il n'est pas plus aisé d'expliquer, dans la perspective opposée, ce passage complexe. Supposons en effet que la fausseté des principes éristiques soit immédiatement évidente aux yeux des moins perspicaces ; comme ces principes sont, soit des énoncés « endoxaux », soit des énoncés qui se présentent comme tels sans l'être véritablement (100 b 24-25), on ne devrait alors pas être moins rapidement fixé sur celle de ces deux catégories à laquelle appartiennent les énoncés considérés. Comment dès lors Aristote peut-il dire que les énoncés « endoxaux » ne manifestent jamais, à toute première vue, leur véritable caractère ? L'opposition entre tâche difficile et tâche facile, menacée tout à l'heure par l'atténuation du second terme, semble à présent menacée par celle du premier. Pour rétablir cette opposition, je crois qu'il faut souligner, d'une part le mot λεγομένων à la ligne 27, d'autre part les mots ἐν αὐτοῖς (*sc.* λόγοις) à la ligne 30 : les énoncés « endoxaux », *dans leur expression nue et littérale,* ne laissent pas voir facilement s'ils sont ou non conformes à ce que l'opinion commune est en fait disposée à admettre ; mais *une fois insérés dans le corps d'un raisonnement sophistique,* menant à quelque conclusion inacceptable, des énoncés d'apparence inoffensive révèlent leur caractère vicieux. Plus précisément, l'*existence* d'un vice devient à ce moment évidente ; ce qui n'exclut pas qu'il soit besoin d'une certaine perspicacité pour apercevoir la *nature* exacte (φύσις, 101 a 1) de ce vice. On peut éclairer ce point à l'aide d'un exemple emprunté au commentaire d'Alexandre sur ce passage (bien que son interprétation soit différente) : la proposition « tout ce qui voit a des yeux » est un énoncé « endoxal » d'aspect inoffensif ; mais en combinaison avec cette autre, « un borgne voit », elle mène à la conclusion inacceptable « un borgne a des yeux ». Son insertion dans un raisonnement sophistique manifeste ainsi, rétroactivement, son caractère véritable, et permet d'apercevoir dans l'emploi d'un pluriel ambigu le détail (μικρόν) où se dissimulait son *éristicité.*

3. J'adopte ici la *lectio difficilior* de cΛ (ἐριστικὸς συλλογισμὸς), contre la leçon des autres manuscrits, conservée par mes prédécesseurs (ἐριστικῶν συλλογισμῶν) ; la phrase possède sous cette forme une construction mieux équilibrée et un sens plus riche. Le premier

type de déduction éristique, qui conclut de manière formellement correcte, mais en partant de prémisses qui paraissent être « endoxales » sans l'être véritablement, mérite le nom de déduction éristique, et aussi celui de déduction : il n'est pas éristique *en tant que déduction*. Je l'ai appelé ci-dessus *matériellement éristique* (*Introduction*, p. XXXVI). Le second type, au contraire, ne tire pas correctement sa conclusion de ses prémisses ; il est éristique dans son processus déductif même, ou, comme je l'ai dit au même endroit, *formellement éristique*. On peut donc l'appeler déduction éristique (ou, si l'on veut, « déduction-éristique ») ; mais il ne mérite pas le nom de déduction tout court. Avec le texte traditionnel, l'opposition entre ces deux formes de raisonnement est moins précisément marquée.

Page 3.

1. Aristote fait ici allusion à des paralogismes précis, reposant sur des fautes de construction des figures ; le détail, impossible à reproduire ici, en est donné par Alexandre, 23, 25 sq.

2. C'est une erreur de sous-entendre συλλογισμῶν après 19-20 εἰρημένων : la déclaration ici faite a une portée tout à fait générale, et vise à caractériser le niveau épistémologique du traité dans son ensemble.

3. On peut hésiter sur le point de savoir si 33 καλῶς a un sens matériel ou un sens formel. Dans le premier cas, Aristote voudrait dire que la dialectique peut servir à redresser les *croyances* des autres, lorsqu'elles paraissent manifestement inacceptables ; dans le second, qu'elle peut servir à écarter leurs *arguments*, lorsqu'ils paraissent formellement incorrects. Καλῶς possède souvent un sens formel, en particulier aux livres V et VI ; mais le parallélisme très étroit que présente avec le nôtre le passage 161 a 31 sq. permet de trancher en faveur de la première solution. On en retiendra que, dans ses rapports avec les πολλοί, le dialecticien ne cherche pas à vaincre ni à humilier, mais bien à persuader et à aider ; la dialectique doit être regardée moins comme une arme que comme un outil.

Page 4.

1. Alexandre se demande si ce point constitue une subdivision du point 3, ou un point 4 non prévu dans le programme annoncé plus haut (101 a 26-28). La première solution paraît exclue. Le point 3 se réfère en effet aux connaissances de caractère philosophique, alors que le point qui nous occupe concerne formellement toutes les connaissances (cf. 37 ἑκάστην, b 3 ἁπασῶν). On peut ajouter que le point 3, qui met en lumière l'usage philosophique de la *diaporie*, ou développement des arguments en faveur d'une thèse et de sa négation (cf. la mise au point de P. Aubenque, *Sur la notion aristotélicienne d'aporie*, in *Ar. et les problèmes de méthode*, p. 3-19), se situe dans le prolongement direct de la dialectique platonicienne (cf. les formules très voisines de *Parm.*, 136 a-c) ; en revanche, le point 4 esquisse une solution dialectique du problème de la connaissance des principes indémontrables, problème qui me semble présupposer

la théorie de la science développée dans *An. Po.*, I. Je mets donc une ponctuation forte après 36 ψεῦδος.

2. On peut se demander si Aristote veut dire que cette tâche est *la tâche proprement dialectique* (par comparaison avec toutes les autres tâches qu'on peut assigner à la dialectique) ou qu'elle est *la tâche propre de la dialectique* (par comparaison avec toutes les autres méthodes auxquelles on pourrait demander de remplir cette tâche). La fin du paragraphe impose la seconde solution. Aristote invoque en effet la vocation « examinatrice » (ἐξεταστική : le mot évoque la méthode socratique, cf. Plat., *Apol.*, 22 e) de la dialectique *en tant que telle* : c'est l'indice que, dans l'économie de la phrase, la comparaison s'institue entre les divers moyens d'accès à la connaissance des principes, et non entre les diverses tâches assignables à la dialectique. Encore faut-il noter que, par la restriction ἢ μάλιστα οἰκεῖον, Aristote réserve la possibilité d'accéder à la saisie des indémontrables par d'autres voies que la dialectique.

3. Je supprime ici la phrase 7 τοῦτο — προαιρούμεθα, qu'Alexandre ne semble pas avoir lue, et qui apparaît, tant par sa forme que par son contenu, comme une glose d'inspiration maladroite. L'idée générale de ce court chapitre est en effet que la dialectique est l'une de ces techniques où le succès ne dépend pas uniquement de la maîtrise du technicien : pas plus que le meilleur médecin ne guérit « de toute manière », « à tout coup », « quelles que soient les circonstances » (tel est bien le sens de l'expression ἐκ παντὸς τρόπου, souvent mal comprise), le meilleur dialecticien ne gagne toutes ses batailles ; ils peuvent tomber sur un malade incurable, sur un interlocuteur récalcitrant. Ils n'en sont pas moins bon médecin, moins bon dialecticien. Cela invite à définir la maîtrise, dans ces arts « stochastiques », non par le succès, mais par la détention et l'usage de tous les moyens dont l'art dispose pour le remporter (cf. le texte étroitement parallèle de *Rhet.*, I, 1, 1355 b 9-14). Le τέλος de ces arts étant atteint lorsqu'on fait, non pas tout ce que l'on veut, mais tout ce que l'on peut, il est légitime de suspecter une phrase déclarant que ce τέλος consiste précisément à «réaliser, avec les moyens dont on dispose, ce que l'on *veut* (προαιρούμεθα)». On objectera peut-être que la προαίρεσις ici évoquée doit être interprétée, conformément à la théorie célèbre exposée en *Eth. Nic.*, III, 5, comme volonté des moyens et non des fins ; mais les *Topiques* ignorent cette subtilité, et dans leur vocabulaire προαίρεσις s'oppose simplement à δύναμις comme *vouloir* à *pouvoir* (cf. 126 a 34-36, 126 b 9-11). De plus, si la προαίρεσις devait être prise en ce sens, une définition du τέλος des arts stochastiques devrait mentionner expressément le fait capital qu'*aucun* des moyens disponibles ne doit être négligé (cf. 9 ἐὰν τῶν ἐνδεχομένων μηδὲν παραλίπῃ) ; l'expression 7 ἐκ τῶν ἐνδεχομένων est loin de le faire avec assez de précision.

4. Le programme ici tracé sert d'armature au livre I, où ses expressions caractéristiques réapparaissent à plusieurs reprises (101 b 14-16, 103 b 2-3, 39, 105 a 20 sq. ; cf. aussi *Soph. El.*, 34, 183 b 9-10). Le premier volet en est rempli par les chapitres 4-9 (théorie des *prédicables*) et 10-11 (théorie des *prémisses* et des *problèmes* dialec-

tiques) ; le second par les chapitres 13-18 (théorie des *instruments* dialectiques).

Page 5.

1. Je traduis πρότασις par *prémisse*, non sans quelque hésitation, vu les traces qu'a gardées ce mot de son passage dans le vocabulaire de la syllogistique. Deux traductions étaient possibles, *prémisse* et *proposition* ; mais j'avais besoin de *proposition*, plus vague, pour désigner d'une manière générale les propositions, abstraction faite de leur fonction dialectique ; Aristote n'a pas de substantif correspondant, mais il le sous-entend très souvent dans des expressions trop fortement elliptiques pour être directement transposées en français (chaque fois que le mot *proposition* apparaît dans la traduction, il doit donc être interprété comme le complément de l'une de ces expressions elliptiques). On se souviendra néanmoins que la πρότασις est essentiellement quelque chose que l'un des interlocuteurs *propose* à l'acceptation de l'autre ; la liaison étymologique avec le verbe προτείνειν reste opérante (cf. 104 a 4-5), beaucoup plus apparemment qu'entre le mot *proposition* et le verbe *proposer*. On peut, à cette occasion rappeler que dans le mot *prémisse*, le préfixe ne se réfère pas originairement à l'*antériorité* de la prémisse à l'égard de la conclusion, mais bien, comme dans le modèle grec, au geste linguistique par lequel le dialecticien *pose devant lui* les énoncés qu'il soumet à l'approbation de son interlocuteur. Cette origine explique l'instabilité du contenu sémantique de la πρότασις : avant la prise de position du répondant, elle est une interrogation (cf. 101 b 29-32) ; après cette prise de position (qui consiste normalement à adopter le parti « endoxal »), elle devient une assertion, sur laquelle le questionneur s'appuie pour bâtir son argumentation. Ces deux aspects de la prémisse dialectique sont distingués avec clarté au début des *Premiers Analytiques* (I, 1, 24 b 1-3, texte qui renvoie d'ailleurs aux *Topiques*) ; dans les *Topiques*, il arrive qu'ils interfèrent dans une certaine confusion, par exemple quand Aristote définit la prémisse dialectique comme une ἐρώτησις ἔνδοξος (104 a 8-9), littéralement comme une « interrogation admise ».

2. On peut se demander quelle est l'identité exacte de la réponse aux deux questions ἐξ ὧν οἱ λόγοι (quels sont les éléments constitutifs des raisonnements ?) et περὶ ὧν οἱ συλλογισμοί (quels sont les objets sur lesquels portent les déductions ?). En première analyse, il semble que ces réponses soient données dans les lignes 15-16 : les *prémisses* seraient la réponse à la question ἐξ ὧν, les *problèmes* la réponse à la question περὶ ὧν. Mais cette solution reste provisoire et superficielle ; car le programme tracé en 101 b 11-13 ne sera adéquatement rempli que lorsqu'on connaîtra le nombre et la nature de *tous les types possibles* de prémisses et de problèmes. La véritable réponse aux questions ἐξ ὧν et περὶ ὧν est donc dans la distinction de la définition, du propre, du genre et de l'accident (que je désignerai sous leur nom traditionnel de *prédicables*). C'est à cette distinction quadripartite qu'Aristote fait allusion quand il parle du *nombre* des éléments ou objets du raisonnement dialectique (101 b 12, 14, 34,

104 a 1), comme on peut s'en assurer à l'aide de quelques passages sans équivoque : 103 b 2-3, où la suite montre clairement que ce sont les prédicables qui sont désignés par les expressions ἐκ τῶν πρότερον εἰρημένων οἱ λόγοι, διὰ τούτων, πρὸς ταῦτα, et 105 a 20-21, où ce sont encore eux qui sont désignés par l'expression τὰ (...) γένη περὶ ὧν τε οἱ λόγοι καὶ ἐξ ὧν (cf. 102 b 38-39, où le même mot γένη s'applique à eux). Ces considérations conduisent à supprimer toute ponctuation forte depuis 101 b 15 jusqu'à 101 b 25 : le mouvement de la pensée est d'un seul tenant. L'identité de nombre et de nature entre les éléments constitutifs des raisonnements et les objets sur lesquels portent les déductions ne sera *démontrée* que lorsque la dualité des prémisses et des problèmes sera surmontée par leur commune référence au système des quatre prédicables : c'est celui-ci, tel qu'il est décrit à la ligne 25, qui justifie le γάρ de la ligne 15.

3. Il faudrait un autre cadre que celui d'une note pour donner la justification complète de la traduction nouvelle (« l'essentiel de l'essence ») que je propose ici de la formule célèbre τὸ τί ἦν εἶναι. Disons d'abord qu'il est surprenant de voir cette formule, dont l'obscurité est proverbiale et qui a suscité une littérature considérable, s'introduire sans aucune préparation dans un ouvrage de niveau relativement élémentaire, comme le sont de l'aveu même d'Aristote les *Topiques* (cf. 101 a 19-24) ; et la surprise augmente quand on voit avec quel soin, dans le passage même qui nous occupe, Aristote définit le sens technique du mot beaucoup plus simple ἴδιον. On peut donc supposer, non seulement que la formule τὸ τί ἦν εἶναι était d'usage assez courant, au moins dans le milieu de l'Académie, mais encore que sa compréhension par l'auditeur moyen rencontrait moins d'obstacles que nous ne serions tentés de l'imaginer. C'est pourquoi j'ai écarté le terme traditionnel de *quiddité*, commode mais beaucoup trop peu parlant par lui-même. Cela dit, que pouvait-on mettre à sa place ? Ma réponse repose sur les considérations suivantes. Lorsqu'on demande *ce qu'est* (τί ἐστι) telle chose ou tel être, un homme par exemple, on peut d'abord répondre en nommant son *genre*, en l'occurrence *animal*. La réponse est bonne (cf. 102 a 32-36) ; mais elle a la propriété de convenir aussi bien à d'autres êtres qu'à celui dont il s'agit. S'il paraît souhaitable d'obtenir une réponse plus *ajustée*, il est nécessaire de serrer davantage la question, et c'est à ce besoin que répond la formulation τί ἦν εἶναι, dont l'expression qui nous occupe n'est autre chose que la substantivation au moyen de l'article (point bien mis en lumière par P. Aubenque, *Le problème de l'être chez Aristote*, p. 461-464). Le redoublement du verbe *être* a pour fonction, dans cette formule, d'écarter, parmi toutes les réponses possibles à la question posée, tout ce qui pourrait convenir à d'autres êtres qu'à celui dont il s'agit. On n'a pas assez remarqué que le français possède des ressources d'un type tout à fait semblable, puisque à côté de la formule simple « qu'est-ce qu'un homme ? » et de la formule déjà dédoublée « qu'est-ce que c'est qu'un homme ? », il présente des formules dédoublées (« qu'est-ce qu'être un homme ? ») et même détriplées (« qu'est-ce que c'est qu'être un homme ? »). Si l'on pouvait substantiver cette dernière expression, on obtiendrait

à coup sûr le meilleur équivalent possible de τὸ τί ἦν εἶναι. Resterait, il est vrai, à expliquer la seconde énigme de cette expression, qui est l'imparfait ἦν. Sans prétendre inexistante une difficulté qui a fait couler beaucoup d'encre, je noterai qu'aux yeux d'un témoin aussi averti qu'Alexandre (42, 4-8), cet imparfait n'a aucune valeur temporelle (cf. déjà Antisthène in Diog. Laert., VI, 3 : λόγος ἐστὶν ὁ τὸ τί ἦν ἢ ἔστι δηλῶν, texte auquel Alexandre fait allusion, 42, 20), et que son emploi avec un sens de présent est un phénomène ordinaire (συνήθης) ; il en cite des exemples tirés de la langue quotidienne (τίς ἦν ὁ κόπτων τὴν θύραν : « qui frappe à la porte ? »). C'est donc à la langue grecque plutôt qu'à une intention philosophique d'Aristote qu'il faudrait demander la clef de cet imparfait, quelle qu'elle puisse être en définitive. Tout cela posé, on voit que la traduction que je propose est un pis-aller : faute de pouvoir substantiver le couple de formules *qu'est-ce que c'est qu'un X – qu'est-ce que c'est qu'être un X*, j'ai cru, à partir de la traduction habituelle de τί ἐστι par *essence*, pouvoir créer une opposition à peu près équivalente, et comportant un redoublement parallèle à celui de la formule grecque, en opposant à l'*essence* (τὸ τί ἐστι) l'*essentiel de l'essence* (τὸ τί ἦν εἶναι).

5. Il faut traduire πεζόν par *terrestre* plutôt que par *pédestre* ; le mot prend place, en effet, dans une première subdivision du genre *animal*, qui se fonde sur l'habitat et non sur la morphologie ; il s'oppose à πτηνόν (ailé, c'est-à-dire aérien) et à ἔνυδρον (aquatique). Cf. 143 b 1-2, où le texte est malheureusement peu sûr (on notera toutefois que V confirme la conjecture de Bekker, qui ajoutait καὶ τῷ ἐνύδρῳ, et celle de Trendelenburg, qui supprimait καὶ τῷ δίποδι), mais où il est clair, en tout cas, que πεζόν et πτηνόν sont des termes situés au même niveau de la division (cf. 143 a 36 ταῖς ἀντιδιῃρημέναις διαφοραῖς) ; πτηνόν *n'est donc pas* une subdivision de πεζόν, alors que ce devrait être le cas si ce dernier mot désignait les animaux pourvus de pieds (*pace* L. Elders, *Aristotle's Theory of the One*, Assen, 1961, p. 164-165).

6. J'ai rendu tant bien que mal les deux formules interrogatives qu'Aristote oppose ici. Il est d'ailleurs malaisé de préciser celle de leurs différences qui fonde la distinction entre prémisse et problème. La plus voyante, certes, est que la prémisse se présente comme une interrogation simple (ἆρά γε) et le problème comme une interrogation double (πότερον... ἢ οὔ). Mais, s'il est exact que les problèmes sont régulièrement formulés comme des interrogations doubles (cf. 104 b 7, 8, 16, 105 a 5-6, 7), il arrive que les prémisses en fassent autant (cf. 105 b 23-24, 25) ; dans les *Premiers Analytiques*, la prémisse dialectique est définie comme ἐρώτησις ἀντιφάσεως, « présentation interrogative d'une alternative à termes contradictoires » (I, 1, 24 b 1-2). Une autre solution serait alors de dire que la prémisse sollicite une réponse affirmative de l'interlocuteur, alors que le problème tiendrait la balance égale entre les deux réponses possibles. Il n'est cependant pas certain que telle soit exactement la valeur de la particule ἆρα (à laquelle γε ne fait qu'ajouter insistance et

vivacité) : bien que certains exemples aristotéliciens aillent assez nettement dans ce sens (cf. Bonitz, *Index Aristotelicus*, 90 b 38 sq.), il faut noter que la particule grecque appelant sans ambiguïté la réponse affirmative (latin *nonne*) est ἆρ' οὐ. Cf. Denniston, *Greek Particles*², p. 46 : « Alors que ἆρ' οὐ prévoit décidément une réponse affirmative, ἆρα laisse ostensiblement le choix à la personne de l'interlocuteur, et l'appel à la confirmation est d'autant plus confiant qu'il est moins évidemment marqué ». Il est difficile d'apprécier si Aristote entend employer cette particule subtile dans sa valeur primaire ou dans sa valeur secondaire ; ce serait en tout cas forcer la note que de la traduire par « n'est-il pas vrai que » ou par une tournure analogue. Dans ces conditions, il semble nécessaire, pour comprendre les formules aristotéliciennes, de les mettre en rapport avec la *fonction dialectique* de la prémisse et du problème ; car c'est cette fonction qui les différencie en réalité, et leur expression verbale doit refléter d'une manière ou d'une autre cette différence. De ce point de vue, on doit définir la prémisse comme l'un des moments atomiques en lesquels se décompose une argumentation donnée ; elle appelle une réponse simple par *oui* ou par *non* (cf. 158 a 15-17 : ἔστι γὰρ πρότασις διαλεκτικὴ πρὸς ἣν ἔστιν ἀποκρίνασθαι ναί ἢ οὔ). Par opposition, le problème est l'objet unique sur lequel porte l'argumentation considérée dans son ensemble. Ainsi, comme le dit très bien Alexandre dans l'une des explications qu'il donne de ce passage, la prémisse est une *pétition de réponse* (ἀποκρίσεως αἴτησις), le problème une *pétition de démonstration* (δείξεως αἴτησις). Telle paraît être la distinction qu'est appelée à traduire la différence entre les deux expressions interrogatives : elle porte moins sur la *nature*, affirmative ou négative, de la réponse attendue, que sur le *type linguistique* de cette réponse. La formule de la prémisse appartient à une couche première du langage, où l'on se prononce directement sur les choses ou les états de choses, tandis que la formule du problème appartient à une couche seconde du langage, où l'on se prononce, non sur les choses, mais sur les énoncés qui en parlent et sur leurs justifications. Ainsi peut-on unifier ce qu'Aristote dit ici de la différence d'expression entre prémisse et problème et ce qu'il dit ailleurs (cf. en particulier 104 a 4-8) de la différence de leurs fonctions dialectiques.

Page 6.

1. Conformément à ce qui a été dit ci-dessus (cf. note 2 de la p. 5), je crois qu'Aristote parle ici du nombre des *types* de problèmes et de prémisses (ce nombre est quatre, celui des prédicables), et non pas du nombre des problèmes et des prémisses *eux-mêmes*. S'il en était autrement, il faudrait mettre à son crédit l'idée que l'égalité numérique de deux ensembles *non finis* (comme le sont l'ensemble des problèmes et l'ensemble des prémisses) peut être démontrée par l'établissement d'une correspondance terme à terme entre leurs éléments. Le peu de vraisemblance de cette conséquence est une raison supplémentaire d'écarter l'hypothèse qui la commande.

2. J'adopte ici la leçon de P (μεταλαβών), qui est vraisemblablement aussi celle de Λ, et qui semble la plus propre à expliquer l'apparition des autres variantes relevées. Le sens reste de toute façon le même.

3. Je traduis par *seyant* le mot πρέπον, de préférence à la traduction traditionnelle par *convenable* ; il faut naturellement entendre *seyant* en un sens très général, comme *ce qui sied* (le contexte imposait le choix d'un mot unique). Comme le doublet français *seyant-séant*, πρέπον a un sens d'abord esthétique (cf. son emploi dans Platon, *Hipp. maj.*, 290 c sq., 293 e sq.), puis éthique ; après son passage dans la doctrine morale de Panétius (cf. Ch. Labowsky, *Der Begriff des* πρέπον *in der Ethik des Panaitios*, Heidelberg, 1934), il deviendra le *decorum* latin (cf. Cicéron, *Off.*, I, XXVII, 93 sq.). Dans le passage qui nous occupe, c'est naturellement πρέπον qu'Aristote donne comme une quasi-définition de καλόν (parce que le mot amorce une explication causale de la beauté), et non l'inverse, encore que πρέπον soit précédé de l'article et que καλόν ne le soit pas. Il n'est cependant pas nécessaire de lire τὸ καλόν, comme le propose Ross ; l'ordre des mots paraît ici suffisant pour déterminer le sens sans équivoque. Cf. 105 a 27-28 : αἱρετόν (τὸ αἱρετόν Al^c) ἐστι τὸ καλὸν ἢ τὸ ἡδὺ ἢ τὸ συμφέρον.

Page 7.

1. Contrairement à l'interprétation traditionnelle (mais conformément à son sens étymologique), le mot ἀντικατηγορεῖσθαι ne désigne pas la légitimité de l'*interversion du sujet et du prédicat*, mais celle d'une *substitution réciproque entre deux prédicats* se rapportant à un même sujet concret (désigné par les mots τοῦ πράγματος). En d'autres termes, on peut dire qu'un prédicat P est le propre d'un sujet S, non pas lorsqu'on a « *S est P et P est S* », mais bien lorsqu'on a « *pour tout sujet concret X, si X est S, X est P, et si X est P, X est S* ». Cette interprétation peut sembler trop proche de la manière dont les logiciens modernes formulent les propositions universelles ; elle est cependant la seule qui soit exactement conforme à l'explication contenue dans les lignes 20-22, où les mots ἄνθρωπος et γραμματικῆς δεκτικός ne peuvent être compris que comme deux prédicats se rapportant à un même sujet concret sous-entendu. On notera que ce sujet est distinct du sujet grammatical de la proposition considérée ; ce dernier est l'un des deux prédicats qui s'échangent l'un avec l'autre. Cf. 103 b 7-8, où le sujet grammatical est désigné par 7 τινος et le sujet concret par 8 τοῦ πράγματος ; la phrase serait d'une gaucherie considérable si ces deux expressions se rapportaient au même objet. Ajoutons que le sens ainsi reconnu à ἀντικατηγορεῖσθαι est *exactement* celui qui s'explicite dans une expression constamment employée par Aristote (en particulier dans le livre V) pour décrire le propre : καθ' οὗ ὁ λόγος, καὶ τοὔνομα κατηγορεῖται, καὶ καθ' οὗ τοὔνομα, καὶ ὁ λόγος κατηγορεῖται. Lorsqu'on assigne un propre à un sujet, le nom (du sujet) s'attribue à tout ce à quoi s'attribue la formule (du propre), et la formule (du propre) s'attribue à tout ce à quoi s'attribue le nom (du sujet).

2. Je traduis par « apte à la lecture et à l'écriture » l'expression γραμματικῆς δεκτικόν. Celui qui possède la γραμματική, en effet, ce

n'est pas celui que nous appelons le grammairien, c'est celui qui sait lire et écrire (cf. 142 b 31). Le français manque d'un mot unique pour désigner le contraire d'un illettré ou d'un analphabète : *alphabète* n'existant pas, et *lettré* ayant pris un tout autre sens, on est obligé de recourir à une périphrase.

Page 8.

1. La dernière section de ce paragraphe risque de paraître assez platement tautologique : il est superflu de préciser qu'en établissant qu'un premier sujet, puis un second appartiennent à un certain genre, on a établi qu'ils appartiennent au même genre. Ce problème, défini comme « générique », doit cependant être rapproché de celui qui a été désigné comme « définitionnel » en 102 a 6-9 : il s'agissait alors d'établir l'existence ou l'inexistence d'une *identité spécifique*, il s'agit à présent d'établir celle d'une *identité générique* (cf. chapitre 7, où ces notions sont l'objet d'une mise en place). Il devient assez tentant, dans ces conditions, de corriger le texte, de manière à faire apparaître l'expression ταὐτὸν γένει (« génériquement identique ») partout où nous lisons ἐν τῷ αὐτῷ γένει (« appartenant au même genre »). Mais la préposition ἐν est attestée à quatre reprises, en 102 a 36, 37, 39 et 102 b 2. L'ampleur des corrections nécessaires oblige à renoncer à cette émendation.

2. Je conserve pour συμβεβηκός la traduction traditionnelle, qui est « accident ». Il y a cependant de bonnes raisons d'estimer que ce mot n'a pas une signification unitaire dans les *Topiques*, et qu'on peut distinguer dans l'usage qui en est fait un sens *strict* ou *marqué* (attribut « accidentel », c'est-à-dire séparable, inessentiel) et un sens *large* ou *non marqué* (attribut en général, abstraction faite du caractère particulier de son mode de liaison avec son sujet). Cf. sur ce point l'*Introduction*, p. LXXVI sq. Mais on ne saurait s'autoriser de cette distinction pour traduire συμβεβηκός tantôt par un mot comme « accident », tantôt par un autre mot comme « détermination » ou « attribut ». J'ai donc conservé le mot d'*accident* ; mais il sera bon de se souvenir que ce mot, lorsqu'il apparaît dans la traduction, ne doit pas être nécessairement compris dans le sens strict que lui a donné la tradition aristotélicienne classique. On aurait pu également utiliser des mots comme « coïncident » ou « concomitant », si ces mots n'avaient pris en français une signification surtout temporelle.

Page 9.

1. J'adopte ici τό, *lectio difficilior* préservée par PΛ, contre la leçon τῷ des autres manuscrits, qui a été suivie par les éditeurs précédents. Le sens ne varie pas de l'une à l'autre leçon : il s'agit toujours de montrer, pour la détruire, que la définition n'appartient pas au seul défini. Ce qui diffère, c'est l'identité de terme qui doit être sous-entendu. Avec τῷ, le sujet de ὑπάρχει doit être sous-entendu ; τῷ ὑπὸ τὸν ὁρισμόν désigne ce qui est couvert par la définition, autrement dit le *défini*. Avec τό, c'est le défini, déterminé par l'adjectif

μόνῳ, qui doit être sous-entendu ; τὸ ὑπὸ τὸν ὁρισμόν est le sujet de ὑπάρχει, et désigne l'ensemble des notes contenues dans la *définition*. Ce qui permet de trancher en faveur de la seconde hypothèse, c'est d'abord la symétrie avec le contexte immédiat, où le sujet est toujours exprimé (cf. 30-31 τὸ ἀποδοθέν, 31-32 τι τῶν ἐν τῷ λόγῳ ῥηθέντων), ensuite et surtout le passage 149 a 38-39, où le *défini* est désigné par l'expression οὗ τὸν λόγον ἀποδίδωσι, et la *définition*, par l'expression τὸ ὑπὸ τὸν λόγον, qui est semblable à celle qui nous occupe. En 154 b 11, en revanche (παντὶ ὑπάρχει τῷ [τὸ DΛ] ὑπὸ τοὔνομα μὴ μόνῳ δέ), l'idée exprimée est la même que dans notre passage, mais l'expression est différente : nous n'y lisons plus ὑπὸ τὸν ὁρισμόν ou ὑπὸ τὸν λόγον, mais ὑπὸ τοὔνομα, ce qui ne peut s'appliquer qu'au *défini*, et non à la définition. En conséquence, il faut dans ce dernier passage conserver τῷ, et considérer le sujet de ὑπάρχει comme sous-entendu.

2. On peut garder, après ὥστε, le καί omis par VPcuDΛ et par les précédents éditeurs. Dans cette position, καί n'a pas la valeur forte de « aussi » (qui serait en effet inexplicable ici) ; il dénote simplement « l'addition du contenu de la clause subordonnée à celui de la clause principale » (Denniston, *Greek Particles*[2], p. 299).

Page 10.

1. Renvoi à 101 a 19-24, confirmant l'interprétation donnée plus haut de ce passage (cf. note 2 de la p. 3).

2. La présence dans ce chapitre 7 d'une étude de la notion de ταὐτόν doit être interprétée en fonction des « appendices » annexés à chacune des définitions des prédicables : 102 a 6-9, naturellement, mais aussi 102 a 24-28, 102 a 36 - b 3 (cf. note 1 de la p. 8) et 102 b 20-25.

3. Colli explique, dans une longue note, qu'à son avis il faut entendre 16 διαφοράν et 21 διαφέρει comme se référant, non à la différence entre le cas étudié et les cas précédemment distingués, mais à la différenciation de l'eau elle-même. Cette interprétation, dont l'auteur reconnaît lui-même l'apparence forcée et paradoxale, se heurte au fait que l'on voit mal comment quelque chose pourrait se différencier en vertu d'une ressemblance ; or c'est ainsi que Colli est conduit à comprendre les lignes 21-22. Il est bien plus simple d'admettre que le sujet τὸ... ὕδωρ de 21 διαφέρει désigne, non pas l'eau elle-même, mais le *cas* de l'eau. Au besoin, on sous-entendra ταὐτὸν λεγόμενον, comme à la ligne 15.

Page 11.

1. J'adopte ici la variante ancienne τὸν καθήμενον signalée par V ; après τινά, elle constitue la *lectio difficilior*. En outre, s'il y avait plus d'une personne assise, l'esclave ne saurait pas mieux à laquelle s'adresser, et l'accident ne pourrait remplir le rôle qui lui est ici confié, celui d'un propre momentané, non d'un propre relatif (cf. 102 b 20-24). Il est difficile de déterminer le texte qu'a lu Alexandre ; celui-ci emploie dans sa paraphrase les mots τὸν καθήμενον προστάσ-

σοντες καλέσαι ; il n'est pas tout à fait exclu qu'il les ait empruntés à la ligne 37 (κελεύομεν τὸν καθήμενον... καλέσαι) ; mais la position de ces mots dans la paraphrase correspond plutôt à celle de la ligne 34, et προστάσσοντες ressemble plus à ἐπιτάσσοντες qu'à κελεύομεν. Il peut donc y avoir là un argument supplémentaire en faveur de la leçon τὸν καθήμενον.

Page 12.

1. L'induction (ἐπαγωγή) sera définie plus loin comme le procédé qui consiste à partir des cas individuels pour accéder aux énoncés universels (105 a 13-14). L'application qui en est faite ici permet de préciser que le point d'appui de la démarche inductive est constitué par l'énoncé universel, non par les cas individuels : en d'autres termes, elle consiste moins à *généraliser* des observations singulières qu'à *vérifier concrètement* une proposition universelle donnée à l'avance (103 b 2-3, cf. 101 b 17-28), au moyen d'un échantillonnage aussi étendu qu'on voudra.

2. Συλλογισμός : la suite montre clairement que ce mot ne désigne pas le syllogisme au sens technique du terme, mais en général un raisonnement déductif *a priori*. Il s'agit, en l'occurrence, de la répartition d'un ensemble en quatre sous-ensembles, par superposition d'alternatives dichotomiques à membres contradictoires.

3. Il n'est pas nécessaire d'ajouter ἐστίν après 18 ἴδιον, comme le fait C, suivi par les éditeurs précédents à l'exception de Waitz : l'absence de ce mot fait de notre passage, au prix d'une étrangeté qui doit être conservée, une citation *littérale* de 102 b 4-5.

Page 13.

3. Il n'est pas indispensable d'ajouter ici la mention de la *quantité* (ὁτὲ δὲ ποσόν), comme le font, sans doute pour des raisons de symétrie, BVuD suivis par Ross.

4. Conjecture proposée par Prantl, *Geschichte der Logik im Abendland*, I, p. 193, n. 324. Elle affermit la cohérence de ce difficile passage (dont l'interprétation détaillée demanderait un autre cadre que celui d'une note), et permet de voir dans les trois exemples que prend Aristote (30 ἄνθρωπον εἶναι ἢ ζῷον, 32 λευκὸν εἶναι ἢ [ἢ om. u] χρῶμα, 34 πηχυαῖον εἶναι <ἢ> μέγεθος) des applications littérales de la règle générale qu'il pose dans les lignes 36-37 (ἐάν τε αὐτὸ περὶ αὑτοῦ λέγηται ἐάν τε τὸ γένος περὶ τούτου) : la prédication du τί ἐστι est celle qui rapporte à un sujet concret soit lui-même (c'est-à-dire l'espèce indivisible à laquelle il appartient) soit son genre, ce sujet pouvant d'ailleurs être par lui-même soit une substance, soit une qualité, soit une quantité, etc.

Page 14.

1. Je passe ici à la ligne, pour bien faire sentir que cette phrase de récapitulation ne se réfère pas au seul chapitre 9, mais à l'ensemble des chapitres 4-9. L'expression περὶ ὧν... οἱ λόγοι καὶ ἐξ ὧν désigne

en effet les quatre prédicables, et non les dix catégories (cf. 101 b 11 sq., et la note 4 de la p. 4).

2. Le verbe λαμβάνειν a, dans son usage logique, un rapport particulièrement étroit avec la *prémisse,* dont il désigne la position, ou plus précisément, en situation dialectique, l'adoption, demandée par le questionneur au répondant et obtenue du second par le premier (cf. 154 a 25, *An. Pr.*, I, 1, 24 b 2, et les nombreux textes cités par Bonitz, *Index aristotelicus,* 422 b 11-33). Par πῶς δὲ ληψόμεθα, Aristote annonce donc ici le chapitre consacré à la prémisse, qui suit immédiatement (une glose ancienne, préservée par u et B², ajoute d'ailleurs προτάσεις pour expliquer ληψόμεθα) ; par δι' ὧν εὐπορήσομεν, il annonce les chapitres consacrés aux instruments dialectiques (13 sq.).

3. Je supprime ici les mots ἢ τοῖς πλείστοις (« ou pour presque tout le monde »), qui ne sont pas dans c, et qu'Alexandre selon toute apparence n'a pas lus ; ils ont pu facilement s'introduire dans le texte sous l'effet des nombreuses formules analogues (100 b 21-22, 101 a 12, 13, et ici même 104 a 9, 10). Il est préférable, en effet, de ne pas affaiblir l'opposition μηδενὶ δοκοῦν — πᾶσι φανερόν ; et l'on observera en outre qu'Aristote définit plus loin (104 b 19 sq.), sous le nom de *thèses,* une catégorie de problèmes tout à fait propices à l'exercice dialectique, et dont il est cependant « parfaitement clair pour *presque* tout le monde » qu'il faut les résoudre *par la négative.* La négation d'une semblable « thèse » ne saurait donc manquer de constituer, elle aussi, un « problème » parfaitement acceptable.

4. La traduction tempère légèrement le paradoxe de l'expression ἐρώτησις ἔνδοξος, littéralement « interrogation admise » (cf. la note 1 de la p. 5).

5. Les mots κατ' ἀντίφασιν doivent être maintenus à la place qu'ils occupent dans CΛ, comme le prouve sans équivoque le développement des lignes 20-28. C'est sans doute pour prévenir la surprise du lecteur que, dans un grand nombre de manuscrits (ABVPcuD), ils ont été maladroitement séparés de προτεινόμενα et transposés après 13 τἀναντία.

6. Τέχνη ne correspond ici exactement ni à *science,* puisque l'aspect pratique de la notion ne peut être passé sous silence, ni à *technique,* puisqu'il en va de même de son aspect spéculatif (médecine et géométrie appartiennent à son extension, cf. 33-37) ; mais on peut traduire le mot grec par la conjonction des deux mots français.

Page 15.

3. Renvoi, non à un autre ouvrage, mais à 112 b 27 - 113 a 19.

Page 16.

1. Influencé par la conception, devenue traditionnelle, de la logique comme instrument (*organon*), Alexandre estime que la présente division correspond à celle des problèmes en éthiques, physiques ou théorétiques, logiques (cf. 105 b 19-29). Mais il n'est pas certain que tous les problèmes auxquels Aristote attribue ici un caractère

« auxiliaire » appartiennent à la sphère « logique » ; et il ne l'est pas davantage que tous les problèmes « logiques » soient de caractère seulement « auxiliaire ». Aristote ne donne pas ici d'exemple pour les problèmes de caractère « auxiliaire » ; mais celui qu'il prend en 105 b 23-24 pour illustrer la notion de prémisse logique (« les contraires relèvent-ils ou non du même savoir ? ») entrerait bien plutôt dans une catégorie de problèmes *théorétiques* qui sont l'objet commun de la dialectique et de la philosophie (cf. *Métaph.*, B 1, 995 b 20-25 ; Γ, 2, 1004 a 9 - b 26 ; M, 4, 1078 b 25-27). Cf. l'*Introduction*, p. XXVI-XXVII, et la n. 1 de la p. XXVII.

2. Je conserve ici, malgré l'apparent pléonasme, les mots οἱ πολλοὶ τοῖς σοφοῖς ἤ, omis par C et condamnés par Ross : le conflit des opinions peut en effet être vu sous deux angles, selon que l'attention se porte principalement sur l'opinion éclairée ou sur l'opinion moyenne.

3. Je conserve μόνον, omis par C et par tous les éditeurs, sans autre raison que l'application indiscrète d'une opposition, plus moderne que vraiment aristotélicienne, entre ce qui est pratique et ce qui est « purement » spéculatif (cf. 7-8).

4. J'ai supprimé à la ligne 9, avec APc, les mots καθ' αὑτά ; ils ont pu s'y introduire sous l'influence de la ligne 10, où leur présence paraît plus justifiée. Sans eux, la ligne 9 répond mieux à l'expression utilisée plus haut ἢ αὐτὸ ἢ ὡς συνεργόν (2-3).

5. Les traductions existantes se divisent sur la valeur exacte du participe absolu ὄντων μεγάλων. L'ampleur des questions dont il s'agit ici justifie-t-elle (a) le fait que nous n'avons pas d'argument à donner les concernant, ou bien (b) le fait qu'elles constituent des sujets convenables pour l'entretien dialectique, *en dépit de* cette absence de convictions raisonnées ? La signification du participe absolu serait causale dans le premier cas (*parce qu'elles sont vastes*), adversative dans le second (*bien qu'elles soient importantes*, et par là-même dignes de faire le sujet d'un entretien dialectique). La place du génitif absolu, entre λόγον μὴ ἔχομεν et χαλεπὸν οἰόμενοι, paraît une raison suffisante pour adopter la première solution. Notons en outre que ce problème est solidaire de cet autre, que se pose Alexandre: les lignes 12-17 (c) introduisent-elles, ou bien (d) n'introduisent-elles pas, deux catégories nouvelles de problèmes par rapport à ceux qui ont été décrits dans les lignes précédentes ? Si ce sont des catégories nouvelles, en effet, leur introduction a besoin d'être justifiée, et seulement dans ce cas ; autrement dit, la solution (c) est solidaire de la solution (b), et la solution (d) solidaire de la solution (a). Or ce second problème doit se résoudre en faveur de (d) : en effet, les lignes 12-17 ne font que reprendre, au niveau du *raisonnement*, l'alternative du *conflit* (existence de deux raisonnements en sens contraire) et de l'*absence* (inexistence de tout raisonnement) qui avait été précédemment posée au niveau du *jugement* (lignes 4-5). L'identité de l'exemple donné à la ligne 8 et à la ligne 16 (« le monde est-il éternel ou non ? ») ajoute un argument supplémentaire en faveur de (d), et donc, indirectement, en faveur de (a).

Page 17.

1. J'adopte ici, en dépit de l'indéniable dureté de la construction qu'elle suppose, la correction de Pacius, qui lit ἐναντίων à la place du ἐναντίον des manuscrits. L'idée fondamentale du texte est qu'en principe, un paradoxe ne constitue pas un bon sujet pour l'exercice dialectique ; pour qu'il puisse y avoir, à cette règle de droit, des exceptions de fait, il faut une raison particulière. Cette raison peut être, soit l'autorité d'un philosophe célèbre, soit l'existence d'une argumentation appuyant cette thèse ; mais pour que cette raison soit suffisante, il faut évidemment que l'autorité du philosophe soit bien établie, et que la force de l'argumentation soit d'apparence irrésistible. Il serait donc étrange que cette argumentation fût *en elle-même* paradoxale. Or, avec ἐναντίον se rapportant à λόγον, le caractère paradoxal s'attache à l'*argumentation* ; avec ἐναντίων se rapportant à ὧν, au contraire, il s'attache à la *thèse* à démontrer. On observera, en outre, que l'expression λόγον ἔχειν se retrouve, sans épithète complémentaire, à la ligne 15 et à la ligne 28 ; que l'expression ἐναντία ταῖς δόξαις se retrouve, appliquée sans équivoque à la *thèse*, à la ligne 23 ; enfin, que la leçon des manuscrits s'explique aisément par l'influence de λόγον.

2. L'argument sophistique résumé dans ces lignes n'est pas facile à reconstituer, même si on le rapproche des textes approximativement parallèles de *Métaph.*, E 2, 1026 b 18-20, et surtout K 8, 1064 b 23-26. Le schéma formel est cependant clair : à la règle apparemment évidente « tout ce qui est X doit nécessairement, soit être devenu X, soit avoir toujours été X », le sophiste oppose un cas, désigné par l'expression μουσικὸν ὄντα γραμματικὸν εἶναι, qui n'entre dans aucun des membres de la division. On voit également bien pourquoi celui qui est μουσικὸς ὢν γραμματικός ne peut l'avoir toujours été. Mais pourquoi ne peut-il l'être devenu ? On aperçoit plusieurs réponses possibles à cette question, selon le sens que l'on donne à γραμματικός et à μουσικός (ces mots désignent-ils (a) des attributs sans relation l'un avec l'autre, ou bien (b) des attributs dont l'un suppose l'autre ?), et selon la formulation exacte que l'on donne de l'énoncé supposé ici inacceptable (cet énoncé est-il (a') « le μουσικός est devenu γραμματικός », ou bien (b') « X est devenu μουσικὸς ὢν γραμματικός » ?). Les solutions (a) et (a') sont celles d'Alexandre, qui explique que si le μουσικός ne peut devenir γραμματικός, c'est que μουσικός n'est ni la matière ni le contraire de γραμματικός ; le sujet du verbe *devenir* ne peut être en effet que la matière ou le contraire de son attribut. C'est donc, non pas le μουσικός, mais l'homme, ou (en un autre sens) le non-γραμματικός, qui devient γραμματικός. Cette interprétation paraît trop étroitement solidaire de l'analyse aristotélicienne du devenir pour pouvoir être attribuée aux sophistes anonymes que cite notre passage ; de plus, le choix de la solution (a'), qu'elle implique, présente le grave inconvénient de ne tenir aucun compte du participe ὄντα. Le parallèle de *Métaph.* K invite à donner sa pleine valeur à ce participe, et à adopter la solution (b'). Il développe en effet le sophisme de la manière suivante. On suppose qu'un homme, qui était déjà μουσικός, est devenu ensuite γραμματικός ; présentement,

il *est* donc à la fois l'un et l'autre, ce qu'il n'était pas auparavant. Or, ce qu'on n'a pas toujours été, on doit nécessairement l'être devenu : il est donc *devenu* à la fois l'un et l'autre, conclusion qui contredit l'hypothèse d'une acquisition échelonnée. Cet argument est clair, et son vice ne l'est pas moins ; mais il ne coïncide pas exactement avec le nôtre. On remarquera en effet que la conclusion de l'argument, dans le texte de la *Métaphysique*, n'est pas absurde en elle-même, mais seulement en contradiction avec une hypothèse initiale explicitement formulée. Dans le texte des *Topiques*, au contraire, rien ne dit que l'homme dont il est question est devenu μουσικός avant de devenir γραμματικός, ou l'inverse. On peut alors balancer entre deux solutions. Ou bien le texte des *Topiques* résume l'argument de façon si elliptique qu'il passe sous silence cette hypothèse initiale, pourtant nécessaire à la bonne marche de l'argumentation. Ou bien l'idée d'un échelonnement entre l'apprentissage de la γραμματική et celui de la μουσική, qui était présentée dans la *Métaphysique* comme une hypothèse de fait, est présupposée ici comme une nécessité de droit, impliquée par l'essence même de ces deux notions. Autrement dit, on supposera que l'acquisition de ces deux savoirs ne peut être simultanée, parce que l'acquisition de l'un présuppose la possession de l'autre. Dans cette perspective, qui est celle de l'interprétation (b), le seul terme auquel puisse convenir l'antériorité chronologique est γραμματικός : en effet, γραμματικός désigne celui qui sait lire et écire (cf. la note 2 de la p. 7), tandis que μουσικός *peut* désigner, autant que le musicien proprement dit, celui qui possède une culture littéraire et artistique. Il ne peut donc être question de devenir μουσικός, en ce sens, si l'on n'est déjà γραμματικός. Contre cette interprétation, toutefois, on peut faire valoir que l'ordre d'acquisition des deux attributs est inverse dans la *Métaphysique* ; l'inauthenticité souvent admise du livre K ne retire pas son poids à cette objection. C'est pourquoi je n'ai pas cru pouvoir en faire état dans la traduction, où j'ai conservé, pour faire bref, les mots de *grammairien* et de *musicien*. Il reste acquis, en tout état de cause, que le ressort du sophisme est l'impossibilité (soit de fait, soit de droit) pour celui qui *possède simultanément* ces deux attributs de les avoir *acquis simultanément*.

Page 18.

1. Cf. *Introduction*, p. xxvii, n. 3. Ce texte a souvent été cité ou utilisé par la suite. Cf. Julien, *Disc. VII contre Heracléios*, § 24, 237 c-d ; Pseudo-Alexandre, *Problemata*, I, p. 3 Ideler (je dois ces références à l'amitié et à l'érudition de J. Bertier et de H. D. Saffrey).

2. Cf. 100 a 25 et la note 2 de la p. 1.

3. Les mots 15 περὶ ἕκαστον, déplacés par C et omis par Λ[r] (alors que Λ[p] omet ἄριστος) sont peut-être suspects ; il est en tout cas préférable de les faire porter sur ἄριστος, plutôt que sur ἐπιστάμενος.

Page 19.

3. Les passages 113 b 35-36 et surtout 137 a 3-7 montrent que l'εὐεξία correspond d'assez près à ce que les athlètes, dans leur jargon, appellent la « bonne forme » : c'est au maître de gymnastique qu'on demande les moyens de l'acquérir et de la conserver ; on ne peut la posséder sans être en bonne santé, mais on peut ne pas la posséder sans être malade. C'est donc par « bonne forme » que je traduirais ici ce mot (comme je le ferai plus loin), si nous disposions d'un adjectif correspondant pour traduire εὐεκτικός, qui s'applique aux choses et aux activités susceptibles de produire et d'entretenir la « bonne forme ». Faute d'un tel adjectif, je risque la traduction par le couple « tonus »–« tonique ».

4. La phrase 105 a 31-33, très platement scolaire, semble n'avoir pas été lue par Alexandre ; peut-être mérite-t-elle d'être suspectée.

5. Le texte est ici corrompu, les manuscrits n'offrant que les variantes ἢ τάς et ἢ καὶ τάς, qui semblent l'une comme l'autre impossibles à conserver. Toute tentative de correction doit nécessairement s'appuyer sur le chapitre 10 (cf. la référence qui y est ici faite, 105 a 34-35), dont les divisions principales doivent obligatoirement se retrouver ici. Rappelons donc ces divisions : (1) énoncés « endoxaux », non paradoxaux (104 a 8-12) ; (2) énoncés ressemblant aux énoncés « endoxaux » (104 a 12-13 et 15-20) ; (3) contreparties négatives des énoncés « endoxaux » (104 a 13-14 et 20-33) ; (4) énoncés scientifiques et techniques (104 a 14-15 et 33-37). Pour voir comment s'applique ce schéma dans notre chapitre, le principal problème à résoudre est de savoir si les prémisses ἐναντίαι ταῖς φαινομέναις de 105 a 37 - b 1 sont ou non identiques aux prémisses ἐναντίαι ταῖς φαινομέναις de 105 b 2 (problème reflété par l'omission de 2 καί dans PuD). Les secondes correspondent incontestablement au point (3) du chapitre 10 (cf. 105 b 1-3 δεῖ δὲ προτείνειν... κατ' ἀντίφασιν, 104 a 14 et 21). Si les premières étaient identiques à elles, le chapitre 14 reproduirait le chapitre 10 dans un ordre profondément perturbé : (1) en 105 a 35-37, (3) en 105 a 37 - b 1, (4) en 105 b 1, retour à (3) en 105 b 1-3, (2) en 105 b 3-10. Au contraire, il suffit de supposer qu'il n'y a pas identité entre les deux catégories de prémisses en question pour voir notre chapitre reproduire le chapitre 10 dans un ordre légèrement modifié, mais qui reste parfaitement clair : (1) en 105 a 35 - b 1, (4) en 105 b 1, (3) en 105 b 1-3, et (2) en 105 b 3-10. De ces considérations, on peut donc conclure avec assurance que les prémisses ἐναντίαι ταῖς φαινομέναις de 105 a 37 - b 1 n'ont rien de commun avec les ἐναντία κατ' ἀντίφασιν προτεινόμενα du point (3) du chapitre 10 ; et que par suite, si l'on veut remédier à la corruption du texte, on doit s'appuyer uniquement sur le point (1), c'est-à-dire sur les lignes 104 a 8-12. On voit alors que la mention des ἐναντίαι ταῖς φαινομέναις, en 105 a 37, correspond fonctionnellement à l'exclusion des paradoxes, qui est effectuée à deux reprises en 104 a 8-12, d'une part par les mots μὴ παράδοξος (10-11), d'autre part par la phrase ἐὰν μὴ ἐναντίον ταῖς τῶν πολλῶν δόξαις ᾖ. Il paraît donc légitime de restituer la négation μή, comme l'ont fait chacun à sa manière

Waitz, qui lit μὴ τάς, et Ross, qui lit ἢ τὰς μή. La solution de Waitz est probablement meilleure, parce que d'une part ἢ peut être le vestige d'un μή originaire mal lu, et corrompu en ἢ sous l'influence des nombreux ἢ du contexte antérieur (six en trois lignes), et que d'autre part 104 a 10-11 offre un parallèle satisfaisant (μὴ παράδοξος n'y est précédé d'aucune conjonction de coordination). Si l'on admet ce raisonnement, on peut faire un pas de plus, et supprimer τάς, toujours sur le modèle de μὴ παράδοξος ; une fois la négation tombée et remplacée par ἢ, en effet, il est normal qu'un copiste ou un éditeur, pensant que ἐναντίας ταῖς φαινομέναις introduisait une catégorie nouvelle de prémisses, ait ajouté l'article.

6. Cf. la note 6 de la p. 14. Je conserve ici la leçon τέχνην, contre τέχνας de BC ; son asymétrie par rapport au parallèle 104 a 15 τέχνας en fait la *lectio difficilior*.

Page 20.

4. On peut hésiter sur le sens exact de γεγραμμένων λόγων : s'agit-il de livres en général, ou plus spécialement de collections d'arguments ou de manuels d'argumentation ? La suite du texte paraît constituer une preuve décisive en faveur de la première hypothèse : le recueil d'arguments sera le résultat de l'activité ici décrite, il n'en est pas la matière première. Cf. aussi *Rhet.*, II, 22, 1396 b 3 sq. (avec renvoi aux *Topiques*) et 28 sq., et l'*Introduction*, p. XCV-XCVI.

5. Que faut-il entendre exactement par διαγραφάς ? L'activité décrite dans les lignes qui suivent ressemble tellement à la constitution d'un *fichier* que l'on devrait traduire ce mot par *fiches*, si l'on pouvait être sûr que le procédé qu'Aristote a en vue possède la caractéristique essentielle du système des fiches, qui est de faire correspondre à chaque tête de rubrique un support matériellement indépendant. Or rien n'est moins certain ; on notera, par exemple, qu'en *Rhet.*, II 1, 1378 a 27, Aristote présente comme une διαγραφή l'énumération de prémisses qu'il a donnée dans le livre précédent. La traduction par *tableaux* ou *listes* est donc la seule légitime.

6. Il faut probablement entendre que chaque « tableau » doit être ordonné selon un plan logique et exhaustif : l'essence d'abord, les propriétés ensuite. S'agissant du bien, on peut aussi penser aux divers aspects catégoriels que peut revêtir cette notion (cf. 107 a 5 sq. et *Eth. Nic.*, I, 4, 1096 a 20 sq.).

Page 21.

2. Je lis προτάσεων, avec uAlᵖΛ, contre προτάσεως des autres manuscrits ; le pluriel paraît en effet plus propre à désigner le premier instrument dialectique, la position des prémisses (cf. 105 a 23), le singulier s'appliquant plutôt à l'étude de la prémisse en tant que telle, tâche qu'avait remplie le chapitre 10. On observera en particulier le jeu de ce singulier et de ce pluriel dans les lignes 105 a 34-35.

Page 22.

2. La traduction traditionnelle de φωνή par *voix* n'est pas tout à fait satisfaisante : *voix* désigne l'ensemble des sons émis par la bouche, alors que φωνή ne désigne qu'un seul de ces sons. Par suite, les adjectifs *aigu* et *grave*, appliqués à la voix, caractérisent son registre, alors que leurs équivalents grecs, appliqués à la φωνή, caractérisent sa hauteur propre ; il serait donc absurde de dire qu'une voix aiguë est une voix rapide, alors que cela est vrai de la φωνή (cf. 107 a 15-16). J'ai donc préféré traduire ce mot par *son*, bien que ce dernier corresponde plutôt à ψόφος (cf. *De An.*, II, 8) : l'opposition ψόφος-φωνή n'entre en effet pas en ligne de compte dans notre texte. On se souviendra donc que les sons dont il s'agit ici doivent être compris comme des sons vocaux.

3. Le couple *aigu–obtus* s'applique en français à des angles (ou à des intelligences) plutôt qu'à des masses ou à des volumes ; la meilleure traduction de ἀμβλύ, s'agissant de corps (ὄγκοι), serait *émoussé* ou *mousse*, si ces mots, d'application encore plus limitée, ne désignaient la *privation* de l'acuité plutôt que son *contraire*. Ici comme dans toute cette section sur les termes équivoques, la traduction ne peut offrir que des équivalences approchées.

4. Ce curieux passage laisse entendre que καλόν n'a pas exactement le même sens lorsqu'il s'applique à un être vivant et lorsqu'il s'applique à un objet fabriqué de main d'homme : il possède en effet un contraire distinct dans chacun de ces cas. Il est vraisemblable que, dans le premier, les valeurs esthétiques sont seules en cause ; s'agissant d'une maison, au contraire, le terme καλόν se réfère indistinctement à la beauté architecturale de l'édifice et au caractère spacieux et confortable de l'habitation. Son contraire spécifique n'est plus alors αἰσχρόν, réservé à la désignation de la laideur physique (mais aussi morale) d'un être naturel, mais μοχθηρόν, terme qui engage des valeurs pratiques plutôt que proprement esthétiques. La traduction exprime tant bien que mal cette dissociation sémantique, qui n'a pas son équivalent exact dans notre langue.

Page 23.

2. Le couple *piquant–doux* rend ici le couple ὀξύ-ἀμβλύ, que j'ai traduit ci-dessus par *aigu–obtus* : il n'a pas été possible d'unifier la traduction, faute d'un contraire d'*aigu* qui pût s'appliquer à la fois aux saveurs et aux impressions tactiles.

3. Le sens physique de φιλεῖν est *embrasser, donner un baiser*. Celui d'*aimer* est évidemment différent ; mais la transposition reste acceptable.

4. Il est possible de conserver ici le texte des principaux manuscrits (τῷ μὲν... τῷ δέ), corrigé en τῶν μὲν... τῶν δέ par Cu[pc] et les éditeurs précédents. Certes, tout intermédiaire nécessite deux termes, et deux intermédiaires en nécessitent quatre. Mais il ne faut pas oublier qu'au point de départ, il s'agit de comparer seulement *deux* termes, qui sont les deux sens d'un même mot. Ce n'est que dans une seconde phase que l'on adjoint à chacun son contraire, et dans une troisième

que l'on recherche si les deux couples ainsi constitués comportent ou non des intermédiaires. La recherche reste orientée par la question initiale, qui est de savoir si les deux sens du terme étudié sont ou non distincts spécifiquement. On observera, de plus, que le terme ἀμφοῖν, à la ligne 5, s'explique bien mieux s'il se réfère à deux *termes* désignés par τῷ μέν et τῷ δέ que s'il se réfère à deux *couples de termes* désignés par τῶν μέν et τῶν δέ. On peut enfin remarquer que, dans cette section du texte, Aristote étudie *séparément* le cas du λευκόν et celui du μέλαν (cf. 8-9 ὥσθ' ὁμώνυμον τὸ λευκόν, ὁμοίως δὲ καὶ τὸ μέλαν). Dans la section suivante, au contraire, il les étudie *conjointement* (cf. 10 καθάπερ ἐπὶ τοῦ λευκοῦ καὶ μέλανος). Cette légère modification du point de vue permet d'expliquer qu'en 9-10, on ait cette fois τῶν μέν et τῶν δέ.

Page 25.

4. L'opposition entre les deux sens du mot δικαίως est celle du subjectif et de l'objectif, mais elle rejoint celle de l'équitable et du légal, de la loi non-écrite et de la loi écrite. Rappelons à ce propos que les héliastes athéniens s'engageaient par serment, dans les cas où les lois existantes ne se prononçaient pas explicitement, à juger γνώμῃ τῇ ἀρίστῃ (*Rhet.*, I, 15, 1375 a 29 sq.), ou, selon une autre source, γνώμῃ τῇ δικαιοτάτῃ (Démosthène, *Contre Boeotos*, I, 40).

Page 26.

3. Littéralement : « âne ». Le mot grec ὄνος désignait, outre l'animal, diverses sortes d'ustensiles ou d'engins : une espèce de vase, une sorte de treuil ou de cabestan, la roue d'un moulin. J'ai préféré transposer, bien que le mot *âne* ait également en français diverses acceptions techniques, d'usage peu courant.

4. Le mot σκεῦος peut avoir diverses significations plus ou moins générales : *vaisselle, mobilier, ustensile, engin,* mais aussi *objet, chose* en général. C'est le mot qu'avait choisi Protagoras pour désigner le neutre, par opposition au masculin et au féminin (cf. *Rhet.*, III, 5, 1407 b 6), et Aristote adopta sur ce point son vocabulaire (cf. *Soph. El.*, 14, 173 b 40 sq.). C'est pourquoi je traduis par *chose.*

Page 27.

1. J'adopte le texte de P, qui, contrairement à tous les autres manuscrits, ne contient pas les mots καὶ ὁ λόγος αὐτῶν (« ainsi que leurs définitions »). En effet, dans les lignes 26-28, Aristote montre qu'en attribuant au sujet *corbeau* le *genre supérieur* ζῷον, accompagné des différences qui le spécifient, à savoir πτηνὸν δίπουν, on lui attribue du même coup le *genre inférieur* ὄρνεον. Il est certain que cette équivalence repose sur le fait que ζῷον πτηνὸν δίπουν est la *définition* de ὄρνεον, ce qui semblerait justifier la mention καὶ ὁ λόγος αὐτῶν. Mais il n'est pas pertinent de souligner dans ce contexte que cette définition du genre inférieur est attribuée elle aussi au sujet ; le seul point important est de montrer que ce sujet se voit attribuer les deux

genres en même temps. On pourrait donc dire que l'attribut ζῷον πτηνὸν δίπουν joue deux rôles. D'une part, il équivaut à ὄρνεον, dont il est la définition ; son attribution à un sujet permet donc d'attribuer à ce même sujet le genre ὄρνεον. D'autre part, il contient le mot ζῷον ; son attribution à un sujet manifeste ainsi l'attribution à ce même sujet du genre ζῷον. Mais l'attribution à ce sujet du prédicat ζῷον πτηνὸν δίπουν *en tant que tel*, attribution à laquelle devraient se référer les mots καὶ ὁ λόγος αὐτῶν, ne joue aucun rôle dans l'argumentation. Bien au contraire, ces mots ne peuvent que jeter la confusion, puisqu'ils semblent faire allusion aux λόγοι dont il était question plus haut (lignes 20 et 22) ; mais ceux-ci sont des définitions *du sujet étudié*, nullement des définitions *des genres qui lui sont attribués*.

Page 28.

1. Je supprime ici les mots πρὸς ὑγίειαν, qu'Alexandre semble bien ne pas avoir lus (cf. 110, 10-15). L'expression συμμέτρως ἔχον πρὸς ὑγίειαν paraît déjà étrange, si l'on songe que la santé est elle-même essentiellement une συμμετρία (cf. 139 b 21 et 145 b 8). Mais surtout, la logique du passage semble commander leur exclusion. Le cas étudié ici par Aristote est celui où la procédure recommandée dans le paragraphe précédent (107 a 36 - b 5) ne permet pas encore de différencier les sens du terme étudié. On doit donc supposer que l'adversaire a fait usage de cette procédure : voulant définir le mot *sain* (qui, *en fait*, désigne à la fois ce qui indique la santé et ce qui la procure : cf. la ligne 8, où il ne faut pas ajouter τό après καί), il a par conséquent défini deux choses « saines », par exemple un teint et un régime. Ces définitions doivent comporter un élément commun et un élément propre (cf. 107 a 38 sq.). Si l'élément commun était συμμέτρως ἔχον πρὸς ὑγίειαν, la persistance de l'équivoque reposerait à la fois sur l'ambiguïté de συμμέτρως et sur celle de πρός ; or Aristote déclare nettement, à la ligne 10, que l'ambiguïté de συμμέτρως est seule en cause. On est donc conduit à supposer que la mention de l'ὑγίεια doit plutôt figurer dans les éléments propres que dans l'élément commun des deux définitions ; Alexandre propose avec vraisemblance de les formuler ainsi : συμμέτρως ἔχον πρὸς τὸ ὑγίειαν σημαίνειν, συμμέτρως ἔχον πρὸς τὸ ὑγίειαν ποιεῖν. L'élément commun se réduit alors aux deux mots συμμέτρως ἔχον, et ce sont ces deux mots qui se proposent ainsi comme une définition univoque de *sain*. Remarquons pour finir que ce problème est étroitement solidaire de celui dont traite la note suivante.

3. Littéralement : « aiguë ». Le mot s'appliquant malaisément aux saveurs, j'ai préféré transposer.

Page 29.

1. La phrase 25-26 ἑτέρων — εἰσιν est peut-être une glose interpolée, étant donné la rupture de construction assez brutale qu'elle présente (et que la traduction ne peut qu'atténuer) avec la phrase précédente, dont le sujet ὀξύ est au singulier ; la correction ἐστι

de D aurait plutôt pour effet d'aggraver la situation. On observera aussi l'omission de γάρ par la première main de C.

2. Dans le vocabulaire de la musique grecque, la notion de χρῶμα correspond, non à de vagues analogies subjectives, mais à des données techniques tout à fait précises : les variations du χρῶμα sont liées à des altérations portant sur les intervalles caractéristiques du mode utilisé.

3. Ce sont là les différences spécifiques du blanc (ou clair) et du noir (ou sombre), cf. 119 a 30-31 et 153 a 38 sq. Ces notions sont solidaires d'une théorie de la vision qui se trouve développée dans le *Timée* de Platon (67 d-e) : la couleur blanche est matériellement composée de particules fines et coupantes, la couleur noire de particules possédant les qualités opposées. Dans la théorie platonicienne, ces particules exercent respectivement, en raison de leur forme, une action de *dissociation* et une action de *compression* à l'égard des particules du *corps de la vue* (ὄψις, trad. Rivaud), corps qui est constitué par l'unité du courant lumineux émis par l'œil et de la lumière provenant de l'objet (*Tim.*, 45 c). Il n'est pas certain qu'Aristote accepte intégralement cette théorie, puisque pour lui l'œil est, dans la vision, purement réceptif (cf. 105 b 6 sq.) ; et il n'est pas exclu que par ὄψις il désigne simplement l'œil (cf. Bonitz, *Index aristotelicus*, 553 b 51 sq., et Charles Mugler, *Dictionnaire historique de la terminologie optique des Grecs*, Paris, Klincksieck, 1964, s.v. ὄψις) ; c'est pourquoi je traduis ce mot par *corps optique*, qui préserve les diverses possibilités. Il faut en tout cas éviter la traduction par *vision*, car l'action exercée par les particules du blanc et du noir est une action physique, qui s'exerce nécessairement sur un objet matériel.

4. Il paraît impossible de suivre ici le texte des manuscrits ABVPc^{ac}, appuyés par Λ et suivis par Waitz et Wallies (ἐν αὐτοῖς τε τοῖς γένεσι τοῖς πρὸς ἄλληλα θεωρητέον) ; le second τοῖς est supprimé avec raison par Cu^{ac}D, suivis par Bekker et Ross. En effet, les termes ici comparés entre eux (justice, courage, etc.) sont des termes appartenant au même genre (ἀρετή, comme le précise une glose passée dans le texte de plusieurs manuscrits en 108 a 3) ; ils ne sont pas eux-mêmes des genres. Πρὸς ἄλληλα ne peut donc être rattaché à γένεσι. Colli propose de lire τῶν πρὸς ἄλληλα et de rattacher ce complément à τὰς διαφοράς ; pour lui, τῶν πρὸς ἄλληλα désigne, comme 3-4 τῶν μὴ πολὺ λίαν διεστηκότων, les termes comparés eux-mêmes, et non les genres auxquels ils appartiennent. Cette solution n'est pas plus satisfaisante : d'une part, en effet, τῶν μὴ πολὺ λίαν διεστηκότων ne peut avoir d'autre fonction que de justifier la recherche des différences entre objets appartenant à des *genres différents*, recherche qui à première vue pourrait sembler trop immédiatement proche de son but (cf. 108 a 4-6) ; d'autre part, la liaison τε... καί (107 b 39 - 108 a 3) s'établit manifestement au niveau des genres auxquels appartiennent les termes comparés, et non, comme le suppose Colli, à celui des termes comparés eux-mêmes. Avec le texte que j'adopte, la seule difficulté subsistante est de savoir à quel neutre pluriel se réfère ἄλληλα, puisque ce ne peut plus être

γένεσι ; c'est selon toute vraisemblance cette difficulté qui a provoqué l'apparition du τοῖς litigieux ; mais il semble légitime, après τὰς διαφοράς, lancé en tête de phrase avec une valeur proleptique, de sous-entendre quelque chose comme τὰ διαφέροντα.

Page 30.

1. Je traduis ἐπιστητόν par *contenu de connaissance* plutôt que par *objet de connaissance*, qui en est la traduction traditionnelle. Le mot *objet* institue en effet entre ἐπιστήμη et ἐπιστητόν une relation trop extérieure : la connaissance et son objet apparaissent comme deux réalités qui subsistent indépendamment l'une de l'autre, alors que l'ἐπιστήμη et l'ἐπιστητόν sont les deux faces d'une même réalité. Ce sont des relatifs (πρός τι), et la relation est constitutive de l'être des termes qu'elle relie ; les *Topiques* ignorent la doctrine de l'antériorité de l'ἐπιστητόν (*Cat.* 7 b 22 sq.). Le terme de *contenu* semble assez propre à exprimer le fait que l'ἐπιστητόν n'est rien de plus que « le connu de la connaissance », ou le « su de la science », en tant que tel. Et ce qui vient d'être dit du couple ἐπιστήμη-ἐπιστητόν s'applique également aux couples parallèles αἴσθησις-αἰσθητόν et δόξα-δοξαστόν.

2. Il paraît nécessaire de donner ici à ὄψις le sens de « prunelle », si l'on veut que l'analogie établie par Aristote ait un sens satisfaisant. En l'entendant comme « vision », on n'a qu'une analogie boiteuse : la vision est l'activité propre de cet organe qu'est l'œil, mais on ne saurait dire que le νοῦς soit l'activité propre d'un organe qui serait l'âme. Les seules analogies légitimes dans la perspective aristotélicienne seraient les suivantes : (a) ce que la vision est *dans le corps*, le νοῦς l'est dans l'âme (cf. *Eth. Nic.*, I, 6, 1096 b 29), à savoir son activité la plus noble et la plus éminente (cf. *Métaph.*, A 1, 980 a 25) ; (b) ce que la vision est dans l'œil, *l'âme l'est dans l'être animé* (cf. *De An.*, II, 1, 412 b 18), à savoir sa forme et son entéléchie. On serait dès lors tenté de corriger le texte, en remplaçant par exemple ὀφθαλμῷ par σώματι, de façon à calquer notre passage sur le modèle du passage cité de l'*Ethique*. Il paraît cependant possible de conserver le texte des manuscrits, à condition de traduire par « prunelle » le mot ὄψις, qui désigne très fréquemment l'œil, comme le montre Ch. Mugler, *Dictionnaire historique de la terminologie optique des Grecs*, Paris, Klincksieck, 1964, p. 292-293. Ce sens particulier n'est, à vrai dire, pas signalé dans ce dictionnaire ; mais on peut, semble-t-il, l'inférer d'un passage célèbre du *Premier Alcibiade* (133 a 1, b 3-5), au prix d'une exégèse que je me propose de développer ailleurs. Le sens de notre passage devient alors très clair : ce que la prunelle est dans l'œil, le νοῦς l'est dans l'âme, à savoir sa partie la plus précieuse et la plus directement efficace.

3. Le τε ajouté ici par CAl[c] et adopté par tous les éditeurs précédents semble être une correction destinée à assurer une symétrie avec 108 a 38 et 108 b 7. Mais, dans ces deux derniers passages, la liaison τε... καί permet de lier fortement les membres d'une énumération qui sera par la suite réexaminée point par point (108 b 1 et 4, 108 b 9, 12 et 19), alors que ce procédé d'exposition n'est pas utilisé

dans la section qui nous occupe ; raison de plus pour respecter la diversité des formules.

Page 31.

1. J'adopte ici, avec VPCuDΛ, la leçon τί ἐστιν ἕκαστον, qui a sur la leçon de AB (τί ἕκαστόν ἐστιν) l'avantage de ne pas démembrer la formule consacrée τί ἐστι. Mais il est également possible que ἕκαστον soit interpolé, non seulement parce que sa place est sujette à variation, mais encore parce qu'il ne figure pas dans la reprise de la formule en 108 b 4, alors que la répétition textuelle semble être de règle dans tous les cas parallèles (108 a 38-39 et 108 b 2, 108 b 7-8 et 9-10, 8 et 12, 9 et 19-20).

Page 32.

1. Ce passage éclaire d'intéressante façon les origines du sens technique de l'ἐπαγωγή. Il montre en effet que le verbe ἐπάγειν peut avoir deux sortes d'objets : d'une part, les cas particuliers que le dialecticien *exhibe* ou *produit* devant son interlocuteur (τῇ καθ' ἕκαστα ἐπὶ τῶν ὁμοίων ἐπαγωγῇ) ; d'autre part, la proposition universelle qu'il se juge autorisé à *induire* de cet échantillonnage (τὸ καθόλου ἀξιοῦμεν ἐπάγειν). Le sens technique de l'ἐπαγωγή est le résultat d'une sorte de confluence entre ces deux aspects de l'opération, désignés par le même verbe ἐπάγειν. La traduction est impuissante à refléter exactement cet état de choses ; mais à défaut d'un mot identique capable de désigner les deux aspects de l'opération, elle peut avoir recours à deux mots de radical identique, comme *production* et *induction*.

2. Il est assez difficile, mais assez important, de déterminer si ἑκάστῳ, à la ligne 20, désigne l'*individu*, comme le supposent plus ou moins explicitement tous les traducteurs, ou l'*espèce*, comme je le crois plutôt. Dans la première hypothèse, qui semble à première vue la plus naturelle, le procédé décrit consisterait à dégager, afin de définir une *espèce*, ce qu'il y a de commun entre les divers *individus* qui lui appartiennent. Ce qui autorise à trancher en faveur de la seconde hypothèse, c'est le parallèle que notre passage doit entretenir avec le chapitre 17 (108 a 7-17) : dans les lignes 108 a 14-17, le problème traité est manifestement de dégager ce qu'il y a de commun entre diverses *espèces* (homme, cheval, chien) appartenant à un même *genre* ; or ces lignes doivent correspondre au passage qui nous occupe, puisque ce dernier traite également de certains termes qui appartiennent à un *genre* unique, et que l'une et l'autre section s'opposent à des sections où les termes étudiés appartiennent à des genres distincts (cf. 108 a 7-14 et 108 b 23-31 ; l'un des exemples utilisés est commun aux deux sections). De plus, s'il s'agissait ici de dégager ce qu'il y a de commun entre divers *individus*, on devrait s'attendre à voir cette opération aboutir à la détermination d'une *définition*, et non à celle d'un *genre* ; or il est à remarquer qu'Aristote, qui veut précisément montrer ici l'utilité de l'observation des similitudes pour la solution des problèmes de *définition*, se contente de dire qu'elle

permet de déterminer le *genre* (cf. lignes 21 et 23), en tant que celui-ci est l'élément premier de la définition ; c'est la découverte des *différences* qui permettra de compléter la définition, en isolant ce qu'il y a de propre dans l'essence de chaque chose (cf. 108 a 38 - b 6). Notre passage porte donc sur la détermination du *genre* par observation des similitudes, non entre *individus*, mais entre *espèces appartenant au même genre*. Il constitue ainsi l'un des membres d'une opposition cohérente avec les lignes 108 b 23-31, où Aristote montrera que l'observation des similitudes entre *espèces appartenant à des genres distincts* permet de déterminer un *quasi-genre*, qui sera l'élément premier d'une *quasi-définition*. Il faut en effet souligner qu'Aristote ne considère que comme partiellement justifiées les définitions de l'unité comme principe (ἀρχή) du nombre et du point comme principe de la ligne. En effet, il critique, en 141 b 19 sq., les définitions comparables du point comme limite (πέρας) de la ligne, de la ligne comme limite de la surface, et de la surface comme limite du volume ; à ses yeux, ces formules sont partiellement justifiées, parce qu'elles définissent ce qui est moins connu (pour nous) par ce qui est plus connu (pour nous) ; mais elles ne le sont que partiellement, parce qu'elles définissent ce qui est plus connu (en soi) par ce qui est moins connu (en soi). Cette analyse s'applique exactement aux définitions formulées dans les lignes 108 b 29-31 ; on doit donc les considérer comme l'objet d'une critique implicite, suggérée d'ailleurs par l'aspect très nuancé de la formule d'approbation de la ligne 28.

Page 34.

1. On remarquera l'absence, dans cette division qui prétend indiscutablement à l'exhaustivité, de la proposition *indéterminée* (ἀδιόριστος), qui sera introduite, sur le même plan que l'universelle et la particulière, en *An. Pr.*, I, 1, 24 a 17 sq. Cf. ci-dessous, 120 a 6 sq., et la note *ad loc.*

2. Les expressions utilisées dans cette description des règles de la *subalternation* (παντὶ ὑπάρχει, τινὶ ὑπάρχει) ne font mention explicite ni du sujet ni du prédicat de la proposition : Aristote laisse pour ainsi dire « en blanc » la place que pourraient occuper un sujet et un prédicat quelconques. On a déjà rencontré ce procédé en 102 a 20-22 (cf. la note 1 de la p. 7). Il faut s'interdire, fût-ce au prix d'une certaine gaucherie dans la traduction, de remplacer ces variables « en blanc » par des symboles littéraux : l'introduction de ces derniers est l'un des titres de gloire des *Premiers Analytiques* dans l'histoire de la logique formelle, et il convient de respecter sur ce point la différence du mode d'expression des variables dans les *Topiques* et dans les *Premiers Analytiques*.

3. L'opération désignée ici par le verbe ἀντιστρέφειν (Cf. sur ce point l'*Introduction*, p. LXXXVII, n. 5) est rendue suffisamment claire par le contexte : elle consiste à passer de l'expression « *P appartient* (ὑπάρχει) *à S* » à l'expression « *S est* (ἐστι) *P* ». Il est moins facile de préciser ce que désigne au juste l'expression τὴν

ἀπὸ τοῦ συμβεβηκότος οἰκείαν ὀνομασίαν. En dépit de Waitz et des nombreux commentateurs qui ont adopté son interprétation, je crois que cette expression, vu sa fonction grammaticale, ne peut désigner qu'un état *préalable* à l'opération d'inversion, et non l'état *résultant* de cette opération ; elle décrit donc la formulation précise (οἰκεῖος prend son sens dans une opposition dont le second terme est ἀλλότριος) qu'il convient d'employer lorsqu'on veut désigner avec rigueur l'assignation d'un accident à un sujet ; cette formulation est celle qui utilise la copule ὑπάρχει (cf. 109 a 23). La construction d'ὀνομασία avec un complément introduit par ἀπό peut être rapprochée de la construction identique de κατηγορία en 109 b 4-5, qui présente un sens tout à fait analogue.

Page 35.

1. Plusieurs philologues ont été sensibles au défaut de symétrie que présente la construction de ce passage : le verbe 30 ἁμαρτάνουσι, qui a pour sujet le groupe de personnes désigné dans le premier volet (οἵ τε γὰρ ψευδόμενοι... καὶ λέγοντες), devrait avoir également pour sujet le groupe désigné dans le second (καὶ οἱ... προσαγορεύοντες); or ce dernier, dans le texte des manuscrits, est le sujet du verbe 32 παραβαίνουσι. Pour rétablir l'équilibre, Imelmann propose de ponctuer fortement après 32 ἄνθρωπον et d'ajouter γάρ après παραβαίνουσι; plus subtilement, Wallies (suivi par Ross) corrige 30 οἱ en οἵ, et encadre τοῖς — προσαγορεύοντες entre deux virgules. Le défaut de symétrie du texte ne paraît cependant pas assez gênant pour rendre indispensable l'une ou l'autre de ces corrections.

Page 36.

1. Ici comme presque partout ailleurs, je traduis ἀρετή par *qualité* plutôt que par *vertu*, ce dernier mot ayant, au moins aujourd'hui, une signification trop étroite pour couvrir tout le champ sémantique de l'ἀρετή ; plusieurs traducteurs d'Aristote l'ont senti, proposant des mots comme *valeur*, *perfection*, *excellence*. Le mot *qualité* aurait sans nul doute déjà été proposé, si son emploi ne soulevait une difficulté de principe : ne doit-il pas, en effet, être réservé pour désigner la *catégorie de qualité* (ποιόν) ? J'ai cherché à éviter l'équivoque en traduisant le plus souvent possible ποιόν par *qualification* (cf. p. 81, n. 4). Pour justifier la traduction d'ἀρετή par *qualité*, voici quelques arguments : (1) toute ἀρετή est ἀρετή de quelque chose ; elle se définit par rapport à un εἶδος dont elle est l'ἀρετή spécifique (cf. 118 a 27-28); ces déterminations conviennent mieux à *qualité* qu'à *vertu* ; (2) l'ἀρετή s'oppose à la τύχη, en tant que la première est par elle-même αἰτία τῶν ἀγαθῶν, ce que la seconde n'est que par accident (116 b 2-3); les biens que procure la τύχη relevant de la réussite pratique et non de la perfection morale (cf. *Phys.*, II, 6, 197 b 1-2), on doit en dire autant de ceux que procure l'ἀρετή; or, à propos d'un homme dont la réussite ne doit rien à la chance, on dira qu'il la doit à ses *qualités*, plutôt qu'à ses *vertus*; (3) l'ἀρετή ne se limite pas à la sphère morale ; il serait sans doute plus clair de désigner par *qualités de*

l'esprit et *qualités du caractère* ce qu'on a pris l'habitude d'appeler *vertus dianoétiques* et *vertus éthiques* ; (4) ἀρετή s'oppose à κακία, *vertu* à *vice*, et *qualité* à *défaut*; or l'injustice ou la lâcheté sont moins des *vices* que des *défauts* (si l'on entend bien ce dernier mot comme désignant, non la privation d'une perfection, mais la possession d'une imperfection, définie comme l'ἔλλειψις aristotélicienne par rapport au juste milieu de la perfection).

2. Παρωνύμως. Les παρώνυμα ou termes *dérivés* forment système avec les ὁμώνυμα et les συνώνυμα (cf. *Cat.* 1). La traduction ne pouvait reproduire ce système qu'en démarquant les termes grecs, ce qui présentait un inconvénient majeur, *homonymes* et *synonymes* n'étant pas la même chose que ὁμώνυμα et συνώνυμα. En raison du rôle mineur joué dans les *Topiques* par les παρώνυμα, on peut se résigner à masquer le système dans lequel ils s'insèrent, en traduisant ὁμώνυμα et συνώνυμα par *équivoques* et *univoques*. — Sur la formulation « paronymique » de la proposition attributive, cf. *Phys.*, I, 2, 185 b 28 sq., qui donne des exemples voisins, et permet de voir dans cette formulation la solution donnée par certains contemporains d'Aristote au problème de la prédication.

Page 37.

2. Ces couples d'opposés sont respectivement des contraires, des relatifs, des opposés selon la privation et la possession, des contradictoires.

3. Le contexte montre que ἐν τοῖς λόγοις se rapporte à ce qui le précède, non à ce qui le suit.

4. Σπουδαῖος : plus exactement que « l'homme vertueux », le mot désigne l'homme qui fait autorité dans le domaine moral, celui que nous appellerions familièrement « un homme bien ».

Page 38.

1. Problème et prémisse sont trop proches l'un de l'autre (cf. 101 b 29-36) pour que la transformation de l'un en l'autre puisse apparaître comme une opération véritable, constitutive d'un τόπος digne de ce nom. La difficulté peut toutefois s'aplanir, si l'on songe qu'en transformant le *problème* (c'est-à-dire la proposition défendue par le répondant, cf. 109 b 24) en une prémisse qu'il se proposerait à lui-même, le questionneur ne fait pas moins que s'imaginer dans le rôle d'un répondant ; c'est en effet le répondant qui se voit proposer des prémisses, et qui doit leur chercher des contre-instances s'il ne veut pas être contraint de les accorder. Le questionneur doit donc passer de l'attitude mentale qui lui est propre, et qui consiste à chercher l'instrument d'attaque (ἐπιχείρημα), à celle qui est propre au répondant. Le présent τόπος ne modifie ainsi en rien les énoncés en jeu dans la discussion dialectique ; mais il modifie l'attitude mentale qui les prend pour objets. Cela suffit, semble-t-il, à justifier, d'une part sa réduction à un τόπος déjà examiné (cf. 11-13), d'autre part son existence indépendante.

Page 39.

1. La section qui va d'ici jusqu'à la fin du paragraphe (110 a 32 - b 7) paraît être un passage ajouté postérieurement à la rédaction principale du texte. En effet, (1) les objets multiples qui se rapportent au même terme sont, avant et après cette section, les divers *sens* qu'il peut avoir, et dans cette section, les divers *sujets* auxquels il appartient ; (2) l'extrapolation d'une même conclusion de l'un de ces objets à tous les autres repose, avant cette section, sur l'ignorance du répondant et le silence du questionneur ; dans cette section, au contraire, elle repose sur un accord explicitement passé entre questionneur et répondant ; à partir de 110 b 8, renouant le fil interrompu par cette objection en porte-à-faux, Aristote envisage les cas où l'équivocité du prédicat n'est pas ignorée du répondant : 110 b 8 répond à 110 a 25-26 ; (3) la *quantité* des propositions est prise en considération dans cette section, mais elle ne l'est ni dans ce qui la précède ni dans ce qui la suit.

Page 40.

1. Je conserve la leçon διότι de ABVPC, corrigée en ὅτι par DA^2, Wallies et Ross ; le sens reste naturellement celui de ὅτι. Ross s'est donné pour tâche particulière, en éditant les *Topiques*, de régulariser sur ce point le vocabulaire. Il écrit à ce sujet, dans son article des *Mélanges Diès* : « un homme qui a distingué le ὅτι du διότι comme l'a fait Aristote dans les *Seconds Analytiques* (par exemple 78 a 22) a peu de chances d'être lui-même tombé dans l'erreur de les confondre ». Mais cette confusion apparaît si souvent, dans les *Topiques* et ailleurs, qu'il paraît téméraire de vouloir à tout prix la dissiper (cf. les textes cités par Bonitz, *Index Aristotelicus*, 200 b 39 sq.) ; de plus, il n'est nullement certain que l'on doive automatiquement créditer l'auteur des *Topiques* de toutes les acquisitions consignées dans les *Seconds Analytiques*. Je crois donc, avec W.J. Verdenius, qu'il convient de conserver ὅτι et διότι, abstraction faite de leur sens, chaque fois qu'ils sont lus par tous les manuscrits, presque tous, ou les meilleurs.

3. Ce sont des passages comme celui-ci qui m'ont incité à traduire ἐπιστήμη par *savoir* ou par *connaissance* plutôt que par *science*. Le mot *science* désigne en effet un ensemble de connaissances organisées en une discipline ou en un système, plutôt qu'un acte particulier de connaissance, ayant pour contenu une proposition ou un théorème. Il arrive certes qu'ἐπιστήμη soit utilisé pour désigner une discipline scientifique dans son ensemble ; mais le mot s'applique souvent aussi, comme ici, à l'appréhension d'une proposition scientifique isolée. Un texte célèbre des *Seconds Analytiques* (II, 1, 89 b 23 sq.) montre qu'à chaque problème susceptible de se poser correspond numériquement une ἐπιστήμη.

Page 41.

1. On s'est étonné de voir Aristote déclarer ici que c'est pour le triangle équilatéral un *accident* que d'être un triangle : *triangle*

n'est-il pas le *genre* de *triangle équilatéral* ? Ross s'en est autorisé pour supprimer, avec Cu, le premier τριγώνῳ de la ligne 24, obtenant ainsi le sens suivant : « c'est un accident pour l'équilatéral que d'être un triangle ». Cette solution n'est cependant pas acceptable ; en effet, l'objet par accident d'un savoir a beau n'être qu'une vérité « par accident », c'est-à-dire une vérité dérivative, il n'en est pas moins une vérité. Cette description convient à l'égalité à deux droits des angles du *triangle équilatéral* (cette égalité découlant d'un théorème dont le sujet n'est pas le triangle équilatéral, en tant que tel, mais le triangle tout court) ; mais elle ne convient nullement à l'égalité à deux droits des angles de l'*équilatéral* en général, égalité qui n'existe pas, et qui ne peut se réaliser que dans le cas particulier du triangle. En d'autres termes, l'objet par accident d'un savoir n'est pas une proposition accidentellement susceptible d'être vraie ; c'est une proposition nécessairement vraie, dans laquelle l'attribut appartient au sujet, mais sans que ce sujet le possède par lui-même, en tant que tel. Il en résulte que le sujet de 25 ἔχει doit être le *triangle équilatéral*, non l'*équilatéral* ; or, grammaticalement, le complément de 24 συμβέβηκε doit être identique à ce sujet.L'étrangeté de l'expression est du reste loin d'être sans parallèles; un texte très semblable, en *Soph. El.*, 6, 168 a 40 sq., dit que c'est pour le triangle un accident que d'être figure, élément premier ou principe, et que c'est en tant que triangle, non en tant que figure, élément premier ou principe, qu'il a ses angles égaux à deux droits. En *Métaph.*, A 1, 981 a 20, on lit que c'est pour Callias un accident que d'être homme ; de même en Z 5, 1030 b 21.

Page 42.

1. La valeur exacte des termes utilisés dans ces exemples est difficile à préciser ; lorsque Aristote présente les termes substitués comme « mieux connus » que les termes primitifs, on doit se borner à l'en croire, sans voir clairement pourquoi il en est ainsi. Il convient cependant d'exclure l'interprétation d'Alexandre, qui considère que ces substitutions sont *tendancieuses*, et qu'elles visent à faciliter la démonstration (γνωριμώτερον) en introduisant une nuance utile ou en dissimulant une nuance nuisible. Ce qui est ici γνωριμώτερον, en réalité, ce sont les termes eux-mêmes, non les propositions à démontrer dans lesquelles ils figurent. Pour traduire les mots πολυπραγμοσύνη et φιλοπραγμοσύνη, qui désignent l'agitation brouillonne et indiscrète de qui se mêle de ce qui ne le regarde pas (cf. V. Ehrenberg, *Polypragmosyne : a Study in Greek Politics*, in JHS, 67, 1947, p. 46-67), j'ai dû passer des substantifs aux adjectifs, et sans en trouver de même racine.

2. Il n'est pas facile de déterminer le sens exact qu'Aristote entend donner, dans cette phrase et dans les autres exemples contenus dans le même paragraphe, au verbe *être* : sens existentiel ou sens copulatif ? A cette question se rattache celle de savoir s'il faut ou non accentuer ἐστι aux lignes 26 et 28 ; Bekker et Waitz n'accentuent pas, Wallies et Ross le font. Il faut à ce propos, semble-t-il, distinguer la section

14-23 et la section 23-32. Dans la première section, ἐστι a au départ un sens nettement existentiel : « il existe justesse et fausseté au niveau de la perception » (ἔστι περὶ αἴσθησιν ὀρθότης καὶ ἁμαρτία). Dans les lignes 21-22, les prédicats contradictoires φαύλη καὶ σπουδαία ne peuvent s'attribuer simultanément à leur sujet ; on est donc tenté de comprendre de la même manière, et de traduire : « il existe un bon et un mauvais savoir ». Mais la seconde section (23-32) n'est pas aussi favorable à cette interprétation, malgré les apparences ; elle repose, en effet, sur la loi de « conversion » qui a été exposée en 109 a 10 sq., et d'après laquelle, à l'exception des accidents, tout attribut lié à son sujet par la copule ὑπάρχει peut également lui être lié par la copule ἐστι. Quand on voit ὑπάρχει remplacé par ἐστι, dans les lignes 25-26 et 27-28, on doit donc donner à ce dernier le sens copulatif. C'est pourquoi, si bizarre que cela puisse paraître, il faut écrire ἐστι à la ligne 26, et traduire : « *animal* est ailé et quadrupède » ; et de même à la ligne 28. Il reste à voir comment s'articulent ces deux sections, dont l'une donne à ἐστι le sens existentiel, et l'autre le sens copulatif. Notons d'abord qu'il paraît vraisemblable qu'elles n'appartiennent pas à la même couche rédactionnelle : en effet, la seconde déclare que le premier τόπος, celui qui conclut du genre à l'espèce, est incapable d'établir une proposition ; or c'est bien pour en établir une que la première section avait introduit ce τόπος, dans les lignes 15-18. On peut dès lors se demander si l'auteur de cette remarque additionnelle est bien Aristote. Elle pourrait être due à un lecteur qui, ne remarquant pas que les attributs dont il s'agit dans la première section sont seulement des attributs qui *peuvent appartenir* à leur sujet, n'aura pas craint d'y ajouter des remarques traitant d'attributs qui *appartiennent* à leur sujet ; ainsi s'expliquerait la discordance relevée entre sens existentiel et sens copulatif du verbe *être*. Mais cette solution n'est pas la bonne, parce que les attributs de la première section sont eux-mêmes désignés comme des ὑπάρχοντα (14). On peut donc admettre qu'Aristote est l'auteur des deux sections. « P appartient à S » peut donner par « conversion » d'une part « il existe un S qui est P », d'autre part « S est P ». Dans ces conditions, il m'a paru nécessaire d'atténuer, dans la traduction des lignes 21-22, qui terminent la première section, l'accent existentiel de la formulation ; si on le souligne, le passage à la seconde section risque de paraître inintelligible. En tout état de cause, d'ailleurs, ce paragraphe tout entier doit être versé au dossier des équivoques de la copule.

Page 44.

2. Je supprime un membre de phrase, dont le sens est : « l'attaque est en effet plus facile contre les définitions ». Cette idée est exacte (cf. 155 a 3 sq.), mais elle est ici sans pertinence. Le présent τόπος consiste en effet à remplacer le sujet du problème par une ou plusieurs de ses définitions (comme en 109 b 30 sq.). La nouvelle proposition contre laquelle l'attaque va se diriger n'est donc pas une définition de ce sujet, mais une nouvelle proposition attributive dont le sujet est la définition du sujet de la première. Autre chose

est d'attaquer cette nouvelle proposition, autre chose d'attaquer cette définition elle-même. Celle-ci peut être la vraie définition du sujet (cf. 13 ὄντων) ; sa valeur propre n'est donc pas en question. — La correction de C, qui lit ὁρισαμένους au lieu de ὁρισαμένοις à la ligne 15, tend à donner au répondant, non au questionneur, la responsabilité de cette définition ; celle-ci n'est plus l'instrument de l'attaque, elle en est l'objet. Cette correction procède de la même inspiration que le membre de phrase interpolé.

3. Expression très claire des lois de l'implication propositionnelle, sur lesquelles repose la validité des syllogismes hypothétiques traditionnellement désignés sous les noms de *modus ponens* et *modus tollens* : la vérité de l'antécédent entraîne celle du conséquent, et la fausseté du conséquent entraîne celle de l'antécédent. Dans la pratique dialectique, ces lois invitent, quand on veut établir une proposition, à lui chercher un antécédent qui soit vrai ; quand on veut en réfuter une, à lui chercher un conséquent qui soit faux.

Page 45.

3. L'expression τῶν πρὸς τὴν θέσιν τι χρησίμων est d'interprétation malaisée. Etant entendu que θέσιν désigne la thèse soutenue par le répondant (sur ce point les commentateurs sont presque tous d'accord, et l'usage aristotélicien ne permet pas d'autre hypothèse), on peut se demander si cette expression désigne (a) une prémisse utile au questionneur pour réfuter la thèse du répondant, ou bien (b) une prémisse utile au répondant pour soutenir sa propre thèse. Dans l'hypothèse (a), la plus répandue, πρός signifie *contre* ; dans l'hypothèse (b), qui a été soutenue par Colli, πρός signifie *pour*. Les deux hypothèses se heurtent à d'égales difficultés. Dans l'hypothèse (a), le répondant refuse une proposition ruineuse pour sa propre thèse, ce qui est normal ; mais on ne comprend pas pourquoi le questionneur entreprendrait de *réfuter* cette même proposition, qui est favorable à la sienne ; or c'est ce qu'il fait, d'après les lignes 36-38, où il s'agit indiscutablement de réfuter (cf. 38 ἐπιχειρημάτων) quelque chose qui est *cela même* que concernait le refus du répondant (cf. 36 et 37 τοῦτο). La même difficulté se présente dans les lignes 112 a 2-7, où quelque chose qui est χρήσιμον καὶ οἰκεῖον τῆς θέσεως se trouve en même temps la cible d'un effort de réfutation de la part du questionneur (6-7 ἀναιρεῖν ἐπιχειροίη αὐτό). Ces difficultés ont incité Colli à préférer l'hypothèse (b), quitte à en assumer toutes les conséquences. Si τῶν πρὸς τὴν θέσιν τι χρησίμων désigne une proposition utile au répondant pour défendre sa propre thèse, cette expression ne peut plus être le complément de ἀρνησαμένου τοῦ ἀποκρινομένου : le répondant ne saurait refuser une prémisse qui lui est favorable. Colli est donc conduit à laisser le génitif absolu sans complément, à considérer τῶν πρὸς τὴν θέσιν τι χρησίμων comme une anticipation de 36 τοῦτο, et à traduire : « le questionneur — une fois que le répondant s'est prononcé négativement à l'égard de la proposition initiale — développe ses arguments, en les faisant porter sur quelque proposition favorable à la thèse de son adversaire ». Cette interprétation est grammaticalement très artificielle ; de plus, elle est insoutenable

sur le plan logique, puisqu'on ne peut comprendre la *légitimité* du détour effectué par le questionneur (cf. la note précédente) si ce détour n'est pas la conséquence directe d'un refus portant *sur le point même* qui sera l'enjeu de la discussion une fois ce détour effectué. Poursuivre l'une ou l'autre de ces voies semble donc également impossible. Remarquons toutefois qu'elles ont en commun un même présupposé : dans l'une comme dans l'autre, on suppose que ce sont des *propositions* qui sont utiles, soit pour attaquer, soit pour défendre, la thèse initiale du répondant. Une issue possible serait de rejeter ce présupposé commun, et de supposer que les χρήσιμα sont des *questions* ou des *problèmes*, et non des propositions. Par πρὸς τὴν θέσιν χρήσιμα, Aristote ne désignerait donc, ni une proposition objectivement ruineuse pour la thèse du répondant, ni une proposition objectivement favorable à cette thèse, mais seulement un problème dont la solution commande celle du problème initial. Πρός ne signifierait, dans cette perspective, ni *pour* ni *contre*, mais *par rapport à* ; et c'est précisément la *pertinence* du problème substitué par rapport au problème initial qui ferait l'objet de la division exposée par ce chapitre, selon que cette pertinence est réelle, apparente ou nulle. Si l'on examine chacune des branches de cette division à la lumière de cette hypothèse, on s'aperçoit que l'interprétation ne rencontre aucun obstacle majeur : (1) dans les lignes 111 b 35-38, le répondant prend sur le « problème substitué » une position opposée à celle du questionneur ; celui-ci entreprend donc de réfuter, non la position de son adversaire sur le « problème initial », mais sa position sur le « problème substitué » ; (2) dans les lignes 112 a 2-7, la situation est la même, à ceci près que la pertinence du « problème substitué » par rapport au problème initial n'est plus réelle, mais seulement apparente ; (3) dans les lignes 112 a 11-15, cette pertinence n'étant ni réelle ni apparente, le répondant peut accorder au questionneur tout ce que celui-ci lui demande à propos du « problème substitué », car il comprend qu'en procédant ainsi il ne met nullement en péril sa position personnelle sur le « problème initial ». Cette dernière section possède un parallèle très étroit en 160 a 1-3 : Aristote y conseille au répondant, lorsqu'on lui présente une prémisse « irrelevante » par rapport à l'objet de la discussion (μὴ πρὸς τὸν λόγον, cf. ici πρὸς τὴν θέσιν), de l'accorder même s'il ne la croit pas vraie, en se contentant de signaler son absence de conviction (ἐπισημαντέον δὲ τὸ μὴ δοκεῖν ; cf. 112 a 13 ἐπισημαινόμενον ὅσα μὴ δοκεῖ).

4. Je maintiens à la ligne 37 la leçon ὃ des manuscrits. Boèce a *peut-être* lu ἃ, leçon adoptée par Ross ; mais, comme le rappelle à ce propos W.J. Verdenius, le singulier grec a souvent un sens collectif (cf. un texte proche du nôtre dans Platon, *Gorgias*, 486 d 3).

5. J'adopte ici, comme plus bas (112 a 5), la correction de Pacius, qui propose de lire ἀπαγωγήν (abduction) au lieu de ἐπαγωγήν (induction). Cette conjecture brillante paraît justifiée par plusieurs raisons, tant négatives que positives. Si l'on veut conserver ἐπαγωγήν, quel sens peut-on donner au texte ? Etant admis qu'il faut lire ποιησάμενος à la ligne 112 a 1 (cf. la note suivante) l'explication la plus claire

reste celle de Waitz. Soit « B est A » la thèse du répondant ; pour la réfuter, le questionneur procède à une induction : si A se dit de B, il doit se dire aussi de C, D, E, puisque BCDE appartiennent au genre commun F ; A doit donc se dire de F ; et si l'on réfute ce dernier point, on aura du même coup réfuté la thèse initiale. Cette interprétation appelle plusieurs remarques. (1) Le raisonnement ci-dessus *n'est pas une induction* : l'inférence inductive ne va pas, comme celle-ci, d'un cas particulier à d'autres cas particuliers relevant du même genre, puis à ce genre lui-même ; elle va d'un ensemble de cas particuliers, *tous donnés au même titre et sur le même plan*, au genre qui les contient. (2) Le raisonnement ci-dessus n'est pas valable dans tous les cas ; si A est une propriété *spécifique* de B, il n'appartient ni aux espèces CDE ni au genre F ; on ne peut exclure cette possibilité que si l'on sait, *par ailleurs*, qu'il appartient à CDE. (3) Le procédé qu'Aristote décrit ici consiste essentiellement à remplacer le problème initial par un problème substitué (cf. la note 3), de telle manière qu'en réfutant la position du répondant sur le second on réfute du même coup sa position sur le premier. En admettant même que l'induction soit un bon moyen d'opérer un tel déplacement, il paraît étrange qu'elle soit le seul ; n'importe quel conséquent de la thèse initiale ferait aussi bien l'affaire (cf. 111 b 17-23, et la note 3 de la p. 44). En regard des difficultés que rencontre le texte des manuscrits, énumérons maintenant les avantages de la correction de Pacius. (1) Paléographiquement, ἀπαγωγήν est évidemment la *lectio difficilior* ; en 112 a 5, on lit dans plusieurs manuscrits ἀπὸ ἐπαγωγῆς, ce qui peut être le vestige d'un modèle corrigé. (2) Dans le langage technique d'Aristote (cf. *An. Pr.*, II, 25), ἀπαγωγή désigne un raisonnement de forme syllogistique, dans lequel, pour prouver une conclusion, on pose une majeure évidente et une mineure qui ne l'est pas, mais qui est au moins aussi convaincante (πιστόν) que la conclusion à démontrer. Dépouillé de son appareil syllogistique, ce procédé est rigoureusement identique à celui qui est ici décrit : lorsque le répondant n'accepte pas la position du questionneur sur le problème initial (la conclusion du syllogisme apagogique), le questionneur *déplace* l'argumentation sur un problème différent (objet de la mineure), qui est tel que sa solution détermine avec évidence (c'est-à-dire avec l'appui d'une majeure évidente) la solution qu'il faut donner au problème initial. (3) Ἀπαγωγή est resté dans le vocabulaire logique et mathématique l'expression classique d'un *déplacement* identique à celui qui est ici décrit. On pourrait sans difficulté appliquer à notre passage la définition suivante, qui est de Proclus (*Comm. in Eucl.*, 212, 24) : ἡ δὲ ἀπαγωγὴ μετάβασίς ἐστιν ἀπ' ἄλλου προβλήματος ἢ θεωρήματος ἐπ' ἄλλο, οὗ γνωσθέντος ἢ πορισθέντος καὶ τὸ προκείμενον ἔσται καταφανές. Il reste à réfuter une objection élevée par Waitz contre la correction de Pacius. Ce dernier traduisait ἡ διὰ τοῦ κειμένου ou διὰ τῆς θέσεως ἀπαγωγή par *abductio ab eo quod positum est vel a thesi* ; Waitz lui reproche à juste titre de traduire διά par *ab* (il aurait fallu *per*). Mais cette objection n'a rien pour nuire à la conjecture ἀπαγωγή. Bien au contraire, elle fournit un argument de plus contre ἐπαγωγή : car l'induction ne saurait prendre appui sur une proposition unique ; les expressions ἡ διὰ τοῦ κειμένου, διὰ τῆς θέσεως ἐπαγωγή seraient donc difficiles à justifier.

6. La leçon ποιησάμενος a été adoptée par tous les éditeurs, y compris Ross, qui avait pourtant défendu la leçon ποιησαμένου dans son article des *Mélanges Diès*. On ne saurait en effet confier au répondant, qui ne prend jamais d'initiatives, le soin d'effectuer l'opération ici décrite, que celle-ci soit une induction ou une abduction (cf. la note précédente). La leçon ποιησαμένου est née d'une fausse symétrie avec 35 ἀρνησαμένου : l'auteur de la correction n'a pas vu que les deux sections 35-38 et 38 - a 2 s'opposent précisément en ce que, dans la première, le détour apagogique est rendu nécessaire par un refus du répondant, alors que dans la seconde, il est librement opéré par le questionneur. Sur le sens en lequel il est dans les deux cas ἀναγκαῖον, cf. la note 2 de la p. 45.

Page 46.

2. J'écris ici τρόπον avec tous les manuscrits. Les éditeurs, à la suite d'une erreur de lecture de Bekker sur A, donnent tous la *lectio facilior* τρόπων.

3. Δυσκολαίνειν, c'est *être mauvais joueur, manifester de l'humeur.* Le mot, qui a un sens psycho-physiologique, prendra par dérivation un sens assez précis dans le vocabulaire technique de la dialectique. Cf. 160 b 2-13, qui donne une définition de la δυσκολία comme attitude dialectique (ἡ ἐν λόγοις δυσκολία). En *Métaph.*, Λ 9, 1074 b 17, le mot équivaut à peu près à ἀπορία.

4. Ἐξ ἀνάγκης se rapporte à ἀκόλουθα, non à ἐστιν.

5. Nouvel exemple de « variable en blanc » (cf. 109 a 3 sq. et la note 2 de la p. 34).

6. Le sens de cette phrase est clair, mais le texte assez embarrassant. Une chose paraît certaine : il faut garder χαλεπωτέρου contre χαλεπώτερον de B²Al^c, qui a été adopté par Wallies et Ross. En 149 a 5-6, en effet, un texte parallèle prouve sans ambiguïté que le complément au génitif de μετάληψις désigne le terme *remplaçant*, non le terme *remplacé* ; comme c'est ici le cas, on doit garder χαλεπωτέρου, et du même coup rejeter comme inutiles l'introduction de εἰς par B² Al^c et celle de ἐκ par Pu. Plus difficile est le cas de τὰ τοιαῦτα et de καί. 108 a 34-35 présente, avec le même verbe εὐλαβεῖσθαι, une construction un peu analogue : εὐλαβητέον τοῖς διαλεκτικοῖς τὸ τοιοῦτον, τὸ πρὸς τοὔνομα διαλέγεσθαι ; mais les différences sont trop fortes pour que l'on puisse aligner un texte sur l'autre. Faute de mieux, je garde sur ce point le texte de A, en donnant à καί une valeur explicative.

Page 47.

1. J'adopte ici, exceptionnellement, la leçon de BCDAl^c (κατά) contre celle de AVPuΛ (ἐπί). Après μεταφέρειν, ἐπί est certainement la *lectio facilior*. Son introduction semble avoir été favorisée, de plus,

par l'opposition courante entre ὄνομα et λόγος, *mot* et *définition* (cf. par exemple 102 a 1-5). On a pu donc facilement croire qu'Aristote recommandait ici de remplacer un mot par sa définition ; mais le contenu du paragraphe montrant qu'il ne s'agissait pas d'une définition quelconque, mais de celle qui repose sur la décomposition étymologique du mot défini, on s'est trouvé contraint de charger λόγος de deux sens confondus, celui de *définition* qu'il possède fréquemment, et celui de *signification littérale* ou *étymologique* qu'à ma connaissance il ne possède jamais. Il s'agit ici, semble-t-il, de tout autre chose. Ce qu'Aristote recommande, c'est de détourner un mot de sa signification usuelle, en prenant appui sur un *rapport d'analogie* (on sait que λόγος possède aussi ce sens) : on peut ainsi donner à εὔψυχος un autre sens que son sens habituel, qui est *courageux*, en disant que εὔψυχος est à ψυχή ce que εὔελπις est à ἐλπίς. Le rapport entre εὔελπις et ἐλπίς est ainsi le *modèle* sur lequel on forge la nouvelle signification de εὔψυχος (c'est donc une erreur de supposer, avec Colli, qu'en définissant εὔελπιν par τὸν ἀγαθὰ ἐλπίζοντα, Aristote détourne aussi ce mot de sa signification usuelle). Si l'on donne ce sens à λόγος, il faut préférer la préposition κατά, dans le sens de *selon, conformément à*.

2. Je conserve 33 μάλιστα avec tous les éditeurs sauf Ross, qui a préféré la leçon plus normale de CD, μᾶλλον. W.J. Verdenius fait observer à ce propos que le superlatif accompagné de ἤ, avec le sens d'un comparatif, se rencontre parfois (cf. par exemple Aen. Tact., 31, 19).

4. Τόπον ἐπιχειρήματος. L'expression mérite d'être relevée, comme l'une de celles qui peuvent contribuer à expliquer le sens technique de τόπος dans la langue de la dialectique.

Page 48.

1. Fragment A 19 DK. La détermination des sens distincts correspondant à des mots apparemment synonymes, principalement dans le domaine psychologique et moral, était la spécialité de Prodicos ; cf. les fragments A 13-19 DK, en particulier le fragment 13 (Platon, *Prot.*, 337 a-c). Ses efforts concernant les diverses expressions du plaisir n'ont convaincu ni Platon (cf. *Phil.*, 19 c) ni Aristote, comme on le voit ici. Cf. sur ce point Heinze, *Prodikos aus Keos*, *Berichte der k. Sächs. Gesellsch. d. Wiss. zu Leipzig, Phil.-hist. Kl.*, 36 (1884), 315-335 ; Hermann Mayer, *Prodikos von Keos und die Anfänge der Synonymik bei den Griechen*, Paderborn, 1913.

Page 51.

1. La suite du paragraphe montre que cette expression ne désigne pas la présence en nous des Idées en général, en tant que concepts ou objets de la pensée, mais la présence en nous de l'Idée d'homme, en tant que forme s'incarnant dans les individus concrets. Le texte platonicien qu'il est pertinent d'évoquer à ce sujet n'est donc pas *Parm.*, 132 b-c, mais *Phéd.*, 103 b sq. On peut aussi évoquer l'interprétation immanentiste qui avait été donnée de la théorie des Idées

par Eudoxe. Cf. *Métaph.*, A 9, 991 a 17; M 5, 1079 b 21; le commentaire que donne Alexandre du premier de ces passages (*in Metaph.*, 97, 27 - 98, 24) s'inspire du second livre du περὶ ἰδεῶν d'Aristote.

2. Μορφή. On doit conclure de ce passage, semble-t-il, que l'idée platonicienne n'est pas autre chose que l'aspect visible, séparé de ce dont il est l'aspect visible ; il suffirait en effet de se représenter l'idée « en nous » pour qu'elle redevienne sensible. On sait que les mots εἶδος et ἰδέα, dont la racine est celle du verbe *voir*, conservent dans le vocabulaire platonicien un lien vivant avec cette racine ; cf. par exemple *Phéd.*, 73 d, où εἶδος désigne l'*image mentale*.

3. Littéralement : « la haine est un conséquent de la colère ». Le verbe ἕπεσθαι, comme le verbe voisin ἀκολουθεῖν, n'a pas de signification chronologique (il existe des « conséquents » postérieurs et des « conséquents » antérieurs, cf. 117 a 11-12), mais une signification logique : dire que P *suit* S, c'est dire que la possession de S entraîne ou implique celle de P, c'est-à-dire en somme que S est P. Ἕπεσθαι et ἀκολουθεῖν ont ainsi à peu près le même sens que ὑπάρχειν (cf. Bonitz, *Index Aristotelicus*, 26 b 1 sq. et 267 a 61 sq.).

Page 52.

1. Cf. la note 1 de la p. 37.

2. L'expression est embarrassée, bien que le sens en soit assez clair. La correction de ἐκ en ἐπί, à la ligne 15, qui a été proposée par Wallies et que j'adopte après Ross, paraît justifiée par les parallèles 113 b 27, 114 a 7, 13, 26, 114 b 6. Pour comprendre les mots ἀνάπαλιν ἐκ τῆς ἀκολουθήσεως, il faut se souvenir que l'ἀκολούθησις désigne, non la relation d'implication qui peut s'établir *entre deux propositions* (quoi qu'en dise Waitz), mais la relation entre l'attribut et le sujet *d'une même proposition* (cf. la note 3 de la p. 51). Si l'on donne à ἐκ la valeur modale qu'il a souvent chez Aristote (cf. Bonitz, *Index Aristotelicus*, 225 b 36 sq.), on arrive donc au sens littéral suivant : « en établissant entre les négations des termes primitifs une relation d'attribution dont le sujet soit la négation du prédicat primitif et l'attribut la négation du sujet primitif ».

3. La suite du texte montre clairement (cf. 18-19 ὁμοίως δὲ καὶ ἐπὶ τῶν ἄλλων et 22 ἐπὶ πάντων οὖν τὸ τοιοῦτον ἀξιωτέον) que l'objet précis de cette induction est d'établir universellement la *loi d'inversion* qu'on doit observer lorsqu'on veut construire une proposition ayant pour termes les négations des termes de la proposition primitive, et non la vérité de cette proposition elle-même.

4. Dans cette section se combinent de façon assez complexe deux types de relations, qu'il est nécessaire de bien distinguer si l'on veut en respecter la cohérence logique : les relations *entre termes* et les relations *entre propositions*. La relation qui existe entre deux termes implique qu'il existe une relation déterminée entre les négations de ces termes ; cette implication peut prendre deux formes, selon que les termes primitifs sont positifs ou négatifs. Les deux implications ainsi obtenues sont illustrées par deux exemples, d'une part 22-23 εἰ τὸ καλὸν ἡδύ, καὶ τὸ μὴ ἡδὺ οὐ καλόν, et d'autre part 24 εἰ

τὸ μὴ ἡδὺ οὐ καλόν, τὸ καλὸν ἡδύ. D'autre part, on peut appliquer à chacune de ces implications la loi dite de contraposition : si le conséquent d'une implication est faux, son antécédent l'est aussi (cf. la note 3 de la p. 44). Aristote applique cette loi à la première implication : la phrase 23 εἰ δὲ μὴ τοῦτο, οὐδ' ἐκεῖνο signifie que si le conséquent τὸ μὴ ἡδὺ οὐ καλόν est faux, l'antécédent τὸ καλὸν ἡδύ l'est aussi. On remarquera qu'il ne contrapose pas la seconde implication. Ce défaut de symétrie s'explique par des raisons de technique dialectique. Aristote veut en effet prouver que le τόπος des contradictoires permet d'établir et de réfuter une proposition (cf. 24-26) ; il le montre sur l'exemple d'une proposition unique, qui est τὸ καλὸν ἡδύ. Pour *réfuter* cette proposition, il faut trouver une implication dont l'antécédent soit vrai et dont sa négation soit le conséquent ; d'où l'*utilité* de contraposer l'implication 22-23, qui par elle-même ne remplit pas ces conditions. Pour *établir* cette proposition, il faut trouver une implication dont l'antécédent soit vrai et dont elle-même soit le conséquent ; d'où l'*inutilité* de contraposer l'implication 24, qui par elle-même remplit ces conditions. Cette analyse rend nécessaire une ponctuation forte après 23 ἐκεῖνο : la relation de similitude établie par 23 ὁμοίως a pour termes les deux implications 22-23 εἰ — καλόν et 24 εἰ — ἡδύ. Autre conséquence : il faut très probablement lire μὴ τοῦτο à la ligne 23, la négation portant sur la *proposition* représentée par τοῦτο, et τὸ μή à la ligne 24, la négation portant sur le *terme* ἡδύ. Cf. cependant Bonitz, *Index Aristotelicus*, 539 a 5 sq. et 14 sq., qui montre que l'usage aristotélicien diffère souvent sur ce point de ce que voudrait la logique.

5. Je supprime ici les mots ἐφ' ὅσον χρήσιμον, ajoutés par CuDΛ et conservés par tous les éditeurs précédents ; on peut les considérer comme interpolés, pour les raisons que voici. Dans le cas des contraires, qu'analyse ici Aristote, la consécution des termes se fait tantôt en ordre parallèle, tantôt en ordre croisé (cf. les exemples donnés dans les lignes 30 sq.). Lorsqu'on veut *réfuter* une proposition, il faut donc montrer que les contraires de ses termes ne s'impliquent l'un l'autre *ni en ordre parallèle ni en ordre croisé* (cf. 114 a 3-5) ; lorsqu'on veut l'*établir*, il faut montrer qu'ils s'impliquent *soit en ordre parallèle soit en ordre croisé* (cela n'est pas dit explicitement en 114 a 5-6, mais on peut l'inférer facilement à partir de l'expression τὸ ἕτερον τῷ ἑτέρῳ ἀκολουθεῖν, dont l'indétermination volontaire laisse en suspens quel est le terme qui implique l'autre). Il résulte de tout ceci que le dialecticien qui veut utiliser correctement ce τόπος doit nécessairement faire admettre à son adversaire l'*existence des deux types de consécutions*, et donc illustrer *chacun d'eux* par des exemples familiers. Ce serait par conséquent une erreur de supposer qu'il va choisir d'illustrer un seul type de consécution, celui qui serait propice à sa démonstration, et laisser volontairement l'autre dans l'ombre ; or telle serait bien sa stratégie si les mots ἐφ' ὅσον χρήσιμον étaient authentiques. On peut donc les tenir pour une interpolation, due précisément à l'erreur d'interprétation que l'on vient d'analyser.

Page 53.

1. Je lis καὶ οὕτως ἡ ἀκολούθησις avec AVP, contre καὶ ἡ τούτων ἀκολούθησις de BCcuΛ, qui a été adopté par les autres éditeurs. L'explication qui suit (ἐναντίον γὰρ τῷ αἱρετῷ τὸ φευκτόν) montre que le καί de la ligne 33 établit une liaison dont les termes sont, d'une part le couple de prédicats ἀρετή - κακία, d'autre part le couple de prédicats αἱρετόν - φευκτόν. Si ἀκολούθησις avait un complément au génitif, ce complément désignerait plutôt le couple formé par le sujet et le prédicat d'une même proposition (cf. 114 b 13-14 ἐν ταῖς τῶν ἐναντίων ἀκολουθήσεσιν) que le couple formé par les prédicats de deux propositions distinctes.

2. Je lis τῷ αἱρετῷ τὸ φευκτόν avec Ac, contre τὸ αἱρετὸν τῷ φευκτῷ des autres manuscrits, qui a été adopté par les éditeurs précédents. En effet, le terme qui figure dans la proposition primitive est αἱρετόν : il est donc naturel que la relation de contrariété qui lie les deux termes soit « lue » dans le sens qui va de αἱρετόν à φευκτόν, plutôt que dans le sens opposé.

3. Cf. 105 a 31 et la note.

4. J'adopte ici la *lectio difficilior* ἐπὶ τὸ αὐτό de ABVc^ac Λ, contre ἐπὶ ταὐτά des autres manuscrits, que tous mes prédécesseurs ont préféré pour d'évidentes raisons de symétrie. Cette leçon est bien attestée ; et il est inutile de faire disparaître ce qui est peut-être le témoin d'une remarquable absence de rigidité dans le vocabulaire technique des *Topiques*.

5. Je conserve ici, contrairement à mes prédécesseurs, le καί attesté par tous nos manuscrits sauf Cu. Ce mot signifie qu'il existe une opposition de possession à privation entre αἴσθησις et ἀναισθησία, *comme* il en existe une entre ὄψις et τυφλότης ; il n'est donc nullement superfétatoire.

Page 54.

1. On notera ici une remarquable différence entre les notions de *triple* et de *tiers* en grec et en français. Pour un francophone, le corrélat du triple est l'unité dont il est le triple, et le corrélat du tiers est également l'unité dont il est le tiers ; si on lui demandait quel est le rapport entre triple et tiers, il répondrait donc plus facilement 9 que 3. En grec, au contraire, « triple » et « tiers » sont relatifs *l'un à l'autre* : le triple est triple de *son* tiers, et le tiers, tiers de *son* triple La même observation s'applique aux notions de multiple et de sous-multiple.

2. Sur la traduction de ἐπιστητόν, cf. 108 a 9 et la note ; je ne la maintiens d'ailleurs pas constamment dans le présent passage, où elle aurait imposé de trop lourdes périphrases. Quant à la traduction de ὑπόληψις par *représentation*, elle s'appuie essentiellement sur le sens que prend ce mot dans les définitions de la *mémoire* comme ἕξις καθεκτικὴ ὑπολήψεως (125 b 18) et de la *conviction* comme σφοδρότης ὑπολήψεως (126 b 15).

3. Σύστοιχα. Ce sont les termes qui se rangent sur la même

ligne, qui appartiennent à la même série (ontologique, non linguistique). On peut se demander si l'image fondamentale qui supporte cette notion est *horizontale* ou *verticale*, c'est-à-dire si les σύστοιχα constituent une couche de termes homogènes, situés au même niveau d'une structure classificatoire (cf. *Gen. Corr.*, I, 1, 315 a 21), ou s'ils constituent une série de dérivation, comportant un terme originaire et plusieurs termes dérivés se succédant l'un l'autre. Dans le présent emploi, les deux images paraissent intervenir simultanément : parmi les éléments rangés sur la même ligne, il en est un qui joue le rôle de chef de file (par exemple δικαιοσύνη), et d'autres qui sont tous sur le même plan, entre eux et par rapport à lui (τὰ δίκαια, ὁ δίκαιος). Aristote appelle σύστοιχα aussi bien ces derniers dans leur rapport avec le chef de file (114 a 27-29) que l'ensemble qu'ils forment avec lui (114 a 36-38).

4. Πτώσεις. Cf. 106 b 29 et la note.

Page 55.

2. Les mots δικαίως καί ont été à plusieurs reprises suspectés depuis Waitz, mais bien injustement. Aristote vient de dire que si la justice est un ἐπαινετόν, tous ses coordonnés en sont aussi ; cela est vrai en particulier de l'adverbe δικαίως, qui figure parmi eux ; il faut donc dire que δικαίως est ἐπαινετόν, ce qui ne laisse pas de paraître un peu étrange. La remarque 114 b 3-5 est destinée à juxtaposer à cette conclusion une seconde manière d'utiliser l'inflexion, en la faisant porter à la fois sur le sujet et sur l'attribut : on dira dès lors que δικαίως est ἐπαινετῶς, et non plus ἐπαινετόν. Τὸ δικαίως est donc le sujet, et ἐπαινετῶς l'attribut, du verbe ῥηθήσεται. C'est ce qu'avait bien vu Bonitz, qui proposait pour cette raison de supprimer καί (*Index Aristotelicus*, 659 a 2) ; mais cette suppression est inutile, si l'on donne à καί le sens de *aussi*, et la fonction de relier cette manière d'utiliser les inflexions à la précédente.

Page 56.

1. Wallies propose d'ajouter ici un membre de phrase calqué sur la parenthèse 18-19, et dont le sens serait : « et de ce qui est un mal, l'apparition est elle-même mauvaise ». Cette addition ne s'impose pas : dans toute la suite du paragraphe, Aristote a en effet négligé de remplir toutes les cases du système qu'il décrit. Il n'y a donc pas lieu de combler l'une de ces lacunes, à moins d'en faire autant pour toutes les autres, ce qui est évidemment hors de question.

2. Je conserve à la ligne 31, avec Bekker, Waitz et Wallies, le texte des manuscrits ABC. Le premier καί relie ce τόπος au précédent, et le premier εἰ introduit la condition sous laquelle il est applicable ; le second καί relie le cas du pluriel à celui du singulier, et le second εἰ introduit l'objet propre de l'examen (σκοπεῖν) ici recommandé.

Page 57.

2. Comme dans le cas analogue déjà rencontré (113 b 17, cf. la note 3 de la p. 52), l'objet précis de l'induction ici désignée est la vérité de l'*implication* en tant que telle (si le prédicat majoré appartient au sujet majoré, le prédicat appartient au sujet ; et de même dans le cas négatif), et non la vérité, dans le cas particulier qui fait l'objet de la discussion, de l'*antécédent* de cette implication (comme l'ont cru Alexandre et Waitz).

Page 58.

2. Le texte de ce paragraphe semble avoir subi des remaniements. Waitz estime que les lignes 31-33, qui semblent s'appliquer au τόπος des lignes 29-31, s'appliquent en réalité à celui des lignes 26-29 ; s'il en était autrement, dit-il, elles seraient « parfaitement superflues ». Il remarque en outre que les lignes 33 sq. se réfèrent également au premier τόπος. Colli, de son côté, relève l'usage exceptionnel qui est fait de ὑπάρχειν dans les lignes 29-31 : le mot n'y désigne pas, comme d'habitude, l'*appartenance* du prédicat à son sujet, mais la *possession* par le sujet de son prédicat. Ces diverses observations ne sont pas toutes d'égale valeur. La première remarque de Waitz est manifestement fausse : l'application du τόπος 26-29 n'est pas essentiellement limitée aux domaines où un accroissement de degré est susceptible de se produire ; on pourrait par exemple songer à l'utiliser pour montrer qu'un nombre est impair. Par ailleurs, en rapportant au τόπος 29-31 la remarque 31-33, on n'aboutit nullement à un résultat inacceptable : Aristote est coutumier de ce genre de précisions, à la limite du superflu. La seconde observation de Waitz et la remarque de Colli, en revanche, sont parfaitement fondées. On sera donc porté à considérer l'ensemble des lignes 29-33 comme une note introduite postérieurement à la rédaction principale du texte (sans pouvoir affirmer que son auteur est ou n'est pas Aristote). Cette hypothèse permettrait d'expliquer en particulier la répétition de τόπος aux lignes 32 (où sont visées les lignes 29-31) et 33 (où sont visées les lignes 26-29).

Page 59.

2. Cette phrase constitue une *preuve* de la précédente, et non sa contrepartie négative (cf. 13 γάρ). Si ce qui est impossible absolument parlant est (*a fortiori*) également impossible sous un certain rapport, on peut en inférer, par contraposition, que ce qui n'est pas impossible sous un certain rapport n'est pas non plus impossible absolument parlant.

3. On lit à la suite de cette phrase, dans BCuc²D², les mots οὐδεὶς γὰρ φύσει φρόνιμος, qui ont été conservés par Bekker. Il s'agit selon toute vraisemblance d'une glose, inspirée par un passage de l'*Ethique à Nicomaque* (VI, 9, 1142 a 13-16) que cite Alexandre dans le commentaire qu'il donne de ce passage.

Page 60.

3. Je corrige ici en ἄρα le γάρ des principaux manuscrits. Cette correction paraît justifiée, d'une part par la symétrie avec 32 οὐκ ἄρα ἁπλῶς καλόν, d'autre part par la ligne générale du développement, qui est dessinée par la phrase initiale 29-30 τὸ — ἐναντίον. Le fait que l'on dise qu'il est beau d'honorer les dieux, sans rien ajouter, est ici pris comme l'*indice* et la *preuve* du fait que cela est beau absolument parlant ; il n'en est pas la *conséquence*, ou du moins ce n'est pas sous ce rapport qu'Aristote envisage ici la relation du fait de langage et du fait axiologique. On peut supposer que la substitution de γάρ à ἄρα a été précisément provoquée par une répugnance, plus ou moins consciente, à admettre que la valeur absolue du culte rendu aux dieux pût être présentée comme une *conséquence* plutôt que comme un *principe*.

Page 61.

1. Αἱρετώτερον. Est αἱρετόν ce qui mérite d'être pris, d'être choisi ; αἱρετώτερον, ce qui le mérite davantage qu'une autre chose. Faute de disposer d'un équivalent exact, je traduis le positif par *souhaitable*, et le comparatif par *préférable*. Dans l'ensemble de ce traité du préférable que constituent les chapitres 1-3, αἱρετώτερον est synonyme de βέλτιον ; notons cependant que le τόπος 118 a 8 sq. introduit une distinction entre les deux termes : αἱρετώτερον dénote la supériorité pratique, pour nous ; βέλτιον dénote la supériorité axiologique, en soi.

2. Je supprime le membre de phrase ἢ οἱ ἐν ἑκάστῳ γένει ἐπιστήμονες (« ou de ceux qui sont savants dans chaque genre de réalités ») ; ces mots semblent en effet gloser l'expression synonyme οἱ σπουδαῖοι περὶ ἕκαστα. On pourrait, il est vrai, songer à différencier le sens de ces deux expressions, en disant que les σπουδαῖοι jouissent d'une autorité morale, et les ἐπιστήμονες d'une autorité technique ; mais le mot σπουδαῖοι, précisé comme il l'est par περὶ ἕκαστα et par ᾗ τοιοῦτοί εἰσιν, ne peut se référer qu'à une qualification dans un domaine particulier, et donc à une aptitude d'ordre technique ; Alexandre n'hésite pas à le gloser par τεχνῖται. Les deux expressions sont donc bien synonymes. Il existe d'autres arguments pour condamner la seconde : Alexandre semble ne l'avoir pas lue, et l'omission de ἢ dans ABMc pourrait être l'indice qu'elle a figuré en marge du texte avant de s'y intégrer.

Page 62.

2. Οἰκείαν : la science propre à un domaine particulier, et non, malgré l'interprétation courante, la science propre à un individu particulier, celui qui serait désigné par τινί.

3. Ὅπερ τόδε τι. Les *Topiques* utilisent très souvent la formule « A est ὅπερ B » pour dire que B appartient à l'essence de A, et qu'il est donc le genre de A (cf. 120 b 23 sq., 122 b 19, 26 sq., 123 a 2, 124 a 18, 125 a 29, 126 a 21, 128 a 35). Quant à τόδε τι, il ne désigne

pas ici la substance concrète, comme ailleurs chez Aristote ; il faut le considérer comme une sorte de variable, qui désigne *cela même dont il est question* dans les notions considérées, le noyau de sens qui s'exhibe en elles. Par exemple, *justice* et *juste* exhibent un même noyau de sens, qui est l'idée de justice. Mais ils se distinguent en ceci que *justice* s'identifie avec l'essence qu'elle exhibe, tandis que *juste* ne s'y réfère qu'obliquement : le juste est un homme qui possède une vertu, non cette vertu elle-même.

4. Je supprime ici τῷ ἀγαθῷ, qui est très vraisemblablement une glose, anticipant inutilement sur la suite (cf. 25 τὸ μὲν ὅπερ ἀγαθόν). On notera la forme non intégrée (τὸ ἀγαθόν) sous laquelle se présente cette glose dans u[ac].

Page 63.

1. Expression proverbiale ; cf. *Eth. Eud.*, II, 10, 1226 a 29.

2. On peut supprimer le mot αἰτίου, qui ne se trouve que dans AB, et qui ne figure pas dans l'expression parallèle de la ligne 5.

3. Τύχη : la chance, à la fois la bonne et la mauvaise (cf. ligne 6). La traduction doit dissocier.

4. Je suis ici la suggestion de Wallies, qui dans son apparat critique propose de supprimer le mot κακόν : de fait, ce qui importe ici, ce n'est pas que la κακία soit par elle-même mauvaise, c'est qu'elle soit par elle-même cause de mal.

5. On s'attendrait ici à trouver ὑγιαίνειν plutôt que ὑγιάζεσθαι : ce qui est bon absolument parlant, c'est plutôt la santé que la guérison, puisque celle-ci implique antérieurement la maladie. On peut cependant admettre que, par comparaison avec tel ou tel moyen particulier d'obtenir la guérison, celle-ci puisse apparaître comme une fin absolue.

6. Le mot ὑπάρχον était absent du texte lu par Alexandre (il apparaît, il est vrai, dans une citation qu'il fait de ce passage dans son commentaire de la *Métaphysique*, 591, 14 ; mais comme il utilise aussi la préposition ἐν, on peut se demander s'il ne pense pas plutôt à 116 b 17 sq., ou même si, dans cette citation faite manifestement de mémoire, il ne confond pas les deux lieux). Dans son commentaire, il sous-entend ἀγαθόν ou αἱρετόν après τιμιωτέρῳ, et il interprète le passage en ce sens : ce qui est bon pour un être meilleur est préférable à ce qui est bon pour un être de valeur inférieure. Ce sens n'est pas en soi illégitime ; mais le maintien du mot ὑπάρχον paraît commandé par la relation qu'entretient le présent lieu avec celui qui le suit immédiatement. En effet, si l'on maintient ὑπάρχον, sa signification est la suivante : ce qui appartient à un être meilleur est préférable à ce qui appartient à un être de valeur inférieure. Ce qui soulève tout de suite une question : que se passe-t-il lorsque les deux choses comparées appartiennent *toutes deux* aux deux êtres considérés ? C'est à cette question implicite qu'est destiné à répondre le lieu 116 b 13-17 : ce qui appartient *en propre* à l'être le meilleur est préférable à ce qui appartient *en propre* à l'autre. Cette considération est décisive en faveur du maintien de ὑπάρχον.

Page 64.

2. Le raisonnement d'Aristote est mathématique ; il convient de le reconstituer clairement, avant d'aborder le problème de texte que pose ce passage. Soit deux fins d'inégale valeur, l'une supérieure F_1, par exemple le bonheur, l'autre inférieure F_2, par exemple la santé ; soit d'autre part deux agents producteurs de ces deux fins, A_1 agent de F_1 et A_2 agent de F_2. Le problème est de comparer les valeurs respectives de A_1 et de F_2, c'est-à-dire l'agent de la fin supérieure et la fin inférieure. Aristote va établir le théorème suivant (116 b 28-30) :

(T) L'hypothèse $F_1/F_2 > F_2/A_2$ entraîne la conclusion $A_1 > F_2$.

La démonstration procède par étapes. On pose d'abord une relation proportionnelle entre les fins et les agents producteurs (31-32, cf. 27 ἀνάλογον) :

(1) $$F_1/F_2 = A_1/A_2$$

En combinant l'hypothèse de (T), supposée réalisée, et l'égalité (1), on obtient (32-34) :

(2) $$A_1/A_2 > F_2/A_2$$

En simplifiant l'inégalité (2), on obtient (35-36) :

(3) $$A_1 > F_2$$ C.Q.F.D.

Bien qu'Aristote ne le dise pas, il est clair que si l'hypothèse de (T) était une inégalité de sens inverse, on obtiendrait en (3) un résultat de sens également inverse. Cette considération permet de résoudre le problème de texte posé par ce passage, qui est essentiellement de savoir si la subordonnée introduite par 28 ὅταν se rattache à ce qui la précède ou à ce qui la suit. Si on la rattache à ce qui suit, on obtient un résultat un peu surprenant, parce qu'on se trouve devant une liaison hypothétique dont la protase est abstraite (ὅταν πλείονι ὑπερέχῃ τὸ τέλος τοῦ τέλους ἢ ἐκεῖνο τοῦ οἰκείου ποιητικοῦ) et dont l'apodose est concrète (30 τὸ ποιητικὸν εὐδαιμονίας βέλτιον ὑγιείας). C'est sans nul doute pour cette raison que l'on a souvent préféré rattacher la subordonnée litigieuse à ce qui la précède ; déjà VMuDΛ ajoutaient ὥστε devant 30 τὸ ποιητικόν, de manière à empêcher la proposition qui suit de jouer le rôle d'une principale. Plus franchement encore, Wallies corrige en ποιητικόν le ποιητικοῦ de la ligne 27, obtenant ainsi le sens suivant : un agent producteur est préférable à une fin, lorsque se trouve réalisée l'hypothèse de (T). Cette interprétation laisse supposer que le problème de la comparaison entre un agent producteur et une fin n'est soluble que dans le cas particulier qu'Aristote a choisi de développer, et dans lequel A_1 est supérieur à F_2. Nous avons vu qu'il n'en est rien. Il est donc préférable de supposer qu'Aristote pose sous une forme générale le problème de ces comparaisons, et indique d'une manière générale qu'il faut le résoudre au moyen d'une relation proportionnelle ; il expose ensuite l'une des solutions possibles, en l'illustrant aussitôt par un exemple dont les termes se substituent rapidement aux termes abstraits d'abord utilisés. Pour bien marquer comment doit s'articuler ce passage, je mets une ponctuation forte après 27 ἀνάλογον.

Page 65.

2. On peut hésiter sur le sens que donne ici Aristote au mot βέλτιον : est-ce sur le plan axiologique, ou sur le plan de la commodité dialectique, que le conséquent postérieur l'emporte en valeur sur le conséquent antérieur ? La première solution, qui est celle d'Alexandre, est certainement préférable à la seconde, qu'ont adoptée plus ou moins franchement la plupart des traducteurs. En effet, l'exemple qui vient d'être donné (12-13) met clairement en lumière cette supériorité axiologique du conséquent postérieur : le savoir vaut mieux que l'ignorance. En outre, le οὖν de la ligne 14 s'explique beaucoup mieux dans cette perspective. Si c'était sur le plan dialectique que s'établissait la supériorité du conséquent postérieur, il n'y aurait plus lieu d'ajouter à l'adresse du dialecticien quelque recommandation que ce fût : il se le tiendrait pour dit. Si au contraire, parmi tous les conséquents d'un même terme, tant antérieurs que postérieurs, il peut choisir celui qui est le plus utile à sa démonstration, on comprend qu'il soit important de lui signaler la supériorité axiologique du conséquent postérieur ; ce renseignement lui permettra de choisir, en règle générale, un conséquent postérieur lorsqu'il veut rehausser la valeur d'une chose, et un conséquent antérieur lorsqu'il veut au contraire la rabaisser.

Page 66.

2. Aristote semble dire ici que des choses non-bonnes (μὴ ἀγαθά) peuvent être préférables à des choses bonnes ; mais l'exemple qu'il donne (22-23) montre que par μὴ ἀγαθά, il entend une somme de choses dont les unes sont des biens, et les autres non. Waitz propose de comprendre comme s'il y avait καὶ μὴ ἀγαθὰ μετ' ἀγαθῶν ἀγαθῶν πλειόνων οὐδὲν κωλύει εἶναι αἱρετώτερα ; faisant un pas de plus, Pickard-Cambridge propose de corriger le texte et de *lire* καὶ μὴ ἀγαθὰ μετ' ἀγαθῶν οὐδὲν κωλύει εἶναι αἱρετώτερα (*sc.* πλειόνων ἀγαθῶν). Au contraire, Colli recommande de s'en tenir à la lettre du texte, et souligne l'aspect volontairement sophistique de l'argumentation. Il me semble, conformément à une suggestion alternative de Pickard-Cambridge, qu'on peut à la fois sauvegarder la lettre du texte et le sérieux de l'argument : si l'on admet que la négation μή porte sur le pluriel ἀγαθά pris collectivement, *en tant que pluriel*, on entendra par μὴ ἀγαθά, non « une somme de choses qui ne sont pas bonnes », mais « une somme qui n'est pas une somme de choses bonnes ». Telle est bien la somme du bonheur et d'un autre terme qui ne serait pas un bien.

Page 67.

2. Les trois mentions faites des *contraires* dans ce paragraphe ne paraissent pas s'accorder entre elles ; on observera, aux lignes 4, 6 et 7, le jeu des variantes, qui intéressent la première et la troisième de ces mentions. Si l'on s'en tenait aux lignes 5-7, la notion de contraire serait ici à mettre sur le même plan que la notion de perte : Aristote recommanderait d'étudier la valeur du *contraire* de la chose examinée, comme il recommande d'étudier la valeur de sa *perte*. Cette interprétation s'imposerait si 4 καὶ τῶν ἐναντίων se trouvait à la place où semble l'avoir lu Alexandre, c'est-à-dire après 3 ἀποϐολῶν. Mais dans le texte des manuscrits, où ces mots semblent avoir une place à part, une autre interprétation se dessine : Aristote recommanderait d'étudier la disparition, la perte, l'apparition et l'acquisition des choses comparées, *et aussi celles de leurs contraires* ; καὶ τῶν ἐναντίων devrait être alors compris comme αὐτῶν τε καὶ τῶν ἐναντίων. Dans cette hypothèse, il faudrait considérer la seconde et la troisième mention des contraires comme des interpolations nées d'une fausse interprétation de la première, et lire les lignes 5-7 en les supprimant, sous la forme suivante : ὁμοίως δὲ καὶ ἐπὶ τῶν ἀποϐολῶν · εἰ γὰρ ἡ ἀποϐολὴ φευκτότερον, αὐτὸ αἱρετώτερον. Cette hypothèse reste toutefois trop conjecturale pour passer dans le texte et dans la traduction.

3. Waitz a eu raison de mettre une ponctuation forte après 10-11 αἱρετώτερον : 11 καί introduit un lieu distinct du précédent, un rapport de ressemblance ne pouvant se confondre purement et simplement avec un rapport de proximité.

4. Je préfère ici αὐτῶν à αὐτοῦ de AB, adopté par tous les autres éditeurs. Il est en effet essentiel de marquer ici que les deux termes comparés sont rapportés à un terme de référence unique, qui est meilleur qu'eux deux ; le cas où les deux termes comparés sont rapportés à deux termes de référence sera étudié plus loin (117 b 19 sq.). Si on lit αὐτοῦ, l'unicité du terme de référence ne ressort pas avec évidence.

Page 68.

1. Je supprime ici une phrase (dont le sens est : « ce qui ne s'accompagne d'aucun inconvénient est préférable à ce qui s'accompagne d'inconvénients »), glose née d'une erreur toujours commise sur le sens des mots τὸ τοῖς κακοῖς ἀκοινωνητότερον. Depuis Alexandre, on les interprète ainsi : ce qui participe dans une moindre mesure aux choses mauvaises (τοῖς κακοῖς étant lu comme un neutre). Dans cette interprétation, qu'explicite la phrase litigieuse, le présent lieu n'est qu'un doublet de celui qui a été déjà exposé en 117 a 5-15. Il serait déjà surprenant qu'Aristote utilisât dans cette circonstance le mot rare ἀκοινωνητότερον, qui est chez lui un *hapax*. Mais l'on peut démontrer qu'une interprétation différente s'impose : en effet, ἀκοινωνητότερον est évidemment induit par 30 κοινοτέρου. Aristote vient de dire que ce qui nous appartient en propre est préférable à ce qui nous est commun avec d'autres. Il est logique qu'il envisage

ensuite les cas où les termes comparés sont *tous deux* des choses qui nous sont communes avec d'autres, et qu'il fournisse au dialecticien un moyen de résoudre ce type de problème. C'est à quoi répond le lieu qui nous occupe : ce qui nous est commun avec les κακοί (au masculin) a moins de valeur que ce qui nous est commun avec d'autres qu'eux. Il faut ainsi prendre ἀκοινωνητότερον dans le sens *passif* (ce qui est moins partagé), et non au sens *actif* (ce qui partage moins). Un argument supplémentaire nous est fourni par le datif τοῖς κακοῖς : alors que le sens actif réclame un complément au génitif (le dictionnaire de Liddell-Scott donne comme seul exemple de complément au datif notre passage, sur lequel il commet l'erreur traditionnelle), le sens passif s'accompagne normalement du datif (cf. Eurip., *Andr.*, 470). Il reste cependant à lever une objection. Lorsqu'il procède à la généralisation des lieux du préférable (chap. 5), Aristote indique un lieu qui peut sembler la généralisation de celui qui nous occupe, entendu dans son sens traditionnel ; il s'agit du lieu 119 a 27-28, καὶ τὰ τοῖς ἐναντίοις ἀμιγέστερα μᾶλλον τοιαῦτα, οἷον λευκότερον τὸ τῷ μέλανι ἀμιγέστερον (« ce qui est moins mêlé du contraire est plus tel : par exemple, ce qui est moins mêlé de sombre est plus clair »). En réalité, ce lieu n'est pas la généralisation de celui qui nous occupe, mais celle du lieu 118 b 37-39 (ce qui est seulement αἱρετόν est préférable à ce qui est à la fois αἱρετόν et φευκτόν).

Page 69.

2. 8 ἐστιν, omis dans Λτ et déplacé dans u, est peut-être à rejeter. Observation analogue pour 14 ἐστι.

3. J'adopte ici le texte de VMAl^{c}Λ, qui ne porte pas, après προσκατασκευάζηται, le mot τις ajouté par les autres manuscrits et conservé par les éditeurs. Τις paraît en effet suspect devant le génitif τῶν καλῶν auquel il ne se rapporte pas. En outre, si l'on entend le verbe προσκατασκευάζηται comme un passif, il ne requiert pas d'autre sujet que ἄλλα τινά.

4. Le sens exact de cette expression, à en juger d'après l'exemple donné, est probablement : ce qui procure quelque chose qu'il est seul à pouvoir procurer. Tel n'est pas le cas du courage, qui procure une protection qu'une bonne garde peut elle aussi procurer.

Page 71.

2. Il ne paraît pas nécessaire de maintenir, après 10 προστιθέμενον, le τι que portent plusieurs manuscrits (mais non AB) et qui a été conservé par les éditeurs précédents. Dans des tournures analogues, τι est présent en 118 b 16, mais absent en 119 a 23.

3. J'adopte, comme Ross, la conjecture de Wallies, συνδυαζομένοιν, solution élégante du problème posé par les variantes des manuscrits. La corruption paraît plus compréhensible en supposant ce point de départ qu'en conjecturant συνδυαζομένων, suggéré par Waitz dans son commentaire.

4. Nouveau cas de combinaison des deux termes comparés avec deux termes de référence ; cf. la note 1 ci-dessus.

5. Ce dernier membre de phrase (19 ὅ ποτε — ποιεῖ), qui n'apporte rien de nouveau par rapport à ce qui le précède, paraît suspect, dans la forme du moins que nous lui voyons. Les lignes 17-18 ayant traité du cas où les deux termes comparés sont soustraits *du même tout* (ἀπὸ τοῦ αὐτοῦ), on peut se demander si la ligne 19 n'est pas le vestige d'un τόπος distinct, dans lequel ils seraient soustraits *de deux termes de référence*, comme dans les lieux analysés précédemment. Le sens de ce lieu serait alors : est aussi préférable ce qui, ôté d'un terme plus grand, laisse un reste plus petit. Le texte correspondant serait : καὶ ὅ ποτε ἀπὸ μείζονος ἀφαιρεθὲν τὸ λειπόμενον ἔλαττον ποιεῖ; ou encore, en considérant ποτε comme le vestige de ἀπό : καὶ ὃ ἀπὸ μείζονος κτλ. Ces suggestions restent bien entendu conjecturales.

Page 72.

1. Tous les éditeurs précédents lisent ainsi les lignes 28-30 : τὸ γὰρ πρὸς ἅπαντα ἢ πρὸς τὰ πλείω χρήσιμον αἱρετώτερον ἂν ὑπάρχοι τοῦ μὴ ὁμοίως, ce qui donne un sens assez banal : ce qui possède les trois qualités (utile, beau et plaisant) ou un plus grand nombre d'entre elles, est préférable à ce qui n'est pas ainsi, c'est-à-dire à ce qui ne les possède pas toutes trois, ou qui en possède un moins grand nombre. Parmi les variantes qui affectent cette phrase, il en est deux qui attirent l'attention. D'une part, ὑπάρχοι est remplacé par ὑπάρχῃ dans un groupe de manuscrits (AVMPcuD) qui ne manque pas d'autorité ; cette forme ferait de ὑπάρχῃ le verbe d'une proposition subordonnée, introduite par ἄν. D'autre part, τοῦ μὴ ὁμοίως est remplacé dans VP par τὸ ὁμοίως. Ces deux variantes trouvent un appui très solide dans la paraphrase d'Alexandre (271, 8-10) : καὶ ᾧ τὰ πλείω αἱρετώτερον τῶν οἷς τὰ ἐλάττω, ἂν τὸ ὁμοίως αὐτοῖς ὑπάρχῃ, ἐπειδὴ δύναταί γε τὸ κατά τι ὂν σφόδρα αἱρετὸν τοῦ κατὰ πάντα μὲν μὴ μέντοι σφόδρα αἱρετοῦ αἱρετώτερον εἶναι (ce qui possède un plus grand nombre de ces qualités est préférable à ce qui en possède un moins grand nombre, *si toutefois elles leur appartiennent au même degré*, puisqu'il est possible qu'une chose extrêmement souhaitable sous un certain rapport soit préférable à une chose souhaitable sous tous les rapports, mais médiocrement). Cette paraphrase donne une signification plus riche à l'argumentation, qui, sans la précision ainsi apportée, demeurerait incorrecte. Je retiens donc les deux variantes confirmées par Alexandre, et je lis : ...αἱρετώτερον, ἂν ὑπάρχῃ τὸ ὁμοίως. La phrase suivante apporte une confirmation supplémentaire à ce choix : Aristote y étudie en effet le cas où, *à nombre égal de qualités possédées* (τῶν δ' αὐτῶν ἀμφοτέροις ὑπαρχόντων), les termes comparés se distinguent par *l'intensité avec laquelle ils les possèdent* (ὁποτέρῳ μᾶλλον ὑπάρχει). Il est donc logique que, dans le cas présent, où les termes comparés se distinguent par le *nombre des qualités qu'ils possèdent* (πρὸς ἅπαντα ἢ πρὸς τὰ πλείω χρήσιμον), Aristote précise qu'il faut l'entendre *à intensité égale de possession de ces qualités* (ἂν ὑπάρχῃ τὸ ὁμοίως).

Page 73.

1. La différence entre ces cas et les précédents est essentiellement la suivante : auparavant, le terme préférable possédait une certaine qualité à un degré plus élevé (τιμιώτερον, χρησιμώτερον) que l'autre ; à présent, il possède un certain caractère (φύσει ἀγαθόν) que l'autre ne possède pas du tout. Il en résulte que, pour obtenir un lieu du souhaitable, il fallait auparavant transformer les comparatifs en positifs (ce qui est αἱρετόν, ce n'est pas le τιμιώτερον, mais le τίμιον) ; au contraire, à présent, le lieu du préférable peut être utilisé sans transformation (εὐθέως) comme lieu du souhaitable : ce qui est φύσει ἀγαθόν est à la fois αἱρετώτερον et αἱρετόν.

2. Aristote utilise dans ce chapitre le mot τοιοῦτο comme une variable, à laquelle on peut substituer n'importe quel adjectif. Je traduis littéralement, la gaucherie du procédé étant vraisemblablement égale en grec et en français.

3. A la suite de Waitz, je condamne les mots ἢ ᾧ ἂν ὑπάρχῃ. Il s'agit très probablement d'une glose de τὸ ἔχον; la conjonction ἤ, qui a pour fonction d'intégrer la glose dans le texte, est significativement absente ou défigurée dans certains manuscrits. Un phénomène analogue, encore que renversé, s'observe à la ligne 118 a 29, où est exposé le lieu dont celui qui nous occupe est la généralisation : le sujet d'inhérence y est désigné par les mots ἐκεῖνο ᾧ ἂν παρῇ, mais ces mots sont remplacés dans uD par la glose τὸν ἔχοντα.

Page 74.

1. Ce texte difficile et corrompu doit être analysé à la lumière du τόπος dont il est la généralisation. Contrairement à Waitz, je pense que ce τόπος peut être déterminé ; ce qu'Aristote dit aux lignes 28-29 (ἔτι παρὰ τὰ εἰρημένα πρότερον) indique d'ailleurs qu'il doit pouvoir l'être. Nous avons manifestement ici la généralisation du lieu où les deux termes comparés sont rapportés à deux termes de référence, c'est-à-dire du lieu 118 b 2-3 (alors que 119 a 20-21 généralise 118 b 1-2) ; la seule différence est qu'au lieu de dire, comme il aurait théoriquement dû le faire, que l'un des termes de référence est « plus tel » que l'autre, Aristote se contente de dire, plus simplement, que l'un des termes de référence est « tel » et que l'autre ne l'est pas. Pour déterminer le texte, on ne peut choisir qu'entre deux versions, équivalentes pour le sens : la version courte (τὸ δὲ μὴ τοιούτου), proposée par Bonitz et d'ailleurs présente dans l'un des manuscrits du commentaire d'Alexandre, et la version longue (τὸ δὲ μὴ τοιούτου μᾶλλον τοιοῦτον) offerte par VD. Le texte des autres manuscrits (τὸ δὲ μὴ τοιούτου τοιοῦτον) ne présente pas de sens (à moins de comprendre τοιοῦτον = μᾶλλον τοιοῦτο, comme paraît le faire Waitz, qu'on ne saurait suivre sur cette voie) ; mais il permet de se déterminer en faveur de la version courte, dont la concision et l'obscurité paraissent seules capables d'expliquer les vicissitudes de ce passage.

2. Ce passage présente une difficulté, Il paraît absurde de dire qu'un *objet* est plus clair lorsqu'il admet davantage la définition χρῶμα διακριτικὸν ὄψεως, dans laquelle figure le genre *couleur* ; car cet objet n'est pas nécessairement une couleur. Cette considération explique à coup sûr la variante présentée par VDAl^{p}Λ : λευκότερον ὅ ἐστι χρῶμα τὸ μᾶλλον διακριτικὸν ὄψεως. Mais cette version se heurte à un autre obstacle : l'exposé du lieu (29-30) montre en effet que ce qui est λευκότερον est ce qui admet davantage la définition du λευκόν ; or cette définition est χρῶμα διακριτικὸν ὄψεως, et on ne peut la démembrer dans l'application du lieu, en laissant le genre de côté pour ne conserver que la différence. La solution de cette difficulté consiste à conserver le *texte* des principaux manuscrits en lui donnant le *sens* présupposé par la variante : λευκότερον doit s'entendre, non pas de tout sujet possible, mais seulement d'une couleur.

3. J'adopte ici la *lectio difficilior* πρῶτοι de ABV, contre πρῶτον des autres manuscrits, qu'ont préféré les éditeurs précédents. Avec la leçon πρῶτον, on s'attendrait à trouver deux sections dans l'exposé des lieux des particulières : d'abord l'application aux particulières des lieux des universelles, ensuite les lieux propres aux particulières. Or on chercherait en vain, dans la suite du texte, la seconde de ces sections. Aristote procède en réalité d'une tout autre manière : il commence par déclarer que les lieux qui ont été exposés les premiers (c'est-à-dire les lieux des universelles, exposés dans le livre II) sont tous applicables aux particulières ; puis, opérant une sélection au sein de cet ensemble, il montre que certains de ces lieux sont spécialement aptes au traitement des particulières (cf. 119 a 36 sq. ; le δ' de la ligne 36 a une valeur adversative).

Page 75.

4. Texte de VP ; le témoignage d'Alexandre (282, 6) lui est entièrement favorable. Si ce texte a subi diverses modifications, c'est d'abord parce que les confusions étaient faciles entre l'adverbe ἀδίκως et l'adjectif ἀδίκων, ensuite et surtout parce que, ce texte constituant un lieu des *inflexions*, il semblait nécessaire de compléter l'énumération précédente en faisant une place aux *contradictoires*, qui sont la quatrième classe des opposés. Les manuscrits autres que VP ont donc intercalé, entre la protase et l'apodose de notre texte, divers compléments destinés à combler ce qu'ils ressentaient comme une lacune ; ces compléments font tous intervenir les mots δικαίως et δικαίων. Il n'est pas nécessaire d'entrer dans le détail des diverses manières dont ce programme a été réalisé ; elles sont toutes déjà condamnées par le fait que δικαίων n'est pas le contradictoire, mais le contraire de ἀδίκων. De plus, l'absence du lieu des contradictoires se justifie par des raisons logiques ; le lieu des contradictoires, appliqué aux universelles, reposait sur la loi dite de *conversion par contraposition* (si tout S est P, tout non-P est non-S ; cf. 113 b 15-26) ; or cette loi est inapplicable aux propositions particulières affirmatives.

5. Ce lieu est un lieu des inflexions si on lit ἡδέως avec ABVMPu, un lieu des coordonnés si on lit ἡδέων avec CDAl^{c}Λ et les éditeurs

précédents (sur les relations entre ces notions, cf. 114 a 27 sq.) : dans le premier cas, il se rattache à ce qui le précède ; dans le second, à ce qui le suit ; aucun des deux solutions ne s'impose donc, sur le plan logique, de préférence à l'autre. La répartition des groupes de manuscrits incite cependant à choisir la première.

Page 76.

1. Il apparaît dans ce passage que par φρόνησις, Aristote désigne quelque chose qui est évidemment un savoir, et problématiquement un bien. Ailleurs dans les *Topiques*, la φρόνησις se présente au contraire comme quelque chose qui est évidemment une ἀρετή, et problématiquement un savoir (cf. 120 a 28-31 et 121 b 31-33). Le mot de *sagesse* paraît être le seul qui offre une ambiguïté à peu près comparable.

Page 77.

2. Il est nécessaire de rétablir ici, avec la première main de C, le mot τινά devant ἔφησεν. Le mot a été supprimé dans tout le reste de la tradition pour des raisons faciles à comprendre. Dans la doctrine classique d'Aristote (*An. Pr.*, I, 1, 24 a 17-22), on entend par proposition *indéterminée* (ἀδιόριστος) une proposition non quantifiée (par exemple *le plaisir est un bien*), par opposition aux propositions quantifiées universellement (*tout plaisir est un bien*) ou particulièrement (*quelque plaisir est un bien*). Voyant Aristote parler ici de problèmes *indéterminés* (120 a 6), on a par conséquent toujours trouvé normal de lire, à la ligne 7, εἰ ἔφησεν ἡδονὴν ἀγαθὸν εἶναι. Il est cependant possible de démontrer qu'Aristote ne donne pas ici au mot ἀδιόριστος le même contenu que dans les *Premiers Analytiques*, et qu'il faut lire à la ligne 7 εἰ τινὰ ἔφησεν ἡδονὴν ἀγαθὸν εἶναι. En effet, les lignes 8-20 reprennent dans le détail l'examen de la question ; or, à quatre reprises, il est bien précisé que les propositions étudiées sont des *particulières* (cf. 8-9, 10-11, 18, 20). Pour expliquer cette substitution, les commentateurs qui ont aperçu la difficulté invoquent une doctrine exposée dans les *Premiers Analytiques*, selon laquelle la proposition indéterminée doit être traitée comme l'équivalent logique de la proposition particulière ; mais il paraîtrait étrange qu'Aristote appliquât ici cette doctrine sans donner un mot d'explication. D'autre part, la proposition dite ici *indéterminée* s'oppose à une proposition dite *déterminée*, qui est étudiée dans les lignes 20 sq. Lorsqu'on compare les deux sections du texte, on s'aperçoit que les propositions qui y sont analysées sont *toutes deux particulières*, mais en des sens différents. La particulière *indéterminée* signifie précisément : « Quelque S *au moins* est P » ; elle n'entend pas exclure la possibilité que tout S soit P. C'est pourquoi, si l'on ne peut la réfuter que d'une seule manière (en établissant l'universelle contradictoire), on peut l'établir de deux manières différentes (15-20) : soit en établissant l'universelle dont elle est la *subalterne*, soit en établissant directement la particulière. Au contraire, la particulière *déterminée* signifie : « Quelque S *au plus* est P » ; elle entend exclure la possibilité que tout S soit P ;

autrement dit, elle implique que quelque S n'est pas P. On peut donc la réfuter de deux manières différentes (21-24) : soit en établissant (comme pour la particulière indéterminée) l'universelle contradictoire, soit en établissant l'universelle *de même qualité* qu'elle entend précisément exclure : pour réfuter la proposition « quelque plaisir *au plus* est un bien », on peut, soit établir que nul plaisir n'est un bien, soit établir que tout plaisir est un bien. Les propositions qu'Aristote appelle dans cette section *indéterminées* et *déterminées* sont ainsi deux variétés de propositions *particulières* (il est donc normal qu'il n'en ait pas été question au début du livre II, où Aristote distinguait les universelles et les particulières, sans faire mention des indéterminées). Dans sa logique définitive, il renoncera à ces distinctions, et désignera sous le nom de *particulière* ce qu'il appelle ici *particulière indéterminée*, à savoir une particulière qui n'exclut pas l'universelle dont elle est la subalterne. Le rétablissement du sens original de ce passage comporte diverses conséquences que je me réserve de développer en une autre occasion. Notons pour finir que le rétablissement du mot τινά à la ligne 7 peut s'autoriser également d'un argument d'ordre paléographique : Alexandre cite en effet la phrase sous la forme suivante : εἴ τις ἔφησεν ἡδονὴν ἀγαθὸν εἶναι. Τις s'interprète facilement comme une correction apportée au τινά original.

Page 80.

1. Dans ce passage important (que l'on rapprochera des chapitres I, 6, VI, 1 et VII, 5), les expressions d'Aristote manquent de précision. Deux points paraissent hors de discussion : le premier est que, par les expressions de type τῶν πρὸς τὸ γένος (lignes 12 et 13), il désigne les *lieux* concernant tel ou tel prédicable ; le second est que, par τοῖς διαλεγομένοις, il désigne les praticiens de la dialectique, et non des théoriciens inexistants (cf. *Soph. El.*, 34, 183 b 34-36 et 184 b 1-2). Il résulte de ce dernier point que αὐτῶν τούτων, à la ligne 14, désigne *le genre et le propre*, et non les lieux du genre et du propre. Comme, selon toute vraisemblance, 14 αὐτῶν τούτων désigne la même chose que 13 ταῦτα, on est conduit à donner à la ligne 13 la signification suivante : le genre et le propre sont des éléments constitutifs des lieux qui intéressent les définitions. Les chapitres cités ci-dessus paraissent confirmer entièrement cette interprétation.

2. Συγγενῆ : la suite montre qu'il ne s'agit pas, malgré les apparences, des espèces appartenant au même genre que l'objet étudié, mais des individus ou des sous-espèces appartenant à l'espèce que constitue cet objet.

3. Cf. 109 b 13 sq.

4. Ici comme plusieurs fois par la suite, j'utilise les guillemets pour distinguer sans ambiguïté le terme donné par l'adversaire comme le genre d'une chose du genre véritable de cette chose.

5. Je fais porter πολλάκις sur συμβέβηκε, non sur βαδίζειν : la marche est souvent un accident de l'animal, elle ne l'est pas toujours, puisque certains animaux utilisent d'autres modes de déplacement. Sur l'identité de signification entre βαδίζειν et βαδίζων εἶναι, cf. *Métaph.*, Δ, 7, 1017 a 27-30.

6. BCD ajoutent ici un membre de phrase (τὸ δὲ γένος ἐν τῷ τί ἐστι κατηγορεῖται) qui a été conservé par Ross, mais qui paraît bien n'être qu'une glose.

Page 82.

1. Ce passage me paraît apporter un nouvel argument en faveur de la traduction de ἐπιστητόν et δοξαστόν par *contenu de connaissance* et *contenu d'opinion.* En effet, si δόξα et ἐπιστήμη se distinguent, c'est essentiellement parce que la première peut être fausse, non la seconde (les déterminations plus fines, élaborées en *An. Po.*, I, 33, ne sont pas ici prises en considération) ; il en résulte que les *choses inexistantes* qui sont dites ici δοξαστά sont moins des *choses*, à proprement parler, que des « *états de chose* ». Or, s'il est convenable de dire d'une chose qu'elle est l'*objet* d'une opinion ou d'une connaissance, on dira plus volontiers d'un « état de chose » qu'il est le *contenu* d'une opinion ou d'une connaissance. Cf. en outre la note 1 de la p. 30.

Page 83.

2. Les lignes 36-37 posent un difficile problème de texte, dont les données sont les variantes affectant 36 οὐδέν (VMDΛ Wallies Ross, contre οὐδέ ABPCcu Bekker Waitz), 36 τὸ (donné par tous les manuscrits, sauf peut-être les premières mains de M et de D, qui semblent corroborer la conjecture de Wallies adoptée par Ross, τι) et 36 τῶν (donné par ABVCD, omis par MPcuAl^{c}Λ et par tous les éditeurs, sauf par Bekker qui le remplace par τὸ). Etablissons d'abord qu'il convient de lire οὐδὲν à la ligne 36. La relation entre 36 οὐδὲ τῶν ἀτόμων et 37 καὶ γὰρ τὰ ἄτομα paraît une raison suffisante en faveur de ce choix ; οὐδέ, en effet, impliquerait l'introduction d'une catégorie nouvelle d'objets, distincts des ἄτομα. Dès lors, de deux choses l'une : ou bien l'on accepte cette apparence, mais alors on ne sait quel statut donner exactement à ces objets, dont il n'est nullement question dans la suite de la phrase ; ou bien on la refuse, et l'on considère que l'expression οὐδὲ τῶν ὑπὸ τὸ εἶδος τῆς κινήσεως ὄντων désigne toujours les ἄτομα ; cette expression ne peut plus être alors qu'une glose, et c'est comme telle que Waitz la condamne. Il est préférable de se soustraire à cette alternative en lisant οὐδέν : l'expression litigieuse n'est plus alors qu'une détermination du statut des ἄτομα. Celle-ci paraît assez claire, à condition toutefois de conserver 36 τῶν, qu'aucun éditeur n'a retenu, en dépit de l'autorité des manuscrits qui l'attestent. Sans τῶν, κινήσεως se rapporte immanquablement à εἶδος, ce qui crée une difficulté artificielle, à laquelle diverses solutions ont été apportées (ὑπό τι εἶδος τῆς κινήσεως selon Wallies et Ross ; ὑπὸ τὸ γένος τὸ τῆς κινήσεως selon une conjecture de Maguinness, adoptée par l'édition Forster). Τῶν permet de se dispenser de ces expédients, en séparant nettement κινήσεως de εἶδος: les ἄτομα sont, d'une part, situés à un niveau inférieur à celui de l'espèce (ὑπὸ τὸ εἶδος), et d'autre part, inclus dans le genre (τῆς κινήσεως ὄντων), comme le précise clairement la phrase qui suit. On notera qu'Aristote avait évoqué (lignes 29-30) la possibilité que

le terme étudié soit lui-même l'une des espèces issues de la première division du genre ; il ne mentionne plus cette possibilité dans l'analyse de l'exemple, sans doute parce qu'il considère comme allant de soi que le plaisir ne figure pas au nombre des types de changement qu'on a l'habitude de distinguer (τῶν ἀποδοθεισῶν κινήσεων, lignes 32-33).

4. La conjecture de Waitz, ὑπ', déjà proposée par un correcteur de M, paraît la meilleure solution du problème de texte posé par ce passage. Sans doute, avec le verbe τιθέναι (cf. Bonitz, *Index Aristotelicus*, s.v.), les constructions avec εἰς ou ἐν sont-elles la règle ; mais εἰς, qui se trouve dans CDc², risque d'être lui-même une correction de ἐπ', qui est mieux attesté, et dans lequel on peut voir une corruption de ὑπ'. Par ailleurs, la construction du verbe εἶναι avec ὑπό est de règle dans le contexte (cf. 121 b 25, 29, 32, 35, 37, 122 a 1).

Page 86.

5. Sur le problème des variantes ὅτι/διότι, cf. la note 1 de la p. 40. La leçon de P, qui porte une fois διότι et l'autre fois ὅτι, est aussi celle de Bekker et de Waitz. Cette fortune, à première vue surprenante, puisque les deux conjonctions remplissent exactement le même rôle, s'explique sans doute par l'amalgame plus ou moins conscient de deux constructions distinctes : dans sa construction réelle, la phrase appelle deux conjonctions identiques (« il ne suffit pas de montrer *que* ... pour montrer *que* ... ») ; mais par son sens, elle pourrait appeler deux conjonctions différentes (« ce n'est pas *parce que* ... *que* ... »).

6. Le présent passage pose un problème de texte difficile. Deux leçons se trouvent en concurrence : τῇ φορᾷ qui fournit un complément à τὴν αὐτὴν διαίρεσιν, et εἰ μὴ τῆς φορᾶς qui fournit un complément à οὐδενός. Elles sont toutes deux présentes dans VD. Au point de vue du sens, les deux sont également justifiables : parmi les espèces issues de la même division *que le transport*, la marche ne doit participer d'aucune autre *que du transport*. Mais le texte n'aurait sans doute pas souffert si ces deux compléments avaient été présents à l'origine ; et c'est en supposant que τῇ φορᾷ était le seul présent à l'origine que l'on comprend le plus aisément ses vicissitudes. En outre, la paraphrase d'Alexandre semble indiquer que l'exégète a lu le texte que j'adopte (cf. en effet 311, 23-24 : λαβόντες τὰ ἄλλα εἴδη τῆς κινήσεως τὰ ἀντιδιαιρούμενα τῇ φορᾷ δείξωμεν ὅτι μηδὲν αὐτῶν ὑπάρχει τῇ βαδίσει).

Page 88.

2. La structure logique du raisonnement dans ce paragraphe soulève quelques difficultés. Jusqu'à la ligne 23, la situation paraît cependant claire : Aristote effectue deux raisonnements, le second ayant pour fonction de démontrer l'une des prémisses du premier (j'ai remanié la ponctuation traditionnelle du paragraphe, de manière à séparer nettement ces deux raisonnements). Le premier raisonnement a pour objet de démontrer la conclusion suivante : (I) l'impair

ne participe pas du genre *nombre*. Cette conclusion résulte des deux prémisses suivantes : (a) l'impair est une différence du nombre (19-20) ; (b) une différence ne participe pas de son genre (20). Ces deux prémisses s'établissent au même niveau logique ; aussi ai-je conservé la liaison οὐδὲ δοκεῖ, inutilement transformée en οὐ δοκεῖ δὲ dans cDAl[c], Wallies et Ross. Le second raisonnement a pour objet de démontrer la prémisse (b) ; celle-ci résulte de deux nouvelles prémisses, qui sont les suivantes : (c) tout ce qui participe d'un genre est soit une espèce soit un individu (20-21) ; (d) une différence n'est ni une espèce ni un individu (21-22). Les lignes 22-23 présentent la conclusion (II) de ce second raisonnement, qui est identique à la prémisse (b), énoncée ligne 20. Seule la phrase finale (23-24) introduit une perturbation : dans la forme sous laquelle elle nous a été transmise, en effet, elle déclare que l'impair est, non une espèce, mais une différence, *parce qu*'il ne participe pas de son genre ; ce qui revient à faire de la prémisse (a) une conséquence de la conclusion (I), c'est-à-dire à inverser la relation de principe à conséquence entre ces deux propositions. Ce renversement de la marche du raisonnement avait déjà étonné Alexandre ; mais il n'est pas la seule raison qu'il y ait de suspecter la phrase 23-24 dans son libellé traditionnel. Il faut observer, en effet, que cette inversion détruit la validité du raisonnement : car s'il suffit qu'un terme soit une différence pour que l'on puisse affirmer qu'il ne participe pas de son genre, il ne suffit évidemment pas qu'un terme ne participe pas de son genre pour que l'on puisse affirmer qu'il en est une différence. La solution la plus simple du problème est de supprimer les mots ἀλλὰ διαφορά (dont l'insertion ultérieure dans le texte est aisément compréhensible) : une fois débarrassée de ces mots, la phrase litigieuse n'a plus d'autre objet que de s'appuyer sur la conclusion (I) (ἐπειδὴ οὐ μετέχει τοῦ γένους) pour en tirer la contradictoire de la proposition initialement soumise à l'examen dialectique : 23 τὸ περιττὸν εἶδος est le strict équivalent de 18-19 τὸ περιττὸν ὅπερ ἀριθμόν.

3. La valeur exacte de ces mots doit être déterminée à partir des indications contenues dans les lignes 27 sq., mais leur traduction est nécessairement approximative. Ἅψις est plus général que συνοχή : des éléments en *contact* peuvent être ou non en *continuité*. Μῖξις est plus général que κρᾶσις : des éléments *mélangés* peuvent ou non s'interpénétrer pour constituer une *mixture*. Κίνησις κατὰ τόπον est plus général que φορά : les déplacements locaux peuvent être ou non spontanés. Pour la référence à Platon, cf. *Théét.*, 181 d et *Parm.*, 138 b-c. On notera que la détermination ici présentée des notions de βάδισις, φορά et κίνησις κατὰ τόπον est en contradiction avec 122 a 22-30, où la φορά paraît identifiée au changement de lieu en général, et où la βάδισις est considérée comme une espèce de la φορά.

Page 89.

2. Je conserve dans ce passage le texte des manuscrits, qui a suscité des interrogations, des doutes et diverses corrections de la part de plusieurs éditeurs. Les difficultés tiennent ici à ce que le terme εἶδος est *nécessairement ambigu*, dans la description d'un lieu

où l'erreur commise par le répondant consiste précisément à présenter *comme une espèce* ce qui est en réalité une différence (ἀθάνατον), et comme un genre *ce qui est en réalité une espèce* (θεόν) : εἶδος peut désigner, soit la prétendue « espèce », soit l'espèce réelle. C'est assurément l'espèce réelle qui est désignée à la ligne 122 b 37 (τὸ εἶδος) et à la ligne 123 a 1 (τοῦ εἴδους); mais le cas de τὸ εἶδος à la ligne 122 b 39 n'est pas aussi clair. Si on l'interprète comme désignant *l'espèce réelle*, on se heurte à de graves difficultés. Désignons pour plus de clarté par (A) la phrase συμβήσεται — λέγεσθαι et par (B) la phrase ἀεὶ — λέγεται. Dans la perspective qui vient d'être définie, la phrase (A) signifie : de la thèse de l'adversaire, il résulte que l'espèce réelle (θεόν) va se trouver dotée d'une extension égale ou supérieure à celle de la différence (ἀθάνατον); ce qui s'expliquerait en vertu du principe selon lequel l'attribut d'une proposition a toujours une extension égale ou supérieure à celle du sujet. La phrase (B) signifie, elle, que par principe c'est la différence qui doit avoir une extension égale ou supérieure à celle de l'espèce. Il devient alors difficile d'expliquer le γάρ de la ligne 39 : (B) n'énonce pas la raison de l'erreur commise, mais la loi à laquelle cette erreur a fait une infraction. On se trouve donc conduit, soit à remplacer γάρ par un δέ à valeur adversative (Wallies, Ross), soit à interpréter γάρ dans le sens suivant : « or cela est impossible, car... » (Pickard-Cambridge, Verdenius). Toutefois, dans l'une comme dans l'autre hypothèse, il reste un second obstacle à franchir : car si, comme le pose (B), la différence doit avoir une extension *égale ou supérieure* à celle de l'espèce, et si, comme l'énonce (A), la thèse de l'adversaire donne à l'espèce une extension *égale ou supérieure* à celle de la différence, il n'y a pas contradiction absolue entre ces deux exigences : il suffit que la différence et l'espèce aient une *extension égale* pour que l'adversaire puisse maintenir sa thèse sans commettre la moindre infraction envers la loi (B). Aussi Wallies propose-t-il de supprimer, à la ligne 38, les mots ἐπ' ἴσης ἤ. En réalité, toutes ces difficultés disparaissent ensemble si l'on interprète 39 τὸ εἶδος comme désignant, non un terme constituant réellement une espèce, mais *le terme que l'adversaire présente comme une espèce*. Dans cette perspective, la phrase (A) signifie que l'« espèce » (ἀθάνατον) va se trouver dotée d'une extension égale ou supérieure à celle de son « genre » (θεόν) ; ce qui est évidemment ruineux pour la thèse, puisqu'il appartient à l'essence du genre d'avoir une extension supérieure à celle de ses espèces. Interprétée de cette manière, la phrase (A) requiert une justification, qui va être précisément fournie (γάρ) par la phrase (B) : la différence (et l'« espèce » est en réalité une différence) doit toujours avoir une extension égale ou supérieure à celle de l'espèce qu'elle détermine (et le « genre » est en réalité cette espèce). Cette interprétation permet donc de justifier intégralement le texte des manuscrits.

Page 91.

2. J'adopte la leçon de AP[ac], ἐναντίον, contre ἐναντίον τι (BVMuΛ) et τι ἐναντίον (c). Le contexte ne manifeste aucune régularité dans les expressions de même type : la tournure sans τι se rencontre

en 123 b 4-5 (sans variante), 23 (avec addition de τι dans PCcD), 124 a 4 (sans variante) ; en revanche, la tournure avec τι est bien attestée en 123 b 6-7 (τι absent en u^{ac}D) et 124 a 7 (τι absent en cu). Dans le cas qui nous occupe, l'absence originelle de τι paraît l'hypothèse la plus propre à expliquer l'apparition des variantes observées.

Page 93.

1. La leçon qu'après Waitz j'adopte ici (ἀρετὴ καὶ κακία καὶ δικαιοσύνη καὶ ἀδικία) semble plus vraisemblable que celle de ABVc (ἀρετὴ κακίᾳ καὶ δικαιοσύνη ἀδικίᾳ), probablement introduite par souci d'aligner la construction sur celle du début de la phrase (τὸ γένος ἐναντίον τινί).

Page 94.

1. Texte de VPCcuDΛ; les autres manuscrits, suivis par les éditeurs, répètent la préposition ἐπὶ devant τῶν συστοίχων. Cf. cependant 118 a 34 et 153 b 25, où la préposition n'est pas répétée, du moins dans la plupart des manuscrits.

2. J'ai tenté de rendre l'opposition entre l'infinitif présent et l'infinitif parfait en l'interprétant comme une opposition entre le processus d'apparition d'une certaine chose et l'état de chose résultant de ce processus. Le τόπος ici analysé revient à dire que les relations qui s'établissent entre deux termes désignant des processus peuvent aussi s'établir, par transposition, entre les deux termes désignant les résultats de ces processus.

3. On observe dans le développement de ces exemples un certain glissement. Au point de départ (lignes 20-23), γένεσις et φθορά désignent les *instruments* de l'argumentation, et non ses *objets* ; ce sont des notions qui permettent de mettre à l'épreuve l'appartenance d'un prédicat à un sujet, conformément au schéma suivant : si la γένεσις du prédicat appartient à la γένεσις du sujet, le prédicat appartient au sujet. Mais à partir de la ligne 23, il semble que la φθορά soit envisagée comme le prédicat même dont il s'agit de montrer l'appartenance au sujet διάλυσις : elle devient un terme du problème étudié, au lieu d'être un moyen pour opérer sur les termes de ce problème une transformation permettant son étude. Pour rétablir dans une certaine mesure la cohérence de ce développement, on pourrait sans doute supposer qu'Aristote entend parler, non pas de la disparition en tant que telle, mais de la disparition de telle ou telle chose déterminée ; on trouve un indice en ce sens dans l'emploi isolé de τινος à la ligne 32, où Aristote, étudiant les ressources argumentatives de la notion de χρῆσις (qui est à mettre sur le même plan que la γένεσις et la φθορά, cf. 24-28), précise qu'il ne considère pas la χρῆσις en tant que telle, mais la χρῆσις d'une certaine chose, qui constitue le véritable sujet du problème.

4. Γενητικός est à γένεσις ce que φθαρτικός est à φθορά : la leçon γεννητικῶν peut donc être écartée.

Page 96.

1. Je saute ici une phrase, qui est absente de VMPΛ : εἰ γὰρ μὴ οὕτως ἔχοι, εἴη ἄν τι καὶ οὐκ ἀγαθὸν ἡδύ (« s'il n'en était pas ainsi, il existerait une chose non-bonne qui serait plaisante »). Elle ne figurait certainement pas dans le texte lu par Alexandre : celui-ci, en effet, après avoir reproduit la thèse à démontrer (8-9 εἰ — ἡδύ), enchaîne aussitôt en écrivant οὗ τὴν αἰτίαν ἀπέδωκεν εἰπὼν ἀδύνατον γάρ κτλ. On peut en outre montrer qu'elle n'est pas indispensable au raisonnement, dont elle ne fait que troubler l'ordonnance. La thèse à démontrer peut être symbolisée de la manière suivante : si p (les plaisant est bon), alors q (le non-bon est non-plaisant). La phrase litigieuse signifie alors : si q n'était pas vrai, non-q serait vrai. Et la phrase suivante signifie : il est impossible, si p est vrai, que non-q soit vrai. On a dès lors le choix entre deux versions du raisonnement, et seulement deux, une version courte et une version longue. La version courte est celle que je donne : si p, alors q ; il est en effet impossible (ἀδύνατον γάρ), si p est vrai, que non-q soit vrai. La version longue est la suivante : si p, alors q ; en effet, si q était faux, non-q serait vrai ; mais il est impossible (ἀδύνατον δέ), si p est vrai, que non-q soit vrai. On voit que le choix entre les deux versions dépend de la particule qui suit ἀδύνατον : or celle-ci est γάρ dans tous les manuscrits, sauf dans CD où elle est δέ. Il faut donc trancher en faveur de la version courte (les efforts de Waitz pour conserver à la fois γάρ et la phrase litigieuse ne sont pas convaincants). On remarquera, en outre, la cohérence avec laquelle, dans cette hypothèse, les diverses variantes observables se rangent les unes par rapport aux autres. L'interpolation atteint tous les manuscrits sauf VMP, soit ABCcuD ; trois d'entre eux, ABc, la donnent sous sa forme originelle ; trois autres, CuD, sans doute pour éviter une apparente répétition avec la phrase suivante, modifient le texte de l'interpolation, en transposant ἡδύ avant οὐκ ἀγαθόν (ce qui ne change rien sur le plan logique) ; enfin, de ces trois manuscrits, deux, CD, corrigent en δέ le γάρ qui, dans tous les autres manuscrits touchés par l'interpolation, avait survécu à celle-ci. Ce passage offre ainsi une véritable coupe dans l'histoire du texte.

2. L'émendation proposée par Bonitz (suppression de τό devant πολλαπλάσιον, à la ligne 25) est le seul moyen de donner à ce texte un sens acceptable. Τὸ πολλαπλάσιον ἡμίσεος δεῖ λέγεσθαι est absurde : le multiple a pour corrélat le sous-multiple, et non la moitié ; la moitié ne peut être le corrélat que d'une certaine espèce du multiple, qui est précisément le double ; πολλαπλάσιον ne peut donc être que l'attribut d'un sujet sous-entendu, τὸ διπλάσιον. Le lieu prend dès lors son véritable sens : qu'on le prenne « en lui-même », c'est-à-dire en tant que double, ou « selon son genre » c'est-à-dire en tant que multiple, le double a toujours la moitié pour corrélat : il est en effet tout ensemble double de sa moitié et multiple de sa moitié. Cette interprétation est confirmée, en outre, par le τόπος suivant, où la loi posée par celui-ci concernant le genre prochain se trouve étendue aux genres supérieurs (cf. 28-32).

Page 97.

2. Je lis αὐταί avec Bonitz, contre αὗται des manuscrits ; cf. 125 a 1 αὐτῇ et 7 αὐτὸ. D'autre part, tous les manuscrits sauf AM lisent τε après αὐταί ; mais cette liaison accentuée est inutile. Le présent τόπος ne consiste pas à se demander s'il y a identité de cas du complément *aussi bien* pour les termes primitifs *que* pour leurs corrélats ; il présuppose que cette identité est réalisée pour les termes primitifs, et l'enquête qu'il prescrit ne porte directement que sur les corrélats.

Page 98.

2. Ayant, pour les raisons exposées dans la note précédente, placé une ponctuation forte après ὁμοίως, j'emprunte à c la liaison γάρ, qui semble indispensable pour rattacher l'un à l'autre les deux membres de phrase situés de part et d'autre de cette ponctuation. Mais ce γάρ n'est peut-être qu'une « correction intelligente ».

3. Je traduis littéralement ; mais il convient de préciser que le complément au génitif d'ἐπιστήμη n'est autre qu'ἐπιστητόν, et que le complément au datif d'ἐπιστητόν n'est autre qu'ἐπιστήμη. Cf. *Cat.*, 6 b 34 : ἡ ἐπιστήμη ἐπιστητοῦ λέγεται ἐπιστήμη καὶ τὸ ἐπιστητὸν ἐπιστήμῃ ἐπιστητόν. Τινί, à la ligne 11, ne désigne donc pas *quelqu'un* qui possèderait la connaissance, mais cette connaissance elle-même.

4. Le sens précis des mots δόσις et δωρεά doit être induit à partir de l'indication donnée par la ligne 18.

5. Dans les lignes 16, 17 et 20-21, je lis τινὸς τινί avec VP. Les variantes observables dans le premier de ces trois passages laissent en effet supposer qu'à l'origine, les deux compléments n'étaient reliés par aucune conjonction.

6. 'Αντικείμενον. Le mot désigne le genre des *opposés*, dont les relatifs ne sont qu'une espèce, à côté des contradictoires, des contraires et des opposés selon la possession et la privation (cf. 113 b 15 - 114 a 25). Mais l'ensemble du développement, depuis 124 b 15 jusqu'à 125 b 14, est consacré aux relatifs ; il s'agit donc ici de l'« opposé » selon la relation, c'est-à-dire simplement du corrélat.

7. Cette phrase, prise en elle-même, peut avoir deux sens, selon que l'on fait porter ἔνια sur τῶν νοητῶν ou sur ἐπιστητά. Dans le premier cas, elle signifie que certains νοητά sont ἐπιστητά ; dans le second, que certains ἐπιστητά sont νοητά. La première interprétation a été adoptée par tous les traducteurs, probablement sous l'effet de l'image traditionnelle d'un aristotélisme prudemment empiriste. Mais la structure logique du passage impose la seconde interprétation : s'agissant de réfuter la proposition «tout ἐπιστητόν est αἰσθητόν», la seule contradictoire pertinente est « certains ἐπιστητά ne sont pas αἰσθητά ».

Page 99.

1. Je crois pouvoir lire ici σύνθεσις, contre διάθεσις dans l'unanimité des manuscrits, pour les raisons suivantes. La paraphrase d'Alexandre (342, 2 sq.) montre sans ambiguïté qu'il a lu σύνθεσις, qui, aux côtés de ἕξις, constitue indiscutablement une *lectio difficilior* par rapport à διάθεσις. Mais il y a plus : traitant du même problème dans son commentaire à la *Métaphysique* (408, 18 sq.), le même Alexandre commence par donner un extrait du second livre des *Topiques* de Théophraste, dans lequel ce dernier énonce une loi analogue à celle qui est exposée dans notre passage, en l'illustrant par trois exemples : συμμετρία, ἕξις et σύνθεσις. Après cette citation, Alexandre cite une section étendue de notre passage (125 a 33 - b 4) ; mais il écrit cette fois αἱ διαθέσεις καὶ αἱ ἕξεις. Cette situation paraît malaisément explicable. Une chose paraît claire, c'est que la citation mentionnée en dernier lieu n'a pas été faite de mémoire, étant donné sa longueur. On peut donc être à peu près certain qu'Alexandre n'a pas utilisé le même texte des *Topiques* lorsqu'il commentait la *Métaphysique* (il lisait alors διαθέσεις) et lorsqu'il commentait les *Topiques* eux-mêmes (il lisait alors σύνθεσις). Entre ces deux versions concurrentes anciennes, le texte de Théophraste permet-il de décider ? On peut évidemment supposer qu'en rédigeant ses propres *Topiques*, le disciple n'avait pas les yeux rivés sur ceux du maître, et que l'usage qu'il fait des trois exemples συμμετρία, ἕξις et σύνθεσις n'entretient aucune relation avec le passage qui nous occupe ; mais il faut alors expliquer comment σύνθεσις a pu remplacer διάθεσις, supposé original, dans l'un des exemplaires utilisés par Alexandre ; et l'on ne voit guère quelle explication l'on pourrait proposer. Il paraît, tout compte fait, plus économique de supposer que le texte de Théophraste était calqué sur celui d'Aristote, et que ce dernier était correctement reproduit dans l'exemplaire utilisé par Alexandre pour la composition de son commentaire aux *Topiques*.

2. Τὴν αὐτὴν ταύτην désigne la connaissance, et non la connaissance de l'âme. Aristote veut dire, non que la connaissance d'une âme peut résider dans une autre âme que celle qui est connue, mais qu'une connaissance peut *tout aussi bien* (tel est le sens de τὴν αὐτὴν ταύτην) résider dans un sujet autre que celui qui constitue son contenu.

Page 100.

1. Les manuscrits donnent ici τῷ μὲν ἀνδρείῳ τῷ δὲ πράῳ εἶναι. J'adopte la correction de Wallies (τὸ μὲν ἀνδρείῳ κτλ.), supérieure à celle d'Imelmann (τὸ μὲν ἀνδρεῖον κτλ.), et plus économique que celle de Ross (τῷ μὲν τὸ ἀνδρείῳ κτλ.).

Page 101.

1. Waitz regrette de ne point retrouver dans ce raisonnement l'*acumen ingenii* habituel d'Aristote ; il arrive en effet très souvent, dit-il, qu'un même genre embrasse des espèces contraires. Le reproche peut lui être retourné : car s'il est clair que les contraires appar-

tiennent au même genre, il ne l'est pas moins qu'un *individu* appartenant à une espèce E et à un genre G ne saurait rester *le même G* en cessant d'appartenir à E. Cette justification du raisonnement a été présentée en détail par Colli.

2. Waitz considère l'expression τὸν ὑπολαμβάνοντα καὶ πιστεύειν comme une façon négligente de dire ἐξ ἀνάγκης τὸν πιστεύοντα καὶ ὑπολαμβάνειν. Cette observation est sans fondement : après avoir envisagé la possibilité, pour une même représentation, d'être ou non accompagnée de conviction, Aristote examine quelle serait la situation si l'adversaire soutenait que toute représentation s'accompagne nécessairement de conviction. Il montre que même dans cette perspective (qui s'oppose à la précédente comme la conception spinoziste à la conception cartésienne de l'*idea*), la conviction serait encore autre chose qu'une espèce de la représentation.

3. Αἰσχύνη. Aristote dit que l'αἰσχύνη réside dans la partie raisonnable (λογιστικόν) de l'âme ; pour respecter la prédominance, ainsi suggérée, des aspects représentatifs et intellectuels de cette notion, je traduis par « respect humain » plutôt que par « honte ». Cette traduction permet également d'accentuer la valeur *sociale* de l'αἰσχύνη, qu'Aristote définit ainsi dans la *Rhétorique* (II, 6, 1383 b 13) : « douleur ou trouble relatifs à ceux des actes mauvais (présents, passés ou futurs) qui entraînent manifestement une perte de réputation (ἀδοξία) ». Un peu plus loin (1384 a 22), il résume cette définition dans une formule qui juxtapose avec netteté les composantes représentative et sociale de l'αἰσχύνη : celle-ci, dit-il, est une « image (φαντασία) relative à une perte de réputation ».

Page 102.

2. Λανθάνουσι peut signifier « à l'insu de l'adversaire » ou « à leur propre insu ». La seconde solution paraît la bonne : lorsqu'il commet une faute, le répondant n'en est évidemment pas conscient, puisque s'il en était conscient il ne la commettrait pas ; mais lorsque cette faute est particulièrement grossière, comme c'est ici le cas, il convient d'indiquer d'un mot qu'elle peut se dissimuler dans une formule d'apparence inoffensive, aux yeux mêmes de celui qui la soutient.

Page 104.

4. Après 29 σφοδρά, ABCcD ajoutent καὶ ἔκπληξις ὑπερβάλλουσα, qui ont été condamnés par les éditeurs précédents, à la seule exception de Wallies ; condamnation légitime, puisque ces mots ne font qu'anticiper maladroitement sur 30-31 ὁμοίως—ὑπερβάλλουσα. Il est à noter que ce passage est l'une des rares occasions où le texte de VMPuΛ se soit imposé à eux.

Page 105.

2. Il faut comprendre 34 γένος comme une apposition à τὸ πεπονθός : la faute consiste à placer la modification, non dans le genre qu'elle modifie, mais dans le sujet qu'elle modifie, comme s'il était

son genre. Si la construction paraît trop dure, il reste la ressource de suspecter le mot γένος, qui n'est pas indispensable : dans tout le livre IV, εἰς suffit à désigner l'inclusion dans un terme pris comme genre (cf. 122 b 25, 37, 125 b 15-16, 20, 126 a 26, 30-31, 126 b 4-5, 7-8).

3. Ce passage et les nombreuses variantes qui l'affectent posent un difficile problème. L'analyse de l'exemple fourni par Aristote permet de distinguer deux interprétations théoriquement possibles, et de choisir entre elles. Etant admis, en effet, que le vent est un *mouvement de l'air*, sa définition comme *air en mouvement* peut être considérée comme fautive pour deux raisons distinctes : (1) soit parce que, en disant *air en mouvement* au lieu de *mouvement de l'air*, on intervertit illégitimement les relations réelles qui existent entre une substance (*l'air*) et la modification qui l'affecte (*le mouvement*) ; (2) soit parce que, en disant du *vent* qu'il est essentiellement de l'*air* (quelle que soit la qualification dont on accompagne aussitôt cet attribut), on donne comme le genre d'une modification (qui est cette fois *le vent*) le sujet même dont elle est la modification (*l'air*). On peut démontrer que la seconde hypothèse est la seule acceptable ; en effet, la réfutation contenue dans les lignes 5 sq. a pour objet précis d'établir qu'il est impossible d'assigner au vent l'attribut *air* (οὐκ ἔστιν ὅλως ἀὴρ τὸ πνεῦμα). En outre, on observera que la première hypothèse conduit à une contradiction : en effet, des deux expressions *air en mouvement* et *mouvement de l'air*, c'est incontestablement la première qui respecte le mieux les relations réelles entre modification et sujet modifié, puisque, contrairement à l'autre, elle fait du sujet modifié (*air*) le *déterminé grammatical*, et de la modification (*mouvement*) le *déterminant grammatical* ; il n'empêche que c'est elle qui tombe sous la condamnation du τόπος qui nous occupe. On peut donc conclure que ce τόπος condamne les formules qui ont pour sujet une modification et pour attribut (générique, comme tous ceux qui sont étudiés dans ce livre) un substantif désignant l'être affecté par cette modification, quelles que soient les qualifications apportées à ce substantif. Si l'on se retourne à présent vers l'exposé abstrait du lieu (ligne 3), cette analyse permet d'aboutir à un texte acceptable sans modifier profondément la tradition manuscrite. On exclura d'abord le texte d'Alexandre (εἰ τὸ πάθος, οὗ ἐστι πάθος, ἐκεῖνο πεπονθός φασιν εἶναι), qui correspond à la première hypothèse, rejetée ci-dessus. D'autre part, le πάθος correspond au πνεῦμα de l'exemple, qui occupe la place de l'espèce et non celle du genre ; on peut donc exclure les leçons qui ne sont pas conformes à cette répartition des fonctions : telles la leçon de AMCc (εἰ τὸ πάθος, οὗ ἐστι πάθος, ἐκεῖνο γένος φασὶν εἶναι) et celle de BVPΛ (εἰ τὸ πάθος, οὗ ἐστι πάθος, ἐκείνου γένος φασὶν εἶναι), qui n'en est qu'une version améliorée sur le plan grammatical. La version de u, qui a été adoptée par tous les éditeurs (εἰ τοῦ πάθους, οὗ ἐστι πάθος, ἐκεῖνο γένος φασὶν εἶναι), est acceptable selon ce critère, mais elle se heurte au fait que τὸ πάθος est beaucoup mieux attesté que τοῦ πάθους. Il paraît beaucoup plus simple de condamner γένος, à la place duquel Alexandre a lu πάσχον ou πεπονθός, et qui peut s'interpréter facile-

ment comme une glose d'ἐκεῖνο passée dans le texte ; les diverses variantes observées apparaissent comme divers contre-coups de cette interpolation. La seule objection qu'on pourrait adresser à cette interprétation est qu'elle ne laisse subsister aucune différence fondamentale entre le présent τόπος et celui qui le précède ; mais ce genre de répétitions n'est pas sans exemple dans les *Topiques*. On observera en outre que le parallélisme des démonstrations (cf. 126 b 38-39 οὐδεὶς γὰρ φήσει ἑτέραν αὐτὸν ζωὴν λαμβάνειν et 127 a 5 ὁ γὰρ αὐτὸς ἀὴρ διαμένει) parle en faveur de l'identité des lieux.

4. Je supprime ici une phrase que donnent tous les manuscrits, et dont le sens est : « en effet, le vent est plutôt un mouvement de l'air ». Alexandre semble ne pas l'avoir lue, car il exprime la même idée, dans son commentaire, mais avec une prudence qui s'explique au mieux dans l'hypothèse d'une initiative personnelle (cf. 356, 16-17 : διὸ εὐλογώτερον τὸ πνεῦμα ἐν γένει τῇ κινήσει τιθέναι ἢ ἐν τῷ ἀέρι). De plus, le γάρ de la ligne 5 ne peut se justifier que si la phrase dans laquelle il figure (ὁ γὰρ αὐτὸς ἀὴρ διαμένει κτλ.) se rattache directement à la définition critiquée (τὸ πνεῦμα ἀέρα κινούμενον). Enfin, la phrase litigieuse peut s'interpréter comme une glose interpolée, non seulement par sa forme (μᾶλλον en tête de phrase est assez caractéristique), mais aussi parce qu'elle énonce une idée qui, sans être fausse, n'est pas pertinente dans le contexte ; comme on l'a montré dans la note précédente, l'erreur commise par le répondant *n'est pas* d'avoir interverti les positions des termes *air* et *mouvement*.

Page 108.

1. Le jeu des variantes qui affectent cette phrase (VMPuDΛ = ὥστε τὸ βέλτιον ἐν τῷ χείρονι ἔσται ; ABCc = ὥστε τὸ βέλτιον ἐν τῷ χείρονι ἔσται καὶ τὸ [καὶ τὸ : τὸ δὲ C] χεῖρον ἐν τῷ βελτίονι) est assez embarrassant. La version courte de VMPuDΛ n'est pas acceptable : en effet, l'*hypothèse* étant que l'adversaire a placé la meilleure espèce dans le pire genre (ligne 9), la seule *conséquence* qui puisse en résulter est que l'autre espèce va se trouver alors dans l'autre genre (ligne 10), c'est-à-dire la pire espèce dans le meilleur genre ; or la version courte ne fait pas état de cette conséquence. On pourrait alors songer à considérer version courte et version longue comme deux étapes du développement d'une même glose, et à supprimer par conséquent toute la phrase 11-12 ὥστε — βελτίονι. Mais on se heurte à un nouvel obstacle : en effet, la phrase 12-13 δοκεῖ — εἶναι a pour sens obvie « la meilleure espèce doit être placée dans le meilleur genre (et non dans le pire) » ; et ce n'est pas sans quelque artifice qu'on pourrait lui donner le sens « c'est la meilleure espèce (et non la pire) qui doit être placée dans le meilleur genre » ; or ce sens serait requis d'elle pour qu'elle puisse jouer correctement son rôle adversatif par rapport à ce qui, une fois supprimée la phrase 11-12, deviendrait son contexte antérieur immédiat. Il vaut mieux, dans ces conditions, s'en tenir au texte couramment admis.

2. ABCcM[2], suivis par les éditeurs précédents, lisent εἴδους après 13 τοῦ αὐτοῦ. Il s'agit certainement d'une glose: le terme ainsi

désigné est bien celui qui tient la place de l'espèce dans la thèse de l'adversaire, mais le rapport identique qu'il entretient avec deux genres distincts est un rapport qui appartient à la situation objective ; or, objectivement, le terme donné par l'adversaire comme l'espèce de l'un de ces deux genres n'est l'espèce ni de l'un ni de l'autre. L'exemple fourni par Aristote le montre clairement : s'il faut à tout prix placer l'âme dans l'un des deux genres *repos* et *mouvement*, c'est plutôt dans le genre *repos* qu'il faut la mettre ; mais cet argument n'a qu'une valeur polémique, dirigée contre ceux qui la placent dans le genre *mouvement* ; il n'implique en aucune manière que l'âme soit objectivement une espèce du genre *repos*.

Page 110.

1. Il semble légitime d'adopter dans ce passage le texte de MPu, qui ne comporte pas, après 17 εἰδῶν, les mots τὸ γένος ἐν τῷ τί ἐστι, donnés par les autres manuscrits et par les précédents éditeurs. La structure logique du paragraphe est en effet la suivante. Aristote indique un premier lieu constructif (lignes 13-16), qui n'est applicable que dans les cas où la proposition à démontrer fait mention de plusieurs espèces (ligne 15) ; cette situation particulière étant supposée réalisée, le lieu consiste à vérifier que le genre est bien un attribut *essentiel* de ces diverses espèces. Le lieu qui suit (lignes 16-19) est un complément nécessaire : il indique la marche à suivre lorsque l'hypothèse du premier lieu *n'est pas réalisée*, c'est-à-dire lorsque la proposition à démontrer ne fait mention que d'une espèce (ligne 16). Il a pour office essentiel de *ramener le dialecticien au problème précédent*, comme le montre à l'évidence la phrase 17 πάλιν γὰρ συμβήσεται κτλ. Dans ces conditions, il faut distinguer deux étapes successives dans la résolution du problème : dans une première étape, on appliquera le second lieu, qui permet de passer d'une attribution du genre à une seule espèce à une attribution du même genre à plusieurs espèces ; dans une seconde étape, appliquant le premier lieu, dont la condition initiale se trouve maintenant réalisée, on se demandera si cette attribution multiple est bien une attribution essentielle. Le problème de savoir si l'attribution est ou non essentielle n'a donc pas à intervenir dans la première étape. En introduisant τὸ γένος ἐν τῷ τί ἐστι, les copistes ont écrasé l'une sur l'autre les deux étapes du raisonnement, rendant ainsi incompréhensible la dernière phrase du paragraphe.

Page 111.

1. Le texte de ces deux lignes a beaucoup souffert, et bien que le sens soit clair, il semble difficile de l'amender sous une forme indiscutable. Le texte de VMP (ἐπεὶ δὲ δοκεῖ τὸ μουσικόν ... εἶναι, ἡ μουσική... ἐστι) est inacceptable, parce que si la clause subordonnée introduite par ἐπεί s'interrompait ainsi, l'infinitif εἶναι, à la ligne 33, ne reposerait plus sur rien. Les manuscrits AB, de leur côté, donnent à la phrase une construction durement asymétrique, faisant se succéder une coordination (ἐπεὶ δὲ δοκεῖ τὸ μουσικόν... εἶναι,

καὶ ἡ μουσική... εἶναι) et une subordination (καὶ εἰ τὸ βαδίζον... κινεῖται, ἡ βάδισις... εἶναι) ; il ne suffit pas, pour atténuer l'étrangeté de cette rupture de construction, de suggérer, comme le fait Waitz, que la coordination a ici la valeur d'une subordination. Il paraît préférable, dans ces conditions, d'introduire la subordination dans le texte même ; la conjecture d'Imelmann, que j'adopte après Wallies et Ross, le fait élégamment, la chute d'un εἰ après δοκεῖ étant paléographiquement vraisemblable.

TABLE DES MATIÈRES

Ce volume,
le cent soixante-seizième
de la série grecque
de la Collection des Universités de France,
publié aux Éditions Les Belles Lettres,
a été achevé d'imprimer
en juillet 2009
sur presse rotative numérique
de Jouve
11, bd de Sébastopol, 75001 Paris

N° d'édition : 6921
Dépôt légal : juillet 2009

Imprimé en France